房地产经典译丛

房地产金融：原理与实践

（第五版）

Real Estate Finance: Theory and Practice (Fifth Edition)

【美】
特伦斯·M·克劳瑞特
(Terrence M. Clauretie)
G·斯泰西·西蒙斯
(G. Stacy Sirmans)
著

王晓霞 汪涵 谷雨 译
张志强 蒋一军 杨开清 校

中国人民大学出版社
·北京·

总　序

　　中国的房地产业是一个既古老又新兴的产业。早在 3 000 年前中国就出现了田地的交换和买卖行为，到了封建时期，已经形成了一定规模的土地和房屋买卖、租赁等经济活动，从 19 世纪中叶起，上海、广州等沿海城市出现了房地产大业主以及房地产开发经营组织，房地产业在社会中的作用日益显著。但是，新中国成立以后，随着计划经济体制的建立，房地产市场消失了。改革开放后，外销房开发销售标志着新中国房地产业的起步，1998 年政府切断福利分房，把房地产业作为国民经济支柱产业来培育，房地产业得以快速发展。短短 30 年，中国的房地产业从无到有的过程也是房地产业不断发展、完善、逐渐成熟的过程，期间房地产市场也经历了起步、非理性炒作、萧条、逐渐调整和相对稳定等周期性的发展阶段。特别是步入 2008 年，一场由美国"次贷危机"引发的经济危机席卷了全球，我国的房地产业也进入了调整期，房地产业特别是住宅价格成为全社会关注的焦点。关于政府该不该调控房地产价格的讨论也是仁者见仁，智者见智，众说纷纭，莫衷一是。如何保证房地产市场、房地产企业的良性运行，如何运用好现代金融工具、现代企业管理、住宅政策以保证价格平稳，保障"人人有房住"，保持房地产行业的持续发展等问题摆在了全社会面前，更是房地产专业人士关注并需要特别研究的课题。

　　我国房地产业的发展繁荣带动了房地产专业人才的培养和房地产企业的发展。目前全国有近百所高校从事房地产相关专业的培养和研究。中国人民大学的房地产专业教育始于 1993 年，现有工程管理（房地产方向）本科专业、房地产经济学硕士专业和房地产经营管理博士研究方向，为了更系统地了解国外房地产学科经典知识，我们从国外数量众多的房地产书籍中，精心地挑选了在房地产理论与实践领域具有代表性的优秀著作，编成了这套房地产经典译丛。该套丛书的作者都是世界知名的专家、教授，他们的教材经过了美国等世界各国许多高校的检验，广受好评，已具备较高的学术价值。同时，该丛书具有较强的系统性、理论性、启发性和应用性，其中数本书已经多次再版，被许多高校指定为必修教材。我们组织了相关院校优秀教育骨干，他们专业英语知识扎实，在长期的教学研究和社会实践活动中积累了丰富的经验，具备较高的翻译水平，在翻译的过程中尽量保证著作原汁原味。希望本套丛书能帮助读者"走出去"，了解国外的房地产相关知识，通过消化吸收达到"请进来"的目的，促进我国房地产学科研究的繁荣。第一批所选书籍有：《不动产经济学（第五版）》、《房地产金融：原理与实践（第五版）》、《房地产投资（第三版）》、《房地产导论（第七版）》、《房地产市场营销（第三版）》、《房地产开发：理论与程序（第四版）》、《住房经济与公共政策》、《经济、房地产与土地供应》八部。

本套译丛由中国人民大学出版社策划和组织出版工作，在此表示诚挚的感谢。同时还要感谢挑选书目的各位专家学者、丛书的译者、校正者和出版社的编辑人员等。

由于制度、市场成熟度以及投资、消费背景的差别，翻译过程中难免出现误译甚至错误，望读者不吝赐教。

叶剑平

前　言

本书的目标和基础

尽管房地产金融市场的制度、规章和结构不断变化，但是进行经济活动所依据的史料和金融类课程却固定不变。为了教授这类课程，我们意图编著一本建立在完备的经济和金融理论基础上的房地产金融教科书。奠定了坚实的理论基础之后，你这一生都能够理解多变的房地产金融市场的结构。

本书的名为《房地产金融：原理与实践》，意味着这里所涵盖的材料综合了一系列的理论和实践内容。事实上，我们的目标是运用金融经济学的理论来解释房地产金融机构和市场是如何演进到现阶段的，以及它们为什么会采取现有的存在形式。为了使大家更加深入地理解房地产金融市场是如何运作的，我们在一系列经济和金融理论的基础上给出了相应的现实素材，并帮助大家将这些理论运用到实践之中。

虽然我们强调经济和金融理论很重要，但是我们没有忽略描述性方法，这对于理解房地产金融市场的结构很重要。你能对各主要机构及其所起的作用有所了解，并熟悉影响房地产金融特别是住宅金融的美国主要立法。此外，你还能了解这些法律是怎么形成的，以及它们是如何影响房地产金融市场形式的。

特　色

- 各章开篇设置了学习目标，以帮助你将注意力集中于这一章的重要概念。
- 各章末附有小结、关键词、推荐读物和网址，以进一步拓展你已读到的内容。
- 各章末附有复习思考题和习题，以帮助你复习并提醒你有些领域需要深入学习。
- 与本书配套的习题簿，包括了习题和答案，并介绍了FHA贷款、VA贷款和私营抵押贷款保险的梗概。

● 与本书配套的完整教师手册，包括了各章的小结、测试题库及答案和自学辅导。该手册也可以在网上获得，网址为 http://clauretie.swcollege.com。

涵盖课题

　　本书分为四部分。第一部分从总体上介绍金融市场、金融理论及其在房地产领域的应用。在这一部分，我们为理解金融市场的运作打下了基础，探讨了主要的金融分析工具，并从总体上展示如何将它们运用于房地产领域。本书第一部分的目的是为了让学生对房地产和抵押贷款市场所运用的金融理论有一个基本了解。

　　第二部分讨论的是与住宅房地产融资相关的问题。在介绍了房地产的发展史后，我们考察了备用抵押贷款工具和融资方式对房地产的影响。然后，我们介绍了联邦住宅政策及其对住宅房地产市场的影响。接着，用两章的篇幅讨论了二级抵押贷款市场，其中一章介绍了这一市场，另一章介绍了对二级抵押贷款市场产生的证券进行评估的问题。在本书第二部分的后半部分，我们用三章的篇幅分别介绍了住宅贷款保险、贷款处理和发放以及抵押贷款保险。

　　第三部分介绍商业房地产金融。我们提出了在房地产融资中进行借贷的有关问题，介绍了税法对商业物业融资的影响和商业房地产融资的来源。在这一部分我们还探讨了商业房地产融资的各种方法，包括权益参与的贷款和售后回租协议。

　　第四部分论述了一些特殊问题，如投资组合中的房地产、有关贷款人法律责任的内容、房地产金融中的职业道德和欺诈，以及房地产金融中的代理问题。

学生背景

　　本书是在假设读者具有一定的经济学和金融学基础的前提下撰写的。但我们以适当的方式组织本书的内容，使得那些不具有这些基础的学生也能适当地跟上本书的进度。如果你有金融方面的基础，你可以从第 1 章读起。如果没有，就先请导师推荐一些参考书，以加深对贴现和组合过程的理解。

　　我们将继续完善本书，每次再版都会做出改进。如果你对本书有什么评论或对将来再版有一些改进建议，请给我们写信，地址为：

Terrence M. Clauetie

G. Stacy Sirmans

c/o Real Estate Editor

Thomson / South-Western

5191 Natorp Blvd.

Mason，OH 45040

或请给 Terrence M. Clauetie 发电子邮件到 mikec@ccmail.nevada.edu。

目 录

第一部分 金融和房地产

第1章 房地产金融概览 ·································· 3
    导言 ·································· 3
    房地产金融的概念 ·································· 4
    近观金融中介和金融市场 ·································· 8
    本书的组织体系 ·································· 10
    关键词 ·································· 11
    推荐读物 ·································· 11
    复习思考题 ·································· 12
    相关网站 ·································· 12

第2章 货币、信用和利率的确定 ·································· 13
    导言 ·································· 13
    利率的总体水平 ·································· 13
    货币、经济和通货膨胀 ·································· 15
    特定信用市场工具利率的确定 ·································· 18
    收益曲线和远期利率 ·································· 21
    小结 ·································· 23
    关键词 ·································· 24
    推荐读物 ·································· 24
    复习思考题 ·································· 25
    习题 ·································· 25
    相关网站 ·································· 26

第3章 金融理论和房地产 ·································· 28
    导言 ·································· 28
    资产评估 ·································· 28
    金融杠杆和最优资本结构理论 ·································· 33
    期权和房地产金融 ·································· 34
    金融中介理论 ·································· 38

投资组合理论 ··· 39
有效市场理论 ··· 40
代理理论 ··· 41
小结 ·· 42
关键词 ·· 42
推荐读物 ··· 43
复习思考题 ·· 43

第二部分　住宅房地产金融

第4章　住宅金融的早期历史和固定利率抵押贷款的创立 ············ 47
导言 ·· 47
在美国之前的发展 ··· 48
美国住宅金融：大萧条时期美国的早期历史 ··························· 49
固定利率抵押贷款的机制 ·· 52
小结 ·· 60
关键词 ·· 60
推荐读物 ··· 61
复习思考题 ·· 61
习题 ·· 62
相关网站 ··· 64

第5章　战后住宅金融 ·· 70
导言 ·· 70
背景 ·· 70
20世纪50年代：稳定的十年 ··· 71
20世纪60年代：通货膨胀加剧、非居间化以及二级抵押贷款市场的兴起 ··· 73
20世纪70年代：通货膨胀环境下固定利率抵押贷款的问题 ········ 76
20世纪80年代：放松管制、其他抵押贷款工具的发展和储蓄机构危机 ······ 80
20世纪90年代和21世纪：二级抵押贷款市场占据主导地位 ········ 99
小结 ·· 101
关键词 ·· 101
推荐读物 ··· 102
复习思考题 ·· 103
习题 ·· 103
相关网站 ··· 104

第6章　其他抵押贷款工具 ·· 106
导言 ·· 106
供给问题：利率风险与可调利率抵押贷款 ······························ 107

ARM 案例 ··· 110
需求问题：倾斜效应与累进还款抵押贷款 ·························· 121
GPM 案例 ··· 121
同时解决供给与需求问题：价格水平调整抵押贷款 ············ 124
PLAM 案例 ··· 125
双重指数抵押贷款 ··· 127
其他 AMI ·· 128
其他抵押贷款工具与利息费用的税收扣除 ···························· 134
抵押贷款再融资 ··· 135
所有人自用不动产的再融资 ··· 135
小结 ··· 138
关键词 ··· 139
推荐读物 ··· 139
复习思考题 ··· 140
习题 ··· 140
相关网站 ··· 142

第 7 章　融资和资产价值 146
导言 ··· 146
创新融资 ··· 147
抵押贷款收入债券 ··· 158
小结 ··· 164
关键词 ··· 164
推荐读物 ··· 165
复习思考题 ··· 165
习题 ··· 166

第 8 章　联邦住宅政策：第一部分 168
导言 ··· 168
住宅购买力 ··· 168
效率和稳定性 ··· 176
房地产金融市场的竞争 ··· 177
小结 ··· 191
关键词 ··· 191
推荐读物 ··· 192
复习思考题 ··· 193
习题 ··· 193
相关网站 ··· 194

第 9 章　联邦住宅政策：第二部分 197
导言 ··· 197

住宅公平权 …… 197
　　小结 …… 209
　　关键词 …… 209
　　推荐读物 …… 210
　　复习思考题 …… 210
　　相关网站 …… 211

第10章 二级抵押贷款市场 …… 214
　　导言 …… 214
　　二级抵押贷款市场的本质 …… 214
　　抵押贷款支持证券 …… 217
　　二级抵押贷款市场的代理机构和公司 …… 227
　　二级抵押贷款市场的发展过程：每年发展概要 …… 237
　　美国抵押贷款的证券化 …… 240
　　政府资助企业的管理 …… 241
　　小结 …… 242
　　关键词 …… 243
　　推荐读物 …… 243
　　复习思考题 …… 244
　　相关网站 …… 245

第11章 抵押贷款支持证券估价 …… 246
　　导言 …… 246
　　传统债券的估价 …… 247
　　抵押贷款相关证券 …… 249
　　抵押贷款相关证券中的价值创新 …… 280
　　小结 …… 281
　　关键词 …… 282
　　推荐读物 …… 283
　　复习思考题 …… 283
　　习题 …… 284
　　相关网站 …… 286

第12章 通过借款人资格审查、贷款担保和合同关系来控制违约风险 …… 287
　　导言 …… 287
　　借款人资格审查和贷款担保 …… 288
　　住宅贷款中的合同关系 …… 296
　　小结 …… 303
　　关键词 …… 303
　　推荐读物 …… 303
　　复习思考题 …… 304

习题 ··· 305
　　相关网站 ··· 305

第13章　贷款申请、办理和完成 ··· 307
　　导言 ··· 307
　　贷款办理 ··· 307
　　抵押贷款银行业 ··· 315
　　小结 ··· 316
　　关键词 ··· 316
　　推荐读物 ··· 317
　　复习思考题 ··· 317
　　相关网站 ··· 317

第14章　抵押贷款违约保险、赎回权丧失和产权保证保险 ······················· 318
　　导言 ··· 318
　　抵押贷款违约保险 ··· 319
　　各州禁止赎回法 ··· 329
　　产权保证保险 ··· 334
　　小结 ··· 336
　　关键词 ··· 337
　　推荐读物 ··· 337
　　复习思考题 ··· 338
　　习题 ··· 338
　　相关网站 ··· 339

第三部分　商业房地产金融

第15章　价值、金融杠杆和资本结构 ··· 345
　　导言 ··· 345
　　房地产投资的评估 ··· 346
　　债务和权益回报：一个房地产实例 ······································· 349
　　现实中的房地产投资 ··· 362
　　小结 ··· 362
　　关键词 ··· 363
　　推荐读物 ··· 363
　　复习思考题 ··· 364
　　习题 ··· 364

第16章　联邦税收与房地产金融 ··· 367
　　导言 ··· 367
　　房地产分类 ··· 369

合法避税工具 …………………………………………………………………… 371
　　房地产税法 ……………………………………………………………………… 375
　　1986年《税收改革法案》对房地产投资的影响 …………………………… 388
　　税收递延的房地产交易 ………………………………………………………… 388
　　分期付款销售融资 ……………………………………………………………… 392
　　小结 ……………………………………………………………………………… 395
　　关键词 …………………………………………………………………………… 396
　　推荐读物 ………………………………………………………………………… 396
　　复习思考题 ……………………………………………………………………… 397
　　习题 ……………………………………………………………………………… 398
　　相关网站 ………………………………………………………………………… 399

第17章　商业房地产的资金来源 ……………………………………………… 401
　　导言 ……………………………………………………………………………… 401
　　房地产资产的债务融资 ………………………………………………………… 402
　　房地产资产的权益融资 ………………………………………………………… 410
　　小结 ……………………………………………………………………………… 416
　　关键词 …………………………………………………………………………… 416
　　推荐读物 ………………………………………………………………………… 417
　　复习思考题 ……………………………………………………………………… 417
　　相关网站 ………………………………………………………………………… 418

第18章　购置、开发和建设融资 ……………………………………………… 419
　　导言 ……………………………………………………………………………… 419
　　购置 ……………………………………………………………………………… 420
　　开发 ……………………………………………………………………………… 424
　　建设 ……………………………………………………………………………… 425
　　小结 ……………………………………………………………………………… 432
　　关键词 …………………………………………………………………………… 433
　　推荐读物 ………………………………………………………………………… 434
　　复习思考题 ……………………………………………………………………… 434
　　习题 ……………………………………………………………………………… 434
　　相关网站 ………………………………………………………………………… 435

第19章　商业房地产中的永久融资 …………………………………………… 436
　　导言 ……………………………………………………………………………… 436
　　长期、固定利率贷款 …………………………………………………………… 437
　　标准、长期、固定利率贷款的替代形式 ……………………………………… 438
　　土地租赁权抵押贷款 …………………………………………………………… 455
　　信用融资 ………………………………………………………………………… 455
　　小结 ……………………………………………………………………………… 456

关键词 ·· 456
推荐读物 ·· 457
复习思考题 ·· 457
习题 ·· 458

第20章 房地产融资与持有的所有权结构 ·············· 461

导言 ·· 461
房地产所有权形式 ······································ 462
房地产有限责任合伙制和房地产投资信托的深入研究 ······ 465
房地产投资信托 ·· 468
深入研究所有权的公司制与合伙形式 ···················· 475
小结 ·· 479
关键词 ·· 480
推荐读物 ·· 480
复习思考题 ·· 482
相关网站 ·· 482

第四部分 房地产金融专题

第21章 投资组合中的房地产 ·························· 485

导言 ·· 485
投资多元化的本质 ······································ 486
混合资产投资组合中的房地产投资 ······················ 495
房地产自身的多元化 ···································· 500
小结 ·· 504
关键词 ·· 504
推荐读物 ·· 505
复习思考题 ·· 506
相关网站 ·· 506

第22章 房地产金融中的责任、代理问题、欺诈和职业道德 ···· 510

导言 ·· 510
贷款人的法律责任 ······································ 511
1992年4月环保局条例 ·································· 517
国会法 ·· 517
破产和代理成本 ·· 528
职业道德、欺诈和代理成本 ······························ 531
小结 ·· 535
关键词 ·· 535
推荐读物 ·· 536

复习思考题 ………………………………………………………… 536
　　相关网站 …………………………………………………………… 537

附录1　资金的时间价值及有关概念 ……………………………………… 539
附录2　缩略语表 …………………………………………………………… 545
房地产金融术语表*

---

*　房地产金融术语表参见 http://www.crup.com.cn/gggl。

第一部分

金融和房地产

➡ 第1章 房地产金融概览
➡ 第2章 货币、信用和利率的确定
➡ 第3章 金融理论和房地产

第一部分的三章为金融经济学在房地产中的应用打下基础。在这三章中，我们探讨了金融和经济学的特性，描述了金融市场及机构在房地产金融中扮演的角色，考察了货币、信用和利率。正如你所预期的，利率在房地产金融中起到了主要作用。接着，我们介绍了总体利率水平和具体债券利率是如何确定的。在这部分的最后，我们给出了主要的金融概念和原则及其在房地产市场中是如何运用的。

第1章

房地产金融概览

学习目标

通过本章的学习，你应该理解金融和房地产的关系，还应该了解金融市场是如何运作的，以及资金如何从贷方流向有借款需求的借方。你还应该弄清有哪些主要的金融机构引导着资金的流动。

导　言

本书每一章解决房地产金融中的一个不同的问题。其论述并不详尽，事实上，其涵盖的范围也有限，但是当学完本课程后，你对房地产金融将会比现在有更深入的认识，虽然在很多方面还会存在不足。除从现实世界获得经验外，通过深入学习本书中的各个课题，你将获得更多关于房地产金融的知识。如果你是出于专业目的涉足房地产金融领域，你将通过日积月累的实践得到更多的知识。即便如此，你还是需要从本书中获取尽可能多的教益。鉴于此，你需要从本章开始，了解房地产金融的框架，即什么是房地产金融及其产生的环境是怎样的。随着逐章推进，你将学习到房地产金融的各个课题。在介绍每个课题时，我们尽量将其引入金融模式的总体框架中。你应该明白，解决房地产金融问题的过程实际上就是金融基本原理应用的过程。在重点介绍房地产金融机构的同时，我们尽量把重点放在金融原理和概念上。基本金融原理在房地产中的应用将在第3章中详细介绍。现在，我们来讨论什么是房地产金融。

房地产金融的概念

房地产金融的概念包括以下几个内容：
- 什么是金融？
- 什么是房地产金融？
- 什么是房地产金融的环境？

什么是金融？

金融是研究资金和信用在个人、企业和政府之间转移的过程、机构、市场和工具的学科。金融是应用经济学。经济学研究以为社会各成员提供产品和服务为目的而进行的资源分配。金融研究资金流动和信用如何促进生产和配置。尽管金融可被视为广义经济学领域的一个分支，但是二者的研究重点不同。这并不是说金融与经济学不同或无关，而是其侧重点不同，金融比传统的经济学研究更多地运用了某些概念。金融与经济学的研究重点存在着多个方面的不同。

如果你曾上过经济学课程和金融课程，你就能理解两者在研究方法上是不同的。首先，例如，在公司理论中，微观经济学把重点放在利润最大化的假设上。公司在产业结构的限定范围内根据利润最大化的目标来调整其政策。在金融中，至少在管理金融学中，重点是使所有者权益收益最大化，其内容比公司利润最大化要丰富得多。事实上，短视的利润最大化将不能实现公司权益投资价值的最大化。因此，金融与类似公司为融资而发行的证券的特点（负债还是权益）这样的问题有关。而微观经济学课程则很少考虑公司发行的证券的特点。

其次，金融的重点更多地放在个体之间资金的时间性转移上。也就是说，金融考虑资金的时间价值以及利率对资金的时间价值和融资决策的影响。金融与资产的评估相关，评估过程要清楚地考虑与资产所有权相关的现金流量的时间分配。

第三点也与资产评估有关，金融重视现金流量，而不是利润。现金流量很重要，因为可以将其投资于其他产生收益的资产，或者用来减少需花费成本的债务。而微观经济学则重视利润。

最后，金融研究广泛地运用风险的概念。风险是指实际结果（比如投资收益）不同于预期结果的可能性（和相关可能性）。金融考虑风险对资产价值（现金流量）的影响，分析交易的风险—收益。投资者承担额外的风险就要求得到额外的收益，这是一个基本原则。

这些只是金融与经济学研究重点不同的几个方面。金融可以看作经济学的一个子域，但是，大多数人认同金融与经济学的研究重点不同。

什么是房地产金融？

金融有如下几个分领域：

- 管理或公司金融
- 投资和证券（包括房地产）分析以及投资组合理论
- 金融机构和金融服务
- 个人金融
- 保险和风险管理
- 房地产金融

每个分领域研究金融的一个方面。房地产金融的范畴很广，包括对机构、市场和为开发或购买房地产进行资金和信用转移的工具的研究。房地产物业是指与使用房地产有关的权利和特权。房地产是指土地及其上固定不可移动的所有附着物。房地产金融包括但不限于以下研究内容：

- 所有者占用的住宅物业
- 住宅物业租赁
- 住宅物业租赁条款
- 住宅物业评估
- 住宅物业贷款（抵押贷款）
- 住宅物业买卖和交易
- 住宅物业经纪经济学
- 住宅抵押贷款交易市场
- 住宅抵押贷款评估
- 商业物业，包括城区办公楼、郊区办公楼、酒店/汽车旅馆、退休社区、娱乐设施、小仓库、仓库、公寓大楼、工业设施和零售商业设施
- 商业物业贷款
- 商业物业贷款交易市场
- 商业物业贷款评估
- 商业物业投资
- 房地产投资组合
- 房地产税收问题
- 法律和房地产贷款

由于房地产物业不仅仅包括房地产，还包括所有使用房地产的可转让权利和特权，所以房地产金融的研究范围很广。

⊙什么是房地产金融的环境？

金融工具用来转移资金和信用以开发和购买房地产物业。创造和购买这些工具的机构和工具转让市场构成了房地产金融的环境。从本质上讲，这个环境是指美国的金融体制。金融体制的这一部分并非不重要。表1—1显示的是美国2002年固定资产和消费者耐用品的存量。其中私有的非住宅建筑主要包括所谓的商业地产（办公楼、购物中心、工业地产等）。美国经济分析局估计这部分的总价值大约达到7万亿美元。私有的住宅建筑（独户住宅和公寓楼）价值接近12万亿

美元。因此，不计政府建筑，单是私有房地产的总价值在2002年就接近19万亿美元。

表1—1　　　　　　　　美国固定资产和消费者耐用品存量　　　　　　单位：十亿美元

	2001年	2002年
固定资产和消费者耐用品	31 732.3	32 827.2
固定资产	28 662.2	29 631.5
私有	22 684.6	23 412.9
非住宅	11 191.6	11 424.7
设备	4 336.5	4 412.3
建筑	6 855.1	7 012.4
住宅	11 493.0	11 988.1
政府	5 977.6	6 218.6
非住宅	5 730.9	5 977.7
设备	708.8	725.8
建筑	5 022.1	5 251.9
住宅	246.7	240.9
消费者耐用品	3 070.1	3 195.7

从总体上考虑经济，有个名词叫**储蓄—投资循环**，其定义是，储蓄数量等于总投资数量。表1—2给出了2003年美国的总储蓄和总投资。储蓄分为三个部分：个人储蓄、企业储蓄和政府储蓄。在经历了几年财政盈余之后，2003年，联邦政府的储蓄额为负值（财政赤字）。2003年的总储蓄中只有约9%来自个人。企业未分配利润（保留所得）的储蓄为2 727亿美元，另外9 166亿美元的储蓄来自公司和非公司的计提折旧。16 083亿美元的总储蓄带来了等量的"投资"。这并不是指购买股票和债券的投资，而是对新工厂建设、设备和房地产物业的投资。

表1—2　　　　　　　　美国的总储蓄和总投资（2003年）　　　　　　单位：十亿美元

总储蓄		1 608.3
私营总储蓄		1 765.3
个人储蓄	140.8	
企业储蓄		
未分配利润	272.7	
固定资产损耗	916.6	
非公司固定资产损耗	408.7	
政府总储蓄	−378.0	
总投资		1 626.6
私营国内总投资	1 763.5	
政府总投资	351.3	
外国净投资	−488.2	
统计差异		18.3

资料来源：*Survey of Current Business*, 2004. Washington, DC: U. S. Government Printing Office.

金融市场是指使储蓄从所谓剩余收入单位向赤字收入单位转移的机制。为了更好地理解这个过程，让我们来看一个简单的例子。如果一个人的收入大于消费支出，他就是一个剩余收入单位，会增加储蓄数量。与此同时，有一家公司需要建造一个生产车间，但是其收入在抵销费用后不足以支付这一成本，因此需要借钱。这家赤字公司可以发行债券，如果债券被剩余收入单位购买，那么就完成了全国储蓄—投资循环的一小部分。当然，这只是一个很简单的例子，实际的过程要有复杂的市场和机构介入以促使这一循环完成。

图1—1说明了一个储蓄—投资循环中的简单**资金流**。这就是房地产金融产生的环境。图的左侧是有款可贷的剩余收入单位，右侧是需要借贷的赤字收入单位。剩余和赤字收入单位被分为三个范畴：个人（家庭）、企业和政府。剩余和赤字收入单位都存在于这三个范畴里，但是有些范畴为其中一种单位所主导。例如，最近联邦政府成为了赤字收入单位（但是有些州政府是剩余收入单位）。

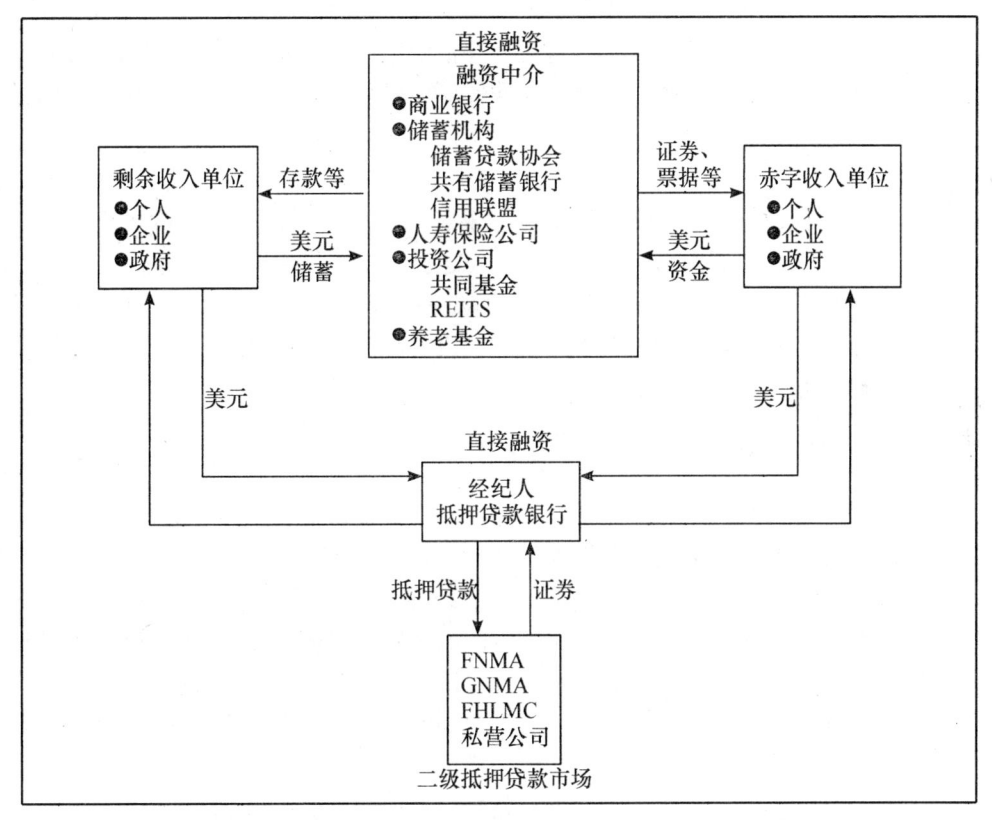

图1—1 储蓄—投资循环中的资金流

剩余资金直接或者通过中介从剩余收入单位流向赤字收入单位。当剩余收入单位把资金直接提供给赤字收入单位时，发生直接融资。交易形式通常为剩余收入单位购买赤字收入单位发行的证券（如债券）。经纪人会使交易更顺畅，但在很多情况下并不需要券商。**金融中介**指把资金从剩余收入单位引向赤字收入单位的金融机构。中介提供的特殊服务将在后面金融中介理论部分讨论。房地产金融特别感兴趣的是二级抵押贷款市场。这里，中介从与剩余收入单位打交道的其他中介或经纪人那里购买住宅和商业抵押贷款。它们购买抵押贷款的资金来自其发行证券的销售所得。例如，二级抵押贷款市场机构通过经纪人把证券卖给剩余收入单位，利用获得的销售收入，通过经纪人来购买赤字收入单位的抵押贷款。

近观金融中介和金融市场

图1—1所示的中介有多种多样的目的和形式，但它们都具有同样的职能——促进金融系统中的资金流动。中介的功能在第三章中会详细讨论。简言之，由于中介在金融市场中所处的特殊地位，它们承担借贷风险或提供相关服务并因此收取费用。第一，它们为存款人（如经常账户）提供流动资产。第二，它们短期借入并长期贷出资金，需要面对利率上涨的风险。第三，它们能够评估借款人的信用风险。由于具备这种评估信用风险的能力，它们能够很好地应对借款人拖欠贷款的风险。接下来让我们简要研究一下一些主要的金融中介机构。

● 商业银行

商业银行吸收活期存款（支票账户）和定期存款（储蓄账户和存款单）。它们也从其他资源借入资金，然后把这些资金提供给个人、企业和政府。商业银行由联邦储备系统监管，其存款由联邦存款保险公司（FDIC）担保。它们是商业房地产贷款，特别是购置开发和建设房地产项目贷款（ADC贷款）的重要来源，也是住宅贷款的来源。

● 储蓄机构

储蓄机构包括储蓄贷款协会、互助储蓄银行和信用协会。它们被称为储蓄机构是因为它们主要吸收个人的储蓄。在20世纪80年代早期以前，它们被禁止吸收活期存款，只能吸收定期存款。现在，它们可以与商业银行竞争活期存款了。储蓄贷款协会与互助储蓄银行之间的区别在于所有权形式。互助储蓄银行的所有权形式（与股份公司相对的合作公司形式）必须经州法批准。约有12个州允许这种形式的所有权。但是，它们之间实际上并没有多大区别。它们有共同的同业公会——美国储蓄和贷款联盟，并由同一个政府机构——储蓄监管办公室（前身为联邦住宅贷款银行委员会）监管。它们的存款也由FDIC担保［1990年以前它们的存款由联邦储蓄和贷款保险公司（FSLIC）担保］。信用协会受其章程所限只能服务于指定的会员，如某公司的员工、政府单位或者其实体。它们由全国信用联盟管理委员会（NCUA）监管，其存款由联邦担保的国家信用协会股份保险基金担保。储蓄机构曾经是住宅抵押贷款的唯一来源。现在二级抵押贷款市场已经代替储蓄机构成为贷款资金的主要来源。1982年以前，储蓄机构的投资行为受到限制，特别是储蓄贷款协会只能投资于住宅抵押贷款。1982年开始解除对储蓄机构的限制，允许它们将投资范围拓宽到更具商业性的房地产投资领域。

● 投资公司

投资公司把多个储户的资金集合起来并用于投资组合中。许多公司只投资于股票，其中一些专攻成长股、收益股或某些行业的公司股票。一些名为房地产投资信托（REIT）的投资公司，专门进行房地产或房地产抵押贷款投资。其他公司投资于抵押贷款类的证券，如政府国民抵押贷款协会（GNMA）的债券。

● 保险公司

保险公司，特别是人寿保险公司，通过定期或一次性收取个人或机构的付款，换取保险公司在将来意外发生时给予赔付的承诺。它们需要将这些资金进行投资，建立储备金，到意外发生时用于支付索赔款。人寿保险公司由于投资期限很长，多投资于商业房地产项目。

● 养老基金

私营**养老基金**把员工缴纳的份额汇集起来，并像保险公司那样进行投资。它们建立储备金用以满足缴纳者的退休需求。目前，它们谨慎地在商业房地产项目上进行投资。但是，这种投资预期在将来会增加。

● 直接融资

在储蓄—投资循环中的大部分资金流并不经过中介。剩余收入单位在促成交易的经纪人帮助下把资金直接提供给赤字收入单位。这样，当某个人从联邦政府那里直接购买债券或者卖房者给买房者开出借据时，**直接融资**就发生了。这时经常会有一个经纪人介入，就像购买大多数公司证券时的情景一样。

● 二级抵押贷款市场

研究房地产金融的人特别感兴趣的是**二级抵押贷款市场**机构和公司的作用。这些机构和公司包括联邦国民抵押贷款协会（FNMA）、政府国民抵押贷款协会（GNMA）、联邦住宅贷款抵押公司（FHLMC）、联邦住宅贷款银行委员会以及许多私营公司。它们（常借助经纪人）通过发行抵押贷款相关证券（MRS）获得资金，然后将资金用于购买抵押贷款支持证券。抵押贷款产生的现金流用来支付抵押贷款相关证券的利息。让我们来区别一下二级和一级市场，来看看二级市场对于资金在金融系统中有效流动的重要性。

● 一级和二级市场

你肯定对证券交易市场很熟悉，比如纽约债券交易所和纽约股票交易所。现有的证券在这些交易市场上买卖，而证券的持有者并没有发行或创造这些证券。

当赤字收入单位创造或者第一次出售其证券时，交易就在**一级市场**上发生了。二级抵押贷款市场机构和公司的由来是它们买（卖）了其他贷款人原先已经发行的抵押贷款支持证券。也就是说，它们并不向借款户发放抵押贷款。当贷款人向家庭发放抵押贷款时，交易发生在一级市场。一级市场创造新的证券，而其后证券的任何交易都发生在**二级市场**上。

货币和资本市场

金融市场可分为两类：货币市场和资本市场。两者都涉及信贷使用者和提供者之间的资金流。**货币市场**交易短期证券（一年内到期），而**资本市场**交易长期证券（到期时间在一年以上）。许多机构在两个市场上都进行交易。例如，联邦政府既发行短期国债又发行长期国债来缓解其赤字。公司通过长期债券和自有资金来进行资产融资，但偶尔也需要进行短期融资。抵押贷款支持证券是长期证券。在房地产项目完成时由长期固定贷款再融资，需要进行短期购置开发和建设贷款的情况除外。

本书的组织体系

本书的其余部分组织如下：以第2、第3章结束第一部分。第2章探讨如何确定利率。利率是信用的"价格"，了解利率是如何确定的对于理解房地产金融市场非常重要。第3章介绍了金融的基本原则，并说明如何将其运用于房地产。主要介绍了资产评估、金融杠杆和资本结构、期权评估、金融中介理论、投资组合理论、有效市场理论和代理理论。这些基本金融原则在本书其他部分将适时地得到运用。

第二部分的11章论述住宅房地产金融。第4章介绍了二战前住宅金融的历史，并介绍了固定利率分期付款。第5章讲述战后每十年的历史，说明了住宅房地产市场是如何演变到现在的市场结构的。第6章检验了其他抵押贷款工具。第7章分析为购买房地产而融资的方法和交易价格之间的关系。第8、第9章讨论联邦住宅政策，从住宅支付能力、市场效率、住宅金融市场竞争和公平四个角度进行介绍。随后的两章用来让读者熟悉二级抵押贷款市场。第10章讲述二级抵押贷款市场的结构，描绘了二级抵押贷款市场上的主要机构及其发行的抵押贷款相关证券。第11章讨论这些抵押贷款相关证券的现金流量和评估。第12章重点放在贷款人的风险控制上，讨论了标准的借款人资格和贷款方法、程序。第13章描述了贷款发起和处理程序中的各个步骤，同时总结了抵押人的行为。第14章讨论了政府和私营抵押贷款保险项目，结束了住宅融资部分。

第三部分介绍商业房地产金融。第15章研究金融杠杆和资本结构的理论层面。第16章介绍商业房地产的联邦税制环境。第17章简要描述了商业房地产购买和开发的资金来源，其中介绍了资本市场在商业房地产融资途径中所扮演的日益重要的角色,即使用商业抵押贷款支持证券来为商业房地产融资。随后的3章讨论了几种不同的融资安排。第18章概述了购置、开发和建造融资。第19章研究了多种不同的长期贷款安排,包括自有资金参与的贷款和售后回租安排。这一部分的最后一章,即第20章,讨论了商业房地产的多种所有权形式,如房地产投资信托和房地产有限责任合作企业这样的投资机构。

第四部分以相关的金融话题结束了本书的正文。第21章检验了为商业房地产的大投资者(有时指机构投资者)考虑的投资组合。第22章讨论了房地产金融中的贷款人责任、代理问题、欺诈和职业道德等问题。如前所述,我们通篇都把重点放在如何将金融原理运用到房地产中。

关 键 词

资本市场	全国信用联盟管理委员会
商业银行	养老基金
直接融资	一级市场
金融	风险
金融中介	储蓄—投资循环
资金流	二级市场
保险公司	二级抵押贷款市场
投资公司	储蓄机构
货币市场	

推荐读物

Brick, J. R, ed. 1981. *Financial Markets: Instruments and Concepts*. Richmond, VA: Robert F. Dame.

Clauretie, Terrence M. 2003. *Commercial Real Estate Finance: An Introduction*. Washington, DC: Mortgage Bankers Association.

Hancock, Diana, and James A. Wilcox. 1997. Bank capital, nonbank finance, and real estate activity. *Journal of Housing Research*. 8 (1), 75-105.

Jaffe, A. J., and C. F. Sirmans. 1995. *Fundamentals of Real Estate Investment*, 3rd ed. Mason, OH: Thomson/South-Western.

Miles, M., et al. 1991. *Real Estate Development Principles and Process*. Washington, DC: Urban Land Institute, chap. 3.

Moyer, R. C., et al. 2003. *Contemporary Financial Management*, 9th ed. Mason, OH: Thomson/South-Western.

Shilling, J. D. 2002. *Real Estate*, 13th ed. Mason, OH：Thomson/South-Western.

Smith, C. 1990. The theory of corporate finance：An historic overview. In C. Smith, ed., *The Modern Theory of Corporate Finance*. New York：McGraw-Hill.

复习思考题

1. 什么是金融学？金融学的侧重点与传统经济学有什么不同？
2. 什么是房地产金融？房地产的哪些话题是与房地产金融有关的？
3. 现金流量循环说明了什么？
4. 列出金融中介的五种类型并分别加以简要说明。
5. 区别一级和二级市场，并分别举例。
6. 指出货币和资本市场的区别。大部分房地产金融发生在哪个市场，为什么？

相关网站

http：//www. fdic. gov/
FDIC 提供的商业银行与储蓄贷款协会信息

http：//www. real-jobs. com
房地产职业信息和潜在雇主

http：//www. census. gov
就业与就业市场数据

http：//www. doc. gov
商务部网址上的 GNP 及其客户的数据

http：//www. stls. frb. org/fred/
包括货币供应和利率等的全面经济数据

http：//www. ffiec. gov
联邦金融机构监管委员会网址

http：//www. economagic. com
关于经济时间序列的十万多个数据文件，许多配有图表

第 2 章

货币、信用和利率的确定

学习目标

通过本章的学习，可了解货币和信用的供给与需求是如何与经济相互影响的，进而如何影响利率的总体水平。在本章中你会发现利率水平及其稳定性对房地产行为影响巨大。利率影响抵押贷款和购买住宅的需求，利率提高会降低住宅的支付能力。利率也会影响与抵押贷款和其他房地产证券有关的现金流量的时间和价值。例如，如果利率下降，许多房主会为其现有的抵押贷款进行再融资，以缩短到期时间。你还会了解每种借贷工具的收益率是如何确定的。最后，你应明白为什么到期期限不同的证券在任何时间都会有不同的收益率，以及这些差异将如何影响金融市场对远期利率变化的预期。

导 言

我们将在本章探讨利率的确定。我们从讨论经济和利率的关系入手，关注决定总体利率水平的方式。我们会经常听到金融市场的利率周期性地变动的消息。利率的"总体"水平是本章第一部分的重点。然后我们探讨每种具体债务证券利率的确定，在此我们会发现决定利率或收益率（本章中的"利率"和"收益率"两词可互换）的各种证券所具有的特性。最后，我们会揭示现行利率如何预示远期利率的变化方向。

利率的总体水平

要了解经济中的各种力量如何通过相互作用来决定利率水平，首先需要假设只存在一种信用工具。但实际上存在着数百种不同的信用工具,每种工具都有自己的利率(收益率),它们不仅反映总体经济状况,而且反映发行者面临的各种特定风险因素。这一部分我们将重点放在总体利率水平而不是受不同信用工具的独特风险特性影响的单个利率上。为此,有必要假设经济中只有一种信用市场工具。为运用这样的简化模型,我们来考虑一种债券。[1]

假定该债券各方面都不存在风险。发行者将确定无疑地支付所有本金和利息,而且这种工具可以按一定的价格立即出售变现。最后,假设在未来任何时间都没有通货膨胀(或紧缩)预期。

该债券的价格与市场要求的利率负相关,价格由利率决定。如果该债券承诺在无限年内每年支付 1 美元(从不偿还本金),市场利率是 10%,那么其价格为 10 美元。每年 1 美元的付款是这 10 美元投资 10% 的收益(1 美元/10 美元＝0.1)。如果市场要求的利率是 12.5%,那么该债券将以 8 美元的价格出售,1 美元的付款是该项投资 12.5% 的收益(1 美元/0.125＝8 美元)。注意,债券的市场价值可由其价格或其利率确定。

图 2—1 给出了债券在两种情况下的供给和需求。图 A 代表了以价格表示的市场,图 B 代表以利率表示的市场。图 A 是由一条向上倾斜的供给曲线和一条向下倾斜的需求曲线构成的传统图形。当价格上升,供给者(需要信用者)需要在市场中引入更多的债券,因为债券价格升高会降低发行者的利率或利息成本。价格下降(利率升高)会导致需求量增加。两条曲线的交点形成均衡价格。曲线在图 B 中是反方向的,因为纵轴表示的利率与价格成反比。

在这个简单模型中均衡利率的值是多少?这很难说,因为为说明这个简化市场而采用的假设条件在现实世界中是永远不会实现的。从来没有出现过这样的利率。最接近的情况是在无通胀或低通胀时期的国库证券,如 20 世纪 30 年代或 50 年代早期。那时,国债的年收益率是 2%~3%,国债的投资者每年的预期收益率是 3%,并不因为通货膨胀而遭受损失。因此,这一利率被称为实际利率。实际利率即为无通胀环境下无风险债券的均衡利率。

一旦考虑风险、通货膨胀的可能或其他因素,图 2—1 中的供求曲线就会移动。由于图中所示的是利率确定的简化过程,大量的现实因素将决定曲线的位置以及特定证券的利率。这些因素将在下文进行分析,我们首先来讨论通货膨胀。

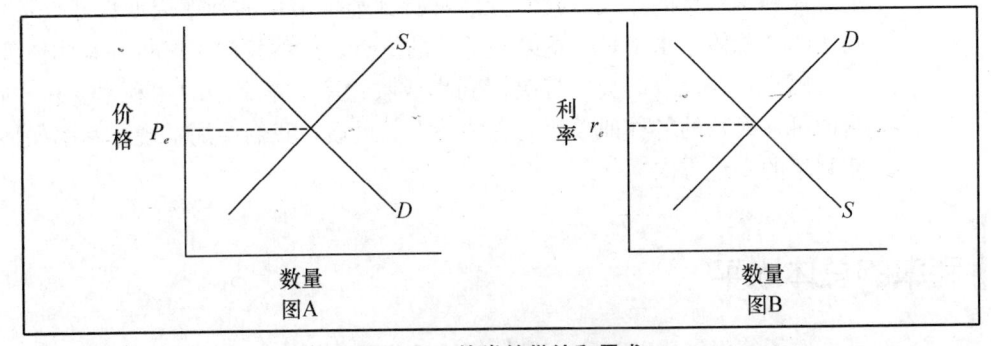

图 2—1 债券的供给和需求

货币、经济和通货膨胀

在这一部分我们来介绍货币和利率的变动机制,其经营过程如下:

货币供给→经济→通货膨胀→通胀预期→信用市场→利率

这个货币—通货膨胀—利率的机制已经研究和总结了数十年。研究这些关系的经济学家之一是欧文·费雪(Irving Fisher),20 世纪早期美国的一位经济学家。

交换方程

费雪提出了著名的**交换方程**。[2]

$$MV=PT \qquad (2—1)$$

式中,在给定的时间段内;如一年,M 表示货币供给;V 表示**流通速度**;P 为价格总水平;T 为交易量。流通速度是一年内 1 美元的平均周转次数,等于年货币交易总量除以货币供给。

方程中的各项各有其定义。左侧是存量(M)和流量(V)的乘积,代表花费在商品和服务上的货币总量。右侧也是存量(P)和流量(T)的乘积,代表销售商品和服务收到的货币总量。这种定义是正确的,因为经济中一年的支出总量等于收入总量。方程的意义在于其对变量的变动及其关系的假设。费雪的统计研究表明货币的流通速度相当稳定,只会在长期内逐渐变化。而且,在就业充分的经济中,限于实际资源的总量和增长情况,交易总量只能缓慢增加。这就使得货币供给与价格水平正相关,不会无限制地增加。此外,价格水平在模型中是因变量,由货币供给的变化决定。

考虑方程中的变量逐年变化的可能取值。如果交易量只能以实际资源的增长率(按历史经验每年 2%～3%)递增,那么若货币供给的增长超过这一比率将会导致价格水平上涨。假定货币流通速度稳定并且交易量的增长率有限,则价格上涨(通货膨胀)率将比货币供给的增长率低 2%～3%。**通货膨胀的货币理论**很有名,为许多经济学家普遍接受,其中以米尔顿·弗里德曼(Milton Friedman)[3]为代表。很明显,在就业充分的经济中,实际交易量的增长有限,取决于实际资源的增长。米尔顿·弗里德曼认为,货币的流通速度是稳定的,它取决于对实际资源的需求(公众保持实际货币平衡的需求),而这种需求又主要取决于缓慢变化的体制因素,这就使得货币供给与价格联系在一起。证据也表明,在因果关系中,货币为因,价格为果。也就是说,货币供给增加会导致价格水平的相应变化。没有证据表明价格上涨后,货币供给会发生相应变化。总之,理论和事实都有力地支持通货膨胀是一种货币现象,起因于货币供给的增加超过了货物和服务的增加。

● 费雪方程

通货膨胀率在决定市场利率中起了重要作用。在另一项工作中,费雪提出了一个以他的名字命名的著名方程。[4] 这一方程不能与他先前提出的交换方程混淆。**费雪方程**完成了货币—通货膨胀—利率机制的最后部分。总的来说,经济学家们一致认为,在通货膨胀,特别是在多年持续通货膨胀的情况下,会产生对未来通货膨胀的预期。**通胀预期的调整模型**假定信用市场主体根据最近的经验调整其未来近期的通胀预期。

费雪从**实际利率**入手,认为实际利率是在无通货膨胀的环境下无违约风险债券的利率,这种债券没有不还本金的风险。投资者预期能够通过储蓄和投资真正地富裕起来。例如,以实际利率投资 100 美元,他们能在 1 年后得到 103 美元。如果没有通货膨胀的话,他们的财富实际上增加了 3%。然而,如果该年内 5% 的通货膨胀不期而至,那么年末 103 美元财富的实际购买力将只有 98 美元(103 美元/1.05)。此外,预期同样的通货膨胀率的借款人将用贬值的现金偿还本金,他们愿意支付更高的名义利率。在这种情况下,通胀预期就与名义利率结合在一起了。费雪方程将这种关系表述如下:

$$i = r + p \qquad (2—2)$$

式中,i 是信用市场中的均衡名义利率;r 是实际利率;p 是债券到期期限的预期通货膨胀率。例如,8% = 3% + 5%。你现在可以看出为什么很难得到实际利率了。尽管在市场上可观察到名义利率,但是我们并不能准确地衡量通货膨胀预期,只能近似地估计。如果从头到尾来考察货币—通货膨胀—利率机制,因果关系是从货币到经济到通货膨胀到通胀预期到信用市场再到利率。此外,货币供给的持续实质增加会造成市场利率的提高。20 世纪六七十年代的经验是这一机制发生作用的绝佳例证,在此期间货币供给的快速增长与很高的市场利率(在几年宽松的货币政策后于 1981 年达到最高点)息息相关。图 2—2 表示了 1960 年到 2000 年每年的一年期国债利率与上年通货膨胀率之间的关系。例如,1980 年的一年期国债的利率约为 13%,数字显示上年的通货膨胀率也是 13%。几乎重合的曲线表明,利率和上年通货膨胀水平之间有密切的相关关系。这是通货膨胀和利率之间联系的生动证明。

● 吉布森悖论

尽管有证据支持货币—通货膨胀—利率机制,但是并非所有的经济学家都认为货币供给增长率的提高必然会导致更高的名义利率。他们认为,货币供给增加除会导致对产品和服务的需求增加外,还会增加对债券的需求,这会迫使利率下降,给债券带来升值压力。这就叫做流动性效应,并为战后时期(20 世纪 40—60 年代)的凯恩斯主义经济学家充分接受。有趣的是,凯恩斯自己注意到了 A. H. 吉布森(Gibson, A. H.)在《银行家杂志》(*Bankers Magazine*)上发表的一系列文章。[5] 这些文章重点阐述了英国一个多世纪以来债券的利息收益与总体价格指数之间密切的正相关关系。吉布森提到了如图 2—2 所示的同样的关系。凯恩斯认为,这种关系不只是巧合,相信可以总结出一个通用模型来解释。换句话说,凯恩斯自己并没有毫无保留地接受流动性效应。结果费雪方程成为可以解释这种关系的模型。

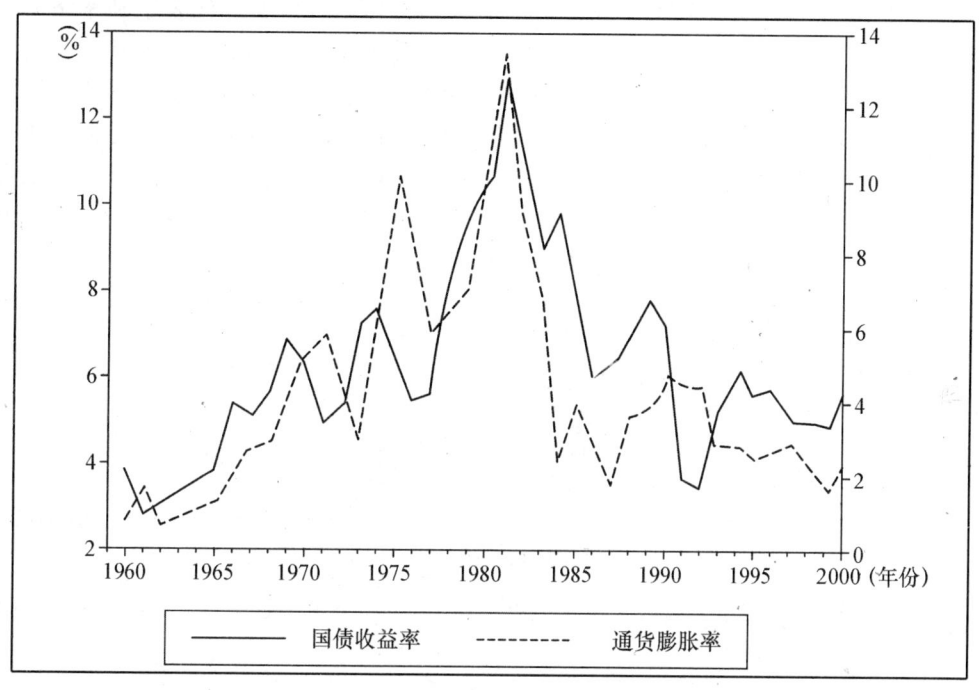

图 2—2　通货膨胀/国债收益率

那些坚信货币供给增加会压低利率的人只关注了整个机制中的一个因素。他们用对产品和服务需求(通货膨胀)以及对债券的需求增加来解释货币的影响,但是忽略了通货膨胀和通胀预期对信用市场的远期影响。下面我们来讨论这些影响。

❖流动性、收入和价格预期效应

货币供给增加对信用市场产生三种效应:流动性、收入和价格预期效应。**流动性效应**,为凯恩斯主义经济学家所认可,指出了货币供给增加对利率的最初短期影响。货币供给增加会导致个人拥有富余的现金,会造成他们通过购买更多的债券重新调整自己的投资组合。对债券需求的增加会压低利率,但这只是一个短期效应。最终,货币供给增加也会溢出性地导致对产品和服务的更大需求,带来全国性的收入增加。

收入效应则在更高的收入水平导致信用需求(债券供给)增加时发挥作用。商业界会要求更多信用(发行债券)来扩充它们的工厂和设备以满足社会对其产品需求的增加。家庭也会增加其信用需求以购买耐用商品,如住宅、汽车和家用电器。来自两个部门的信用需求的增加会给利率水平带来上升压力。最后，费雪方程中表述的**价格预期效应**，反映出未来的通胀预期会导致信用供给（以现行利率）减少。

图2—3总结和论证了这三种效应。供给和需求曲线，S和D，复制于图2—1中的图A，是无通货膨胀环境下无风险债券的初始曲线。它们建立了P_1价格水平下的实际利率。纵轴表示债券的价格。价格上升代表了利率下降，反之亦然。流动性效应使得债券需求从D上升到D'。债券价格（利率）最初上升（下降）到P_2。由于货币供给增加导致收入增加，企业和家庭需要更多信用，也就是说，他们供应额外的债券。供给曲线从S向右移动到S'，使债券价格下降到P_3；利率现在是上升的。最后，预期未来会发生通货膨胀的市场参与者将其信用供给（对债券的需求）从D'减少D''。最终的均衡价格P低于最初的价格，表明市场利率已高于其初始水平。

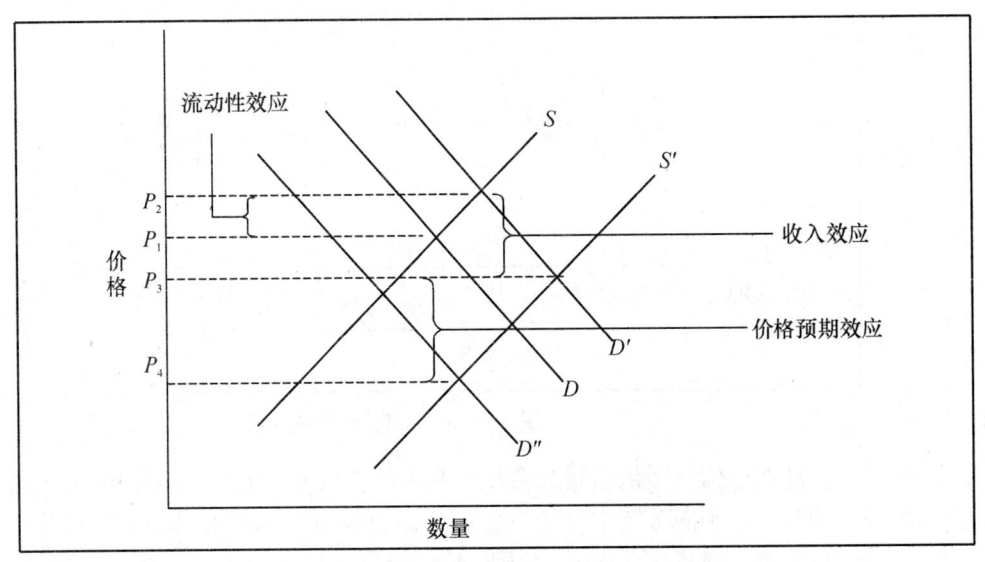

图2—3 债券的供给和需求

特定信用市场工具利率的确定

2002年美国经济的通货膨胀率为1.60%。如果使用费雪方程来解释无风险债券（假定实际利率为2%）的名义利率，那么短期国债2003年的收益率应为3.60%。实际上，2003年国债的平均收益率是大约4.02%，很接近3.60%。上述收益率仅仅反映了通货膨胀率，因为短期国债除了通货膨胀风险外没有其他任何风险（长期国债还有期限风险，如下文所述）。如果考虑非国债证券，那么还必须要考虑其他风险因素。

表2—1列出了各类非国债证券的收益率。收益率之间的差异反映了各类证券不同的风险特性。风险特性包括违约、提前偿还、到期期限和上市流通能力。

表 2—1 某些债券的收益率（2004 年 5 月）

债券	收益率（%）
一年期国债	1.80
五年期国债	3.87
十年期国债	4.78
GNMA6 点证券	5.73
联合百货公司债券，2010 年到期	4.97
Lowes Cos.，2010 年到期	4.34
通用汽车，2016 年到期	6.98
Showboat，2008 年到期	9.10

● 违约风险

违约风险是债券发行人不能按约定责任支付利息和本金的风险。评级机构，如标准普尔和穆迪，会调查发行债券的政府和公司的财务实力。这些机构的评级如表 2—2 所示。由于较低的评级反映出更大的违约可能性，级别较低的债券的利率会高于级别较高的债券。收益率为 4.97% 的联合百货公司（Federated Dept. Stores）债券（BBB 级）与收益率为 4.34% 的 Lowes Cos. 债券（A 级）之间的差别至少在一定程度上反映出前者具有更高的违约风险。请注意两种债券的到期时间相同（都为 2010 年 6 月 1 日），所以收益率的差别不是因为期限问题（到期期限）。而且两种债券都属于同一行业（零售业）。另外请注意，这两种债券的收益率都比相同到期期限的国债要高，亦即高于五年期国债 3.87% 的收益率。这两种不同债券（以及它们与国债之间）收益率的差别就反映了不同的违约风险。

表 2—2 机构评级描述

穆迪	标准普尔	质量指示
Aaa	AAA	最高质量
Aa	AA	高质量
A	A	中上级
Baa	BBB	中级
Ba	BB	包含投机因素
B	B	完全投机
Caa	CCC&CC	明显可能违约
Ca	C	违约，只可能部分回收
C	DDD-D	违约，可能很少回收

● 回购风险

回购风险指债券的发行者有可能在债券到期之前就以面值（本金额）或接近面值的数额将其还清（要求赎回）。不可提前偿还债券不能在到期前偿还。如果市场利率跌至低于债券利率，则不可提前偿还债券的投资者会因此受益。如载有高于市场利率的优惠利率，则不可提前偿还债券的市场价值会高于其面值。如果同等风险债券的市场利率是10%,那么载有14%优惠利率(1 000美元面值债券每年的优惠还款额为140美元)的不可提前偿还债券的市场价值应约为1 200美元。发行后,可提前偿还的同等风险债券的价值就较低,或者利率较高,因为发行者可能会利用可提前偿还这项权利以接近面值(1 000美元)的价格赎回债券。发行者可能会通过以更低的利率发行新债券来为偿还老债务融资。

回购风险的溢价可从政府国民抵押贷款协会(GNMA)证券中看出。第10章和第11章对这些债券有更加详尽的论述。本质上讲,它们是由一组抵押贷款担保的证券,这些抵押贷款有比债券利率高0.5%的优惠利率。如果房主决定在到期前偿还抵押贷款,那么全部本金会转移给GNMA债券持有人,将来不会因此本金再产生利息费用。房主发行了一种可提前偿还的债券(抵押贷款),有可能在市场利率降至低于抵押贷款利率时,行使提前偿还的权利。房主会以更低的利率为抵押贷款再融资。由于GNMA债券持有人在利率下降时并不会因债券升值而受益,他们会面临回购风险。表2—1中的GNMA6点债券现行优惠利率为6%,高于十年期国债利率4.78%。(GNMA6意味着投资者每年获取6%的收益。)由于存在回购风险,它们的市场价较低,到期前的年利率要稍高(5.73%高于4.78%)。较高的利率并不是来自违约风险,因为担保GNMA债券的抵押贷款都是由FHA或VA保证的。此外,GNMA是住宅和城市开发部的一个机构,能够保证按时向债券持有人支付利息和本金。因此,较高的利率必定是因为存在回购风险。

到期期限风险

到期期限风险是指与到期期限较长的债券有关的风险。实际上这里有两种相关的风险。首先,在利率变动时,到期期限长的债券的价值变化大于到期期限短的债券。这叫做利率风险。到期期限长的债券利率风险更大,是因为它们的期限更长,此间利率可能会发生变化。其次,购买力风险随到期期限增长而增加。购买力风险是指通货膨胀会造成债券本金额价值的损失。若其他条件相同,到期期限长的债券定价会较低,以获得比短期债券更高的收益率。这种利率差别可部分地从十年期国债和一年期国债的收益差别中得到例证。

上市流通风险或流动性风险

上市流通风险指债券可能无法在大规模有组织的市场上交易的风险。不能以面值将证券快速售出变现会导致投资者需要一个收益保险。虽然表2—1中没有列出,但这种证券是存在的。小城市政府或小公司发行的债券就是例子。如果把所有这些非通货膨胀风险集合起来构造一个风险溢价的概念,下面的等式就描述了某一特定证券的回报:

$$i = r + p + k \tag{2—3}$$

式中,i是名义利率;r是实际利率;p是预期通货膨胀率;k是该证券特有的其他风险因素。

例如，GNMA12 点债券的利率可以用下面的等式近似表示：

$$5.73\% = 2\% + 2\% + 1.73\%$$

收益曲线和远期利率

表 2—1 中十年期和一年期国债利率之间的差距大约为 3%。为什么会存在这个差别？在违约、提前偿还以及流动性风险方面，两种工具之间没有差别。表 2—3 显示了 2004 年 5 月到期的不同期限国债所具有的不同利率，通常，随着期限增长，利率有所提高。然而，证券之间的利率差别不仅仅是由于到期期限风险所致。图 2—4 中的收益曲线形象地说明了表 2—3 中不同债券的到期期限与其利率之间的关系。收益曲线是表现某时点同级别的债券到期期限与利率之间关系的曲线。在给定日期的收益曲线并不总像图 2—4 所示的那样。其他的收益曲线如图 2—5 所示。你可能会奇怪，为什么收益曲线不是平的或者为什么在不同时间会有这么多种不同的曲线。有三种理论来解释收益曲线的形状，从中我们可以看出收益曲线的形状为什么会与单凭到期期限风险预计的形状不同。

表 2—3　　　　　　　　　　国债收益（2004 年 5 月）

到期期限	收益率（%）
3 个月	0.94
1 年	1.80
2 年	2.59
3 年	3.17
5 年	3.87
7 年	4.44
10 年	4.78
20 年	5.53
30 年	5.57

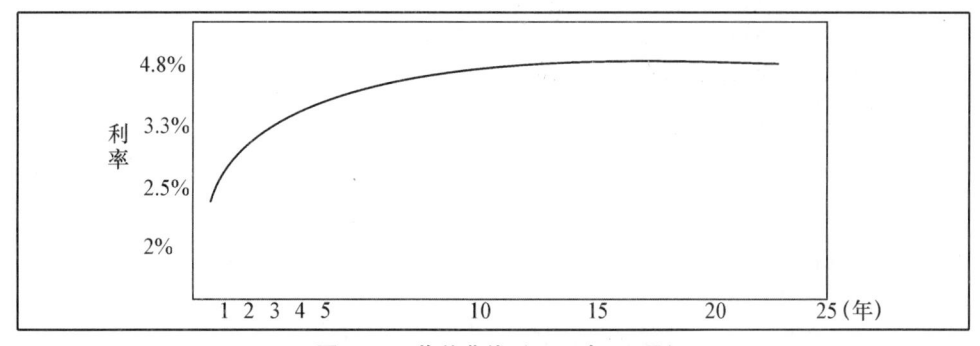

图 2—4　收益曲线（2004 年 10 月）

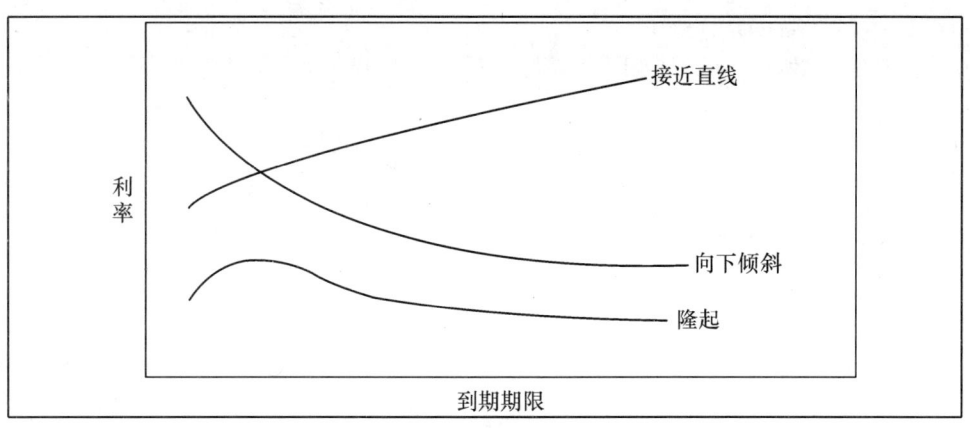

图 2—5　收益曲线举例

● 流动性溢价理论

根据**流动性溢价理论**，长期利率比短期利率要高，因为长期债券要支付给投资者一笔保险费，否则他们不愿意将他们的资金长期绑定。

如果有流动性溢价，其数额可能很小，当然不足以解释长期利率为什么偶尔会低于短期利率的情况。这就需要一种更通用的解释。

● 市场细分理论

市场细分理论认为有两个（或两个以上）市场用来交易不同到期期限的证券。就像有两个市场用来交易苹果和橙子，每个市场都有自己的均衡价格，根据这一理论，证券市场也是同样的。不同的市场之所以存在，是因为一些机构投资者对短期和长期证券有各自不同的需求。

例如，养老基金可能只会需要长期投资，而商业银行会更倾向于短期证券。市场参与者不同，市场的均衡利率就不同。这个理论提出了一个勇敢的假设：投资者不会因为收益率差别而改变对证券的偏好。这个假设是不成立的。如果偏好短期投资的投资者注意到一种长期证券可以获得更高收益，她会产生改投长期证券的动机。只要能在流动市场（如国债市场）上将短期证券变卖，她会随时出售，有效地使其提前脱手以满足她的特殊需要。注意，如果这个投资者预期利率会在她打算在市场上卖出证券的时候上涨，那么她可能不会转为投资长期证券。利率上涨会导致价值下跌，可能还会导致亏损。如果没有利率变化的预期，就没有理由期望投资者会把自己划归为某种到期期限类型，同时忽略其他到期期限带来的额外回报。但是，细分可能会发生在有利率改变预期的情况下。如果投资者预期利率会发生某种变化，要吸引其进入某到期期限细分市场，必须有更高的收益。这是收益曲线的第三种解释。

● 预期理论

要理解**预期理论**，可以看一下表 2—3 中的收益率。先来分析年一年期和二年期两种国债的收益率，分别为 1.80% 和 2.59%。这两种收益率是 2004 年 5 月观测到的均衡利率。由于是均衡利率，这两种证券的供给和需求是相等的。投资者没有在两者之间转换投资使均衡利率浮动的意愿。

假设一个投资者有 1 美元可以进行为期两年的投资。在 2004 年 5 月，他（至少）有两种选择。一是买二年期国债，年综合利率是 2.59%。二是买年利率为 1.80% 的一年期国债，然后在 2005 年 5 月滚动买进另一期的一年期国债，利率由当时的市场确定。初始投资为 1 美元，在两种选择下，他的财富在 2006 年 5 月分别为：

选择 1： 1 美元 $\times (1.025\,9)^2$

选择 2： 1 美元 $\times (1.018) \times (1+r_1)$

其中，r_1 等于 2005 年 5 月市场确定的一年期利率。

由于一年期和二年期证券市场在 2004 年 5 月是均衡的，投资者必然把这两种选择视为同等。因为不管作何种选择，他们对 2006 年 5 月的财富状况预期是相同的，两种选择没有差别。因此，投资者会认为：

$$1 \text{ 美元} \times (1.025\,9)^2 = 1 \text{ 美元} \times (1.018) \times (1+r_1)$$

或者

$$(1+r_1) = (1.025\,9)^2/(1.018) = 1.033\,8$$

两种选择没有差别，投资者在 2004 年 5 月就会预期 2005 年 5 月的一年期市场利率必定为 3.38%。他们预期利率会提高。投资于年利率为 2.59% 的二年期债券，或者投资于利率为 1.80% 的一年期债券并在第二年以 3.38% 的年利率滚动投资，投资者两年后的收益是相同的。

同样可计算出 r_2，即投资者预期未来两年后（本例中指 2006 年 5 月到 2007 年 5 月）的年收益率。因为表 2—3 中的三年期年收益率是 3.17%，可以使用下面的等式：

$$1 \text{ 美元} \times (1.025\,9)^2(1+r_2) = 1 \text{ 美元} \times (1.031\,7)^3$$

$$(1+r_2) = (1.031\,7)^3/(1.025\,9)^2 = 1.048\,8$$

$$r_2 = 4.88\%$$

投资者认为在 2006 年 5 月，第三年的利率相对于第二年会小幅上涨。

有时候，长期利率会低于短期利率。比如，观察到一年期利率会高于二年期利率并非不寻常。在这种情况下，可以看出投资者预期远期利率会下降。

预期理论解释了不同斜率的收益曲线为什么会大范围存在。总体来说，向上倾斜的曲线表明市场参与者预期远期利率会提高，向下倾斜的曲线表明预期利率会降低。

小 结

经济情况，包括实际的通货膨胀及通胀预期，决定了利率的总体水平。如果没有通胀预期，无风险利率会等于实际利率。无风险债券的名义利率可用费雪方程描述，实际利率加上通胀预期得到名义利率。各种证券的风险特性使得其名义利率会因那些风险因素而提高。各种证券不同的特定风险因素包括违约、到期期限、提前偿还和上市流通能力（流动性）。

收益曲线说明了到期期限不同的证券的利率，包含了对远期利率的市场预期。向上倾斜的曲线表明预期远期利率会提高，向下倾斜的曲线表明预期利率会降低。

关 键 词

通胀预期的调整模型	流动性溢价理论
回购风险	市场细分理论
违约风险	上市流通（流动性）风险
交换方程	到期期限风险
预期理论	通货膨胀的货币理论
费雪方程	价格预期效应
吉布森悖论	购买力风险
收入效应	实际利率
利率风险	流通速度
流动性效应	收益曲线

推荐读物

Evans, M. D., and K. K. Lewis. 1995. Do expected shifts in inflation affect estimates of the long-run Fisher relation? *Journal of Finance*, L (1), 225−253.

Laidler, D. E. 1985. *The Demand of Money*, 3rd ed. New York: Harper & Row, chaps. 5 and 7.

Poole, W. 1978. *Money and the Economy: A Monetarist View*. Reading, MA: Addison-Wesley, chaps. 2, 3, and 5.

Price, K., and J. Brick. 1985. The term structure: Forecasting implication. In J. Brick, ed., *Financial Markets Instruments and Concepts*. Richmond, VA: Robert F. Dame.

Reilly, F., and R. Sidhu. 1981. The many uses of bond duration. In J. Brick, ed., *Financial Markets Instruments and Concepts*. Richmond, VA: Robert F. Dame.

复习思考题

1. 什么是实际利率?给出两个原因解释为什么公司债券的实际收益率会高于实际利率。
2. 什么是交换方程?交换方程如何运用于解释通货膨胀的货币理论?
3. 什么是吉布森悖论?什么是费雪方程?两者之间的关系如何?
4. 列表解释与特定证券相关的风险类型。
5. 什么是收益曲线?就为什么长期和短期国债在同一日期的收益率不同,给出三种解释。
6. 现在,一年期国债的利率为7.8%,二年期的为9%。为什么由此就能得知一年后一年期国债利率的市场预期?该利率会比现在的一年期利率高还是低?给出其估计值。
7. 说明可回购抵押贷款(抵押贷款担保的传递证券)的含义。

习 题

1. 假定费雪方程是准确的,填写缺失的数据。

证券	实际利率	名义利率	预期通货膨胀率
A	3%	8%	
B	3		3%
C	3	6	

2. 假设交换方程是准确的,填写缺失的数据。

证券	货币供给	流通速度	价格水平指数	实际交易量	GNP
A	1万亿美元	4	8	5 000亿美元	
B	1万亿美元		10		5万亿美元
C		5	10	9 000亿美元	
D		5		8 000亿美元	4万亿美元

3. 假设现货币供给量为1万亿美元,流通速度为5。实际交易量为5 000亿美元,价格水平指数为10。假设明年美联储打算将货币供给量增加到1.2万亿美元,实际交易量预计会增加500亿美元。如果货币流通速度保持不变,交换方程每年都有效,那么通货膨胀率是多少?

4. 债券承诺在无限年内每年支付10美元收益,确定不同利率下债券的价格。

利率	价格
8%	——
9%	——
12%	——
14%	——

5. 填写下表中缺失的数据。

证券	无风险利率	名义利率	到期期限风险溢价	回购风险溢价	违约风险溢价
A	3.0%	9.0%	2.0%	1.0%	
B	3.0%		2.0%	2.0%	2.5%
C	2.5%	8.5%	1.0%	2.0%	
D		10.0%	2.0%	1.5%	4.0%

6. （1）根据下列给出的无风险国债的利率，确定 2007 年 1 月 1 日至 12 月 31 日这一年间的预期利率（现在是 2005 年 1 月 1 日）。

到期日	利率
2005 年 12 月 31 日	2%
2006 年 12 月 31 日	3%
2007 年 12 月 31 日	4%

（2）2006 年 1 月 1 日至 12 月 31 日间的预期利率是多少？

相关网站

http://www.interest.com
抵押贷款利率信息
http://www.hsh.com/
历史利率图
http://www.Nmnews.fgray.com
美国抵押贷款新闻
http://www.mortgagemag.com
最新的抵押贷款新闻
http://www.newspage.com
最新的美国抵押贷款新闻

注 释

[1] 广义地讲，抵押贷款是一种债券。

[2] Irving Fisher. *The Purchasing Power of Money*. New York：The Macmillan Company，1922.

[3] Milton Friedman. *Studies in the Quantity Theory of Money*. Chicago：University of Chicago Press，1956.

[4] Irving Fisher. *The Theory of Interest*. New York：The Macmillan Company，1930.

[5] John Maynard Keynes. *A Treatise on Money*. Vol. 2. New York：The Macmillan Company，1930，p. 198.

第 3 章

金融理论和房地产

学习目标

通过本章的学习,你需要理解基本金融原理是如何在房地产中运用的。在本章中对一些金融理论进行了概述,包括资产评估、金融杠杆和最优资本结构理论、期权评估、金融中介理论、投资组合理论、有效市场理论和代理理论等。对这些金融理论在房地产中的深入应用将在以后章节中深入分析。在阅读完本章之后,你应该知道这些金融理论如何运用到房地产的诸多领域。

导　言

许多的金融原理和金融分析都来源于公司管理金融和公司证券市场。但是同样的金融原理可以在与房地产相关的领域中得到应用。因此,除了描述房地产和房地产证券的机构、法律和市场外,我们也将显示金融理论在这些领域的运用。这就是说,我们寻求把房地产机构和市场与金融理论结合起来。下面,我们从资产评估这个基础性的金融概念开始。

资产评估

　　资产评估与最大化投资者财富的原理相关,一项资产随着时间的推移不断地给它的所有者提供现金流量,对资产的评估是根据现金流量的预期数量、时间以及与其相伴的风险进行的。这些因素都包括在以下的**贴现现金流量（DFC）模型**中了：

$$PV = \sum_{i=1}^{n} \frac{CF_i}{(1+r)^i} \tag{3—1}$$

式中，CF 代表周期性的现金流量；r 代表合理适当的贴现率；n 是现金流量的次数。

这个公式适合任何给资产所有者带来现金流量的资产。在房地产中，这些资产包括权益，如土地和房屋、房地产抵押贷款、房地产抵押贷款支持证券（传递证券、抵押贷款支持债券）、房地产购买期权、投资于房地产权益和抵押贷款（房地产投资信托）的公司股票、从抵押贷款投资组合中取得运作收益的权利以及其他一些资产。

由于每项资产都可以根据其产生的现金流的数量、时间及风险评估其价值，在这个公式中有四个基本要素：（1）现值；（2）现金流数量；（3）现金流量发生的时间周期；（4）贴现率。在这个基本的评估公式中，只要给定任意三个要素，就可以计算出第四个要素。此外，在房地产金融中，不同的环境会要求确定这四个要素中的某一个要素。

❂税后现金流量

每一项资产都给它的所有者一个预期的现金流量。从评估的角度看，相关的现金流数量是税后的现金流量。由于房地产具有避税的特点，真正的现金流量通常与资产产生的收入（会计上的）是不一致的。净经营收入等于房地产资产的收益减去实际支出的费用。经营费用通常包括维护费、经营费和物业税。联邦和州的所得税应税额为净经营收入减去折旧，表现为一个现金流量。然而，物业折旧并不是现金支出，尽管它表现为一个应税收入的减值，但它不是一个现金流量。为什么我们会重视一个税后现金流量而反对采用净经营收入（或者会计利润）来确定房地产价值呢？因为现金流量不仅仅是对利润的表现，它更深入地表现了一定数量的周期性的现金，资产所有者可以以此来增加自己的财富。尽管某项投资的应税收入可能为负数，表现为一种损失，但是所有者获得的现金流量可能是正的。所有者仍然有机会重新投资这个现金流量而获得市场收益率。事实上，如果应税收入和税后现金流量在投资的每一年中均保持为正的话，则重新投资的现金流量就会不断地增长。虽然原先的投资会表现为每年会计上的损失，但投资者的财富还是在实实在在地增长，这是由于资产的现金流量决定了投资者的财富增长速度和资产的价值。净经营收入和现金流量的差异在实践上表现为许多行业采用的收入报告和税收目的两种会计处理方法。例如，在期末存货记账方面，一种方法叫先进先出法，它可以使到期收益率最大化，而另外一种方法叫后进先出法，它可以减少收入和因此带来的税收。实践表明，由于现金流量可以重新投资在其他的公司中，最小化税收而增加的现金流量可以更快地积聚投资者的财富。

● 现金流量的时间安排

现金流量的时间安排表明了这样一个观点：在其他条件不变的情况下，获得现金流量的速度越快，现值越大。这是因为获得现金流量的速度越快，它越能较快地运用到挣利息的资产中或者相应减少利息支付的负债，这两者都可以增加所有者的财富。这个原理在贴现现金流量模型中表现为：越晚获得一个资产寿命期内的现金流量，则贴现因子 $[(1+r)^i]$ 就越大。在第四章的附录中可以看到，在市场利率变化的情况下，一个较快拥有现金流量的资产比较慢拥有现金流量的资产的价值变化要小。

● 现金流量风险

风险的概念包含对影响将来现金流量可能性的认识或识别。如果对将来现金流量影响的可能性达到 100%，这样就没有风险。无风险投资的最常用的例子是购买国债，因为这没有违约的可能。其他的大部分投资都表现出了实际现金流量与期望现金流量至少有一点不同。当这个可能性的概率不能估计时，我们称之为不确定性；当可能性可以被估计时，我们称之为风险。因此，当预期的现金流量可能与实际现金流量存在差异的时候（不管是什么原因），并且这个可能的概率可以估计，则此时就存在风险。所有的资产都包含风险，特别是与房地产相关的资产。下面就考虑一下不同类型房地产资产的风险。

商业房地产项目

商业房地产项目，如酒店、公寓、写字楼等的现金流量是由大量的因素决定的，所有这些因素都有风险。这些包括了实实在在的收入和大量的费用支出。反过来，收入又依据许多别的风险因素，如当地和全国的经济状况、竞争状况、物业管理的专业程度等等。在资产所有者出售或处理资产时获得的最终的现金流量也同样具有风险。它是根据资产在出售时的现金流量确定的，这个现金流量同样具有风险。与其他资产相比，房地产资产的价值对这些变量的变化更加敏感。但是，风险的所有表现因素的实际状况与其预期值之间可能是不一样的。

房地产有限责任合伙企业

有一些投资者通过**房地产有限责任合伙企业（RELPs）**在房地产领域投资，这将在本书第 20 章中详细论述。有限合伙是指对伙伴投资者只提供有限负债的合伙，就像公司股票一样。这种形式的投资对房地产资产并没有管理和决策的权力，但是给予了投资者得到一些与房地产相关的现金流量的权利，如税收收益和物业价值升值。举一个例子，合伙制可能是通过组织许多的投资者共同出资来购买一家酒店，每个合伙人可以获得在扣除了合伙关系管理和运作成本后的投资收益。因此，除了房地产现金流量的风险外，房地产有限责任合伙企业投资者还承受了一些其他的风险。风险可能也和普通合作人运作合作关系发生的现金流量有关，也存在合作利益转售价值风险。由于没有适合于房地产有限责任合伙企业的有组织的、易变卖的市场,其投资也可能存在实实在在的流动性和可售性风险。

房地产投资信托

一些投资者通过**房地产投资信托(REITs)**投资房地产。同样在第20章中对此有详细论述。这种形式的投资是指购买一个公司的股票,而这个公司反过来购买房地产物业(权益型房地产信托投资)、设立房地产抵押贷款(按揭型房地产信托投资),或者是两者兼有(混合型房地产信托投资)。只要公司符合美国国内税务局的有关规定,它就可以把从房地产上获得的现金流量分发给股票持有人而公司不需要承担这个税务负担。在房地产信托投资中的股票持有人承担了房地产信托投资的经营风险、房地产信托投资证券转售的流动性风险以外的与基本房地产资产相同的风险。(但是大的房地产信托投资股票可以在股票交易所中进行交易。)

住宅抵押贷款

下面我们研究一下住宅抵押贷款的贷款人。还款的额度和时间在贷款人与抵押人之间的合同上写得很明确。然而,仍然存在贷款人取得现金流量的数量和时间与合同中或贷款人期望的不一样的可能性。抵押人可能在某些还款上拖欠债务,更有甚者,抵押贷款违约。如果是后者,贷款人将不得不取消抵押贷款房地产赎回权并清算房地产价值。这个清算的准确价值是未知的,也存在风险。另外一种情况是,抵押人的房地产扣除贷款后有一个正的自有资金,且没有拖欠债务,抵押人提前还款,因为他想卖掉这宗房地产或为这宗房地产重新融资一个利率更低的贷款。因此,现金流量的数量和计时就存在了风险,尽管在借款合同中定好了还款的时间和数量。

抵押贷款支持证券

证券化的抵押贷款对单个抵押贷款来说具有同样的风险,特别是当这些证券是传递型证券时(见第10章)。一个投资者购买10万美元的抵押贷款支持证券,他将在几百个抵押贷款中占很小的(按份)比例。只要他是最初的贷款人,他将按份额获得每月的本金和利息的还款。投资者也将获得相应份额的在将来约定月份提前还款的抵押贷款。这个投资者与把抵押贷款作为投资组合一部分的贷款人面临着同样的提前还款风险。因为抵押贷款支持证券代表了大量的抵押贷款的集合,组合效果可以降低单个抵押贷款的风险,如单个贷款的违约风险。然而,如果碰到市场利率下降导致提前还款的加速,则系统的风险就不能通过组合来消除。事实上,提前还款假设在抵押贷款支持证券评估价值中是一个非常重要的因素,以至于大的机构投资者的研究人员都花大力气研究影响提前还款的各种变量和它们之间相互作用的关系。投资者们也同样希望了解在高于或低于平均提前还款率情况下的抵押贷款支持证券。如果他们能够成功做到这一点,以平均价值购买所有类别的证券,他们将获得超额利润。在建立提前还款与抵押贷款支持证券价值之间的联系方面已经进行了很多的研究。

被担保的抵押贷款债券

被担保的抵押贷款债券(CMOs)为满足各种投资人的需求,与抵押贷款支持证券相比，在现金流量的时间安排上有所改变，除此以外，它与抵押贷款支持证券相似，这将在第10章中予以讨论。准确地说，因为许多投资者不喜欢抵押贷款支持证券的风险，所以金融机构创造了被担保的抵押贷款债券。同抵押贷款支持证券一样，基础抵押物是住宅抵押贷款集合。一个投资者可以购买抵押贷款支持债券中的各种份额。每个份额在某个确定时间都有一个与证券类似的报酬。被担保的抵押贷款债券的贷款人估计基础抵押物的付款和提前付款行为，然后构建相应的份额。整个抵押贷款集合中的付款和预付款会被归为第一部分的份额直到这些贷款的预定付款在已知的时间还完为止。（一些贷款的提前还款超额部分被归为后面的份额，份额不足部分由被担保的抵押贷款债券贷款人的资金补足。）这样的安排使得第一部分份额的付款是很确定的，它也增加了后面份额的风险，或者叫剩余份额的风险。

商业抵押贷款支持证券

商业抵押贷款支持证券（CMBSs） 与住宅抵押贷款支持证券类似，唯一的不同在于这类证券是由商业房地产如办公楼和购物中心的抵押贷款所担保的。这自然就要考虑与住宅抵押贷款支持证券所不同的一系列全新风险要素。商业房地产抵押贷款支持的证券续承了抵押贷款的一些相关风险，同时也续承了来自商业房地产的风险。正因为如此，CMBSs通常由穆迪和标准普尔这样的机构来评级。这些评级机构在分析证券风险的时候，会考虑包括地方经济、商业房地产供需、贷款价值比等在内的大量因素。毋庸置疑，商业抵押贷款支持证券的风险是与最终支持它的商业房地产的风险相关的。

仅利息收益证券和仅本金收益证券

在抵押贷款的集合中，把仅收取本金还款的权利和仅收取利息还款的权利出售是可能的（见第11章）。当市场利率变动时，这两种现金流量就会有不同的表现。如果市场利率增加，抵押人就倾向于减少提前还款。仅本金收益证券的所有者将获得与其他情况下一样的付款，而且将扩展到一个更长还款期。因此，利率上升这个因素会降低仅本金收益证券的价值。与此同时，由于利率的偿还由未偿还的本金决定，这样的话，仅利息收益证券的所有者将比正常利率情况下获得更多的付款。因此，仅利息收益证券的价值将会增长。仅利息收益证券和仅本金收益证券的现金流量的规模和时间安排都存在着风险，面对市场利率的变化，两者现金流量的变化完全不相同。

贷款管理权

继续以住宅贷款为例，抵押贷款管理的价值在于存在风险的预期现金流量（见第11章）。当抵押贷款投资组合的贷款人将此组合在二级抵押贷款市场上出售给投资者，但是还继续收取费用管理这个贷款时，贷款管理权价值就上涨了。贷款人将收集每月还款，发出违约通知书，收集违约罚款，等等。他将向新的投资者发放收来的月供以获得一定比例的利润。比方说，贷款余额的0.25%就是一个合理的费率。贷款人的税后现金流量就由这个收费组成，其中扣除了管理贷款所需要的经营费用和税收。这个现金流量具有价值，可以出售转让。这就是说，许多的贷款人在出售抵押贷款后，会把贷款管理权转让出去。这个价值的确定也是由存在风险的现金流量的规模、时间安排来决定的。主要风险来自提前还款，如果提前还款加快，将减少由于提前还款所降低的贷款额部分的管理收入。市场利率的下降将降低贷款管理权的市场价值。

● 风险在评估中的作用

在房地产投资中考虑风险，其意义在于风险决定现金流量贴现模型中的贴现率。金融学的一个基本原理是，可以估计的风险越大，投资的预期回报率（贴现率）就越高。遗憾的是，目前还没有一个公式能够把确定的房地产投资风险水平换算成一个合适的贴现率。例如，单个房地产项目的回报还不能够像普通股票一样与市场联系起来确定投资的系统风险。在股票市场，资本资产定价模型（CAPM）可以用来假设一个自有资本的贴现率。可以采用资本资产定价模型的无风险利率、市场回报率和股票市场的系统风险来确定一个合适的自有资本的贴现率。

房地产分析人员目前还没有如此方便的公式，但是还是有一些通常的指导原则可以遵守。一个例子是房地产投资自有资金部分的贴现率应该比这个项目负债部分的贴现率要高。由于债权人将首先获得扣除经营费用后的现金流量，因此债务的风险相对较低，如果出现违约，他通常也会得到物业的留置权。由于债权人通过估计大概风险计算他们所要求的回报率，因此他们会对自有资金现金流量有一个向上风险修正。虽然在使用风险调整的贴现率方面有一些众所周知的问题[1]，但它仍适用如下原理：预计风险越大，贴现率相应越大。

金融杠杆和最优资本结构理论

金融杠杆就是利用债务去为投资项目进行融资。任何项目融资的两种主要资金来源都是权益和债务。房地产项目通常的融资是这两种资金的混合。金融杠杆可以通过检验整个项目的产出回报和自有资金的回报之间的关系来很好地表现出来。举一个例子，某特定的房地产资产提供12%的回报，就是说，每年的税后现金流量是资产成本价值的12%。如果这个资产投资全部采用自有资金，自有资金的回报率就等于整个资产的回报率，即12%。然而，如果可以得到优惠利率的贷款（低于12%），这个贷款就可以用来提高自有资金的收益率。一部分资产产生的12%收益是由较低成本的债务融资而来，差额部分就进入了权益所有者手中。这就是说，优惠利率的金融杠杆将导致权益收益的增加。运用债务的额度和债务的成本将决定权益收益增加的幅度。

利用成本比投资回报低的债务融资就是正的（有利的）金融杠杆。当借款的成本超过了投资回报时就是负的（不利的）金融杠杆，这也将降低权益的回报。因此，如果存在债务成本超出投资收益的可能，金融杠杆就会产生金融风险。这个风险通常是由投资收益或债务成本中的变动造成的。金融杠杆对权益收益的影响将在后面的章节中进行论述。

杠杆和价值

通过采用杠杆，投资者的权益价值将会增加。正如上文所说，采用杠杆的一个基本原理是投资者可以以低于资产收益率的利率借到资金。为什么债务融资在合理的贷款价值比下可以有相对较小的成本，其原因之一是与债务还款相联系的风险程度可估计。贷款人由于自身的法律地位，可以优先权益持有人获得作为利息付款的现金流量。此外，在不考虑违约的情况下，付款就没有风险，此时权益所有者就有权获得剩余部分的现金流量。

资本结构无关性

由莫迪利亚尼和米勒（Modigliani & Miller）提出的理论认为，在没有税收的条件下，根据债务和权益的不同比例重新组织公司现金流量并不能创造价值。[2] 其论据是，权益所有者具有利用自制贷款（个人借贷）去购买纯自有资产公司股票的能力。在支付个人债务的利息后，剩余现金流量与公司举债的情况相同。现金流量复制并不依赖于公司举债，公司本身的资产结构并不创造或增加价值。也就是说，根据负债和权益收益来划分公司现金流量也许能创造价值（如由于投资者具有不同的风险偏好），但是，在公司层面并没有必要进行这种划分。而在个人层面却可以作此划分。这样，问题就变成了：如果莫迪利亚尼和米勒关于公司估价的理论是正确的，那么在房地产项目中运用金融杠杆能不能创造价值？答案是肯定的，我们将以下面的例子来说明。

假设投资者拥有一栋办公楼的全部权益，并想通过举债来增加价值。根据莫迪利亚尼和米勒理论，不管是抵押贷款还是个人借贷，都可以依据负债和权益构成划分现金流量。假设贷款人向业主个人提供资金，业主保证从物业现金流量中支付贷款费用。这样看来，不管贷款由房地产担保还是提供给业主个人，贷款人都有权获得同样的现金流量。但是，在这种情况下，业主现在就会以物业作担保向第二个贷款人追借资金，使得第一个贷款人处于从属地位从而承担更高的风险。为防止这种情况发生，第一个贷款人就会要求以物业来担保贷款。这时，金融杠杆就会被迫应用于物业层面，而不是个人层面。因为在其他情况下无法以如此低的成本来举债融资，所以金融杠杆能创造价值。

期权和房地产金融

期权定义

期权是一种权利。期权所有者有权但没有义务在给定日期（到期日）或之前以预定价格（期权行使价格）向他人购买（**买入**期权）或出售（**卖出**期权）某资产。学生可能对股票期权最熟悉，即以既定价格买卖普通股的权利。期权有内在价值和市场价值，后者通常大于前者。内在价值是资产现价高出买入期权价格的部分或卖出期权价格高出当前市场价的部分。

如果期权的市场价值是 56 美元，不考虑交易成本，一个期权持有者购买一个行使价格 50 美元的期权，就有一个 6 美元的内在价值。这是因为，这个期权的持有者可以到期实现他的权利，立即在市场上出售这些股票。然而，这个行为也不一定发生。所有的买入期权（没有红利）和一些卖出期权在到期前价值都在增长。这也在另一方面说明期权的市场价值通常比它的内在价值要大。此外，没有内在价值的期权同样也会有正的市场价值，因为它们本身就是一项权利而不是负债。

以上面的买入期权为例，当股票的市场价值为 45 美元时，这个期权就没有内在价值了。只有当市场价值上升到 50 美元以上时，期权的到期价格才能变成正的。图 3—1 显示了 3 个月和 6 个月的股票市场价值的概率分布曲线，两条曲线下面的阴影部分代表了在某一个时点市场价值超出期权行使价格的部分。6 个月的期权市场价值的概率分布比 3 个月的期权市场价值的概率分布更加离散，原因在于市场价值随着时间而发生变化。由于信息以不可预测的方式到达市场，随着时间的推移，股票价值遵循一个包含着许多随机变量的模式。相应价格的时间越长，这些随机成分的积聚效应就越大。换一个说法，期权明天的市场价值可能性分布就比一年后的市场价值分布要集聚。此外，价格越是无常易变，在某一个时点上，其概率分布就越宽。换个角度，图 3—1 可以看成是两个不同股权在同一个时点的市场价值分布，概率分布宽的那个就是变化快的股权。图 3—1 显示，6 个月的期权价值概率分布曲线超出期权行使价格的部分面积要大，也就是说，6 个月的期权市场价值要比 3 个月的期权市场价值超出期权行使价格的概率大。如果期权的行使时间是 6 个月后，其现值就比 3 个月的高。因此，决定期权价值的两个重要因素是：期权到期的时间和所涉及证券价值的变动性（不稳定性）。

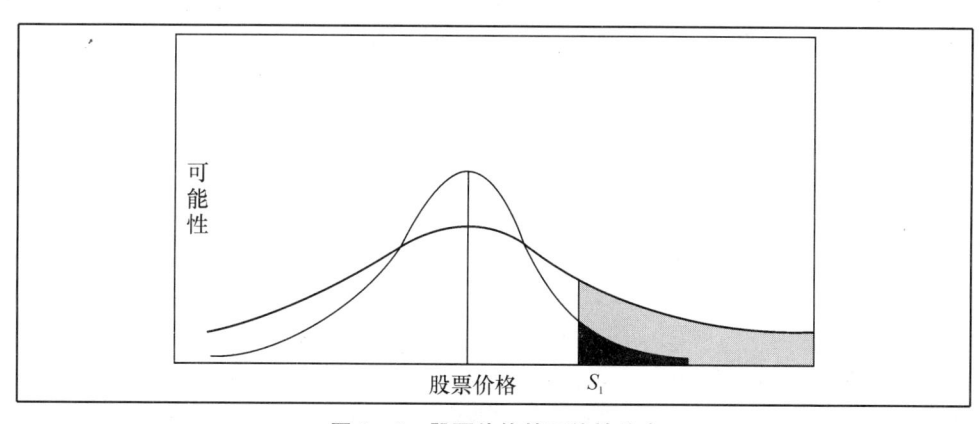

图 3—1 股票价格的可能性分布

除了普通股期权外，还有一些针对国债和抵押贷款支持证券等债务证券的可公开上市交易的期权。债务证券的价值受到许多因素的影响，最重要的是市场利率的变化。债务证券的价值变化与市场利率的变化是反向的。此外，如果市场利率的变化是已知的，债务证券价值变化的大小就由它的持有期（类似于到期期限）决定。参照我们对权益期权的讨论，这就意味着证券的持有期越长，预期市场利率变动越大，债务证券期权的价值就越大（在到期日之内）。当市场利率变动性增加并且预计未来这种趋势将继续，那么附属于房地产债务的期权价值就会增加。

● 房地产金融期权案例

除了抵押贷款支持证券期权外，在有组织的交易中还没有标准的期权合同。但是这也并不意味着房地产期权就仅限于抵押贷款支持证券期权。各种各样的房地产合同就将有价值的期权赋予了交易一方或双方。下面我们来看以下的房地产交易案例。

住宅抵押贷款

当一个业主获得了一笔在住宅物业上设有留置权的抵押贷款时，她同时也就签订了一些期权合约。通过**提前还款**或**回购期权**，业主具有了在抵押贷款到期前随时提前偿还抵押贷款现金余额的权利。住宅物业抵押贷款中的提前还款（要求在到期前偿还）罚金是很少的，某些州的法律以及联邦住宅管理局和退伍军人管理局禁止对已投保贷款收取这样的罚金。贷方认为这种条款会使其处于竞争劣势。住宅物业抵押贷款实质上是抵押人发行了可回购的债券，即：她已经发行了一种期票（以获得流动资金购买住宅）允许她在到期前任何时刻回购抵押贷款。回购价格是回购（提前偿还）时抵押贷款的余额。未还款项在回购时的价值是回购时风险类似的抵押贷款的市场利率的函数。如果市场利率下降则未还款项价值就会上升，抵押人有可能回购该期票，因为回购价格（余额）低于其价值。

图3—2说明了具有相同合同利率的两种有价证券的价值是市场利率的函数——其中一种是不可回购的债券，另一种是可回购的抵押贷款。在市场利率很高的情况下，两种债券的价值都低于其面值并且是相同的。当利率下降时，两种债券的价值是上升的。当利率接近息票利率的水平时，抵押贷款价值的增长速度低于不可回购债券价值的增长速度，反映出提前还款的可能性增加了。在市场利率略低于合同利率（息票利率）时，两种贷款的价值都将比其面值稍高，此时抵押人就不太可能在利率差别很小的基础上提前偿还其抵押贷款。当市场利率进一步下降时，提前还款的可能性就加大了，当下降到某种程度时，抵押贷款的价值就会与其余额相等。随着市场利率持续性地下跌至合同利率，不可回购债券的价值继续上升。两条曲线之间的差距就是抵押人回购期权的价值。如果市场预期利率会继续这种变动，那么这种差距将进一步加大，即：如果预期利率进一步变动，两条曲线之间将会有更大的距离。

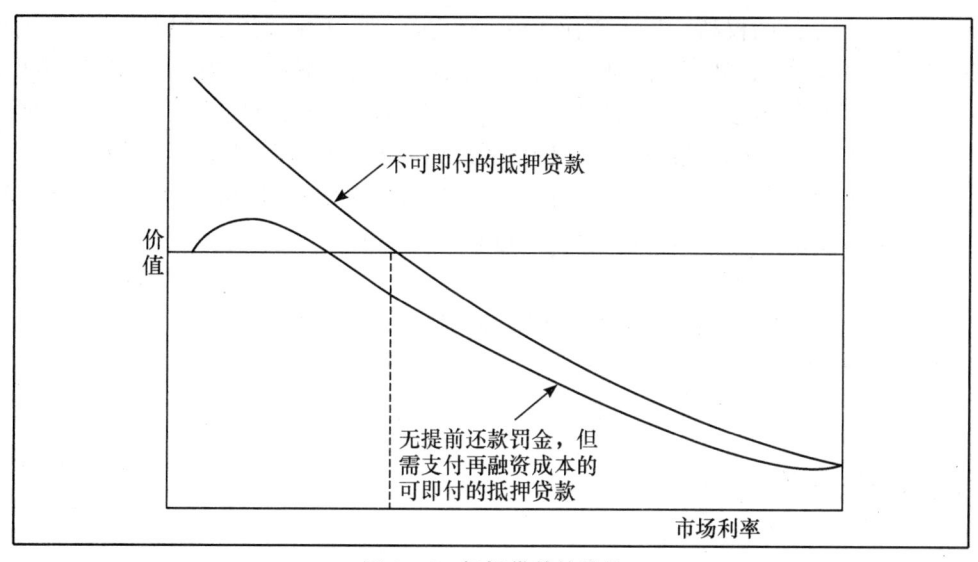

图 3—2　抵押贷款的价值

抵押人也有另外一种选择——卖出期权。抵押贷款是由住宅的留置权作为担保的。如果发生违约（主要是但不仅限于未偿还合同中的债务，包括本金和利息），贷方能够取消物业抵押品赎回权并且进行变现来受偿债务。如果情况是贷方没有对抵押人个人财产的追索权（有的州颁布了这样的禁令或者抵押人有很少或没有其他财产），那么唯一的补救方法就是将该物业的市场价值变现。当财产的市场价值下跌至低于贷款余额（负权益）时，抵押人就有了具有内在价值的卖出期权，即：抵押人将其物业以定价卖出（售出）给贷方以偿还债务，这时他就行使了卖出价（物业价值）低于债务价值（贷款余额）的卖出期权。目前，抵押人在这种情况下可以选择不行使这种期权。他可能认为其物业在未来可能会升值并且仍然继续按月还款。当然，如果有不可避免的事件发生，如非自愿性的失业、离异或者是搬迁到别处居住，都会促使抵押人行使违约的卖出期权。实际上，不可避免的事件的发生将导致期权行使日期提前到现在。

商业物业的期权

违约期权同样也适用于部分通过贷款来融资的商业房地产项目。如果物业开发并没有按原计划进行，物业的市场价值跌至低于债务额，那么业主将按定价将其物业卖给贷款方。与住宅贷款相比，业主行使期权的方式有细微的差别。如果物业遭受净经营损失，业主会快速将其物业卖给贷方而不是自己持有卖出期权。贷方同样可以在合同里订立条款，规定减少该卖出期权的价值，比如签订一项个人承诺。贷方可以附加其他资产，而不只是为贷款做担保的那宗物业。贷方也可以要求首付款的金额大于普通住宅抵押贷款所要求的比例，这样将减小物业价值下跌至低于贷款余额的可能性，从而降低卖出期权的价值。

显性期权

最后，显性期权合同常常与购买生地（未开发土地）联系在一起，并成为常规做法。开发商希望在完成包括为项目安排融资的一揽子开发任务的同时获得购买土地的权利。开发商若购买一项允许其在未来以给定价格购买土地的期权,那么就可以实现上述目标。期权的价格通常比土地购买价格低。开发商可支付 4 万美元获得在 9 个月内随时花 200 万美元购买一块土地的权利。对于开发商来说,期权的价值是很值得这个价格的。如果土地价值在期权行使内上涨,那么这项期权将是很有价值的。如果该块土地的价值在期权到期的最后一天前上涨到 220 万美元的话,那么这项期权将价值 20 万美元。如果价格有明显的下降,期权持有者能在市场中以更低的价格购得这块土地,那么就损失了期权溢价。当然,在有效市场内,期权的定价应该能够反映出在各种因素作用下,区域内土地价值变动的可能性。

金融中介理论

正如"中介者"这个词所表达的意思,金融中介指的是介于信贷的供应者和使用者"两者之间"的金融机构。最常见的**金融中介**机构有商业银行、储蓄贷款协会、互助存款银行和人寿保险公司。通常的理解是,中介,比如储蓄机构,发行债务(存款)时接受供应者的信用。它借出贷款且贷款利率高于存款利率,为其自身创造了资产。存贷款利率之间的差幅应该能涵盖经营成本,并使股东对机构所投资本获得正常的回报。正如下文所说,对于金融中介机构而言,要达到这种目标通常是比较困难的。现在,让我们集中讨论中介这个简单的概念。

下面简要介绍一下中介机构是如何运作的。首先你可能要问它们为什么会存在。表面上看,信用的供应者和使用者之间似乎能够直接交易并且消除(分摊)中介机构收取的差幅。事实上,这种情况经常发生,例如投资者直接从发行人那里购买公司证券、市政债券、国债和其他证券时。货币市场基金的建立就是方便小投资者进行直接贷款。但是,中介依旧存在。如果这样的话,它们必然提供了某种经济服务。在竞争性的经济中,消费者不会为一种他们能自行无成本地提供的服务付费。

实际上,中介机构能提供若干有价值的经济功能。为理解它们,假设你的邻居从你那里直接贷款要购买一栋房屋,此时你就是抵押权人,你和你的邻居已经绕过了中介。另一种选择是,你把资金存入一家中介机构,然后这家机构贷款给你的邻居。从你的角度看来,是否觉得后者的安排优于前者?有几项理由是很明显的。

流动性风险。当存款存入金融中介机构时,存款人就获得了一项流动性资产。存款能成为所有资产中流动性最大的资产,存款人可以通过开出支票进行交易或查询存款,同样也可以将其转为一年内到期的短期存款。与直接给你的邻居抵押贷款相比,上述流动性是显而易见的。

信用评价和风险管理。中介机构对抵押人或者被抵押物业的信用风险有更准确的认识。它们了解多种减少风险的方法。中介机构会就抵押贷款提出多项条款以达到减少风险的目的。例如提出对财产税和损坏保险的托管要求，以及对拖欠还款罚金的规定等。中介机构也可以通过投资多元化来减少风险，如持有许多抵押贷款。简言之，金融中介机构通常比多数个人有更有效的程序来进行信用评价和减少风险。

利率风险。抵押贷款通常有较长的到期期限。固定利率抵押贷款指定的合同利率在到期前保持不变，因此，它将遭受**利率风险**。这种风险还会因抵押人的提前还款期权而增加。通过吸纳短期存款和投资长期固定利率抵押贷款，中介机构可将利率风险转嫁给股东、期票持有人或者存款保险人。如果中介机构不能适当判断利率风险，那么就不能在存款利率和长期固定利率抵押贷款的利率之间获得足够的差幅。我们将会在其他章节看到，近年来许多中介机构明显由于上述原因使自己处于困境。

许多储蓄贷款协会已经设法减少遭受利率风险的可能，它们通过发行可调利率抵押贷款或廉价卖出固定利率抵押贷款同时保持服务费来减少风险。前一种方法缩小了支付给存款人的利率与从其资产中获得的利率的差距，可调利率抵押贷款的收益也低于固定利率贷款的收益。收益的缩小程度反映了风险的减少程度。后一种方法允许中介机构重点加强前两种功能：提供流动性和信用评价、减少风险。请注意，如果流动性和信用评价不再需要的话，那么伴随着对短期国债的投资，中介机构的作用就不存在了，其功能就随之被非中介机构所代替，例如货币市场基金。由于投资于抵押贷款等房地产证券依然面临着缺乏流动性和信用评价的问题，所以金融中介将继续介入房地产金融。

投资组合理论

与单项资产一样，几项资产的投资组合也具有预期的收益和风险（以收益的方差来衡量）。**投资组合理论**认为当，几项资产组成投资组合时，投资组合的预期收益将等于单项资产的平均预期收益，以投资组合内各项资产的相对数量进行加权平均。这并不奇怪。然而，风险却不是这样的，投资组合的风险并不等于单项资产风险的加权平均，因为风险用来衡量资产的实际收益不同于期望收益的可能程度，以概率来度量。风险指的是收益随时间变化的随机因素。通过把几项收益不完全正相关（即完全同时地上下波动）的投资组合起来成立投资组合，以研究单项资产收益的随机因素。实际上，如果两项资产的收益是随机的但完全负相关（相反方向波动），那么所组建投资组合的收益就有可能没有风险，即收益是确定的。

简言之，组建投资组合可使投资组合的风险低于单项资产的风险，而不以损失预期收益为代价。而且，如果建立特定规模的投资组合所需的交易成本等于单项资产的交易成本之和（这是可能的），那么就能通过组建投资组合实现风险减少而无须消耗额外成本。

许多研究表明，通过组建房地产资产投资组合能够获得投资多元化的收益。将不同类型的资产（旅馆、仓库、办公楼、农田）或不同地理区域的资产进行组合，就能产生收益。以经济特性（制造业、采矿业等等）对各地区进行划分，通过地域性的投资多元化可以最大可能地减少风险。如今，大机构投资者如人寿保险公司和退休基金雇用了分析人员来选择房地产投资以满足投资组合对减少风险和保持收益的要求。

有效市场理论

有效市场是指资产价值能反映所有资产信息的资产交易市场。资产被"有效"定价的意思是，根据所有市场参与者都能得到的信息，没有人能够在交易过程中获得超额利润。超额利润这个概念是很重要的。有效市场的概念并不排除个人通过找到并分析市场上能取得的信息来获得正常利润（作为努力的回报）。投资者不能通过运用大家都能得到的信息来获得超额利润的回报。包含所有信息的资产价格和没人能在有效市场内交易而获得超额利润，在本质上是一样的。要获得超额利润，交易人必须获得某项资产被低估的信息。但是，如果交易人拥有的这条信息所有市场参与者都能得到，那么这项资产就不会被低估。

市场效率可以按照资产信息的类型来讨论。当资产价格能完全反映其历史价格（包括现价）时，为**弱式**市场效率，但仅知道历史价格，并不能给交易人提供相对于其他市场参与者的优势，因而无法让其获得超额利润。当资产价格不仅反映过去的价格行为而且反映其他公共信息时，为**半强式**市场效率。当现价反映所有的公共和私人（内部）信息时，为**强式**市场效率。

导致市场效率以各种形式出现的条件包括：存在着许多投资者（市场参与者）、统一的和普遍的信息、无市场限制、无高交易成本，以及投资者看重高利润低风险的偏好。有组织的大型股票市场最接近有效市场的要求。因此，有大量研究表明股票市场的有效性就不足为奇了。事实上，没有研究能给出一种方法，使得在股票市场中仅凭历史价格行为就可以获得高于交易成本的超额利润。如果有人发现这样的方法，市场参与者就会尽可能快地探索其对于赚取超额利润的有效性。也就是说，这种方法所包含的新信息很快就会传递给所有市场参与者，市场价格就会很快地反映出这些新信息。

许多研究也表明，股票市场价格能很快地反映出影响其价值的新信息。超额利润是无法获得的，除非在获得新信息后的几分钟内就采取行动。还有研究表明，涉及非公共（内部）信息时证券市场并不是很有效的，这就不足为奇了。虽然内部消息能够用来获取超额利润，但是投资者必须作出行动的时间也是非常有限的。

尽管资产市场丧失了有效市场的特点，但是其通过获得和交易信息特别是非公共信息获取高额利润的能力却在增长。当市场被少数几个大的投资者所控制，涉及不常交易的资产，有大宗交易和信息成本时，市场就会渐渐丧失效率。后一种的情况适用于一些房地产市场。虽然有些研究表明房地产市场就历史价格信息而言是有效率的（弱效率），但就其他类型的信息而言情况就不一定相同了。影响房地产价值的信息可能不会被广泛传播，包括规划法律和制度的改变、道路和公共设施的改善以及其他邻近地区的开发等信息。大部分分析人士认为，房地产市场的效率并不像被众多市场参与者主宰的高流动性市场的效率那样高。

代理理论

代理理论和代理问题处理委托人和代理人的关系。**代理人**指的是受另一个人（委托人）委托并为后者的利益开展活动的人。当代理人有为自身利益而损害委托人利益的动机时，就产生了代理问题，这样就产生了**代理成本**。为了防止代理问题出现或使其最小化，委托人要承担监督、担保和组织等成本。虽然这些成本以多种形式存在，但是其目的都是为了防止代理人为自身利益做出损害委托人利益的行为。监督成本包括审计和其他控制程序的费用。外出的业主可能会雇用一个经理经营其物业。该经理（代理人）应以费用最小化、租金收入最大化、使物业保持良好状态等为目的。[3] 业主要监督经理经营情况的成本，其中包括审计账簿和检查物业。业主应该检查物业以确保物业的每本账簿上记录的维修费用，都实际上用在了保证物业处于良好状态上。

担保成本是支付给第三方以保证代理人行为诚实的费用。担保公司在协议里约定，如果经理做出任何不诚实行为，那么担保公司将对委托人进行赔偿。在上述例子中，如果经理将物业维护资金支付给他姐夫的维修公司，而实际上并没有发生维修事实，那么这种不诚实的行为就要由担保公司来进行赔偿。

组织成本包括给代理人补贴以保证其表现符合委托人的利益的成本。在上述例子中，业主会与经理签订协议，经理可以获得一部分物业的经营利润。这种对经理的激励是为了减少不必要的费用和保持物业的良好运转以吸引承租人。

在房地产中还有许多其他代理关系和代理成本的例子。例如商场的业主可在租约里规定，承租人的收入超过一定数额的那部分由双方共享，这就激励商场的经理通过各种促销手段吸引更多的顾客。抵押权人会因为物业充当了贷款担保物而要求收取物业税和损失保险。商业物业的抵押权人会努力保证业主不将物业为其他贷款作担保。这个目的通过到县登记员那里进行第一抵押权登记来实现。物业销售代理人可按出销售价格的某个百分比获得收入。这样就激励代理人去努力找到出价最高的买方。[4] 或者，贷方给开发商发放建设贷款时会使佣契据控制代理人，其任务是保证每笔贷款都支付给了作为担保物的在建工程的承包商。否则，如果资金转移到其他地方，那么承包商会因为没有收到工程款而在该物业上设置优先于贷款人的留置权。如果那样的话，当住宅物业丧失抵押品赎回权时，贷方就没有动力努力维修该物业，因为（包括由贬值引起的）任何损失都可以由私营抵押贷款保险来保障。为避免这种可能性，私营抵押贷款保险人要在合同中规定，在提出索赔要求前必须对物业进行维修，并且维修费用不在赔偿范围内。这项条款保证物业处于尽可能好的状态中，从而使其流动价值最大化。

总之，代理问题存在于很多房地产活动和交易中。代理成本是委托人为保障其利益使代理问题最小化所付出的代价。

小　结

金融学原理已被普遍地应用于分析公司金融、公司债务，也能够很容易地应用于分析房地产和房地产担保的证券。资产评估原理可应用于房地产、抵押贷款和与房地产相关的证券，如抵押贷款支持证券。金融杠杆解释为何债务可用来增加资产净值，它与房地产投资的关系特别密切。期权明显或不明显地存在于许多领域。房地产金融的历史与金融机构紧密联系在一起。金融中介理论对理解中介机构的作用、成功与失败是很重要的，如储蓄机构。房地产资产自身，或者与其他的资产一起形成投资组合，可以减小风险。大机构的投资者，如养老基金和人寿保险公司，在投资房地产时会寻找机会减小风险。房地产物业的特殊性和人们对有关事实缺乏广泛的了解会导致出现效率低下的情况。有证据表明这能给某些房地产投资者带来超额利润。最后，代理问题和监督代理人的成本在房地产中也存在。合同和一套复杂的法律制度可用来解决委托人—代理人之间的问题。

关 键 词

代理成本	强式有效市场理论
代理成本担保	金融中介
代理成本监督	利率风险
代理成本组织	仅利息收益证券
代理理论	金融杠杆
代理人	流动风险
资产评估	净现值
资本结构	期权
被担保的抵押贷款债券	回购期权
信用评价和风险管理	卖出期权
贴现现金流量模型	投资组合理论
有效市场理论	提前还款（或回购）期权
弱式有效市场理论	仅本金收益证券
半强式有效市场理论	房地产投资信托公司

房地产有限责任合伙企业　　　　　　贷款管理权
风险

推荐读物

Black, F. 1988. A simple discounting rule. *Financial Management* 17 (2), 7–11.

Brigham, E. F., and P. R. Daves. 2002. *Intermediate Financial Management*, 7th ed. Mason, OH: Thomson/South-Western.

Cooley, P. L., and J. L. Heck. 1981. Significant contributions to the finance literature. *Financial Managment*, tenth anniversary issue, 23–33.

Pogue, G. A., and K. Lall. 1974. Corporate finance: An overview. *Sloan Management Review*, Spring.

Weston, J. F. 1981. Developments in finance theory. *Financial Management*, tenth anniversary issue, 5–22.

复习思考题

1. 贴现现金流量模型的四个条件是什么？
2. 收入和现金流量的区别何在？
3. 为什么贴现现金流量模型重点在现金流量而不是收入？
4. 什么是风险？贴现现金流量模型中的哪些条件反映风险？
5. 举几个有风险的房地产资产的例子。解释一下风险的来源。
6. 什么是金融杠杆？解释如何利用金融杠杆手段来增加房地产投资的权益价值。
7. 讨论与房地产投资有关的最优资本结构的概念。
8. 什么是期权？举几个房地产期权的例子。
9. 列举金融中介机构提供的三种"服务"。
10. 解释为什么金融中介可能暴露于利率风险中。
11. 什么是有效市场？
12. 解释为什么股票市场，如纽约证券交易所，比一些房地产市场更有效。
13. 什么是代理成本？举几个房地产代理成本的例子。

注　释

[1] 例如，贴现现金流量模型中，现金流量风险随时间成幂函数增长，修正后的贴现率风险是通过提高期限 $(1+r)$ 到 i 次幂得到的，在现实中不可能存在。

[2] Franco Modigliani and Merton Miller. The cost of capital, corporation finance, and the theory of investment. *American Economic Review* 48 (1958), 261-297.

[3] Sidney Rosenberg and John Corgel. Agency costs in property management contracts. *AREUEA Journal* (Summer 1990), 184-201. 作者发现所管理物业的费用在物业管理者和物所有者的公司不相关时，高6个百分点。

[4] T. S. Zorn and J. E. Larson. The incentive effect of flat-fee and percentage commission for real estate brokers. *AREUEA Journal* (Spring 1986), 27-41. 作者发现经纪人合同中的百分比佣金比固定佣金更能刺激经纪人为房地产的销售者获得较高的售价。

第二部分

住宅房地产金融

- 第4章 住宅金融的早期历史和固定利率抵押贷款的创立
- 第5章 战后住宅金融
- 第6章 其他抵押贷款工具
- 第7章 融资和资产价值
- 第8章 联邦住宅政策：第一部分
- 第9章 联邦住宅政策：第二部分
- 第10章 二级抵押贷款市场
- 第11章 抵押贷款支持证券估价
- 第12章 通过借款人资格审查、贷款担保和合同关系来控制违约风险
- 第13章 贷款申请、办理和完成
- 第14章 抵押贷款违约保险、赎回权丧失和产权保证保险

第二部分主要聚焦住宅房地产金融。主要的研究对象为1~4户家庭（以独户家庭为主）的住宅抵押贷款。多户家庭的住宅融资被视为商业融资，不属于本部分研究范围。本部分还将阐释与住宅融资、融资方式、房产价格、二级抵押贷款市场结构、涉及抵押贷款的证券的定价等内容相关的联邦法律法规。此外，风险管理也是本部分的研究内容。这里，我们还将讨论借款人的资格条件以及私人与政府的抵押贷款保险。

第 4 章

住宅金融的早期历史和固定利率抵押贷款的创立

学习目标

通过本章的学习，你可以了解住宅贷款在二战前是如何演变的。了解这一早期历史将为我们理解现代住宅融资体系打好基础。理解这一发展过程可以使你更好地了解现有系统的结构。你也可以了解20世纪30年代形成的标准的固定利率抵押贷款的运作机制。

导 言

从根本上说，房地产金融涉及促使资金从贷款人向借款人流动，以购买或者改善房地产。同其他由双方自由签订的合同一样，各方的利益都在条款中实现。而且，由于交易涉及资金从一方向另一方转移，因此就涉及一方或者双方的风险问题，这不同于商品的现货现金交易，在现货现金交易中，交易双方未来不再有任何义务的交易。为了最小化房地产融资的风险，人们已经采取了很多措施。此外，法律部门也颁布了多条法律法规，通过明确双方的权利和义务来控制风险。有时候这些法律会有利于贷款方，有时候会有利于借款方。当法律更倾向于其中一方时，市场就会被打乱或改变以重新达到风险和利益的平衡。

从贷款人的角度看，当贷款只是其财产中的一小部分，并且贷给信用较高的个体，以及贷款人能够迅速控制作为抵押物的财产时，贷款人的风险可以实现最小化。贷款人占有抵押物的时间和权利对最小化其风险非常重要。

在美国之前的发展

● 罗马法律

在美国和西方法律中，很多条例都可以追溯到罗马帝国时期。罗马的房地产法律经历了几个发展阶段。在房地产贷款中，最初使用的工具被称为 fiducia，这个词来自拉丁文中的信任或者信心。但是，它并不代表贷款人真的相信或者信任借款人，因为它规定财产的合法所有权由贷款人持有，如果借款人履行了合同中规定的义务，fiducia 会要求贷款人将原属借款人的合法所有权归还。这一工具很快便落后了，人们随之发明了 pigus。这一工具不规定所有权的转移，土地仅仅被典当了，也就是说，借款人仍保留财产的法定所有权。然而，为了保护贷款人的利益，协议规定，如果借款人被怀疑具有违约的可能性，财产的所有权将转移至贷款人。不久后，人们又发明了 hypotheca，其意思是抵押物。这一工具类似于 pigus，但在财产所有权转移方面有所不同，它规定只有在借款人有真实的违约行为时，财产所有权才能转移至贷款人。

● 德国的影响

随着罗马帝国的衰落，德国文化开始风靡欧洲。德国法律承认 gage 这一概念，指的是为了保证合同履行而设定的存放物。如同今天人们拿东西到当铺典当一样，那时的借款人会将可移动的物品当作 gage。这样，这一物品就被称为"活的"gage。但当抵押物为房地产时，这一约定就会失效，这种情况下，gage 规定如果出现借款人违约，贷款人可以获得财产的所有权，但是不能从该抵押物之外寻求补偿。在这种情况下，借款人要么选择履行义务，要么选择将财产出售给贷款人，这就是一项卖出期权。

英国的发展

在 1066 年威廉统治了英国之后，法国人将德国的 gage 体系引入到英国。那些不能进行实际转移的房地产抵押贷款被定义为"死的"gage。由于法语中表示死的词为 mort，因此它就被称为 mort gage 或者 mortgage。中世纪时，由于教会禁止利息的收取，使得贷款变得十分复杂。收取利息被教会认定为是罪恶的高利，以托马斯·阿奎那（Thomas Aquinas）为代表的宗教学者认为禁止收取利息的基础是"自然法律"，他们认为土地生产粮食是自然的，牲畜生产后代是自然的，但货币的再生产不是自然的，因此认为收取利息是非自然行为，是肮脏的。

然而托马斯·阿奎那很快就指出，在某些条件下是可以收取利息的，比如贷款人在贷款过程中遭受了损害。从这一定义进行引申，损害可以定义为一种失去的机会。为了不违背教会的禁令，贷款人在任何情况下都不能向借款人收取利息，但可以获得担保贷款的土地的部分收益。在早期，如果借款人违约，贷款人有权占有借款人所有的土地,不用返还给借款人任何补偿。随着普通法的发展,借款人基于不公平而援引伊丽莎白女王一世(1558—1603 年)统治时期的法庭判例,判例裁定,这种做法过于苛刻,尤其是当债务量比较小且借款人只是遇到暂时性的经济困难时。借款人可以向法庭提起诉讼,并陈述他们愿意支付债务。法庭开始允许借款人通过偿还拖欠的借款赎回原抵押房地产,这就是平等赎回权。

在贷款人看来,这项权利很快就被滥用了,借款人在发生违约很长时间之后仍可以赎回房地产。实际上,借款人拥有房地产执行价格等于拖欠付款金额的看涨期权。此外,执行期是无限制的。于是,贷款人寻求并最终得到了可以在一定时期后剥夺借款人赎回权的条款,这样借款人在一段时间后就不能再赎回自己的房地产了,使得该期权的执行期缩短了。

现在我们仍然能够感受到这一体系的影响。在美国的所有州,借款人在被剥夺赎回权之前通过支付所有拖欠款,包括法律和其他的费用,就可以赎回自己的房地产,这是平等赎回权。此外,某些州通过法令赋予借款人另外一段期限以使其收回房地产,这叫做法定赎回权。

美国住宅金融:大萧条时期美国的早期历史

在美国独立战争之后的几年里,社会上几乎不需要房地产贷款。在农村,大多数家庭都靠世代相传的小农场来维持生计,几乎没有利用这些小房地产来融资的需要,这种状况一直持续到南北战争时期。偶尔在城市地区会成立"建设协会"(Building Society)来为组织者筹集充足的资金,一旦资金筹集完毕,这一社会组织就被撤销了。第一个这样的建设协会是 1831 年在费城成立的牛津公积金建设协会(Oxford Provident Building Association)。从成员中筹集的资金不被视作存款或负债,而被视为股权。起初,股东无权获得固定的"红利",甚至无法赎回股份。后来,许多建设协会开始提供面值清算。这种改变使得这些建设协会不再是股份所有制企业,而成为我们今天所熟知的储蓄机构。直到南北战争期间,这样的机构还是屈指可数。

南北战争后的西部开发,需要大量资金来支持新农场的销售。能够资助这些销售的资金,大多数情况下都掌控在大机构投资者手中。正是在这个时候,抵押贷款银行的作用凸显。抵押贷款银行是为向西部扩张的东部投资者提供抵押贷款的专业机构。此时典型的农场抵押贷款是短期贷款(通常为 5 年期),每半年支付。仅支付利息的贷款被称为**非摊销抵押贷款**,这意味着还款中不包括本金,这些贷款的剩余本金不会减少。出于这个原因,贷款金额一般只占该财产价值的 40%~50%。到期后可以通过赋予新的利率和一笔小额的发起费,比如贷款额的 1%,进行再融资。

抵押贷款银行主导着小农场的抵押贷款市场,因为直到 19 世纪后期只有很少的储蓄贷款协会。商业银行在这一市场也不活跃。全国银行系统（1863—1913年）规定，联邦特许银行被禁止发放房地产贷款。1913年联邦储备系统的成立改变了这一格局，银行有权发起5年期、贷款价值比最高达50%的抵押贷款。州银行有权发起短期的、非摊销的房地产贷款。

有趣的是，这个时代发起的贷款类型跟我们今天的5年期可调整利率抵押贷款非常相似。贷款人通过持有短期的贷款来最小化利率风险。如果市场利率在发起后上升，贷款人将面临的风险最多就是几年低于市场利率的回报。然而，这类贷款存在违约风险。由于它是非摊销的，因此财产的价值下滑至贷款余额面值以下的可能性很大，尤其是在第二次和第三次抵押贷款的时候。这些贷款的违约风险在20世纪20年代末和30年代初美国大萧条之前和大萧条期间表现得更为明显，导致了大量的借款人违约。

20世纪20年代初，**建设和贷款协会**（building and loan association）经历了最快速的增长期。1900年协会数量为5 356家，总资产为5.71亿美元，到1930年协会数量增长到11 777家，总资产达到88亿美元。在此期间，协会逐步改变了股利和股份注销的规则，以便与商业银行竞争。从本质上来看，这是对法律规定限制协会进入银行业务领域的一种规避。例如，一些协会发行了在特定日期到期的有固定"利息"（股息）率的"股份"，它们类似于存款证明。其他股份可以在短时间内赎回面值，而没有罚款。此时协会的发展也得益于联邦所得税条例，它规定只要这些协会将资金贷给其成员用于住宅建设，则不需纳税。

在20年代初期，房地产价值随着货币供应量的历史性增长而出现了迅速上升。贷款人为购买高价房地产的借款人提供贷款并不受到限制。到20世纪30年代初，随着银行体系的崩溃，货币供应量锐减，房地产价格下跌，导致违约数创历史纪录，并进一步恶化了贷款人的资金状况。

通过分析这类贷款在20世纪20年代和30年代的表现，可以说明在当时非常流行的短期非摊销贷款的违约风险。索尔尼尔（Saulnier）研究了在此期间最大的24个保险公司的贷款历史。[1]从1920年到1924年，这组贷款人发起的贷款只有24.4%被完全摊销，即在支付流的终点，债务减少到零。在此期间，赎回权丧失的贷款占全部抵押贷款的5.3%，占非摊销贷款的15%，占分期偿还贷款的2.8%。从1930年到1934年，是大萧条最严重的时期，赎回权丧失的贷款占全部贷款的比率上升到21.1%，占非摊销贷款的28.1%，占分期偿还贷款的17.8%。在整个20世纪20年代的十年中，年限不超过4年的抵押贷款中赎回权丧失的比率为21%，10年期到14年期的抵押贷款中赎回权丧失的比率为13.5%，显然，贷款期限越短，赎回权丧失的比率就越高。

这一事实导致了所有贷款人改变了抵押贷款的类型。在索尔尼尔的研究中，人寿保险公司所做的调整是一个非常典型的例子。1920—1924年，只有24%的**抵押贷款被完全摊销**，79%的抵押贷款年限不足9年。而1930—1934年，31.5%的抵押贷款被完全摊销，贷款期限不足9年的贷款比例下降到66%。1940—1946年，人寿保险公司发起的所有贷款中，94%为完全摊销贷款，只有

3%的贷款期限不足9年。短期和非摊销的抵押贷款所占比例在后期急剧下降，其原因之一是在大萧条时期为支持抵押贷款市场，联邦政府颁布了一系列法律，并设立了一些管理机构。

1929—1933年的经济萧条使得房地产贷款市场陷入一片混乱。萧条过后，房地产价值下降到1928年水平的一半左右。个人收入大幅下降导致了大规模的抵押贷款拖欠。因此，贷款人，特别是储蓄机构陷入其中。它们没有收到定期的付款，由于财产价值在下降，剥夺赎回权也没有起到补救作用，储户为了满足他们的生活花费而撤出大笔现金。1931—1934年间，储蓄贷款协会的净提款额为18.4亿美元，仅仅约占1930年存款的1/3。到1935年，1/5的抵押贷款储蓄机构获得房地产的所有权。许多州通过立法来延缓剥夺抵押品赎回权。继艾奥瓦州率先在1933年2月通过立法后，其他26个州也通过了类似的延期法。这些法令一般只持续了几年，也有一些持续到20世纪40年代。

混乱的局面迫使联邦政府制定方案或设立机构来支持房地产贷款市场。这类方案共有6个。

住宅融资公司（RFC），成立于1932年初，到1937年10月，它凭借政府信用向储蓄贷款协会贷出1.14亿美元，向抵押贷款公司贷出2.9亿美元，这些贷款帮助储蓄机构渡过了流动性危机。

联邦住宅贷款银行系统（FHLBS），由1932年7月制定的《联邦住宅贷款银行法》设立，该法案设立了12家联邦住宅贷款银行，它们监管联邦机构并接纳合格的州机构作为成员。从1932年到1937年，该系统通过出售债券和美国财政部的信贷限额，共向储蓄机构贷出超过2亿美元的贷款。

住宅业主贷款公司（HOLC），由1933年6月制定的《住宅业主贷款法》设立，从美国财政部获得2亿美元的初始资本，获授权发行金额不超过47.5亿美元、利率为4%的政府担保票据。到1936年底，它通过储蓄机构、商业银行和抵押贷款公司持有的抵押贷款向住房所有者提供了超过30亿美元的贷款。它还直接向抵押人借出不超过房地产价值80%的贷款。住房所有者可以通过重新协商获得一笔条件更好的新的抵押贷款。它于1936年终止了业务。

联邦储蓄和贷款保险公司（FSLIC），由1934年制定的《国民住房法》设立，类似于商业银行的联邦存款保险公司（FDIC），设立的目的是为储蓄机构的存款提供保险。该机构向储蓄机构收取一小部分佣金作为保险费，并用这些资金来支付经营亏损机构的储户的索赔。政府的担保赋予了该机构更多的信用。1989年该机构被《储蓄机构改革法案》撤销，其职责由联邦存款保险公司（FDIC）接管。

联邦住宅管理局（FHA），由全国住房法设立，为抵押贷款的违约风险提供担保。该机构向抵押人收取保险费以弥补预期索赔成本。和FSLIC一样，政府的担保为这个保险机构提供了信用。联邦住宅管理局能够为1~4户住宅的不超过房地产价值80%的贷款提供担保，只要贷款是长期的，并且是分期偿还的。起初贷款年限为15年，但后来20年、25年以及30年年期的贷款越来越普遍。在大萧条时期备受短期贷款高违约率煎熬的贷方,迅速地发放附有新的保险条款的贷款。传统(无政府担保)贷款也呈现出FHA贷款的长期性特征。通过拉长贷款周期,贷款人以违约风险置换利率风险,这种交换在几十年内不会明显;当它变得明显时,将会给储蓄机构带来许多重大问题。可以想见,在一个动荡的利率环境下,允许提前还款的长期抵押贷款的利率风险非常大。

联邦国民抵押贷款协会(FNMA),成立于1938年,最初被称为华盛顿国民抵押贷款协会。该机构会随时购买和出售FHA担保的抵押贷款。它从财政部筹借资金,并向与它有业务关系的金融机构出售股份,其主要目的是通过建立FHA保险贷款市场,来提升这些贷款的认可度。当利率上升时,一些FHA贷款的价值下跌。FNMA将以面值购买这些贷款,这样就为贷款人发起抵押贷款提供了额外的资金。当利率下降时,FNMA就会出售这些贷款,暂时的亏损会被美国财政部信用额度所弥补。FNMA最终在20世纪60年代末成为一个私营企业。到20世纪90年代,FNMA成为一个主要的抵押贷款二级市场机构,我们将在第10章讨论该机构目前的运作情况。

固定利率抵押贷款的机制

固定利率、等额还款、较长期限以及分期偿还的抵押贷款是大萧条时期最为持久的产品之一。在过去的半个世纪里,这种抵押贷款在抵押贷款市场一直处于主导地位。目前,抵押贷款公司也可以提供15年期的固定利率抵押贷款。为了让大家更加了解抵押贷款的机制,我们先阐述固定利率抵押贷款应该如何计算还款额、摊销、剩余本金以及贷款的实际成本。这些背景知识对于理解本书住宅金融部分的其他内容具有重要价值。本部分内容在讨论过程中需要利用计算器。通过对本部分计算值的复核,你还能简要回顾一下货币时间价值。

● 抵押贷款的还款额

回顾货币时间价值分析,我们知道年金现值应为:

$$年金现值 = 还款额 \times \left[\frac{(1+i)^n - 1}{i(1+i)^n} \right]$$

根据这个公式,我们知道年金现值是根据还款额、利率或折现率(i),以及还款次数(n)等已知变量计算而来的。由于固定利率抵押贷款的还款额是一种年金,假设已知年金现值(初始贷款金额),年金现值方程可以通过变形求得**抵押贷款常数**:

$$抵押贷款常数(MC_{i,n}) = \frac{i(1+i)^n}{(1+i)^n - 1} \qquad (4—1)$$

抵押贷款常数是在一定的利率和还款次数下,摊销1美元的贷款额所需支付的每期还款额。抵押贷款常数乘以贷款金额得到的值就是每期的还款额。注意，抵押贷款还款是以普通年金的方式进行，这意味着还款在每期期末支付。

例如，假设你贷款 100 000 美元，期限为 30 年，利率为 10%，按年支付，则每年需要偿还的本息和为：

$$年还款额 = 100\,000 \times (MC_{i,n})$$
$$= 100\,000 \times \left[\frac{0.10(1+0.10)^{30}}{(1+0.10)^{30}-1}\right]$$
$$= 10\,607.42(美元)$$

按月付款的抵押贷款是比较普遍的，因此还款额必须进行调整以反映每月的摊销。抵押贷款常数可以表示为：

$$抵押贷款常数(MC_{i,n}) = \left[\frac{i/12(1+i/12)^{12n}}{(1+i/12)^{12n}-1}\right]$$

利用月抵押贷款常数，每月需要支付的本金和利息为 877.57 美元。计算如下：

$$月还款额 = 100\,000 \times (MC_{10,30})$$
$$= 100\,000 \times \left[\frac{0.008\,33(1+0.008\,333)^{360}}{(1+0.008\,333)^{360}-1}\right]$$
$$= 877.57(美元)$$

注意，尽管抵押贷款常数是以年为基础确定的，但利率和期限应进行调整以反映按月摊销，即年利率除以 12 而期限乘以 12。利率和期限必须始终按照统一单位进行衡量（比如年、月等）。

● 抵押贷款摊销

上文的计算结果表明，还款额需要在整个贷款期限内进行完全摊销。这意味着在期限内每笔连续的支付额都将减少抵押贷款的余额，当所有款项均支付完毕时，抵押贷款余额将为零。换句话说，每月的还款额已经视同为对抵押贷款的偿还。因此，每次付款金额由两部分组成：利息和需偿还的本金。虽然支付总额保持不变，但偿还额与支付总额的比例并不保持恒定。在早期的偿还额中利息占主要部分，而本金的偿还相对较少。随着支付次数的增多，利息在每次偿还额中的比例下降（因为未偿付本金余额递减），而偿还本金的比例增加。纵观整个贷款偿付过程，我们知道各偿还本金的总和将等于原贷款额。

表 4—1 显示了还款期的前 6 个月以及后 6 个月利息和偿还本金之间的分配情况。正如表中所示，给定月份支付的利息额在第 1 个月达到最大，并且在随后的月份逐渐减少。偿还本金部分的金额变动与利息额正好相反。在还款期的第 1 个月支付本金的比例最小。抵押贷款的摊销类似某种形式的强迫储蓄，因为它要求借款人以权益置换债务。

表 4—1　　30 年期、利率 10%、金额为 100 000 美元的抵押贷款按月摊销表　　　单位：美元

	支付额	期初余额	利息	本金偿付	期末余额
1	877.57	100 000	833.33	44.24	99 956
2	877.57	99 956	832.96	44.61	99 911
3	877.57	99 911	832.59	44.98	99 866
4	877.57	99 866	832.22	45.35	99 821
5	877.57	99 821	831.84	45.73	99 775
6	877.57	99 775	831.46	46.11	99 729
—	—	—	—	—	—
—	—	—	—	—	—
—	—	—	—	—	—
355	877.57	5 115	42.63	834.94	4 280
356	877.57	4 280	35.67	841.90	3 438
357	877.57	3 438	28.65	848.92	2 589
358	877.57	2 589	21.58	855.99	1 733
359	877.57	1 733	14.44	863.13	870
360	877.57	870	7.25	870.32	0

注：期末余额经过四舍五入近似到整数。

由于只有抵押贷款的利息部分可以扣税，而利息在总支付额中的比例逐渐下降，因此，抵押贷款的税后成本随着时间的推移越来越多。例如，在表 4—1 中，第 1 个月的利息偿还额为 833.33 美元，本金偿还额为 44.24 美元。对于边际税率为 28% 的借款人，支付的税后成本为 644.24 美元［即 44.24 美元＋833.33 美元×(1－0.28)］。而第 360 个月支付的税后成本为 875.54 美元［即 870.32 美元＋7.25 美元×(1－0.28)］，比第 1 个月要高得多。

● 抵押贷款的本金余额

如表 4—1 所示，抵押贷款中的本金随着每次还款而逐渐降低。因此，每次付款后，抵押贷款将有一个本金余额。任何时间点的贷款未结余额仅仅是根据合同利率对未来偿还款项现金流进行贴现所得的值。在我们的例子中，在第 6 个月末的本金余额为：

$$本金余额 = \frac{877.57}{MC_{10, 29.5}} = 99\ 729(美元)$$

其中，月抵押贷款常数为：

$$MC_{10, 29.5} = \frac{0.008\ 333 \times (1.008\ 333)^{354}}{(1.008\ 333)^{354} - 1}$$

抵押贷款常数因子是利用年金现值因子的倒数计算得来的。此外需注意，利率和期数应进行调整以反映按月摊销。

● 合同利率的影响因素

抵押合同利率受许多因素影响。例如，贷款额的增加、贷款期限的延长都可能提高合同利率。反之，较高的首付、支付更多的折扣点或具有较高等级的信用，通常会降低合同利率。注意，合同利率是贷款支付和摊销的基础，因此合同利率十分重要。

● 抵押贷款的实际成本

抵押贷款的实际成本是借款人的实际费用占有效借款额的比例。贷款的实际成本受贷款人收取费用的影响。当无贷款费用时，贷款的实际成本等于合同利率。任何被归类为额外财务费用的按揭手续费都属于贷款费用并且影响贷款成本。贷款费用是由贷款人收取，用以补偿贷款人在贷款过程中以及准备贷款材料过程中所发生的成本。初始费用通常会在按揭声明中予以明确。其他通常被列为财务费用并且可能影响贷款成本的项目包括：（1）贷款人的检查费；（2）违约费用；（3）承销费用；（4）VA基金费/FHA MIP；（5）税务服务费；（6）文件准备费；（7）洪水认证费；（8）预付利息；（9）按揭保险费（第一年）。

贷款人也可以对抵押贷款进行"折扣"，即收取借款人一定的折扣点。1个点的折扣相当于贷款额的1%，是由借款人在贷款发放时向贷款人支付的现金费用。实际上，贷款人允许借款人通过支付折扣点的形式"买断"其合同利率。我们应该明确该合同利率是确定抵押贷款每期支付额的基础。因此，借款人可以在权衡初始现金收费后寻求较低的每月付款额。支付折扣点的大小对于提高贷款的实际成本具有一定影响。

当贷款人收取贷款费用或折扣时，贷款人必须向借款人披露影响贷款成本的各种因素。贷款人在按照贷款信用法案的规定披露该类要素的同时，还应该披露贷款年百分率（APR）。APR是假设贷款持有至到期日的实际成本，也称年利率。此项披露要求阻止了贷款人可能利用隐藏费用和前期成本从而以较低的合同利率招揽生意的行为。

● 计算实际年利率

贷款人收取的折扣点减少了借款人实际获得的资金量，从而提高了贷款成本。我们回顾前文提出的例子：贷款金额为100 000美元，合同利率为10%，期限为30年，月还款额为877.57美元。如果未收取折扣点或贷款费用，贷款年利率将为合同利率，即10%。然而，当收取折扣点或贷款费用时，实际年利率将上升到10%以上。我们可以通过一个公式来解释这一问题，公式的左侧是借款人获得的有效资金总额（票面金额减去折扣以及贷款费用），公式的右侧是借款人的还款总额。如果贷款持有至到期日，偿还的金额将是一系列的月还款。下面的例子有助于我们更加清楚地理解这一问题。

无折扣点以及无贷款费用的 APR：

$$100\,000 - 0 = 877.57 \times (\text{PVAIF}_{i,360})$$

利用此公式求解出月利率 i（计算内部收益率），为 0.833 3%，其相应的年利率为 10%（即 0.833 3%×12）。公式的左侧是贷款的票面金额减去折扣以及贷款费用。PVAIF 是普通年金现值系数。

附 2% 折扣点的 APR：

$$100\,000 - 2\,000 = 877.57 \times (\text{PVAIF}_{i,360})$$

这个公式表明，借款人获得的实际资金数额是 98 000 美元，但借款人需要支付的现金流是在贷款面值的基础上计算的，因此，借款人需要偿还 360 笔 877.57 美元的贷款。在公式中计算 i，我们得到 APR 的值为 10.24%。粗略估算，一个点的折扣将会使 APR 提高约 0.125 个百分点。

◆ 实际成本与提前偿付

由于典型的抵押贷款通常都不会持有至到期日，因此借款人要额外考虑在缩短的还款期中所需承担的实际贷款成本（以百分比计算）。如果贷款没有任何融资成本（如折扣点），任何持有期中贷款的实际成本都等于合同利率。一旦涉及融资成本，持有期间将变得至关重要。正如后续部分阐述的那样，一旦融资成本出现，贷款的实际成本将对持有期间的长度十分敏感。例如，当抵押贷款附有两个不同的折扣点时，两种贷款在不同持有期下的实际成本也将不同。

这样的认识为我们提出了另外一个问题，即抵押贷款如何定价，也就是贷款人如何权衡设置抵押贷款合同利率与折扣点。艾弗里、比森和斯奈德曼（Avery, Beeson, & Sniderman）在 1996 年对贷款人建议的贷款利率与借款人的行为之间的关系进行了一项研究。[2] 具体来说，他们研究的是贷款申请者的质量和数量在贷款利率的短期波动中如何变化。他们发现公告的利率越低，越能吸引更多数量和更好质量的贷款申请者。他们同时也发现，低利率贷款往往是由抵押贷款银行和从事大宗贷款销售业务的商业银行以及存款机构的抵押贷款子公司提供的。

由于大部分抵押贷款都未能持有至到期日，因此，了解缩短持有期间将如何影响利息成本是十分重要的。我们现在假设提前偿付不附带罚金，并利用前面的例子来说明。假设在第 5 年末提前偿还贷款，这意味着，借款人支付的现金流是 60 期的月还款加上第 5 年末的本金余额。贷款的实际成本计算如下：

$$100\,000 - 0 = 877.57 \times (\text{PVAIF}_{i,60}) + 96\,574 \times (\text{PVIF}_{i,60})$$

其中，抵押贷款在第 5 年末的余额为：

$$\text{抵押贷款余额} = 877.57 / \text{MC}_{10,25} = 96\,574 \,(\text{美元})$$

PVIF 是普通年金现值系数。需要注意的是，在计算未偿还的贷款余额时所计算的抵押贷款常数反映了根据按月复利调整过的利率和期限。

通过上述公式求解内部收益率，我们得到 i 的值为 10%。这表明，在没有折扣点或贷款费用的情况下，持有期间并不影响贷款的实际成本（收益率）。

如果折扣点或贷款费用存在，持有期间的实际成本将会是抵押贷款持有期限的一个函数。我们考虑收取两个折扣点的例子，假设按揭 5 年，则贷款的实际成本（收益率）计算如下：

$$100\,000 - 2\,000 = 877.57 \times (\text{PVAIF}_{i,60}) + 96\,574 \times (\text{PVIF}_{i,60})$$

经过计算，实际成本为 10.52%。在其他因素一定的情况下，持有期越短，贷款的实际成本越高。通常，预期的持有期越短，借款人基于贷款成本的考虑越不愿意支付折扣点。

●附带提前偿付罚金的实际成本

有些抵押贷款中设置了借款人提前偿付的罚金条款。罚金可以用提前偿付时点上本金余额的百分比表示或者以其他约定条款设置。抵押贷款可以指定一个用以计算罚金的时间点。例如，在抵押贷款中设置条款：如果贷款在贷款存续的 10 年内偿还，则借款人需要支付罚金。提前偿付的罚金条款增加了贷款成本。我们使用前面的例子对此问题进行考虑，假设抵押贷款没有折扣点和费用，但其中约定如果贷款在 10 年内偿还，则借款人需要支付 5% 的罚金。如果贷款在第 5 年末偿还，则对贷款成本的影响为：

$$100\,000 = 877.57 \times (\text{PVAIF}_{i,60}) + 96\,574 \times 1.05 \times (\text{PVIF}_{i,60})$$

提前偿付罚金使得贷款实际成本从 10% 增加至 10.74%。

有些贷款人提供了提前偿付保护按揭（PPM）。这种类型的抵押贷款在 20 世纪 40 年代非常流行，但到 20 世纪 70 年代，较高的市场利率减弱了再融资的吸引力，伴随着次级抵押贷款市场的出现，较高的利率使抵押贷款市场变得更加标准化，由此，PPM 逐渐褪色。在 20 世纪 80 年代，PPM 持续淡出市场。然而，20 世纪 80 年代和 90 年代的利率降低趋势增加了借款人再融资的兴趣，并引起了贷款人或投资者对提前偿付保护方面的关注。借款人借新还旧，以新的低利率抵押贷款替代旧的高利率抵押贷款，贷款人和投资者逐渐意识到借款人的行为侵害了他们的收益。

PPM 不同于标准的抵押贷款，PPM 的借款人将失去提前还款而不受处罚的权利，以换取一个较低利率。这项规定并不排除提前还款，它只是强调应该重视成本。成本可能以不同的方式进行评估。例如，Freddie Mac 有两个 PPM 结构，分别适用于固定利率和浮动利率的抵押贷款。一种规定是对贷款在前三年提前偿付的约束，根据贷款本金余额的 2% 收取罚金。另一种规定是对贷款在前五年提前偿付的约束，根据贷款本金余额收取 6 个月的利息作为罚金。罚金仅适用于借款人再融资的情况，因出售财产造成的提前还贷并不包括在内。

全国住宅融资公司（Countrywide Home Funding Corporation）是美国最大的独立抵押贷款银行。该公司提出了一套方案，即借款人在接受提前偿付的罚金条款后可以获得较低的合同利率。合同利率一般降低 0.25 个百分点左右（例如从 8% 降到 7.75%）。借款人可以出售财产或在 5 年内提前偿付总金额的 20% 而不受罚金条款的约束，但是超出上述范围的，借款人必须根据扣除 20% 的初始本金后的贷款本金余额收取 6 个月的利息作为违约金。

● 15 年期固定利率抵押贷款

在当前的抵押贷款市场，贷款人提供多种贷款方式，尤其是在贷款期限方面，时间跨度为 10~30 年不等。对大多数贷款人来说，15 年期的固定利率抵押贷款要优于 30 年期的，前一种贷款方式是在 15 年内摊销所有金额，它的主要优点是在整个贷款生命周期中所支付的利息明显更少，主要缺点是每月的还款额更多。

从前面的例子来看，一个金额为 100 000 美元、利率为 10%、30 年期的贷款，每月需偿付 877.57 美元，而 15 年期的，每月需偿付 1 074.61 美元，偿还时间减少一半，每月支付金额增加了 197.04 美元。然而，在 15 年期贷款的整个生命周期中，所支付的利息总和为 93 430 美元，而 30 年期的为 215 925 美元，因此借款人选择较短年限的贷款方式可以少支付 122 495 美元的总利息。此外，在正常的经济周期中，收益率曲线上行，15 年期的定价（考虑到利率因素）要比 30 年期的更低，这使得较短年限的贷款方式更受借款人青睐。

● 只偿还利息的固定利率抵押贷款

也有一些贷款人提供只付利息的抵押贷款，这意味着，从一开始每月的还款就只包括利息，不包含借款本金的摊销。这种贷款方式主要对有较高的机会成本或其他投资机会的借款人具有吸引力。贷款人一般将贷款价值比设置到最大值 95%，并且限定这项融资方式只对独栋形式的保障房开放，而不对商品住宅和合作建房开放。一般地，这种只付利息的固定利率抵押贷款有两种典型的方式，一种是前 10 年只付利息、后 20 年全部分摊本金的 30 年期贷款方式，另一种是前 15 年只付利息、后 15 年全部分摊本金的 30 年期贷款方式。

● 气球型/调整型固定利率抵押贷款

那些希望有较低的初始合同利率，同时想有固定利率抵押贷款的借款人，可以选择气球型/调整型抵押贷款。这是一种 30 年期、固定利率的抵押贷款方式，但在一定期限后还款额将会提高，所以在短期内它会比较容易偿还。这意味着，这项贷款需要在一定时期内偿还部分款项，余下款项则需在另外期限内支付。一般来说，这类贷款的利率会在 5 年或 7 年后提高。有些贷款利率可以重新设置，并顺延到 30 年的整个贷款期。Freddie Mac 就有一个以调整利率为前提的气球型抵押贷款的二级市场项目。

假设对我们前面的例子进行修改：有一项金额为 100 000 美元、利率为 8% 的 5/25 气球型抵押贷款，此项贷款需在 30 年内分期偿还，前 5 年每月偿还

733.76 美元,第 5 年末的本金余额为 95 070 美元,随后借款人可以选择将贷款利率调整为 11%,再次分期偿还。如此,借款人在未来 25 年内将需要每月偿还 931.79 美元。

● 双周还款式抵押贷款

一些借款人出于预算方面的考虑,更愿意选择每两周偿还一次的抵押贷款方式。基于借款人的这种需求,贷款人提供了每两周还款一次的贷款方式。为了更好地说明问题,我们再度使用前面提到的例子,借款金额为 100 000 美元、利率为 10%、30 年期的抵押贷款。如果每月偿还一次,则支付金额为 877.57 美元;但如果每两周偿还一次,则每次支付金额为:

$$PMT = 100\ 000 \times (MC_{10/26, 780}) = 404.89(美元)$$

需要注意的是,每两周支付一次的金额不是每月支付金额的一半,这是因为这种贷款方式是每两周摊销一次,而不是每月摊销的。按月摊销,借款人需要偿还 360 次,每次偿还 877.57 美元,总偿还金额为 315 925 美元,其中利息为 215 925 美元。如果每两周偿还一次,则借款人需要偿还 780 次,每次偿还 404.89 美元,总偿还金额为 315 814 美元,其中利息为 215 814 美元。

● 提前偿付易于节省利息

在前面的例子中,有一项贷款金额为 100 00 美元,利率为 10%,期限为 30 年,支付方式为按月支付,如果这笔贷款被持有至到期日,则借款人需要偿还的总利息为 215 925 美元。有些人希望通过提前偿还本金来减少利息的支付。比如,借款人刚获得贷款就决定每年多支付一些还款。为了方便起见,借款人将每月的还款数除以 12,并将其列入每月的还款额,因此借款人每月需要偿还 950.70 美元(即 877.57+73.13),而不是 877.57 美元。由于贷款人无法提前收取利息(每月支付的利息为上一个月的利息数),多出的部分将作为对本金的偿还,这样就加速了贷款的偿还速度,缩短了偿还周期。随着余下的本金数额越来越小,需要对应支付的利息也将越来越少。

这对抵押贷款有什么影响呢?首先,我们来计算一下,如果每月还款额为 950.70 美元,需要偿还多少次才能清偿。

$$100\ 000 = 950.70(PVAF_{10/12, n})$$
$$n = 252.02\ 次或\ 21\ 年$$

这表明借款人每月偿还 950.70 美元,252.02 次能够清偿,在这种方式下,借款人总共支付的利息为 139 595 美元(即 950.70×252.02−100 000)。而通常情况下,这项贷款的总利息为 215 925 美元,因此,借款人通过这种方式每年可以节约 76 330 美元。

● 固定利率抵押贷款和利率风险

利率风险是指由于市场上利率的变动导致损失的风险。固定收益资产由于其收益来源固定的性质更容易遭受利率风险,那些固定利率和固定收益的抵押贷款就是固定收益资产。因此,它们的市场价值会随着市场利率呈反比变动,也就是说市场利率上升,抵押贷款的价值就会下降。后面我们将会讲到,这一问题是20世纪80年代贷款人面临的主要问题。

固定利率抵押贷款由于市场利率变动造成的影响可以用我们前面的例子来说明。一个贷款人提供金额为100 000美元、利率为10%、30年期、按月支付的抵押贷款,每月的还款额为877.57美元。假设5年之后25年期固定利率抵押贷款的市场利率变成12%,这项贷款的本金余额(面值)为96 574美元,则该项贷款的市场价值为:

$$市场价值 = 877.57/(MC_{12,25}) = 83\ 322(美元)$$

为了反映当前的市场行情,贷款的折现利率使用较高的市场利率,因此贷款的市场价值要比其面值低很多,无论这项贷款是放在贷款人的投资组合中,还是在二级市场上销售,价值损失的风险都是存在的。

小 结

大萧条时期美国抵押贷款市场管理法案的建立有两个目的:一是通过直接贷款和存款保证贷款人的流动性;二是利用违约担保和二级市场来促进这些长期、自动摊销抵押贷款工具的使用。政府在这两点上都取得了一定的成绩。由于这些机构和1947年退伍军人管理局管理的担保部门的设立,战后的住宅金融体系得以建立,美国进入了一个全新的时代:

(1) 拥有政府担保的完善的储蓄系统,能够提供中介服务;

(2) 长期、固定利率、摊销式的抵押贷款作为主要的贷款方式(基本上只有这种贷款方式);

(3) 以稳定的通货膨胀率和利率为特征的经济。

固定利率、等额还款的抵押贷款机制包括还款额的计算、余额的计算、摊销计划和实际成本。年百分率是指被持有至到期日的抵押贷款的实际成本。计算表明,如果贷款被贴现或者提前偿付,那么持有期对实际成本的计算十分关键。固定收益资产的价值与市场利率的变化呈反向变动。

关 键 词

分期偿还计划　　　　　　　　　　折扣点
年百分率　　　　　　　　　　　　久期
建设和贷款协会　　　　　　　　　实际成本

平等赎回权
联邦住宅贷款银行系统（FHLBS）
联邦住宅管理局（FHA）
联邦国民抵押贷款协会（FNMA）
联邦储蓄和贷款保险公司（FSLIC）
完全摊销
住宅业主贷款公司（HOLC）
抵押贷款常数
抵押贷款支付额

非摊销
初始费用
本金余额
折扣点
提前偿付的罚金条款
提前偿付保护按揭（PPM）
法定赎回权
高利

推荐读物

Chandler, L. V. 1970. *America's Great Depression 1929—1941*. New York: Harper and Row.

Colean, M. L. 1950. *The Impact of Government on Real Estate in the United States*. New York: National Bureau of Economic Research.

Goldsmith, R. 1958. *Financial Intermediaries in the American Economy Since 1900*. New York: National Bureau of Economic Research.

Peterson, P. T. History of mortgages. *Secondary Mortgage Markets*, 7 (3).

Schwartz, E. 1989. The problems of savings and loans. In E. Schwartz and G. Vasconcellos, eds., *Restructuring the Thrift Industry*. Bethlehem, PA: Lehigh University Press.

Sirmans, C. F. 1989. *Real Estate Finance*, 2nd ed. New York: McGraw-Hill.

Wiedemer, J. P. 2001. *Real Estate Finance*, 8th ed. Mason, OH: Thomson/South-Western.

复习思考题

1. 请总结将房地产作为抵押品来获得融资购房这一做法的历史。
2. 在罗马法律中，fiducia、pigus、hypotheca之间的主要区别是什么？
3. 定义平等赎回权，并简述平等赎回权的起源。
4. 解释为什么抵押贷款银行在南北战争后开始流行起来。
5. 19世纪后半叶抵押贷款的主要特征有哪些？解释这些特征为什么能为贷款人最小化利率风险。

6. 概括大萧条时期抵押贷款高违约率的原因。

7. 在大萧条时期,联邦法案是如何支持抵押贷款市场和住宅市场发展的?

8. 请描述下列机构设立的主要目的:(1) FSLIC;(2) FHA;(3) FNMA。

9. 阐释20世纪40年代与20年代各抵押贷款市场的不同之处。

习 题

1. 科比特·约翰获得一笔完全摊销的80 000美元抵押贷款,利率为10%,期限为30年,按月支付,那么他每月需要还款多少美元?

2. 巴姆斯·戴夫需要申请一笔抵押贷款以购买一套房子,一位当地的贷款人确定戴夫能够负担600美元的月还款额(含本息)。如果30年期固定利率抵押贷款的当前利率是9.5%,那么戴夫最多能获得多大额度抵押贷款?

3. 龙·麦克能够借入一笔金额为120 000美元、利率为9%、期限为30年的抵押贷款,贷款为按月支付。

(1) 麦克每月需要支付多少还款额?

(2) 他第一个月需要支付多少利息?

(3) 他第一年需要支付多少利息?

(4) 如果他想在第3年末偿还贷款,那时的本金余额是多少?

(5) 他在这三年间总共需要支付多少利息?

4. 假设你借入了金额为75 000美元、期限为30年、按月摊销的贷款,每月支付还款额590.03美元,那么你承担的利率是多少?

5. 你想购买一套价格为125 000美元的房子,假设你可以获得银行对房屋评估价值80%的贷款,评估价值为房屋价格的95%,利率为9.5%,期限为30年,按月支付。

(1) 如果你接受该项贷款,你每月的还款额是多少?

(2) 5年之后,该项贷款的余额是多少?

(3) 制定一个5年的摊销计划表,要求显示每年还款总额,每年支付的本金总额和利息总额、每年年末的贷款余额(不要制定每月的抵押贷款摊销计划)。

6. 贷款人针对期限为30年、固定利率的抵押贷款提供如下几种协议方式,为了使贷款成本最小化,你会选择哪一种方式?

合同利率(%)	折扣点
8.25	2.75
8.50	2.00
8.75	1.00

(1) 假设按月支付,且抵押贷款被持有至到期日,则每种方式的实际成本是多少?

(2) 假设按月支付，且抵押贷款被持有 5 年，则每种方式的实际成本是多少？

(3) 假设每种抵押贷款方式都有 3% 的提前偿付罚金，则每种方式的实际成本为多少？

7. 以下是金额为 90 000 美元的几种抵押贷款方案，请计算不同方案每月的还款额。

抵押贷款	利率（%）	期限（月）	月还款额
A	10	360	_____
B	11	300	_____
C	9	300	_____
D	8	260	_____

8. 计算下列各种抵押贷款在发起时的到期收益率。

抵押贷款	月还款额（美元）	期限（月）	初始贷款额（美元）	到期收益率
A	500	360	50 000	_____
B	600	360	65 000	_____
C	550	260	62 000	_____
D	550	300	60 000	_____

9. 计算以下抵押贷款需要多久能够清偿（提示：答案有可能是"永远无法清偿"）。

抵押贷款	月还款额（美元）	利率（%）	初始贷款额（美元）	偿还期限
A	400	10.0	45 000	_____
B	800	10.5	75 000	_____
C	600	11.0	62 000	_____
D	550	11.0	60 000	_____

10. 计算下列 30 年期的、到期收益率为 10% 的抵押贷款所需的折扣点。

抵押贷款	月还款额（美元）	利率（%）	初始贷款额（美元）	折扣点
A	800	N/A	100 000	_____
B	900	N/A	110 000	_____
C	950	N/A	125 000	_____
D	700	N/A	110 000	_____

11. 计算下列 30 年期的抵押贷款在第 5 年末的余额（提示：在任何时间点的固定利率抵押贷款余额都等于剩余款项按合同利率折算的现值。）

抵押贷款	初始贷款额（美元）	合同利率（%）	余额
A	100 000	10	_____
B	90 000	8	_____
C	80 000	12	_____

12. 假设有个借款人向你出借 15 年期、按月支付的抵押贷款，金额为 120 000 美元，利率为 6%，折扣点为 2。

(1) 计算每月的还款额。

(2) 这项贷款的 APR 是多少？

(3) 如果这项贷款在第 8 年末清偿，则实际成本是多少？

13. 为了购买梦寐以求的房子，你申请了 10/20 的仅偿还利息的固定利率、按月支付的抵押贷款，贷款金额为 110 000 美元，利率为 7.5%，折扣点为 2。

(1) 在最初只付利息的阶段，每月的还款额是多少？

(2) 在 20 年的偿还期内，每月的还款额是多少？

(3) 这项贷款的 APR 为多少？

(4) 如果该项贷款在仅偿还利息阶段后的 6 年内清偿，则实际成本是多少？

14. 假设你有一笔 7 年气球型/调整型的 30 年期、按月支付、金额为 90 000 美元的抵押贷款，初始利率为 6%，再融资时，利率被重置为 8%，交易结束时融资费率为 3%，现在已经是贷款的第 12 年了。

(1) 你的首期付款额是多少？

(2) 重置后你的月支付金额为多少？

(3) 该项贷款的 APR 为多少？

(4) 如果现在清偿贷款，则实际成本为多少？

相关网站

http：//www. timevalue. comlcgi-bin/
货币时间价值计算器

http：//www. hsh. com
当前抵押贷款信息、利率、ARM 指数等

http：//www. countrywide. com
农村抵押贷款

http：//www. coldwellbanker. com
Coldwell 银行在线

http：//www. realtor. com
全国房地产经纪人协会

http：//federalreserve. gov/regulations/regref. htm♯Z
美国联邦储蓄规则 Z，其中包括 APR

http：//www. fhfb. gov
联邦住宅贷款金融市场委员会

http：//www. fanniemae. com/homebuyers/findamortgage/mortgages
Fannie Mae 的不同种类的贷款产品

注　释

[1] R. J. Saulnier. *Urban Mortgage Lending by Life Insurance Companies*. New York: National Bureau of Economic Research, 1950. 在这一时期，保险公司持有全部住宅抵押贷款余额的 1/6。

[2] R. B. Avery, P. E. Beeson, and M. S. Snidernan. Posted rates and mortgage lending activity. *Journal of Real Estate Finance and Economics* 13 (1996), 11-26.

附录 A
贴现现金流估价模型的要素

贴现现金流模型可以用如下公式表示：

$$\text{PV} = \sum_{i=1}^{n} \frac{CF_i}{(1+r)^i} \tag{4A—1}$$

式中，PV 代表现值；CF 是现金流的金额；r 是贴现率；n 代表产生或支出现金流的期间长度。已知其中三个参数的数据信息就足以计算第四个参数。有趣的是，房地产金融的不同问题中都需要求解基本公式中的某一变量。标准抵押贷款中，给定贷款数额 PV、期限 n 和贷款人确定的利率 r，要求确定每期支付额，就是一个简单的例子。标准的金融计算器能够很容易地计算出结果，其中至少有四个键，分别代表公式中的 PV、PMT、r 以及期数 n。我们首先考虑在本章中讨论的 30 年期固定利率抵押贷款。

例 A　在第一种情况中，假设抵押借款人欲借入 90 000 美元（PV）。贷款人能够提供一个期限为 30 年（360 期按月支付，n）、合同利率为 10% 的贷款。利用下列公式和上述信息足以计算出所需的月还款额（PMT）。

$$90\,000 \text{ 美元} = \frac{\text{PMT}}{(1+0.008\,333)^1} + \frac{\text{PMT}}{(1+0.008\,333)^2} + \cdots + \frac{\text{PMT}}{(1+0.008\,333)^{360}}$$

我们输入 PV 的值 90 000，n 的值 360，r（%）的值 10/12，利用计算器计算月还款额 PMT 为 789.81 美元。在本例中，我们解决了月还款额计算问题。接下来，让我们考虑如何计算现值的问题。

例 B　假设在上面的例子中，抵押贷款人无法承受如此高的月还款额，其每月仅有 650 美元用以支付本金和利息，她希望知道她能够贷多少钱。从下面的公式中，我们可以获得足够的信息来确定贷款额。

$$\text{贷款额} = \frac{650}{(1+0.008\,333)^1} + \frac{650}{(1+0.008\,333)^2} + \cdots + \frac{650}{(1+0.008\,333)^{360}}$$

我们在本例中已知四个变量中三个变量的值。首先，输入 PMT 的值 650，n 的值

360以及 r（%）的值10/12，利用计算器求解的结果为74 068美元。接下来，我们考虑求解利率 r 的问题。

例C 在上述抵押贷款安排好后，贷款人要求抵押借款人对此项贷款承担2%的折扣（两个百分点的收费）。在这种情况下，抵押借款人将获得74 000美元的98%的贷款，即72 587美元。但是，借款人每月的还款额仍然为650美元。此种安排提高了贷款的实际利率。联邦贷款法案要求贷款人说明实际利率，即年利率（APR）。贷款人在利用下面的公式计算 r 后确定贷款的年利率，并通知抵押贷款人。

$$72\,587\text{美元} = \frac{650}{(1+r)^1} + \frac{650}{(1+r)^2} + \cdots + \frac{650}{(1+r)^{360}}$$

输入现值为72 587，PMT为650，期数 n 为360，计算APR为0.085 3的月利率，或者10.25%的年利率。折扣点的存在使实际贷款年利息成本提高了0.25个百分点。更大的折扣将导致更高的实际收益。在最后一个例子中，我们已知其他三个变量，求解贷款期限 n。

例D 在本例中，假设没有折扣点（见例B）。抵押贷款人希望借入74 068美元，并愿意支付每年10%的利息成本，但期望每年的还款额减少到640美元。这种要求使得贷款期限延长到超过360个月。我们可以在下面的公式中求解出 n。

$$74\,068\text{美元} = \frac{640}{(1+0.008\,333)^1} + \frac{640}{(1+0.008\,333)^2} + \cdots + \frac{640}{(1+0.008\,333)^n}$$

输入现值为74 068，r(%)为10/12，月还款额为640，n 的求解结果为402。该笔贷款期限将被延长到33.5年。

总之，贴现现金流模型中已知三个变量就可以求出第四个变量。虽然财务报表可以用于此目的，但利用起来非常烦琐。现在，大多数房地产专业的学生和专业人士已经变得非常善于利用便宜的金融计算器来解决财务问题。我们建议您也购买一台以辅助学习，它在本章和以后各章中对于解决问题是十分有用的。此外，请注意，在房地产金融中我们经常利用贴现现金流估价模型来解决不同方面的问题。

附录 *B*

抵押贷款的期限、久期以及利率风险

贴现现金流（DCF）模型告诉我们，抵押贷款或任何债务工具的价值都是通过贴现未来的预期支付额计算的：

第4章 住宅金融的早期历史和固定利率抵押贷款的创立

$$价值 = \frac{\text{PMT}}{(1+r)^1} + \frac{\text{PMT}}{(1+r)^2} + \cdots + \frac{\text{PMT}}{(1+r)^n} \tag{4B—1}$$

如果每期支付额（PMT）是固定的，则贴现率的变动会改变债务的价值。因此，当市场利率发生变动时，债务工具的价值也将发生变化；当利率或贴现率增加时，债务的价值则降低。

现在我们考虑两个不同的抵押贷款，它们具有相同的金额以及相同的利率，但期限不同。

	金额（美元）	年利率（%）	期限（年）	月还款额（美元）
抵押贷款 A	100 000	12	30	1 028.61
抵押贷款 B	100 000	12	15	1 200.17

两种类型贷款的现金流在按照1%的月贴现率进行贴现后得到的债务价值均为100 000美元。假设在贷款的第二天，市场年利率增加到14%，则两笔贷款的价值都将下降。根据公式4A—1，抵押贷款 A 和抵押贷款 B 的价值将分别相应变动为86 812美元与90 120美元。对于损失程度的不同，准确的解释应当是由于期限的差异。当利率上升时，现有债务持有人能够获得的还款额将低于相同金额的新贷款的还款额。这些款项的支付期间被拉得越长，其价值将越低。换句话说，抵押贷款 B 的持有人将比抵押贷款 A 的持有人获得更多且更早的支付额，因此抵押贷款 B 的持有人就有机会将这些还款额以较高的市场利率进行再投资。到第15年末，抵押贷款 B 已完全还清，所有的资金都将投资于更高利率的产品。但现在，我们考虑下面的抵押贷款。

	金额 （美元）	年利率 （%）	期限 （年）	月还款额 （美元）	到期日还款额 （美元）
抵押贷款 A	100 000	12	30	1 028.61	0
抵押贷款 B	100 000	12	30	1 000.00	100 000
抵押贷款 C	100 000	12	30	0	3 594 964

抵押贷款 A 是一个典型的分期偿还抵押贷款。抵押贷款 B 是分次付息，到期一次还本的抵押贷款。该贷款偿付方式类似于典型的公司债券的偿付方式。抵押贷款 C 在持有期间无须支付款项，应计利息和本金在到期时一次性支付，这类似于零息债券的偿付方式。抵押贷款（A、B、C）的贴现现金流模型如下：

A $100\,000 = 1\,028.61/(1.01)^1 + 1\,028.61/(1.01)^2 + \cdots$
       $+ 1\,028.61/(1.01)^{360}$

B $100\,000 = 1\,000/(1.01)^1 + 1\,000/(1.01)^2 + \cdots + 1\,000/(1.01)^{360}$
       $+ 100\,000/(1.01)^{360}$

C $100\,000 = 3\,594\,964/(1.01)^{360}$

继续上述例子的讨论，如果明天利率上升到14%，则三笔抵押贷款的价值将分别如下：

A 86 812 美元

B 85 933 美元

C 55 235 美元

尽管三类抵押贷款都有相同的期限（30 年），但由于利率上升而导致价值下降的程度却是不同的。其原因在于现金流的时间和金额不同。正如前面的例子一样，中期现金流较大、还款时间较早的抵押贷款价值下降程度较小。抵押贷款 C 的持有人没有任何中期现金流用以再投资于较高的利率（14%）。抵押贷款 A 的持有人则具有每期获得一笔本金偿付额的优势。偿付额的摊销部分能够随利息支付额一并再投资于更高利率的抵押贷款。

各抵押贷款价值变动差异的原因在于各抵押贷款的现金流返还时间的差异。现金流返还的程度可以用久期来度量。虽然我们的例子中三笔抵押贷款都有相同的期限，但是它们却具有不同的久期。债务工具的久期是一个衡量现金流平均回收时间的变量。更确切地说，久期是现金流回收时间的加权平均数，其权重为相对现金流的现值。久期的计算公式如下：

$$D = \frac{\sum t \times CF_t/(1+r)^t}{\sum CF/(1+r)^t} \quad (4B\text{—}2)$$

表 4B—1 提供了一个例子。

注意，分子的值是以现金流发生的时间为权重进行加权。上述各类抵押贷款的久期分别为：

A=7.9

B=8.4

C=30.0

表 4B—1　　　　　　　　　　债券久期的计算

利率为 8%，面值为 1 000 美元，每半年偿付一次，期限为 7 年，市场利率为 9%。

1	2	3	4
期间 (t)	半年现金流 (CF)	$CF/(1+r)^t$（第 2 列的现值）	$t \times CF/(1+r)^t$ 第 1 列与第 3 列的乘积
1	40	38.28	38.28
2	40	36.63	73.26
3	40	35.05	105.16
4	40	33.54	134.17
5	40	32.10	160.49
6	40	30.72	184.29
7	40	29.39	205.75
8	40	28.13	225.02
9	40	26.92	242.25
10	40	25.76	257.57

续前表

利率为8%，面值为1 000美元，每半年偿付一次，期限为7年，市场利率为9%。

1 期间 (t)	2 半年现金流 (CF)	3 $CF/(1+r)^t$ （第2列的现值）	4 $t \times CF/(1+r)^t$ 第1列与第3列的乘积
11	40	24.65	271.13
12	40	23.59	283.04
13	40	22.57	293.42
14	1 040	561.57	7 862.00
合计		948.89	10 335.83

注：久期＝10 335.83/948.89＝10.89（期）。

说明：第3列的总价值（久期公式的分母）同时也是债券的价值。久期为10.89期，即5.44年，短于7年的期限。

利率变动时，债务工具价格变动的百分率可以由如下公式确定：

$$\frac{\Delta p}{p} = -D \times \frac{\Delta r}{(1+r)} \tag{4B—3}$$

针对上述三笔抵押贷款，可以得出：

A＝－14%＝－7.9×0.02/1.12
B＝－15%＝－8.4×0.02/1.12
C＝－45%＝－30.0×0.02/1.12

总之，由于市场利率变动产生的债务工具价格变化率是久期的函数。久期与债券期限的关系十分密切。长期债券的久期较长。但是，债券的久期小于其期限（零息债券属于例外，其久期与期限相等）。由于久期与债券期限密切相关，人们常常误以为债券期限决定了市场利率变动时债券价值的变动。其实更为准确表述是，债券价值的变动是由久期决定的。

第 5 章

战后住宅金融

学习目标

通过本章的学习，你应对二战后影响和改变住宅抵押贷款市场的主要因素有一定的了解。你还应理解在通货膨胀的环境下，这些改变如何影响抵押贷款发起机构的类型及其提供的抵押贷款品种的变化。你将发现为什么储蓄机构（包括储蓄贷款协会、互助储蓄银行和信用合作社）在转型时期发挥的作用越来越小，为什么可调利率抵押贷款越来越受欢迎。同时，本章还阐述了联邦政府政策是如何促进或抑制这种转型的。了解过去半个世纪住宅房地产金融的发展对于理解我们当前的市场结构有着至关重要的作用。

导　言

本章概括介绍了二战后住宅金融市场的发展过程。我们发现，从二战结束到20世纪90年代早期，住宅资产融资所采用的抵押贷款的类型、抵押贷款中投资者（贷款人）的类型以及借贷双方的交易方式，都发生了巨大的变化。因此，理解市场中的这些改变及其背后的原因极其重要，它将有助于你更好地理解当前的市场结构。

背　景

自二战以来，抵押贷款数量和贷款持有者的变化表现出了一些显著的趋势。

20世纪50年代，储蓄贷款协会在抵押贷款业务上的增长速度最快，年增长率将近16%，市场份额从19%提升至29%。这种增长伴随着商业银行和个人市场份额的下降，主要原因是储蓄贷款协会在投资住宅抵押贷款业务上享有税收优惠。在之后的几十年中，储蓄贷款协会的市场份额持续增长。

1950年后，商业银行在度过一段衰败期后又开始恢复它们在抵押贷款上的市场份额。到20世纪80年代，商业银行的市场份额已经和它们在1950年的市场份额基本相当。尽管个人发放抵押贷款所占的市场份额在这几十年中的变化并没有明显可见的趋势，但其中有一些波动和利率周期变化密切相关。

当利率相对较高时，借款人倾向于继续保留之前已存在的抵押贷款。如果他们还款的成本较低，他们就几乎没有动机去提前还款。此外，当利率相对较高时，个人出售房地产的难度更大，因此出售方经常自己向购买者提供部分甚至全部的贷款，出售方变成了抵押贷款的持有者。这种贷款被称为**买价抵押贷款**（purchase money mortgages），通常是气球型的短期贷款。20世纪80年代由个人发放的抵押贷款的市场份额的增加部分反映了20世纪70年代后期的高利率水平。

联邦及相关机构所占市场份额的变化趋势最为显著。在20世纪七八十年代，一些联邦机构在发放住房贷款上十分活跃。它们有联邦政府的支持和担保，成功的通过二级抵押贷款市场吸纳资金，即使是在高利率和利率不稳定时期，它们仍然能够保持这种成功。为了规避利率风险，很多之前在他们自己的资产组合中持有贷款的贷款人开始将他们发放的贷款卖给联邦机构。此外，政府给予了这些联邦机构更大的开拓二级抵押贷款市场的权限，通过了减免公司层面税收的法案。政府相信在高利率时期由二级抵押贷款市场向住房市场提供资金十分重要。到20世纪90年代，这些联邦机构非常成功，在市场上发挥着举足轻重的作用，以至于它们实际上能够决定整个市场上抵押贷款融资工具的条款、条件和承销标准。如果某个贷款的条款不符合联邦机构的要求，这个贷款将不能在二级抵押贷款市场上进行交易。

20世纪90年代早期，二级抵押贷款市场加速发展。1990—1996年，由储蓄机构持有的抵押贷款的数量每年下降近3%，而联邦相关机构所占的市场份额每年上涨近10%。到1998年，59%的独户家庭抵押贷款和33%的多户家庭抵押贷款被联邦机构证券化。下面我们将对战后抵押贷款市场进行回顾。

20世纪50年代：稳定的十年

1950年，在所有的抵押贷款（包括住宅贷款和商业贷款）中，有50%由储蓄机构持有。到1960年，这一比例提升至56%。由于大量发放30年期固定利率的抵押贷款，这些机构承担着很大的利率风险。当一个机构的资产期限和债务期限出现很大的差异时就会出现危机，这被称为**期限失配**。即使大多数贷款会在30

年期限到期前被提前偿付，它们预期的"寿命"仍然长达数年，而大多数存款的期限则小于一年，有些存款甚至是可以依照需求随时支取的。

为了认识20世纪七八十年代后期由期限失配产生的各种严重问题，我们来分析一个20世纪50年代典型的储蓄机构。假设储蓄机构发行利率为5%的抵押贷款，并将这一抵押贷款保留在自己的资产组合中，此时，它需要支付3.5%的短期存款利息。向外贷款所获得的收益与吸纳存款所支付的成本之间的差额可以用于支付其运营成本，以及作为储蓄机构投入资本的收益。试想，如果此时市场利率上升，储户要求获得一个更高的存款利率，比如6%，情况又会怎样？假设政府对于储蓄机构支付的存款利率没有上限管制，当利率为3.5%的存款到期时，它们将以6%的存款利率继续保留在储蓄机构中。新的抵押贷款所要求的收益也会相应地升高，比如7%。这就会导致那些持有利率为5%的旧的抵押贷款的人不愿意提前还款，同时他们也不会愿意去做任何要求他们出售现有住宅和提前还款的行为。如果利率为5%的贷款是可续承贷款（正如在这十年中所有FHA、VA和很多贷款都是可续承贷款），那么当房地产被出售时，它们将很有可能被转移给新的购房者。总之，利率的上升将导致储蓄机构开销上升，而收益则基本保持不变。

随着这种趋势的继续发展，储蓄机构的净资产可能变成负值。同时，储蓄机构也不能通过出售低利率的贷款来避免这些由利率上升所引发的问题，因为这些低利率存款在市场上的价值明显小于它们的余额。储蓄机构倾向于保留这些贷款，而不是出售它们造成损失，因为这些损失会被记录在年末的损益表中。一旦期限失配问题产生，利率上升，储蓄机构就被"套牢"了，只有寄希望于利率下降将其从濒临破产的泥潭中解脱出来。

如果对于提前还款缺乏惩罚，那么期限失配问题就会更加严重。当市场利率上升时，储蓄机构的利润下降，它们可能会寄希望于利率下降以转变这种不利的形势。然而，借款人拥有可以选择是否提前还款的权利。如果没有提前还款惩罚，一旦利率下降，他们将以一个更低的利率重新融资。当然他们必须承担一些重新融资的成本，比如评估费等，但是他们重新融资所节约的利息成本远高于重新融资的成本。因此，当利率下降时，储蓄机构为保留存款支付的利息会减少，但同时它们的长期资产收益也会减少。而当利率上升时，期限失配问题又会再次出现。这一问题不仅出现在利率上升时期，同时也会出现在利率波动时期。贷款人发放长期固定利率且没有提前还款限制的贷款，会给予借款人很有价值的选择权，利率的波动性越大，这种选择权的价值也就越高。

为什么20世纪50年代期限失配问题并不十分突出呢？有两个原因。一是每年的通货膨胀率比较低，也比较稳定，大约为2%，因此利率也相对低且稳定。从1950年到1958年，三个月的国债利率最高为3.27%（1957年），最低为0.95%（1954年），因此并没有任何存款利率超过抵押贷款收益率的压力。二是联邦储备委员会颁发的Q准则对商业银行可以支付的存款利率进行了限制。直到1966年，联邦住宅贷款银行委员会才对储蓄机构的存款利率做出限制，规定储蓄机构的存款利率最多只能比商业银行存款利率的上限高 0.25 个百分点。那时，储蓄机构不能办理活期存款业务，1966 年颁布的利率调整法案授予的 0.25 个百分点的利率优势无疑弥补了储蓄机构在市场中的竞争劣势。20 世纪 50 年代，对银行利率进行管制目的是为了保护银行的盈利能力和偿债能力。为了竞争，无论市场利率上升至多高，银行都会将利率提升至市场利率水平，这导致它们的成本增加，但总体而言，并不能吸收更多的存款。当然，如果存款的市场利率低于 Q 准则的上限，那么该准则将不会产生任何影响。

总之，尽管此时抵押贷款市场的结构蕴涵着会使银行和储蓄机构出现严重问题的巨大风险，但是 20 世纪 50 年代稳定的通货膨胀率和利率环境抑制了这些严重问题的发生。但是这些问题终究会被暴露出来，它们会在之后的 20 世纪 60 年代逐渐显现，在 70 年代发展成热点问题，并最终导致 20 世纪 80 年代抵押贷款市场的重构。

20 世纪 60 年代：通货膨胀加剧、非居间化以及二级抵押贷款市场的兴起

20 世纪 60 年代，通货膨胀率开始加速上升，部分原因是越南战争的白热化。1960 年的通胀率为 1.5%，1969 年的通胀率是 1960 年的四倍，为 6.1%。由于通货膨胀的影响，利率不断上升。3 年期国债的收益率从 1960 年的 3.98% 上涨到 1969 年的 7.02%；某些情况下，短期利率水平甚至超过了 Q 准则所规定的上限。

储蓄量大的储户开始将存款从储蓄机构取出，转而投资国债。同时随着债券基金的发展，小额储户也能够投资国债分享收益。[1] 这种资金从中间机构被取出并投资于证券市场的现象被称为"非居间化"。尽管在市场利率上涨时，为了防止严重的"非居间化"问题出现，储蓄机构的管理者提高了利率的上限，但是他们的动作常常滞后于市场。同时，由于大量资金被从银行和储蓄机构中取出，可以用于发放抵押贷款的资金大幅度减少。

图 5—1 可以说明这一点。图中的数据包括 Q 准则规定的利率上限、短期国债收益率、储蓄机构的净存款额，清楚地显示了利率、非居间化及抵押贷款市场之间的相互作用关系。当市场利率低于或者稍高于 Q 准则规定的上限时，非居间化问题并不严重，这一条款较好地实现了它保护金融机构盈利能力的作用。然而，当利率上涨至大幅度超过上限时，储户将从储蓄机构中取出存款，导致储蓄机构可以用于贷款的资金相应减少。而在这一时期，住房部门对储蓄机构提供的资金十分依赖，1965 年抵押贷款余额中有 46% 由储蓄机构持有，15% 由商业银行持有。由于金融机构不得不减少抵押贷款的发放量，住房所有者又缺少其他可选择的融资渠道，住房市场由于"非居间化"遭受重创。

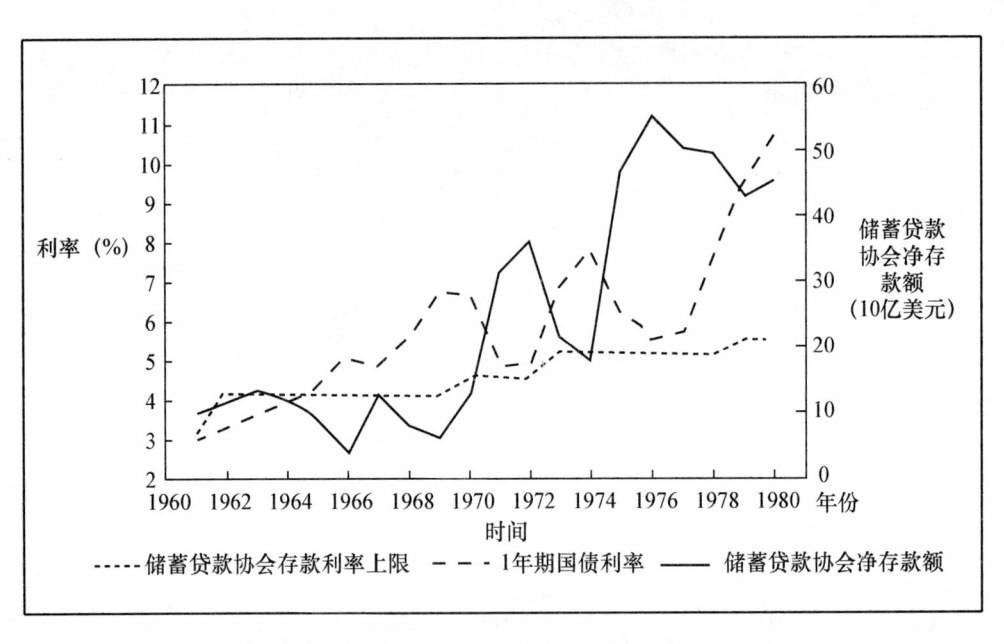

图 5—1 Q 准则规定的利率上限、市场利率及储蓄贷款协会净存款额变化曲线

与企业和政府部门不同，一个有意向的购房者并不能直接为自己的购买融资。简言之，他无法在任何市场上发行债券（抵押贷款）来为购买住宅融资。正如我们在第 3 章中所阐述的那样，中间机构在抵押贷款市场上发挥着重要的作用。商业部门和政府部门不需要经过中间机构的环节就可以直接针对投资者发行债券。而由于住房购买者必须通过中间机构取得贷款，当中间机构遭遇资金大量外流时，住房购买者会感到很难获得资金。直到二级抵押贷款市场发展之后，住房购买者才能够通过债券的发行直接为自己的购买融资。具有讽刺意味的是，当联邦政府严格限制金融机构提供的存款利率时，联邦政府本身却可以通过直接融资（向公众发行债券）来获取资金并将资金为自己所用。

这十年中最严重的"非居间化"问题发生在 1966 年，并在 1969 年的"信用危机"中再次出现。在 1966 年第三个季度，短期国债的收益率为 5.38%，而储蓄机构的定期存款利率为 4%。在此季度，有 7.26 亿美元从储蓄机构流出，而之前四年每季度的平均流入为 22 亿美元。1966 年，1~4 户家庭住宅的交易量下降至 839 700 宗，与 1965 年的 1 050 300 宗相比下降了 20%。

受融资方式的影响，利率周期变化对住房市场的影响很大。储蓄机构发放了大量的住房贷款，这些储蓄机构的资本结构存在着期限失配问题，同时由于存款利率不得超过政府规定的上限，它们的资金来源也具有很大的不确定性。Q 准则在 20 世纪 70 年代仍然存在。从 20 世纪 70 年代早期到中期，在所有类型的住房贷款中，存在倾斜（支付能力）问题的标准固定利率抵押贷款仍处于主导地位。但是 20 世纪 60 年代，住房市场的周期性已经十分明显，这清晰地表明住房融资需要有一个成熟的二级抵押贷款市场来支撑。

二级抵押贷款市场是指证券发行后进行买卖的市场，也就是当前证券进行交易的市场。直到60年代，二级抵押贷款市场活动仍然受到限制。大多数贷款人同时也是投资者，他们将自己发放的贷款保留在自己的投资组合中。

正如我们在第1章中讨论的，二级市场非常重要，主要有以下几个原因：第一，它增加了流动性。证券的初始投资者（贷款人）更愿意发行能够快速转售同时又不损失其内在价值的贷款，因此必须有一个大规模的组织完善的二级市场。如果没有二级市场，贷款人为了弥补流动性不足可能造成的损失，会对其发放的贷款要求更高的利率（或者提供更低的贷款额），并且必须将贷款保留在自己的投资组合中。

第二，二级市场降低了与期限失配有关的利率风险。贷款人可以继续发放贷款，并将贷款出售给其他投资者。其他投资者也不存在期限失配问题，因为他们不需要依赖于短期存款作为资金来源，他们可以发放长期债券来为其购买抵押贷款融资。长期债券不会受短期利率波动或者Q准则的影响；相反，二级市场的投资者可以通过发行债券来购买抵押贷款，并将抵押贷款每月偿还的本息和转移给债券持有者，因此最终债券持有者成为了贷款人。与储蓄机构相比，债券持有者承受利率风险的能力更强。

第三，有组织的二级市场能帮助资金从资本盈余地区平稳地流向资本紧缺地区。比如，盈余的资金可以从相对稳定的东北地区流向其他缺乏资金的地区，如西南地区，以满足其快速发展的需要，这将有利于平衡全国各区域的利率。

这一时期，为了扩大二级市场，两个新的联邦抵押贷款机构成立。1968年的《住宅和城市开发法案》设立了政府国民抵押贷款协会（Ginnie Mae，或称GNMA），而成立于30年代的联邦国民抵押贷款协会（Fannie Mae，或称FNMA）则被私有化。第二个新的联邦抵押贷款机构是在1970年成立的联邦住宅贷款抵押公司（Freddie Mac或FHLMC）。在第10章我们将具体介绍这两个机构。简言之，GNMA为传递债券提供担保（但实际上不发行债券），前提是这些债券的抵押贷款有政府保险（FHA或者VA）。传递债券会将住房所有者支付的本息和传递给债券持有者。FHLMC通过发行各种类型的债券，包括长期债券，来为购买抵押贷款筹集资金。

由于GNMA在60年代的活动，联邦机构和组合（GNMA证券就是一种组合池）持有的抵押贷款份额从1950年的4%和1960年的6%上升至8%。然而，二级市场大发展时期还未来临，我们将看到在1996年联邦机构和组合的市场份额会上升至约47%。

20世纪60年代后期的非居间化阻碍了储蓄机构在抵押贷款市场中的增长速度。50年代储蓄机构持有抵押贷款数量的年增长率为16%，而到60年代该速度下降至9.6%。非居间化也预示着随着通胀的加剧，70年代将会有更为严重的问题产生。但是管理部门并不认为应该取消Q准则，因为它们担心存款利率的快速上升会使持有大量低利率抵押贷款的储蓄机构出现大规模破产的现象；然而，由于Q准则的存在，非居间化将加速发展。

20世纪70年代：通货膨胀环境下固定利率抵押贷款的问题

70年代初，通货膨胀率为6%，到1979年增长到13.3%，而且通货膨胀率的波动非常明显。1979年13.3%的通货膨胀率是这10年中最高的，但1972年的通货膨胀率低至3.4%。除储蓄机构的期限失配问题外，过高的通货膨胀率和利率还导致住房购买人产生住房支付能力问题。这10年中，高通胀环境引发了抵押贷款市场上供给（储蓄机构）和需求（支付能力）两方面的问题。到70年代中期，标准的固定利率、30年期摊销的抵押贷款以及储蓄行业都陷入了困境。而直到那时，住房市场仍然几乎完全依赖于此类贷款以及提供此类贷款的金融中介机构。

需求问题

通胀环境下，固定利率抵押贷款存在的问题可以总结为如下几点：第一，通货膨胀会引发对于未来通货膨胀的预期，通过费雪公式（第2章）我们知道，通货膨胀将导致长期利率的上升。对同样价值的住房，与通胀前相比，购买人将面临更高的利率和还款额。第二，如果通胀果真如预期一样发生，在贷款期间内住房的真实成本总额将不会增加，但是真实成本的变化将表现出在贷款前期增加而在贷款后期下降的趋势，这种**倾斜效应**将引发购买人支付能力不足的问题。为弥补未来通货膨胀可能带来的损失，贷款人会在贷款利率中要求收取额外的溢价。住房购买人必须用自己尚未因未来通货膨胀而增加的收入去支付贷款前期较高的还款额。

表5—1的例子说明了倾斜效应对住房支付能力的影响。在这个例子中，假设借款人收入的年增长率等于2%（因生产力）加上通货膨胀率，换句话说，真实收入增长率为2%；同时假设贷款的合同利率等于真实利率（3%）加上通货膨胀率，合同利率决定了固定的还款额。例如例B，年通胀率为2%，借款人的收入增长率为4%，贷款的合同利率为5%。对于每个例子最后一列都很重要，它说明了在30年贷款进程中借款人的真实还款额占其真实收入的比例。

表5—1　　通货膨胀对固定利率抵押贷款真实还款额的影响

	年期	月还款额（美元）	真实还款额（美元）	还款额/月收入（%）
30年期80 000美元抵押贷款；初始月收入为3 000美元/月				
例A：通胀率0%；利率3%	1	335.36	335.36	10.96
	5	335.36	335.36	10.12
	10	335.36	335.36	9.17
	20	335.36	335.36	7.52
	30	335.36	335.36	6.17

续前表

	30年期80 000美元抵押贷款；初始月收入为3 000美元/月			
	年期	月还款额（美元）	真实还款额（美元）	还款额/月收入（%）
例B：通胀率2%；利率5%	1	429.45	421.03	13.76
	5	429.45	388.97	11.74
	10	429.45	352.30	9.60
	20	429.45	289.01	6.40
	30	429.45	237.09	4.36
例C：通胀率8%；利率11%	1	761.86	702.42	23.05
	5	761.86	518.51	15.65
	10	761.86	352.89	9.65
	20	761.86	163.45	3.67
	30	761.86	75.71	1.39

在例B中的第5年，通货膨胀使429.45美元还款额的真实价值降低到388.97美元［即429.45÷$(1.02)^5$］，而借款人的月收入将增加到3 650美元，其真实值为3 312美元。真实还款额占真实收入的比例为11.74%（即388.97÷3 312）。每个例子都存在倾斜效应的问题。真实还款额占真实收入的比例在贷款的第一年最高，之后逐年下降。预期通货膨胀率越大，倾斜效应也就越明显。通货膨胀以及固定利率抵押贷款所导致的支付能力问题非常明显。虽然30年期内住房的真实成本总额保持不变，但通过这三个例子我们发现，随着通货膨胀率的增大，贷款前期需要承担的真实成本的比例上升。

到70年代末期，通货膨胀达到历史最高水平。利率上升，支付能力大幅下降。表5—2显示了该时期的抵押贷款利率、**支付能力指数**、住房销售量以及住房开工量。支付能力指数是基于中位数价格的现存的独户住房的月还款额（由全国房地产经纪人协会报告）和家庭收入的中位数计算得出的。该指数计算方法如下：首先确定贷款额，相当于住房价格中位数的80%；再根据当前固定利率计算出月还款额；最后用月还款额除以家庭收入的中位数。和其他指数一样，其基准值设定为100。住房价值和利率的上涨都会导致支付能力指数的下降。表5—2清晰地显示了当固定利率抵押贷款是流行的贷款工具时，利率和支付能力之间的关系。

表5—2 抵押贷款利率、支付能力指数、住房销售量、住房开工量（1977—1985年）

年份	抵押贷款利率[a]	住房支付能力指数[b]	住房销售量（千单元）	住房开工量（千单元）
1977	9.02	120.6	5 651.7	2 001.7
1978	9.56	111.4	6 022.1	2 036.1
1979	10.78	97.2	5 587.0	1 760.0
1980	12.66	79.9	4 285.6	1 312.6

续前表

年份	抵押贷款利率a	住房支付能力指数b	住房销售量（千单元）	住房开工量（千单元）
1981	14.70	68.9	3 519.3	1 100.3
1982	15.14	69.5	3 062.1	1 072.1
1983	12.57	83.2	4 431.5	1 712.5
1984	12.38	89.1	4 619.0	1 755.8
1985	11.55	95.5	4 958.9	1 744.9

注：a. 抵押贷款的有效利率考虑了10年内提前还款所缴纳的费用。
b. 住房支付能力指数测量了一个中位数收入家庭在购买中位数价格的住房、首付款占住房价格的20%时，家庭收入占通过审查所需要的收入的百分比。例如，1985年，一个收入为26 300美元的中位数收入家庭，如果要有资格购买中位数价格（75 500美元）的住房，收入占抵押贷款所需收入的百分比为95.5%。

贷款人将预期通货膨胀溢价包含到合同利率中，但是在贷款期间内，实际的通货膨胀率并不一定与预期一致，住房的真实成本也与预期成本不同。如果实际的通胀率比预期高，住房购买人的真实成本将下降，贷款人能够取得的贷款真实收益率将变低；如果通胀率比预期低，情况则正好相反。因此，未来通胀率的不确定性导致长期固定利率抵押贷款的运作存在一定的问题。随着70年代后期通胀不断加速，波动更加明显，市场越来越需要一些新的抵押贷款工具，用来解决倾斜效应以及通货膨胀不确定性带来的问题。

供给问题

标准的固定利率抵押贷款在通胀环境下的供给问题源自金融中介机构资产与负债结构的期限失配以及Q准则的实施。在70年代早期，收益率曲线向上倾斜。长期利率通常明显高于短期利率。1972年，住房抵押贷款的平均收益率为7.6%，而3个月国债的收益率为4.07%，金融中介机构的存款利率为4.5%。从历史上来看，3个百分点的差距非常高，收益曲线向上倾斜并且坡度很陡。那些从这个利率差距中看到获利机会并发起了大量固定利率抵押贷款的贷款人实际上并没有理解收益曲线的意义。我们在第2章中提到，向上倾斜的收益曲线是预期市场利率将会上升的标志，而期限失配和利率上升的共同作用将会导致长期贷款遭受损失，同时如果存款利率受到限制，还会导致存款外流。不幸的是，真实情况就是如此。

到1979年，3个月的国债利率已经上升至10.04%，非居间化已经变成另一个问题，以至于管理机构允许存款利率上升至5.5%。但即使这样，存款仍然继续外流。储蓄机构不仅面临着存贷利差不断缩小的问题，还面临非居间化的问题。

其他抵押贷款工具的引入

在通胀环境下，长期的固定利率抵押贷款在供给和需求上都存在问题，这引发大家开始重新思考怎样的住房贷款类型才能满足住房产业的需要。这一时期出现了很多新的抵押贷款工具，有些能解决倾斜效应问题，有些能解决利率风险问题，也有些能同时解决这两个问题。这些**其他抵押贷款工具**（AMIs）将在下一章中详细讨论。下面我们将简单介绍几种常见的 AMIs。

渐进还款抵押贷款（GPM）可以解决倾斜效应问题。该贷款方式有多种具体操作方法，但其核心概念是在标准的固定利率抵押贷款的分期付款中降低前期还款额同时提升后期还款额，合同利率与固定利率抵押贷款一样保持固定。由于初始还款额的降低，借款人所偿还的现金总量增加了。

GPM 可能导致的问题之一是负摊销。降低后的初始还款额可能低于需要支付的利息额，差额部分会使贷款余额增加。当贷款余额随时间增加而非减少时就出现了**负摊销**现象。正摊销仅在 GPM 贷款的中期（12～15 年）出现。不断增长的贷款余额在某一时点可能会超过房地产价值，这无疑会增大违约风险。所以 GPM 在 FHA 为其提供担保之前并没有被广泛运用。

GPM 的另一个问题与 FRM 一样，它们都受到通货膨胀率变化不可预测性的影响。GPM 的合同利率在贷款初期就确定了，所以当实际通胀率的上升超过预期通胀率时，借款人的真实成本下降，而贷款人的真实回报减少。

分享增值抵押贷款（SAM）被设计用来解决利率风险问题。贷款人提供较低的合同利率，作为回报，贷款人在之后某一时点或者在房地产重新出售时可以参与分享房地产的增值额。低利率提高了贷款的可支付性。假设用该贷款融资的房地产价值增长率与总体通货膨胀率相等，贷款人所得到的增值额将是实际通货膨胀率的函数，而不是预期通货膨胀率的函数。换言之，通过将之后的贷款的收益率和实际的通货膨胀率相连，通货膨胀率变化难以预测所造成的问题将得以避免。

期限失配问题是利率风险的一种。请回忆我们讲过的利率风险，随着市场利率的上升，资产价值下跌。最流行的用以解决这一问题的 AMI 为可调利率抵押贷款（ARM），起初也称为可变利率抵押贷款。ARM 允许贷款人将部分利率风险转移给借款人。简单来说，ARM 允许对合同利率进行定期调整，以使其更接近市场利率。贷款的期限实际上就是两次利率调整之间的时间长度，比如一年。起初，利率调整的时间间隔可能短至 6 个月，长至 5 年。最终，1 年成为市场上最常见的调整间隔。ARM 通常会在 30 年期限内被完全摊销，所以违约风险并不像 GPM 那么大。因此，无论利率如何定期调整，ARM 在 30 年内都会被完全摊销，最终的本金余额将为零。

如果一个储蓄机构的资产组合由 1 年期的 ARM 构成，负债由 1 年期的存款构成，它将不会有期限失配问题和利率风险。而大多数借款人并不愿意全部的利率风险都被转移给自己。最终，贷款人会保留部分风险，同意在贷款期内对利率进行定期调整或者对利率的最大值进行一定的限制。

由于部分利率风险被转移给借款人，同时利率的定期调整实际上形成了一系列的短期贷款，所以 ARM 初始的合同利率将低于相同期限的 FRM 利率。我们可以将 FRM 当作一个 30 年期的贷款而将 ARM 当作 30 个 1 年期的贷款。在高利率时代，ARM 缓解了支付能力问题，但并不能完全解决这一问题。有证据表明，在利率比较高时，由于 ARM 能提升支付能力，所以借款人会更偏好 ARM。

有一种 AMI 能够同时缓解供需两方面问题。**价格水平调整抵押贷款**（PLAM）的初始合同利率和实际利率相等。请注意，名义利率是实际利率与通货膨胀率之和。因此，这个合同利率会比通常观察到的利率水平（名义利率）低，更低的月还款额将有助于解决倾斜效应和支付能力不足的问题。此后每年的贷款余额和还款额将根据通货膨胀率的变化进行调整，每年的调整额是年末的贷款余额乘以当年的实际通胀率。如果没有通胀，就不用调整，而贷款人也将以实际利率获得回报。PLAM 贷款的特征比较复杂，一般的住房所有者难以理解。或许由于这个原因，PLAM 并未得到广泛运用。1990 年，FHA 开始探索为 PLAM 担保的可行性，但是直到现在也未实施。

● 二级市场的持续发展

在受期限失配问题影响的整个 70 年代，联邦相关机构（FNMA、GNMA、FHLMC）的活动在规模上越来越大，重要性也越来越高。到 1980 年，这些机构持有的抵押贷款余额（包括其担保的抵押贷款支持的债务）占所有抵押贷款余额的比例略超过 1/5。贷款人开始意识到将贷款保留在自己的投资组合中可能带来的风险。典型的抵押贷款准许的提前偿付期权也增大了这种风险。此外，还有续承期权。所有的 FHA 和 VA 贷款以及部分传统贷款都可以由住房的购买人续承。住房购买人承担现有贷款的债务，并承诺按期偿还。续承期权在当前市场利率超过贷款合同利率时非常有价值，因为住房销售人将低利率的贷款转移给住房购买人，并从更高的房地产销售价格中获取收益。销售人与购买人都能从中获益，而贷款人则遭受损失，因为贷款人在市场利率较高时仍然继续持有较低利率的贷款。续承期权与提前偿付期权一样，利率波动越大，价值就越高。当利率波动性较高时，两种期权的共同作用将使储蓄机构不堪利率风险的重负。

70 年代后期，利率高且波动大，很多贷款人认为他们应当将利率风险转移给风险承担能力更强的机构和投资者，于是很多贷款人将自己发起的抵押贷款卖给二级市场的经营者（FNMA、FHLMC、GNMA）。很多情况下，贷款人甚至不愿意承担从贷款发起到销售这段时间内的利率风险，他们愿意向这些机构支付一定的费用，以使这些机构承诺在未来某一时间以约定价格购买其发起的抵押贷款。二级市场会在接下来的十年和 90 年代初保持高速的增长。

20 世纪 80 年代：放松管制、其他抵押贷款工具的发展和储蓄机构危机

从 1980 年通过的《**存款机构放松管制法和货币控制法案**》（MCA）到 1989 年的《**金融机构改革、复兴和实施法案**》（FIRREA），这十年间美国住房金融市场经历了自 20 世纪 30 年代以来最大的变化。这一变化是因为在 80 年代早期，

人们开始认识到在高通货膨胀和高利率波动性的环境下，抵押贷款人面临着较高的利率风险。

● 利率风险增大：续承期权的价值受到关注

为了更好地认识贷款人所面临的问题，我们将简单分析一下之前提到过的续承期权的价值。1982年，抵押贷款的市场利率约为15%。1972年发起的贷款的合同利率约为7.5%。现在，假设有一笔发起于1972年的30年期的典型贷款，初始本金为60 000美元，月还款额为419美元，到1982年贷款余额为52 077美元。如果购买附着这一贷款的住房的购买人能够续承该贷款，他将节省一大笔费用。52 077美元的新贷款，利率为15%，如果在20年（原贷款的剩余期限）内摊销，月还款额为685.74美元。续承期权使购买人每月可节省266.75美元。由于贷款可续承，这一住房的出售者可以获得更高的售价。因此，销售人不仅出售有形的房地产，同时也在出售一定数量的每月还款的节省额。在第7章中，我们将看到一些经济学家证实了这一观点：当市场利率较高时，附着可续承贷款的住房比附着不可续承贷款的可比住房售价要高。

在80年代初的高利率环境下，续承期权的价值受到关注。贷款人通过抵押合同或者信托契据[2]中的**转售时清偿**条款来消除抵押贷款上的续承价值。简单地说，**转售时清偿**条款也就是规定一旦房地产被转售，借款人必须立即清偿全部的贷款余额。在70年代利率上涨时期，贷款人愈发频繁地在贷款合同中加入这一条款。到90年代，实际上几乎所有的贷款合同中都有这一条款。

有时续承期权的价值很大，即使对于那些有转售时清偿条款的抵押贷款，借款人仍然会试图获得续承期权的价值。借款人一般采取两种方法：向贷款人隐瞒房地产销售，或者到法庭提起诉讼。不难想象，由于高利率时期续承期权的价值很大，借款人会尝试各种办法来隐瞒他们的转售行为。有些方式非常容易想到，比如转售者和购买人可以签订一个长期租约，而不是直接出售房地产，承租方拥有在租约期满时支付少量的费用来购买该房地产的期权。通过这种方式，购买人（实际上是承租方）需要支付的租金额将低于申请新贷款所需支付的本息还款额，同时高于转售者（出租方）当前的还款额。出租方仍然是登记的房屋拥有者，并且每月向贷款人偿还贷款。租约期满时，购买人（承租方）有权以少量费用购买房地产。这一交易的利益来自原有低利率贷款的延续。

另外一种保持低利率贷款价值的方法是土地销售合同或者契约合同。在这种安排下，买卖双方签订一个合同，卖方承诺在未来的某一时间将房地产的契约转移，买方也承诺将在合同期内每月向卖方付款。房地产名义上仍然保留在卖方手中，他继续向贷款人偿还原贷款。这种合同存在一定的风险，尤其是对于买方而言。如果买方不能按合同要求付款，就有可能无法获得该房地产的任何利益。此外，卖方可以取消合同，而买方却没有追索权。作为避免转售时清偿条款的一种方法，这类合同在80年代早期非常普遍。

还有一种避免此条款的方法是为了住房所有者的利益将房地产转移给信托。

此时，虽然房地产并未被销售，但房地产的使用权会被转移。

住房的买方和卖方也会通过诉讼的方式来保留低利率贷款的价值。贷款人在信托契据中越来越多地使用转售时清偿条款，信托契据中还列出了将引发这一条款生效的行为。随着借款人尝试各种新方法去避免该条款的生效，更多的情况被写入了信托契据中。最常见的三种会引发该条款生效的行为包括出售、出租以及房地产受到其他限制。实际实施过程中产生了一些法庭判例，其中最著名的是1978年在加利福尼亚州发生的Wellenkamp案件。要了解该案件的判决，应当先回顾该州在该案件之前的一些诉讼。

Wellenkamp 案件

起初，法庭将转售时清偿条款视作对房地产产权自由交易的限制。虽然早期有一个案件（"Coast Bank 诉 Minderholt 案"，1964，61 C2d 311）允许了该条款的"合理"实施，但大多数案件中都将该条款判为无效，除非已对贷款的安全性构成了有害的影响。换言之，法庭不愿允许贷款人为了提高自己的利润而实施该条款（从投资组合中移除低利率的贷款），但的确允许在销售导致贷款的安全性受到损害的情况下执行该条款。在当时，这并不是什么大问题，因为市场利率和合同利率几乎一样。60年代后期，情况发生了变化，法庭认为以投资组合重构为目的执行该条款是合理的（"Herry 诉家庭储蓄贷款协会案"，1969，276 CA2d 574）。但是，加利福尼亚州最高法院推翻了这种想法，并判定除安全性受损以外的其他经济考虑因素均不能用来决定该条款是否应当被执行（"LaSala 诉美国储蓄贷款协会案"，1971，5 CA3d 865）。该案件中触发该条款的行为是房地产受到其他限制。贷款人声称次级抵押贷款使借款人必须承担额外的支付压力，这将损害第一贷款的安全性。但法庭驳回了这一论点。虽然次级贷款融资有额外的风险，但原来的贷款并没有暴露在更大的风险当中，因为和之前一样，第一抵押权人对房地产的清算收入有第一受偿权。从本质上来看，法庭认为，信托契据的作用是减小违约风险而非利率风险。

1974年，加利福尼亚州法院再一次否决了出于利润或者投资组合考虑而执行转售时清偿条款的做法（"Tucker 诉 Lassen 储蓄贷款协会案"，1974，12 C3d 943）。该案件中触发该条款的是土地销售合同。

到那时为止，还没有一个因为普通的房地产销售而触发该条款的案件，因此无法确定法庭会如何裁决这种案件。然而，在1978年，法庭参照之前的判决，判定在贷款安全并未受损的情况下普遍的房地产销售不能够导致该条款的自动生效（"Wellenkamp 诉美国银行案"，1978，21 C3d 943）。Wellenkamp 夫妇签署合同，将他们的住房转售给一个外科医生及其妻子，他们认为购买人良好的信用等级并不会对贷款的安全性产生任何损害。此外，他们认为该房地产的权益比重很高。贷款人则认为他持有的原贷款是基于 Wellenkamp 夫妇的信用风险，不应该再被迫接受购买人的信用风险。当然，贷款人想要执行该条款的动机无疑是贷款合同利率与市场利率不等。当时正处于利率上涨阶段，贷款人如果不能对其投资组合中的贷款执行转售时清偿条款，将蒙受巨大的损失。

联邦管制和可续承问题

联邦管理机构，比如**联邦住宅贷款银行委员会**（即现在的**储蓄监管办公室**），此时关心的是其成员的盈利能力，但它们不可能永远人为地（通过 Q 准则）将资金成本控制在低水平。货币市场基金为小储户提供了更多的选择，非居间化也是一个长期威胁。联邦管理机构发现，当附着低利率贷款的房地产出售时，其成员都希望能够提高其持有的抵押贷款投资组合的收益率，于是，联邦管理机构指示其成员执行转售时清偿条款。由于这一原因，1982 年 6 月，加利福尼亚州的一桩官司被移交到了美国最高法院。美国最高法院同意了联邦住宅贷款银行委员会的做法，并且允许所有联邦注册的储蓄机构自动执行该条款（"Fidelity 联邦储蓄协会诉 de le Cuesta 案"，1982，458 U. S. 141）。这时，法院认为，保障监管机构确保全国储蓄机构偿债能力的要求，要比维护个体借款人转售房地产和原贷款的权利更加重要。

由于州法庭（至少在加利福尼亚州）的规定与监管联邦注册储蓄机构的 FHLBB 的规章之间存在冲突，有一段时间州注册的储蓄机构发行的贷款不能够执行转售时清偿条款。但是 1982 年，《**Garn-St. Germain 法案**》允许州注册（但有联邦担保）的储蓄机构执行该条款。在这之前是一段"空窗期"，在此期间，州注册的储蓄机构发起和承担的贷款无法执行该条款，而联邦注册的储蓄机构发起的贷款则可以执行。这一时期从 1978 年 8 月 25 日 Wellenkamp 一案判决起，到 1982 年 10 月 15 日 Garn 法案通过结束。该法案还授权联邦住宅贷款银行委员会来规定哪些行为会触发转售时清偿条款生效。1983 年 5 月和 6 月，委员会发布了一系列列有使该条款生效的行为的规定。这些行为一般涉及销售、长期租约、附有购买期权的租约、在第二信托契据中丧失抵押品赎回权、土地销售合同（契约合同），或者将房地产转移给信托。

上述诉讼所涉及的利益问题非常重要。70 年代末 80 年代初的高利率时期，因为不能执行抵押贷款上的转售时清偿条款，储蓄机构遭受了巨额的损失（借款人获得了巨额的收益）。仅在加利福尼亚州，因 Wellenkamp 案判决而导致的财富转移就非常多。通过对比 1978 年—1981 年的财务报表和包括州注册及联邦注册在内的储蓄机构的抵押贷款转手量[3]，拉里·奥赞（Larry Ozanne）对财富转移的规模进行了估计。正如前面所说的，这一时期州注册的协会不能执行转售时清偿条款，而联邦注册的协会可以执行。奥赞估计，1981 年，加利福尼亚州的州注册协会的净收入比在被允许执行转售时清偿条款情况下的净收入要少 5 800 万～17 000 万美元。这一年，它们贷款投资组合的收益率比在能执行该条款的情况下少 0.15～0.30 个百分点。它们持有的抵押贷款投资组合的市场价值减少了 5 600万～20 600 万美元。奥赞估计的财富转移量同时也是住房抵押贷款由于不受转售时清偿条款的限制而获得的续承期权的价值。财富从贷款人流向房地产交易的卖方和买方。期权价值中的一部分由住房销售者获得，因为他们以更高的价格将住房卖出。80 年代早期是一个房地产价格受融资条款和住房的物理特征影响程度一样大的时期，那是一个非市场融资或者创新融资的时代。

创新融资的时代

创新融资指附加某些融资条款的房地产销售,这些条款不同于那些在新贷款中附加的由当前市场力量形成的条款。创新融资有着悠久的历史。在联邦税法对普通收入和资本利得设定了差别税率不久后(20 世纪 30 年代和 40 年代),创新融资在生地或农地买卖中经常被运用。购买人可以从第三方贷款人或者销售者(假设销售者不急需现金)那里融资。当向第三方贷款人借款时,购买人以市场利率融资,因此他支付的是土地的市场价值。土地的卖方意识到,如果他们愿意为自己的销售提供低于市场利率的贷款,那么他们就能获得高于市场价值的价格。此时购买人将承担更高的债务额,但因为贷款利率低于市场利率,所以月还款额要小于传统贷款[4]的还款额。换言之,购买人从销售人处得到的高总量、低利率贷款等同于他从第三方处得到的低总量、高利率贷款。如果买方只关心还款额的大小,那么这两种为房地产融资的方式对他来说并无差别。

在直接由卖方向买方提供贷款的这种交易方式中,卖方获得的资本利得上升,而利息收入(即普通收入)下降,普通收入被转为资本利得,这样最后的纳税总额将减少。这种情况一直持续到 IRS 开始要求以前明显低于市场利率水平的卖方贷款必须采用市场利率(或者接近市场利率)。之后,税法废除了普通收入与资本利得之间的差异。

70 年代末 80 年代初的住房交易也经历了相似的过程。因为市场利率快速上涨,很多情况下,住房贷款的利率都低于市场利率。在此我们只是粗略地介绍一下,第 7 章将进行更详细的讨论。

由政府担保的贷款

非传统的、创新的贷款有多种形式,有一种常见的形式与由政府担保的贷款(FHA、VA)相关。FHA 和 VA 关心违约风险,并相信通过尽可能地降低借款人的还款额能够降低违约风险。[5]因为这个原因,直到 80 年代后期,这些机构仍对它们担保的贷款限定利率上限。当贷款的市场利率等于或小于利率上限时,各种贷款都是等同的。如果这些机构反应慢的话,市场利率会超过,有时甚至大幅度超过规定的利率上限,贷款人为了得到更高的收益会倾向于自己发放贷款,除非他们能够将由政府担保的贷款的利率水平提高到利率上限之上。他们是通过折扣点来实现这一点的。下面是当市场利率 r_m 等于利率上限 r_c 时,FHA 贷款的计算公式:

$$\mathrm{BAL} = \frac{\mathrm{PMT}}{(1+r_c)^1} + \frac{\mathrm{PMT}}{(1+r_c)^2} + \cdots + \frac{\mathrm{PMT}}{(1+r_c)^{360}} \qquad (5—1)$$

月还款额 PMT 由一个 30 年期、完全摊销、贷款利率为利率上限 r_c(等于市场利率 r_m)的 FHA 贷款计算得到,等同于传统贷款的月还款额。如果市场利率高于利率上限,贷款人希望在贷款上获得市场收益率,这种情况下会发生什么呢?贷款人不能提高月还款额 PMT,因为月还款额由利率上限和 30 年的摊销期来确定,上式中唯一可以改变的是贷款的额度。贷款人可以通过设置折扣点来降低贷款发放额 BAL。比如折扣点为 2 个百分点时，贷款发放额 BAL 降为 0.98BAL，这样实际利率就提高了（见第 4 章）。折扣点越大，对实际利率的影响也就越大。

表 5—3 显示了 1978—1983 年部分月份的 FHA 贷款利率上限、传统抵押贷款利率、利率差以及由政府担保的贷款的折扣点。这些数据反映了利率上限与市场利率的差距对收取的折扣点的影响。因为贷款人有机会选择投资贷款，他们会对 FHA 贷款收取足够的折扣点，以使得这两种贷款经风险调整后的收益可比。

表 5—3　1978—1983 年部分月份的 FHA 贷款的利率上限、传统抵押贷款利率、FHA 折扣点

日期	FHA 贷款的利率上限	传统抵押贷款利率[a]	利率差	FHA 折扣点[b]
1978 年 3 月	8.75	9.40	0.65	2.30
1978 年 6 月	9.00	9.80	0.80	3.30
1979 年 5 月	10.00	10.90	0.90	2.50
1979 年 11 月	11.50	12.50	1.00	3.50
1980 年 3 月	13.00	15.50	2.55	5.50
1980 年 6 月	15.50	13.25	1.75	2.00
1980 年 10 月	13.00	14.70	1.70	5.00
1981 年 6 月	15.50	16.70	1.20	3.25
1981 年 12 月	15.50	17.00	1.50	3.25
1982 年 2 月	16.50	17.20	0.70	3.25
1982 年 4 月	15.50	16.65	1.15	3.00
1982 年 9 月	14.00	15.05	1.05	0.25
1982 年 12 月	12.00	13.62	1.62	3.00
1983 年 9 月	13.00	13.60	0.60	2.00

注：a. 数据来源：各期《联邦储备公报》。
　　b. 折扣点是依据利率上限和 FHA 贷款（HUD 系列，假设贷款期限为 10 年）的到期收益率计算的。

当市场利率远高于利率上限时，FHA 和 VA 贷款对于购买人特别有吸引力。因为联邦机构规定，贷款人不得要求采用由政府担保的贷款作为融资方式的住房购买人支付折扣点。这就意味着销售人要支付折扣点。假设一个提供 50 000 美元 FHA 或 VA 贷款的贷款人，折扣点为 3%，他要向购买人收取 1 500 美元。如果购买人不得被要求支付这一折扣点，他们将获得低于市场利率的融资，同时不需要承担贷款人所增加的成本。

与此相反，销售人更偏好传统贷款，而不是折扣点。只有在房地产的销售价格比用贷款融资时的销售价格高 1 500 美元的情况下，销售人才会同意采用由政府担保的贷款。当购买人获得的贷款利率低于市场利率时，他可能也会愿意支付更高的房地产价格，从而倾向于避开禁止借款人支付折扣点的限制。最终，获得低利率贷款的购买人通过支付一个更高的房地产价格的形式来支付折扣点。在第 7 章中我们将回顾一些研究，这些研究确定了 FHA-VA 折扣点在多大程度上影响了房地产的价格。

可续承贷款

这一时期，所有 FHA 和 VA 贷款都是可续承的，有些贷款没有转售时清偿条款，而其他有这一条款的贷款也不能强制执行该条款（直至 1982 年）。**可续承贷款**附加在房地产上，就像泳池、火炉、车库等房地产的实物特征一样。房地产销售价格应该反映可续承贷款的"价值"。在第 7 章中我们将看到房地产的购买人会花更高的总价来购买一个月还款额相同但贷款不可续承的完全相同的房地产。同时我们也将看到，由于各种原因，可续承贷款的实际价值可能低于月还款额节约额的现值。同样，在第 7 章中我们将探讨这种反常的原因，并且回顾一些研究，这些研究确定了在 80 年代早期可续承贷款的价值在何种程度上被包含在售价中。

包裹贷款

包裹贷款是在保留现存贷款的同时获得更多资金的一种贷款形式。包裹指的是"包裹"在现存贷款外面的次级抵押贷款。包裹贷款的总额等于现存贷款的余额再加上增加的贷款额。包裹贷款的借款人承认原贷款的存在，但不接受此贷款的债务，即不负责偿还现存贷款的债务，原贷款的借款人即现在的包裹贷款的贷款人负责每月继续支付原贷款的还款额。有时，包裹贷款的贷款人也可能是续承现存贷款偿还责任的第三方。这时，购买人即包裹贷款的借款人，接受房地产"受制于"现存抵押贷款的这一事实，即该房地产是现存抵押贷款的抵押物。也就是说，这一过程是：包裹借款人向包裹贷款人支付包裹贷款的还款额，包裹贷款人再支付原贷款的还款额。

尽管这个程序很复杂，但使用这种融资结构有明显的优点。从本质上说，包裹贷款为借款人提供了超过现存抵押贷款余额的额外资金。为什么借款人不直接借入相同金额的第二抵押贷款呢？原因在于借贷双方都能从包裹贷款中获益。包裹贷款能使借款人获得一个比第一和第二抵押贷款的平均成本更低的融资成本，而包裹贷款人则能利用现存抵押贷款的杠杆作用来提高包裹贷款的收益率。我们将在第 7 章中用一个例子来说明这一问题。

因为包裹贷款的借款人不负责支付现存贷款的还款额，所以必须制定相应的程序来确保现存贷款的月还款被支付。达到这一目的的一种方法是要求通过一个由第三方保管的账户来支付还款额。实际上，所有的还款额都能够通过第三方保管机构来实现支付，这种方法为相关各方提供了保障。

在下面几种情形下可以使用包裹贷款：

- 当现存抵押贷款的利率远低于市场利率时。包裹贷款为保留这一现存贷款提供了动机。
- 当房地产所有者希望出售房地产，而房地产附有一个仍处于提前还款锁定期的抵押贷款时。房地产的销售变得很复杂，因为在锁定期结束前贷款不能被提前偿付。包裹贷款有可能为销售此类房地产提供一种方式。
- 当购买人/包裹贷款的借款人能够获得的贷款价值比高于机构贷款人在第一或者第二抵押贷款中愿意提供的贷款价值比时。

想使用包裹贷款的销售者应当征得原贷款人的同意。当包裹贷款中的现存贷款不可续承时,就会出现一个问题,即房地产的销售可能会触发现存抵押贷款的转售时清偿条款。可续承贷款是允许第三方来发起包裹贷款的。第三方可以是个人或者是金融机构。例如,银行可以从原贷款人处续承现存贷款并变为向房地产购买人提供贷款的包裹贷款人。

买低融资

买低抵押贷款是一种固定利率抵押贷款,在这类贷款中销售人提前支付了部分贷款利息,从而在一段时期内为住房的购买人(借款人)"买低"了利率。这种融资类型在高利率时期(如80年代早期)非常流行。这种类型贷款的销售人通常是开发商,他们想在不景气的市场下促进住房的销售。买低贷款允许借款人在贷款初期获得成本较低的融资。一个典型的买低交易如下:由销售人提前支付的利息将前3年的贷款利率分别"买低"300、200和100基点。假设贷款的合同利率为10%,在贷款的前3年买低将提供给借款人7%、8%和9%的利率,低利率也就意味着借款人需要支付的还款额更少。到第4年,利率恢复为原来的合同利率,还款额恢复为正常水平。

好的方面是,买低降低了前期的还款额,使得原本不符合抵押贷款条件的借款人能获得贷款。不好的方面是,和其他优惠融资类型相似,销售人很有可能将其提供的买低的价值转移到房地产的价格当中。

二级抵押贷款市场对买低抵押贷款设置了一些限制以促进二级抵押贷款的销售,这些限制包括销售人提前支付的金额(例如,对于贷款价值比小于90%的贷款,提前支付额不得超过售价或评估价值两者中较低一个的10%)以及借款人的有效利率可调整的程度(通常是每期不超过1%)。买低贷款被允许用于1~4户住宅以及多种类型的贷款,包括固定利率抵押贷款、可调利率抵押贷款、渐进还款抵押贷款等。在第7章中我们将提供一个买低贷款的例子。

所有者融资

在高利率时期,销售人经常发现售价很难达到他们所认为的房地产所具有的价值。正如之前的例子提到的,其他拥有可续承贷款的销售人已在他们的房地产上建立了高额的权益,他们想将可续承贷款的额外价值增加到房地产的价格当中。为此,他们必须找到有足够首付能力的购买人来承担这一贷款。在某些情况下,首付可能非常高。如果找不到有足够首付能力的购买人,销售人通常会为购买人提供低于市场利率的所有者融资。因此,所有者融资本身就很有价值。但这种融资方式的价值通常有限,因为销售者回购的期限通常很短,比如3年或者5年,使用气球型支付。我们将在第7章中讨论所有者回购的价值。总之,可续承贷款和所有者回购一起被认为是销售人提供的融资,都属于创新性融资方式。[6]

⬢ 大范围的储蓄和贷款失败

20世纪80年代储蓄贷款协会面临的偿付能力不足问题比历史上任何一个时期都要严重。产业结构、监管、立法、经济(尤其是这一时期利率的多变性)以及腐败和不当的管理共同导致了这样的问题。[7]

存贷利差从1979年的3.49降低到了1987年的2.39，降幅超过1%。由于竞争的加剧以及Q准则的废除，存款利率从80年代早期到中期一路飙升。尽管新的抵押贷款的利率也提升了，但是上升的幅度低于存款利率，从而导致存贷利差不断收窄。此外，由于以前低利率时期发起的贷款的提前偿还减缓了，抵押贷款投资组合的总收益低于新发行的抵押贷款的收益。

运营费用的增加加剧了由于存贷利差收窄所引起的收益下降。这导致平均净利润率从1980年的2.61%下降至1987年的0.45%。1987年，根据GAAP，已经失去偿债能力的储蓄贷款协会有515家，达到历史最高值。尽管一些相关证据表明大范围的破产起因于期限失配，但是真正的原因却错综复杂。这十年当中，**储蓄机构危机**的产生和发展过程可以总结为以下几个阶段：

1982年之前：监管当局限制竞争和过度承担风险；1980年的《存款机构放松管制和货币控制法案》。

1982年：鼓励竞争，引进风险承担激励机制；《Garn-St. Germain法案》出台。

1982—1985年：利率风险被信用风险取代，类似于卖出期权；FSLIC延期偿还，无偿债能力是这一阶段的主要问题，而流动性不存在问题。

1985—1988年：破产导致了冒险行为，进而引起了更广泛的破产浪潮；储蓄机构危机的"僵尸理论"。

1988—1989年：破产成本显现，存款利率上升，储蓄机构大量使用非存款资金充当资本金。

1989年：《布什提案》以及《金融机构改革、复兴和实施法案》出台。

1982年之前。金融行业在20世纪80年代末所面临的问题可以追溯到70年代到80年代早期。在80年代之前，监管机构通过限定储蓄机构存款利率来限制其竞争。通过对储蓄机构设置利率上限以及强制要求储蓄机构的大部分资产必须是住宅抵押贷款来限制储蓄机构的冒险行为。尽管1980年的《货币控制法案》要求利率上限逐步解除，但它的效力直至80年代中期才逐步消失。货币市场基金的竞争压力迫使储蓄机构更多地依赖于借款（包括从联邦住宅贷款银行委员会的借款及其他途径的借款），更少地依赖于存款。此外，存款机构放松管制委员会（在1980年的《货币控制法案》基础上建立）开始撤除针对一些特定存款的利率限制。在1982年，委员会允许储蓄机构向货币市场中的存款账户支付的利率可以提高到能够与货币市场基金相竞争的水平。1983年1月，取消了对"超级可转让提款"账户的利率限制；同年10月，取消了小额存款账户的利率限制（只有短于31天的短期存款和整体规模不超过2 500美元的存款保留了利率限制）。

80年代早期，规定利率上限的存款只剩下很少一部分，但是储蓄机构主要的资产形式仍是长期住宅抵押贷款和住房抵押贷款证券。期限失配问题在利率上升时期开始显现，所有人都能预见到问题的严重性。利息费用大幅增加，而利息收入却缓慢上升，这导致了 1981 年和 1982 年的巨额损失。利息收入增长缓慢主要是由于现存低利率的抵押贷款提前还款率下降。从 70 年代末期到 1981 年，抵押贷款提前还款的比例从 12％～14％下降至 6％左右。期限失配问题导致了储蓄机构大范围的亏损。尽管到 1983 年利率趋于稳定使得一些储蓄机构稍有恢复，但大量的储蓄贷款机构仍然缺乏偿债能力。

这一阶段，储蓄贷款协会的大量亏损迫使监管机构采取行动以提高其成员的净资产。1981 年末，FHLBB 和 FSLIC 发明了一种叫做"收入资本证书"的工具。处于危机中的储蓄机构被允许发行这种证书，由 FSLIC 用现金或本票购买，目的是当这些储蓄机构再盈利时可以回购这些证书。到 1984 年，93 家 FSLIC 担保的储蓄机构已经发行了金额为 8.52 亿美元的此类证书。由于很多证书都是用银行本票来购买的，资本金不足的储蓄机构只有很少的现金流入，但这些本票要通过会计业务计入储蓄机构的净值和持有的资产中，这样一来，FSLIC 避免了必须关闭一些负净资产储蓄机构的尴尬局面。

1982 年——《Garn-St. Germain 法案》出台。《Garn-St. Germain 法案》加速了存款利率限制的取消，拓宽了储蓄机构投资的资产类型，实施了一系列旨在减轻或者"隐藏"储蓄机构破产风险的措施。

针对不同的储蓄机构，该法案作出了不同的规定：(1) 授权成立一个利率随货币市场基金浮动的储蓄账户；(2) 授权建立一个公共活期存款账户；(3) 取消对由 FSLIC 提供担保的州注册贷款人执行转售时清偿条款的限制（在这一时期，最高法院开始为联邦注册储蓄机构扫清执行该条款的司法障碍）；(4) 逐渐取消商业银行和储蓄机构的存款利率差别，争取到 1984 年完全取消；(5) 由 FSLIC 和 FDIC 共同对存在问题的储蓄机构提供资本金支持；(6) 促进储蓄机构由公共互助企业向股份制企业的转变；(7) 允许储蓄机构投资于商业、农业、消费贷款以及其他领域，比如房地产开发项目；(8) 允许储蓄机构投资用于出租的私人物业，但不得超过资产总额的 10％；(9) 允许银行控股公司跨州兼并储蓄机构。

所有这些措施都是为了完成两个目标：减少期限失配问题及伴随而来的利率风险问题；通过减少或消除储蓄机构的负净资产，避免处理破产储蓄机构的成本。

期限失配和利率风险。《Garn-St. Germain 法案》力图通过赋予储蓄机构在长期、固定利率的抵押贷款资产之外多元化其资产的权利来减少期限失配问题。通过发放短期房地产开发贷款、商业贷款、个人消费贷款以及其他短期投资丰富其资产组合，储蓄机构能够降低各自资产组合的期限失配风险。取消了对州注册储蓄贷款机构执行转售时清偿条款的限制后，可续承的低利率贷款的数量大大减少，这样的规定有利于缩短储蓄机构住宅贷款部分的期限。

储蓄机构的负净资产（缺乏偿债能力）。对于 FSLIC 而言，处理储蓄机构的破产花费巨大。基本上，FSLIC 必须赔偿破产储蓄机构负净资产的绝对金额。在 1982 年《Garn-St. Germain 法案》出台时，FSLIC 和联邦监管机构宁愿通过人为提高濒临破产的储蓄机构的净资产的方式来处理负净资产问题，而不希望以更大的花费处理这些储蓄机构的破产。该法案授权那些净资产因利率变动及期限失配而下降的储蓄机构发行"净资产凭证",FDIC 和 FSLIC 被允许购买这些净资产凭证,这与 1981 年"收入资本证书"的操作非常相似。这只是一种暂时的解决办法,并没有实质的现金充实储蓄机构的资本金。陷入困境的储蓄机构为了避免倒闭而发行净资产凭证。到 1984 年年中,93 个 FSLIC 担保的储蓄机构的资产占该行业总资产的比重为 10%,发放了共计 8.52 亿美元的净资产凭证。到 1984 年二季度,只有 31 个机构实现了盈利。

尽管该法案似乎完成了其两大目标,但这只是短期的结果,并且带来了长期的负面影响。储蓄机构被允许投资于更高风险的短期资产。很多机构这样做了,在投资过程中违约风险取代了利率风险成为主要问题。下文会阐述储蓄机构如何创造了鼓励冒险的机制。在接下来的几年中,存在问题的储蓄机构的数量增加了。同时,由于 FSLIC 未能关闭这些有问题的储蓄机构,情况变得愈发严重。之后 FSLIC 又作出了完全相反的决策,它通过加强对净资产的监管但实际上并没有现金流入的会计交易来支持这些问题机构。

1982—1985 年冒险的动机和 FSLIC 的延期偿还。股份制储蓄贷款机构(或者其他类型的公司)的权益类似于持有一个以公司资产为标的的卖出期权。首先我们来考察一个非金融企业。股东持有权益的同时拥有了一项期权。如果公司经营状况良好,支付债券持有人的债务后剩余的所有现金流都属于股东。理论上这种剩余现金流的数额是可以无限大的。相反,如果公司经营状况不佳,已经连续几个会计年度亏损,权益资产的价值就会缩水。如果亏损数额巨大,权益资产的价值可能为零。股权所有者的损失不会超过其投资额度(有限责任)。当净资产变为负值时,债务价值超过了资产价值,此时股权人就会放弃企业资产,以作为对债权人的赔偿。

同样的道理适用于储蓄机构。在这一时期,大多数债权人是该机构的被保险存款者或者 FHLBB。股权人希望最大化他们的权益,而破产清算的储蓄机构的资产价值很可能已经为负,这些储蓄机构的股权人就有进行高风险投资的动机。即使投资高风险的项目,他们也不会处于更坏的状况,大不了最终将一文不值的资产交给债权人。

在这种情形下,债权人由财政部提供担保的 FSLIC 为其保险,以避免他们的损失。从本质上来说,股权人拥有将持有的储蓄机构的不良资产转给纳税人的期权。濒临破产的储蓄机构的管理人员同样有动机进行高风险投资,如果成功,他们就保住了工作,如果失败,他们的处境也不会更差。

这些储蓄机构的冒险行为由于 FSLIC 的**延期偿还**而愈发猖獗。FSLIC 非但不让股权人追加权益资本金的投入或者令其处理流动性问题,反而允许很多存在问题的机构继续运营并且进行高风险投资。监管者的措施使得很多问题机构拥有了账面上的偿付能力而实际上却无力偿还。监管者为此采取了两项措施:一是加强对净资产的监管;二是允许储蓄机构采取违反**通用会计准则**的会计核算方法。

我们已经讨论了管理当局通过非货币性注资增加储蓄机构净资产的两个例子：收入资本证书（1981年）和净资产凭证（1982年）。此外，1982年FHLBB还授权由FSLIC担保的机构使用"评定权益资本"来增加净资产。"评定权益资本"能够一次性地调节储蓄机构的资本性资产的市场价值和账面价值的差额，这些资产主要由储蓄机构自有的不动产（即建筑物和土地）构成。由于没有被要求注明哪些资产组合的价值可能已经缩水，这项规定增加了储蓄机构的净资产，进而导致了储蓄机构净资产的虚拟通胀，这种通胀被计算进了储蓄机构资本的评估值。

RAP与GAAP的比较。在FIRREA之前，联邦监管机构允许储蓄机构在损益表及资产负债表一些项目的核算上，采用与非金融企业使用的通用会计准则（GAAP）不同的会计准则。这些**法定会计准则（RAP）**一般容许储蓄机构夸大收入和净资产。相对于GAAP而言，RAP使得在80年代中期公布的亏损和破产的储蓄机构的数量被低估了。这种对本该倒闭或者需要追加资本金投入的储蓄机构数量的保守统计掩盖了其问题的严重性。图5—2显示了会计报表项目因RAP和GAAP的区别而产生的差异。

损益表项目

资产利得和损失的递延

折扣证券的增值

承诺费

发起费

资产负债表项目

净资产的定义和净资产的管理性增加

合并时资产的处理方式

存在交易市场的权益证券按成本核算

流动资产互助基金

图5—2　RAP和GAAP的主要差异

RAP赋予了储蓄机构选择是否报告特定资产处置损益的权利，通过这样的权利，亏损的机构会推迟报告资产处置的损失，而盈利的机构则会选择报告利得；GAAP则要求所有的损失和收益都必须在当期报告中予以确认。RAP允许储蓄机构依据证券的寿命和10年两者中的较小值来确认应计收入；GAAP则要求在证券寿命期内确认损益。当某证券折价销售时，购买者需要将每年的增值额确认为收入。假设一种证券面值1 000美元，预期寿命为20年，市价为800美元，那么20年内的每一年投资者除了获得票面利息之外，还将获得200美元差价的一部分收益。如果200美元的收益在10年内全部计提而非20年，根据GAAP的要求，报告的收入会在投资的期初比较多，从账面上来看，储蓄机构的盈利额在投资的前几年会比较多，这扭曲了损益表的真实性。

贷款人会要求借款人支付一定的承诺费以锁定借款人抵押贷款的利率。为了避免贷款申请日和发放日之间（通常会长达几个月）利率上升的风险，借款人会支付一定的承诺费，一般以贷款总额的一定比例计算。RAP 允许储蓄机构将收取的承诺费计入当期收入，确认为当期收入的最大限额在承诺期限短于 1 年时为 1%，在 12~18 个月时为 1.5%，在超过 18 个月时为 2%。相反，GAAP 不允许储蓄机构在总计费用达到抵押物价值之前确认收入，余下的金额必须在承诺期和贷款期两者的总期限内摊销。

贷款人在创立一个新的抵押贷款时会要求借款人支付贷款发放费，类似于承诺费，以贷款总额的一定百分比计提，通常是 1% 或 2%。RAP 允许这些收费在当期确认收入，其中非建设贷款的发放费不得超过贷款总额的 2%，建设贷款不得超过 2.5%。而 GAAP 要求只有当总的还款超过原始计价时才能予以确认，剩余部分必须分期摊销。

正如前文所述，FSLIC 同储蓄机构一起人为地支撑了濒临破产的储蓄机构的净资产。它们通过发行收入资本证书和净资产凭证以及增加评定权益资本达到了这一目的。这些基于监管条例的净资产的管理性增加被 RAP 所承认，在 RAP 中，没有任何规定使净资产减少。而 GAAP 不承认这些净资本的管理性增加，同时，GAAP 要求对资产价格进行向下的调整以符合市场价格，从而减少了净资产。

一个例子就是储蓄机构持有的可转让权益证券（股票）。根据 RAP，这些证券可以按照成本计价；GAAP 则要求必须按照市场价值计价（同时损失会作为净资产的减少进行记录）。

为了鼓励收购处于困境中的储蓄机构，FSLIC 允许收购时采用不同于 GAAP 的会计核算程序。储蓄机构被允许延长商誉的摊销年限（从而减少每年的费用），在确认折扣债券的增值部分时缩短贷款的期限；它们还被允许将 FSLIC 注入的现金视为净资产（而不是 FSLIC 对储蓄机构的负债）。

RAP 和 GAAP 在其他方面也存在差异（重要性较低），但真正导致储蓄机构持续虚报利润和资产净值的差异是我们上面所讨论的内容。很多处于困境中的机构尽管净资产为负值，但仍在净资产的管理性增加值和宽松的会计标准的帮助下持续运转，FSLIC 没有选择迅速将这些机构关闭，而是人为地增加它们的报表利润和净资产，这使得问题进一步恶化。

1985—1988 年——储蓄机构危机的"僵尸理论"。埃德·凯恩（ED Kane）教授这样描述关于大范围储蓄机构危机的"僵尸理论"："僵尸"是指极度渴望增长的濒临破产的储蓄机构，这样的储蓄机构希望通过进行高风险投资实现增长从而摆脱困境。如果投资成功，则该机构将存活下来并实现盈利；如果投资失败，由于现在公司股东所拥有的净资产为负，储蓄机构也不会有任何损失。因为它的负债（存款）是由 FSLIC 担保的，所以债权人也没有从股东手中取得控制权的动机。所以，尽管净资产为负值，该储蓄机构仍可以持续经营并进行高风险投资。[8] 进行高风险投资时，这些机构的股东总是获益的，因为利润属于他们而损失则由 FSLIC 承担。

这些被凯恩称为"僵尸"的储蓄机构,继续经营并且积极竞争以获取存款和贷款业务。它们的竞争导致存款的市场利率升高,贷款的收益下降。20世纪80年代中后期,它们每年所赚取的平均净收益都在减少。僵尸机构的激烈竞争行为导致更多传统储蓄机构的利润和净资产下降。当净资产持续下降接近于零时,它们也成为了"僵尸机构"。到1987年,根据GAAP,破产机构多达515家,创了新的纪录。

导致"僵尸机构"数量增长的原因有三个:第一,事实证明,FSLIC对破产储蓄机构的监管行为是不完善的。官方负责人似乎喜欢把问题留给继任者来解决。第二,破产储蓄机构的股东没有被要求再融资(投入更多的自有资本)。第三,储蓄机构资本化不足的问题被RAP所掩盖,这使"僵尸机构"看起来似乎是可持续发展的机构。

1989年——《布什提案》和《金融机构改革、复兴和实施法案》。1989年2月6日,老布什总统发布方案来解决日益严重的储蓄机构危机。根据老布什总统所发布的声明,这个方案的宗旨是重新构建储蓄和贷款行业的监管体系,增加对欺诈行为的惩罚力度,改善FSLIC的财务状况,创立一个新机构来负责破产储蓄机构的关闭问题,并且将这些机构置于政府部门有序的监控之中。国会讨论通过了新政的内容,经过几次修订之后在8月份发布了《金融机构改革、复兴和实施法案》。

《金融机构改革、复兴和实施法案》试图通过将破产储蓄机构与之前的监管机构相隔离的方式来解决问题。首先,创立资产处置信托公司(RTC)代替FSLIC,并且接受FDIC的管理。RTC被要求在7年的时间内处置FSLIC接管破产机构时所获得的资产,这能够保证行业的保险基金更加独立。

其次,该法案撤销了FHLBB,财政部下属的储蓄监管办公室(OTS)取代了它的位置。这是为了避免监管机构和保险基金之间的利益冲突。

第三,法案设定了一系列资本金要求,包含一项以风险为基础的要求。风险资本金准则要求资产风险级别较高的储蓄机构必须拥有更多的资本(资本净值)。此外,法案要求总资本至少要占总资产的3%和有形资产的1.5%(有形资产是指除商誉之外的所有资产)。因此,当资产的定义中包括商誉时,对资本的要求就会提高。新的资本要求会在5年之内逐渐施行。此外,对于某些特定类型资产的投资被禁止。

第四,法案规定自1989年8月9日起,对单一购买人的贷款(LOTB)限额从资本额的100%降低为15%。

第五,法案还要求储蓄机构按照GAAP的规定编制和公布财务报表。

表5—4中列出了FIRREA对储蓄机构投资监管要求的变化。FIRREA调整了对合格储蓄机构投资(QTIs)的定义。它将QTIs分为两类:一级QTIs和二级QTIs。后者是在低收入家庭和其他相关群体倡导下产生的。二级QTIs包含对低收入家庭、医院、疗养机构以及教育机构发放的贷款。

表 5—4　　　　　　　　　　FIRREA 对储蓄机构投资监管要求的变化

	旧准则	新准则
QTIs	占有形资产[a] 的 60%	占投资组合资产[b] 的 65%
QTIs 包含的资产	住房贷款、FHLBB 的股票、其他储蓄贷款协会的存单、RELPs 的投资等	1. 一级 QTIs（55%）：住房贷款，住房权益抵押贷款，资产支持证券，FDIC、RTC 和 FSLIC 改革基金的债券，FNMA、FHLMC 和 FHLB 的股票 2. 二级 QTIs（15%）：90 天内发行和出售的住房贷款的 50%，低价房屋的购置、开发和建设贷款的 200%，低收入区住房、教堂以及疗养院贷款的 200%，社区和消费贷款以及教育贷款（10%）
商业性房产贷款	有形资产的 40%	资本[c] 的 400%
被禁止的投资	无	垃圾债券、对房地产和证券[d] 的直接权益投资

注：a. 总资产减去商誉。
　　b. 总资产减去商誉、业务占用的房地产的价值、流动资产。1991 年的《银行改革法案》将最初 70% 的要求降为 65%。
　　c. 无资产剥离要求。
　　d. 有资产剥离要求。

　　FFIREA 还规定，储蓄机构资产中 QTIs 的最低比重由 60% 上升为 70%。1991 年，《银行改革法案》将这个比率降低到 65%，而且允许储蓄机构每年中有 9 个月的月平均比率等于或超过这个比率。此外，用来确定这个比率的资产定义也由有形净资产变为投资组合资产。前者为总资产减去商誉；后者的范围更小，还要扣除储蓄机构用于商业投资的房地产和流动资产（如现金）。尽管储蓄机构被允许在几年的时间内逐渐满足新要求，但并没有被要求处置当前的贷款。

　　最后，法案禁止对某些类型的资产进行投资。无论是证券还是房产市场，储蓄机构都不得投资于垃圾债券（评级在前四级以下的债券），也不能进行直接权益投资。储蓄机构被要求在 1994 年 7 月 1 日之前处置所有此类型的投资。然而，它们可以对能够持有此类型投资的服务公司（子公司）进行投资，投资额不得超过自身资产的 3%。

　　尽管法案的改革意图非常明显，许多人仍然怀疑其是否能够有效改变储蓄机构的行为。由于存在一些缺陷，该法案未能够在第一时间内彻底改善导致危机的大环境。

　　例如，法案允许大额存款（100 000 美元）保险继续存在，并且维持机构的单一保险费方案。尽管对资产风险更高的机构的资本要求更加严格，但它们仍然继续与资产风险较低的机构支付相同的单一保险费。事实上，风险资本金的要求促使储蓄机构再次倾向于低风险抵押贷款，这就使它们再次面临利率风险。有人认为新法案中 5 年的过渡期过长，从而使得剩余的"僵尸机构"能够继续运转。此外，该法案没有制定机构强制关闭的资本水平。法案颁布之前的监管环境中存在的问题就包括未能在储蓄机构净资产缩减的情况下及时关闭它们。

● **FIRREA 颁布之后抵押贷款市场的监管结构**

图 5—3 列出了 FIRREA 的颁布给抵押贷款市场监管结构带来的变化。该变化产生的影响可以总结如下：

联邦资产处置委员会（FADA）。该机构建立在 FIRREA 之前，主要负责处置储蓄机构因剥夺赎回权而拥有的房地产。该机构被新建立的资产处置信托公司（RTC）所取代。

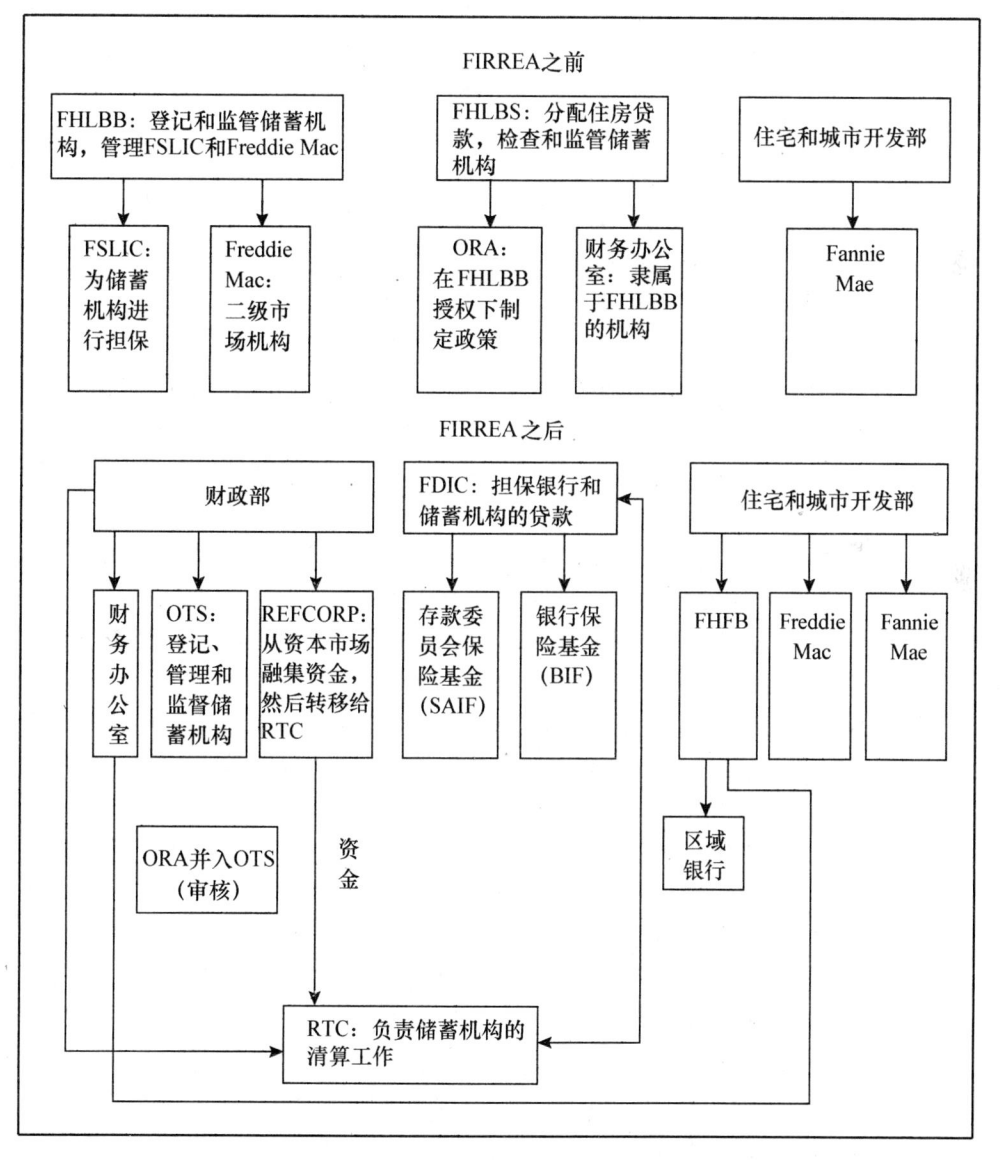

图 5—3 FIRREA 对抵押贷款市场监管体系的调整

联邦存款保险公司（FDIC）。该机构的董事会成员数量从 3 人增加到 5 人——货币审计主任、储蓄监管办公室主任以及总统任命的 3 位独立董事。该机构从 FHLBB 处接管了对州授权建立的储蓄机构的监管权，并且成为存款委员会保险基金（SAIF）的担保人。该机构还负责管理 RTC。

联邦住宅融资委员会（FHFB）。在联邦住宅贷款银行委员会董事会解散之后，FIRREA 设立此机构来监管 12 家联邦住宅贷款银行。5 名董事会成员分别为住宅和城市开发部部长和 4 名总统任命的成员。该董事会负责监管联邦住宅贷款银行成员的存款和贷款行为。

联邦住宅贷款银行委员会（FHLBB）。FIRREA 将其撤销，解散后的成员被分配到 FDIC、RTC、OTS 以及 FHFB 之中。

联邦储蓄和贷款保险公司（FSLIC）。同样被 FIREEA 撤销，其保险业务由 FDIC 和 OTS 接管。

储蓄监管办公室（OTS）。此机构接管了 FHLBB 的职责和职能，主席也由 FHLBB 的主席担任。该机构处于财政部的监管下，设立了存款和贷款的资本要求。在 FIRREA 的授权下，这些资本要求与国家银行的资本要求一样严格。

资产处置信托公司（RTC）。其职责是清算和处置在 1989 年 1 月 1 日之后三年内处于被接管状态的原 FSLIC 担保的机构。它还接管了联邦资产处置委员会（FADA）的职能。董事会成员有 5 名：住宅和城市开发部（HUD）部长、财政部部长、联邦储备系统监管委员会主席以及总统任命的 2 名其他成员。RTC 设立了房地产资产部门，识别和鉴别具有重大文化价值、娱乐价值或科学价值的房地产。

福格、戈贝尔和拉瑟福德（Forgey，Goebel，& Rutherford）在 1993 年对 1989 年 8 月至 1992 年 6 月期间 RTC 进行的资产处置情况进行了研究。[9] RTC 销售数量最多的五个州分别为得克萨斯州、佛罗里达州、亚利桑那州、路易斯安那州和科罗拉多州。销售数量最多的五种类型房地产分别为单户住宅、高级公寓、已开发住宅用地、双层公寓、未开发住宅用地。所有类型的房地产平均出售价格为 134 326 美元，而平均评估价值为 168 353 美元。其中，单户住宅的平均评估价值为 74 764 美元，平均销售价格为 65 112 美元。

联邦住宅抵押贷款公司（Freddie Mac）。这个二级市场机构设立了新的独立的董事会（总统任命 5 名，其余 13 名由股东选举产生），并且被鼓励将其抵押贷款的提供范围扩展至包括中低收入家庭。

风险资本金准则。FIREEA 最重要的规定条款之一就是要求储蓄机构必须拥有足够的资本来承受资产附带的风险。在严酷的市场条件下，大多数非金融机构都有资本要求，其债务的利息成本能够反映其资产和股东权益的风险。拥有风险性资产和较少股东权益的公司将会发现债务（财务杠杆）成本难以承受。受到监管的金融机构不需要面对这样的市场压力，这些机构的债务（客户存款）由联邦政府（FDIC 和之前的 FSLIC）担保。由于联邦政府的担保，存款客户不会迫使金融机构投资于低风险资产或要求持有足够的股东权益。FIRREA 对这个领域的监管就是为了消除市场压力。

FIRREA规定储蓄机构必须满足三项要求：风险资本金标准、杠杆资本金标准和有形资产资本金标准。风险资本金标准的确定过程如下：将每项资产赋予风险权重，取值范围为0～200%。资产的账面价值乘以风险权重得到风险加权价值。所有的风险加权价值相加得到总的风险资产结构。任何储蓄机构必须拥有相当于总风险资产一定比例的资本，这一比例最初设定为6.4%，1992年底上升到8%。下面是关于风险资本金要求的简单例子：

资产	账面价值（美元）	风险权重（%）	风险加权资产（美元）
国债	100	0	0
抵押贷款	100	50	50
参与凭证	100	20	20
自有房产	100	200	200
合计	400		270

1992年底，该机构要求持有的最低资本为21.60美元（0.08×270）。

对杠杆和有形资产资本金的规定是为了保证所有的储蓄贷款协会都持有最低限额的资本，即使它们持有的资产违约风险很小甚至没有。最初，核心资本要求占总资产的3%，有形资产占总资产扣除商誉外的1.5%。FIRREA要求，从1995年开始二者都为3%。

FIRREA颁布之后，对资本的管制开始主要关注利率风险。OTS周期性发布的储蓄机构公告（TBs）进一步阐明了投资的准则。TB-12要求储蓄机构对购买的能够降低其整体利率风险的衍生证券进行披露。TB-13进一步要求储蓄机构对投资组合的利率风险进行评估。这两条准则共同反映了从利率风险角度考虑的资本金要求。此外，OTS在1990年提出了一个新方案，要求储蓄机构评估利率变动200基点对于自身资产和负债价值的影响。对资本金的要求取决于储蓄机构资产净值的变化程度。

储蓄机构与银行资本要求的对比。FIRREA规定储蓄机构的资本金标准不能比银行的资本金标准宽松，然而二者还是存在某些差异。首先，FIRREA对于未能满足资本金标准的储蓄机构设立了更加严厉的处罚条款。这些机构必须向OTS提交一份资本金计划文件，说明如何满足资本金要求，并且证明在OTS审查计划期间其负债不会增长（由于利息增加到存款账户导致存款负债增长的情况除外）。如果储蓄机构未能递交计划，则OTS可以禁止其继续吸收任何资产。OTS也可以要求储蓄机构减少存款支付利率和取消指定贷款计划。其次，对储蓄机构的杠杆资本金要求不适用于银行，但银行的监管部门可以选择设立类似的条款。最后，在某些资产被赋予的风险权重方面存在微小的差别。表5—5说明了储蓄机构和银行当前的风险资本金准则。

表 5—5　　　　　　　　　　风险资本金准则（1992 年 12 月）

	国家银行（%）	储蓄机构（%）
风险加权资产的最低资本比率	8	8[a]
风险权重		
现金	0	0
美国国债和财政部担保的证券（抵押贷款证券除外）	0	0
FHA 和 VA 担保的抵押贷款	20	20
1～4 户住宅作为担保的合格抵押贷款	50（在保守估价前提下）[b]	50（如果初始 LTV 为 80% 或由合法的 MI 担保）
多户住房的合格抵押贷款（实际存在的房地产，5～36 户，LTV 为 80%，上一年入住率达 80%）	100	50
被拖欠的贷款（超过 90 天）		
1～4 户家庭住房	100	100
其他	100	200
Ginnie Mae 证券	0	0
Freddie Mac 和 Fannie Mae 抵押贷款证券	20	20
安全性高的非联邦机构抵押贷款证券[d]		
由联邦机构证券支持	20	20
由非联邦机构证券或抵押贷款支持	50 或 100	20
其他抵押贷款		
由合格抵押债券支持	50	50
由不合格抵押债券支持	100	100
剥离式抵押贷款证券	100	100[a]
住房抵押证券	100	100[a]
保留的次级抵押贷款证券	与基础抵押品相同，但资本不能进行交易	与银行要求相同[c]
商誉	100[e]	100（对包含在资产基数中的合格的商誉而言）[f]
自有房地产	100	200
股权投资（权益证券、房地产投资和对子公司的投资）	100	100（对包含在资产基数中的金额而言；除了对特定子公司的投资外，所有权益投资必须在 5 年内从资产基数中扣除）

续前表

	国家银行（％）	储蓄机构（％）
LTV 高于 80％的非住宅建筑贷款和土地贷款	100	100，但是 LTV 超过 80％的部分必须立即从资产基数中扣除
所有其他资产的风险标准，包括不合格的 1～4 户家庭抵押贷款、不合格的多户住房抵押贷款、消费贷款和商业贷款	100	100

注：a. 被标注的项目在利率成分被采纳时可能会发生变化。
　　b. 监管要求中没有对"保守价值"进行明确定义。
　　c. 根据 OTS 即将出台的关于抵押贷款相关资产的"边际资本计算"，被标注项目的资本要求可能发生变化。
　　d. OTS 将其定义为优先留置权抵押贷款支持的投资等级证券（在全国性评级机构的评级中位于前两级之一）。OTS 将抵押贷款支持债券归入此类，而 OCC 则不这样做。
　　e. 大部分商誉不包括在资产基数中，并且要从资本中扣除。
　　f. 非监管性的商誉必须立即从资产基数和资本中扣除，合格的商誉在 5 年内摊销。

●资本充足程度分类

从 1992 年起，根据《联邦存款保险公司改进法案》，储蓄机构的资本充足程度被划分为 5 个级别，分级标准是风险资本金和所谓的第一层风险资本金。在这里，我们不对第一层风险资本金进行详细阐述。风险的分类如下：资本充裕的储蓄机构是指总风险资本金大于或等于风险加权资产的 10％的机构；资本充足的储蓄机构拥有大于或等于 8％的风险资本金；资本不足的储蓄机构风险资本金的比率小于 8％；资本严重不足的储蓄机构风险资本金的比率小于 6％；资本危机的储蓄机构有形资产占总资产的比率小于 2％。OTS 有权采取措施要求这些资本不足或等级更低的储蓄机构增加资本金数额。自 1992 年法案实施之后，资本充裕的储蓄机构的数量增加了。

综合起来，风险资本金准则对风险较高的资产要求更多的资本金，资本金数量分类规定 OTS 可以在储蓄机构资本金不足时对其进行干预，二者共同减少了储蓄机构持有的风险性资产的数量。90 年代初期，储蓄机构纷纷将风险性资产从资产组合中清除。风险资本金准则中定义的两类风险性资产为自有房地产（REO）和逾期贷款（拖欠一期或多期还款的贷款）。

20 世纪 90 年代和 21 世纪：二级抵押贷款市场占据主导地位

20 世纪 90 年代和 21 世纪初期，政府扶持成立的企业（GNMA、FNMA 和 FHLMC）以及二级抵押贷款市场开始在抵押贷款市场占据主导地位。抵押贷款银行在发行市场中所占份额越来越大，并且在这段时期住房贷款的证券化比例迅速提高（证券化是指二级抵押贷款市场中的市场主体发行证券或债券，然后用得到的资金购买抵押贷款）。当然，抵押贷款银行发行贷款只是为了在二级市场中出售。1990年，抵押贷款银行发行了全部住房贷款中34%的份额，储蓄机构发行了剩余的64%。到1997年，抵押贷款银行的发行份额达到了所有贷款的57%。

抵押贷款银行发行份额的增加导致了二级抵押贷款市场中贷款证券化的增加。在1990年，全部未偿还贷款中有42%被证券化，而这一数字在2002年上升到60%。Fannie Mae和Freddie Mac是抵押贷款证券化的两个主要参与者。在2003年Fannie Mae的投资组合中，大约有1 810亿美元对抵押贷款的投资，大约有1.58万亿美元对未偿还抵押贷款支持证券的投资。其投资大约占住房抵押市场中26%的份额。在同一时期，Freddie Mac将大约360亿美元投资于抵押贷款市场，1.06万亿美元投资于未偿还抵押贷款支持证券，其投资约占整体住房抵押贷款的17%。

证券化的增加必然要求标准化。住房和商业贷款必须被标准化从而在二级抵押贷款市场中实现流动性。因此，在交易过程中，贷款材料和评估过程也实现了标准化。这导致借款人在贷款条件谈判时满足自身特定需求的空间变小。然而，标准化能够使抵押贷款定价和发行过程具有更高的市场效率。

抵押贷款的发放范围也越来越国际化。互联网的普及使抵押贷款的发放不再仅限于本地市场，这为抵押贷款发放者提供了业务扩张的可能性。在某些情况下，从申请到达成协议的整个贷款过程都可以在网上完成。全球性网络也为借款人提供了更多选择和比较的机会。

20世纪90年代和21世纪初的抵押贷款，其利率非常低。较低的通货膨胀率和其他因素使市场利率接近于几十年前的水平。这就使住房购买人的负担能力不断升高，从而导致某些地区的房价大幅上涨，也产生了从1993年开始并延续到21世纪的再融资热潮。为了提升市场竞争力，某些贷款发放者开始提供所谓"无交割费用，不需要现金支付"的零费用贷款。然而，大部分此类贷款的利率都较高。其他一些做法是，贷款人将这些费用包含在新贷款的本金中，然后在贷款期间内收取。

● 风险基础准则的进一步扩展：包括利率风险

1995年6月30日，联邦储蓄系统管理委员会批准了两项关于利率风险监管的措施，根据《联邦存款保险公司改进法案》第305条制定了包含利率风险的准则。法案305条要求银行监管主体对风险资本金标准进行修改，使其包含利率风险的条款。1995年委员会制定出台了完善资本金标准的两步计划。第一步是修改资本金标准，要求明确计算出利率风险的变化可能给银行带来的经济价值损失程度。新准则鼓励监管者采用一种全新的监管程序，重点集中于银行经济价值的风险暴露程度、历史收益情况和利率变动带来的风险。第二步是制定准则，明确要求根据被评估银行的利率风险暴露程度设定最低资本金要求。新的监管程序包括评估银行潜在的经济价值,以及随着利率变化该价值会如何变化。银行的经济价值定义为资产的现值减去债务的现值,再加上资产负债表以外项目的净现值。该模型最后计算出当利率发生 200 个基点变化时净资产价值的变化。简言之,利率风险准则在确定银行所需的充足资本时,明确考虑了期限失配问题。

小　结

　　从二战结束到 20 世纪 90 年代初期,住房抵押贷款市场和房地产市场经历了明显的结构性变化。战争刚结束时在市场占据主导地位的是标准固定利率抵押贷款,在 20 世纪 80 年代出现了大量其他抵押贷款工具(AMI)。经过市场检验之后,最流行的 AMI 是可调利率抵押贷款。FHA 担保的 GPM 也得到了一定程度的市场认可。其他 AMI,例如 SAM 和 PLAM,在市场中只占据很小的份额。

　　主要贷款人的身份也发生了变化。储蓄机构在总发行份额中的地位逐渐被抵押贷款银行所抢占。当联邦政府对二级抵押贷款市场的发展进行扶持时,抵押贷款银行增加了贷款发行份额。二级抵押贷款市场从 20 世纪 60 年代末 70 年代初开始发展,在 80 年代迅速膨胀,到 90 年代其规模和影响力已经相当大,以至于其所涉及的三家联邦机构都可以指定一级市场上发起的抵押贷款的种类和条款。不符合联邦机构要求的贷款不能在二级市场中进行交易,从而也不会被发起,除非其被保留在贷款人的投资组合之中。

　　监管结构也发生了变化,主要原因是 20 世纪 80 年代大规模储蓄和贷款机构的破产。FSLIC 被 RTC 所取代并被纳入 FDIC。FHLBB 被 OTS 所取代并隶属于财政部。这次对监管结构的重新构建将原来的监管机构与原来的保险基金隔离开来。

　　这些变化很多都是 20 世纪 70 年代较高以及变动幅度较大的通货膨胀率所引起的。通货膨胀导致利率上升并且波动性增强,因此,标准固定利率抵押贷款成为较弱的工具,原来稳定的储蓄机构也受到利率风险的严重影响。利率风险导致大量亏损,亏损又导致了投机行为和冒险的贷款行为,这些都导致了储蓄机构大范围的破产。虽然管理不当和欺诈行为加重了储蓄机构的破产问题,但根本原因还是经济体系和松散的监管机制。20 世纪 90 年代二级抵押贷款市场迅速发展,抵押贷款银行逐渐在市场中占据主导地位。到 1997 年,历史上首次出现了大部分抵押贷款被证券化的现象。

关 键 词

　　购买力指数　　　　　　　　　　　　可续承贷款
　　其他抵押贷款工具　　　　　　　　　创新融资

《存款机构放松管制和货币控制法案》
非居间化
转售时清偿条款
联邦资产处置委员会
联邦存款保险公司
联邦住宅贷款银行委员会
联邦抵押贷款机构
联邦储蓄和贷款保险公司
《金融机构改革、复兴和实施法案》
延期偿还
《Garn-St. Germain 法案》
通用会计准则

利率风险
期限失配
负摊销
储蓄监管办公室
合格的储蓄机构投资
法定会计准则
资产处置信托公司
风险资本金准则
二级抵押贷款市场
储蓄机构危机
倾斜效应
Wellenkamp 案件
储蓄机构危机的"僵尸理论"

推荐读物

Ambrose, B. W., and W. N. Goetzmann. 1988. Risks and incentives in underserved mortgage markets. *Journal of Housing Economics* (September), 274–285.

Kane, E. 1989. The unending deposit insurance mess. *Science* (October), 451–456.

Lindsay, R. October 1970. Regulation Q: The money markets and housing—II. In *Housing and Monetary Policy*. Federal Reserve Bank of Boston Conference Series No. 4, 52–59.

Maisel, S. October 1979. Risk and capital adequacy in banks. In *The Republication of Financial Institutions*. Conference Series No. 21, Federal Reserve Banks of Boston, 203–224.

Meltzer, A. H. October 1970. Regulation Q: The money markets and housing. In *Housing and Monetary Policy*. Federal Reserve Bank of Boston Conference Series No. 4, 41–51.

Ozanne, L. 1984. The financial stakes in due-on-sale: The case of California's state-chartered savings and loans. *AREUEA Journal* (Winter), 473–494.

Parliament, T. J., and J. S. Kaden. 1981. The shared appreciation concept in residential financing. In John R. Buck, ed., *Financial Markets*. Richmond, VA: Robert F. Dame, 285–300.

复习思考题

1. 从以下几个方面讨论 20 世纪 50—90 年代期间住宅金融市场发生的主要变化：
   (1) 抵押贷款人的类型；
   (2) 抵押贷款的种类；
   (3) 联邦政府所起的作用，包括立法。

2. 利率风险与储蓄机构的资产—负债期限失配密切相关，请详细阐述利率风险的概念。

3. 阐述为什么利率波动性的增加会导致第 2 题中所提到的利率风险的增加。

4. 指出 19 世纪 60 年代和 70 年代期间 Q 准则带来的问题。

5. 阐述非居间化的定义并且解释为什么它给房地产市场带来了严重的问题。

6. 列举组织良好的抵押贷款二手市场的三个好处。

7. 指出通货膨胀环境中标准固定利率抵押贷款的供给和需求问题。

8. 1980 年颁布的《存款机构放松管制和货币控制法案》和 1982 年颁布的《Garn-St. Germain 法案》对金融机构的管制带来的主要变化是什么？

9. 列举 20 世纪 70 年代末和 80 年代初对于实施转售时清偿条款的争论双方所争论的关键问题。

10. 阐述借款人是如何试图阻止转售时清偿条款的实施的。

11. 阐述 20 世纪 80 年代储蓄机构出现大规模危机的主要原因。从以下几个方面进行讨论：(1) FSLIC 的延期偿还；(2) 资产净值的监管增加；(3) RAP 与 GAAP 的对比。

12. 解释凯恩教授提出的关于储蓄机构危机的"僵尸理论"。

13. 《金融机构改革、复兴和实施法案》（FIRREA）中哪些条款是与储蓄机构危机的原因相关的？

14. 《金融机构改革、复兴和实施法案》（FIRREA）存在哪些不足之处？

15. 《金融机构改革、复兴和实施法案》（FIRREA）是如何改变抵押贷款市场的监管结构的？从以下两个方面进行讨论：(1) 监管主体；(2) 监管准则和要求。

16. 什么是风险资本金准则？举出一个储蓄机构现行的风险资本金要求的例子。

习 题

1. 计算以下储蓄和贷款在时期 1 和时期 2 中的市场资本净值。

单位：美元

	时期 1		时期 2	
	资产		资产	
30 年期抵押贷款，票面利率 9%		50 000 000	30 年期抵押贷款，票面利率 9%	50 000 000
建筑物和土地		50 000 000	建筑物和土地	50 000 000
	负债		负债	
1 年期市场利率条件下的 1 年期定期存单		50 000 000	1 年期市场利率条件下的 1 年期定期存单	50 000 000
	权益		权益	
1 年期市场利率 7%			1 年期市场利率 8%	
30 年期市场利率 9%			30 年期市场利率 10%	

2. 确定在前面提到的风险资本金准则下（不一定必须是现实存在的准则）储蓄机构应该具有的资产或资本净值（根据以下选定的资产项目）。

资产	风险指数（%）	账面价值（美元）
国债	0	1 000 000
住房抵押贷款	25	3 000 000
商业抵押贷款	50	2 000 000
GNMA 债券	20	3 500 000
自有不动产	250	800 000

相关网站

http://www.freddiemac.com
关于联邦住宅贷款抵押公司的信息

http://www.fdic.gov/bank/index.html
联邦存款保险公司关于商业银行和储蓄贷款机构的数据

http://www.cob.ohio-state.edu/dept/fin/overview.html
金融专业学生通常会感兴趣的话题

http://www.ots.treas.gov
储蓄监管办公室对储蓄机构的监管信息

http://www.fhfb.gov
联邦住宅融资委员会，提供不同资产种类和贷款种类的一系列历史抵押贷款利率数据

http://www.hamb.org
提供住宅和城市开发部颁布的影响抵押贷款经纪人的准则

注 释

[1] 储备基金是最早建立的货币市场基金，设立于1971年11月。

[2] 信托契据是一项工具，它将房地产的产权转移给某个受托人（第三方），一直到贷款被完全偿还。这些概念将在第12章中详细讨论。

[3] Larry Ozanne. The financial stakes in due-on-sale: The case of California's state-chartered savings and loans. *AREUEA Journal* 12 (4) (Winter 1984), 473-494.

[4] 例如，本金100 000美元、利率10%的贷款还款额与本金115 307美元、利率8%的贷款还款额相同。

[5] 实际上，亨德肖特和舒尔茨（Hendershott & Schultz）的研究表明，在19世纪70年代建立了坚实的资本基础之后，联邦住宅管理局单亲家庭抵押贷款保险基金在19世纪80年代损失了大约100亿美金。负资产净值，失业和贷款规模都被认为是导致违约的重要因素。See Patric H. Hendershott and William R. Schultz. Equity and nonequity determinants of FHA single-family mortgage foreclosures in the 1980s. *Journal of the American Real Estate and Urban Economics Association* 21 (Winter 1993), 405-430.

[6] 创新性融资方式包括重叠贷款、买低贷款、零利率融资以及其他非传统贷款。

[7] 当FSLIC采用以下解决方式时，储蓄贷款机构被定义为破产：(1) 清算；(2) 在FSLIC协助下与另一金融机构合并；(3) 监管行为导致的合并。

[8] Edward Kane, The unending deposit insurance mess. *Science* (October 1989), 451-456.

[9] Fred A. Forgey, Paul R. Goebel, and Ronald C. Rutherford. Implicit liquidity premiums in the disposition of RTC assets. *Journal of Real Estate Research* 8 (Summer 1993), 347-364.

第6章

其他抵押贷款工具

学习目标

其他抵押贷款工具（AMI）是有别于标准的30年期固定利率摊销贷款的抵押贷款。通过本章的学习，你将了解不同类型的AMI基础知识。AMI基础知识包括标准抵押贷款条件的确定，如利率、还款额、折扣点、贷款期限等等。你不仅应该了解这些条件是怎么确定的，还应该理解它们之间是怎么相互联系的。最后，你还应该理解不同AMI的各种特征是如何解决通货膨胀环境下固定利率抵押贷款（FRM）所产生的问题的。

导 言

在上一章，我们看到了通货膨胀环境如何给标准的FRM带来问题。供给问题往往与传统抵押贷款贷款人的资产—负债到期期限不匹配有关。储蓄机构一般持有短期债务（如存款），创造长期资产（如抵押贷款）。通货膨胀会引发继续通货膨胀的预期，进而造成储蓄机构持有存款的名义利率上涨。但抵押贷款还款额的反应迟滞于上涨的利率，从而储蓄机构承受相对低利率的抵押贷款。这种情景，反映出FRM的利率风险可能会使原本的盈利变为亏损。[1]

需求问题往往与支付能力有关。上涨的抵押贷款利率造成还款额的增加，以至于超出了许多潜在借款人的负担能力范围。这种"倾斜"问题使得FRM早期的"实际"还款额特别高，而到了结束期却很低。我们将首先从供给问题的角度，然后从需求问题的角度，来探讨AMI。

供给问题：利率风险与可调利率抵押贷款

AMI 被用来解决利率风险问题，而最受欢迎的 AMI 是可调利率抵押贷款（ARM），ARM 起初也被称为可变利率抵押贷款。另外一种较受欢迎的 AMI 是价格水平调整抵押贷款。价格水平调整抵押贷款将在本章后面论述。而在这里，我们将详细讨论 ARM。

可调利率抵押贷款（ARM）的基本思想是允许贷款利率随着市场利率变动。该规定通过将利率风险转嫁给借款人而减少贷方面临的利率风险。起先，有人可能认为，ARM 并不比 FRM 的风险低，因为 ARM 在允许贷款利率上涨的同时，也允许贷款利率下跌。但是，也要想想，利率上涨的时候，FRM 保护了借款人，而当利率下跌时，FRM 借款人可以再融资，同样保护了自己。因此，对贷款人而言，当利率上涨时，ARM 显然比 FRM 更优越，而当利率下跌时，ARM 却并不比 FRM 差，故 ARM 能明显减少贷款人的利率风险。因为在 ARM 中贷款人面临更低的利率风险，所以他们会要求较低的回报。

事实证明，借款人并不愿意接受利率上涨所带来的全部风险。结果，几乎全部 ARM 都有限制定期性或抵押贷款期限内利率上涨数量的条款。而全部 ARM 也有许多共同特征。它们具备：（1）低于 FRM 利率的初始利率；（2）某种形式上钉市场（或一种指数）的利率；（3）限制利率或还款额变动数量的各种条款。我们将首先描述典型 ARM 的特征，然后提供一个案例以阐述还款额及贷款余额是怎样作为市场利率变动的结果而反映的。最后，我们将探讨 ARM 的定价。ARM 定价涉及贷款人如何根据彼此间的比较来设定 ARM 的不同条件。例如，倘若贷款人接受对利率定期变动的严格限制，则他可能要求比其他 ARM 更高的初始利率，或者，他可能保持低利率但增加折扣点。不同 ARM 条件间的交换就被称为 ARM 定价。

与固定利率抵押贷款相比，ARM 在二级抵押贷款市场上定价出售的可能性更低，但根据贷款人的需求被打造成投资组合产品的可能性更高。这就意味着借款人能够在贷款条款上获得更大的灵活性。

● ARM 的描述

可以用许多不同的特征来描述 ARM。这些特征包括利率变动频数、利率指数、附加利率、利率上限、还款额上限、负摊销上限、初始期折扣（优惠），以及可转换性。

ARM 的一项条款就是**利率变动频数**，即贷款人可以怎样的频率来调整贷款合同利率。ARM 最初形成的时候，利率调整期限从 6 个月到 5 年不等。典型的调整期限为 6 个月、1 年、3 年或 5 年。为了使利率风险最低，贷款人更喜欢那些随市场利率变动而同步调整的 ARM。然而这是不现实的，因此贷款人仅设定了少数几种可选择的调整期限。两次调整之间的时间越长，贷款人承担的利率风险就越大。

随着时间的推移，ARM 的各种条件变得更加统一，从而市场倾向于将每一年可调整 ARM 作为标准 ARM。虽然也可以找到其他调整期限的 ARM，但大多数 ARM 每隔一年调整一次利率。这就意味着，合同利率每隔一年调整一次，而每月还款额的变动正好反映了这种调整。但是近些年来，贷款人更加乐于将首次还款额调整延缓直至未来 7~10 年的时间。例如，某贷款人可能会提供诸如一种 7/1 形式的混合 ARM。这种贷款在头 7 年里锁定于初始利率，之后每年调整利率一次。混合 ARM 的初始锁定期限一般为 3 年、5 年、7 年或 10 年，初始锁定期结束之后，该混合 ARM 才成为每一年可调整 ARM。

利率指数就是市场利率，它为 ARM 利率调整提供基础依据。ARM 的合同利率并不等于利率指数，而是等于利率指数值加上一个固定的"附加"或附加利率。利率指数变动时，ARM 利率也会随之变动。一般而言，这种利率指数必须：(1) 不受贷款人的操纵；(2) 不会过度变动；(3) 是一种已制定的指数；(4) 借款人可接受。

利率指数要么是财政公债（或短期国债，或长期国债）利率，要么是贷款人资金成本的某种测量指标。如果该利率指数为财政公债利率，则应选择那些到期日与 ARM 利率变动频数相符的财政公债的利率。于是，如果 ARM 随市场利率每年调整一次，则利率指数为一年期短期国债的收益率；如果 ARM 利率每隔三年才调整一次的话，则利率指数为三年期中期国债收益率。这些都叫做**固定到期日国债（CMT）指数**。另外一种指数叫**伦敦银行同业拆借利率（LIBOR）**。LIBOR 反映的是主要的国际银行之间互相发放大额贷款的利率。Freddie Mac 就购买了利率指数为一年 LIBOR 的 ARM，该指数通常与一年 CMT 指数相近。

如果利率指数是基于贷款人资金成本的（**资金成本指数，COFI**），则该利率指数等于联邦管理机构所确定的近期（或地区）储蓄存款利率。**11 区资金成本指数**通常接近银行支付的平均储蓄存款利率。11 区是指联邦住宅贷款银行系统的细部区域。加利福尼亚的一大部分 ARM 就参照这一利率指数。用于计算 11 区资金成本指数的资金是指该区内金融机构的债务，其中包括区内银行存款、联邦住宅贷款银行的预付款以及其他借款。这些资金的成本就是为此而支付的利息。

储蓄机构不会频繁调整它们提供的存款利率。只有市场利率适度变动，储蓄机构才可能会在几周或几月后调整利率。结果，各种 COFI 的变动更加滞后于国债利率的变动。那些每 3 个月或 6 个月调整一次的 ARM 通常都是基于 COFI 的。这些贷款没有定期的调整利率上限，却往往有寿命期利率上限（典型的为 5 个百分点），也可能有还款额上限（通常为 7.5 个百分点）。如果这种设置导致了负摊销，则该负量将得以每月回加。

当调整 ARM 时，贷款人确定利率指数值，并在此基础上增加一个叫做附加利率的值。有些贷款人使用某一时点的利率指数值，但还有一些人使用多个每周利率指数的移动平均值。比如，贷款人 6 个月后调整 ARM，可能使用的是过去 6 个月内每周的利率指数平均值。

附加利率是指为了得到贷款的合同利率而在指数基础上增加的基点数目。如果利率指数值为 8％，附加利率为 150 个基点，则贷款利率将是 9.5％（直到下一次调整）。如果某贷款人出于某种理由——可能是因为贷款利率调整得不够频繁（譬如 5 年），决定对该特殊 ARM 要求更高的收益，则他将增加新贷款的附加利率。一旦抵押贷款合同中规定了附加利率，则该贷款的附加利率就不会再变动。因此，ARM 合同利率的变动是利率指数运动的结果，而不是附加利率变动的结果。大多数附加利率在 150~275 个基点之间。

通常**利率上限**有两种：**调整利率上限**和**贷款寿命期利率上限**。前者限定了在每个调整时点贷款合同利率怎样变动，而后者则设定了贷款利率决不能超越的最高限度。人们通常在初始利率之上以多少百分点的形式来规定贷款寿命期利率上限（或寿命期利率上限）。如果 ARM 初始利率为 6％，而寿命期利率上限为 6％ 的话，则贷款寿命期内的最高合同利率将是 12％。

定期的调整利率上限通常为 1％或者 2％。调整利率上限越小（或越严格），贷款人面临的利率风险就越大。调整利率上限为 2％的每一年可调整 ARM，意味着一年后利率最多只能上涨 2％（或 200 个基点）。如果市场利率上涨了 3 个百分点，则贷款人将不能得到市场回报率。当然，调整利率上限也可能设立了同样大小的下跌底线。2％的调整利率上限意味着在调整日期时，贷款利率不能以超过 2％的幅度上涨或下跌。如果贷款的定期调整利率上限为 2％，贷款寿命期利率上限为 6％，那么通常说此贷款的利率上限为 2/6。

大多数的混合 ARM 还有另外一个利率上限叫做"第一次调整利率上限"，它通常被用于固定利率期限结束后的第一次利率调整，之后就采用定期调整利率上限。如果贷款有第一次调整利率上限，那么此贷款的利率上限构成为 2/2/6。这意味着在第一次调整利率时，调整幅度不能超过 200 个基点，此后就是常见的 2/6 利率上限构成。一定要注意，贷款人提供有多种利率上限构成，比如 6/2/6 或 5/2/5，不同的利率上限构成会影响贷款的初始合同利率。

一般而言，贷款人不能要求高于利率指数与附加利率之和的利率。调整利率上限意味着，如果贷款人受到该上限的限制，他就不能要求同利率指数与附加利率之和相等的利率了。因此，任何给定时期的贷款合同利率要么是利率指数加上附加利率，要么是上一期合同利率加上调整利率上限。但下调利率例外。贷款人通常会保留下调利率的权利，如同上调利率一样（如基于定期调整利率上限）。比如，假设当前的贷款合同利率为 8％，定期调整利率上限为 200 个基点，尽管新的利率指数加上附加利率等于 5％，贷款的利率还是只能下调到 6％，这就是定期调整利率上限的缘由。

负摊销是指由于每期还款额低于全部利息费用而导致的贷款余额增加。因为负摊销代表了一种违约风险，所以贷款人可能会对那些带有还款额上限的 ARM 限定负摊销的数量。（同时调整利率和还款额，也没有任意选择的还款额上限，这样的 ARM 一般不会有负摊销。）通常的限定为原有贷款额的 125%。因此，不允许 100 000 美元贷款的余额在发生负摊销时超过 125 000 美元。如果贷款规定了还款额上限，或者利率调整相对还款额变动来说更加频繁，则都会导致负摊销的发生。还款额上限（这并非真正意义上的限制）允许借款人支付低于偿还利息所必需数量的还款。而贷款人则会在每个调整期末时将每次还款的差额累加到抵押贷款余额上。同样地，如果利率上调比还款额上调更加频繁，则增加的利息也会被累加到抵押贷款余额上。

为了吸引借款人，贷款人有时会提供一种**初始期折扣**，即低于同期利率指数与附加利率之和的初始贷款合同利率。例如，如果利率指数为 8%，附加利率为 150 个基点，则贷款的**完全合成利率**应该是 9.5%，而贷款人却有可能提供 8.5% 的利率（当然仅在初始期内）。这种初始期折扣有时也被称为**优惠利率**。

有些 ARM 被书面规定为**可转换的**。这就意味着，在给定的时间框内，ARM 可以转换成固定利率抵押贷款。通常情况下，可调利率抵押贷款以稍高于市场水平的利率转换成固定利率抵押贷款，且要收取名义上的转换费用。

当然，ARM 也可能具备与其他贷款类型相同的一些其他特征。它们是可假定的，或者是不可假定的，包括提前偿还罚金（但是很少这样做）、提前支付折扣及放贷贴息数。

ARM 案例

理解 ARM 结构及其定价基本知识的最好方法是思考案例。首先，假定案例中 ARM 利率钉住的利率指数（或国债利率）在未来将按照表 6—1 所示发生变化。其次，表 6—2 列出了两种不同的 ARM 的特征。为了简化问题，假定利率指数（和合同利率）在第 61 至第 360 月内保持不变。

表 6—1　　　　　　　　　　　ARM 案例的远期利率指数

月	每 6 个月可调整 ARM		每 1 年可调整 ARM	
	利率指数	合同利率	利率指数	合同利率
1	4.5	5.00	4.75	5.25
7	5.50	7.50	—	—
13	6.00	8.00	7.00	7.25
19	6.25	8.25	—	—
25	7.00	9.00	8.00	9.25
31	9.50	11.50	—	—
37	8.00	10.00	8.50	11.00
43	6.75	8.75	—	—
49	5.50	7.50	6.75	9.25
55	7.75	9.75	—	—
61	7.50	9.50	8.50	11.00

第6章 其他抵押贷款工具

表 6—2　　　　　　　　　　　ARM 案例信息

	ARM1	ARM2
贷款额	100 000 美元	100 000 美元
分期还款月数	360	360
利率变动间隔	6 个月	1 年
利率指数之上的附加利率	2.00	2.50
特殊初始期利率	5.00	5.25
折扣点	2.00	2.00
利率上限峰值	无	2.00
利率上限谷值	无	2.00
还款额上限	无	无
寿命期利率上限	6.00	6.00
负摊销上限	无	无

为了很好地说明问题，我们将列出 ARM2 的初始还款额及随后的调整情况。初始还款额的计算为：

$$PMT_1 = 贷款额 \times \left[\frac{i(1+i)^n - 1}{(1+i)^n - 1}\right]$$
$$= 100\,000 \times (MC_{5/12, 360})$$
$$= 100\,000 \times 0.005\,522$$
$$= 552.20(美元)$$

第一年末的时候要确定新的合同利率。利率指数加上附加利率等于 9.50%，但是之前的利率加上定期调整利率上限等于 7.25%，所以贷款人只能收取 7.25% 的利率而非 9.50%。这是实际的限制，因为贷款人不能让借款人负担因利率低于利率指数和附加利率之和而造成的利息损失。

为了确定第 2 期的还款额，必须首先知道贷款数额，即第 1 年末时的贷款余额。计算如下：

$$未支付余额 = 付款额 \times (PVAIF_{5/12, 354})$$
$$= 552.20 \times 178.54$$
$$= 98\,590(美元)$$

为了确定新的还款额所需要的新信息现在已经知道了，即新的合同利率（7.50%）和贷款数量（98 590 美元）。因此新的还款额为：

$$PMT_2 = 98\,590 \times (MC_{7.5/12, 354})$$
$$= 679.13(美元)$$

每次调整时，重复进行这样的过程。注意，虽然还款额在一些时期会增加，在另一些时期会减少，但在 30 年合同期内，贷款将完全得以分期偿还。

案例中每个 ARM 的相关还款额情况可列成表 6—3。每个 ARM 的贷款余额见表 6—4。

表 6—3　　　　　　　　　　　ARM 案例还款额概略　　　　　　　　　单位：美元

月	ARM1	ARM2
1	536.82	552.20
7	697.27	552.20
13	731.09	679.13
19	748.06	679.13
25	799.35	813.63
31	976.58	813.63
37	869.67	935.83
43	784.45	935.83
49	703.37	815.60
55	849.96	815.60
61	833.33	933.43

ARM1 为每 6 个月可调整，附加利率为 2.00%，没有利率调整上限。初始的优惠利率为 5% 的时候，最开始 6 个月内每月还款额为 536.82 美元。之后 6 个月的合同利率完全与利率指数挂钩，并且没有利率调整上限的限制。所以 ARM1 的还款额不受利率调整上限的限制，而是随着利率指数的变化而增加或减少。

表 6—4　　　　　　　　　　　ARM 案例贷款余额　　　　　　　　　　单位：美元

月	ARM1	ARM2
0	100 000	100 000
12	98 803	98 590
24	97 923	97 554
36	97 268	96 782
48	96 431	96 168
60	95 380	95 237

● ARM 绩效比较

贷款人感兴趣的是，在不同利率情形下，各种 ARM 将在金融上做出怎样的表现。如果贷款人交换各种条件以达到适当的平衡，则每项贷款的绩效之间应该没有什么差异。例如，某特别贷款的严格还款额上限应该由更高的附加利率来抵销。

测量贷款投资绩效的方法有很多。一种典型的方法是通过计算内部报酬率（IRR）来计算实际成本（对贷款人而言是收益）。这跟用来测量固定利率抵押贷款绩效的方法是一样的，但是基于仅仅知道初始利率的事实，该方法在测量 ARM 绩效时要复杂许多。在尚未支付的基础上，人们或许可以根据最有可能的情形如最坏的状况或最好的状况来计算实际成本。而在支付已经发生的基础上，由于已知各期利率和还款额，上述分析就要简单得多。对上述 ARM 案例而言，假设每种 ARM 均在第 5 年末得以偿还，则每种 ARM 的实际成本如表 6—5 所示。表 6—1 中的利率指数在第 5 年之后保持不变。因为两笔贷款在这个时点的合同利率都与利率指数挂钩,所以此后贷款期限内的合同利率和还款额也保持不变。

表 6—5　　　　　　　　　　　ARM 案例的实际成本

贷款	APR	5 年持有期
ARM1	9.23%	8.89%
ARM2	9.93%	8.67%

在利率上涨情形下,如果 ARM 不受限制,允许频繁的利率变动和较大的附加利率,且又不实行较大的初始期折扣,则实际成本(或收益)将达到最高。为了说明该问题,假设前述案例中 ARM2 在第 5 年末还清,从而计算该 ARM 的实际成本(或收益)。写出的等式是:

$$贷款现值 = PMT_1/(1+IRR) + PMT_2/(1+IRR)^2 + PMT_3/(1+IRR)^3$$
$$+ PMT_4/(1+IRR)^4 + PMT_5/(1+IRR)^5 + \cdots$$
$$+ PMT_{60}/(1+IRR)^{60} + 贷款余额_{60}/(1+IRR)^{60} \quad (6—1)$$

式中,PMT 为每月还款额;贷款余额$_{60}$为第 60 次还款末(即第 5 年末)的贷款未支付余额。

对 ARM2 而言,该方程式为:

$$98\,000 \text{ 美元} = 552.20 \times (PVAIF_{i\%/12,12})$$
$$+ 679.13 \times (PVAIF_{i\%/12,12}) \times (PVIF_{i\%/12,12})$$
$$+ 813.63 \times (PVAIF_{i\%/12,12}) \times (PVIF_{i\%/12,24})$$
$$+ 935.83 \times (PVAIF_{i\%/12,12}) \times (PVIF_{i\%/12,36})$$
$$+ 815.60 \times (PVAIF_{i\%/12,12}) \times (PVIF_{i\%/12,48})$$
$$+ 95\,237 \times (PVIF_{i\%/12,60})$$

使用财务计算器或试错法迭代过程解上述方程式就能得出 i 值来。使用财务计算器时,由于现金流量会随时间推移而发生变动,则需要引入现金流量模型来正确构建时间序列。

计算 ARM2 的实际成本时使用的是之前 ARM 案例的值。ARM 的余额为第 5 年末(第 6 年初)的余额 95 237.47 美元。

仅偿还利息的 ARM

贷款人也提供仅支付利息的可调利率抵押贷款。这种贷款初始期内的还款额只是贷款利息而不包括本金。初始期之后,在贷款的剩余时间内,则必须分期偿还贷款本金和利息。这类贷款通常要在 30 年内清偿,常见的构成为 3/1、5/1、7/1 和 10/1,它们与普通 ARM 的区别主要在于初始的固定利率期内仅偿还利息。这类 ARM 以一年 CMT 或 LIBOR 为利率指数,利率上限通常为 2/6。比如 3/1 仅偿还利息的 ARM,开始 3 年内只偿还利息,之后 27 年内分期偿还贷款本金和利息,且利率可调。

为了更清楚地说明问题,假设贷款人提供了一笔 3/1 仅偿还利息的 ARM,初始的合同利率为 5%,第 4 年的合同利率为 6.50%,贷款金额为 100 000 美元,贷款期限为30年,则开始3年内的月还款额为416.67美元,第4年的月还款额为655.55美元,这样才能在剩下的27年内将贷款清偿。

灵活还款的ARM

灵活还款的ARM（FPARM）也是一种可调利率抵押贷款,借款人开始的还款额较低,随着时间推移而逐渐提高。FPARM比较复杂,所以借款人必须要小心谨慎,了解其风险。比如,这类贷款的一个主要缺点就是可能存在"还款冲击",也就是说可能会出现月还款额的骤增。FPARM的主要吸引力在于开始几年的还款额较低,借款人可以将资金用于他处,比如其他的投资方式或住房修缮改建。

FPARM的初始合同利率是优惠利率,有可能低至1.25%,但是仅适用于第一个月,到了第二个月贷款利率就上涨到与利率指数挂钩了。贷款的合同利率每月调整,没有利率变动大小的限制,仅有贷款寿命期内的上限。唯一的好处在于,大部分的FPARM采用COFI,该指数随着市场变化缓慢调整。

FPARM的月还款额变化比普通ARM更加复杂。初始还款额最低,根据第1个月的利率计算,此后每年增长7.50%。尽管利率在第2个月发生变化,但是第1年整年都保持初始的还款额。之后的年份内,每年的最低还款额都比上年的最低还款额高出7.50%。有两种情况不适用此7.50%规则。第一,贷款必须每5年进行重新调整,以能够清偿贷款。换句话说,就是要将还款额提高到在当前利率下能够在剩下的时间内清偿贷款的水平。第二,贷款余额不能超过负摊销额上限。在第一次调整利率后,通常最低还款额不足以偿还到期利息,未偿还的利息就被加到贷款余额之上。FPARM的负摊销额上限通常为初始贷款余额的110%~125%。当贷款余额达到上限时,还款额就自动增加到能清偿贷款的水平。以上两种情况都会导致还款冲击,那些初始利率很低、附加利率很高的贷款尤其如此。

● 可调利率抵押贷款定价

ARM定价是指改变其各个条件中的一个或多个时对ARM价值的影响。如果引入像调整利率上限这样的条件,从而给贷款人带来更高的利率风险,则将会贬低ARM价值。为了弥补损失,贷款人不得不要求折扣点,或作为选择地给附加利率增加若干基点数。为努力维持ARM于某固定的"价值"而交换其各个条件,这就被称为ARM条件的定价。

为了理解怎样给ARM定价,首先要考虑"完美"ARM,即完全消除了利率风险的ARM。这种理论上的ARM,具备随市场利率而变动的利率指数,并且始终体现出贷款人资金利息成本。贷款人设定足以补偿营运费用的附加利率,并规定投资于机构的资本的回报。该贷款没有任何上限,其利率也与利率指数同步变动。采用这种完美的ARM,贷款人将完全规避利率风险。

"完美"ARM的对立极端是完全被束缚的ARM。一旦设定了利率,零利率上限就会阻止任何利率变动。这种被束缚的ARM本质上就是一种固定利率抵押贷款，只不过还使用 ARM 利率罢了（对贷款人来说是糟糕的交易）。出于讨论的目的，这种被束缚的 ARM 作为假设的参考贷款。没有贷款人会以较低的 ARM 利率发放这种本质上的固定利率贷款。贷款人实际上发放的 ARM 就在上述两个极端之间。这些 ARM 有调整利率上限、贷款寿命期利率上限、还款额上限以及初始期折扣。仅仅是定期性地调整利率，并不与利率指数同步。调整期限越长，利率风险越大。

目前，"完美"ARM 总是按照账面价值来定价，即价值为贷款余额的 100%。"完美"ARM 或许如下所述。它的利率钉住能够反映贷款人资金成本的利率指数（假设当前利率指数为 7%）。接着，贷款人设定补偿营运成本所必需的附加利率，比如说 200 个基点，则贷款利率为 9%。未来时期里，该 ARM 的价值始终等于其贷款余额的数量。

限制性条件的引入会贬低 ARM 价值。例如，若贷款人增加一个 2% 的利率上限，则 ARM 价值将跌到账面价值的 97.5%。减少的 2.5% 就是调整利率上限的价格。为了使价值复原，贷款人不得不在放贷时要求 2.5 个折扣点，或作为选择地增加 25 个基点的附加利率。既然这样，则在预期贷款寿命期内，25 个附加基点的现值与 2.5 个折扣点的现值是相等的。那么，又是如何判定出，2% 的调整利率上限的"价格"就是 2.5 个折扣点或者增加的 25 个基点的附加利率呢？

答案就在定价中揭晓。而定价方法是众多学习和研究的主题。虽然各种方法变化不断，但这些研究在建立 ARM 各条件的定价体系方面却取得了相似的成效。

其中一种方法就是运用**历史的复制**。通过构建理论上的"完美"ARM，然后追踪若干历史时期内现行利率指数的变动过程，就能复制出 ARM 的现金流量。接着计算现金流量的现值。改变一个 ARM 条件时，重复上述过程。例如，可能增加调整利率上限为 1% 的条件。如果受限 ARM 现金流量的现值比"完美"ARM 现金流量的现值更低的话，则为了使两种贷款的现值相等，有关折扣点或增加附加利率的决定是必须的。

另外一种方法是使用模拟利率，而不是历史时期内（这或许是不可再现的）的真实利率。有了**模拟模型**，即使允许利率指数随机变动，也能描绘出"完美"ARM 的现金流量。从一个时期到下一个时期内的利率指数变动，可以在概率正态分布中获得。如果利率变动的分布的均值为正数，则随着时间的推移，各期利率将向上随意移动；反过来，如果利率变动的分布的均值为负数，则随着时间的推移，各期利率将向下随意移动。如果利率变动的方差（或标准方差）较大，则各期利率将以更大幅度来围绕长期趋势波动。照这样，就能成千上万次地生成"完美"ARM 的现金流量，并最终从中找到平均水平的"完美"ARM 现金流量。同样的过程也可以用于受限的或包含初始期折扣的 ARM。这样，对受限的 ARM 采用各种折扣，以至得到与"完美"ARM 相同的现值。所以，有关各期利率长期趋势和波动的假设将对各种条件间关系的定价产生重要的影响。

众多定价研究的结果，揭示了下列各 ARM 条件的近似价格。

调整利率上限与调整期限。图 6—1 显示了调整利率上限大小、调整期限与 ARM 价值之间的关系，且在这里假设利率波动呈正态分布（年利率的标准方差为 15%）。如果没有利率波动，则由于没有利率风险，全部 ARM 都按照账面价值定价。如果定期调整利率上限为零，则 ARM 成为完全被束缚的 ARM，且其合同利率与"完美"ARM 相同时，该 ARM 价值将稍低于账面价值，比如是账面价值的 98.2%。随着调整利率上限升高，ARM 的价值也会增加（因为利率风险降低）。对任何给定的调整利率上限来说，调整期限越长，ARM 的价值就越小。图 6—1 所示的 ARM 之所以都没有具备与账面价值相等的价值（即 100%账面价值），是因为它们都不是完美的，也就是说，它们的利率调整有些滞后于利率指数变动。

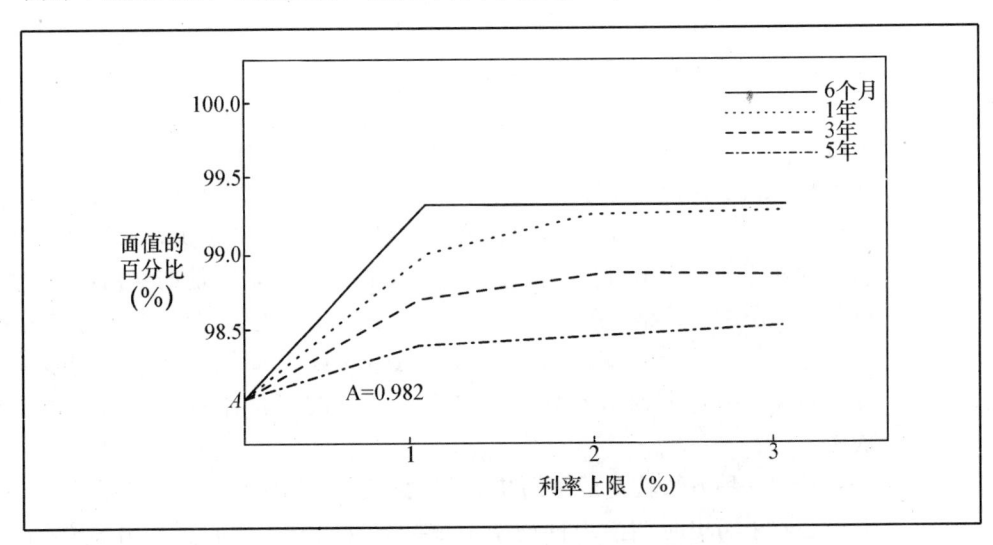

图 6—1 定期调整利率上限、变动频数及贷款价值

初始期折扣（优惠利率）。图 6—2 显示了初始期折扣或优惠利率的价格。[2]

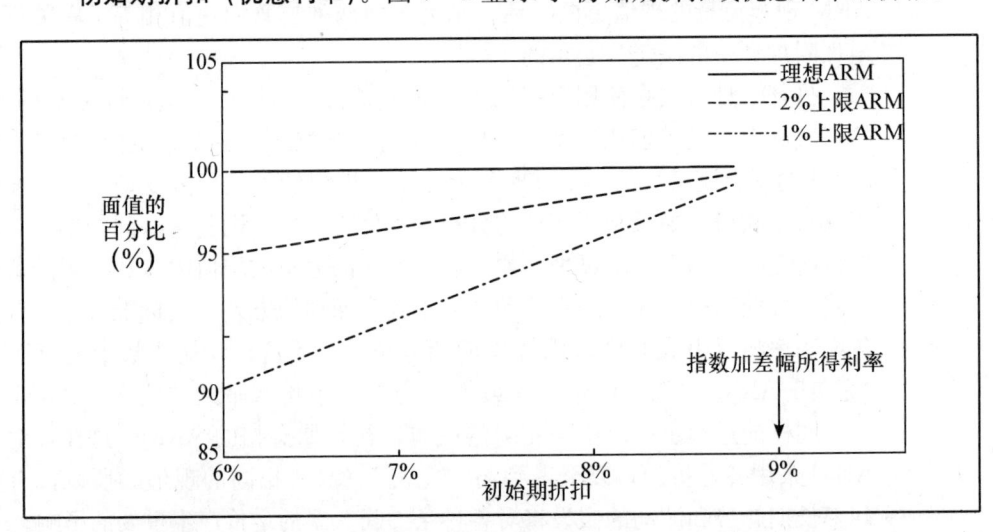

图 6—2 优惠利率与贷款价值

假设利率指数为 7%，附加利率为 200 个基点，则完全合成利率为 9%。同样假设该案例中的利率波动呈正态分布。实线表示完全被束缚的 ARM 的价值，如果没有初始期折扣，则该实线达到最大值。[为了前后一致，没有折扣（即利率为 9%）时的价值与图 6—1 中的初始价值相等。] 虚线代表调整利率上限为 2% 的 ARM 的价值。对大幅度初始期折扣来说，调整利率上限可能会在第一个或早期调整日时阻碍贷款利率完全指数化。而对于小量优惠折扣，该 ARM 的价值会很快达到"完美"ARM 的价值。

贷款寿命期利率上限。图 6—3 显示了有着不同寿命期利率上限但都没有调整利率上限（即各期利率自由波动）的 ARM 的价值。寿命期利率上限为零的 ARM 同前两图所示的情况一样，是一种被束缚的 ARM，其价值与 FRM 的价值相等。随着贷款寿命期利率上限的不断升高，ARM 的价值也会不断增加，且当寿命期利率上限非常大时等于账面价值。

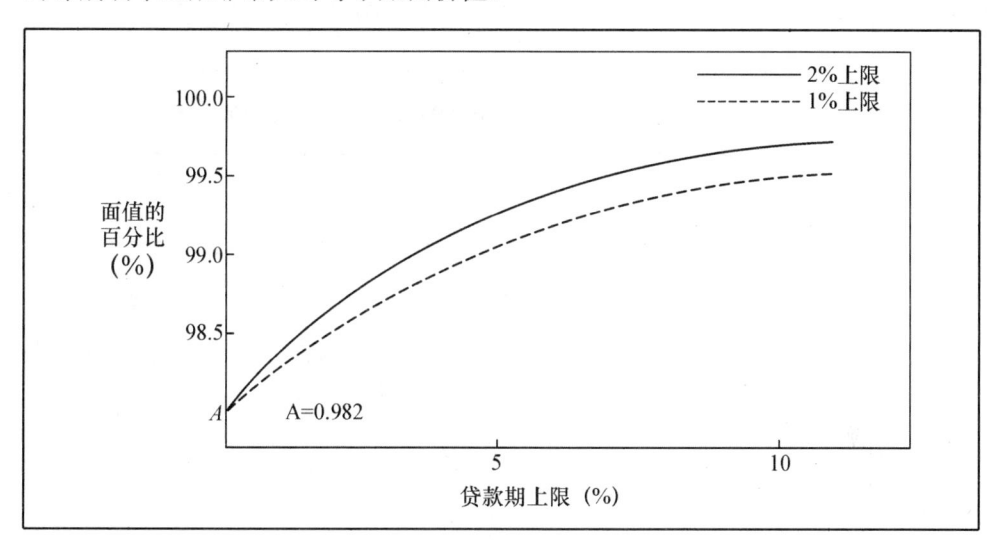

图 6—3 贷款寿命期利率上限与贷款价值

附加利率。其他条件不变，附加利率增加，则 ARM 的价值将会上升。如图 6—4 所示，当附加利率为 200 个基点时，案例中完美 ARM 的价值达到账面价值的 100%。研究表明，附加利率每增加 25～30 个基点，ARM 的价值大约增加 1%。

利率波动与长期趋势。借款人与贷款人有关未来各期利率波动及长期趋势的预期，也会影响 ARM 定价。利率波动增加了固定利率贷款借款人再融资期权的价值，降低了贷款人的固定利率贷款价值。同样，如果预期远期利率上涨，则 ARM 的价值相对固定利率贷款而言也会增加。

如图 6—5 所示，被束缚的 ARM（即 FRM）的价值、调整利率上限为 2% 的 ARM 的价值，以及完美 ARM 的价值，都是预期利率波动的函数。再一次，假定用每年 15% 的标准方差来表示利率波动的正规水平，则被束缚的 ARM 的价值大约为 98.2%。图中的点 A 与图 6—1、6—3 中的点 A 为同一个点。尽管有利率波动，"完美"ARM 还是定价为账面价值；它与利率变动同步调整。而调整利率上限为 2% 的 ARM 则占据了"完美"ARM 与被束缚的 ARM 之间的位置。

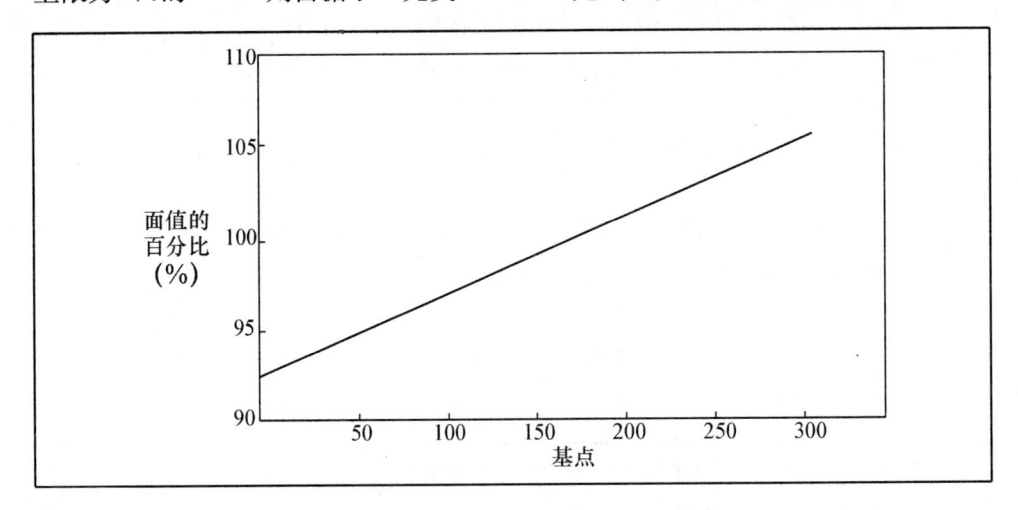

图 6—4　完美 ARM 的附加利率与贷款价值

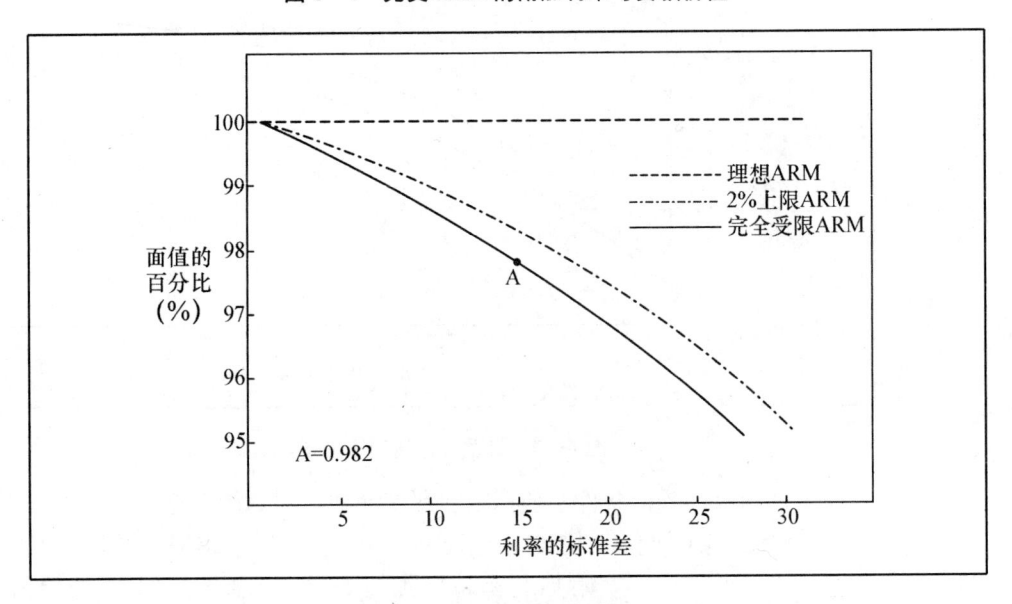

图 6—5　利率波动与贷款价值

图 6—6 表明，上述三种贷款的价值皆为放贷后平均利率的函数。当利率上涨时，被束缚的 ARM 的价值下跌最大，而"完美"ARM 的价值却没有一点变化。对于 7% 以上的利率指数，曲线间的差距，对贷款人而言，代表了自发放 ARM 以来超过固定利率贷款的价值。而在利率指数水平低于 7% 时，被束缚的 ARM 及受限的 ARM 的价值都将超过"完美"ARM。受限的 ARM，其价值增加较小，正好反映了这样的事实：只有在调整利率上限为 2% 的限度内，ARM 才会调整到更低的利率。被束缚的 ARM 的利率是不会随更低的利率指数而调整的。但是要注意，由于能够为贷款再融资，当利率足够低的时候，被束缚的

ARM 的价值最终又回到账面价值。也就是说,当利率指数明显下跌时,借款人会为他们持有的 ARM 进行再融资。

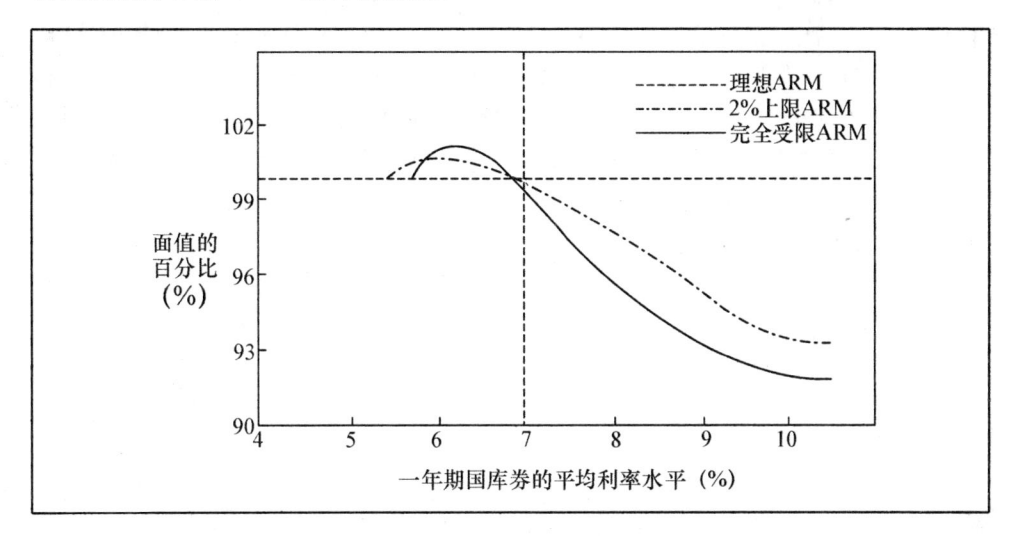

图 6—6　各种 ARM 的价值

总之,有研究已经预测了前述几幅图所要阐明的问题。特别地,对于利率波动的正常预期,下列表述有效:

(1) 为交换严格的调整利率上限和不太频繁的利率调整,贷款人将要求增加折扣点,或者更大的附加利率。对于调整利率上限为 2%,调整期限为一年的 ARM,折扣点一般在 1 个折扣点内。

(2) 为交换初始期利率折扣,贷款人将要求附加附加利率或折扣点。对于调整利率上限为 2% 的 ARM,1% 的初始期利率折扣或许要求大约 2 个折扣点。

(3) 贷款人为了规定贷款寿命期利率上限,需要折扣点。折扣点的多少取决于 ARM 是否还有调整利率上限。如果 ARM 没有调整利率上限,则附加折扣点很小。之所以如此,是因为调整利率上限减少一种可能性,即寿命期利率上限会在不远的将来变成一种约束。如果没有调整利率上限的话,增加寿命期利率调整上限为 5% 的条件,其代价是 1~1.5 个折扣点。

(4) 其他条件不变时,增加 25~30 个基点的附加利率,会增加大约 1% 的贷款价值。贷款人可以借助于增加 25~30 个基点的附加利率,来要求不到 1 个的折扣点。

(5) 如果贷款人预期利率将会上涨或变得更加不稳定,他们就会对固定利率贷款或被严格束缚的 ARM 要求更大的贴现。

ARM 的各种条件间的组合几乎不计其数。由于能够控制八九个条件,贷款人可以想象出近乎无穷无尽的 ARM 贷款序列。在过去的许多年里,贷款人已经尝试了许多不同条件的组合,旨在找到既吸引借款人又能给予利率保护的贷款。事实上,萨阿杜和希林(Sa-Aadu & Shilling)于 1994 年的研究[3],推导出了基于大量选择性 ARM 合同的 ARM 选择模型,并发现很多借款人认为有一大批

ARM 是等价的。他们主张，贷款人提供那些被认为是相同的多种 ARM，完全没有意义。

次级市场的代理机构已经使用计算机模拟程序来安排各种 ARM 条件，以构造出在他们看来能够保护他们免遭利率风险的 ARM。代理机构给其将要购买的 ARM 规定各种条件，并在某种程度上将其强加给那些最初为了出售而发放贷款的贷款人。这一过程的结果是，许多 ARM 类型，如每五年可调整 ARM，几乎不复存在。随着越来越多的条件组合不再受到人们的欢迎，市场倾向仅仅少数几种类型。目前，最受欢迎的 ARM 是每一年可调整 ARM，它钉住一年期国债利率指数。然而，即使对于这种标准的贷款，诸如折扣点等条件也会变化，至于如何变化，则取决于有关利率波动和长期趋势的预期。像这样的预期，不仅会对成功的 ARM 产生重要的作用，还会影响到 ARM 在全部贷款中占有的份额。

● ARM 计算中的问题

证据表明，在进行 ARM 调整时，贷款人有时会造成误差。通常，调整时的误差似乎不是故意的，而是可修正的。大多数误差似乎源于草率的或不完善的方法、计算误差以及（或者）存有缺陷的计算机软件。正如艾里奇（Elledge）、弗莱彻（Fletcher）和诺里斯（Norris）所指出的，在四种情况下，误差最有可能出现：（1）放贷；（2）初次录入贷款数据到系统里；（3）贷款调整日；（4）系统变动的时间。他们引述的一些误差起因是：（1）最初设定贷款过程中的错误；（2）向借款人公开的条件同正式文件及附加条款中的条件不一致；（3）选择了不当的利率指数或利率指数值；（4）选择了不当日期的利率指数；（5）某些年份（或曾经）未能做好一些调整；（6）在利息与本金之间做出了不适宜的还款安排。

因为贷款文件被视为一种合同，所以贷款人必须修正那些导致对借款人索价过高的误差，并退还所有超额还款。但同时，贷款人不可能从借款人那里索价低于常价。

FRM-ARM 利差

ARM 利率代表性地会比固定利率贷款的利率低 1～3 个百分点。理由很简单。因为要转嫁一部分利率风险给借款人，ARM 贷款人只好接受较低的利率。通过宽松的利率上限和频繁的调整期限，ARM 贷款人向借款人转嫁的利率风险越多，相对固定利率贷款来说，ARM 的利率就会越低。任何特殊时间的 FRM-ARM 利差都取决于好几个因素。其中最为重要的两个因素是市场对各期利率波动的预期及对各期利率长期趋势的预期。我们在第 2 章里看到，收益曲线可以作为未来各期利率的简单预测工具。如果收益曲线向上倾斜，且利率最近表现出不稳定，则贷款人会对 ARM 提出更大的折扣，从而加大 FRM-ARM 利差。如果收益曲线比较平坦，则 FRM-ARM 利差有限。有时，收益曲线向下倾斜，即意味着利率可能会下跌。在这种情形下，贷款人提供 ARM 的动机更少，以至于 FRM-ARM 利差几乎不存在。然而一般说来，借款人可以期望比 FRM 利率低

1~3个百分点的 ARM 利率。

有两个主要的因素影响着对 ARM 的需求：（1）一般市场利率水平；（2）FRM 与 ARM 间的价格差。更高的一般市场利率削弱了 FRM 的负担能力，使得 ARM 更具吸引力。同样地，FRM 利率与 ARM 利率（因为它更低）间的差异越大，对 ARM 的需求越大。

需求问题：倾斜效应与累进还款抵押贷款

如果未来通货膨胀的预期导致利率上涨，则会发生倾斜效应。于是，贷款人在发放新贷款时，要求更高的利率来弥补预期通货膨胀，以保持真实回报率。这个更高的利率进而会导致标准固定利率贷款的还款额增加。由于 FRM 是一种年金，所以全部还款额一律增加。最初次还款额的真实数量（即经通货膨胀调整后）要远远大于后面的还款额。也就是说，就购买力而言，目前 1 000 美元的月还款额要比今后 10 年、20 年或 30 年的 1 000 美元月还款额大很多。

虽然借款人预期收入也会在贷款期内增加，但由于通货膨胀的预期，借款人必须从当前收入中支出每月还款额，而不是未来收入。结果导致了贷款前期还款负担很重但后期还款负担却很轻松。考虑到 30 年前，110 美元的还款额差不多代表了一个家庭户主收入的 25%，而这种还款在那时的抵押贷款里却是常见的。于是，人们设计了很多 AMI 以弥补倾斜效应，其中最重要的就是**累进还款抵押贷款**（GPM）。GPM 的观念很简单，即这样来安排固定利率贷款的还款额：在贷款初期比较低，在贷款末期比较高。设计这种还款模式，是为了跟踪受通货膨胀影响的借款人收入。所以，贷款利率不变，变化的只是还款模式。一般地，还款额在 1 年之内是固定的，只有在接下来的每年里才会增加。对于某些 GPM，其还款额只在几年里才会按照计划增加，然后在剩余抵押贷款期限内稳定下来。因为 GPM 的利率大约就是等额还款的 FRM 的利率，所以初始时偏小的还款额可能不足以支付全部债务利息。所有剩余额都被累加到贷款余额上，从而在将近上半个贷款期内导致了负摊销。

GPM 案例

我们假定等额还款的 FRM 的利率是 12%，并且为了简单，假定每年一次还款。在没有折扣点时，100 000 美元贷款的等式如下所示：

$$100\,000 \text{ 美元} = \frac{12\,414}{(1+0.12)} + \frac{12\,414}{(1+0.12)^2} + \cdots + \frac{12\,414}{(1+0.12)^{30}} \quad (6-2)$$

为了使该贷款转换成 GPM，即还款额在头 5 年内按 7.5% 增加，5 年后固定不变，则必须重新安排还款。所以，必须这样来决定最初次的还款额：在连续的头 5 年还款里,每年还款额均比前一年还款额多 7.5%,最后 24 年的还款额与第 6 年的还款额相等,并且全部还款能够满足上面的等式。其结果就是下面的还款时间表:

$$100\ 000\ \text{美元} = \frac{791.40}{(1.01)^1} + \cdots + \frac{850.72}{(1.01)^{13}} + \cdots + \frac{914.53}{(1.01)^{25}} + \cdots + \frac{983.12}{(1.01)^{37}}$$
$$+ \cdots + \frac{1\ 056.85}{(1.01)^{49}} + \cdots + \frac{1\ 136.11}{(1.01)^{61}} + \cdots + \frac{1\ 136.11}{(1.01)^{360}}$$

表 6—6 即为该贷款的分期还款时间表。注意,在头 5 年里出现了负摊销。因为在这 5 年里,GPM 的还款额不足以支付利息费用。甚至直到大约贷款后的第 4 年或第 5 年时,GPM 的还款额才与标准等额还款抵押贷款的还款额相等。例如,利率为 12% 的 100 000 美元贷款,其第 1 年的利息大约为 12 000 美元。然而 12 次还款额(每次还款额为 791.40 美元)之和仅为 9 496 美元。于是,这 2 504 美元的差额便被累加到贷款余额上。直到第 5 年末时,还款额才开始超过利息费用。

表 6—6   GPM(100 000 美元,利率为 12%,最初次的还款额为 791.37 美元)的分期还款时间表   单位:美元

年	期初余额	利息	还款额	期末余额[a]
1	100 000	12 142[b]	9 496[c]	102 646
2	102 646	12 439	10 209	104 875
3	104 874	12 677	10 974	106 577
4	106 577	12 845	11 797	107 625
5	107 625	12 928	12 682	107 871
6	107 871	12 905	13 633	107 143
7	107 143	12 813	13 633	106 323
⋮	⋮	⋮	⋮	⋮
30	13 812	179	13 633	0

注:a. 期初余额=利息+还款额-期末余额。
   b. 虽然年利率为 12%,但由于最初几个月的负摊销,利息成本比 12 000 美元稍高。
   c. 12×791.37 美元。

本章的附录 A 列出了求取最初次的月还款额的方法(而其他还款额可以用先前设定的增长比率,根据第一次还款额来确定)。计算过程可能有些复杂,因此逐步制定了标准表,已简化在确定最初次的还款额时所遇到的问题。表 6—7 就是一张这样的标准表。用标准表中的因子,乘以贷款余额数量,就能得到最初次的还款额。从表 6—7 中可以看到,贷款利率为 12%,且头 5 年还款额的增长比率为 7.5% 时,得到的因子为 0.007 914,或者说,对于额度为 100 000 美元的贷款,最初次的还款额为 791.40 美元。

第6章 其他抵押贷款工具

表 6—7　　　　　　　　　　计算 GPM 第 1 年月还款额的因子[a]

前5年增长比率	利率						
	9	9.5	10	10.5	11	11.5	12
0.050	0.006 671	0.006 986	0.007 305	0.007 631	0.007 961	0.008 296	0.008 635
0.075	0.006 079	0.006 372	0.006 670	0.006 971	0.007 283	0.007 596	0.007 914
0.010	0.005 543	0.005 816	0.006 094	0.006 377	0.000 666	0.006 958	0.007 255

注：a. 第一次还款额＝因子×贷款余额。

　　FHA 担保的 GPM 最受欢迎。曾经，FHA 持有两种 GPM 计划，即 245a 与 245b。245a 计划设定了初始贷款价值比，以保证负摊销不会超过资产初始评估价值的 97％。245b 计划则宽松得多。在该计划下，负摊销能够使贷款余额达到资产价值的 113％。由于 245b 计划存在违约风险，故于 1987 年 10 月起被停止。尽管 GPM 能够解决倾斜问题，但它本身也有缺点，以至于不能获得广泛接受。

　　GPM 的好处清晰可见。通过部分地消除倾斜效应（大部分 GPM 在第 6 年之后而不是在整个贷款寿命期内拥有固定数量的还款额），借款人有能力取得比等额还款抵押贷款更大数量的贷款，从而对住宅的购买力更大。而且，每年还款额的增加对应于借款人预期收入的增加。但是，GPM 存在三个主要问题：负摊销、利率风险及刻板的还款时间表。

　　GPM 最明显的问题就是与负摊销相关的违约风险。上述案例中，第 5 年的负摊销达到了贷款余额的 107.8％。假设住宅价格没有增值（或贬值，正如 20 世纪 80 年代美国某些地区的情形），原始贷款价值比将减小到 92.5％，从而避免了权益负值和违约的可能性。由于这个原因，FHA 的 245a 计划通常要求比固定利率贷款多 10％的更大额首次还款。尽管设计 GPM 的目的是为了解决与倾斜效应有关的负担能力问题，但它同时也造成了另一个负担能力问题，即为了减轻违约风险而要求更大额首次还款。

　　GPM 的第二个问题是隐藏了利率风险。尽管人们通常认为利率风险与债务到期日有关，但它确实与债务有效到期日或有效久期有关。债务久期与债务到期日有关，但不相同。一般地，到期日越久远，久期就越长。两者之所以相关，是因为久期用来测量及时结束债务还款模式所需的时间。但是，由于允许贷款人按照当前利率将大额中间还款用于再投资，所以大额中间还款可以缩短久期（但不是到期日），并降低利率风险。标准抵押贷款的各期还款包含了若干本金的分期偿还，其久期要短于有着相同到期日但只有利息还款的公司债券。后者的久期进而要比零票息债券短。零票息债券根本没有中间还款，其仅有的还款发生在到期日。在这种情形下，久期与到期日相同。

　　下面的例子旨在澄清到期日与久期之间的关系：

债务	到期日	久期
1 年期 ARM	1 年	10.8 个月

30年期FRM	30年	7.7~8.5年
GPM	30年	11~12年
零票息债券	30年	30年

在任何情况下，决定债务利率风险的是债务久期。但既然久期与到期日密切相关，所以谈及到期日决定利率风险，也是正常的。

GPM的负摊销会延长其久期，以至于超过具有相同到期日的等额还款贷款，这就增加了GPM的利率风险。简单来说，如果GPM的利率在放贷之后上涨，则贷款人就会处于这样的状况：仍然按照之前的低利率提供贷款，且该贷款余额还在不断增加。

GPM贷款人将寻求比等额还款贷款略高的利率来弥补这种利率风险（FHA只为违约风险保险，而不是利率风险）。这一因素就部分地削弱了GPM的负担能力优势。更高的首次还款额（为了控制违约风险）及更高的初始收益（为了弥补利率风险），共同削弱了GPM的某些负担能力优势。

GPM的另一个问题是其刻板的还款时间表。虽然还款额有所递增，但也只是在限定的几年里按照预先确定的数量递增。此外，也并不能保证借款人收入会按照还款时间表增加。很难想象，借款人收入在头6年里每年增加7.5%，而在剩余24年里保持不变。按照目前的设计，GPM在头6年之后成了标准的固定利率贷款。因此，可以这样来设计GPM，即还款额在贷款寿命期内一直增加。如此一来，第1年的还款额更小，而更大的负摊销将大约持续贷款寿命期中的12年左右。它也将延长贷款久期，进一步增加贷款人的利率风险。但是，仍然不能保证借款人收入将会按照预先确定的还款时间表增加。GPM的再一个问题就是利息费用的税收处理。有关AMI的税收问题稍后会在本章加以讨论。

同时解决供给与需求问题：价格水平调整抵押贷款

一种叫做**价格水平调整抵押贷款（PLAM）**的AMI能够一并解决FRM的倾斜效应和利率风险问题。[5]贷款人期望得到有效贷款回报率，并能补偿通货膨胀所带来的任何损失。正是由于这个原因，贷款人设定标准贷款利率时，在实际利率之上追加预期通货膨胀溢价。不幸的是，这依然制造了倾斜效应问题，也不能保证贷款人免受非预期的通货膨胀所带来的损失。贷款人常遭受非预期的通货膨胀加剧及非预期的市场利率上涨所带来的风险。

通过将贷款人回报划分成两个部分，即有效回报和通货膨胀补偿，PLAM能够解决上面这些问题。有了PLAM，就能在出现通货膨胀之后确定通货膨胀补偿，并使之等于通货膨胀的精确数量。PLAM的合同利率为有效利率，大约是3%。每年，其贷款余额都会根据上一年的通货膨胀率进行调整。例如，贷款人持有100 000美元的贷款，且第1年的通货膨胀率为6%，则在PLAM下，贷款人第1年得到的回报为9%——3%为合同利率，6%为贷款余额增加。如果第1

年一点通货膨胀也没有,则不会有贷款余额的向上调整。贷款人得到的有效回报率仅为3%,这在没有通货膨胀的情况下已经足够了。

低的合同利率使得借款人对贷款的负担能力更大。因为有了PLAM,不再需要预测通货膨胀,所以也就没有了倾斜效应。借款人只需在出现通货膨胀之后,通过上调贷款余额来支付通货膨胀溢价。推测起来,借款人收入的增加比率,大约等于通货膨胀率。PLAM的唯一缺陷(除了其复杂性)就是其有关负摊销的条款,即根据新近通货膨胀上调贷款余额时,会出现负摊销。

PLAM 案例

为了理解PLAM怎样运转,请看表6—8。为了很好地说明问题,假设头3年通货膨胀率为4%,第4~6年为6%,贷款剩余年份为5%。合同初始利率为有效利率,即3%。且每年期初余额都会按照有效利率于剩余贷款寿命期内得以分期偿还。则该PLAM运转如下:

表6—8　　　　　　　　　　PLAM 案例[a]

年	期初余额	利息(3%)	还款额	调整前期末余额	调整后期末余额
1	$100 000	$3 000	$5 102	$97 898	$101 814
2	101 814	3 054	5 306	99 562	103 545
3	103 545	3 106	5 518	101 133	105 178
4	105 178	3 155	5 739	102 595	108 750
5	108 750	3 263	6 083	105 930	112 285
6	112 285	3 369	6 448	109 206	115 758
7	115 758	3 473	6 835	112 395	118 015
⋮	⋮	⋮	⋮	⋮	⋮
14	126 629	3 799	9 618	120 810	126 851
⋮	⋮	⋮	⋮	⋮	⋮
28	53 864	1 616	19 043	36 438	38 259
29	38 259	1 148	19 995	19 412	20 383
30	20 383	611	20 994	0	0

注:通货膨胀率:第1~3年,4%;第4~6年,6%;第7~30年,5%。
a. 贷款数量=100 000美元;有效利率=3%。

第1年。第1年里,根据30年内以利率3%分期偿还100 000美元的贷款来确定还款额。这个还款额明显少于以利率9%分期偿还的标准贷款,即5 102美元对9 734美元。如果没有通货膨胀,则期末余额将是97 898美元。但实际期末余额向上调整4%(即101 814=97 898×1.04)。

第2年。这时的还款额根据29年内以利率3%分期偿还调整后的贷款余额(即101 814美元)来确定。既然第1年期末余额向上调整了4%,且仍以相同的利率即3%来分期偿还,则第2年的还款额将比第1年多4%,即5 306美元对5 102美元。如果借款人收入也以通货膨胀率增加,那么,有效还款额并不会增加。无通货膨胀时的期末余额是 99 562 美元。于是，根据第 2 年的通货膨胀（即 4％）向上调整这一期末余额，则调整后的期末余额为 103 545 美元。

第 5 年。跳到第 5 年，期初余额为 108 750 美元。按照利率 3％分期偿还的话，还款额增加到 6 083 美元，这比上一年增加了 6％，正好反映了第 4 年的通货膨胀为 6％。负摊销继续存在。

剩余年份。多年的持续通货膨胀使得贷款余额不断增加。该案例中，贷款余额在第 14 年达到最大值。而第 14 年后，贷款余额不再继续增长，其原因是，在每个连续的年份里，分期偿还贷款余额的剩余期限越来越短。对于很短的偿还期，还款额的很大部分充当了本金的分期偿还。在第 14 年，还款额为 9 618 美元，但只有其中的 3 799 美元才是利息，其余均为本金减少。最终，这种大额的分期还款超过了针对通货膨胀进行的贷款余额调整。贷款的最后几年，其还款额看起来似乎很大，特别是最后一次还款，接近 21 000 美元，为第 1 次还款的 4 倍。但是，如果借款人收入也以通货膨胀率增加，则还款不会成为负担。最后一次的还款额比第一次还款大了约 30 年内每年 5％的复合增长因子。

实际成本。计算 PLAM 的实际成本，还是用 IRR 方法，类似于之前说明过的适于 ARM 的 IRR 方法。利用表 6—8 中的数据来计算其 5 年持有期的实际成本。等式为：

$$100\ 000 = 5\ 102/(1+IRR) + 5\ 306/(1+IRR)^2 + 5\ 518/(1+IRR)^3$$
$$+ 5\ 739/(1+IRR)^4 + 6\ 083/(1+IRR)^5 + 112\ 285/(1+IRR)^5$$

(6—3)

PLAM 是一种理想贷款，能够一并解决通货膨胀环境下固定利率抵押贷款的供给和需求问题。借助于将贷款回报钉住出现的通货膨胀，PLAM 贷款人无须在合同利率中算入通货膨胀预期，也无须正确地预测未来通货膨胀率。当发生通货膨胀时，可根据每年的情况来确定贷款回报中的通货膨胀补偿部分，并使之完全等于通货膨胀量。然而，由于一些原因，PLAM 没有成为备受欢迎的 AMI。

PLAM 所具有的几个缺点，正好解释了它在抵押贷款市场上的相对黯淡。首先，PLAM 是一种相对复杂的工具，向借款人解释时相当困难。其次，即使通货膨胀适中，初期年份贷款余额的向上调整，也会造成负摊销。相对典型 GPM 来说，PLAM 的负摊销更多，存在的时间也更长。即使 PLAM 案例中的通货膨胀适中，其贷款余额也能达到原始余额的 127％。带着这样的负摊销，一旦财产中的权益遭受侵蚀，违约风险就会令人担忧。倘若借款人收入不能按照通货膨胀率增加，就会导致超出应力水平的还款收入比率。

关于 PLAM 的违约风险，有着若干不同的意见。PLAM 的支持者们主张，任何推动贷款负摊销的通货膨胀，也都会增加财产的价值。如果两者按照一定比例增长的话，则权益总额为正值。同样地，如上所述，只要借款人收入按照通货膨胀率增加，应该不会出现还款冲击。麦卡洛克（McCulloch）指出，自 1920 年以来，美国的经验是，名义收入与住宅价格确实保持了通货膨胀的增长水平。[6]

他认为，PLAM 寿命期内的还款—收入比率要比 ARM 的稳定得多。其理由是，当出现非预期的通货膨胀时，贷款余额依据通货膨胀得以调整，如此以弥补贷款人。但就 ARM 来说，贷款人是在每个调整日期针对所有剩余还款提高贷款利率，这就重新引入了倾斜效应问题。曼彻斯特（Manchester）分别跟踪了假设于 1967 年发放的 FRM、ARM 及 PLAM 的还款—收入比率。[7]到了 1982 年，FRM 与 ARM 的税后还款—收入比率均已稳定下降，分别从 15.5%、14.1%下降到 5.8%和 7.6%，而 PLAM 的税后还款—收入比率在这一期间几乎保持不变，只从 13.6%下降到了 12.6%。

关于负摊销，佩桑多和特恩布尔（Pesando & Turnbull）指出，PLAM 的主要风险来自地区性住宅增值比率间的差异。[8]通过观察加拿大几个城市的住宅价格，他们断定，地区间住宅价格增值比率存在相当大的差异。对于 PLAM，其负摊销钉住国家通货膨胀率，于是，PLAM 贷款人就有可能发现，地方性住宅可能不会以全国平均通货膨胀水平同幅度增值（甚至可能降低）。例如，他们发现，基于地区性住宅增值比率间的历史差异，在温哥华，为 PLAM 筹措资金 5 年之后，住宅的贷款价值比超过 100%的可能性为 11%。而在多伦多和米西索加，同样的可能性分别为 21%和 40.5%。

不动产价格增长的地域性变化也是美国经济的特征之一。考虑到 1983—1988 年间，依照来自全国房地产经纪人协会的数据，南部地区住宅价格上涨了 22.9%，东北地区上涨了 81.2%。这一期间，得克萨斯州的平均住宅价格上涨了 7.5%，而 1985—1987 年间，该州的平均住宅价格却下跌了 5%之多。

以全国趋势为中心的地方住宅价格增值间的差异清楚地表明，地方性违约问题会因为地方经济的衰退而突然出现。这种地方性风险很可能就是那些贷款人不乐于采用 PLAM 的原因之一，特别是在没有任何违约担保的情况下。

PLAM 的另一问题是，它没有很好地解决到期日期限不匹配问题。年初，贷款人可能提供 8%的 1 年期存款利率。如果那年的通货膨胀率结果仅为 2%，则 PLAM 抵押贷款的回报率只有 5%，少于利息代价。也就是说，尽管 PLAM 排除了出于贷款人资产的立场来精确预测通货膨胀的需要，但它没有排除出于存款债务的立场来精确预测通货膨胀的需要。有了这样的事实，发放相当数量 PLAM 的贷款人也许不得不发放一种存款，该存款利率同样钉住通货膨胀率。这种价格水平调整存款（PLAD）允许贷款人发放抵押贷款，且没有任何有关预测未来通货膨胀的风险。而能否说服储蓄机构的存款人接受 PLAD 将是另外一个问题。稍后，我们会指出，PLAM 同样遭受令人不快的借款人利息费用的税收处理问题。

双重指数抵押贷款

一些国家也开发出了考虑市场利率和利率风险变化的其他抵押贷款种类。双重指数抵押贷款（DIM）就是其中之一，它使用不止一个利率指数来调整利率。

从贷款人的角度来看，DIM 与 ARM 在根据市场利率变化定期调整利率这一方面非常类似。但是从借款人的角度来看，DIM 与 ARM 并不类似。比如，借款人初始的还款额可能因利率较低也相应较低，但是贷款人应得的利率可能要稍高一些。两者之间的差额通过在贷款余额开始减少之前几年内的负摊销来补足。在贷款期限内，还款额会根据薪金指数变化而进行调整。借款人的还款额与薪金指数相挂钩，贷款人的收入与利率指数相挂钩，这就是双重指数抵押贷款。

这类贷款的吸引力在于，在某些时点，借款人的还款额足以偿付利息和本金。但是，如果工资和薪金不能与通货膨胀同步增长，还款额就不能增长到偿付利息和本金的水平，这样就会导致在贷款期末有未清偿的贷款余额。有些情况下贷款人承担这样的风险，而有些情况下贷款人则寻求担保的保护。比如，在墨西哥使用这类贷款来对抗高通货膨胀率时，墨西哥政府就向贷款人提供担保。

其他 AMI

其他 AMI 包括分享增值抵押贷款、逆向年金抵押贷款，以及附担保账户抵押贷款，也叫灵活贷款保险计划。

● 分享增值抵押贷款

20 世纪 70 年代末 80 年代初的高利率水平为分享增值抵押贷款（SAM）提供了动机。1980 年，高级抵押贷款公司第一次提出了分享增值抵押贷款。1982 年，联邦住宅贷款银行委员会允许储蓄机构提供 SAM。

分享增值抵押贷款运转之后，除了没有每年贷款余额的再调整和月还款之外，皆与 PLAM 相似。分享增值抵押贷款贷款人设定比较低的初始贷款利率，并随后为通货膨胀溢价收集一笔资金，且还款中包含了部分住宅价值增值。出售不动产时，或者于预先确定的日期（如 10 年以后）进行评估，两者谁先发生，就依据哪种方式来确定增值数量。通过降低初始利率（及还款额），SAM 减轻了标准贷款的负担能力问题，同时也为借款人提供了某些多样化的好处。借款人可以分割其权利于部分不动产增值以作为减少的还款的报答，从而替代将大多数财富束缚在居住性不动产中。于是，还款额的节省可以用于投资其他非居住性资产。

贷款人面临的一项工作就为 SAM 定价。SAM 定价需要同时确定利率的减少和不动产增值的分享额。贷款人必须决定多大的增值分享额才能够补偿减少的贷款利率。利率的减少越多，需要的增值分享额就越大。两者间的交易必须是这样的，即保证预期 SAM 回报与标准贷款回报相同。而所需的分享额依赖于许多因素，包括贷款人税级、贷款价值比、利率的减少、标准贷款利率以及预期住宅价值通货膨胀。多尔蒂、凡·欧德和维拉尼（Dougherty, Van Order, & Villani）提出了一种综合上述所有因素的定价模型。[9] 例如，如果贷款人处于 30% 的税级，名义利率为10%，则税后名义利率为7%。如果名义利率为10%，则合理的通货膨胀预期大约为7%。

假设税后名义利率等于预期住宅价格涨价比率，模型可以表述为：

$$\alpha = \frac{v \cdot \beta}{1-t} \tag{6—4}$$

式中，α是增值分享额；v是贷款价值比；β是初始利率的减少；$(1-t)$是1减去贷款人税级。

作为例子，如果贷款价值比为0.9，贷款利率减少1/3，贷款人税级为25%，那么增值分享额为：

$$0.4 = \frac{0.9 \times 0.333}{0.75}$$

直觉上该公式很有道理。更大的贷款价值比意味着，贷款人对给定的住宅提供了更多的资金，且按照减少的利率发起这些资金。由于更大的贷款价值比，贷款人提供了获得不动产所必需的资金的更大部分，从而要求分享资产增值的更大部分。贷款价值比从80%增加到90%，需要增加的分享额将是12.5%。同样，利率的减少越多，所必需的分享额越大。

还有一些因素不在分享额确定公式之中。首先，如果预期住宅涨价比率高于税后名义利率，则必需的分享额将会减少。其次，对于贷款人，SAM是比FRM更好的通货膨胀保护工具。对于FRM，随着通货膨胀加剧，其贷款人不断损失；但随着通货膨胀减缓，其贷款人却不能获利（由于提前偿还选择权）。而对于SAM，通过共享住宅增值可以减少来自非预期的通货膨胀的损失。对于借款人来说，SAM规避了其住房价格的上升速度没有总体住房价格的上升速度快这种风险。它也具备之前讨论过的多样化好处。

SAM存在一些缺陷，从而使得它不能成为很受欢迎的AMI。首先，确定增值数量很困难，且依赖于很多因素。其次，个别不动产可能不会像一般住宅价格那样以相同幅度涨价，从而有风险。《社区再投资法》（将在第9章中讨论过）很可能会妨碍贷款人设定SAM的不同条件以反映邻里风险。再次，借款人因为放弃部分不动产增值而没有动机持有不动产的风险也会发生。同样，改良的问题可能会使增值数量的确定变得复杂。比如，如果房屋持有人以15 000美元的成本增建了一个游泳池，不动产价值可能只上涨了9 000美元。但是住房所有者在通过评估确定房地产的增值时，将希望扣除全部的15 000美元。

最后，利息费用的税收处理问题，稍后会在本章加以讨论。

✪ 逆向年金抵押贷款

这一类型的抵押贷款是由FHLBB于1979年对其储蓄机构会员批准的。顾名思义，逆向年金抵押贷款运转时与传统抵押贷款相反。对于传统抵押贷款，借款人于当前收到大量现金流入（即贷款），之后于贷款寿命期内支付每月还款额

（现金流出）。而对于逆向年金抵押贷款（RAM），借款人会收到一连串的每月贷款，并在贷款期末时支付大量现金还款。鉴于典型抵押贷款由于分期偿还表现为"债务不断减少，资产净值不断增加"，RAM被描述为"债务不断增加，资产净值不断减少"。在两种贷款中，住宅均作为抵押品，且其价值超过贷款数量。如此设计的RAM，其借款人决不会负债到超过住宅价值。

由于贷款无追索权，一般将债务额限定在出售住宅后所能获得的净收益之内。借款人所欠的金额等于收到的所有预付贷款与自然产生的利息之和。但是，如果贷款余额增加到等于或超过住宅价值，总的债务额也不高于住宅价值。欠款的金额绝不能超过清偿贷款时的住宅价值。当最后借款人去世或售出住宅或永久搬离住宅的时候，逆向抵押贷款到期，应当清偿。永久搬离住宅意味着借款人使用住宅的时间不到连续1年。如果借款人不能支付财产税、适当的维修费或住宅所有权人保险费，则贷款人也可以要求其清偿贷款。

联邦住宅管理局有一个逆向抵押贷款项目叫做住宅净资产转换计划（HECM），Fannie Mae也有这样的贷款项目叫做住房持有者贷款。这两个项目都有贷款额上限。HECM是最常见的逆向抵押贷款项目。一些州政府、地方政府和其他私有贷款人也提供逆向抵押贷款。这类贷款的合同利率可能是固定的，也可能根据国债指数和银行优惠贷款利率而调整，通常附加利率从1.50%到3%不等，也有的有利率上限。贷款金额取决于借款人的年龄、当前利率和住宅价值。通常发放HECM的成本也可用贷款来支付，其中包括贷款发放费用、第三方成本（估价、检查等）以及抵押贷款保险费（MIP）。MIP可分为两部分：2%的预交费用，以及每年未清偿贷款余额的0.5%。MIP保证总的债务不会超过清偿贷款时住宅的价值。

RAM最初是为退休的房屋持有人设计的，他们现有的住宅只有很少债务或者没有债务。对于大多数上了年纪的房屋持有人来说，是否继续持有住宅将是一个重要的人生抉择。据梅耶与西蒙斯（Mayer & Simons）估计，大约60万个美国家庭可以从使用RAM中受益。[10] 范德哈特（VanderHart）的一项研究表明，这一抉择受到诸如收入、财富、住宅资产净值、婚姻地位、健康等金融的以及人口统计学的因素的影响。[11] RAM不会影响社会保险与医疗保险救济金，但会影响追加的保证收入以及公共医疗补助。先付贷款一般不是应征税的（虽然某些先付年金也许部分应征税），而负担的利息在未实际支付前却不能计入课税减免。

RAM的条件十分灵活，足以创造出几种不同类型的RAM。很多方式都可以构造出RAM：（1）直接预付现金；（2）借款人在必要时所利用的贷款最高额度账户；（3）每月预付现金；（4）前三者的若干组合。固定还款额且固定期限的贷款规定，在某确定的期间，通常为10年，还款额固定不变。如果先于10年出售不动产或者房屋持有人死亡，则以出售不动产的收益还清贷款。如果第10年结束时房屋持有人仍然居住在该住宅里，则必须还清贷款。通常，如果不动产价值已经有了某些增值，则可以利用另一个RAM，为现有的RAM再融资。

表6—9显示了某10年期100 000美元RAM的还款情况。累进还款额且固

定期限的 RAM 贷款（没有表示出来），除了其初次还款额更小，末次还款额更大以外，运转方式与表 6—9 中的 RAM 一样。而设计这样的 RAM 是为了减轻退休的房屋持有人有关通货膨胀的忧虑。

表 6—9　　　　　　　　　　逆向年金抵押贷款[a]　　　　　　　　　　单位：美元

年	期初余额	还款额	利息	期末余额
1	0	5 704.13	570.41[b]	6 274.54[c]
2	6 275.54	5 704.13	1 197.87	13 176.54
3	13 177.54	5 704.13	1 888.07	20 768.74
4	20 769.74	5 704.13	2 647.29	29 120.15
5	29 120.15	5 704.13	3 482.43	38 306.71
6	38 307.71	5 704.13	4 401.08	48 411.93
7	48 412.93	5 704.13	5 411.61	59 527.66
8	59 528.66	5 704.13	6 523.18	71 754.97
9	71 755.97	5 704.13	7 745.91	85 205.01
10	85 205.01	5 704.13	9 090.91	100 000.06

注：a. 100 000 美元，10%，10 年期贷款。
　　b. 期初余额与还款额之和的 10%。
　　c. 期初余额加上还款额再加上利息。

设计固定还款额的终身 RAM 是为了消除死亡率风险。死亡率风险对某些退休者来说特别令人不安。许多人害怕，如果他们比 RAM 期限活得长，则他们得到的款项就会终止，从而可能被迫出卖不动产以偿还贷款。终生 RAM 却保证了房屋持有人在他们活着的时候，每月都可以得到贷款。例如，假设 RAM 为 100 000 美元，则贷款人会用一部分贷款——在该案例中为 40 000 美元，从人寿保险公司那里购买一份延迟的终身年金。该延迟的终身年金将在贷款结束时——在该案例中为 10 年，开始向房屋持有人发放。贷款人在贷款开始时会立即向房屋持有人发放贷款。这些款项，加上利息，于 10 年之后将会累积到 60 000 美元的余额。在这个时候，来自终身年金的款项将会开始，从而房屋持有人可以为抵押贷款余额再融资。如果房屋持有人先于终身年金而死亡的话，则以出售不动产的收益来还清贷款余额。

这种形式的交易排除了 RAM 的死亡率风险。贷款人不必自己承担死亡率风险，而是将它转嫁给了有能力分散风险的保险公司。但是，正如贝姆与埃尔哈特（Boehm & Ehrhardt）所指出的，RAM 有着异常高的利率风险。[12]同样，利率的变化也会导致回购风险。克莱恩与西蒙斯（Klein & Sirmans）指出，提前偿还行为对借款人婚姻状况、年龄及贷款期限最为敏感。[13]另外，米塞莉与西蒙斯（Miceli & Sirmans）表明，贷款人必须保护自己，以免遭受由借款人导致的维修护理欠佳风险。[14]这种情况确实存在，特别是在 RAM 合同要求贷款人要么取得贷款余额，要么取得住宅出售价格时，更容易发生。

本质上，RAM 是一种工具，通过这种工具，房屋持有人可以从他们的住宅中取得资产净值。为了完成同样的目标，房屋持有人也可以选择其他备用工具。

房屋持有人可以取得标准的抵押贷款，并将贷款得来的钱投资于终身年金。然后，他就能用来自终身年金的每月收入支付标准抵押贷款的还款额。假设房屋持有人的寿命仅有几年时间，则来自终身年金的款项能够承担抵押贷款的还款额，并能提供额外的收入用于生活费用。

● 附担保账户抵押贷款

附担保账户抵押贷款，也被称为**灵活贷款保险计划（FLIP）**，它是一种贷款安排，即使得借款人的还款额逐渐递增。该抵押贷款将贷款人的存款和标准的固定利率贷款结合起来，创造了递增还款额结构。借款人会用存款利息和本金的减少来作为固定利率抵押贷款还款额的补充，而不是用存款资金作为首付款（从而降低标准贷款的数量）。存款将和住宅一起作为贷款的担保。下面的案例将会解释这种贷款是如何运作的。

假设某购买人希望购买价值 110 000 美元的住宅，但他只有 30 000 美元现金。则该购买人不会筹措 80 000 美元的贷款以实现购买，而是仅仅支付 10 000 美元的首付款，并向担保账户内存入 20 000 美元，然后借贷 100 000 美元。假设贷款利率为 10%，存款利率为 7.5%。那么，在 30 年内按 10% 利率分期偿还 100 000 美元贷款的每月还款额是 877.57 美元，或每年 10 531 美元。同样，假设借款人希望还款额在头 6 年里每年增加 7.5%。于是，构造的还款安排如表 6—10 所示。

表 6—10　担保账户或 FLIP 抵押贷款[a]　　单位：美元

年	期初存款余额	本金减少	购买人利息	期末还款额	合计	余额
1	20 000	4 285	1 500[b]	4 746	10 531[c]	17 215[d]
2	17 215	4 138	1 291	5 102[e]	10 531	14 369
3	14 369	3 969	1 078	5 485	10 531	11 478
4	11 478	3 774	861	5 896	10 531	8 564
5	8 564	3 550	642	6 338	10 531	5 656
6	5 656	3 293	424	6 813	10 531	2 787
7	2 787	2 997	209	7 324	10 531	0
8—30	0	0	0	10 531	10 531	0

注：a. 贷款为 100 000 美元，利率 10%；存款为 20 000 美元，还款额每年增加 7.5%。
　　b. 期初余额的 7.5%。
　　c. 12×877.57。
　　d. 期初余额加上利息减去本金减少。
　　e. 上一期支付×1.075。

第 1 年，购买人为贷款支付 4 746 美元的还款额。原本的差额（10 531－4 746美元）由来自担保账户的本金和利息贡献补足。到了第 2 年，借款人支付 5 102美元的还款额，这比第一年的还款额多 7.5%，同样，差额还是由来自担保账户的本金和利息贡献补足。随着本金被用光，担保账户也将用尽。第 7 年时，借款人的还款额达到了 7 324 美元，且存款也已耗尽。第 7 年之后，借款人应支付分期偿还贷款所必需的全部还款额（即 10 531 美元）。

假设借款人支付 30 000 美元的首付款，融资 80 000 美元，则每月还款额将是 702.06 美元，或每年 8 425 美元。而类似于累进还款额抵押贷款的担保账户安排，同样是 80 000 美元的标准 FRM，会使得初期还款额偏低，后期还款额偏高。

对于借款人来说，担保账户安排的主要好处在于开始时的还款额低。在这样的安排下，贷款人可能会面临比在 80 000 美元贷款下（30 000 美元的首付款）稍微更大的违约风险。尽管该账户被保证为抵押品，但很快被耗尽。与 GPM 一样，担保账户安排也会产生负摊销。随着担保账户的耗尽，贷款价值比会上升。然而，只要不动产价格不下跌，资产净值总是为正数。

对借款人的一个不利就是担保账户安排所导致的更高的财务总费用。担保账户贷款下全部还款额的现值（按照抵押贷款利率即 10% 进行贴现）是 76 224 美元，加上 10 000 美元的首付款和 20 000 美元的存款（已耗尽），用现值计算的总成本是 106 224 美元。80 000 美元的贷款的现值加上 20 000 美元的首付款等于 100 000 美元。与附担保账户贷款相关的更大的财务成本源于这样的事实，即融资利率为 10% 的贷款的还款额是由生利仅为 7.5% 的账户来支付的。只要借款人通过担保账户的支付比抵押贷款的花费少，担保账户安排就会导致更高的财务总费用。如果借款人能够获得与抵押贷款费率相同的存款利率，结果将一样——财务总费用不会更高，也不会更低，仅仅只是还款模式的重新安排。

在有效市场上，我们可以预期贷款的安排既不给借款人或贷款人带来损失，又不带来收益。贷款人面对的高违约风险被贷款的高收益（来自低成本的担保账户）所抵消。如果不存在更大的违约风险，则可以期望贷款人要么降低抵押贷款利率，要么提供更高的担保账户利率，从而使得附担保账户贷款的总成本等于附带更大额首付款的标准贷款的总成本。

住宅净资产贷款

住宅净资产贷款通常向借款人提供最高限额的周转性贷款，借款人以其住宅作为担保。通常贷款的信用额度限制根据借款人的净资产确定。一旦同意发放贷款，借款人就可以随时提取不高于信用额度限制的任意金额，尽管有些有最低提取金额要求。借款人通常要根据所欠金额支付最低还款额，该最低还款额是根据协议的分期还款期而确定的。住宅净资产贷款可以有多种用途，包括住宅维修、购买新车、度假、支付大学学费等。

过去，贷款人不同意发放组合贷款价值比超过住宅价值 80% 的第二笔贷款，但是随着时间的推移，贷款人放宽了这些限制，现在住宅所有人的借款能够高达住宅价值的 125%。同时发生的其他改变还包括住宅净资产贷款的数量和类型，以及信用标准的放宽。之前住宅净资产贷款只能发放给信用记录极好的借款人，现在那些信用记录稍差的借款人也能取得贷款，尽量二者的利率定价存在差别。

住宅净资产贷款的利率主要是根据总的贷款价值比和贷款数额来确定的。利率通常可以根据银行优惠贷款利率变化，也可能有上限或下限。有些贷款的最低还款额只是利息，也有些贷款的最低还款额包括贷款本金和利息。有些贷款人在贷款初始期，通常是 3～6 个月内，提供优惠利率。也有一些贷款人承担相关的贷款交割费用，但可能与收取的利率或与交割时最低提取金额挂钩。

其他抵押贷款工具与利息费用的税收扣除

AMI 对于贷款人和借款人的相对吸引力极大地受税法对这些贷款的利息的可扣除规定影响。扣除的数量和时间依赖于抵押贷款工具的类型，即是标准的贷款还是 AMI。对于标准的贷款，全部利息费用均视为贷款人的收入而征税，但计入借款人的利息扣除。对于某些 AMI，这种对称性难以保持，因为借款人作为收付实现制纳税者，可能无法充分利用利息扣除额，而贷款人作为权责发生制纳税者，又必须将全部利息费用归为收入。

以 GPM 为例。在最初几年里，利息费用比还款额多，从而导致了负摊销。此时，借款人不能扣除利息费用多过还款数量的超额量。利息扣除被延迟到开始出现正向分期还款时。[15] 因此，尽管 GPM 的初期还款额比较少，但其利息扣除也比较少。同时，即使现金流量入比较少，贷款人也必须将全部利息费用归为收入。

负摊销同样也是 PLAM 的特征。虽然通货膨胀调整同样视为财务费用，但由于该调整被累计到贷款余额中，且并非现金支付，借款人不能得到税收目的的扣除。与 GPM 一样，PLAM 贷款人必须将全部利息费用，甚至包括因通货膨胀而做的调整，统统归为利息收入。

在 SAM 下，贷款人提供低利率以交换对不动产增值的共享。而对于非常低的初始利率，增值分享额会很大。SAM 的初期还款额几乎不能提供什么好处。利息费用中的增值分享部分只有在支付以后且适用于所有人占用的不动产时，才可以扣除。[16] 而在出售或评估不动产时，会有大量的扣除。如果借款人从同一个贷款人那里为增值分享（即利息）融资的话，则不允许税收扣除。既然这样，则不得不通过在新的贷款寿命期内分期偿还新的贷款来为增值分享融资。[17] 对于 SAM，其后期的利息扣除比较大，且某些情况下还不能得以充分利用。从贷款人的立场来看，SAM 不会如此麻烦。他只会根据实际现金支付情况来报告利息收入。随着不动产增值，贷款人逐步获得其预期的回报率，但只是在出售或评估不动产时才需要支付税收费用。这类似于资本资产价值的增加，其价值的增加额只有在资产出售时才需纳税。

由于某些 AMI 事实上可能会对某些类型的借款人有利，AMI 的税收待遇可能会带来某种顾客效应。处于低税级的年轻借款人可能有着不充分的税收详细登录，从而难以利用税收扣除的好处。GPM 与 PLAM 或许十分适合这些类型的借款人。延迟的税收扣除允许这些借款人"储藏"税收好处，直到他们成为更有价值的人。

总之，AMI 的税收待遇会扭曲其税后还款的数量和时间。按照税后贴现率贴现税后现金流量，就能确定每种 AMI 的价值。由于借款人利息费用的税收待遇与贷款人利息收入间的非对称性，AMI 间的相对价值可能会存在差异。很有可能的是，负向分期偿还式贷款的税收待遇，会增加其成本并导致其在市场上黯淡。

之所以会出现其他抵押贷款工具，部分是因为贷款人面临的利率风险。利率风险的一个后果就是，随着利率上升，借款人有动机保有他们持有的贷款，甚至不会还清这些贷款。然而，当利率下跌时，借款人由于不会面临提前偿还罚金，故有动机以更低的利率再融资。现在，我们从借款人的立场，提出再融资经济学。

抵押贷款再融资

抵押贷款借款人在决定抵押贷款再融资时必须考虑其他抵押贷款工具。尽管可能没有计划出售抵押贷款所涉及的不动产，但借款人或许有动机用新的抵押贷款来替换现有的抵押贷款。例如，在抵押贷款利率下跌期间，房屋持有人经常会以更低的利率再融资，从而获得由此带来的还款额节省。而另一借款人可能会再融资，借入比其当前所欠数量更多的贷款，以取得权益（或许为他们的孩子上大学缴学费）。收益性不动产的持有人也可能会再融资，以便通过降低财务成本而改善现金流量。一个真实的案例就是"再融资热潮"，它发生于 1993 年，当时的抵押贷款利率跌到了 20 年来的最低点。一些借款人为他们持有的抵押贷款再融资，从固定利率到固定利率，从固定利率到可调整利率，或者反过来从可调整利率到可调整利率，从可调整利率到固定利率，甚至或者其他一些方案。

再融资选择可以视为一种净现值判断。如果再融资为无摩擦（也就是无成本）交易，只要利率降低，借款人就会再融资。然而，尽管再融资不是无成本的，但只要借款人认为其好处多过成本，他们就会再融资。狄金森与霍森（Dickinson & Heuson）曾在他们的一篇论文中指出，由于需要考虑许多因素，再融资选择十分复杂。这些因素包括利率变化、交易成本、借款人收入变动及住宅价值变动、个人金融时机、抵押贷款包含的提前偿还选择权。[18] 杨与玛丽斯（Yang & Maris）表明，信息不对称使得贷款人为再融资定价时更加困难。[19] 信息不对称的一个例子就是，有关借款人会在多长时间内持有抵押贷款的信息，借款人要比贷款人知道得多。

所有人自用不动产的再融资

为了做出有效的再融资选择，必须将现有抵押贷款的条件与新融资的条件作比较。抵押贷款的一般条件包括贷款数量、合同利率、到期期限、折扣点等等。在决定是否再融资时，须将再融资成本与利益作比较。再融资成本包括放弃现有抵押贷款的成本（或许是提前偿还罚金），加上取得新的抵押贷款的成本（初始费用、折扣点等）。然后将这一总成本的现值与还款额节省的现值作比较。如果好处多过成本，借款人就会再融资。

剩余期限的再融资。例如，假设某借款人借入100 000美元的固定利率抵押贷款，期限为30年，合同利率为10%，按月还款。如果在贷款寿命期的头8年里还清贷款的话，则规定了提前偿还罚金，等于尚未偿还余额的3%。而5年后，25年期固定利率抵押贷款的合同利率是7.5%。受更低利率的吸引，借款人将会考虑再融资。下面的快速分析就能表现借款人的当前状况：

当前还款额＝877.57美元

现有贷款的付清＝尚未偿还的余额＋提前偿还罚金
＝96 574＋2 897
＝99 471（美元）

获取新的25年期固定利率抵押贷款，借款人需花费的融资费用为4%。这包括1%的初始费用、2个折扣点和1%的其他费用（评估、测量等）。因此，新贷款的融资费用是3 979（99 471×0.04）美元，从而全部费用为6 876美元。

为还清25年期更低利率即7.5%的贷款进行的再融资所导致的还款额为735.08美元。通过再融资，借款人得到的每月还款额节省为142.49美元。由于再融资选择本质上是一种再投资选择，所以要使用借款人资金的机会成本即7.5%，将全部价值转换为现值。假设借款人计划全期持有抵押贷款，则还款额节省的现值是19 282美元，将这一现值与3 979美元的融资费用作比较，得到一个正的净现值，为15 303美元。从而，借款人将会再融资。这一计算过程可以表示为：

$$\text{NPV} = 142.49 \times (\text{PVAIF}_{7.5/12,300}) - 3\,979$$
$$= 19\,281 - 3\,979 = 15\,302(\text{美元})$$

更长期限的再融资。上面的计算过程假设借款人再融资的期限等于现有贷款的剩余期限。但这里假设借款人以有着传统到期期限的新贷款，也就是30年期的贷款，进行再融资。为了简单，假设新的合同利率仍为7.5%，则借款人仍然拥有同样的现有贷款的付清，且新贷款的融资费用仍为3 979美元。现在，借款人的新的月还款额是695.52美元（30年期、利率为7.5%的99 471美元的贷款）。假设借款人计划全期持有这一新的抵押贷款，则借款人再融资的净现值此时是：

$$\text{NPV} = 182.05 \times (\text{PVAIF}_{7.5/12,300})$$
$$- 695.52 \times (\text{PVAIF}_{7.5/12,60})(\text{PVIF}_{7.5/12,300}) - 3\,979$$
$$= 24\,635 - 5\,354 - 3\,979 = 15\,302(\text{美元})$$

更短期限的再融资。假设借款人希望为15年期抵押贷款再融资。同样，假设新贷款的合同利率是7.5%，则新贷款的月还款额是922.11美元，这比现有贷款的还款额多了 44.54 美元。然而，其好处是解除了借款人现有贷款的还款额。假设借款人会在全部 15 年内持有这一新的贷款，此时的净现值是：

$$NPV = -44.54 \times (PVAIF_{7.5/12,180})$$
$$+ 877.57 \times (PVAIF_{7.5/12,120})(PVIF_{7.5/12,180}) - 3\,979$$
$$= -4\,805 + 24\,086 - 3\,979 = 15\,302(美元)$$

融资费用的融资。贷款分期偿还与不动产价值增值或许允许借款人以新的贷款来为融资费用融资。这就意味着，对于新的贷款，借款人没有需现金支付的费用。借款人需要的贷款数额等于现有贷款的付清加上新贷款的融资费用，合计为 103 616（即 99 471+4 145）美元。期限为 25 年，利率为 7.5%，则新的月还款额是 765.71 美元。借款人不但没有任何预先费用，反而能得到 111.86 美元的每月还款额节省。当机会成本为 7.5%时，这一节省的现值是 15 136 美元。

融资费用的融资与延长期限。借款人可能会以传统的 30 年期抵押贷款为融资费用融资。在这种情况下，月还款额是 724.50 美元（30 年期、利率为 7.5%的 103 616 美元的贷款）。此时，借款人也没有预先费用，25 年内的月还款额节省为 153.07 美元。然而，借款人也不得不在最后 5 年里仍然支付新贷款的还款。此时的净现值是：

$$NPV = 153.07 \times (PVAIF_{7.5/12,300})$$
$$- 724.50 \times (PVAIF_{7.5/12,60})(PVIF_{7.5/12,300})$$
$$= 20\,713 - 5\,577 = 15\,136(美元)$$

缩短持有期。一个重要的考虑因素就是借款人计划持有抵押贷款的时间长度。上面的计算过程均假设借款人计划在全部融资期限内持有资金（无论新的还是现有的）。如果借款人的计划持有期比债务到期期限短，则之前的分析过程需要做出若干修正。让我们首先看一看原始再融资的情形。假设在考虑再融资时，借款人知道会在 8 年多时间内持有抵押贷款。因此，如果没有发生再融资，则当还清现有贷款时现有贷款只存在 13 年（与其 30 年寿命期不相符）。如果出现再融资，则还清新贷款时新贷款仅存在 8 年（与其 25 年寿命期不相符）。注意最后，在那个未来的时间点，两种抵押贷款将具有相同的剩余期限（17 年）。

由于在那时两种贷款尚未偿还的余额不相等，这就成为一个很重要的考虑因素。其他条件不变时，合同利率越低，分期偿还贷款就越快。[20] 既然这样，则再融资的贷款在那时的余额要比现有贷款少。这会被视为借款人的节省，并视为现金流入。额外的 8 年以后，如果没有发生再融资，则现有抵押贷款之尚未偿还的余额将是 85 943 美元。如果出现再融资，则新贷款的余额将是 84 618 美元。注意，现有贷款的提前偿还罚金已经终止。这在那时就带来了 1 316 美元的节省。此时的净现值等式将是：

$$NPV = 142.49 \times (PVAIF_{7.5/12,96}) + 1\,316 \times (PVIF_{7.5/12,96}) - 3\,979$$
$$= 10\,263 + 724 - 3\,979$$

$$= 10\ 987 - 3\ 979$$
$$= 7\ 008(美元)$$

净现值为正值，借款人将会再融资。

取得权益。 假设借款人希望从不动产中得到某些权益，或者借款人为了重新维修不动产而需要 30 000 美元。如果借款人希望没有预先费用，这就意味着借款人需借入 134 806（即 99 471＋5 395＋30 000）美元。则期限为 25 年、利率为 7.5％时，月还款额是 996.65 美元。于是，借款人的新还款额比 877.57 美元的当前还款额多 119.08 美元。然而，借款人在再融资的时候收到 30 000 美元的现金。NPV 是：

$$NPV = -119.08 \times (PVAIF_{7.5/12, 300}) + 30\ 000$$
$$= -16\ 114 + 30\ 000 = 13\ 886(美元)$$

小　结

表 6—11 总结了各种 AMI 贷款的优点和缺点，并分别从关于负摊销及关于还款—收入比增加的规定的立场来判断违约风险。由于负摊销，GPM 与 PLAM 的违约风险最高，而根据还款—收入比增加的可能性，ARM 和 FLIP 同 GPM、PLAM 一起成为违约风险最高的贷款类型。标准的固定利率贷款与 SAM 是仅有的还款额不会增加的贷款。就利率风险而言，ARM 要比所有其他贷款好。尽管 GPM 和 PLAM 都有关于负摊销的规定，但 PLAM 里还有补偿通货膨胀率变动的条款。因此，PLAM 的风险要比 GPM 小，而 GPM 有着相当长的久期。

表 6—11　各种抵押贷款的特征

	SFR	ARM	GPM	PLAM	SAM	FLIP
来自负摊销的违约风险	中等	中等	大	大	小	中等
来自还款—收入比的违约风险	中等	大	大	大	小	大
利率风险	中等	无	较大	小	小	小
税收节省	标准	标准	缺乏	缺乏	标准	标准
复杂水平	低	中等	低	高	中等	中等
高利率下的负担能力	缺乏	中等	较好	极好	极好	中等

发生利息费用时，不允许借款人扣除全部利息费用的贷款（如 GPM、PLAM），要次于那些允许扣除的贷款。由于各种上限、附加利率以及利率指数选择，ARM 具备了中等的复杂水平。而 GPM 是唯一的、在发起时就预先确定了还款时间表的 AMI，因此，不是很复杂。利率很高时，GPM、PLAM 及 SAM 会减少初始还款额，从而解决倾斜效应问题。借助于向借款人提高财务费用的安排，FLIP 制定了累进还款额时间表。

综合所有特征，FRM 与 ARM 地位最高，表现最好。这就解释了为什么它们能在抵押贷款市场上占据主导地位。借款人无论是寻找资金以购买不动产，还是为当前持有的不动产再融资，都能发现上面这一说法是正确的。再融资本质上可以被视为一种现值分析。如果未来还款节省的现值大于再融资费用，则再融资贷款经济上可行。

关键词

调整利率上限	附加利率
可调利率抵押贷款	负摊销
负担能力问题	附担保账户抵押贷款
可转换	价格水平调整抵押贷款
资金成本指数	ARM 定价
灵活贷款保险计划	税率限制
利率变动频数	再融资
完全合成利率	逆向年金抵押贷款
累进还款抵押贷款	分享增值抵押贷款
利率指数	模拟模型
初始期折扣	优惠利率
利率上限	倾斜效应
贷款寿命期利率上限	

推荐读物

Gordon, J. D., J. Lugtjes, and J. Feid. 1990. Thrifts' pricing of adjustable rate mortgage. Research Paper No. 90-92. Washington, DC: Office of Thrift Supervision.

Jaffee, D., and J. Kearl. 1975. Macroeconomics simulations of alternative mortgage instruments. *New Mortgage Designs for Stable Housing in an Inflationary Environment*, Conference Series No. 14. Federal Reserve Bank of Boston.

Lessard, D., and F. Modigliani. 1975. Inflation and the housing market: Problems and potential solutions. *New Mortgage Designs for Stable Housing in an Inflationary Environment*, Conference Series No. 14. Federal Reserve Bank of Boston.

Mettling, S. R. 1984. *Modern Residential Financing Methods*. Chicago: Real Estate Education Company, chaps. 6, 7, and 8.

Ryding, J. 1990. Housing finance and the transmission of monetary policy. *Federal Reserve Bank of New York Quarterly Review*（Summer）.

复习思考题

1. 指出两种能够解决储蓄机构到期期限不匹配问题的 AMI，并解释它们是如何解决这一问题的。
2. 识别表现 ARM 特色的七种条件。
3. 为 ARM 条件"定价"是什么意思？
4. 贷款人如何调整 ARM 的附加利率（增加或减少），以适应：（1）对先前不受限制的 ARM 强加 1% 的利率上限；（2）保证某初始期折扣；（3）取消贷款寿命利率上限？对你的每个答案做出解释。
5. 哪些因素会影响新发放的 ARM 抵押贷款的市场份额？
6. 累进还款额抵押贷款的主要缺点是什么？
7. 解释价格水平调整抵押贷款如何同时补偿贷款人的真实回报率和通货膨胀率。
8. 价格水平调整抵押贷款的主要缺点是什么？
9. 对于 SAM，如何确定给予贷款人的不动产增值的共享数量？
10. 就借款人角度而言，担保账户抵押贷款或 FLIP 的主要缺点是什么？
11. 为什么从所得税条例的立场来看，GPM 与 PLAM 均为拙劣的 AMI 呢？

习　题

1. 根据下列数据，确定下面 a、b、c、d 四种类型抵押贷款的第一个月还款额。

市场利率	10%
有效利率	3%
抵押贷款数量	100 000 美元
到期日	30 年

a. 标准的固定利率抵押贷款。
b. GPM，头 5 年还款额增长率为 7.5%。
c. 价格水平调整抵押贷款。
d. ARM，第 1 年特殊利率为 8%。

2. 请确定下表所示的几种一年可调整 ARM（发起时抵押贷款数量是 100 000 美元，到期期限为 30 年）在第 2 年的第一次还款额。

ARM	合同利率	优惠利率	利率上限	附加利率	第1年利率指数	第2年利率指数
A	9%	8%	1%	100	8%	8%
B	10	8	2	200	8	10
C	11	8	2	300	8	11

3. 假设你正准备考虑具备下列特征的 ARM：

贷款数量	100 000 美元
利率指数	1 年期国债收益率
附加利率	2.5
最大年调整率	2%
贷款寿命期利率上限	6%
折扣点	2.00
贷款到期期限	30 年

(1) 如果当前国债收益率为 6%，则第 1 年月还款额是多少？（假设贷款开始时就实行完全合成利率。）

(2) 如果第 1 年末利率指数变为 7.5%，则第 2 年月还款额是多少？

(3) 如果在第 2 年末还清贷款，有效成本（收益）是多少？

4. 考虑具有下列特征的 PLAM：

贷款数量	90 000 美元
贷款期限	30 年
当前利率	5%
接下来三年的通货膨胀率	2%,3%,5%
抵押贷款还款额每年调整一次	

(1) 头 3 年每年的月还款额分别是多少？

(2) 如果在第 3 年末还清贷款，则有效成本是多少？

(3) 如果在第 3 年末还清贷款，且贷款人预先要求 2 个折扣点，则有效成本是多少？

5. 比较下列贷款，并确定哪一种贷款成本更低：

	FRM	ARM
贷款数量	100 000 美元	100 000 美元
期限	30 年	30 年
折扣点	2.00	3.25
初始合同利率	9.75%	7.75%
附加利率	……	2.75
上限	……	每年为 2%，寿命期为 6%
开始时利率指数值	……	7.75%
提前偿还	第 3 年末	第 3 年末

假设 ARM 利率从最初的开始利率调整，利率指数如下：

年初	利率指数值
1	7.75%
2	9.00%
3	10.75%

6. 请确定贷款人在下列 SAM 贷款上能够得到的增值分享额：

贷款价值比	90%
市场利率	12%
贷款利率	10%
贷款人税级	30

7. 某单身母亲希望从其住宅上取得逆向年金抵押贷款。如果她决定借入第 10 年末到期的 100 000 美元债务，且当前利率为 9%，则她可以得到的年付款额是多少？

8. 某借款人于 5 年前取得 30 年期、利率为 10% 的 80 000 美元抵押贷款，按月还款。而 25 年期抵押贷款的当前市场利率是 8%。在现有抵押贷款头 10 年里，规定了相当于提前偿还时尚未偿还余额的 5% 的提前偿还罚金，且新贷款贷款人要求 4% 的融资费用。此外，借款人投资机会成本为 8%。该借款人正在考虑为还清贷款（剩余余额＋提前偿还罚金）再融资。

（1）如果借款人计划在 25 年内持有任一抵押贷款（现有抵押贷款或新抵押贷款），则他应该再融资吗？

（2）如果借款人计划在 8 年多时间内持有抵押贷款资金，且与（1）条件相同时，他应该再融资吗？

（3）假设除了借款人不是为尚未偿还的余额再融资，而是借入 100 000 美元以外，其他条件与（1）相同，则借款人应该再融资吗？

（4）假设新贷款数量中包含了新贷款的融资费用，且新贷款的分期偿还期为 30 年，则借款人应该再融资吗？

相关网站

http://www.federalreserve.gov
联邦储备系统委员会，提供各种利率数据

http://www.coldwellbanker.com
提供关于购买住宅和住宅贷款的提示，也有在线抵押贷款计算工具

http://www.countrywide.com
提供抵押贷款在线申请、贷款信息和服务，以及房地产专业机构的相关信息

http://www.aarp.org/revmort/
提供逆向抵押贷款信息
http://www.mtgprofessor.com
提供关于抵押贷款常见问题的回答

注 释

[1] 在现在的抵押贷款市场上，贷款人除了标准的 30 年期固定利率贷款外，通常还提供 15 年期的固定利率抵押贷款。期限较短的贷款自然偿还更快，这在提前偿还减缓的时期（例如利率上升时）有利于抵押贷款人。贷款人必须权衡短期贷款的优点（例如权益积累较快）和缺点（例如月还款额较高）。关于 15 年期抵押贷款和 30 年期抵押贷款的分析，见 Richard A. Phillips，Eric Rosenblatt，and James H. Vanderhoff. The effect of relative pricing on the fixed-rate mortgage term decision. *Journal of Real Estate Research* 7（Spring 1992），187-194。

[2] 研究 ARMs 优惠利率的论文见 Joel F. Houston，J. Sa-Aadu，and James D. Shilling. Teaser rates in conventional adjustable-rate mortgage (ARM) markets. *Journal of Real Estate Finance and Economics* 4（March 1991），19-32. See also R. Green and J. Shilling. Do teaser rates on adjustable-rate mortgages make owner-occupied housing more affordable? *Journal of Housing Economics* 36（December 1994），263-282.

[3] J. Sa-Aadu and J. D. Shilling. Tests of borrower perceptions in the adjustable-rate mortgage market: Do borrowers view ARM contracts as distinct? *Journal of Urban Economics* 36（1994），8-22.

[4] B. Elledege，S. Fletcher，and G. Norris，Fumbles, oversights, and omissions: Bank ARM calculations. *Real Estate Review* 25（Fall 1995），48-54.

[5] 斯科特（Scott）、休斯敦（Houston）和杜（Do）的论文表明，实际上，允许通货膨胀风险分担并同时允许较为自由地选择摊销方案和还款额增长方案的复合 PLAM 可能是最优的抵押贷款类型。见 William H. Scott，Jr.，Arthur L. Houston，Jr.，and A. Quang Do. Inflation risk，payment tilt，and the design of partially indexed affordable mortgages. *Journal of the American Real Estate and Urban Economics Association* 21（Spring 1993），1-26.

[6] J. Huston McCulloch. Risk characteristics and underwriting standards for price level adjusted mortgages versus other mortgage instruments. *Housing Finance Review* 5（Fall 1986），65-97.

[7] Joyce Manchester. Evidence of possible default under three mortgage contracts. *Housing Finance Review* 4（January 1985），517-536.

[8] James Pesando and Stuart Turnbull. The timepath of homeowner's equity under different mortgage instruments: A simulation study. *House Finance Review* 4（January 1985），483-504.

[9] Ann Dougherty，Robert Van Order，and Kevin Villani. Pricing shared appreciation mortgages. *Housing Finance Review* 1（October 1982），361-375.

[10] Christopher J. Mayer and Katerina Simons. Reverse mortgages and the liquidity of housing wealth. *Journal of the American Real Estate and Urban Economics Association* 22（Summer 1994），235-255.

[11] Peter VanderHart. An empirical analysis of the housing decisions of older homeown-

ers. *Journal of the American Real Estate and Urban Economics Association* 22（Summer 1994），205-233.

[12] Thomas P. Boehm and Michael C. Ehrhardt. Reverse mortgages and interest rate risk. *Journal of the American Real Estate and Urban Economics Association* 22（Summer 1994），387-408.

[13] Linda Klein and C. F. Sirmans. Reverse mortgages and prepayment risk. *Journal of the American Real Estate and Urban Economics Association* 22（Summer 1994），409-431.

[14] Thomas J. Miceli and C. F. Sirmans. Reverse mortgages and borrower maintenance risk. *Journal of the American Real Estate and Urban Economics Association* 22（Summer 1994），433-450.

[15] Revenue Ruling 77-135.

[16] Revenue Ruling 51-83.

[17] Revenue Ruling 70-647.

[18] Amy Dickinson and Andrea J. Heuson. Explaining refinancing decisions using micro-data. *Journal of the American Real Estate and Urban Economics Association* 21（Fall 1993），293-311.

[19] T. L. Tyler Yang and Brain Maris. Mortgage refinancing with asymmetric information. *Journal of the American Real Estate and Urban Economics Association* 21（Winter 1993），491-510.

[20] 这意味着在两笔除合同利率以外其他条款均相同的贷款中，合同利率低的贷款摊销较快，在贷款期中间的任一时点都有较低的余额，贷款的余额仅在开始和结束时相等（余额为 0）。

附录 A

GPM 贷款之最初次还款额的计算

为了计算 GPM 贷款的第一次还款额，可以认为贷款的现值等于：

$$第 1 年 \left[\text{PMT}_1 \times \sum_{t=1}^{12} \frac{1}{\left(1+\frac{i}{12}\right)^t} \right]$$

$$第 2 年 \left[\text{PMT}_1 \times (1+g)^1 \times \sum_{t=1}^{12} \frac{1}{\left(1+\frac{i}{12}\right)^t} \cdot \frac{1}{\left(1+\frac{i}{12}\right)^{12}} \right]$$

$$第 3 年 + \left[\text{PMT}_1 \times (1+g)^2 \times \sum_{t=1}^{12} \frac{1}{\left(1+\frac{i}{12}\right)^t} \cdot \frac{1}{\left(1+\frac{i}{12}\right)^{24}} \right]$$

$$\vdots \qquad \vdots$$

$$第 6 \sim 30 年 + \left[\text{PMT}_1 \times (1+g)^5 \times \sum_{t=1}^{300} \frac{1}{\left(1+\frac{i}{12}\right)^t} \cdot \frac{1}{\left(1+\frac{i}{12}\right)^{60}} \right]$$

式中，i 是合同利率；PMT_1 是第 1 年月还款额；g 是还款额增长率。

解答该等式包括了计算年金的现值，每年的还款就构成了12个月的年金。该年内每次还款都像第一次还款那样，有一个现值。依次，每年的每次还款都有一个现值。运作如下：

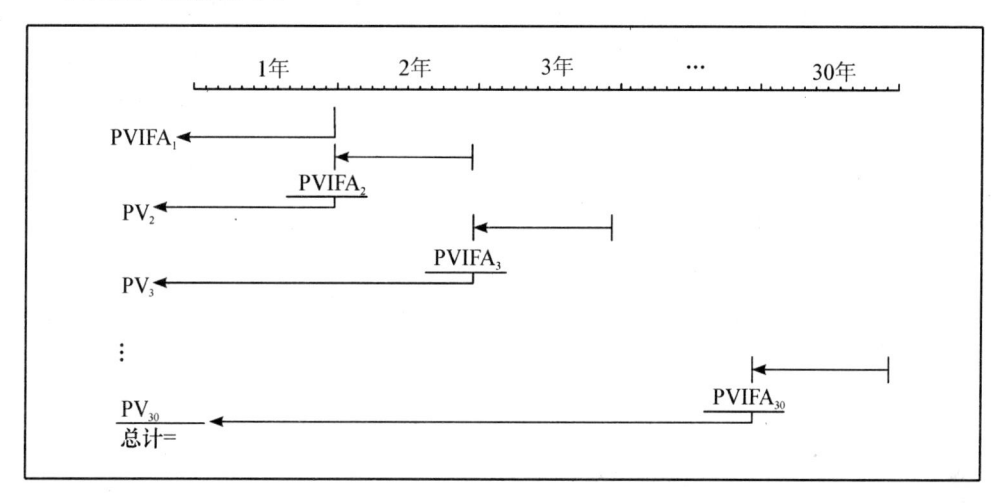

```
                1年      2年      3年     ...    30年
                |--------|--------|--------|--------|
PVIFA₁ ←--------|
                   PVIFA₂
PV₂ ←--------------|
                            PVIFA₃
PV₃ ←-----------------------|
  ⋮
                                              PVIFA₃₀
PV₃₀ ←----------------------------------------|
总计=
```

对应于第 1 年全部还款额的 $PVIFA_1$ 等于这些还款的现值。对应于第 2 年全部还款额的 $PVIFA_2$ 等于这些还款在第 2 年年初时的现值。PV_2 为贷款发放时 $PVIFA_2$ 的现值，以同样的方式继续下去。例如，假设贷款额为 100 000 美元，利率为 12%，头 6 年还款额每年递增 7.5%，下表计算了现值因子。

年	还款额	递增还款额因子	PVIFA	PVIA	因子
1	PMT_1	1	11.255^a	1	11.255
2	$PMT_1 (1.075)$	1.075 0	11.255	0.887 4^b	10.737
3	$PMT_1 (1.075)^2$	1.155 6	11.255	0.787 6^b	10.243
4	$PMT_1 (1.075)^3$	1.242 3	11.255	0.698 9	9.772
5	$PMT_1 (1.075)^4$	1.335 5	11.255	0.620 3	9.323
6～30	$PMT_1 (1.075)^5$	1.435 6	94.946^c	0.550 4	75.031
合计					126.361

注：a. 对于 12 期贴现率为 1% 的年金的利息现值因子。
　　b. 以 12% 贴现的未来总和的现值。
　　c. 对于 300 期贴现率为 1% 的年金的利息现值因子。

$PMT_1 \times 126.36 = 100\,000$ 美元，因此，$PMT_1 = 100\,000/126.36 = 791.39$ 美元。

第 7 章

融资和资产价值

学习目标

通过本章的学习，你应该了解融资的期限如何影响房地产尤其是居住性房地产的交易价格。你应该了解融资和交易价格的相互作用在理论上的关键点，以及房地产的"真实"或者"本质的"价值由于受融资期限的影响，可能不同于房地产的真实交易价格。你还应该了解影响交易价格的融资方式的各种类型。

导　言

不同的融资期限会影响到房地产的交易价格。这些交易价格代表了不同的项目以及资产的实际特征，是买方愿意支付而且卖方能够要价的价格。**优惠融资**或**创新融资**，在融资的一些方面，通常是利率方面，不同于由机构贷款人提供的现时市场利率，它对借款人有益。为了使优惠融资能够影响资产价值，它必须"附属"于资产并且要求不可转让。优惠融资允许借款人购买任何资产，如来自抵押贷款收益的债券，它不会影响某一特定资产的价值。

有很多持有低于市场的利率以及和资产的特点相关的融资案例。**可续承的抵押贷款**可能形成于市场利率低于现有利率时。这样一种贷款是有吸引力的，或是因为联邦的规定（FHA/VA），或是因为它没有到期出售的规定。通过**所有者转让**或**抵债融资**，有动机的卖方为了能很快地变卖资产或者能够用现有的可续承贷款变卖资产以取得其价值，可能愿意以低利率收回这笔钱。采用**买低贷款**，家庭建立者常常会同意补助一部分原始利息支付，借此降低买方的利息支出。过去对 FHA 贷款中的折扣点的处理是另外一个例子。当 FHA 对被保险贷款设立最高利率的时候，贷款人会收取折扣点费用以提高市场收益。规定贷款利息不能高于市场利息，代表了对借款人的优惠融资。既然 FHA 允许合同利率随市场利率的变化而变化，那么 FHA 融资就不再那么优惠了。另外，FHA 抵押贷款也不再是没有资格限制的可续承贷款。**土地契约**包含了一个购买房地产的合同。购买者在合同期限内居住在此房地产内，并且每月支付一次费用。出售者继续支付低利息贷款的费用给贷款人并赋予购买者当其所有的费用全部支付后，财产可以转让的权利。

优惠融资或创新融资的数量和重要性是和利率周期相关的。当利率处于周期性的高峰时，家庭购买者就被价格排除在市场之外，这时创新融资就起着更为重要的作用。低于市场利率的贷款，包括一些可续承贷款，其数量也在不断扩大。相反地，当利率降低时，优惠融资的数量和重要性就会降低。如果市场利率跌落到与可续承贷款相同，那样的贷款会失去大部分的优势和价值。当存在相当数目的创新融资时，居住性房地产的交易价格会被扭曲，偏离它们的"原始价值"。发生扭曲的原因有很多，其中之一是对准确估价的界定。正如我们在下面所要论述的，准确估价对于借款人能在知情的情况下作出决定是相当重要的。

创新融资

关于融资期限和资产价值的论点包括理论论点和经验性论点两种。理论论点与买卖双方作用于创新融资的价值的影响因素相关。举个例子，一个购买者打算拥有某项资产（以及因此利用**可续承贷款**）的时间长短可能会影响到她愿意为获得一个新的低息贷款而支付的费用。另外，从由购买者的税级决定的税负中扣除的利息支付额，可能影响着他们用来支付一种**可续承贷款**的额度。从理论上说，和这些有关的其他一些因素，可能也影响着创新融资的价值。

经验性论点比较简明。资产价格实际上是如何受融资期限影响的？资产价格反映了由理论论点所决定的创新融资的价值吗？交易价格和融资期限是很容易观察的，所以，这些经验性问题的答案应该能够得到。

我们以 FHA/VA 折扣点来开始关于理论论点和经验性论点的讨论。从一个经验性论点出发，首次调查中的一项内容是与 FHA/VA 折扣点有关的。因此，我们以那次研究的一次讨论开始，然后考虑其他形式的创新融资。

● FHA/VA 折扣点

我们从第 5 章中可以看到，在 20 世纪 70 年代后期，市场利率上升很快。FHA 和 VA 建立了它们所确定的贷款利率的上限，并且这一上限几乎不变。因此，实际上，在一些时期内，市场利率（在常规贷款方面）有时是高于 FHA 和 VA 确定的上限的。贷款人将会控制折扣点以使 FHA 和 VA 贷款的收益提高到有竞争力的水平。在折扣点的确定上，贷款人将会假定贷款会在到期前 10～12

年提前偿还。

举例来说，假定常规贷款的合同利率是 $c\%$，而一项 FHA 贷款的最高利率是 $m\%$，$m<c$。对于一项总额为 B 美元且没有贴现的常规贷款，有下列公式：

$$B=\frac{\text{PMT}c}{(1+c)^1}+\frac{\text{PMT}c}{(1+c)^2}+\cdots+\frac{\text{PMT}c}{(1+c)^{360}} \quad (7-1)$$

PMTc 是在常规贷款上提供一个 $c\%$ 产出率所必需的支付额。对于一项 B 美元的 FHA 贷款来说，支付额必须以利率 m 为参数，而不是利率 c。由于支付额 PMTm 小于 PMTc，如果下式成立则一项 FHA 贷款的所得将会等于常规贷款。

$$\alpha B=\frac{\text{PMT}m}{(1+c)^2}+\frac{\text{PMT}m}{(1+c)^2}+\cdots+\frac{\text{PMT}m}{(1+c)^{120}}+\frac{B_{120}}{(1+c)^{120}} \quad (7-2)$$

式中，B_{120} 是 10 年末的余额，也就是所假定的到期年份的预付款。

由于折扣点的存在，贷款人只需预付 αB 而不是 B 美元。如果 α 等于 0.95，贷款人要为贷款负担 5 个折扣点。

购买者投资 FHA 贷款可以比投资常规贷款支付更少的费用。他应该会愿意支付折扣点来获得这项贷款。当他期望的持有时间比贷款人在决定折扣点时假定的时间来得长时，尤其如此。在这种情况下，购买者会得到比原先计算折扣点时时间更长、费用更少的收益。但是，在一次将折扣点的负担转移给资产出售者的尝试中，FHA 禁止购买者付款给出售者。

现在假定一项没有特定融资的资产的价值是 100 000 美元——也就是它的原始价值。用其中的 90% 投资于 FHA 贷款，5 个折扣点需要支付 4 500（90 000×5%）美元。只有当出售者比卖给常规融资的购买者多得到 4 500 美元以上时，他才愿意支付这 4 500 美元来将贷款卖给 FHA 融资的购买者。也就是说，出售者会要求 FHA 贷款的价格为 104 500 美元[1]，而常规贷款的价格为 100 000 美元。这两种方式下他都净得 100 000 美元。由于 FHA 贷款具有低利率，购买者会愿意支付这额外的 4 500 美元。低利率的价值最后纳入到资产的交易价格中去。

如果理论是正确的，那么在 FHA 利率限制而且要支付折扣点时，FHA 融资的资产要比常规融资的资产以较高的价格出售。更进一步，这个差价应该等于支付折扣点的费用。

泽必斯特和布鲁格曼（Zerbst & Brueggeman）测试了上述假设。[2] 他们得出的结论是，售房者确定的要价高于最终的售价。卖方通过协商，要价越来越低，但是最后定下来的价格还是要比通过 FHA 贷款购买的价格高。泽必斯特和布鲁格曼认为，实际价格与要价之比（SP/AP）会比有折扣点的 FHA 贷款高。他们使用了一个在 1973 年 6 月出售的 276 所房屋的交叉样本价格数据，其中包括那些 FHA、VA 和常规贷款融资数据，来统计检验以下等式：

$$SP/AP = a + b_1 \text{FHA} + b_2 \text{VA} + b_3 \text{L/V} + b_4 \text{Time} + e_t \quad (7-3)$$

式中，FHA 和 VA 是伪变量（等于 1，假设用 FHA 或 AV 贷款方式融资）；L/V 是贷款价值率；Time 是资产在市场上的时间；e 是误差项。他们利用最小方差技术来实现这个目的。

FHA 变量前的系数是 0.022 7，表明在同一样本中，FHA 购房者要比普通购房者多支付要价的 2.27%。由于贷款人收取 5.75 个折扣点，泽必斯特和布鲁格曼得出 43%（2.27/5.75）的折扣点被 FHA 卖方转移到买方的结论。由于上面描述的简单理论假设所有的折扣点都包括在房屋售价中，他们的估计显得偏低。下面介绍的一个更复杂的理论模型表明不是所有的折扣点都会包括到房屋售价中去。如果是这样的话，泽必斯特和布鲁格曼的结果是可信的。

科威尔、甘特曼和西蒙斯指出，泽必斯特和布鲁格曼基于经验的论证过程可能存在缺陷。[3] 他们指出，要价（AP）可能根据 FHA 融资出售的资产来确定的。在这种情况下，在公式 7—3 中的独立变量就不独立了。科威尔等提出了一个跟下面的等式比较相似的等式，叫做实用价格等式。实用价格等式解释了房地产价格和它的物理属性，如房间数，面积大小，有无车库、壁炉，周边环境如何等的相关性。比如：

$$价格 = a + b[房间数] + c[浴室] + d[面积大小] + \cdots + etc.$$

融资的理论价值可以加到这个等式中去。在这种情况下，科威尔等加入了在各项贷款上的折扣点因素。如果一项资产以常规贷款方式融资的话，那么相应的折扣点应该为零。科威尔等用在得克萨斯州卢博克布的 2 408 个交易的价格和资产描述数据来检验这个加上了 FHA 折扣点的实用价格等式。他们使用的统计技术就是常规的最小方差方法。折扣点值的系数是 0.773，表明在他们的样本中，77.3% 的折扣点都包括在 FHA 贷款融资的价格中。

尽管 FHA 允许贷款人收取反映市场情况的一定利率，但是很少有较高的贴现率。然而，贷款人可以提供一个非常低利率的 FHA 贷款和收取一点折扣。事实上，资产的卖方在知道折扣点是多少之前，永远不应该同意在一份买卖合同中支付和 FHA 融资相关的折扣点。即使在接近市场利率的情况下，买方也可能利用 FHA 贷款的优点获得高折扣点的低利率贷款。

● 卖方支付的折扣点

在某些交易中，售房者会同意为买方的贷款支付相关的折扣点。由于买方会因为贴现得到较低利率，所以他比较愿意支付更多的钱去购买房地产就显得合乎情理了。同时，买方会因为折扣点得到免税单，这一点对于他来说进一步增加了经济收益。当然，卖方会要求更高的价格去支付折扣点。阿萨比尔和霍夫曼（Asabere & Hoffman）[4] 验证了这种关系，同时证明房屋价格的增长额明显高于买方获得的经济收益。证据表明，当卖方支付 3 200 美元的折扣点（相当于经济收益 4 712 美元）时，购房者愿意为一项房地产多支付 7 424 美元。

可续承抵押贷款

20世纪60年代以后许多常规贷款都是可续承的，所有FHA和VA贷款都是可续承的。对于1986年12月1日以后发放的FHA贷款，如果在发起后一年以内被续承，FHA要求续承者满足一定的资格要求。接近或低于市场利率的可续承抵押贷款因为其优惠的利率而产生价值。

让我们回顾一下第5章的一个例子。表7—1显示了可续承抵押贷款和一个新的常规贷款的各项数据。附有可续承抵押贷款房地产的购买者将会同时得到52 077美元的贷款，但该贷款的利率（7.5%）明显低于当时的市场利率（15%）。与那些以市场利率融资的方式相比，买方通过可续承抵押贷款每月节省了266.75美元。由于可续承抵押贷款具有价值，买方会愿意支付，比在没有可续承抵押贷款的情况下更多的购房款。换句话说，如果给定两个相同的房屋，其中一个有可续承抵押贷款，而另一个没有，前者的市场要价会更高。可续承抵押贷款具有价值，就像其他生活便利品一样，并且它的价值会反映在价格上。而如何确定可续承抵押贷款的价值已经成为许多理论和经验讨论的主题。

表7—1　　　　　　　　　1982年某低利率可续承抵押贷款的价值

可续承抵押贷款	
发起时间	1972年
剩余期限	20年
月还款额	419.53美元
利率	7.5%
初始本金	60 000美元
1982年的本金余额	52 077美元
其他新的常规贷款	
期限	20年
本金	52 077美元
利率	15%
月还款额	685.74美元
月还款节约额	266.75美元
还款节约额的现值	20 258美元

现金等价

"现金等价"这一术语是用来关注可续承抵押贷款价值而引入的一个评价标准。在此之前，评估者认识到不同的融资方式会影响住房的交易价格。[5]比如，勒什特和汉兹（Lusht & Hanz）最近发现，直接现金交易、无附着贷款的住房交易价格要比附有贷款的同等住房低16%。阿萨比尔、霍夫曼和麦迪恩早前的一项研究表明，房地产以现金出售要比引入融资手段的交易价格低将近13%。[6]现金等价用来表示一项房地产如果完全以现金（或者现金和现有市场融资方式的组合）购买需要支付的价格。[7]

现金等价可以通过找出不同融资方式的"价值"来确定。在上例中，如果附有可续承抵押贷款的房地产的交易价格为72 077美元，那么各种融资方式的价值如下所示：

方式	总额（美元）	价值（美元）
现金	20 000	20 000
续承	52 077	31 819
总计	72 077	51 819

其中，可续承抵押贷款的"价值"31 819美元是将剩余期限内的还款余款以市场利率15%贴现之后得到的，也就是：

$$31\,819 = \frac{419.53}{(1+0.15/12)^1} + \frac{419.53}{(1+0.15/12)^2} + \cdots + \frac{419.53}{(1+0.15/12)^{240}}$$

买方用20 000美元的现金和相当于31 819美元的可续承抵押贷款来支付这一房地产，总价51 819美元就是现金等价。大致来说，现金等价就是在房屋未附着可续承抵押贷款时，买方需要支付的价格。

交易价格72 077美元和现金等价51 819美元的差额是20 258美元。这一金额同时也是以市场利率贴现之后的节约额的现值。

在讨论一项可续承抵押贷款价值的时候，有些人倾向于从节约额及其现值方面考虑问题。这样做的一个结果就是节约额的现值有时会被作为可续承抵押贷款的现金等价。为了避免混淆，我们尽量将术语表达明确化。

接下来，让我们从另一个角度来分析上例，比较同一宗房地产有可续承抵押贷款附着和无贷款附着两种情况下的金额，后者应该有51 819美元的现金等价。支付情况会如下：

	有可续承抵押贷款（美元）	无可续承抵押贷款（美元）
价格	72 077	51 819
首付款	20 000	20 000
贷款	52 077[a]	31 819[b]
月还款额	419.53	419.53[c]

注：a. 可续承抵押贷款总额。
　　b. 新的融资方式。
　　c. 新融资方式15%的月还款额。

尽管在附有可续承抵押贷款的情况下购买人需要多支付20 258美元，但他的首付款和每月的还款额与附着可续承抵押贷款的情况下是一样的。也就是说，对于完全相同的房地产，虽然交易价格不同，但实际还款额是完全相同的。

可续承抵押贷款、市场利率以及交易价格之间的关系对评估师和其他对房价感兴趣的人来说是很重要的。假设一个评估师要对一宗与本例完全相同的房地产进行评估并将有可续承性融资的房地产作为可比案例，如果他没有注意到可续承抵押贷款的影响，就很可能高估了待估房地产的价值。评估师不但要注意到可续承抵押贷款的存在，而且还要知道其对房地产交易价格的影响。

有效市场和续承融资的价值

在上面的例子中，我们假定附有可续承抵押贷款的房屋以反映还款节约额现值的价格出售。如果没有可续承抵押贷款,房地产的价格是 51 819 美元;附有这项贷款,它的价格是 72 077 美元,多了 20 258 美元。后者的总额包括了还款节约额的现值。尽管计算结果看起来是合理的,但问题在于实际的市场情况是否与计算相符合。已有的实证研究发现,资产的售价没有反映全部的还款节约额现值。在我们的例子中,附有可续承抵押贷款的房屋的售价可能会是 65 000 美元,超出现金等价的金额只有 13 181(65 000—51 819) 美元,或者说是还款节约额现值的 65%。这一特殊结论已应用于评估过程和其他涉及住房价格的行为中。

该结论同样适用于衡量房地产市场的有效性。如果只有一部分可续承抵押贷款的现金等价包括在房地产的价格中,就可认为其所处的市场为无效市场。相反,如果全部的价值都包括在房地产价格中,那么就可以说市场是有效的,至少从房地产价值融资的效率角度看是这样。住房市场在很多方面都符合有效市场的特征。关于房地产特点和融资方式的信息都很容易获得。合理的市场规模下有足够多的买家和卖家,并且没有市场限制。总而言之,似乎没有理由去怀疑房地产市场会没有效率。那么为什么房地产的价格没有反映出优惠融资的全部价值呢?

判断一个市场是否为无效市场,需要完成两项工作:首先,可续承抵押贷款的价值必须确定下来。它并不一定是这一贷款未来还款节约额的现值。其次,通过实证研究工作确定在多大程度上价值会被包括到房地产价格中。在第一个问题上,人们需要知道为什么由还款节约额现值确定的现金等价可能不是可续承抵押贷款的真实价值。由于最初的实证研究发现只有一部分现金等价转化到了资产价格中,所以研究者开始重新思考可续承抵押贷款的价值。结果发现,有许多理由显示可续承抵押贷款的价值没有还款节约额现值那么大。我们先对实证性研究结果进行分析,然后再从理论上加以分析。

住房价格中创造性融资资本化的实证研究

舍曼斯、史密斯和舍曼斯等是最早在这一领域展开研究的学者。他们对 1980 年佐治亚州亚特兰大地区续承性融资对住房的影响进行了研究。[8] 他们建立了包含房地产物理特征和可续承贷款的等价现金价值的效用价格公式,并用普通最小二乘法进行了拟合。舍曼斯等人收集了 54 宗房地产的售价、物理特征和可续承贷款的详细情况,并计算了每宗房地产中与可续承贷款相关的还款节约额的现值。然后,他们基于物理特征和可续承贷款的等价现金价值对交易价格进行回归分析,最后得到融资变量参数为 0.32 左右。舍曼斯等人依据此参数得出以下结论:续承性融资的等价现金价值中仅有 1/3 左右包含于房地产的交易价格中。样本中有 11 宗房地产除可续承贷款外,还有所有者提供融资的情况,所以舍曼斯等在效用价格公式中又加入一个独立变量(还款节约额的现值)来衡量所有者提供融资的价值。加入此变量并没有改变回归分析的结果。

尽管有研究表明房价被完全资本化,但同一时期大部分其他的研究结果却表明房价只是部分被资本化。[9] 通过对 1978—1982 年间路易斯安那州什里夫波特地区所出售住房样本的研究调查,克劳瑞特发现,可续承贷款价值的 64% 被资本化。[10]而且，不同销售年份、不同来源的样本，资本化的程度也是不同的。通过研究夏威夷和佛罗里达地区公寓的样本数据，施瓦茨发现30%～50%的等价现金价值被资本化。[11]

考虑到等价现金价值完全资本化的实证支持不具有绝对的说服力，研究者继而转向探讨可续承贷款的理论价值。研究的焦点集中于导致贷款价值低于等价现金价值的因素。例如，假设一项可续承贷款的等价现金价值为10 000美元，而房地产的价格中仅仅包含6 000美元的资本化价值，由于价格中只包含了60%的价值，市场似乎是无效的。但是，如果此项可续承贷款的真实价值就只有6 000美元，尽管等价现金价值是10 000美元，价格中包含了100%的贷款价值，市场也可被认为是有效的。

可续承贷款价值减少的原因是多方面的。首先，购买者评估的是在自身预计使用房地产期间所形成的还款节约额价值，而不是考虑可续承贷款在整体偿还期内的价值。事实上，舍曼斯等人得出这样的研究结果：购买者仅仅考虑大约前三年的还款节约额价值（前三年的还款节约额价值大约是20～25年偿还期的可续承贷款现值的1/3）。但是从理论上来说，购买者可以通过转售的方式来获得剩余还款节约额的价值，因此在购买时愿意支付全部价值。

克劳瑞特则认为，可续承贷款的税后还款节约额要小于税前节约额。[12]通过检验，这个观点并不具有说服力。购买者会利用税后的贴现率来对税后的节约额进行折现，税后贴现率将会和购买者的税级保持一致，两相抵消，得到的结果与等价现金价值相等。

弗里德曼（Friedman）提出购买者和出售者难以对优惠贷款的现值进行精确的定量计算。[13]而实际上完全没有必要这样做。购买者需要做的事情只是比较分别通过可续承贷款和传统融资方式所购房地产总付款额的大小。在我们使用的例子中，相对于价格较低的房地产，购买者更偏向于选择附有可续承贷款的房地产，他们愿意支付的最高价格为72 077美元。

桑德曼、坎南代和科尔韦尔指出，当没有考虑贷款价值比时，求取等价现金价值的方法将会高估可续承贷款的价值。他们同时指出，随着贷款价值比的下降，融资溢价的百分比会上升。[14]

戴尔-约翰逊、芬德利、施瓦茨和卡普林认为，大部分通过可续承贷款出售的房地产都包含次级贷款。[15]如果可续承贷款已经还款多年并且房地产可能会有一定的升值，则大部分购买者都承担不起首付款的金额。他们认为，次级贷款的出现改变了适用的贴现率的大小，续承了贷款的购买者为了筹集资金还房贷，就会承担次级贷款。由于次级贷款比传统的优先级贷款风险更大，所以利息率也要更高一些。这就导致了还款的增加，从而降低了可续承贷款的价值。如果在我们的案例中，增加的利息率足以将价值减少为6 000美元，那么就符合完全资本化的要求了。这项研究表明，可续承贷款的价值应该采用这样的方式进行评估。如果这样评估，可续承贷款似乎就被完全资本化了。

然而，值得商榷的是，次级贷款相对较高的利率是否会导致可续承贷款价值如此大幅度地减少,以至于房地产价格中仅仅包含 1/3～2/3 的等价现金价值。费里拉和舍曼斯不赞同这一观点,他们研究了续承低利率贷款的风险,结论表明,远期利率可能会发生变化。[16] 这种方法很有价值,值得进一步的研究和探讨。

假设上面案例中的房地产购买者认为购房后的利率将会有所波动,虽然购买者不确定利率的变动方向,但是根据利率的历史波动情况,一般不会保持在现有的水平不变。购买者有两种选择:以 72 077 美元的价格购买附着可续承贷款的房地产(房屋 A)或者以 51 819 美元的价格购买不附着可续承贷款的房地产(房屋 B)。两种购买选择的月还款额是相同的,都为 419.53 美元。不附着可续承贷款的房地产需要通过传统贷款来购买,与可续承贷款相比还款余额较小但利率相对较高。

为了简化分析过程,我们假设利率在房地产购买之后立刻上升或下降 1%。如果利率上升,可续承贷款的价值(房屋 A)也会上升,因为还款节约额增加了。不过,如果购买者所买的是附着传统贷款的房地产(房屋 B),传统贷款的价值也会上升,因为它的支付额建立在比市场利率低的现时利率基础之上。尽管传统贷款不具有续承性,房地产购买者也可以在住房持有期间享受相对较低的偿还额。

如果利率下降,可续承贷款的价值也会下降,还款节约额随之减少。也许你会认为房屋 B 的传统贷款价值也会下降。然而,如果再融资成本不是很高的话,传统贷款可以以较低的利率进行再融资,所以对于借款人来说不存在价值损失。由于利率较低,可续承贷款不能(也不会)进行再融资。

下面所示数据给出了不同的购买选择下还款节约额的价值。

市场利率	可续承贷款 (房屋 A)	传统贷款 (房屋 B)
14%	18 382 美元	0 美元
15%	20 258 美元	0 美元
16%	21 960 美元	1 702 美元

如果利率迅速上升至 16%,则可续承贷款的还款节约额(至到期日)上升到 21 960 美元。按照 16% 的利率,余额 52 077 美元贷款的月还款额应该为 725 美元,超过实际还款额(419 美元)306 美元。20 年期,月还款额节约 306 美元,以 16% 的利率折现可以计算出现值为 21 960 美元。可续承贷款价值上升了 1 702 美元(21 960—20 258)。传统贷款的还款节约额价值也从 0 美元上升到 1 702 美元。

如果利率下降为 14%,可续承贷款的还款节约额及其现值也会下降,价值损失为 1 876 美元。然而,传统贷款不存在价值损失,因为可以通过较低的利率进行再融资。我们可以看出,如果利率上升,两种贷款方式的价值增加量是相同的;如果利率下降,可续承贷款的价值减小量会大于传统贷款。由于这种收益不对称的情况，房地产购买者倾向于认为可续承贷款的实际价值远远低于其等价现金价值（20 258 美元）。

我们也可以从另外一种角度来看待这个问题：如果传统贷款不具有提前偿付权利，情况会怎么样变化。例如，假设贷款人规定了足够多的提前偿付罚金条款来限制提前偿付的可能性，在这种情况下，与不规定上述条款相比，贷款人能以较低的利率获得传统贷款，那么这项传统贷款与可续承贷款的月偿还额差异就会变小。月偿还额差异的变小也会导致等价现金价值差异的减小。根据实证研究结果，如果研究者在计算等价现金价值时使用的是较小的月还款额差异，那么他们会得到更大的变量结果，这一结果可能非常接近1.0。也就是说，如果等价现金价值量足够小，就会被100%资本化。

如果考虑交易成本，可能会在一定程度上增加可续承贷款的价值，因为交易成本能够在利率下降时降低传统贷款进行再融资的可能性。然而，预期利率波动性的上升会导致可续承贷款相对于传统贷款的潜在损失增加。因此利率波动性的增加会降低可续承贷款的价值。

总之，在购买附有低利率可续承贷款住房之后，利率降低的可能性将会减少贷款价值，使其低于等价现金价值。

⊕ 其他创新型融资方式：买低贷款、包裹贷款和分期付款土地合同

其他形式的创新型融资方式可以在利率较高的时期用以促进房地产的销售。研究已经表明，房地产的交易价格中包含部分利率买低和土地合同的价值。回顾第5章，买低是指房屋出售者，通常是投机房地产开发商，向贷款人支付一定数量的资金从而买低贷款整体或部分期间的利率水平。贷款人提前收到了这笔现金，然后降低贷款的利率。房地产的购买者在购买初期并不能立刻获得买低贷款的收益，而是在买低期间通过低利率支付获利。并且，由于贷款发放之后利率也可能会下降，买低贷款对于购买者的价值可能与整个贷款期间内支付的节约额现值不相等。

为了清晰地展现买低贷款的操作过程，假设借款人进行一项本金为100 000美元、年利率为10%、30年期、按月还款的贷款。房屋出售者已经承诺买低前三年的利率，分别为7%、8%和9%。从第四年开始，贷款利率重新变为正式合同中的10%。

当利率为10%时，贷款的月还款额为877.57美元。前3年以及第4年开始每个月的还款额应该为：

第1年　$100\,000(MC_{7\%,30}) = 100\,000(0.006\,653\,0) = 665.30$（美元）
第2年　$100\,000(MC_{8\%,30}) = 100\,000(0.007\,337\,6) = 733.76$（美元）
第3年　$100\,000(MC_{9\%,30}) = 100\,000(0.008\,046\,2) = 804.62$（美元）
第4～30年　$100\,000(MC_{10\%,30}) = 100\,000(0.008\,775\,7) = 877.57$（美元）

房屋出售者最多愿意支付的买低费用应为买低期间还款节约额的现值。也就是说：

$$\begin{aligned}
买低费用 &= 还款节约额的现值 \\
&= 877.57 - 665.30(PVIFA_{10\%/12,12}) \\
&\quad + 877.57 - 733.76(PVIFA_{10\%/12,12})(PVIF_{,10\%/12,12}) \\
&\quad + 877.57 - 804.62(PVIFA_{10\%/12,12})(PVIF_{10\%/12,24}) \\
&= 212.27 \times (11.374\,508) + 143.81 \times (11.374\,508) \times (0.905\,212) \\
&\quad + 72.95 \times (11.374\,508) \times (0.819\,409) \\
&= 2\,414.47 + 1\,480.72 + 679.92 \\
&= 4\,575.11(美元)
\end{aligned}$$

借款人实际的贷款成本的计算过程为：

$$\begin{aligned}
100\,000 &= 665.30(PVIFA_{i\%/12,12}) \\
&\quad + 733.76(PVIFA_{i\%/12,12})(PVIF_{i\%/12,12}) \\
&\quad + 804.62(PVIFA_{i\%/12,12})(PVIF_{i\%/12,24}) \\
&\quad + 877.57(PVIFA_{i\%/12,24})(PVIF_{i\%/12,36}) \\
i &= 9.47\%
\end{aligned}$$

20世纪80年代，一个很重要的实证性问题是：多大比例的买低费用会被资本化并体现在房地产的交易价格之中。阿加沃尔和菲利普斯在20世纪80年代初期研究分析了弗吉尼亚州弗吉尼亚海滩地区113宗房地产的销售价格，这些房地产都附有买低了整个还款期间利率的FHA/VA贷款。[17]房地产开发商买低利率的平均支付额为7 959美元。他们得出结论，房地产的交易价格中包含58.3%的买低额。这表明，开发商即房屋出售者获得了剩余部分的价值。

如第5章所述，当市场利率较高时，另一种流行的创新型融资方式是包裹贷款。尤其在希望保持现有的低利率贷款时，包裹贷款的方式通常备受青睐。由于杠杆效应的存在，贷款人可以在以低于市场利率水平发放贷款的情况下获得高于市场利率的实际收益率。为了展示这个过程，假设你要购买价格为150 000美元的房地产，你可以支付的首付款为20 000美元。你所购买的房地产本身附有一项可以叠加的已存贷款，这项贷款的利率为7%，按月还款，初始本金为110 000美元，年期为30年并且剩余20年。当前市场20年期固定利率贷款的利率为10.5%，而出售者将会为你购买房地产提供一项包裹贷款，利率为8.75%，按月还款。

利率变量是包裹贷款发放者的实际收益，它主要受包裹贷款机构的影响。我们假设，为了增加包裹贷款人的还款能力，将包裹贷款的分期偿还期限定为30年，并且在第20年末有一笔较大金额的还款。由于20年期限与已存贷款的剩余期限一致，包裹贷款会在相似的年限内被部分摊销，但在此期间包裹贷款并不会被完全摊销。

首先，两项贷款的月还款额可以这样计算：

第7章 融资和资产价值

已存贷款	包裹贷款
$\text{PMT}_{EX} = 110\,000\,(\text{MC}_{7\%,30})$	$\text{PMT}_W = 130\,000\,(\text{MC}_{8.75\%,30})$
$= 731.83$（美元）	$= 1\,022.71$（美元）
$\text{BAL}_{10}^{EX} = 94\,294$（美元）	$\text{BAL}_{20}^{W} = 81\,604$（美元）

为了计算包裹贷款人的实际收益率，我们必须确定他的权益投资额。包裹贷款人总共提供了 130 000 美元的贷款金额，而现有的贷款余额可以提供数量为 94 394 美元的债务资金来源。因此，包裹贷款人实际投入的自身权益资金仅为 35 606 美元，其投资资金的收益来源于两项贷款月还款额的差值，即 290.88 美元。需要牢记的是，包裹贷款人需要做的事情是收取包裹贷款的月还款额并且承担已存贷款的月还款额。而在本例中，包裹贷款人将会在第 20 年末收取包裹贷款的剩余本金额。包裹贷款人实际投资收益率的计算公式为：

$$35\,606 = 290.88\,(\text{PVIFA}_{i\%/12,240}) + 81\,604\,(\text{PVIF}_{i\%/12,240})$$

根据上式计算出来的实际收益率为 11.48%。因此，包裹贷款人可以提供低于市场利率的贷款，同时获得高于市场利率的实际收益率。

包裹贷款还有其他的构造方式。相同期限并且完全摊销的包裹贷款将会被设计成与已存贷款剩余期限相同的形式，并且二者都在这个期限内被清偿。包裹贷款也可以被设计成延长期限的模式，在这种情况下，包裹贷款的设计期限将会长于已存贷款的剩余期限，并且两种贷款都将被清偿。在已存贷款偿还完毕之后的期间内，包裹贷款人不再受杠杆效应影响，因为他不再需要支付已存贷款的月还款额就可以获得包裹贷款的月支付额。另外，还存在缩短期限的包裹贷款，包裹贷款将会在短于已存贷款剩余期限的时期内被清偿。由于包裹贷款在已存贷款清偿之前就被全部偿还了，这就给包裹贷款人带来了一些问题。因为包裹借款人希望在包裹贷款被完全偿还后立刻获得明确的产权，所以通常会要求包裹贷款人在包裹贷款期限内清偿已存贷款。解决这个问题有很多方法，包括：(1) 增加已存贷款的月还款额使其在较短的包裹贷款期限内被清偿；(2) 可以在包裹贷款的还款期末采用气球型（较大金额）的付款方式。

分期付款土地合同是另外一种房地产融资方式。通过分期付款土地合同，房地产购买者按照合同规定的年期支付偿还额（例如 4 年或者 5 年），并在规定的年期之后获得该房地产产权。如果合同规定的支付额低于传统的购房贷款所规定的支付额，房地产的价值就会上升。如果合同中包含包裹贷款，房地产出售者将会在合同期限内持续偿还低利率已存贷款的支付额。分期付款土地合同对于买卖双方都是有利的，因为购买者在几年之内通过支付较低偿还额就可以获得房地产的使用权，而出售者可以获得更高的房地产销售价格。买卖双方的收益以贷款人的损失为代价，贷款人需要持续持有原来的低利率贷款。

埃德格伦和海沃思（Edgren & Hayworth）调查研究了密歇根州安阿伯地区房地产销售中对分期付款土地合同的应用。[18] 他们发现分期付款土地合同使安阿伯地区房地产的交易价格平均上升了 4 700 美元，大约为交易均价的 6.9%。

对评估实务和市场研究的意义

评估师和其他对房地产价值感兴趣的主体，比如房地产销售商和经纪人，必须要了解融资方式对于房地产价值的影响。创新型融资方式的使用及其效果受到利率周期的影响。当利率水平较高时，创新型融资方式被广泛使用，房地产的交易价格就会反映出融资方式的影响。这对基于公开交易价格的房地产评估实务和市场研究具有重要的指导意义。20世纪80年代早期至中期，许多评估师不能够全面理解创新型融资方式的意义。在评估一宗未附有可续承贷款的房地产价值时，评估师通常会选择附有创新型融资方式的交易房地产作为可比案例。如果他没有意识到可比案例的交易价格中包含了创新型融资方式的价值，他可能会在无意中高估了评估对象的价值，这将使贷款人承担比预期更高的违约风险。

此外，通过创新型融资方式交易的房地产具有更高的违约风险。如果购买者由于低利率的可续承贷款而支付（或者借贷）了超过房地产实体价值的交易金额，并且随后市场利率下降，可续承贷款的价值将会消失，则该房地产的价值将会低于已存的第一和第二抵押贷款的余额价值。当融资方式的价值很高时，贷款人也同样需要关注创新型融资方式对交易价格的影响以及可能导致的违约风险。

抵押贷款收入债券

抵押贷款收入债券已经成为一种流行的住房融资工具，这种通常被称为"市政债券"的债券由各州和地方政府发行，利息收入免交联邦所得税。这意味着尽管市政债券的利率较低，但其出售价格仍能与完全纳税的债券相当。对于纳税等级为30%的纳税人来说，年利息收入为70美元的市政债券和年利息收入为100美元的公司债券并没有什么区别，因为这两种债券的税后年利息收入是相等的。市政债券的税收优惠政策能够让州和地方政府以较低的成本为所需的工程项目筹集资金，如学校、道路和公共安全设施建设。

除了上述的公共支出项目种类之外，州和地方政府已经逐渐开始利用市政债券来为非公共项目活动筹集资金。为了吸引工业企业进入当地，地方政府通常会发行工业收益债券来建立工业园区等。较低的利息支付水平意味着地方政府可以提供优惠的租赁条款来吸引企业，租赁这些设施的企业获得了利益，但这些利益是以减少美国财政收入为代价的。

另一种通过市政债券筹资的非公共项目是住房。州和地方政府意识到，为低收入人群解决住房问题是十分必要的。抵押贷款收入债券的发行能够刺激房地产交易行为。特别是在市场利率较高、住房购买力成为问题时，抵押贷款收入债券非常流行，尤其是对于第一次购房的购买者。当然，由于面临高利率时期萧条的房地产销售市场，地方房地产组织例如房地产销售公司会努力推广抵押贷款收入债券。由于抵押贷款收入债券的利息收入是免税的，用这种方式融集的资金可以在较低的优惠利率水平上贷给借款人。

● 州住房金融机构的作用

典型的抵押贷款收入债券项目是这样运行的：州住房金融机构（HFA）被授予发行免税抵押贷款收入债券的合法权利，例如以 7% 的利率发行。债券发行所筹集的资金能够使本州或当地的贷款人发行低利率的抵押贷款，例如 7.5% 的利率。支付给贷款人的抵押贷款利息将归还州住房机构用来支付抵押贷款收入债券的利息。利息的差额可以用来支付贷款手续费和其他费用。

由于利率较低，基于抵押贷款收入债券所筹集的资金而发行的抵押贷款的需求将会上升，住房交易活动也会随之变得更加活跃，住房购买力得到提升，而房地产销售公司也会增加收入。抵押贷款收入债券使得除美国财政部之外的所有各方都获得好处。

为了发展房屋租赁市场并为其提供融资，1960 年第一个州住房金融机构在纽约设立。在 1968 年颁布的《住房法案》规定 HFA 可以参与特定的联邦出租性住房项目之后，HFA 的发展速度加快。1974 年，弗吉尼亚州的住房金融机构首次发售了为购买自用住房融资的免税抵押贷款收入债券。到 1983 年，除堪萨斯州和亚利桑那州外，所有的州都成立了能够发行抵押贷款收入债券的住房金融机构。1968 年颁布的《收入和支出控制法案》限制了免税工业收入债券的发行，但仍允许抵押贷款收入债券用于其他包括"家庭居住房地产"的目的。除了免除联邦税收之外，抵押贷款收入债券的利息收入在除 5 个州之外的其他州还可以免除州所得税。1984 年和 1985 年，由州住房金融机构发行的抵押贷款收入债券总额分别达到了 145 亿美元和 155 亿美元。

采用抵押贷款收入债券是很普遍的，尤其在高利率时期更为明显。这一点从什里夫波特（路易斯安那州）抵押贷款局的债券发行情况可以略见一斑。据统计，从 1979 年 9 月到 1980 年 6 月，什里夫波特发行了 0.552 亿美元债券，全部资金以 7.5% 的利率贷给住房购买人，而这一时期平均市场利率为 12.1%。购买人对此贷款的需求非常强烈。贷款申请开始日为 1979 年 9 月 13 日，但需要贷款的购买人提前 6 天就在 17 个授权贷款机构的门前排起了长队。抵押贷款机构为此不得不在当地的体育馆成立了临时处理中心。申请日 4 天前就有 2 500 多名申请者聚集在体育馆。队伍很长，很多个人和家庭带着露营设备以应对 4 天的等待。当地报纸报道说，该方案导致住房需求骤然增加，贷款申请者开始担心可供选择的房地产过少。有报道说，贷款人称他们预期住房会在贷款资金发放完毕之前卖光。

通过这样的事件，人们很快意识到财富因为这一方案从国库转移到了住房购买人手中。虽然大多数项目严格限制了借款人的收入和所购房地产的价格，但是此类项目的泛滥的确令人担忧。而且很不合理的是，国家是以国库收入来支持购房这一纯粹的个人行为。管理和预算办公室提交了一份报告，对抵押贷款收入债券及其解决中低收入家庭住房问题的有效性提出了异议。

为此，财政部要求州议会削减抵押贷款收入债券的发行。通过 1980 年的《抵押贷款补助债券税收法案》首先限制了抵押贷款收入债券的总发行量，然后于 1984 年通过的《财政赤字削减法案》完全停止了债券的发行。直到 1988 年，《技术收入和混合收入法案》的颁布才使得抵押贷款收入债券重新启动，并一直持续发行至 1989 年底。但 1989 年，各个州所发放的抵押贷款收入债券人均仅为 50 美元，总额 1.5 亿美元左右。根据 1990 年的调查，1991 年 50 个州抵押贷款收入债券的总授权额为 142 亿美元。1990 年，全国州住房机构委员会建议住房管理委员会延长抵押贷款收入债券的授权。

1990 年 11 月，国会通过决议，将抵押贷款收入债券的授权延至 1991 年 12 月。此后，每年都会重新授权，而且预计将来也会一直这样下去。1988 年，国会通过了一项法令，并于 1991 年 1 月 1 日生效。该法令规定，以债券融资的购买人如果在购房后 9 年内将房地产卖出的话，需要补税。这使得政府可以收回住房所有者所享受的一部分补助，补税仅适用于购房后 9 年内卖出，房地产销售有利润，而且住房所有者的收入超过了联邦限制的情况。补税金额在居住的第 5 年前每年为贷款额的 1.25%，从那时起到第 9 年，每年按相同的百分比递减。补税措施防止了个人购买附有低息贷款的住房，然后高价转让从中获利。要注意，仅当房地产买卖获得利润时才会对其征税，纳税额最高可为该利润的 50%。有几种情况不需要补税：一是当初始贷款额仅用于住房改善，金额低于 15 000 美元时；二是当住房所有者去世进行财产处理时；三是离婚时，住房在夫妻双方之间转让。

MRB 资金的另外一个局限是所谓的"10 年法则"。1988 年制定的该法则要求，10 年后 MRB 支持的抵押贷款的还款额必须用于偿还该贷款，而不能用于发放其他的抵押贷款。

最后，1986 年使用的 MRB 资金限制在 2000 年被上调，以反映通货膨胀和人口增长。现在，该限制每年进行调整以反映这些增长的因素。2004 年，该资金限制为州内人口每人 80 美元，最低值为每个州 233 795 000 美元。

表 7—2 和表 7—3 总结了 1998 年抵押贷款收入债券的活动情况。表 7—2 显示了各州新发行额和债务再融资额。从表中可以看出一些州由于人口较多，因此比其他州在通过 MRB 项目为房地产融资上更有积极性。表 7—3 列举了 1998 年各州的贷款额、房地产价格和借款人特征。

表 7—2　　　　1998 年房屋所有权调查，积累性抵押贷款债券活动——新币发行额　　　　单位：美元

	新币发行额	再融资额	1998 年总发行量	1998 年总产量			
				新币发行额	再融资额	总发行额	总贷款额
亚拉巴马州 HFA	64 250 000	51 820 000	116 050 000	1 659 245 300	705 449 700	2 164 685 000	19 395
阿拉斯加州 HFC	70 000 000	0	70 000 000	1 259 750 603	802 000 000	2 061 750 603	20 190
阿肯色州 DFA	105 180 000	13 015 000	118 495 000	1 614 244 425	72 136 620	1 836 181 045	34 461
加利福尼亚州 HFA	400 000 000	142 394 271	542 394 271	5 431 265 100	3 307 037 191	8 738 302 291	86 541
科罗拉多州 HFA	160 232 486	20 670 000	180 902 486	1 680 011 581	354 301 013	2 034 314 594	34 592
康涅狄格州 HFA	85 198 379	405 599 711	490 798 090	3 762 253 388	2 842 519 701	6 604 773 029	83 184
特拉华州 SHA	0	0	0	890 767 482	112 725 000	1 003 492 482	6 040
哥伦比亚特区 HFA	0	0	0	577 940 000	171 005 000	748 945 000	9 387
佛罗里达州 HFA	24 135 000	2 383 500	26 548 500	2 092 443 400	828 296 500	2 920 639 900	25 212
佐治亚州 HFA	1 497 884	85 595 000	87 092 884	1 161 494 672	702 470 000	1 863 664 672	37 123

第7章 融资和资产价值

续前表

	新币发行额	再融资额	1998年总发行量	1998年总产量			
				新币发行额	再融资额	总发行额	总贷款额
夏威夷州 HFDC	0	0	0	1 053 290 000	333 695 000	1 386 985 000	7 821
爱达荷州 HA	164 985 000	105 015 000	270 000 000	1 775 342 885	489 126 115	2 264 469 000	36 971
伊利诺伊州 HDA	0	0	0	1 790 354 000	1 022 582 856	2 812 736 856	53 818
印第安纳州 HFA	57 100 000	60 605 000	117 705 000	1 406 475 000	591 480 000	1 997 955 000	32 534
艾奥瓦州 FA	0	0	0	773 425 000	332 705 000	1 005 930 000	18 742
肯塔基州 HC	66 795 000	44 060 000	110 855 000	1 399 436 000	776 615 000	2 174 051 000	43 140
路易斯安那州 HFA	137 963 000	0	137 963 000	1 298 912 015	75 962 165	1 374 874 180	17 054
缅因州 SHA	162 810 000	2 690 000	165 500 000	1 429 610 000	673 118 000	2 102 728 000	32 260
马里兰州 CDA	57 905 000	118 490 000	176 195 000	1 995 615 000	1 782 475 951	3 778 090 951	47 501
马萨诸塞州 HFA	192 055 000	261 260 000	453 345 000	1 903 245 000	1 404 881 355	3 308 126 355	37 002
密歇根州 SHDA	83 710 000	44 690 000	128 400 000	1 623 412 000	637 740 000	2 261 152 000	47 046
明尼苏达州 HFA	30 500 000	52 580 000	83 080 000	2 094 486 000	1 508 100 000	3 602 786 000	53 019
密西西比州 HC	62 250 000	31 820 000	94 070 000	1 515 505 645	162 652 544	1 678 158 189	22 570
密苏里州 HDC	92 857 240	107 142 760	190 000 000	2 085 480 807	111 263 593	2 296 714 400	48 977
蒙大拿州 BOH	116 780 000	0	116 780 000	1 251 145 000	267 195 000	1 520 340 000	23 676
内布拉斯加州 IFA	248 943 000	115 000 000	363 943 000	2 627 609 673	314 417 516	2 942 026 516	47 566
内华达州 HD	48 929 673	15 421 555	64 401 228	1 385 179 671	507 396 555	1 892 576 228	46 946
新罕布什尔州 HFA	74 240 000	15 760 000	90 000 000	1 494 985 000	380 450 000	1 878 435 000	24 649
新泽西州 HMFA	41 100 000	179 965 000	221 065 000	3 455 660 000	1 168 284 256	4 621 904 256	44 526
新墨西哥州 MFA	79 614 575	101 985 200	1 837 599 200	1 728 504 575	503 925 159	2 292 429 724	30 176
纽约州 HDC	0	0	0	29 080 000	0	29 080 000	3
纽约州 SONYMA	263 520 207	316 589 793	580 110 000	5 065 947 207	3 088 512 593	815 479 800	109 408
北卡罗来纳州 HFA	142 115 000	11 805 000	153 920 000	1 478 960 000	425 400 000	1 904 360 000	35 582
北达科他州 HFA	187 000 000	0	187 000 000	1 219 453 907	123 340 000	1 342 773 907	37 341
俄亥俄州 HFA	460 500 000	93 710 000	554 210 000	4 518 604 000	729 149 500	5 247 253 500	72 080
俄克拉何马州 HFA	24 882 000	75 010 000	99 312 000	1 297 569 000	455 927 000	1 753 496 000	35 107
俄勒冈州 HCSD	67 765 000	175 585 000	241 350 000	919 112 765	381 971 418	1 821 084 183	20 958
宾夕法尼亚州 HFA	172 127 000	89 875 000	262 002 000	2 710 426 000	1 118 820 000	3 829 246 000	87 957
波多黎各自由邦 HFC	93 160 000	22 515 000	115 995 000	562 265 757	22 535 000	584 800 757	9 117
罗得岛州 HMFC	65 940 000	134 495 000	200 435 000	2 517 366 088	1 213 714 636	3 731 080 636	48 483
南卡罗来纳州 SHFDA	0	8 970 000	8 970 000	1 002 698 540	198 410 825	1 221 109 365	25 555
南达科他州 HDA	89 625 000	101 270 000	193 095 000	2 546 005 000	1 259 573 335	3 804 576 335	45 747
田纳西州 HDA	79 310 000	218 575 000	297 885 000	2 546 005 000	1 258 574 335	3 804 536 335	64 855
得克萨斯州 DHCA	102 055 000	39 915 000	141 970 000	2 393 565 890	762 040 741	3 155 606 631	29 706
犹他州 HFA	54 050 000	99 950 000	154 000 000	1 809 075 000	19 113 508 000	2 927 583 000	42 211
佛蒙特州 HFA	31 496 025	0	31 496 025	1 050 197 340	55 000 000	1 105 197 340	19 521
弗吉尼亚半岛 HFA	15 000 000	0	15 000 000	28 000 000	27 000 000	455 000 000	91
弗吉尼亚州 HDA	0	216 400 000	216 400 000	3 187 380 132	3 881 462 691	7 058 342 823	108 995
华盛顿 SHFC	21 487 675	82 712 696	104 200 371	1 142 920 278	719 746 578	1 862 666 856	28 692
西弗吉尼亚州 HDF	76 260 000	10 595 000	86 835 000	1 046 880 000	2 866 100 000	1 335 490 000	26 335
威斯康星州 HEDA	189 665 000	215 335 000	405 000 000	2 602 045 000	1 270 115 000	3 872 160 000	75 148
怀俄明州 CDA	32 910	107 090 000	107 122 910	1 514 692 910	727 127 975	2 262 020 885	29 393
总计	4 555 892 054	4 200 229 486	8 756 121 540	94 875 990 507	43 373 405 092	138 249 395 599	1 952 828

注：亚利桑那州和堪萨斯州代理机构不是债券发行者。波多黎各自由邦代理机构在1998年不发行商业抵押贷款支持证券。

资料来源：*HFA Homeownership Survey*：*1998*，Washington，DC：National Council of State Housing Agencies，1998。

表 7—3　　　　　　　　　　1998 房屋所有权抵押贷款特征调查　　　　　　　　　　单位：美元

	MRB 平均抵押贷款额	MRB 平均购买价格	最小百分比（%）	单亲家庭百分比（%）	平均家庭规模（人）	借款人平均收入
亚拉巴马州	69 094	70 405	NA	26.0	2.3	34 044
阿拉斯加州	99 175	99 434	20.0	14.9	2.0	39 980
阿肯色州	58 783	59 663	21.4	10.1	2.4	30 310
加利福尼亚州	110 215	114 273	62.0	21.0	3.1	34 179
科罗拉多州	78 960	80 291	29.1	14.9	3.0	31 536
康涅狄格州	86 341	90 519	31.1	28.4	2.6	42 312
特拉华州	96 669	101 010	25.0	8.0	2.8	38 030
佛罗里达州	67 597	72 448	33.0	NA	2.0	27 189
佐治亚州	66 927	69 810	48.7	33.0	2.0	25 968
爱达荷州	78 127	81 006	9.4	10.0	2.6	32 348
印第安纳州	60 616	63 843	17.9	19.1	2.0	28 487
艾奥瓦州	52 062	53 844	2.2	10.0	3.0	30 415
肯塔基州	61 080	63 861	8.3	22.0	2.2	29 497
路易斯安那州	65 974	68 974	45.1	27.6	2.4	28 239
缅因州	67 218	68 441	1.0	4.0	2.0	29 368
马里兰州	81 217	92 081	41.8	33.9	2.0	39 871
马萨诸塞州	95 119	101 813	23.0		2.0	35 677
密歇根州	53 149	53 931	29.3	37.9	2.0	24 956
明尼苏达州	60 745	62 589	14.0	17.3	2.0	26 370
密西西比州	65 089	65 541	36.5	62.0	2.2	30 094
密苏里州	63 300	64 204	20.0	20.0	2.3	32 435
蒙大拿州	65 292	71 332	5.0	1.0	2.6	29 135
内布拉斯加州	61 600	63 200	NA	NA	NA	NA
内华达州	104 049	105 219	27.0	10.0	2.0	36 877
新罕布什尔州	77 718	81 650	NA	NA	2.1	39 135
新泽西州	92 576	99 803	29.9	17.6	2.0	45 576
新墨西哥州	80 613	84 484	53.5	9.6	2.3	29 016
纽约州	88 164	100 179	15.5	1.9	2.2	34 964
北卡罗来纳州	76 026	77 153	30.8	22.0	2.0	32 121
北达科他州	58 579	59 365	1.6	NA	2.3	32 119
俄亥俄州	75 467	76 191	18.5	NA	2.0	34 835
俄克拉荷马州	56 297	56 399	24.7	NA	2.0	30 049
俄勒冈州	86 643	92 396	19.6	15.4	2.0	32 320
宾夕法尼亚州	58 419	62 059	16.5	22.0	2.6	30 163
罗得岛州	82 258	88 046	46.6	NA	2.2	33 175
南卡罗来纳州	54 899	55 408	40.0	NA	4.0	23 582
南达科他州	69 589	72 742	2.3	16.2	2.0	36 958
田纳西州	64 044	64 568	21.8	21.2	3.1	27 265
得克萨斯州	68 691	70 164	NA	NA	2.4	30 262
犹他州	96 955	97 915	16.0	15.0	2.9	30 456

续前表

	MRB平均抵押贷款额	MRB平均购买价格	最小百分比（%）	单亲家庭百分比（%）	平均家庭规模（人）	借款人平均收入
佛蒙特州	63 886	71 160	1.9	32.0	2.1	NA
弗吉尼亚州	87 251	89 224	23.0	NA	2.0	35 247
华盛顿州	88 857	90 035	16.0	36.0	2.5	NA
西弗吉尼亚州	63 069	67 304	NA	NA	2.5	NA
威斯康星州	63 852	71 818	12.4	21.5	2.4	NA
怀俄明州	69 423	71 812	9.7	NA	3.0	NA
国内平均	75 989	79 139	22.9	NA	NA	34 064

资料来源：*HFA Homeownership Survey*：*1998*，Washington，DC：National Council of State Housing Agencies，1998。

下面我们将讨论 MRB 的发行及其对房地产价格的影响。

● MRB、房价和财富分配

由于 MRB 项目为家庭贷款提供了低于市场的利率，这些项目对于房价和财富分配的影响问题就非常重要。如果房价反映了贷款中的利率补贴，那么其他人比借款人更可能从这些项目中获益。

从表面上看，似乎低利率贷款的所有利益都属于借款人，这项特殊融资似乎和任何个人资产无关，拥有低息贷款的借款人，可以自由地购买满足由 MRB 这一特殊项目设置的价格限制的任何房地产。

然而，有两种途径会导致利润的重新分配。首先，一些 MRB 项目建立了目标区域，这些资金用来购买一个确定区域内的具体房地产。往往可能只有一家或者两家开发商在这个目标区域内出售房地产。开发商们会关注融资的期限长短。其次，在规模适中的市场上的一大笔低息贷款在总体上将会造成房地产需求曲线的波动，影响当地市场住宅价格的稳定。不管何种情况，房地产交易的卖方都将会得到一部分或者全部的由这些项目带来的收益。

有两项研究表明，在目标区域内的房地产价格反映了低利率的融资期限。从 1983 年 12 月开始，一直到 1984 年 6 月，萨-阿杜、舍曼斯和本杰明分析了在路易斯安那州巴吞鲁日地区新建的区分所有权房地产价格，他们发现，房地产的价格反映了低利率融资的完全等量现金价值。[19] 在 1981 年末和 1982 年初，德宁和奎格利（Durning & Quigley）发现在阿肯色州小石城某一指定区域，MRB 融资的价值被资本化在房屋价格里。[20] 这些研究表明，MRB 项目的最终获利者可能不是那些政府想要帮助的人，而是用债券融资的房地产卖方。

对于那些并非以特定房地产为目标，而是允许借款人在市场区域内购买任何合格房地产的 MRB，上述情形将会有所不同。克劳瑞特、默克尔和舍曼斯研究了之前讨论过的路易斯安那州什里夫波特地区 MRB 的影响力。[21] 从 1979 年 9 月到 1980 年 7 月，该地区总共发放了 1 291 项贷款（平均贷款数量为 42 786 美元）。而这一时期内出售的住宅，大约一半是用债券发行所得资金购买的。债券发行所得资金可以影响当地市场。虽然个别房地产价格不会受到以债券资金发放的低利率贷款的影响,但是需求曲线的移动还是会导致房地产价格的整体上涨。此外,住宅购买人在债券发行期间支付的额外资金(平均价格上涨量乘以住宅出售量),大约等于 MRB 贷款之低利率融资的合计价值。研究者们断定,虽然这些低利率贷款的接收人能够受益,但更广范围内的购房公众对于他们在 MRB 方案实施期间购买的房地产,可能会支付更高价格。

有关 MRB 项目的一般结论是,MRB 可能会存在无意识的财产再分配,并且那些参与者常常会成为再分配的受益人或牺牲者。这些方面的考虑以及高赤字期间的税收损失,会减少联邦政府对 MRB 项目的支持。

小 结

融资条件能够影响居住性房地产的交易价格。一个优惠的条件,尤其是低于市场水平的利率,正如任何房地产实体特征那样,也具有价值。然而,低利率融资的价值并不容易确定。通过贴现未来贷款寿命期内还款节约额而得来的等价现金价值,可能会夸大低利率融资的真实价值。至于远期利率变动方向的不确定性,确实是导致约束低利率融资价值的一个关键因素。简单来说,由于随后利率的下跌可能会减少或消除等价现金价值,购买人可能不会支付全部等价现金价值。实证研究就旨在证实这一点。大多数研究表明,可续承抵押贷款的等价现金价值并没有 100% 包含在房地产价格中。而对于其他类型的优惠融资,同样的结论一般也是正确的。

抵押贷款收入债券是另一种低利率融资形式。这些债券的利息免税使得抵押贷款的利率比那些传统贷款更低。美国国内收入署限制了各州可以发行的 MRB 的数量。实证分析表明,MRB 融资的指定购买区内的房地产价格要比其他地区高。在那些没有指定购买区的地区,如果 MRB 项目的融资额足以提高住宅的总体需求,住宅价格通常也可能会更高。

关 键 词

优惠(创新型)融资　　　　　　FHA/VA 折扣点
可续承抵押贷款　　　　　　　　完全摊销包裹抵押贷款
买低贷款　　　　　　　　　　　住宅价格资本化
资本化　　　　　　　　　　　　土地销售合同
回购　　　　　　　　　　　　　抵押贷款收入债券
等价现金价值　　　　　　　　　二次融资
展期包裹抵押贷款　　　　　　　相同期限的完全摊销包裹抵押贷款

推荐读物

Agarwal, V., and R. Phillips. 1993. The effect of mortgage rate buydowns on housing prices: Recent evidence from FHA-VA transactions. *Journal of the American Real Estate and Urban Economics Association* (Winter).

Benjamin, J., and C. F. Sirmans. 1987. Who benefits from mortgage revenue bonds? *National Tax Journal* 40 (1).

Clauretie, T. M. 1984. Capitalization of seller-supplied financing: Implication for assessment. *Property Tax Journal* 3 (4).

Durning, D. 1992. *Mortgage Revenue Bonds: Housing Markets, Home Buyers and Public Policy*. Boston: Kluwer Academic Publishers.

Ferreira, E., and G. S. Sirmans. 1987. Interest rate changes, transaction costs, and assumable loan values. *Journal of Real Estate Research* (Winter), 29-49.

Rosen, K. T. 1984. Creative financing and house prices: A study of capitalization effects. *Housing Finance Review* 3 (2).

Sa-Aadu, J., C. F. Sirmans, and J. Benjamin. 1989. Financing and house prices. *Journal of Financial Research* 12 (1), 83-91.

Sirmans, G. S., S. Smith, and C. F. Sirmans. 1983. Assumption financing and selling prices of single-family homes. *Journal of Financial and Quantitative Analysis* 18, 307-318.

Zerbst, R., and W. Brueggeman. 1977. FHA and VA mortgage discount points and housing prices. *Journal of Finance* 22, 1766-1773.

复习思考题

1. 列举并描述三种不同类型的优惠融资。
2. 解释什么是等价现金价值。
3. 如何理解将优惠融资资本化到房地产价格中？
4. 如何解释可续承抵押贷款的等价现金价值并没有完全资本化在住房价格中？
5. 概括关于将创造性融资资本化到住房价格中的问题的实证分析结果。
6. 在评估实务，创造性融资的含义是什么？
7. 解释土地合同是怎样作为创造性融资的一种形式而被使用的。
8. 关于抵押贷款收入债券，回答这些问题：（1）它们的含义是什么？（2）它们是如何发生作用的？（3）它们的目标是什么？

9. 解释抵押贷款收入债券所导致的财产再分配。

10. 列举构建抵押贷款包裹的各种方法。

习 题

1. 计算下面可续承贷款的等价现金价值：

原始余额	67 000 美元
合同利率	8%
市场利率	12%
剩余期限	18 年
原始期限	30 年

2. 如果市场利率下跌到10%，计算一年以后上述贷款的等价现金价值。

3. 某开发商提供了一项买低贷款，以出售其房地产。在市场利率为12%时，他将头2年的利率买低至8%和10%。如果借款额为80 000美元，期限为30年，按月还款，买低贷款费用是多少？

4. 史密斯想购买一宗价值120 000美元的房地产，但他没有现金来支付首次付款。而作为卖方的琼斯，乐于以现有8%固定利率抵押贷款的每月还款对购买价格采用包裹式抵押贷款。这个现有的抵押贷款，其原始余额为100 000美元，原始期限为30年，剩余期限为20年。琼斯将包裹抵押贷款的利率定为10%。

（1）如果包裹抵押贷款的期限恰为现有抵押贷款的剩余期限，且均持有两种贷款至到期日，则对琼斯来说，有效权益收益是多少？

（2）假设为了减少包裹抵押贷款的还款额，将贷款期限延长至30年，此时对琼斯来说，有效权益收益是多少？

（3）假设同（2）的情况一样，贷款期限延长至30年，但在现有贷款到期时须支付气球型还款额，则对琼斯来说，有效权益收益是多少？

（4）假设包裹抵押贷款情况与（1）相同，只是期限缩短为12年。

1）假设原始贷款要求气球型还款，则对琼斯来说，有效权益收益是多少？

2）假设在原始贷款按包裹抵押贷款的期限完全摊销，则对琼斯来说，有效权益收益是多少？

注 释

[1] 从理论上说，价格可以是104 712美元：100 000[1－(0.90×0.05)]。

[2] Robert Zerbst and William Brueggeman. FHA and VA mortgage discount points and housing prices. *Journal of Finance* 22 (December 1977), 1766－1773.

[3] Peter F. Colwell, Karl L. Guntermann, and C. F. Sirmans. Discount points and housing prices: comment. *Journal of Finance* 34 (Semtember 1979), 1049－1054.

[4] Paul K. Asabere and Forrest E. Hoffman. Discount point concessions and the value of homes with conventional versus nonconventional mortgage financing. *Journal of Real Estate Finance and Economics* 15 (3), 261-270.

[5] See, for example, Ken Garcia. Sales prices and cash equivalents. *The Appraisal Journal* (January 1972), 7-16.

[6] Kenneth M. Lusht and J. Andrew Hanz. Some further evidence on the price of mortgage contingency clauses. *Journal of Real Estate Research* 9 (Spring 1994), 213-218.

[7] Paul K. Asabere, Forrest E. Hoffman, and Seyed Mehdian. The prime effects of cash versus mortgage transactions. *Journal of the American Real Estate and Urban Economics Association* 20 (Spring 1992), 141-153.

[8] G. Stacy Sirmans, Stanley D. Smith, and C. F. Sirmans. Assumption financing and selling prices of single-family homes. *Journal of Financial and Quantitative Analysis* 18 (September 1983), 307-318

[9] Kenneth Rosen. Creative financing and house prices: A study of capitalization effects. Berkeley, CA: University of California Center for Real Estate and Urban Economics, 1982.

[10] Terrence M. Clauretie. Capitalization of seller supplied financing: Implications for assessors. *Property Tax Journal* 3 (December 1984), 229-238.

[11] Arthur L. Schwartz. Cash equivalency. *The Real Estate Appraiser and Analyst* (Fall 1983)

[12] Terrence M. Clauretie. How much is an assumable loan worth? *Real Estate Review* 12 (Fall 1982), 52-56.

[13] Jack Friedman. Cash equivalence: Market knowledge and judgements. *The Appraisal Journal* 52 (January 1984), 129-132.

[14] Mark A. Sunderman, Roger E. Cannaday, and Peter F. Colwell. The value of mortgage assumptions: An empirical test. *Journal of Real Estate Research* 5 (Summer 1990), 247-257.

[15] David Dale-Johnson, M. Chapman Findlay, Arthuir L. Schwartz, Jr., and Stephen D. Kapplin. Valuation and efficiency in the market for creatively financed houses. *AREUEA Journal* 13 (Winiter 1985), 388-403.

[16] Eurico J. Ferreira and G. Stacy Sirmans. Interest rate changes, transactions costs, and assumable loan values. *Journal of Real Estate Research* 2 (Winter 1987), 29-49.

[17] Vinod B. Agarwal and Richard A. Phillips. Mortgage rate buydowns: Further evidence. *Housing Finance Review* 3 (April 1984), 191-197.

[18] John A. Edgren and Steven C. Hayworth. The implications of land contracts for property tax assessment practices. *Housing Finance Review* 3 (April 1984), 177-189.

[19] J. Sa-Aadu, C. F. Sirmans, and John D. Benjamin. Financing and house prices. *Journal of Financial Research* 12 (Spring 1989), 83-91.

[20] Dan During and John Quigley. On the distributional implications of mortgage revenue bonds and creative finance. *National Tax Journal* 38 (December 1985), 513-523.

[21] Terrence M. Clauretie, Paul Merkle, and C. F. Sirmans. The effect of bond issues on housing markets. *Housing Finance Review* 5 (Winter 1986), 207-215.

第 8 章

联邦住宅政策：第一部分

学习目标

第 8 章和第 9 章的主题是联邦住宅政策。联邦法律对住宅物业融资中个人和机构的行为有很大的影响。通过本章的学习，你应了解联邦立法如何在购买力、效率和竞争方面影响抵押贷款和住宅市场，明白如何通过立法给借贷双方补贴以增加住宅购买力。你还应了解联邦政府如何提高住宅和抵押贷款市场的效率，知道实施了哪些法律以促进房地产服务业的竞争。第 9 章则处理住宅中的公平和歧视问题。

导 言

美国国会已把住宅问题作为联邦政府关注的对象，并通过一系列法案，优先确保所有公民有机会得到适当的买得起的住宅，不管其种族、性别、出身或宗教信仰如何。联邦立法致力于解决以下四个住宅市场中存在的问题：购买力、效率和稳定性、竞争以及公平。公平和歧视的概念将在第 9 章中涉及。

住宅购买力

为提高住宅购买力涉及的联邦项目可分为三个领域：对提供抵押贷款资金的金融机构的经济支持，抵押贷款保险直接赠款和补贴，以及所得税条款。

第8章 联邦住宅政策：第一部分

● **对金融机构的经济支持**

联邦政府对提供抵押贷款资金的金融机构给予经济支持。这种经济支持允许金融机构以较低的成本发放抵押贷款。经济支持的来源有两个：向储蓄机构和商业银行提供低于市场利率的贷款，以及存款保险补贴。不管是借贷资金还是存款，这两个方案都减少了金融机构的资金成本。下面讨论的重点是给储蓄机构的补贴。

《联邦住宅贷款银行法》（1932）。依据此法成立了联邦住宅贷款银行委员会和12家地区银行。委员会在1989年撤销，其职责是监管。银行的任务是为会员单会提供流动性服务，如在存款增长缓慢或减少时对储蓄机构提供流动性服务。需要提供流动性服务是因为会员单位持有长期抵押贷款形式的资产，这些贷款显然不能在要求时就能够偿还。同时，在开发二级抵押贷款市场之前，储蓄机构很难满足因廉价出清抵押物造成存款流出而带来的流动性需求。

联邦住宅贷款银行（FHLB）在资本市场上出售联邦住宅贷款银行债券，获得可借给存款机构的大量资金。协会成员需要购买联邦住宅贷款银行的股份。初始资本作为支撑债券发行的坚实的权益基础。尽管这些债券并不是由美国政府担保，但是银行依照联邦宪法在政府监督下经营。同时，在地区银行向协会成员提供贷款时需要担保物，如协会投资组合中持有的抵押物。这种贷款叫做担保信贷。地区银行在资本市场上出售的债券必须由这些担保信贷和政府证券或现金进行等额保证。这些因素综合起来使得FHLB债券实际上是没有风险的。银行支付的低利率允许它们以低利率向会员单位提供贷款。

地区银行的借贷行为如表8—1所描述。数据表明了当市场利率上升时，存贷联合体的净存款所得是如何放缓的。请注意分别出现在1966年、1969年、1974年，特别是1981年的减速。我们没有收录1982年《Garn-St. Germain法案》之后的数据序列，因为银行提供给存款机构的信贷因该法案而显著增加。净FHLB信贷随存款波动，在存款减缓时增加，在存款增加时减少（通过偿还）。同时，FHLB债券余额的变化紧随银行放给会员存款机构的信贷额变化。

图8—1给出了当利率导致存款流入放缓时，FHLB债券和给存款机构的信贷是如何变化的。

表8—1　　利率、储蓄贷款协会存款、FHLB信贷和 FHLB债券行为（1965—1981年）　　单位：百万美元

年份	10年期国债收益率（%）	净存款所得[a]	净FHLB信贷[b]	未偿统一公债和贴现票据的变化
1965	4.28	8 409	672.3	852.0
1966	4.92	3 589	937.8	1 638.0
1967	5.07	10 574	(2 549.0)	(2 799.0)
1968	5.65	7 381	873.4	641.0
1969	6.67	3 954	4 030.0	3 721.0
1970	7.35	10 809	1 325.6	1 767.1
1971	6.16	27 465	(2 678.4)	(3 349.1)

续前表

年份	10年期国债收益率（%）	净存款所得[a]	净FHLB信贷[b]	未偿统一公债和贴现票据的变化
1972	6.21	32 113	42.5	(169.0)
1973	6.84	19 984	7 168.6	7 778.3
1974	7.56	15 705	6 657.3	4 995.9
1975	7.99	42 118	(3 959.8)	(3 062.3)
1976	7.61	49 991	(1 982.9)	(1 762.9)
1977	7.42	50 453	4 310.9	1 389.0
1978	8.41	44 350	12 497.2	9 100.4
1979	9.44	38 968	9 168.0	5 262.2
1989	11.46	41 211	7 142.7	6 896.8
1981	13.91	13 481	16 231.4	16 862.5

注：a. FHLB所有成员协会的存款流入额减去提取额。
b. 对成员协会的新垫款减去偿还额。

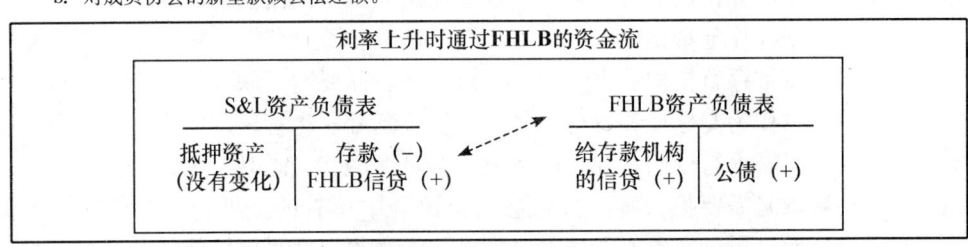

```
利率上升时通过FHLB的资金流
S&L资产负债表              FHLB资产负债表
抵押资产    存款（−）      给存款机构    公债（+）
（没有变化） FHLB信贷（+）   的信贷（+）
```

图8—1 利率上升时通过FHLB的资金流

《联邦住宅法》(1934)。除设立了联邦住宅管理局外，这个法还成立了联邦储蓄和贷款保险公司（FSLIC），该机构在1989年撤销，与联邦存款保险公司（FDIC）合并。这个机构的目标在于保证消费者的存款不受损失。它收取机构存款总额1%的1/12的"平价"统一费用作为保险费。存款保险允许存款机构承担额外风险。如果没有这种保险，存款人会因意识到存款机构投资存在的风险而提取他们的存款，促使存款机构倒闭。上述费率之所以是平价的，是因为它是基于机构存款额而不是风险因素确定的。机构风险有以下几个来源：

（1）利息浮动风险。市场利率的变化会导致资产的市场价值相对于债务来说下降（因为到期期限不匹配）。

（2）信用风险。借方可能就其债务违约。

（3）流动性风险。存款净提取意外猛增。

（4）内部欺诈风险。例如，管理层盗用资金。

（5）其他风险。来自外汇、子公司亏损和未预见调控行为的风险都包括在这一类中。

上述所列的风险来源中，前两种对大多数存款机构来说至关重要。想防范风险的机构可能会寻求能降低期限失配和违约风险的投资。而寻求风险（回报）的机构则会进行长期或投机性的投资。以权益参与商业房地产开发（见第19章）是后者的典型例子。

固定低费率保险费体系有两个缺点：第一，它错误地评价了风险，因而鼓励储蓄机构承担过多的风险，超出了没有该保险时它们的承受能力。第二，从财富再分配角度讲，这是不公平的，保守经营的机构被迫补贴那些高风险的投资。在储蓄机构的资产水平下降时，如果管理者能够赶在出现负资产净值前关闭该机构，那么风险就会由股东们承担，而不是由存款人或政府承担。然而，由于许多储蓄机构初始投资不足，又由于管理者当局对问题储蓄机构认识迟缓，存款保险最后就变成了对偏好风险的储蓄机构股东的补贴。

对一个储蓄机构来说，存款保险的价值会直接随以下因素变动：（1）利率变动性；（2）该机构的资产—负债期限失配；（3）自有资本率。1983年，麦尔洛克估计，对于一家自有资本率为100%、资产—负债期限失配只有一年的储蓄机构来说，FSLIC存款保险价值为其每年债务的2.1%。[1]

在竞争性的市场中，政府提供的保险补贴价值会直接转移给借款人并返还给存款人。保险费低说明了为什么有些年货币市场账户的收益超过了短期国债，以及为什么大部分抵押贷款总是采用固定利率。

●抵押贷款保险、直接赠款和补贴

根据《联邦住宅法》，成立了**联邦住宅管理局（FHA）**，该法规定可以给予上述的各种优惠。保险、直接赠款和补贴项目在住宅和城市开发部（HUD）的指导下实施，FHA隶属于该部之下。

抵押贷款保险

FHA为多种抵押贷款提供违约保险，许多人认为其收取的费用与承担的风险并不相称。各种政府保险项目在第14章中会详细论述，这里只简要介绍一下。最大的FHA保险项目是1~4户住宅抵押贷款保险项目（《联邦住宅法》203款）。其他的FHA保险项目将目标放在高风险的住宅物业上，贷款保险涵盖衰落地区的住宅改造（223e款）、旧城改造区的住宅改造（220款），以及合作住宅建设（213款）。还有其他的FHA保险项目锁定高信用风险借款人，贷款保险涵盖特别信用风险（信用历史尚未达到警戒水平［237款］）、租户为中等收入家庭的多户式物业（221d3和221d4款），以及为老年人租用住宅（231款）。最后，还有一些项目服务于有社会需求的物业，如疗养院、过渡性看护设施、收容所（232款）、医院（242款）和团体医疗设施（见第11章）。

如果没有这些保险项目，贷款人还会不会贷出这些高风险贷款就值得怀疑了，即使是那些给单户住宅的贷款。历史地看，FHA的保险费似乎并不足以弥补住宅贷款的拖欠风险。因为住宅价格在20世纪六七十年代以及80年代早期大幅上升，这段时间内FHA担保的独户住宅贷款拖欠的情况相对较少。相对于这段时期的风险来说，FHA收取的保险费看起来并不低。但是这种情况在20世纪80年代中期发生了变化，一直持续到90年代早期。全国的住宅价格上升趋势减缓，在某些萧条地区还出现了下降，如有油田的得克萨斯和路易斯安那州。拖欠贷款案例数量增加，使得FHA损失惨重（见第14章）。由于FHA有美国政府保证支持，贷款人愿意发放由这个机构担保的贷款，尽管 FHA 有可能因无法保证贷款和正确地为保险定价而遭受损失。相反地，如果一个私营抵押贷款保险人错误地定价保险并遭受大额损失，贷款人就会将业务转移给其他保险人。私营抵押贷款保险人支付索赔的能力对贷款人来说非常重要。[2]在 20 世纪 80 年代晚期和 90 年代早期，一些私营抵押贷款保险人破产。简言之，政府的支持使得 FHA 能够通过收取低于私营保险人的保险费，给住宅购买人以补贴，特别是能够为那些贷款价值比高的贷款提供保险。

政府以国库担保来补贴 FHA 贷款保险费的政策不知道会持续多久，但已经采取了行动来保证 FHA 的保险财务安全。事实上，为实现这一目的，1990 年的《Cranston-Gonzalez 国家支付能力法案》要求对 FHA 保险费进行重新设计。年费（保险费）由预付金和年费的组合代替。此外，《Cranston-Gonzalez 法案》要求 FHA 持有适量的资本来应对未来可预见的损失，从而保证保险财务安全，并设置了 FHA 必须达到的最低资本率。

必须注意的是，反对保险财务安全的任何行动都会给提高住宅购买力带来政治压力，特别是首次购买住宅者。如果 FHA 保险费涵盖了高贷款价值比贷款的全部风险，那么就会降低那些只有很少权益可投资于住宅者的住宅购买力。

直接赠款

除抵押贷款保险项目外，HUD 管理着很多直接**赠款**项目。**社区发展赠款**项目向城市和县城提供资金，以使符合条件的社区能够广泛地开展社区发展项目。利用社区发展资金即可开展的活动包括购买不动产、修复住宅或非住宅物业和提供公共设施，如供水和污水处理厂、维护街道和邻里中心。所有的项目必须使中低收入人群受益。

给各州和小城市的社区发展赠款是一个类似的项目。拨付资金的 70% 以上可用于使中低收入人群受益的项目。HUD 秘书处用可自由支配的资金向那些条件不符合前两种赠款类型的社区提供社区发展赠款。这种赠款可发放给一些与世隔绝的地区，如关岛、维京群岛和美属萨摩亚。这种补助也可以发放给印第安部落、阿拉斯加原著民的村庄和考察工作项目。1997 财政年度为此拨款 46 亿美元。

租用房**修复**赠款可发放给各州和城市用于鼓励租赁物业的修复。租用房修复赠款（通常每笔最高 15 000 美元）最多可支付一个项目符合条件的总修复成本的一半。修复后，至少 70% 以上的房客应是低收入家庭（少于该地区中等收入家庭 80% 的比例）。还有一些资金必须用于资助大家庭。修复后的租金不得由出租方控制。

在**城市家园项目**下，联邦拥有的物业（主要是取消赎回权的 FHA 或 VA 保险的物业）被移交给由 HUD 批准的家园项目的地方政府，然后，再象征性地收一笔钱把物业移交给低收入家庭。受让人必须占用该物业 5 年以上，并使物业达到法定标准。这些条件都满足以后，占有宅地的人即获得物业的完全所有权。

紧急避难所赠款项目为各州和城市提供赠款用于为无家可归者修复房屋和将房屋转用为避难所。这个项目是根据 1987 年《Stewart B. McKinney 无家可归者救助法案》的第 4 款成立的。参与这个项目的地方政府必须提交一份全面的无家可归者救助计划（CHAP），说明救助的必要性、用于服务无家可归者的设施清单和满足其需要的长期策略。该法案导致 1991 财政年度拨款 1.25 亿美元，1992 财政年度拨款 1.38 亿美元，1995 财政年度拨款 1.568 亿美元。到 2001 财政年度，拨款为 1.497 亿美元。资金可用于支付维修成本、设施成本、保险费和装修费，但是拨付资金不能用于给管理避难所的工作人员发工资。

自助所有权机会项目为合格的非营利机构提供资金用于建设住宅，以使低收入个人和家庭能够通过劳动来获得住宅所有权。该项目的资金只能用于合理的费用支出，潜在所有权人也必须同意为住宅的建造作出大量的贡献。在 2003 财政年度该项目的资金达到 2 500 万美元。

宗地经济开发启动资金用于帮助社区重新开发可能被有害物质污染因而废弃或低效利用的工业地产和商业地产。该项目的目的在于将废弃的和被污染的房地产重新开发、高效利用。

补 贴

HUD 还有几个**补贴**项目，为低收入家庭支付一部分住宅成本。最有名的补贴项目是低收入者租房补助项目。在该项目下，HUD 弥补低收入和很低收入家庭的负担能力与获准的正当住宅单位租金之间的差额。符合条件的租户必须交纳调整后收入的 30%、毛收入的 10% 和一部分被指定用于住宅支出的福利补助这三者中数额最高的那一项。被补贴的住宅必须满足一些安全和卫生标准。租金不能超过当地的合理市场租金。该项目的资金不能再用于新增建设或大规模整修住宅。

另一个有关项目是第 8 款现有住宅凭证项目，给受援家庭以更大的选择空间，允许他们租用租金高于公平市场水平的住宅。每月的住宅补助额以该地区的租金标准（不是实际租金）与家庭月收入 30% 之间的差额为基础。那些现有住宅低于标准的、非自愿搬迁的或租金支出超过收入一半的家庭享受优先照顾。

第 8 款适度修复项目是鼓励修复毁坏住宅的一个补贴项目。当地的公共住宅管理机构（PHA）管理该项目，通过竞争选择由哪些房东参与其中。房东同意修复物业以达到特定的安全和卫生标准。PHA 根据维护和管理物业的成本确定租金。HUD 可以提供这种补贴 15 年。符合条件的租户必须支付调整后收入的 30%、毛收入的 10% 和一部分被指定用于住宅的福利补助这三者中数额最高的那一项。同样优先照顾那些现有住宅低于标准的、非自愿搬迁的或租金支出超过收入一半的家庭。

HOME 项目和 HOPE 项目

1990 年的《Cranston-Gonzalez 国家支付能力法案》的主要目的是，增加低收入和很低收入家庭负担得起的住宅的供应。它还着眼于改善弱势少数族裔（包括美国原住民）的住宅机会，增加服务于有特殊需要人群（如残疾人）的住宅供应，保留联邦资助的为低收入家庭建造的房屋（如低收益住宅），以防止其向标准住宅转化。该项目的两个主要部分是《HOME 投资合作法案》和为所有人提供住宅所有权和机会的 HOPE 项目。

HOME 项目围绕一种贷款政策构建，联邦政府设立一项地方住宅投资信托基金，用于增加低收益住宅的供应。地方政府可用这些资金建造或修复现有的低收益住宅。住宅所得收益要返还给信托基金用于将来的投资。《Granston-Gonzalez 法案》强调修复现有建筑而不是建造新住宅的必要性。为此，该法案在 1991 财政年度拨款 10 亿美元，在 1992 财政年度拨款约 20 亿美元。这些资金不可用于管理费用支出。同时，HUD 可根据本地区的建设成本限制住宅的单位成本。地方当局需要提供不少于联邦资金 25% 的配套资金用于租房补助项目，其中 33% 用于现有建筑的修复，50% 用于新增建设。总的来说，HUD 按规定给有资格的州和城市赠款。2000 财政年度拨款为 15.6 亿美元，用于印第安部落、岛屿地区、管理信息系统和住宅供应咨询。

HOPE 项目是一种赠款项目。款项可由地方政府用于修复公共住宅（并在修复期间安置租户）和购买公共住宅以将所有权移交给符合条件的家庭。赠款还可用于帮助成立公共住宅租赁管理公司。其目的是将公共住宅私有化，以减轻这些物业在未来的损坏。为此，《Granston-Gonzalez 法案》在 1991 财政年度拨款 6 800 万美元，在 1992 财政年度拨款 3.8 亿美元。在 HOPE 项目下，地方当局需要提供不少于联邦赠款 25% 的配套资金。尽管书面上是这么规定的，但是自 1995 年起该项目并没有要求额外追加资金。关于这方面和所有 HUD 补贴项目的最新信息可以通过访问本章末提供的 HUD 网址获得。

政府资助企业的社会项目

在第 10 章中，你将了解政府资助的企业——Fannie Mae 和 Freddie Mac。实际上这两个机构是私营公司，但最初依据的是联邦政府章程。因为它们最初由联邦政府创立用来参与二级抵押贷款市场，又因为它们喜欢有联邦政府支持的信誉，承担了国会赋予的某些社会责任。结果，两个机构直到现在都有一些项目，为住宅不达标的部分人口提供负担得起的住宅。例如，Fannie Mae 就有几个社会项目。抵押贷款消费者权利议程，是一个用来减少贷款的管理障碍、鼓励负责的贷款行为和反掠夺性贷款的项目。截至 2004 年，Fannie Mae 已经为地方反掠夺活动投入了 8 000 多万美元。全国少数族裔住宅所有权议程，用来激励抵押贷款金融业在 2010 年前创造 500 万项新的少数族裔住宅所有权。2002 年，该项目就服务了近 977 000 个少数族裔家庭。电子住宅所有权动议，希望通过推广互联网的使用来降低抵押贷款成本。可负担住宅租赁领导动议，用来增加低收入多户式住宅的投资。

另外，这两个政府资助企业也能够以较低的利率购买贷款，因为它们能发行低利率债券。之所以能够发行低利率债券，是因为人们认可它们为联邦机构。2003 年，国会预算办公室（CBO）估计潜在的联邦资助使这两个机构每年取得超过 150 亿美元的资金（2000 年 CBO 估计这一金额为 106 亿美元）。

所得税规定

为简便起见，在现行税法制度下，房主自用住宅的年支出可表述为：

$$C=[(1-t)(i+p)+m+d-f]H \qquad (8—1)$$

式中，C 为以美元表示的支出；H 为住宅的价值；t 为房主的个人税率；i 为抵押贷款利率（假设抵押贷款的数量与 H 数值相同）；p 为物业税率；m 为维修和杂项支出，是 H 的一个百分数；d 为折旧率；f 为住宅价值的年增值率。房价上涨减少了住宅成本，要从住宅成本中扣减。

假设一个人纳税率为 30%，有一栋价值为 100 000 美元的房子，抵押贷款利率为 12%，物业税率为 2%，杂项费用和折旧为 1%，房价年增值 6%。则此人的年住宅支出为：

$$C=[(1-0.3)\times(0.12+0.02)+0.01-0.06]\times 100\,000$$
$$=(0.098+0.01-0.06)\times 100\,000 = 4\,800(\text{美元})$$

这个简单的等式可用来估算因各变量变化带来的住宅总成本的变化。等式中的各个变量反映了联邦政府现行的税收规定。（主要住宅的）抵押贷款利息费用和（明确登记的）物业税在确定税额时都可予以扣减。1997 年以前，只要房主在两年内购买的新房比旧房的基价高，那么升值额就不用交税。现在，1997 年《税收减免法》允许单身纳税人有 250 000 美元的资本升值免税额，已婚纳税人有 500 000 美元的免税额，只要他们在出售该住宅前五年的时间住满两年即可。这一规定有效地免除了绝大部分美国公民的资本升值纳税义务。（如果买的新房比旧房售价要低，就需要交税。税收优惠额等于新房成本与旧房基价的差额。）住宅增值额 f 要从成本中全额扣减。

许多人认为现行税务制度有利于房主自用住宅的建设。如果利息支出和物业税不能扣减，房主得为房价增值部分交税，则上例中的年住宅成本应表示为：

$$C=[i+p+m+d-f(1-t)]H \qquad (8—2)$$
$$=[0.12+0.02+0.01-0.06\times(0.7)]\times 100\,000$$
$$=0.108\times 100\,000 = 10\,800(\text{美元})$$

比减税情况下的成本的两倍还高。

房主自用住宅的完全模型要比这里给出的简单等式复杂得多。完全模型须考虑如下因素：租赁物业的税收制度（如扣减折旧）；相对于房主自用住宅，通货膨胀对租用住宅成本的影响；通货膨胀与名义利率的相互作用；各收入阶层的家庭分布情况等。

无论如何，很多人都认为，这里所给的简单公式说明，现行税法显著地减少了房主自用住宅的成本，鼓励了这种形式。詹姆斯·弗莱恩和罗伯特·邓斯基（James Follain & Robert Dunsky）考察了美国的住宅所有者对抵押贷款的需求量与税率的函数关系，其中抵押贷款利息支出可以依此税率扣减。他们得出的结论是，抵押贷款需求量对可扣减利息税率降低量的弹性 1983 年为 21.5，1989 年为 23.5。[3]

效率和稳定性

致力于加强抵押贷款与住宅市场稳定性和效率的法律主要将重点放在两个方面：(1) 为贷款创造流动性强而有效的市场；(2) 解除对市场的管制。

有效市场

当资本市场规模大且流动性强时，资本的运用会更加高效，并流向多产的使用者。如果已知有一个流动性的大型市场可以交易贷款工具，那么就会有更多的贷款人愿意投资这些工具。这就消除了交易风险，否则就要为此设一个保险费。多年来，住宅抵押贷款的情况并非如此。很多贷款发放后由贷款人以投资组合形式持有，直到被提前偿还或者到期。相应地，抵押贷款利率就会比较高，通常涵盖贷款人投资组合的违约、利率和流动性风险。换句话说，抵押贷款市场并没有很好地融入整个资本市场，后者是大型、流动而有效的。如果没有很好地整合，那么抵押贷款供求变动就会导致抵押贷款利率与资本市场利率背离。抵押贷款市场与资本大市场的整合需要引入证券化。

证券化是指将各个流动性的抵押贷款打包形成可以在有组织的交易所交易的大规模无（违约）风险的证券的过程。通过扩大某一特定贷款工具的市场，证券化过程降低了贷款人要求的收益门槛。虽然当今有许多私营金融机构从事抵押贷款支持证券化，但证券化最初的任务是通过联邦政府的行为实现的。二级抵押贷款市场的结构在第10章中将有详细论述，在这里我们只简要介绍有关的立法。

1938年成立但随即更名为联邦国民抵押贷款协会（FNMA）的华盛顿政府联邦抵押贷款协会，被授权为FHA贷款创立一个二级市场（另一个目的是使这种新型的贷款保险得到更广泛的认可，以顺利进行买卖交易）。其主要行为是买入贷款并在其投资组合中持有，在资本市场中募集借贷资金以融得购买费用。后来，该机构被允许购买VA贷款，1970年FNMA被授权可购买常规贷款。

《住宅和城市开发法案》（1968）将联邦国民抵押贷款协会私有化（部分地将其金融行为排除在联邦预算外），允许该协会保留22.5亿美元的美国国库授信额度。这部法律也建立了政府国民抵押贷款协会（GNMA）。这个机构隶属于HUD，并不购买抵押贷款，而是保证由抵押贷款产生并担保的证券本息的偿还。

FNMA和GNMA成功地为政府担保的贷款建立了一个流动市场，《紧急住宅融资法案》（1970）就脱胎于此。该行业要求政府给常规贷款市场以更多的支持，这部法律建立了一个新的二级抵押贷款市场机构——联邦住宅贷款抵押公司，其目的是为常规贷款建立一个二级市场。这部法律还允许FNMA购买常规贷款。FHLMC在1971年发行了第一个传统抵押贷款传递证券——抵押贷款参与证券（见第10章）。

● 放松管制

20世纪六七十年代对抵押人的管理规定妨碍了资本有效地流向抵押贷款市场。无效规定的两个明显领域分别是联邦Q准则限制机构储蓄和各州给贷款人收取的抵押贷款利率设置了上限。Q准则的限制导致资金从存款机构中流出，进而从抵押贷款和住宅市场流出。各州的利率上限导致在利率达到周期高峰时，这些州的抵押贷款资金出现枯竭。法律的意图是降低消费者贷款的成本，其初衷是好的，但资金流向了未受限的非住宅资本市场，结果造成贷款资金短缺。

在20世纪80年代早期，《存款机构放松管制和货币控制法案》（1980）为解决这些问题开始对金融机构放松管制。该法案消除了对存款利率和抵押贷款利率的限制，成立了存款机构放松管制委员会，在几年之内逐渐淘汰Q准则的限制。在20世纪80年代早期，这个由管理机构领导组成的委员会逐步解除了对各种存款利率的上限，直到所有存款的利率都由市场力量和竞争决定。这个法案也推翻了所有各州对联邦有关贷款的利率上限（事实上，在此前一年，《住宅和社区发展修正案》已经免除了所有各州和地方对FHA担保贷款的利率限制）。

二级抵押贷款市场的发展和放松管制相结合，使得抵押贷款市场与资本市场更好地融合了。在20世纪80年代早期，新发行的常规固定利率抵押贷款只有不足5%被证券化了，但是到80年代晚期，有一半以上被各政府机构证券化了。

亨德肖特和凡·欧德总结出，抵押贷款支持证券化的兴起使市场融合程度显著提高。[4]他们分析了在20世纪70—80年代GNMA债券和常规贷款利率之间的关系。亨德肖特和凡·欧德把GNMA利率看作资本市场利率，因为GNMA债券在大型流动市场上出售，并由美国政府担保债权的履行。他们发现，在20世纪70年代早期，GNMA债券收益的变化在两周内只能得到常规利率1/6的反应。在20世纪80年代早期，这一比例上升到将近1/2；到20世纪80年代后期，上升到将近100%。亨德肖特和凡·欧德总结道，过去常规利率相对于GNMA利率来说可能太高或太低了，但是现在它们一致了。

房地产金融市场的竞争

国会通过几项法案以使房地产金融市场更具竞争性。经济模型可以说明竞争在资源有效配置方面的益处。竞争模型假设市场参与者对所有相关价格和选择完全知情。对生产要素、产品和服务的价格知情是竞争市场的必要（而非充分）条件。相应地，影响抵押贷款市场竞争性的法律就必须着眼于使消费者获取更多的信息。

◉《州际土地交易完全披露法》(ILSFDA, 1968)

该法规定,在跨州提供某些类型的土地用于出售时,若不向 HUD 和预期购买者披露特定信息,则被视为非法。该法的提议来自美国参议院老年特别委员会的听证会,此次听证会陈述了针对老年人的土地计划。在垄断行业(如土地行业)和强制交易策略中,老年人经常被诱导购买位于沼泽、沙漠或偏远地区几乎没有价值的土地。ILSFDA 由 HUD 下属的州际土地交易登记办公室(OILSR)管理。该法适用于隶属于现在或将来会分出 50 宗及以上地块的同一销售项目(不管它们是否地理相邻)下的所有分项目。一宗地可定义为一块、一部分、一个单位的土地,土地的未分配利益可以包括租约、区分所有权房地产以及分时安排。地块最小为五英亩及以上的子项目可不受该法限制。另一类出售或租赁可豁免的分项目是购买者或其配偶亲自勘察过的项目,即所谓的"现场"豁免。还有一种宗地的租售可以豁免,即已建有住宅或商业建筑,或买方要求在购买两年内建成的地块。这些豁免反映了法律限制向对物业不知情的买方促销和出售近乎无价值的偏远生地。

在该法规定下,开发商必须做两件事情。第一,他们得向 OILSR 登记交易记录的报告书。报告书上应列出涉及的开发商和土地的特性。第二,开发商必须提供给每个潜在购买者或租户一份物业报告。物业报告类似记录报告书,用来提供该分项目的基本信息。报告还要建议潜在买方在购买宗地之前寻求律师等的专业建议。

◉《消费者信贷保护法》(《贷款事实法》, 1968)

该法的第 1 章,包括贷款事实法和公平信贷账单法,要求贷款人提供他们向顾客发放的每一笔贷款的完整信息。该法授权联邦储备系统的管理委员会为该法的实施制定标准并加以管理。委员会制定的管理要求即《Z 条例》,于 1969 年 7 月 1 日生效,既适用于消费者贷款(分期付款和循环信用),也适用于住宅抵押贷款。能从《Z 条例》豁免的贷款包括商业和农业贷款、券商向消费者提供购买证券的贷款(顾客保证金户)、学生贷款,以及未由不动产担保的超过 25 000 美元的贷款。该法涵盖的住宅贷款包括用于购买 1~4 户住宅的贷款,包括用于购买区分所有权房地产、活动房屋和拖车的贷款。涉及多于四户住宅交易的贷款视为商业房地产贷款,不受该规则管制。同时,独户住宅的所有者若在卖房时向买房人提供贷款,则不需要遵循该规则。该规则并不是想设定贷款的下限或上限,而是要确保消费者对任何贷款的实质性条款都充分知情。向消费者及早提供充分信息的目的是让他们能在购买决策前比较各种贷款费用的差别。

披露材料必须以借款人能保存的书面形式提交。披露材料必须在贷款完成前或在贷款人收到贷款申请后的三个工作日内提交。三天的期限与 RESPA(本章稍后会讨论)规定贷款人必须提供交割成本诚实估计的期限一致。如果贷款人不知道准确的贷款条款,则必须以能获取的最大量信息为基础进行披露,并说明哪些条款是估计的。

必须向消费者说明的贷款的两个最重要特征是总融资费用和年百分比率（APR）。这两项必须比披露的其他条款更加明确。

总融资费用

融资费用是贷款期内所有费用之和，包括利息费用、初始费用（点数）、折扣点、评估和信用报告费、债权人人寿和意外保险费（万一借款人死亡，抵押贷款余额将由保险支付），以及抵押贷款保险费。融资费用不包括出售物业的相关费用，即使不涉及抵押。这些费用通常包括申请费、拖欠还款或违约费用、销售税、转让税、登记费、律师费、产权鉴证费、契约准备费，及类似费用。某些情况下，贷款人会向物业的出售人收取折扣点以将抵押贷款转贷给买方。在《Z条例》下这种费用并不作为融资费用，即使出售物业的人会为收回这些折扣点成本而提高物业价格。其他卖主负担的费用也是如此，如抵押贷款保险费。

除总融资费用以外，贷款人必须披露每项付款的数字、数量和到期时间。还要披露提前偿还罚金、拖欠和惩罚费用以及预付融资费用。预付融资费用即在均匀还款开始前，第一笔月付款部分的利息费用。

年百分率

回忆一下第4章中讲过的贷款有效收益的**年百分率（APR）**。贷款的APR类似于到期收益率的概念。当存在预付融资费用，如初始费用或折扣点时，APR会比合同利率高。为回忆APR是怎么计算的，先来考虑一项简单的贷款，除合同利率以外没有其他的融资费用，合同利率就决定了偿还款。如果考虑额外的融资费用，月还款额保持不变，贷款人可能采用同样的合同利率10%。初始费用和折扣点会产生减少有效贷款数量使其低于面值的效果。等式的右边是月还款年金。如果左侧（贷款数量）减少，那么等式就不成立了。通过提高折扣率才能重新达到平衡。找回平衡的折扣率就是年百分率，这正好与传统资本预算问题或商业房地产投资分析中内部收益率的计算方法相同。在那些案例中，贷款人没有现成的公式来方便地得到APR。电脑程序可以用来找到正确的APR值。

规定要求报告给借款人的APR与实际APR的差距应在0.125%以内（可调利率抵押贷款是0.25%）。这样，如果一项固定利率抵押贷款的APR为10.75%，贷款人报告的是10.5%，那么就在容许的范围内。如果计算是通过使用可靠的计算工具（如计算机程序）进行的，贷款人可以免于出错。为防出错，贷款人必须采取合理步骤来确认计算工具的精确性。

如第4章所示，贷款人计算持有期同样为30年的贷款的APR。如果借款人在到期之前就还清贷款，那么实际成本就增加了。折扣和发起点数的"分摊"时间就少了几年。在期限内提前偿还的贷款，其实际成本要比合同利率显著提高。实际成本与贷款的持有期负相关。《Z条例》不要求披露这些其他成本，只要求披露30年持有期的成本。

贷款人将根据借款人预期的贷款持有期得出的APR披露给借款人，会导致借款人不正确地选择贷款。为说明这点，我们来考虑两种有不同合同利率和预付折扣点的贷款 A 和 B。每个贷款的实际 APR 作为持有期的函数如图 8—2 所示。

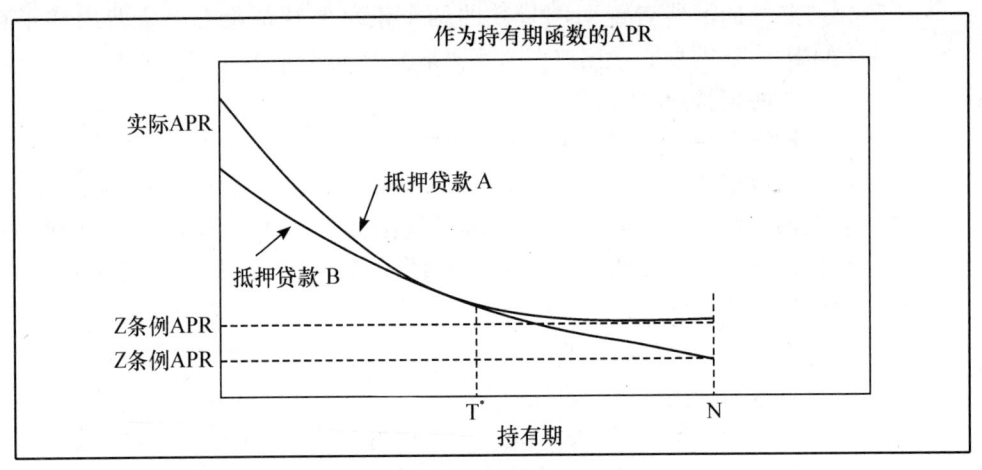

图 8—2　作为持有期函数的 APR

抵押贷款 A 的《Z 条例》APR 比较低（基于贷款条款 N）。如果借款人计划持有贷款少于 T^* 年，贷款 A 的实际 APR 就较高。大多数借款人不会精明到能区分这些微小的差别。然而，现在还没有要求要披露持有期不同情况下贷款的 APR。而且，有证据表明住宅购买者关于自己预期的住宅持有期是有理性认识的。林内曼和沃伊斯（Linneman & Voith）分析了来自密歇根收入动力学研究小组的数据，发现很多人，包括表示预期近期会入住的新房所有者实际上确实这么做了。[5] 他们认为，由于很多搬迁行为是住宅购买者所预期的，基于不同持有期的 APR 计划能提供有用的信息。

《Z 条例》和其他抵押贷款工具

对于第 7 章讨论的一些其他抵押贷款工具，包括累进还款抵押贷款、可调利率抵押贷款、分享增值抵押贷款、买低抵押贷款和住宅权益贷款。附录 A 给出了例子。

累进还款抵押贷款。 考虑一项 5 年期的累进还款抵押贷款，年还款额以 7.5% 递增。贷款额为 44 900 美元，利率为 14.75%。融资费用包括两个点的折扣（898 美元）和一笔初始的抵押贷款保险费 225 美元。下面的等式可用来计算 APR：

$$43\,777 = \frac{446.62}{(1+r/12)^1} + \cdots + \frac{479.67}{(1+r/12)^{13}} + \cdots + \frac{515.11}{(1+r/12)^{25}}$$
$$+ \cdots + \frac{553.13}{(1+r/12)^{37}} + \cdots + \frac{593.91}{(1+r/12)^{49}} + \cdots + \frac{673.68}{(1+r/12)^{360}}$$

得到的 APR 是 15.37%。贷款人必须知会借款人，负摊销是融资费用，而不是融得贷款的一部分。

可调利率抵押贷款。 估算可调利率抵押贷款（ARM）的 APR 面临的主要问题是，未来的偿还款不能明确得知，它随物价指数变化而上下移动。披露融资费用通常要依据贷款的期初条款。贷款人不能假定利率会向哪个方向变动。

许多 ARM 在期初采取低利率。在这种情况下，APR 由贷款期内利率的时间加权平均得来。例如，考虑一项调整幅度为 2% 的 ARM，发起时的利率为 10%。在完全与物价指数挂钩时合同利率应为 12%。贷款人会同意第一年的利率为 9%。假设在这种情况下再没有其他的融资费用，那么根据第一年 9%、剩余年份 12% 的利率，得到 APR 应为 11.90%。如果贷款额为 100 000 美元，贷款人应披露有 12 笔 804.62 美元的还款，348 笔 1 025.31 美元的还款。贷款人还必须披露 ARM 贷款的基本信息，包括：变动幅度、使用的指数和指数信息在哪里公布（如《华尔街日报》）；利率变化的频率；利率定期或在贷款期内变化的上限；还款变化的上限；负摊销的情况。贷款人还要提供给借款人一个例子，以说明近期内 ARM 贷款的还款是如何变化的。为此要使用历史物价指数。

分享增值抵押贷款。在这种贷款模式下，贷款人会因期初收取的低利率而得到物业的一部分增值收益。由于增值额在贷款发放时未知，披露的所有信息只能基于初始的固定利率。

买低抵押贷款。在某些交易中，卖方或其他的第三方会同意向贷款人支付一笔款项，以减少借款人的还款或降低一部分贷款期的利率。如果合同条款反映的利率较低，那么披露时就要把买低考虑进去。因为在 ARM 中，APR 必须是一个复利，要考虑起初的低利率和以后的高利率。披露还款时必须要反映这两个不同的利率水平。如果低利率没有反映在合同里（提供买低的一方与借款人签订附加协议时可能会出现这种情况），那么贷款人披露时就不能反映买低。披露书要涵盖所有借款人买低的影响。

住宅权益贷款（HEL）。这种贷款通常是开放式的，借款人可以根据需要最多"拿掉"相当于物业权益价值的数额。这里没有摊销进度安排，但是贷款也会要求每月有最低还款额。HEL 的利率几乎都是可变的，与某种货币市场指数如短期国债收益挂钩。HEL 也可称为开放式的不摊销的可调利率抵押贷款。

披露规则要求贷款人通知借款人，贷款人将获得其住宅的担保物权。贷款人还必须通知借款人在哪些情况下贷款人可以终止贷款（要求还清贷款余额）、拒绝扩充贷款或减少贷款限制。借款人没能按借贷双方协议中规定的条款履行还贷义务就是其中的一种情况。还贷条款也必须披露，利率（包括周期利率）是如何确定的，以及只支付利息并不能减少贷款本金的声明。贷款人还必须提供一个例子，说明扩充 10 000 美元贷款时还款情况如何，以及近 15 年来的指数值如何。例子必须能反映贷款的所有重要条款，如负摊销、结转利率、利率折扣以及利率和还款限制，这些条款可能会受贷款期内物价指数变化的影响。

根据 1988 年《住宅权益贷款消费者保护法》（HELCPA），联邦储备系统管理委员会对披露要求又做了几项小改动。如果借款人询问 HEL 贷款以外的信息，则贷款人不必再向借款人披露 HEL 内容。同样，向自愿在到期前还清 HEL 贷款的借款人收取的费用也不必披露。由于担保 HEL 的物业已经附带了损坏保险，贷款人不需要披露保险费的数额，只要说明物业有保险就可以了。

《Z条例》的其他要求

在《Z条例》下，借款人有权在贷款交易完成后的短时间内取消该项交易。这项权利允许借款人取消任何其可能被迫接受的协议。借款人可以在交易后三个工作日内或收到废除通知前取消交易。如果规则所要求的完整准确融资费用没有披露，那么三天的废约期就可延长到信息披露的那一天。借款人不得放弃废约权，除非出现紧急财务状况，且此时必须采取书面形式。这种情况也不能采取提前打印的表格。废约权不适用于在借款人不是自然人（如借款人是公司）或出于商业目的贷款时中住宅物业的首次抵押。同样，借款人无权废止不是主要住所的抵押贷款交易。借款人不能废除用于购买第二套或度假用房的贷款。

《Z条例》对印刷媒体（报纸、公告牌、传单、橱窗展示等）的广告行为也作了规定。如果广告包含了关于某一融资条款的信息，如首付款、分期付款、还款期数或贷款期限，那么就必须披露所有其他的条款，包括现金价格、还款到期日和年利率等。而且，这些信息不能放在广告中不显著或较晦涩的部分。

最后，《Z条例》规定了有关民事赔偿和刑事处罚的内容。民事赔偿的数额为所涉及融资费用的两倍（但不得少于100美元也不得多于1 000美元），再加上律师费和法庭成本。借款人遭受的其他损失也要得到赔偿。例如，如果借款人所得到贷款的广告APR是10%，但因贷款人计算错误而实际APR是11%，则借款人可以要求赔偿损失。因为，若非如此，借款人可能已经获得了另一笔实际APR为10%的贷款。借款人可以要求赔偿融资费用的差额。贷款人若不服从（轻罪），其遭到的刑事处罚包括入狱一年或5 000美元的罚款。如果违规是由于计算错误，那么贷款人可避过民事和刑事处罚，但是借款人还是可以要求赔偿损害。

● 《住宅所有权和权益保护法》（HOEPA，1995）

这个《贷款事实法》的修正案意在制止向已拥有住宅又要借贷买房的借款人滥放贷款。对住宅权益贷款来说，贷款人必须在贷款完成前至少三个工作日以内向借款人提供书面披露材料。内容包括告知借款人在无法履行贷款偿还义务时，借款人可能会失去其住宅及其权益。披露材料也要包括年百分率、还款数额，如果可能，还要提供有关可变利率的信息。法律还禁止高利率高收费贷款，如还款期少于5年的大额尾款条款、违约时提高利率条款以及提前还款重罚条款。贷款人也不得不顾借款人偿还贷款的能力进行基于住宅权益的贷款。贷款人不可以直接付款给住宅改造承包商。借款人也有权在三个工作日内废除贷款合同。

● 《房地产交割程序法》（RESPA，1974）

通过这项立法是为了回应消费者群体关于住宅物业交易完成成本的投诉。不只是交割成本变得昂贵，消费者也不满于无法理解以及控制各种各样的成本因素。这项立法的核心内容规定所有的交割成本都要在交割之前进行合理估算并公布。只要列一个交割费用的清单就能明白典型的借款人需要面临怎样的困惑。这些收费可能包括评估费、信用报告费、勘察费（如检查是否有白蚁）、抵押贷款保险费、公证费、产权保险、产权调查费、材料准备费、预付利息、律师费、登记费、房地产移交费（有时称为印花税）、销售佣金和服务费。

消费者群体比较关心的还有交割过程中涉及的回扣问题。想做成生意的贷款人可能会给房地产销售人员回扣，以期他们为其带来住宅购买方。反过来，产权公司也可能因贷款人为其带来生意而给他们回扣，如此种种。由于普通住宅购买人起初对交割程序中的所有参与者并不知情，经常会发生消费者被愚弄的情况。消费者群体觉得，有些交割服务相对于其给消费者带来的价值或提供服务的成本来说，显得收费过高。RESPA 的目的就是通过要求向消费者发布信息并禁止某些行为特别是回扣行为，来使市场更具竞争性。

披露要求

RESPA 对披露有三项要求：第一，在申请贷款时，必须向借款人提供一个包含全部 RESPA 所要求披露内容和信息的小册子。小册子来自 HUD，用于解释整个交割过程，说明标准程序和惯例。小册子还说明了当交割过程不符合 RESPA 规定时，贷款申请人可以采取哪些补救赔偿办法。

第二项披露要求是诚实估计可能向借款人收取的交割费用。如果某项特定服务有一个收费范围，那么这个范围必须以实际发生情况为准。贷款人还必须披露自己与其他服务提供者之间有无特殊关系。例如，如果贷款人仅雇用一名律师来进行交割审核，那么贷款人就必须说明他们之间有哪些生意上的关系。贷款人也必须提供给借款人一份服务披露声明。声明必须显示：（1）在贷款期内的任何时间，贷款管理是否会委托、出售或转让给另一方；（2）贷款人在过去三年内所放贷款中被委托、出售或转让的百分比；（3）在贷款完成后 12 个月内被转让的贷款管理占贷款人所有贷款的估计百分比。

统一交割声明是 RESPA 要求的第三项披露要求，按 HUD 提供的格式填写。它包含要向借款人收取的所有费用清单，以及交割时需要支付的所有费用总额。借款人有权在交割日前检查这项声明。统一交割声明必须是精确的，不能包含估计值。贷款人须保留一份复件至少两年以上，并且不能因准备该表格而收费。

RESPA 涵盖所有由 1～4 户住宅担保并由联邦管理或保险的贷款人发放的一级抵押贷款，不涵盖 25 英亩以上的已抵押的物业贷款、住宅改造贷款、用于购买没钱在其上建造住宅的土地的贷款、给开发商的建设贷款以及土地交易合同的执行。

关于侵害行为的规定

RESPA 的执业规定涉及对潜在**侵害行为**的规定，如回扣、强制使用某些产权服务和不正当的大额有条件转让账户。RESPA 要求款项或有价物只能支付给服务的实际提供者（这不是回扣）。如果付款额超过了所提供服务的价值，那么就认为是给了回扣。侵害行为受到严密监控，特别是在一方当事人能够控制将生意交给某些服务提供者的情况下。随后，该贷款人通常能够将借款人支向某个特定的律师、评估师或产权公司。贷款人支付给房地产经纪人的款项，与律师、评估师和产权公司付给贷款人的款项一样，是可疑的。

"回扣"不一定是实际付款，可以以价格上让步的形式出现。在 2000 年，有几家私营抵押贷款保险公司（PMI）因集体保险"回扣"被起诉。集体保险是为一大组抵押贷款进行的保险。如果一个贷款人把一大组抵押贷款卖给 Fannie Mae 或 Freddie Mac，而贷款人又买了组贷保险，那么后者向贷款人收取的保证金就要少得多。诉讼案称这些 PMI 为得到更多来自贷款人的"常规"生意而收取过低的组贷保险费。如果情况确实如此，那么 PMI 就能向单个抵押贷款收取更高的费用。值得注意的是，在 2000 年后期，这些案件被当庭驳回。提到这些案件的目的只是为了说明房地产交割服务商必须谨慎地避免某些关系以防可能招致回扣之类的不恰当行为。

当抵押贷款经纪人发起了一项利率比现行利率略高（如 8.5％而不是 8％）的贷款时，一个特别棘手的问题就出现了。除收取常规的初始费用和折扣点外，经纪人还可以只用很少的溢价将抵押贷款卖给另一个贷款人。这项溢价叫做收益延展溢价（YSP）。然而在许多近来的案例中，有人指控贷款人支付的溢价是对抵押贷款经纪人的额外补偿，超出了正常的折扣点和初始费用，而这些正是 RESPA 所禁止的。

RESPA 也禁止强制要求借款人从某一家产权公司那里获得产权保险，并限制有条件转让账户可要求的资金数量。总的来说，月还款额最多只能包含年税收和损害保险的 1/12。贷款人可要求在有条件转让账户中另外存入一笔费用来支付未预期的税收或保险增加额。这一额度限制在现有年合理收费估计值的 1/6 以内。

RESPA 下的赔偿

与《土地交易完全披露法》和《Z 条例》不同，RESPA 既不提供等额赔偿，也不规定废约权。该法中没有内容影响任何房地产交易、交易合同或贷款协议的有效性或可执行性。同时，与其他两个法不同，借款人可以在 RESPA 下就其权利订立协议。然而，该法确实规定要就上述定义的违法侵害行为提供损害赔偿。在这种情况下，被损害方可以获赔律师费和三倍损害赔偿。关于侵害行为还有刑事处罚。最后，如果某个州的法律规定的保护范围超出了 RESPA，则那些法律可取代 RESPA。

RESPA 对交割服务的影响

为评估 RESPA 的重要性和意义，我们接下来分析交割服务市场。考虑没有 RESPA 规定时的交割服务市场。对于多数交割服务读者要了解的第一件事就是其价值的基础。很多交割服务的目的是保护贷款人的担保物。尽管费用由借款人或物业的卖主支付，对这些服务的需求来自贷款人。借款人通常对服务的价值或地方市场上的主要供应商并不知情。这些交割服务有抵押贷款保险、产权调查和保险及有条件转让服务。抵押贷款保险在借款人违约且违约时担保物（住宅）价值少于贷款余额的双重情况下保护贷款人。产权调查确保贷款人的安全不受物业以前留置权的侵害。在产权调查结果可能不正确或以前的交易链中有欺诈或造假情况发生时，产权保险防范贷款人遭受这些风险。有条件转让服务保证物业税和损害保险费是流动可用的。交割服务的价值就来自它们降低风险的特性。

读者应该意识到的第二件事就是对交割服务的需求没有弹性。对交割服务的需求与其价格不相称，原因如下：总的来说，交割成本是总交易额或借款人总消费支出的一小部分。而且，它们不经常发生。消费者不大可能为不经常购买或只占总交易额很小一部分的服务四处寻找比较。即使是贷款人要求有这些服务，也是由借款人为其支付费用。

第三件事是，交割服务的供应者（抵押贷款保险人、产权保险人等等）没有直接向借款公众做广告的动机。借款的大众只是不经常地购买这种服务，他们并不是主要的服务受益人。贷款人才是受益人。例如，PMI公司的广告支出只占总经营成本的2%～5%。这些因素综合起来形成了一个体制，服务的成本会超出其价值，介绍费或回扣成为招揽生意的常用手段。

上面的讨论说明了交割服务高额定价的潜在原因和服务提供者所积累的超额利润。然而，定价过高和超额利润的证据很难收集，因为不管是单独的还是全行业的，服务提供者的成本曲线都鲜为人知。而且，虽然对交割服务的需求作为一个整体是没有弹性的，但每个服务提供者面临的需求曲线可能是有弹性的。也就是说，虽然单个借款人不会四处比较交割服务，但是贷款人会这样做。他们有更多的时间，对市场了解更充分，对供应者提供服务的质量也更了解。

也有可能发生这种情况：单项服务定价过高，但是交割服务和贷款费用作为整体可能是竞争性定价的，这样单个服务提供者就赚不到超额利润。即使没有RESPA的规定，这样的情况也可能发生。这看起来相互矛盾，维拉尼和西蒙森（Villani & Simonson）就此做了论述。[6] 他们认为RESPA也许降低了单项服务的价格，但同时可能造成整个交割服务总体价格上升。

为理解这个结论，我们再来考虑没有RESPA的情况下，有些服务提供者是自由竞争的。例如，贷款人：有很多贷款人（特别是抵押贷款银行业者）进入市场并不难，借款人可以轻松地比较并选择最优的贷款条件。现在假设其他的服务提供者处于一个不完全竞争的市场内。例如，产权公司：在全国的大部分地区一般只有6家左右，它们面临无弹性的需求曲线，在州法的约束下进入市场。结果，它们的收费高于那些竞争环境下服务的定价。由于每个公司的收费都要高于其边际成本，它会设法扩大销售范围并占领更大的市场份额。没有诱因促使它们向普通大众做广告，所以它们就通过与指定产权公司的贷款人分享收益（回扣）来招揽生意。

介绍费（回扣）成为贷款人的部分收入和产权公司的部分费用。由于贷款人在竞争市场上提供产品，他们以反映支出和收入（包括产权保险人支付的介绍费）的方式给产品定价。由于每个贷款人认为发放的每笔贷款都将收到产权保险人给的介绍费，他就有理由与其他贷款人竞争多放贷款。最终的受益人是借款人，他们可能会得到更低的利率或折扣点和初始费用。由于贷款人了解产权保险市场，能够选择产权公司，他们收取的介绍费会越来越多，直到产权公司的超额利润消失。贷款发起时的竞争压力迫使贷款人通过减少贷款费用的方式把这些介绍费收入转移给借款人。整个过程的结果就是形成了一种收费机制：为产权保险支付的价格高于该服务的价值，交割费用和贷款收费的总体水平通过竞争确定，任何服务提供者都不能获得超额利润。

奇怪的是，在这种情况下，引入 RESPA 这类立法实际上是会增加交割总成本的。除要求提供额外的文件资料和法律费用外，RESPA 还禁止收受介绍费。但是，介绍费可以使整个交割过程更具竞争性，至少在上述假设的例子中是如此。如果没有介绍费，产权公司会留取更多因缺乏市场竞争而获得的超额利润。另一方面，RESPA 的披露要求使消费者对交割费用如产权保险等有了更清楚的认识，并更有可能去选择服务，这将使那部分市场更具竞争性。有偶然的例子表明自 RESPA 颁布后产权公司的盈利性下降。表 8—2 给出了 RESPA 颁布前后产权保险业的财务数据。该表显示经营收入在 RESPA 颁布前后有稳定增加。同样，运营费用也逐渐增加。这段时间内损失赔偿增加了，但是，1982 年到 1992 年间增长尤其显著。经营费用比例和综合比例总体上都增加了，期间有几次戏剧性的摆动。

要谨慎地分析这些数据。一方面，在 20 世纪 70 年代晚期和 80 年代早期利率达到历史高点时，房地产行为明显放缓。产权保险行业是固定成本高和可变成本低的行业之一（见第 14 章）。与其他的保险公司不同，产权保险公司在收入减少时不能降低支出。即使在 20 世纪 80 年代中期房地产业复苏时，产权保险业的盈利能力也没有回到 RESPA 颁布前的水平。总而言之，没有证据表明，在该法颁布前后这个行业的利润相对于其他行业来说高得不正常。普洛特金（Plotkin）在报告中指出，从 1970 年到 1974 年，所有产权保险公司保险行为所投资本的平均收益率为 4.8%。[7] 这与证券交易委员会和联邦贸易委员会计算的美国多数行业 10.2% 的资本回报率形成了对比。

RESPA 对房地产交易的影响

RESPA 通过后，科技发展和市场结构的变化导致市场上抵押贷款发起部门内部产生利益冲突。计算机技术进步催生了计算机贷款发放系统（CLOs）。CLOs 允许借款人浏览，在某些情况下还可以申请贷款人提供的多种贷款。借款人能够通过电脑选择贷款，使得一些大的机构贷款人与房地产销售公司形成联盟，为的是在首次接触时就能抓住借款人。传统的抵押人，特别是抵押贷款银行业者，把大机构投资者与房地产销售公司之间的联盟看作是对他们市场份额的威胁。他们声称这种行为有可能违反了 RESPA 中第 8 章的内容。

表 8—2　　　　　　　　　　产权公司的财务表现：RESPA 颁布前后

年份	独户住宅销售额（千美元）	产权公司的总经营收入	产权业的总经营费用	索赔（美元）	经营费用率（%）	综合比率（%）
1968	2 507	367.7	306.0	4.9	83.2	87.2
1969	2 071	383.7	321.0	4.8	83.7	81.3
1970	2 097	375.0	337.1	4.9	89.9	93.5
1971	2 674	525.2	421.5	6.2	80.2	83.5
1972	2 970	644.4	514.1	7.0	79.8	83.4
1973	2 968	720.6	604.0	10.2	83.8	88.5
1974	2 791	674.9	617.3	14.4	91.5	98.0
1975	3 025	684.9	618.6	20.3	90.3	99.0
1976	3 710	899.7	773.9	17.9	86.0	92.3
1977	4 469	1 181.8	996.4	18.8	84.3	89.6
1978	4 803	1 509.2	1 338.7	20.5	88.7	93.7
1979	4 536	1 548.6	1 411.6	24.4	91.2	96.2
1989	3 518	1 403.9	1 380.6	30.0	98.3	104.9
1981	2 854	1 496.5	1 504.2	35.3	100.5	108.6
1982	2 403	1 445.8	1 464.3	33.4	101.3	109.7
1983	3 320	2 181.9	1 954.0	31.4	89.6	95.9
1984	3 467	2 612.8	2 383.7	44.2	91.2	99.1
1985	3 820	2 956.9	2 699.7	48.9	91.3	99.0
1986	4 225	3 770.0	3 279.6	331.7	87.0	95.8
1987	4 108	4 218.3	3 834.4	324.8	90.9	98.6
1988	4 180	4 055.8	3 777.4	389.4	93.1	102.7
1989	3 974	4 107.1	3 871.8	390.2	94.3	103.8
1990	3 754	4 092.9	3 890.4	410.2	95.1	105.1
1991	3 695	4 231.3	4 025.3	424.4	95.1	105.2
1992	4 089	5 231.9	4 725.3	387.7	90.3	97.7
1993	4 453	5 936.9	5 336.6	343.1	89.7	95.5
1994	4 587	5 860.2	5 453.5	315.3	93.1	98.5
1995	4 553	4 842.7	4 590.0	282.3	90.0	95.8
1996	4 954	5 552.7	5 205.9	270.9	93.6	98.5
1997	5 686	6 180.5	5 788.9	286.8	93.7	94.1
1998	5 856	8 276.8	7 676.2	294.0	92.7	96.6
1999	6 085	8 496.0	7 900.0	324.7	92.9	97.1
2000	5 990	7 869.2	7 448.8	394.8	94.7	100.0
				1968—1974 年平均数	84.6	88.8
				1975—2000 年平均数	92.3	99.0

资料来源：*Title Insurance Industry Statistics*，Washington，DC：American Land Title Association，2002。

CLOs 在 20 世纪 80 年代早期引入，有两种类型。一种是贷款信息网络，允许所有贷款人向潜在借款人展示他们的贷款及利率。借款人浏览可供选择的贷款，然后分别与贷款人联系。贷款清单由贷款人或 CLOs 聘用的人员进行定期更新。通常参与此事的经纪人办公室有一台计算机终端用来展示这个清单。另一种 CLOs 是综合贷款发放和处理系统。网络上有贷款申请表格，在电脑屏幕上填写后，传送给中央处理器和保险站进行批准。房地产销售人员在销售时就获取了借款人的申请信息。这种类型的 CLOs 还允许销售人员跟踪整个贷款处理过程。这种 CLOs 通常有某种资格预先审查程序来初步确定批准贷款的可能性。

CLOs 要么是私营网络，要么是公开网络。私营网络只提供网络创办人选择的贷款，只有会员才可以使用该系统。公开网络允许所有支付了参与费的贷款人把贷款列在系统上，接受并处理贷款。私营网络因有人认为它们会导致违反 RESPA 而成为批评对象。

私营网络引起争议的一个例子是花旗集团的抵押贷款动力项目。这个项目在 1981 年启动时是地区性的，但到 1990 年，已经占到全国一级抵押贷款市场约 5% 的份额。这个项目列示了参与其中的房地产经纪人并向住宅购买者提供条款颇具吸引力的贷款。结果，通过这个项目，花旗集团从交易的起点——房地产销售人员处，就能接触到住宅购买人。

通过以这种方式推销贷款，花旗避免了高昂的市场营销成本，包括要在全国开设办公室的硬性成本。由于营销成本降低，花旗能够提供没有或有很少的发起点数或其他费用的贷款。参与该项目的房地产销售公司可以在收取服务费的同时仍保持竞争优势。

批评花旗这个项目的人声称，这种关系是介绍费的一种掩盖形式。花旗不收取贷款点数并把其中的一部分转交给介绍顾客的房地产销售公司，而只是降低初始费用，并允许房地产公司自主收取相关费用。

花旗集团的立场得到两个法庭判例的支持，"联邦诉格雷厄母抵押贷款公司案"和"艾森贝格诉考姆菲德抵押贷款公司案"。[8] 在这些案件中，法庭认为 HUD 没有明确将贷款初始费用算入交割费用的意图。但是，我们也可以理解，为什么当抵押贷款发放系统在销售起点就吸引到消费者并激励销售公司把贷款业务引向大机构投资者时，常规贷款人会受到威胁。

1992 年，HUD 发布了一个规定，如果顾客被告知了公司之间的关联关系，公司就可以给关联公司中为其介绍业务的员工支付报酬。为回应贷款人的压力（抵押贷款银行业者联合会提起了一项诉讼），克林顿当局要求 HUD 修改上述规定。于是，上述规定在 1994 年进行了修改，1996 年最终取消了 1992 年规定所允许的介绍费。然而，也存在几次例外。例如，1996 年的规定允许给予管理人员补偿，如果其客户有一定比例与关联公司达成交易，但介绍费不能交易笔数支付。同时，不提供交割服务的非管理人员（如股票经纪人）可以收取介绍费，为几家公司同时提供市场营销服务的金融服务代表可以收取佣金，但是不能从事交割服务。1996 年的规定还取消了借款人付费时对 CLOs 的豁免权，但允许（向借款人、贷款人或其他人）收取所有与CLOs有关的费用，只要收费与提供的服务价值关系合理。由于1996年规定中进行的修改遭到交割服务提供者的更多抱怨，HUD将其推迟到1997年7月实施。最后，1996年修改的规定做了一个政策性的声明，定义了CLOs可以提供的服务。声明指出CLOs可以：

（1）提供有关产品或服务的信息。
（2）事先确定预期购买者的资格。
（3）向消费者提供选择辅助性服务的机会。
（4）向预期借款人提供有关贷款产品和利率的信息。
（5）收集并传递物业信息以供贷款人评估。
（6）提供贷款发起、处理和保险服务。
（7）进行最终的融资决策。

房地产销售公司急切地想参与到CLOs网络中。一些已参与其中的大公司包括Coldwell住宅银行业者集团、美好家园和花园房地产服务公司以及不动产世界公司。以下从支持者和反对者双方的立场给出了CLOs的利与弊。

利	弊
贷款人发起贷款成本更低	有操纵业务和支付介绍费（回扣）的危险
可进入地域上更加分散的市场	专业贷款咨询和质量控制减少
促进激烈的利率竞争	贷款人身份丧失
方便借款人比较贷款	相当一部分的市场向常规贷款人关闭
减少处理和批准时间	

网上贷款

把借款人介绍给某些贷款人的行为又与网上贷款的出现联系在一起。许多房地产销售公司能在互联网上向全美国的潜在住宅购买者提供物业信息。现在，有些公司已与抵押人达成协议，让后者成为前者客户的专用贷款提供者。例如，在2000年4月，MortgageSelect.com与Realty.com签订了协议，使前者成为贷款发起和预批准服务的指定提供者，为后者的房地产中介网站提供服务。按照协议条款，访问Realty.com的住宅购买者能够直接进入MortgageSelect.com评估其购买住宅的融资过程。

贷款人在CLOs和互联网中越来越多地出现使得他们在住宅购买到交割过程中有着强势的地位，同时也使得他们能够成为一站式服务中心。2002年7月HUD提议对一些规则进行修改，通过允许贷款人将所有交割成本自行打包来降低消费者支付的交割成本，这就是所谓的一揽子规则。在此规则下，贷款人提供所有交割服务的担保价格，从本质上来说，其实是贷款人与其他交割服务供应商（比如产权公司）签订合同，取得这些服务的报价，再将所有交割服务打包提供给借款人。HUD相信贷款人会互相竞争以争取为消费者提供价格最低的一揽子服务。相应地，这也就意味着贷款人会与其他交割服务供应商进行谈判以取得最低价格。贷款人会向借款人提供信誉特别良好的成本估计，或者担保的抵押贷款包（GMP）以代替标准信誉的成本估计。HUD估计一揽子交易平均能够为借款人节约高达1 000美元的贷款交割成本。

在2004年中期，行业参与者继续对该规则进行讨论。非贷款人，比如产权保险公司，因贷款人在其中扮演的核心角色而倍感受到威胁，因此提出了"两揽子"交易，其中非贷款人也能够提供自己的一揽子服务。

2004年，尽管布什总统也支持这一规则，但是当抵押贷款银行业者协会不再支持时，这一规则还是遇到了很大的麻烦。

一些贷款人坚持认为，他们不需要之前HUD提议的一揽子规则来提供这样的一揽子服务。他们指出，只要没有回扣，他们就能够与其他服务供应商在协商价格水平下签订合同并提供服务，或者针对实际并未提供的服务收费，只要这些费用在HUD-1交割表格中列出即可。他们也引证了2003年和2004年的一些法庭案例，指出案例允许贷款人就这些服务收费营利。法庭裁决指出，贷款人能够以协议价格与另外一家交割服务供应商签订服务合同，增加一个"附加利润"后向借款人多收取费用。法庭裁决允许贷款人在没有涉及回扣的情况下额外收费。总的来说，只要不涉及回扣，交割服务的趋势应该是一站式购买。

◉ 《住宅所有者保护法》（HPA，1998）

《住宅所有者保护法》规定贷款人预先以及每年都要告知借款人，如果住宅权益的数额达到一定水平，那么借款人有权要求取消抵押贷款保险。该法还规定当权益达到某一数额时自动取消抵押贷款保险。为此，权益被定义为初始购买价格减去贷款余额。根据此法，贷款人必须在贷款完成时根据贷款条款向借款人披露有效的抵押贷款保险种类（不管是贷款人还是借款人付费）。对于固定利率抵押贷款，贷款人必须向借款人披露：

（1）一旦住宅的权益达到了20%（贷款价值率为80%），借款人就有权要求取消抵押贷款保险的说明（而且，贷款人必须说明当权益达到22%时，抵押贷款保险就自动取消了）。

（2）能表明借款人何时可以要求取消抵押贷款保险以及贷款人自动取消抵押贷款保险的日期的摊销进度表。

（3）关于Fannie Mae和Freddie Mac是否认为该贷款风险高的信息。如果该贷款被认为风险高，那么抵押贷款保险要到贷款还完一半以后才能取消。

对于可调利率抵押贷款，需要披露：

（1）当权益达到20%时借款人就有权要求取消抵押贷款保险以及到那时贷款人会告知借款人的通知。

（2）当权益达到22%时抵押贷款保险就自动取消的信息。

（3）关于是否适用高风险例外的信息。

当由贷款人支付抵押贷款的保险费时，借款人几乎都要承担稍高的利率来补偿这部分保险费。在这种情况下，HPA要求贷款人将此事告知借款人。贷款人还必须向借款人提供信息，说明贷款人支付抵押保险费与借款人付费两者的利益差别。

根据该法，如果抵押贷款价值率低于80%，借款人在过去12个月内拖延还款不超过30天或在过去两年内拖延还款不超过60天，物业价值在购买后没有减少，则抵押贷款保险必须取消。当贷款价值率达到22%、借款人当前没有拖欠还款且贷款不被认为是高风险时，抵押贷款保险就必须自动取消。

HPA的实际影响

你会注意到，权益被定义为住宅的初始购买价格减去现有贷款余额，因此，根据这项法案，增加权益的唯一途径就是摊销贷款，而不能通过住宅市场价值增值来增加权益。这一限制对抵押贷款的结束时点有显著影响。对利率为8%、贷款价值率为95%的贷款，达到80%贷款价值率的时点大约需要13年。利率越高则取消保险需要的时间就越长。然而，全国房地产经纪人联合会有数据表明普通住宅所有者大约每7年搬一次家（大致已经付清过去的贷款）。而且，根据美国抵押贷款保险联合会（MICA）的数据，由私营抵押贷款保险公司担保的贷款通常大约在4年内就还清了。

当然，如果物业的权益被定义为住宅的现值减去现有贷款余额，就会有更多的贷款符合取消保险的条件。自1968年开始，美国中等住宅物业的价格每年平均上涨6.5%。如果每年只升值3.8%（那段时间适用的升值率），那么1980年花100 000美元购买的物业到2000年就价值210 837美元。升值率自1980年（贷款从此时开始摊销）开始为3.8%，运用这个保守的比率，就可以计算出物业价格的增加值，进而得到权益的增加值。在这种情况下，78%的贷款价值率出现在贷款的第5年。

小　结

联邦政府对住宅问题的影响是广泛的。立法是为了让人们能买得起房子，使借款人获取更多信息，使住宅抵押贷款市场更加高效。政府的最大成功在于开创了二级抵押贷款市场。二级抵押贷款市场通过建立流动的抵押贷款市场使住宅融资不再那么昂贵。政府还通过给抵押人补贴资金成本和抵押贷款违约保险成本，给低收入家庭买房或租房提供直接赠款和补贴，提高了住宅购买力。为获得更多的信息来促进竞争，联邦政府还制定了规章制度。这方面的立法重点主要集中在贷款成本和与住宅房地产交易有关的成本上。

关键词

侵害行为　　　　　　　　　社区发展赠款
年百分率（APR）　　　　　计算机贷款发放系统

放松管制	《住宅和城市开发法案》
直接赠款	《州际土地交易完全披露法》（ILSFDA）
紧急避难所赠款项目	《联邦住宅法》
联邦住宅管理局（FHA）	《房地产交割程序法》（RESPA）
融资费用	《Z条例》《贷款事实法》
废约权	租赁房修复项目
证券化	补贴
交割费用	统一交割声明
交割服务	城市家园项目
《住宅所有者保护法》	

推荐读物

De Tienne, D. R., and E. Worzala. 1999. The Homeowners Protection Act: Protection for whom and at what cost? *The Real Estate Finance Journal* (Spring), 60–64.

Ford, D. A. 1982. Title assurance and settlement charges. *Journal of the American Real Estate and Urban Economic Association* 10 (3).

Hendershott, P. H., and J. Slemrod. 1993. Taxes and the user cost of capital for owner-occupied housing. *AREUEA Journal* 11, 375–393.

Hendershott, P., and K. Villani. Mortgage and bond yields: Some tests of market efficiency from the GNMA market. National Bureau of Economic Research Working Paper No. 731.

Hutchinson, S. C. 1999. Demystifying mortgage insurance cancellation. *Real Estate Finance Journal* (Spring).

Kent, R. 1981. An analysis of the countercyclical policies of the FHLBB. *Journal of Finance* 36 (1).

Merton, R. 1977. An analytic derivation of the cost of deposit insurance and loan guarantees: An application of modem option pricing theory. *Journal of Banking and Finance* 1, 3–111.

Tuokey, C. G. 1975. Kickbacks, rebates, and tying arrangements in real estate transactions: The federal real estate settlement act of 1974; antitrust and unfair practices. *Pepperdine Law Review*.

Villani, K. 1981. The tax subsidy to housing in an inflationary environment. *Research in Real Estate*, vol. 2. Greenwich, CT: JAI Press.

Villani, K., and J. Simonson. 1982. Real estate settlement pricing: A theoretical framework. *Journal of the American Real Estate and Urban Economics*

Association 10（7）.

Von Furstenberg, G. 1976. Risk structure and the distribution of benefits within the FHA mortgage insurance program. *Journal of Money, Credit and Banking*（August）.

复习思考题

1. 联邦立法涉及的四个住宅市场问题是什么？
2. 列举几个向存款机构提供金融支持的联邦项目。
3. 指出联邦住宅贷款银行的主要作用及其如何为经营融资。
4. 指出储蓄机构的风险来源。存款保险为何不能承担上述风险的保险？
5. 联邦担保是如何允许FHA补贴抵押贷款保险的？
6. 列举至少三种HUD给低收入家庭住宅提供的赠款项目。
7. 《州际土地交易完全披露法》背后的动机是什么？该法涵盖的物业类型有哪些？
8. 《Z条例》要求披露的两项主要内容是什么？
9. 解释为什么增加折扣点会提高抵押贷款的APR。
10. 提前还款对实际APR有什么影响？请解释。
11. 根据《Z条例》，如果贷款人不能充分披露融资费用，损害赔偿是怎样的？
12. 制定《房地产交割程序法》的动机是什么？
13. RESPA认为侵害行为有哪些？
14. 讨论交割服务市场以及支持和反对对其实行管制的观点。
15. 讨论《住宅所有者保护法》的主要条款。

习 题

1. 根据《Z条例》，确定以下抵押贷款的年百分率。

抵押贷款	票面利率	抵押贷款额（美元）	折扣点	到期期限（年）	APR
A	11%	100 000	500	30	____
B	10%	100 000	2 500	30	____
C	8%	100 000	3 000	15	____

2. 在第1题中，如果分别预期在第1年、第5年、第15年末出售你的住宅，那么你将选择哪种抵押贷款？

3. 分别确定在以下所给持有期内 30 年抵押贷款的 APR（数额：100 000 美元；票面利率：10%；折扣点成本：4 000 美元）。

抵押贷款	持有期（年）	APR
A	5	——
B	10	——
C	25	——

4. 以下 ARM 贷款的 APR 是多少？

数额：不确定；完全与物价指数挂钩的利率：（只在）第一年为 9%；优惠利率：7%；无折扣点。

相关网站

http：//www.hud.gov/funds/index.cfm
HUD 住宅补助方案的相关信息

http：//www.ezec.gov
低收入住宅方案的相关信息

http：//www.allregs.com
FNMA 和 GNMA 方案的住宅贷款条例和守则

http：//www.stopmortgagefraud.com
美国抵押贷款银行业者协会的一个网站，帮助人们避免掠夺性贷款

注 释

[1] J. Huston McCulloch. Interest-rate sensitive deposit insurance premia：Adaptive conditional heteroscedastic estimates. Unpublished manuscript. The Ohio State University，1983.

[2] Standard and Poor's provides ratings for private mortgage insures, just as it does for corporate bonds. Mortgage lenders consider the ratings to be an important barometer of an insurer's claims-paying ability.

[3] James R. Follain and Robert M. Dunsky. The demand for mortgage debt and the income tax. *Journal of Housing Research*，8（2）（1997），155−199.

[4] Patric Hendershott and Robert Van Order. Integration of mortgage and capital markets. Working Paper No. 89−4. Tempe，AZ：Center for Financial Systems Research，Arizona State University，1989.

[5] Peter Linneman and Richard Voith. Would mortgage borrowers benefit from the provision of APR schedule? *Housing Finance Review* 4（January 1985）：569−576.

[6] Kevin Villani and John Simonson. Real estate settlement pricing：A theoretical framework. *AREUEA Journal* 10（Fall 1982）：249−275.

[7] Irving Plotkin. *On the Theory and Practice of Rate Review and Profit Measurement in Title Insurance*. Cambridge，MA：Arthur D. Little，1978.

[8] 564 F. Supp. 1239（E. D. Mich. 1983），rev'd 740 F. 2nd 414（6th Cir. 1984），reh'g den.

附录 A

可调利率抵押贷款举例

可调利率抵押贷款举例

以下披露信息描述了你所考虑的可调利率抵押贷款（ARM）方案的特征。其他 ARM 方案的信息可以通过咨询获取。

你的利率和还款额如何确定

- 你的利率等于指数加上附加利率。
- 你的还款额根据利率、贷款余额和贷款期限确定。
  - ——利率等于调整至恒定的 1 年期限的美国国债周平均收益率（你的指数），加上我们的附加利率。你可以向我们咨询我们当前的利率和附加利率。
  - ——指数利率的相关信息每周公布于《华尔街金融日报》。
- 你的利率将等于指数利率加上我们的附加利率，除非你的利率"上限"限制了利率调整的幅度。

你的利率如何变化

- 你的利率可能每年调整一次。
- 每年，你的利率不能上升或下降超过 2 个百分点。
- 在整个贷款期内，你的利率不能上升或下降超过 5 个百分点。

你的月还款额如何变化

- 你的月还款额根据利率的调整而调整。
- 举例来说，对于一笔 30 年期、初始利率为 9.71%（下面的表格中利率一栏 1987 年的利率）的 10 000 美元抵押贷款，利率在该方案下最多可以上升 5 个百分点，至 14.71%，其月还款额可能从第一年的 85.62 元上升到第四年的最大值 123.31 美元。
- 你将在每年还款额做出调整前 25 天得到书面通知。通知中将包含你的利率、还款额和贷款余额的相关信息。

示 例

下面的示例显示了根据 1977—1987 年间指数的实际变化，你的还款额在此 ARM 方案下将如何调整。这并不表示你的指数在未来也一定如此变化。本例基于以下假定：

金额	10 000 元	上限	2%的年利率上限
期限	30 年		5%的贷款期利率
还款额调整期	1 年	指数	调整至恒定的 1 年期限的
利率调整期	1 年		美国国债周平均收益率
附加利率	3 个百分点		

年份 (7月结束的第1周)	指数 (%)	附加利率[a] (百分点)	利率 (%)	月还款额 (美元)	余额 (美元)
1977	5.72	3	8.72	78.46	9 927.64
1978	8.34	3	10.72[b]	92.89	9 874.67
1979	9.44	3	12.44	105.67	9 832.70
1980	8.51	3	11.51	98.79	9 776.04
1981	14.94	3	13.51[b]	113.51	9 731.98
1982	14.41	3	13.72[c]	115.07	9 683.39
1983	9.78	3	12.78	108.25	9 618.21
1984	12.17	3	13.72[c]	114.96	9 554.39
1985	7.66	3	11.72[b]	101.08	9 435.03
1986	6.36	3	9.72[b]	88.13	9 311.25
1987	6.71	3	9.71	88.07	9 151.55

注：a. 这是最近我们使用的附加利率，你的附加利率可能与此不同。
b. 这个利率反映了2%的年利率上限。
c. 这个利率反映了5%的贷款期利率上限。

为了得到某个时期你的还款额，将贷款金额除以10 000美元所得结果再乘以该时期的月还款额即可〔例如对一笔1977年发起的60 000美元抵押贷款，1987年的月还款额是：60 000÷10 000＝6（美元）；6×88.07＝528.42（美元）〕。

累进还款抵押贷款举例

便利存贷款　　　　　　　　　　　　　　　　　　　　　编号：4862-88

Michael Jones
美国利特尔克里克500 Walnut法院

年利率 年度信用成本	信贷费用 信用成本总额 （美元）	融资额 提供的信用额度 （美元）	总付款额 根据付款计划支付的总额 （美元）
15.37%	177 970.44	43 777	221 548.44

还款计划见下表：

每年还款次数	每年还款金额（美元）	还款区间
12	446.62	开始日期1981年6月1日
12	479.67	开始日期1982年6月1日
12	515.11	开始日期1983年6月1日
12	553.13	开始日期1984年6月1日
12	593.91	开始日期1985年6月1日
300	637.68～627.37	开始日期1986年6月1日 …

保护措施：购买住房时你将获得一个保护性利率。
逾期收费：如果未在规定时间内支付，将需额外支付5%的逾期付款额作为逾期费用。
提前支付：如果提前支付，你将不会遭受惩罚，并且将获得部分信用费用返还作为奖励。
责任承担：受让您住房的人没有义务代替您承担原始条款中抵押贷款未清偿部分的还款责任。
请查阅合同文件以获取关于以下内容的详细信息：拒绝还款；无法还款；约定期前需要偿还款项的总额；提前偿还罚金。

第 9 章

联邦住宅政策：第二部分

学习目标

通过本章的学习，你应该明白联邦法律保护住宅购买者在交易和融资中免受歧视。你应该了解《公平住宅法》及其修正案、《住宅抵押贷款披露法》和《社区再投资法》。你还应该了解有关歧视的理论，以及在住宅市场中可能发生或尚未发生的歧视类型。

导 言

以使住宅市场更加公平为目的的立法，着眼于那些在住宅交易、融资和租赁中被认为存在歧视的行为。因为基于种族、信仰、性别或族裔出身的歧视是全然违反美国精神的而且有悖于公众利益，所以联邦政府已积极投身于禁止歧视行为的活动中。

住宅公平权

有两个主要立法涉及住宅歧视：1968 年的《公平住宅法》涉及住宅交易中的歧视，1974 年的《平等信用机会法》（1976 年修订）涉及住宅金融中的歧视。其他的立法还有 1975 年的《住宅抵押贷款披露法》和 1978 年的《社区再投资法》。

● 《公平住宅法》(1968)

该法作为1968年《民事权利法》的第8章获得通过。它禁止在住宅（或即将建设住宅的空地）销售或租赁中就种族、肤色、宗教信仰或族裔出身而产生的歧视行为。1974年《住宅和社区发展法》把性别增加到需要保护的内容中。有18岁以下儿童的家庭和残疾人受到1988年《公平住宅法修正案》的保护。根据该修改案，以下行为是不合法的：

（1）拒绝向被保护群体租售住宅，拒绝与其商谈租售住宅，或以其他方式使其无法获取住宅；

（2）基于群体身份修改租售条件或条款；

（3）在广告中声称只向某个群体租售住宅；

（4）在事实上有住宅可租售时，向受保护群体成员声称没有；

（5）企图通过声称某类人将搬到附近而促进住宅的交易；

（6）基于借款人的受保护群体身份而修改抵押贷款条款；

（7）拒绝向受保护群体成员提供多种代理服务；

（8）商业贷款人拒绝为购买住宅的受保护群体成员贷款或为之设定不同的贷款条款或条件。

第1条中的行为主体除物业所有者外，还特别地将经纪人包括在内。第5条中的非法行为通常被称为街区房地产涨跌牟利。不道德的人利用这种极其不道德的方式压低价格，然后就能很便宜地把物业买到手。牟取暴利者常常声称某些少数族裔要搬到附近，所以物业所有者应尽快降价将其卖掉以避免进一步贬值。牟取暴利者甚至会雇用或鼓励某少数族裔的成员之一购买或表示有兴趣购买临近社区的物业。根据该法，这些行为都是非法的。

该法确实也豁免某些业主不受其规定限制（尽管种族歧视不得豁免）。不雇用经纪人或不使用歧视性广告的自住业主租售其物业时可豁免。但是，关于谁属于自住业主是有限制的。例如，豁免不适用于拥有三处以上住宅的人。而且，只要不因肤色、种族、性别、族裔出身、残疾或家里有孩子而产生歧视，那么宗教组织可优先照顾其成员。只要不为营利而对物业进行商业经营，那么私营俱乐部也可以限定只有其会员才可占用该住所。

该法还要求制定并实施积极的公平市场营销计划，HUD住宅计划的参与者必须采用鼓励性的项目来吸引来自所有群体的购买者和租赁者。根据该法，HUD还规定要与全国的主要住宅产业团体，包括全国不动产经纪人联合会，签订自愿积极营销协议（VAMA）。协议约束参与者的行为，使该行业意识到法律所赋予的责任。

该法规定了两项可同时或先后索取的法律赔偿。首先，可到住宅和城市开发部进行投诉。如果州法承认同样的权利和赔偿要求，HUD会把案子移交给一个州立机构；如果州法不认同，HUD会亲自调查这宗投诉。由于HUD不能发布任何终止歧视行为命令，它会寻求非正式的和解方案。调查不需投诉者负担费用，所找到的证据可用于第二种索赔方法——向联邦地区法庭提起民事诉讼。

民事诉讼必须在歧视行为发生两年内提起，除非已先向 HUD 备案。联邦法庭可命令停止歧视行为并对违法者处以 1 000 美元以下的罚款。在违法者的损害行为影响广泛（涉及大众普遍利益）的情况下，美国的司法部可提起民事诉讼。在 1988 财政年度，HUD 接到 4 658 起投诉；有 1 539 起试图和解，其中 1 122 起和解成功。

歧视行为的证据通常难以收集。因此，政府的调查人员采用了一种"检查"或"考验"体制。他们会派一名黑人"购买者"和一名条件相同的白人"购买者"到一个白人占优势的社区去，看看物业的出售者或经纪人是否会对两人平等对待。如果卖主或经纪人告诉黑人"购买者"当天刚刚签了卖房合同，但是告诉（稍后到达的）白人"购买者"该物业还可以买卖，那么"检查者"就收集到了在法庭上使用的足够证据。

◉ 《平等信用机会法》(ECOA，1974)

该法把 20 世纪 60 年代的民事权利运动延伸到了信用市场。尽管不严格局限于消费者信贷，但其重点着眼于资本市场的信用领域。《平等信用机会法》（ECOA）起源于 1972 年就女性在信用市场所受歧视而举行的一系列听证会。证人在 5 月份全国消费者融资委员会（NCCF）举行的听证会上的证词表明，女性，特别是已婚女性在获取信贷时面临困难。在当年晚些时候，NCCF 的报告被参议院银行业、住宅和城市事务委员会作为联邦立法的理由所引用。参议院就此起草了该法，并于 1974 年 10 月获得通过。该法禁止信用市场上基于性别和婚姻状况的歧视行为。随后，众议院银行业、货币和住宅委员会力推将歧视范围拓展到年龄、种族、族裔出身、宗教信仰和肤色。参议院修改了该法，又增加了两个受保护阶层：一是以福利为生的人；二是善意地行使 ECOA 所规定的权利的人。修改后的法案于 1976 年 3 月获得通过。该法要求贷款人在贷款申请提交后 30 日内将最后决定通知申请人，如拒绝贷款则要提供书面材料说明原因。该法特别禁止贷款人获取申请人的下列信息：

（1）是否有小孩；
（2）是否有儿童保育问题；
（3）是否可能会因未来生育小孩而导致收入中断；
（4）是否有赡养费、儿童抚养费或离婚后生活费收入；
（5）是否鳏寡、离婚或是单身；
（6）是否有注册的电话号码。

解释和实施这项法律的难点之一在于如何区分歧视行为（如拒绝贷款）和贷款人筛选贷款申请人的合法行为。该法把这项任务交给了联邦储备委员会。在《B 规定》（Regulation B）中，委员会规定给一个申请人的贷款条件没有另一人优惠的歧视行为为非法行为。然而，精确地定义和解释歧视行为比仅仅这样规定要难多了。

至少有三种方法可以定义或确定歧视性贷款行为。一是结果法。如果获得贷款的人中少数族裔的成员人数很少，也就是说，少数族裔成员在获得贷款的人中占的比例少于他们在总人口中的比例，那么就可以认定存在歧视行为。二是意图法。如果贷款人打算不那么优惠地对待少数族裔，就可认定有歧视行为存在。第三，惯例法。当贷款人不遵守贷款程序中决定贷还是不贷的一套规则时，就存在歧视行为。例如，委员会制定的方针禁止在贷款申请表中使用"先生"和"夫人"这种词语，要求将已婚女性的信用记录与其配偶的记录独立对待，而不遵守这些"惯例"会导致被认为有歧视行为。贷款人要谨慎地避免在受理和评估贷款申请中做出任何被禁止的行为。

合法的贷款筛选程序也可能导致贷款得到批准的少数族裔成员的比例低于他们在总人口中占的比例。例如，如果收入是一个合法的筛选条件，而黑人的平均收入要低于白人，那么结果就是黑人在有信誉的群体中所占的比例较低。即使种族不是一个筛选因素，情况也会如此。这就使得判定歧视的结果法很难得到解释和运用。此外，如果严格执行结果法会导致更多贷款贷给不可信的申请人（基于收入），更少的贷款贷给信誉好的申请人。这会（因大量违约）增加所有群体的信贷成本。

同样，确定一个贷款人的意图也很难。贷款人不可能承认他们有歧视意图。因此，尽管《B规定》在202.6（a）款的脚注中明确提到了结果法，但联邦政府还是将重点放在惯例法上，用以防范歧视行为和实施ECOA法。

为防止信用市场中的歧视行为而进行立法的必要性可以从理论上和经验上加以论述。理论上，某些市场可能比其他市场更容易产生歧视。在信用市场上是否如此可以从经验研究中得到部分答案。这两种方法我们都来看一看。

歧视的经济理论

在信用市场中有两种歧视理论模式，它们主要产生于研究劳动力市场歧视的经济学。一种理论认为，个人或公司有某种歧视偏好或"口味"，也就是说，公司或个人会从歧视中获取心理上而不是金钱上的满足。另一种理论认为，公司或个人从歧视中获取经济利益，因为收集足够的信息来做出公正的决定是需要成本的。

歧视偏好。 首先对这种歧视形式进行探索的经济学家之一是贝克尔（Becker）。[1]根据这种模式，如果某个人或公司表现得好像愿意出钱（也许是以减少利润的方式）与某类人而不与其他人结交，那么他们就具有歧视偏好。请注意与歧视有关的经济成本，这点很重要。例如，如果一名男性和一名女性在竞争某一职位时各方面资格和技术条件完全相同，而公司还是以较高的薪水雇用了那名男性，那么就额外增加了劳动费用却没有增加回报。

贝克尔认为，在完全竞争的市场上，长期来看，有歧视偏好的公司会被没有该偏好的公司逐出市场。也就是说，成本最低（歧视最少）的公司的出价会低于其他所有公司。尽管产品市场上的完全竞争会限制歧视数量，但是在由一家有歧视偏好的垄断公司主宰的市场上，从长期均衡看，歧视也可能受到限制。在后一种情况下，公司所有者不能使公司的价值（股份）最大化，把公司卖给没有歧视偏好的新所有者会给他带来更高的收入。新所有者愿意为公司支付更高的价格，因为由于没有昂贵的歧视成本，他能更高效地管理公司。

歧视能在严苛的市场中幸存的一个领域是政府管理的企业。它们在其产品的市场中具有垄断或近乎垄断的地位。它们的边际利润常常是受到控制的。由于可以通过强制降价来消除超额利润，管理者们会更愿意通过歧视行为这种非金钱的形式取得回报。在20世纪六七十年代，政府提倡管制和不鼓励竞争。80年代开始放松管制，提倡竞争精神。信用市场中的歧视行为在前一个阶段可能更容易生存。然而，有几项研究找到了在前一个阶段机构间竞争激烈的证据。[2]

值得注意的是，在某些情况下，歧视能在竞争市场中持续存在。弗格森和彼得斯（Ferguson & Peters）指出，贝克尔先前已经表明不存在歧视偏好的竞争者赶走歧视的能力取决于他们的生产函数。具体地说，如果生产成本随产出增加而急剧上升，那么一个或几个不存在歧视偏好的公司将不能提供该行业的全部产出。弗格森和彼得斯认为，贷款人"生产函数"的组合成本导致函数是非线性的，进而在歧视行为发生时导致限量供应。

信息经济学。 歧视的第二种理论来自一个叫做信息经济学的经济理论分支。传统的完全竞争模型假设所有的市场参与者对产品价格和要素（如劳动力）生产力具有完全信息。近来越来越多的经济模型认识到信息不是免费的产品，获得信息必须耗费时间和金钱，获取信息的费用常常大于收益。在这种情况下，歧视行为就可能发生。这里，让我们给歧视下一个简单的定义：歧视是"把某人所属群体的已知真实特点赋予该个人的行为"。由于不了解该个人，他会给其贴上群体特征的标签。

一个很好的例子是机动车保险。青年男性的保险费较高，是因为作为一个群体，他们比女性更经常发生更严重的车祸。然而，某一特定的男性发生事故的风险可能比多数女性要小。由于保险公司发现这一信息的成本相对于收益来说是高昂的，结果，保险公司向所有年轻男性收取的费用都要高于女性。而关于具有某些特点的司机发生事故的频率和严重性的信息也许获取成本并不高，如果已婚司机或品行良好的学生倾向于少发生车祸，那么保险公司就可能给这类男性提供折扣，因为获取这些信息的成本并不昂贵。

相似的情况发生在信用市场上。在ECOA颁布之前，贷款人会根据申请人的经济特点和群体身份计算一个"信用分数"。贷款人可能相信申请人的婚姻状况能就违约的可能性提供额外的有用信息。也就是说，假设有两个申请人的经济情况相同，而已婚的申请人违约的可能性比未婚的申请人要小，所以已婚会增加获得贷款的可能性。同时，获取关于婚姻状况的信息也不昂贵。

ECOA颁布后，贷款人不能获得或使用上述信息来做贷款决策。ECOA对信贷发放是否有影响，取决于某群体身份是否会影响违约的可能性。如果群体身份（如婚姻状况）实际上并不影响违约的可能性，那么ECOA的限制对筛选贷款没有影响。不管怎样，这些限制都会预防贷款人考虑那些没用的信息。然而，如果群体身份确实影响违约的可能性，那么禁止使用这些信息会产生影响。这会增加授信于来自"有风险"群体的随机申请人的可能性，降低授信于来自"低风险"群体的申请人的可能性，从而导致贷款拖欠比例和借贷总成本增加。

贷款人会试图采取其他的非禁止行为来降低成本。贷款人可首先采用无收集成本的信息来间接筛选贷款申请人。如果贷款人决定受理一宗申请，那么他就得收集关于申请人的额外（昂贵）信息。间接筛选可采取拒绝某些地区的人员申请的形式。公然拒绝某些地区的申请会使贷款人受到指责，而间接筛选可以采取更隐蔽的方式，如无法在指定地区设立贷款办公室。这对 ECOA 想要保护的整个借款人阶层都是有害的。有证据表明，事实上贷款人是以这种方式回应 ECOA 的。考虑到贷款人的这类行为，国会在 1978 年通过了《公平贷款执业规定》和《社区再投资法》，本章后面会讨论这两项立法。

歧视的经验证据

上述探讨提出了几个有趣的经验问题。一个问题涉及特定人群的身份提供信用风险信息的程度。另一个问题是在 ECOA 颁布以前贷款人歧视某群体的程度。最后，还有个问题是，ECOA 是否最终减少了不正当的歧视并增加了该法所保护群体的贷款机会。

群体身份和信用风险。 为确定特定群体身份是否会影响还款表现而设计的测验很难开展。实际借款人的违约经验及其群体身份的数据可以得到，但是借款人在得到贷款后才有可能违约。因此，贷款人的选择偏好会自动影响违约行为的研究结果。有些研究试图通过统计方法克服这种"接受偏差"。主要的群体特征包括性别、年龄、婚姻状况和种族。

钱德勒和尤尔特（Chandler & Ewert）分析了一家大银行 1971—1974 年间的 2 000 名信用卡申请者和账户持有人。[4] 他们发现，在修正了经济变量后，女性的还款记录好于男性。博伊斯、霍夫曼和洛（Boyes, Hoffman, & Low）分析了大量信用卡持有者的还款记录。[5] 他们发现，其他条件相同，年长的贷款人信用更好。埃弗里（Avery）分析了 1968—1970 年间在一家消费金融公司开户的大约 9 900 位新账户持有者。[6] 他发现，婚姻状况也很重要，已婚的债务人信用风险更小。然而，博伊斯、霍夫曼和洛没有发现婚姻状况和信用风险之间有关系。这些近来的研究都发现种族很重要。在其他变量相同的情况下后，黑人似乎比白人违约更多。但是，必须指出的是，这些研究的资料仅来自两个发起人和那些贷款获得批准的借款人。任何选择偏差都会导致结果出现偏差。

歧视的存在。 贷款人基于群体特征的歧视证据揭示出该群体成员与普通债务人违约率之间的差别。如果贷款人无正当理由地歧视某特定群体的成员，他们会要求申请人达到更高的信用标准或收取更高的贷款利率。没有证据显示贷款人基于特定群体的身份而收取不同的贷款利率。如果确实发生了歧视，其途径可能是采用更严格的合格标准。这样做的结果会导致受歧视群体成员的违约率降低。因此，关于这个问题的研究就将重点放在了不同群体的违约率上。彼得森夫妇[7]和彼得森[8]研究了 1965 年到 1971 年 30 家银行发放给 37 000 个顾客的消费者贷款的违约率。数据明确地显示了借款人的性别和消费者贷款的类型（目的）。他们发现，对多数贷款类型来说，男女借款人的违约率没有不同。然而，女性二手车贷款的违约率不成比例地高，而住宅改造贷款的违约率不成比例地低。这说明，对女性可能存在有利于她们进行汽车贷款而不利于进行住宅改造贷款的歧视。彼得森等人也没发现女性为任何种类的贷款支付更高利率的证据。马歇尔（Marshall）分析了一大批借款人在两家金融公司的贷款申请[9]，并没有发现基于性别的歧视。但他发现，与根据信用分数预测的结果相比，年纪大的申请人更容易被拒绝。在另一项研究中，谢伊和赛克斯顿（Shay & Sexton）构造了两个打分模型来预测贷款是否会得到批准。[10]他们在一个模型中输入了性别、婚姻状况和年龄变量。他们发现，添加了群体变量的模型并不具有额外的预测能力。他们的研究结果也没能发现贷款人歧视行为的证据。奥特曼（Altman et al.）等人使用几乎相同的方法，发现了一些基于这三种群体特征的歧视行为的证据。[11]

关于信用市场上种族歧视的证据也是混杂的，但是倾向于如下看法，即在 ECOA 颁布前后这种歧视都不普遍。提醒消费者留意歧视行为的调查反馈结果也表明，根据群体特征进行贷款决策也并不普遍。调查结果显示，大多数消费者不认为他们在信用市场受到了歧视待遇。

ECOA 的影响。 经济理论预测，在（长期）竞争市场中，公司的歧视行为成本很高。有证据表明信用市场上的歧视行为在 ECOA 颁布前并不普遍。如果事实如此，那么看起来这项法律对可用信贷总额或贷款在潜在借款人之间的分配没有影响或影响很小。对 ECOA 出台后信用市场的研究表明，该法律并没有增加受保护阶层得到的贷款。事实可能正相反。通过禁止贷款人考虑群体身份因素，有可能使得某些受保护阶层的可用贷款减少。对女性来说尤其如此。钱德勒和尤尔特建立了几个统计模型来预测贷款的接受情况。[12]他们在一些模型中加入了性别变量，而另一些模型中没有加入。后者应与遵守 ECOA 时的情况相同。包含了性别变量的模型得出的女性申请人的接受率高于遵照 ECOA 时得出的结果。这些结果说明性别影响信用风险，而且其他条件相同的情况下，女性表现出的风险更小。如果贷款人不能确认申请人的性别，那么女性会失去这种优势。辛克尔（Shinkel）发现，排除了 ECOA 涵盖的所有变量后，最多会导致违约率上升 2.6%，贷款人利润则会下降 2%~16%。[13]

总之，我们可以得出以下四个结论。第一，经济理论表明，对有歧视偏好的个人或公司来说，歧视的成本很高。在竞争市场中，低成本的生产者（不歧视者）会取得竞争优势。信用市场，特别是在放松管制以后，以大量的公司和竞争为特点。第二，经验证明，贷款人很少做出歧视行为。第三，对于可能会因种族、婚姻状况、年龄或宗教信仰被排除在市场之外的具有特定条件的个人来说，ECOA 对其获得贷款的能力是否有重要影响是值得怀疑的。第四，ECOA 确实给出了一些关于公平借贷行为的原则，这同样是很有价值的。

🔵 《住宅抵押贷款披露法》(HMDA，1975) 和《社区再投资法》(CRA，1978)

这两个法案与 ECOA 密切相关，反映了联邦政府的一种想法，即所有的公民，无论其希望居住在什么样的社区，都应能够进入信用市场。第一个法案阻碍贷款机构避开某些社区，第二个法案鼓励贷款机构在指定社区评估并积极贷款。《住宅抵押贷款披露法》要求资产超过 3 200 万美元（1996 年 9 月以前该数字为 1 000 万，而 1999 年 12 月以前为 2 800 万）的存款机构以数字和货币额形式编写贷款发放报告，范围涵盖设立主要或分支机构的地区，而不管其是否在标准都市统计区（SMSA）内。非存款机构如果资产低于 1 000 万美元，或者每年发放的住宅购买贷款少于 100 笔，则可以不用出具此报告。报告必须按人口统计区显示贷款分布情况，贷款人必须保证报告可进行公共调查。2000 年的人口普查数据用于 2003 年 1 月 1 日以后发放的所有贷款。州立机构如果授予 HMDA 要求颇为类似的州法约束，则可豁免披露。想要了解 HDMA 的披露要求说明，可登录联邦金融机构检查委员会（FFIEC）的网站。

1998 年 FIRREA 中包括了 HMDA 的一些主要改动。修改后的法案将涵盖范围扩展到与存款机构无关联的抵押人和住宅改造贷款的数据。此外，还要求机构报告抵押贷款和住宅改造贷款申请人和借款人的种族、性别和收入。但是，资产少于 3 000 万美元的存款机构不受这些附加条款的约束。1991 年，联邦储备委员会发布了修改后的规定，要求经纪人或代理银行报告住宅改造贷款再融资和拒绝贷款申请的数据。修改版还明确了可因违反该法而处以民事罚金。

近来穆奈尔、布朗、麦埃尼内和图特尔（Munnell, Browne, McEneaney, & Tootell）使用 HMDA 的数据进行了研究，结果表明，白人申请贷款的拒绝率比可比的少数族裔申请者低 6%。研究结论认为其原因在于歧视，因为研究检验了贷款人在批准贷款时考虑的申请人特征。[14] 随后，布赖姆洛和斯潘塞（Brimelow & Spencer）[15] 在《福布斯》杂志上发表的社论援引了联邦储备局的研究结果，即少数族裔社区的平均抵押贷款违约率与白人社区相同，从而质疑了存在歧视的说法。他们的理由是，有歧视偏好的贷款人会把贷款发放给风险更高的白人，而不会发放给相对来说更有资格的少数族裔。然而，卡尔和麦格波洛格比（Carr & Megbolugbe）又进行了研究，他们在仔细研究有关数据后，发现在统计上歧视发生的情况比先前报告的还要多，从而支持了穆奈尔等人的研究结果。[16]

从 1978 年开始，《社区再投资法》要求所有联邦管理的金融机构（主要是商业银行、储蓄贷款协会及互助储蓄银行）公布其在社区内的贷款行为。根据此项法案，金融机构必须：

（1）通过准备一张地图说明其吸收存款和发放贷款的地区，来定义其"社区"；

（2）列出其提供的信贷服务类型并向公众和管理者公布；

（3）在营业场所张贴通知，说明为批准扩展业务，其贷款行为正受到联邦管理者的评估，公众可以出席任何听证会并提出意见；

（4）向管理者定期提交报告（社区支持声明），说明其为服务于社区的贷款需求所做的努力。

根据社区支持声明，联邦管理者可对机构满足社区贷款需求的记录做书面评估，并可拒绝未能遵守这些规定的机构扩展业务的请求。

根据 FIRREA 所做的修正案，每次评估都要有公开的部分和保密的部分。在公开的部分中，管理机构会给该金融机构满足社区贷款需求的记录评级：优秀、满意、需改进或很欠缺。保密部分用来保护投诉者的身份。1991 年联邦住宅融资委员会判决联邦住宅贷款银行系统可拒绝评级很差的会员储蓄机构从事长期 FHLB 预付款（贷款）业务。如果某机构的评级为优秀或满意，就会被认为遵守了规定。如果评级较低，就必须在行动计划中说明如何克服这些缺点。如果一个机构的社区支持行动计划没被批准或者在一年内远未达到行动计划的目标，就会被限制进入长期 FHLB 贷款业务。

这些法案获得通过的原因在于国会考虑到歧视性的贷款行为不一定发生在申请贷款时。具体地说，长期以来市民团体一直在指责贷款人的歧视行为，即在受保护群体成员特别是少数族裔比例较高的某些地区拒绝发放贷款。他们称，贷款人会在地图上画一条红线，标明他们不会发放抵押贷款的社区。"画红线"是这种歧视行为的同义词。

歧视行为的辩护者称，贷款人只是画出那些抵押贷款风险高于正常水平的社区。在发起贷款后物业价值可能下降的情况下，违约风险是最大的。当物业价值低于贷款数额时，借款人会行使定价售卖期权。如果借款人缺乏足够的资产供贷款人追索未偿债务，风险就更大了。物业价格下降与财富水平低，是白人占优势的社区向白人与其他少数族裔人口混住社区过渡的典型特征。当过渡完成，少数族裔人口在社区中占优势时，物业价格就会稳定下来。如果贷款人不排斥违约风险，那么画红线行为就出于种族动机。画红线行为的批评者称，这种行为不仅歧视那部分最需要贷款的人口，也促进了社区的衰落。他们认为，无法获得贷款会降低对物业的需求，导致物业价格下降。进而，业主也没有积极性去维护他们的物业。此外，他们的住宅改造贷款也会遭到拒绝。结果就是在红线区内的物业衰落。是画红线行为导致社区衰落还是社区衰落导致画红线行为，是一个很难确定因果关系的谜题。这个问题的双方支持者都各持己见。

一个与此相关的问题是在某社区发放 FHA **担保贷款**的做法。画红线行为的批评者认为，贷款人在红线区内绝大多数情况下只发放 FHA 贷款。如果某地区内的违约风险更高，那么这是贷款人的合理反应。正如我们在第 14 章中将会看到的，FHA 保障贷款人不承受任何风险。对于常规贷款，如果贷款人把它放在自己的投资组合中，那他宁愿自己保险，或者选择私营抵押贷款保险（PMI）。但是，私营抵押贷款保险是一种共同保险关系。这就意味着，根据 PMI 合同，贷款人要承担部分损失（类似于机动车保险中的免赔额）。

FHA 担保贷款的批评者认为，这种做法也会促使社区衰落。他们称，因为所有的损失都由FHA承担，FHA在处理索赔时经常会很缓慢，许多违约的物业会被丢在那里衰落，成为蓄意破坏的对象。

不管双方在这个问题上的意见如何，国会还是寻求阻止画红线行为的途径。他们把这个问题当做民事权利问题，而不是风险管理问题，所以通过了这两项法案。

画红线的经验证据

画红线行为可采取几种形式。贷款人可在某些社区减少贷款发放总数，少放住宅改造贷款或常规贷款。画红线的动机可能是躲避风险或者歧视。如果画红线是为了规避风险，那么在正经历优势人种转变的社区，贷款人会减少（常规）贷款。如果画红线是因为歧视，那么贷款人在少数族裔人口多的任何社区都会减少贷款，不管该社区处于转变还是稳定状态。经验研究涉及所有这些问题。哈钦森、奥斯塔斯和里德（Hutchinson, Ostas, & Reed）研究了1975年俄亥俄州托莱多市四家大的储蓄贷款协会的贷款行为。[17]他们研究了托莱多市123个人口普查区各自的总贷款、住宅改造贷款和常规贷款的比例。解释性变量来自1970年的人口普查，包括黑人人口比例及其从1960年到1970年的变化、平均人口结构、失业率、中等家庭收入、55岁以上人口比例、平均居住时间和其他几个因素。他们得出结论，一个人口普查区的种族构成对该地区内发放的贷款总数没有影响。种族构成确实影响常规融资贷款比例和住宅改造贷款数，在黑人多的地区两者都有所减少。哈钦森、奥斯塔斯和里德发现，当某地区的黑人人口比例达到约45%时，常规贷款的比例最小。种族成分相同的地区（白人或黑人占压倒多数），常规贷款的比例较高。他们得出结论，贷款人认为转型社区风险更大，在这些地区他们更愿意发放政府担保的贷款。

也许有人会说，四个贷款人的样本数据不足以代表市场，即使那些贷款人（在发放FHA担保贷款和住宅改造贷款方面）给某些社区画了红线，那些社区也可以去找其他的贷款人，并不会缺乏借款机会。埃尔布兰特（Ahlbrandt）研究了1973年和1974年匹兹堡每个人口普查区的所有抵押贷款。[18]解释性变量包括中等家庭收入、住宅空置率、业主自住率、黑人人口比例及其从1960年到1970年的变化和犯罪率。埃尔布兰特发现，收入和社区风险因素（如犯罪）是影响一个人口普查区内贷款数量最重要的决定性因素。

发放的贷款数与黑人家庭比例的变化正相关，因为转型社区的物业交易较多，所以对新贷款的需求也更多。有一项重要发现是，贷款人更重视黑人多的地区的收入和社区风险因素。换句话说，这种社区的黑人要想有资格获得贷款，可能需要拥有更高的收入。埃尔布兰特指出，只有在推断出人口普查区特点与抵押贷款申请人特点之间关系的情况下，这个结论才是正确的。

联邦储备局的一份报告给出了更多近来的歧视证据。这份报告是根据1990年《住宅抵押贷款披露法》的数据，在1991年晚些时候做出的。数据来自9 300个贷款人涉及640万个贷款申请人的报告。联邦储备局重点关注了收入相似但种族不同的家庭贷款遭拒绝的比率。总体上，申请常规贷款的白人有14.4%被拒绝受信。与此形成鲜明对比的是，有21.4%的西班牙裔和33.9%的黑人贷款遭拒。有趣的是，亚裔似乎更受欢迎，只有12.9%遭到拒绝。在最低收入群体中，白人的拒绝率是23.1%，亚裔是17.2%，西班牙裔是31.1%，黑人是40.1%。对高收入群体来说结构也是如此：白人8.5%，亚裔11.2%，西班牙裔15.8%，黑人21.4%。

政府担保贷款（FHA和VA贷款）的格局也很类似。拒绝率分别为：白人12.1%，亚裔12.8%，西班牙裔18.4%，黑人36.9%。住宅改造贷款的拒绝率差异也大体相似。

这份报告发现，社区的种族混住情况很重要，这一点很有意思，也反映了先前的研究结果。少数族裔家庭的拒绝率随社区内少数族裔比例的增加而增加。在少数族裔居民不足10%的地区，常规贷款的拒绝率是12%，而在少数族裔人口占80%及以上的地区，拒绝率是24%。

联邦储备局认为解释这些结果时需要谨慎。HMDA的数据很少披露除申请者收入水平以外的财务特征。做出该报告时，没有资产水平、以前的信用历史和其他因素可用。然而，如果信用历史和资产水平有系统地随种族变化，那么以上的结果就显示可能存在歧视倾向。1999年城市研究所进行的一项研究——《抵押贷款歧视：回顾现有证据》，详尽地探讨了波士顿联邦研究中使用的方法所涉及的许多问题。这些问题可概括如下：

（1）各族裔贷款拒绝率的巨大差异不能用诸如数据错误、变量遗漏或影响贷款批准的因素间相互作用之类的理由解释；

（2）波士顿联邦研究既没有证明在贷款批准中存在差别待遇歧视，也没有证明不存在影响迥异的歧视；

（3）研究给出了拒绝率差别的有力证据，建立了歧视的假设，有效地把举证责任推给了贷款人。

近年来人们对抵押贷款中的种族歧视产生了新的兴趣，认为在某些情况下，少数族裔需要达到比非少数族裔更高的标准才能取得贷款资格。如果事实是这样的，那么从逻辑上讲，少数族裔的违约率应该比非少数族裔低。波克维克、肯纳、加布里埃尔和汉农（Berkovec, Canner, Gabriel, & Hannon）通过研究FHA贷款在1987—1989年间的一个样本检验了这个理论。[19]他们发现结论正相反。他们的研究结果表明，少数族裔家庭更可能违约。同时他们也发现，一个人口普查区内少数族裔的比例与违约的相关性并不强。

科勒姆（Calem）在1996年的一项研究中采取了一种不同的策略。[20]他考查了少数族裔的贷款申请人比非少数族裔申请人更容易被拒绝贷款是否是由于信息的外部性（如该地区内住宅交易的数量）。他发现，在非少数族裔占多数的社区，该地区上年的交易数量对贷款批准率有积极影响。但是，对少数族裔社区来说，即使先前交易量很少，其贷款批准率还是超过了非少数族裔社区。

● 1998年《公平住宅法修正案》

这个法案签署于 1988 年 9 月,于 1989 年 3 月生效。它禁止在租赁时基于家中孩子的年龄、数量和性别的歧视行为。它还把残疾人加入到 1968 年《公平住宅法》的保护群体中。这个修正案得以通过,部分原因是有孩子的家庭投诉他们在租房时曾遭拒绝或要交高额房租。很显然,这些指控是有事实依据的。1980 年 HUD 进行的调查显示,全国有 50% 的出租房屋根据孩子的数量、年龄或性别情况限制其家庭租住。[21] 有 25% 的出租房屋不租给有孩子的家庭。房东为其行为进行辩护时声称,把房子租给有孩子的家庭会造成经营成本升高。

该法规定的家庭情况包括监护一个以上 18 岁以下孩子的父母或其他成年人,还包括孕妇或将要获得 18 岁以下孩子监护权的人。该法所指的住所包括公寓楼、独户单元房、区分所有权房屋、移动住房和合住公寓。但是 1968 年法案规定豁免的仍然有效。此外,老年人的住宅单位可豁免,条件是单位内 80% 的房屋将由至少一名 55 岁以上的人居住,或所有住户(包括配偶)都是 62 岁以上,或这些单位由旨在帮助老年人的州或联邦项目管理。这些单位还必须进一步接受设施和服务检查(除非这么做不现实)来证明它们确实是为满足老年人的身体和社会需要而设计。该修正案还加强了救济力度。现在美国政府有责任在违规的案件中代表有关个人的利益。同时,个人也允许自发进行民事诉讼并可由法庭判决是否给予其损失赔偿。

戈贝尔和罗森伯格研究了把住宅租给有孩子家庭对经营费用的影响。[22] 在联邦立法颁布前,16 个州已经出台了一些针对家庭情况的反歧视法律。这些州的公寓所有者不能拒绝接纳有孩子的家庭。戈贝尔和罗森伯格分析了在允许歧视和不允许歧视的州内大量公寓楼的财务报告。除各州的法律外,他们还运用了人口和经济变量以及每栋公寓楼的物理特性来解释租金和经营费用水平。

他们发现,在有反歧视法律的州,即不能拒绝接纳有孩子家庭的州,租金更高。但是,经营费用并没有区别。加收租金并不能以接纳有孩子的家庭会提高经营成本为由。他们的结论是,反歧视法律在这种情况下可能伤害了那些本想保护的人。他们的研究有一个缺点,他们以所在州的法律来划分公寓楼,而不是严格地按照是否租给有孩子的家庭来划分。也就是说,在那些允许歧视的州,有些公寓楼可能存在歧视,有些可能并不存在。这两种类型并没有区别开来。

关于残疾人,法律将其定义为具有以下特征的人:
(1) 有严重限制主要生活行为的身体或精神损伤;
(2) 有受过上述损伤的记录;
(3) 被认为有这样的损伤。

没有损伤或不受损伤限制的个人,如果被别人认为有这种损伤,也受到保护。法律把保护范围扩展到与残疾人共同生活或有此打算的人。国会在最初的残疾人定义中加入了有艾滋病或被艾滋病毒感染的人。关于居住条件,住宅提供者必须对住宅结构进行合理改造以使残疾人能顺利使用该住所。如果使用该住所的残疾人需要，他们还必须合理改进规则、政策、行为或服务。公共区域必须容易通行，通道和门的建造必须能使轮椅无障碍通行。在 1991 年 3 月 13 日以后入住的有电梯和四个以上单元的建筑物，必须遵守这些规定。2004 年 5 月，HUD 发布的新指南强调了针对残疾人的"合理居住条件"，其中不允许公寓所有者禁止在公共区域使用滑行车和手推车，也强调了房地产所有者需要为残疾人提供合理居住条件。所谓的合理居住条件，是不会给房地产所有者造成不当的经济负担的。州法的规定如果更严格则可取代联邦法。

小　结

对于住宅，联邦政策关注的一个主要领域就是歧视，特别是种族歧视。联邦已经颁布了一些法律来抑制住宅交易和融资中的歧视行为。1968 年的《公平住宅法》、1974 年的《住宅和社区发展法》和 1998 年的《公平住宅法修正案》都禁止在物业交易中出于种族、肤色、族裔背景、性别、家庭状况和残疾的歧视行为。1974 年的《平等信用机会法》（及 1976 年的修正案）将贷款中的年龄、种族、肤色、族裔出身和性别歧视定为非法。1975 年的《住宅抵押贷款披露法》和 1978 年的《社区再投资法》防止贷款人通过在某些地区画红线来歧视少数族裔。所有这些法律都列出了非法行为，并要求经纪人和贷款人遵守一套避免歧视的原则。

经济理论表明，在完全竞争市场中歧视成本很高，不会普遍发生。经验证据显示，在贷款领域歧视也有限。销售领域的歧视，特别是种族歧视，更可能发生。不管本章介绍的这些法律对改变经纪人和贷款人的行为是否有深远影响，至少它们带来了一些改变，也对合乎公共政策的行为方式做出了肯定。

关键词

街区房地产涨跌牟利　　　　　　　信息经济学
《社区再投资法》（CRA）　　　　《平等信用机会法》（ECOA）
歧视的经济理论　　　　　　　　　《公平住宅法》及其修正案
歧视实践　　　　　　　　　　　　担保贷款
结果法　　　　　　　　　　　　　《住宅抵押贷款披露法》（HMDA）
意图法　　　　　　　　　　　　　歧视偏好
惯例法　　　　　　　　　　　　　画红线
合理居住条件

推荐读物

Benston, G. J. 1981. Mortgage redlining: A review and critical analysis. *Journal of Bank Research* 12 (Spring).

Board of Governors of the Federal Reserve System. 1977. Equal credit opportunity. *Federal Reserve Bulletin* 63 (February).

Elliehausen, G., and T. Durkin. 1989. Theory and evidence of the impact of equal credit opportunity: An agnostic review of the literature. *Journal of Financial Services Research* 2 (2), 89–114.

Feguson, M. and S. Peters. Is lending discrimination always costly? *Journal of Real Estate Finance and Economics* 21 (1) (July 2000), 23–44.

MacRae, D., M. Turner, and A. Yezer. 1982. Determinants of FHA mortgage insurance in urban neighborhoods. *Housing Finance Review* 1 (January).

Nevin, J. R., and G. A. Churchill, Jr. 1979. The equal credit opportunity act: An evaluation. *Journal of Marketing* 43 (Spring).

Peterson, R. L., and C. M. Peterson. 1978. Testing for sex discrimination in commercial bank consumer lending. Working Paper No. 10. West Lafayette, IN: Purdue University Credit Research Center.

Shear, W., and A. Yezer. 1983. An indirect test for differential treatment of borrowers in mortgage markets. *Journal of the American Real Estate and Urban Economic Association* 10 (Winter).

Squires, G. D. 1997. *Insurance Redlining: Disinvestment, Reinvestment, and the Evolving Role of Financial Institutions*. Washington, DC: The Urban Institute Press.

Urban Institute. June 1999. *Mortgage Lending Discrimination: A Review of Existing Evidence*.

复习思考题

1. 列出为促进住宅市场公平而颁布的主要联邦法律。
2. 如果我有一栋房子并打算出租一个房间，根据《公平住宅法》，我可以因为一个人的宗教信仰或族裔而拒绝把房子租给他吗？请解释。
3. 《平等信用机会法》的立法目的是什么？
4. 列出三种可以确定歧视性贷款行为的方法。《B规定》是如何定义这些行为的？

5. 歧视的两种经济理论是什么？
6. 经验研究是否为歧视性贷款行为辩护？请解释。
7. ECOA 是否减少了歧视性贷款行为的数量？
8. 《住宅抵押贷款披露法》和《社区再投资法》的立法目的是什么？
9. 什么是画红线？什么是 FHA 担保贷款？
10. 讨论一下 1988 年《公平住宅法修正案》中的"合理居住条件"要求。

相关网站

http：//www. fanniemaefoundation. org
联邦住宅政策的相关研究

http：//www. bazelon. org
《公平住宅法》的相关信息

http：//www. nami. org/update/unitedhousing. html
美国精神疾病联盟提供的与住宅的获取途径以及住宅问题相关的信息

http：//www. ffhsj. com/fairlend/fair. html
公平贷款导读，向借款人介绍违反《平等信用机会法》的行为，当前的案例也有简介

http：//www. hud. gov/offices/fheo/index. cfm
公平住宅和平等机会办公室

http：//www. usdoj. gov/crt/housing/caselist. htm
美国司法部住宅和民权强制执行案例

http：//www. hud. gov/offices/fheo/library/huddojstatement. pdf
《公平住宅法》规定的合理居住水平指南

http：//www. lawdog. com/equal2/rs4. htm
《平等信用机会法》全文

注 释

[1] G. S. Becker. *The Economics of Discrimination*, 2nd ed. Chicago：University of Chicago Press，1971.

[2] See，for example，R. P. Shay. Factors affecting price，volume，and credit risk in the consumer finance industry. *Journal of Finance*（May 1970）：503-515；W. L. Sartoris. The effects of regulation，population characteristics，and competition on the market for personal cash Loans. *Journal of Financial and Quantitative Analysis*（September 1972）：1931-1956；and G. E. Boczar. competition between banks and finance companies a cross section study of personal loan debtors. *Journal of Finance*（March 1978）：245-258.

[3] M. Feguson and S. Peters. Is lending discrimination always costly？ *Journal of Real Estate Finance and Economics*，21（1）（July 2000），23-44.

[4] G. G. Chandler and D. C. Ewert. Discrimination on the basis of sex under the Equal Credit Opportunity Act. Working Paper No. 8, West Lafayette, IN: Credit Research Center, Purdue University, 1976.

[5] W. J. Boyes, D. Hoffman, and S. Low. Lender reactions to information restrictions: The case of banks and the ECOA. *Journal of Money, Credit, and Banking* (May 1986): 211-219.

[6] R. B. Avery. Discrimination in consumer credit markets. *Research Papers in Banking and Financing Economics*. Washington, DC: Board of Governors of the Federal Reserve System, 1982.

[7] R. L. Peterson and C. M. Peterson. Testing for sex discrimination in commercial bank consumer lending. Working Paper No. 10, West Lafayette, IN: Credit Research Center, Purdue University, 1987.

[8] R. L. Peterson. An investigation of sex discrimination in commercial banks' direct consumer lending. *Bell Journal of Economics* 12 (Autumn 1981): 547-561.

[9] J. Marshall. Discrimination in consumer credit. in A. Heggestad and J. J. Mingo, eds., *The Costs and Benefits of Public Regulation of Consumer Financial Services*. Cambridge, MA: ABT Associates, 1979.

[10] R. P. Shay and D. E. Sexton. Anti-discrimination laws in consumer credit markets: Their impact on creditors approval applications. in A. Heggestad and J. J. Mingo, eds., *The Costs and Benefits of Public Regulation of Consumer Credit financial Services*. Cambridge, MA: ABT Associates, 1979.

[11] E. I. Ahman et al. *Application of Classification Techniques in Business, Banking, and Finance*. Greenwich, CT: JAI Press, 1981.

[12] G. G. Chandler and D. C. Ewert. Discrimination on the basis of sex under the Equal Credit Opportunity Act. Working Paper No. 8, West Lafayette, IN: Credit Research Center, Purdue University, 1976.

[13] B. A. Shinkel. The effects of equal credit opportunity legislation in consumer finance Lending. *Journal of Business Research* (March 1980): 113-134.

[14] A. Munnell, L. Browne, J. McEneaney, and G. Tootell. Mortgage lending in boston: Interpreting the HMDA data. Working Paper 92-97, Federal Reserve Bank of Boston, 1992.

[15] P. Brimelow and L. Spencer. The hidden clue. *Forbes*, 4 Jan. 1993, 48.

[16] J. H. Cart and I. F. Megbolugbe. The Federal Reserve Bank of Boston study on mortgage lending revisited. *Journal of Housing Research* 4 (2) (1993): 277-313.

[17] P. Hutchinson, J. Ostas, and D. Reed. A survey and comparison of redlining influences in urban mortgage lending markets. *AREUEA Journal* (Winter 1977): 463-472.

[18] R. Ahlbrandt. Exploratory research on the redlining phenomenon. *AREUEA Journal* (Winter 1977): 473-481.

[19] J. Berkovec, G. Canner, S. Gabriel, and T. Hannon. Race, redlining, and residential mortgage loan performance. *Journal of Real Estate Finance and Economics* 9 (1994): 263-294.

[20] P. Calem. Mortgage credit availability in low-and moderate-income minority neighborhoods: Are information externalities critical? *Journal of Real Estate Finance and Economics* 13

(1966): 71-89.

[21] R. W. Marans. Measuring restrictive rental practices affecting families with children. Washington, DC: Office of Policy Planning and Research, Department of Housing and Urban Development, 1980.

[22] P. Goebel and S. Rosenberg. Economic analysis of the impact of anti-dis-crimination legislation based on familial status. Working Paper, Texas Tech University, February 1990.

第 10 章

二级抵押贷款市场

学习目标

本章的学习目标是引导读者了解二级抵押贷款市场的运作。通过本章的学习，读者会了解以下内容：二级抵押贷款市场存在的必要性；二级抵押贷款市场如何发展；二级抵押贷款市场怎样运作；为什么在房地产市场中，有效的资金分配方式是非常重要的；主要的二级抵押贷款市场代理机构有哪些。那些影响现金流量时间和数量的因素，以及与抵押贷款安全相关的因素将在下一章中讨论。

导　言

我们以两个问题开始本章：
(1) 什么是二级抵押贷款市场？
(2) 为什么会存在二级抵押贷款市场？
对这两个问题的回答有利于你对二级抵押贷款市场的本质有正确的认识。

二级抵押贷款市场的本质

●什么是二级抵押贷款市场？

二级抵押贷款市场是可以买卖抵押贷款的市场，是相对于一级市场而言的。抵押贷款债权产生于一级市场，而抵押贷款的买卖是在二级抵押贷款市场中进行的。抵押贷款起源于放款人，例如储蓄机构和抵押贷款银行。顾名思义，在二级市场中购买抵押权的主体并不发放贷款。代理机构和各个公司在二级抵押贷款市场中购买抵押权，建立购买基金，并以此为担保，发行债券和其他债务工具。这些公司将购买的抵押贷款作为担保，发行债券。由于这种债券是以抵押贷款为担保的，所以被称为抵押贷款相关证券，有时抵押贷款相关证券被称为抵押贷款支持证券。

图10—1中的一个非常简单的例子，显示出基金在二级市场中是如何流动的。基金的最终来源是那些从代理机构和公司购买债券的投资人。公司或代理机构用基金从储蓄机构中购买抵押权。储蓄机构用所得的资金发放抵押贷款。尽管交易的过程是颠倒的，也需要花费一些时间，但是将这整个过程看成一个连续不断的过程是很有必要的。关键要理解，投资者提供购房基金，购房者使用这笔资金购房。这样，流入抵押贷款市场的资金就不仅仅限于储蓄机构和抵押贷款银行提供的、通过存款产生的资金。

尽管只有唯一的资金来源（投资者）和资金的使用者（房屋所以人），这个简单的过程完全显示了一系列的资产和债务的产生过程。二级抵押贷款市场作为实体独立存在，经营抵押贷款相关证券。对应地，抵押贷款支持证券就是投资者的资产。在二级抵押贷款市场中，对这样的资产的债务没有数量的限制。例如，投资者购买抵押贷款，并以此为担保，发行各种债券。在这种情况下，就会有两种债券是以抵押贷款为担保的。

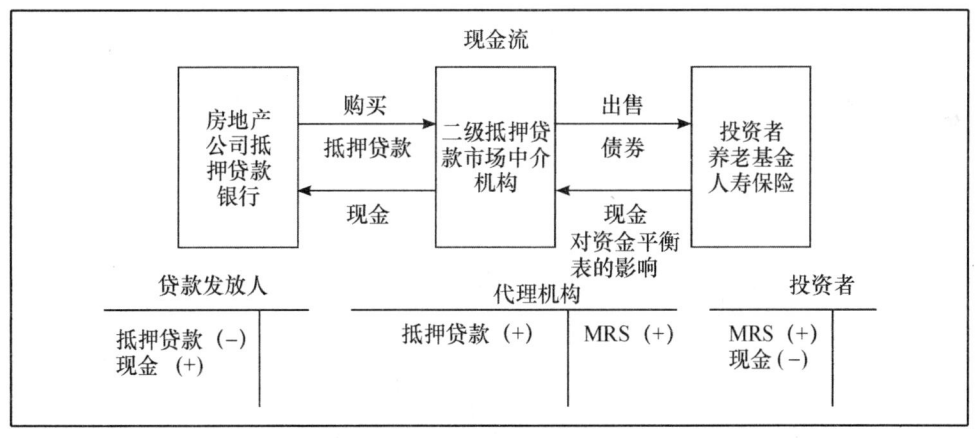

图 10—1　简单的二级抵押贷款市场现金流量

为什么会存在二级抵押贷款市场？

我们每个人对吉米·斯图尔特（Jimmy Stewart）都印象深刻，在电影《精彩世界》（*It's a Wonderful Life*）中，他扮演一个储蓄机构的主席，他的储蓄机构处境危险。当时，储蓄机构面临存款人急切想要取款的暴动，他成功地解决了这个问题。造成这种状况的原因并不明确，也许是由于储蓄机构财务管理不善，也许是处于失业时期，需要流动资金。但事实上，电影观众能够联想到的却是银行资金的流动是重大突发事件的关键因素。在《精彩世界》中，吉米·斯图尔特试图说服那些焦躁不安的存款者，说明存款是安全的，只是这些存款以贷款的方式发放给了周围的借款者，这些借款者就是他们的邻居。在现实生活中，如果没有一个市场可以有效、迅速地进行资产的买卖，这种紧张的场面就会时时发生。

除了股票和债券外，所有贷款机构的资产都是不具流动性的抵押贷款，储蓄机构尤其如此。直到 20 世纪 60 年代末期，许多储蓄所仍然很难卖出它们的抵押贷款所有权，原因有两条：

第一，储蓄机构的抵押贷款资产种类不一。每个储蓄机构都有许多不同的抵押贷款债权组合，其贷款利率、到期日、贷款比率都不相同。要销售 25 000 000 美元或是 50 000 000 美元这样复杂的抵押贷款是十分困难的。

第二，潜在的投资者有投资风险，尤其是传统型贷款，这些风险是由违约贷款导致的。投资者无法估计每笔由储蓄机构办理的抵押贷款的违约风险。

由于抵押贷款无法流动，资金的供给和需求之间就存在不匹配的情况。这种不匹配有两种表现形式：第一，地区性的不匹配。当一个地区的存款数量大于贷款数量，而另一地区的贷款数量大于存款数量时，这种情况就会发生。通常来说，在住宅需求量平稳增长的地区，资金的供给会大于贷款的需求。相反，在住宅需求量快速增长的地区，住宅股票迅速增值，此时，资金的需求量大于资金的供给量。在二级抵押贷款市场中，那些有富余资金的储蓄机构可以购买资金短缺的储蓄机构的抵押权，从而缓解这种资金不匹配的状况。第二，各个机构之间存在资金供求不匹配的情况。通常来说，一方面，传统的贷款人的资金无法满足贷款的要求；另一方面，那些没有抵押贷款业务的中间机构希望投资于长期项目，获得投资利益。例如，当个人的资金越来越多地用于养老基金，而越来越少地用于银行储蓄时，养老基金就有富余资金，并希望投资于长期项目带来投资利益，而银行可以用于发放抵押贷款的资金就相对不足。在二级抵押贷款市场中，抵押权可以在储蓄机构和养老基金储蓄机构之间交易，从而缓解这种资金不匹配的状况。

二级抵押贷款市场能够解决以上所述的两个问题，这是二级抵押贷款市场发展起来的最初原因，同时，在 1970—1980 年间，其他一些因素也推动了二级抵押贷款市场的发展。在这一期间，人寿保险基金减少了对抵押贷款的购买，这样，抵押贷款银行必须寻找别的资金来购买银行发放的抵押贷款债权。与此同时，养老基金拥有越来越多的资金并且希望投资于长期项目。在前面的章节中，我们就说过，储蓄机构在面对资金的供求错位和利率上升所带来的风险时，显得异常无力，而养老基金储蓄机构和长期投资者却能较好地应对这些风险。到了 20 世纪 80 年代，许多这样的储蓄机构为了避免利率变动的风险，出售抵押贷款债权。结果，在本质上说，储蓄机构成为抵押贷款银行。当然，那些投资于抵押贷款支持证券的投资者同样也不想承担投资风险，因此二级市场的发展只有依靠政府推动。政府以担保按时、足额偿还贷款的方式扶持，促进二级市场的发展。

最终，联邦政府通过限制州法律的方式促进二级抵押贷款市场的发展，因为这些州法律阻碍了本州二级抵押贷款市场的健康发展。许多州政府都限制政府管理的机构购买抵押贷款支持证券，例如，人寿保险公司和养老基金都受到这方面的限制。这些州政府都有苛刻的证券注册条件，这些注册条件由《股票买卖控制法》规定。1984年，国会通过《二级抵押贷款市场加强法》，目的是干预州法律中规定的对二级抵押贷款市场的种种限制性条款。该法出台之前，州政府对投资者购买的抵押贷款支持证券的数量和种类做出了限定，该法去除了这些限定，同时规定抵押贷款支持证券不需要全部满足州政府的注册条件（Freddie Mac 和 Fannie Mae 的章程中也做出了类似规定）。

通过该法时，如果各州投票表决是否要在七年内限制该法的实施，若投票结果是限制该法的实施，那么国会允许州政府投票决定是否仍然限制州政府管理的投资机构进行的投资项目。1991年10月，限制期限到期，21个州政府以投票的方式限制了州投资法规定的优先购买权，还有5个州倾向于限制《股票买卖控制法》规定的优先购买权。

抵押贷款支持证券

● 抵押贷款支持证券的特点

二级抵押贷款市场成功经营的关键在于抵押贷款支持证券是否能得到投资者的认可。要想得到投资者的认可，抵押贷款支持证券必须具备以下几个特点：

（1）抵押贷款支持证券要有一定的信用提升方式。具体来说，就是抵押贷款支持证券与一般的有抵押物作担保的抵押贷款债权相比，违约风险要更小。有各种途径来加强抵押贷款支持证券的安全性。在表10—1中我们列出了各种加强抵押贷款支持证券安全性的途径。正如混合债券一样，证券的利率是根据安全性大小确定的，同时受到州政府法律规定的约束。许多证券投资者，如养老基金这样的机构，就被禁止购买那些投资利率低于投资回报率的抵押贷款支持证券。一个稳定的证券比率可以扩大抵押贷款支持证券的市场，同时使证券具有更强的流动性。但是，这种流动性需要证券的信用水平很好。

表 10—1　　　　　　　　　　　抵押贷款支持证券

	典型的信用提升方式	资金需要重组的程度
传递证券	FHA/VA 打包贷款担保	不需要
抵押贷款支持债券	机构的权益担保	适度调整
抵押贷款传递证券	机构的权益担保	适度调整
被担保的抵押贷款债券	机构的权益担保 本票担保	重大调整
机构债务	FHA/VA 打包贷款担保	适度调整

(2) 要避免抵押贷款支持证券的双向税收。在二级抵押贷款市场中，发行抵押贷款支持证券和以基金的方式购买证券，都要交纳一定比率的税收，这种税收通常通过证券出售，由证券购买者支付。证券的发行商必须清楚，发行机构和证券投资人在一项业务中不应该同时纳税，如果这样，双向税收会抵消二级抵押贷款市场的资金流动方式所带来的益处。

(3) 许多投资者都不愿意投资于现金流量有问题的证券，这些问题一般是抵押贷款问题的再现。为了吸引更多的投资者，抵押贷款支持证券必须调整现金流量。如果可以在时间和数量上重新安排用于购买抵押贷款的资金，并合理安排给证券投资者，抵押贷款二级市场就会更加发展、更加活跃。

抵押贷款支持证券的种类

抵押贷款支持证券的主要四种类型为：
(1) 抵押贷款传递证券（mortgage pass-through securities）；
(2) 抵押贷款支持债券（mortgage-backed bonds）；
(3) 抵押贷款传递债券（mortgage pay-through bonds）；
(4) 被担保的抵押贷款债券（collateralized mortgage obligations）。

抵押贷款传递证券

抵押贷款传递证券是抵押贷款支持证券的最常见类型。在早期，这种证券的发行是政府国民抵押贷款协会（GNMA）推动经营的，该机构隶属于联邦住宅发展部。在20世纪60年代中期，只要拥有这种证券，投资人就可以得到借款人偿还的全部本息款项，投资人"持有"整个贷款组合一定比例的抵押权。也就是说，证券的发行机构只起到中介作用，将抵押贷款借款人偿还的本息直接交给投资人。

以下用一个案例介绍抵押贷款传递证券。如图10—1所示，储蓄机构（或者别的发起人）将100笔金额为100 000美元、固定利率、贷款期限为30年、贷款利率为10%的抵押贷款组合打包。它将发行10 000 000美元的证券，以获得资金用于购买抵押贷款。证券的最小面额是25 000美元，利率为9.5%。值得注意的是，抵押贷款的贷款人获得10%的利率，而给证券的投资者9.5%的报酬率，中间相差0.5%的利率，此利差将要分给贷款人和证券的信用提升机构。以政府国民抵押贷款协会发行的证券来说，协会保证定期支付证券的利息和本金，同时从中收取一定的费用。证券的信用还可以以信托的方式得到加强。由于证券的安全性得到加强，个人的投资与更为安全的投资方式密切相连。因此，证券的投资人虽然仅获得9.5%的利率，但他们仍然乐意投资。

如果一个人买了两张证券（每张50 000美元），到第一个月末，借款人将支付还款，如果所有应付还款都顺利支付，那么10 000 000美元的抵押贷款将支付87 756.27美元的还款，其中83 333.33美元为利息，剩下的4 422.94美元为本金。投资者将获得83 589.61美元（4 422.94＋0.095/12×10 000 000）。有两张证券的投资者在第一个月末获得其中的0.5%（2/400），即417.95美元，其中本金22.11美元，那第一个月末还剩余的本金是49 977.89美元。如果抵押人中没有人提前还款，投资人在以后的各月末都会得到数量相同的资金。如果在一个既定月份之前，某借款人由于搬迁等原因提前还款，提前还款的数量应该按照比例计算分配到传递证券中。在这种情况下，投资者的每月现金流量就不会按照初始还款计划那样计算，而将会变大，本金剩余额的减少速度也相应加快。从本质上来看，证券投资者持有一个大的贷款组合中的一小部分份额，从而获得这个大的贷款组合中的一部分还款额。

投资者选择传递证券正是看中了这种证券投资回报率高、流动性强、风险小的优点。但这种证券的缺点在于现金流量不稳定，随时会受到提前还款的影响。通常来说，当银行利率下降时，提前还款情况就多一些，那么投资者就不得不用收回的资金以较低的利率投资于别的投资项目。抵押贷款贷款人面临同样的风险。由于以上原因，抵押贷款支持证券的品种需要得到发展，以克服现金流量不稳定的问题。

评估公司（标准普尔和穆迪）对部分抵押贷款传递证券进行评估，分等定级。分等定级所做出的级别根据以下指标评定：用于抵押贷款的不动产的类型、位置、贷款价值等。这些评估机构也对证券的发行者进行评估，评估其为了应对坏账和违约而提前筹措资金的能力。

一些贷款机构拥有一些特殊抵押贷款组合，这些贷款组合没有 FHA 的担保，也没有任何私营保险机构出保，由于这样的抵押贷款组合的违约风险太高，所以很难证券化成抵押贷款传递证券。在这种情况下，贷款机构不愿意追求成批的抵押贷款组合保险而选择对单个贷款进行保险。抵押贷款组合保险是对整个基金组合的私营抵押贷款保险，而不是针对单个贷款的保险，通常来说，只有很小一部分贷款（如10%）被保险。在传递方式中，能够证券化的抵押贷款被称为高级传递证券（senior pass-through），不能够证券化的抵押贷款被称为低级传递证券（subordinated pass-through）。在这样的方式下，贷款出资人以抵押贷款组合为担保，产生两种证券，其中之一具有优先偿还权。例如，有 100 000 000 美元的抵押贷款组合，贷款出资人用 94 000 000 美元发起传递证券，由于 94 000 000 美元的证券是以 100 000 000 美元的抵押贷款组合为担保的，这样的情况称为过量担保（overcollateralized）。

贷款出资人尤其愿意出售高级别证券，并有权控制低级证券的资金流动——在上例中，要保留的低级别证券资金为 6 000 000 美元，由于 100 000 000 美元的抵押贷款很容易支付 94 000 000 美元的传递证券，就增强了高级证券的安全性，使它具有较高的投资价值。如果仅有少量的贷款出现违约现象，并不会影响到高级传递证券的偿还。由此可见，高级传递证券信用的提升不是通过政府的担保，而是通过过量担保实现的。

如果组织结构合理，高级传递证券会得到评估公司的投资级别评定。评估公司也会考虑贷款组合固有的信用风险，确定低级传递证券的投资级别。该信用风险的确定需要综合考虑以下因素：可能出现违约的贷款数量及违约时间；在违约情况出现时，处理违约所需的时间；收回抵押贷款财产带来的补偿。一旦给出了证券的投资级别，低级证券的交易价格将会比整体传递证券（无过量担保）的价格低20～40个基点。如果贷款组合在早期就有一部分贷款出现违约现象，高级传递证券就会失去某些支付内容。但是，这种风险可以通过提高过量担保的水平来减小。

我们可以通过研究被称为"利率转移机制"（interest-shifting mechanism）的常见安排机制来了解这种传递证券的经营方式。在这种高级/低级传递证券的经营结构中，抵押贷款的偿还额用于支付高级传递证券的本金和利息以及低级传递证券的利息。但是，如果贷款偿还比例不协调，出现提前还款的现象，就会将风险转嫁到高级传递证券的持有者手中，这时，高级证券本金减少的速度要比低级证券利息减少的速度快，这样就会增加低级证券数量，从而提升高级证券的安全性。另外，有一项规定：如果由于违约现象非常严重而影响到高级传递证券的预定支付，所有现金收入都需要重组，以便形成一个新的低级传递证券数量。

由于高级证券的价格高于整体传递证券，此类证券增值会给低级传递证券带来增值。在短期内，贷款出资人就有可能卖出面值为 94 000 000 美元的传递证券而获得 95 000 000 美元。由于出资人仍保有 6 000 000 美元的低级证券，其贷款的总价值就是 101 000 000 美元。在这个过程中，价值得到提高。但是贷款出资人也有可能遭受损失，如果贷款组合中的违约情况太严重，所有的违约损失都要由这部分低级贷款来负担。如果违约金额少于 1 000 000 美元，那么贷款人就能够盈利。没有高低级之分的传递证券和有高低级之分的传递证券之间的收入对比将在下一章中给出。

抵押贷款支持债券

抵押贷款支持债券是一种支付方式类似于企业债券的债券，也就是说，这种债券的收支方式是：每半年支付一次利息，债券到期时按债券面值偿还本金。这种债券主要由私营企业发行，其发行者拥有抵押贷款债权，而债券的购买者没有抵押贷款债权。通常情况下这种债券是以传统的住宅和商业房地产为抵押贷款担保物的，债券发行期限要短于贷款的放贷期限，利率水平稍低于贷款的利率水平，其信用提升是通过过量担保来实现的。这意味着，抵押贷款的总额要高于债券的面值，发行者采用投入资产的方式来弥补这部分差额。图10—2 显示了一个抵押贷款支持债券的案例。

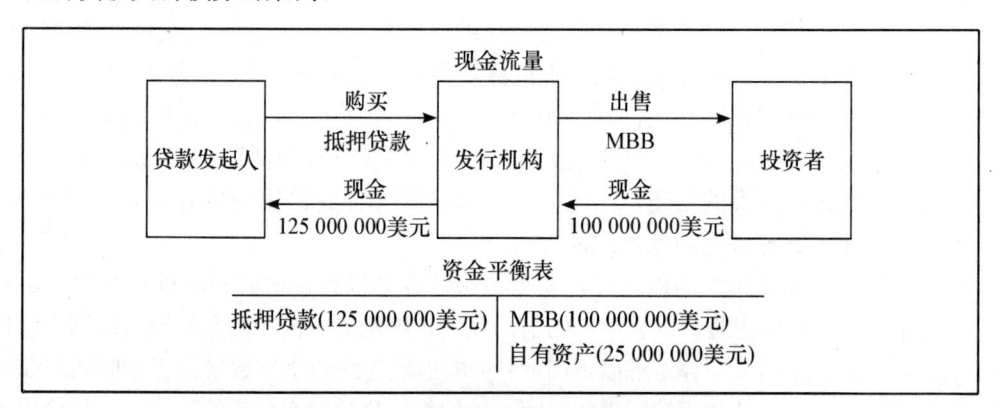

```
                        现金流量
┌─────────┐  购买      ┌─────────┐  出售     ┌─────────┐
│         │  抵押贷款   │         │  MBB      │         │
│贷款发起人│ ────────→  │发行机构 │ ────────→ │ 投资者   │
│         │  现金       │         │  现金     │         │
└─────────┘ ←────────   └─────────┘ ←──────── └─────────┘
            125 000 000美元         100 000 000美元

                        资金平衡表
            ───────────────────────────────────────
            抵押贷款(125 000 000美元) │ MBB(100 000 000美元)
                                      │ 自有资产(25 000 000美元)
```

图10—2　抵押贷款支持债券的现金流量

如图 10—2 所示，债券发行者售出 100 000 000 美元债券，又增加 125 000 000 美元用于购买 125 000 000 美元的传统抵押贷款。债券发行者试图估算抵押贷款的现金流量，但由于存在提前支付的情况，现金流量无法确定。同样 MBB 的发行期限比抵押贷款的期限短，但通常长于贷款的平均期限。例如，MBB 的发行期限大致为 15 年，而抵押贷款的期限为 30 年，然而，由于存在提前还款，抵押贷款的平均年限为 12 年。当然，也有一部分抵押贷款会持续 30 年，当然如果没有 FHA、VA 或 PMT 对抵押贷款做担保，证券发行商会有违约的风险，贷款无法收回，证券发行机构必须承担相应的违约损失。

如果一切都按计划进行，债券发行者将按月回收利息和本金，并将它们投资于基金以获取利息。然后，每半年债券发行者从基金中取得资金，用于支付债券持有人应获得的利息，所有提前还款额都收归并入基金。由于抵押贷款的利息、本金和预付抵押贷款额数量也会不断增加，基金的数量也会随之增加。债券到期时，基金的数量应该足够支付债券的面值数额。支付后的余额被看作 25 000 000 美元的投资回报，在下章中我们将给出 MBB 现金流量及其价格。

为了达到预期目标，债券发行机构会采用过量担保。如果提前还款的情况少于预先的估计，基金的数额就无法支付债券的面值，此时必须出售一部分抵押贷款用于支付。如果有许多违约现象出现，该基金的利率水平下降，也会出现上述情况。抵押贷款一般委托给委托机构经营，这些机构对抵押贷款价值的市场变化非常敏感，并依此确定是否保留过量担保。就市估价（mark-to-market）指的是按照通常情况下市场利率水平的变动情况估出的抵押贷款的价值。利率上升，会引起抵押贷款市场价值的减小，从而会降低过量担保的价值。如果过量担保价值减少到低于约定水平（agreed-on），那么，信托人要求债券发行者购发额外的抵押贷款，并加入到抵押贷款担保组合中经营。

评估公司（如标准普尔或穆迪）对 MBBs 进行评估时，考虑的因素一般有以下几个：

（1）抵押贷款的质量。抵押贷款的质量受到担保人贷款价值比、不动产种类（住宅还是商业用途）以及是进行第一次还是第二次抵押贷款等相关因素的影响。

（2）抵押贷款利息和 MBBs 的利息之间的差额。差额越大，安全性能高。

（3）抵押贷款提前偿还的可能性。例如，如果利率上升，低利率抵押贷款就不太可能提前还款。

（4）抵押贷款的抵押品的地理位置的分散情况。

（5）过量担保的总额。

由于以上五个方面都会影响到评估的结果，债券发行者都会选择过量担保，多出的 25 000 000 美元抵押贷款起到缓冲作用，用来缓冲提前还款和不还款的不确定性所带来的影响。一些债券发行者通过保险或从大的商业银行中获取赎购证明（本票）的方式来提升信用水平。

抵押贷款传递债券

这是一种处于传递证券和抵押贷款支持债券之间的债券。和 MBBs 一样，债券发行者持有被担保的抵押贷款债权。债券发行者以债务的方式发放 MPTB。同样，发行者要对 MPTB 进行过量担保。与传递证券一样，发行机构支付给证券投资者的现金根据利息的息票利率而定，而本金采用分期支付的方式，并允许提前还贷，还款额归并到基金组合中经营。因此，MPTB 的投资者面临着与传递证券相同的风险。MPTB 也要经过评估机构评估，评估因素与 MBBs 相同，由于抵押贷款是定期归还，提前还款也直接用于支付债券的本金，所以用于该债券的过量担保的数量就小于用于 MBBs 的担保数量。

被担保的抵押贷款债券

被担保的抵押贷款债券克服了现金流量不稳定的问题，使投资人面临的风险变小。被担保的抵押贷款债券的现金流量的组合方式是四种证券中最为复杂的一个，CMO 的目标是重新安排抵押贷款的资金流动，将它们分配到几个有不同发行期限的、类似于债券的证券中，不同的债券群称为一个债券组合。典型的 CMO 有 3～4 个不同的债券组合，由于抵押贷款的现金流量具有不确定性，就需要设定一个专门的分支，用于存放剩余资金。这些剩余资金归 CMO 的发行者所有。因此，被担保的抵押贷款支持证券的发行者要求 CMO 的发行利润能够达到股本收益。剩余资金的增值部分可以作为资本收益。被担保的抵押贷款债券的具体现金流量将会在以后的章节中给出。表 10—2 是被担保的抵押贷款债券的基本结构。

表 10—2　　　　　　　　　　被担保的抵押贷款债券的结构图

资产	分配组合	贷款年限（年）	利率（%）	总数（美元）
抵押贷款 106 000 000 美元	组合 A	5～9	9.25	30 000 000
利率 10%	组合 B	9～14	9.50	30 000 000
	组合 C	12～17	10.00	25 000 000
	组合 Z	28～30	10.5	15 000 000
	自有资金			6 000 000
总计 106 000 000 美元				106 000 000

在上述例子中，债券发行者售出价值为 100 000 000 美元的被担保的抵押贷款债券，加上 6 000 000 美元的自有资金，共购买了 106 000 000 美元抵押贷款债权，其利率为 10%，其中的 6 000 000 美元作为担保金额，CMO 有三种不同债券性质的资金组合和一个剩余资金组合。组合 A 的获利水平最低，利率为 9.25%，其他组合的获利水平相对高一些，由于用于购买抵押贷款债券的资金来自各个组合，所以债券时间越长，利率水平越高，时间最长的债券其利率水平最高。购买组合 A 的投资者，最先得到偿还，除了利息，组群 A 的投资者还能获得以下收益：(1) 抵押贷款组合的分期还款额；(2) 抵押贷款组合的提前还款；(3) 延期还款增加的利息收入，这部分收益虽然是组合 Z 投资获得的，但是这部分利润会移交给组合 A 的投资者。组合 A 的投资者的本金要扣除上述三项。如果一大笔抵押贷款提前还款，债券 A 的到期期限就会减短。由于这种原因，组合 A 的发行年限是 5～9 年。组合 B 最初只能获得债券利息，但全部的组群 A 类债券到期得到支付后，组合 B 就会

获得提前还款和定期还款的资金，同样可以获得延期支付贷款的额外收益。其他组合的支付方式依此类推。如果有一年，所有的债券都到期，还款就被纳入自有资本中，算为自有资本的增值，增加债券发行者的自有资本。

关于抵押贷款和不同资金组合的现金流量，我们可以从下一章的现金流量明细表中看出。

有些被担保的抵押贷款债券并不是由抵押贷款做担保的，在一些情况下，被担保的抵押贷款债券也会由某些代理机构发行的抵押贷款支持证券做担保。一些私营公司购买政府国民抵押贷款协会发行的抵押贷款相关证券作为债务担保，来发行满足投资者需要的债券。如果是这种情况，二级抵押贷款市场的抵押贷款支持证券就分层化了。

CMO的一种特殊形式是会分离的抵押贷款支持证券。通常来说，这种证券可分为两类。一类投资者获得抵押贷款的利息部分，另一类投资者获得抵押贷款的本金部分，而本金部分会出现按照贷款还款计划分期支付和提前还款两种情况。只收取利息的债券和只收取本金的债券都有特殊的付款方式，尤其是在利率不稳定的时候。有些投资者购买这两类债券是为了抵制由于利率变动给他们的投资带来的影响。这个问题我们在下一章中也会提到。

◆ 互换交易

互换交易是二级市场的一种交易方式，是贷款人将抵押权出售给一些发行抵押贷款支持证券的机构，例如传递债券的发行机构。证券发行机构向贷款人发售抵押贷款支持证券。由于各种各样的原因，在二级市场发展的早期，人们通常认为抵押贷款支持证券的投资者会是很好的贷款人，他们愿意出售各种抵押贷款组合。在这种情况下，证券发行机构可以用发行的证券换取抵押贷款。为什么像储蓄机构这样的贷款人选择用抵押贷款组合的所有权作为抵押贷款担保，而不用基金机构本身的资金作为担保呢？原因是这样的，潜在的抵押贷款组合的现金流量是固定不变的，而以此为担保发行抵押贷款支持证券，情况就不同了，抵押贷款组合就成为一种发散性的资源（expended resource），成功的市场理论应该能够准确估算出这种发散性的资源会带来的利益和损失。

存在互换交易的一个原因在于，抵押贷款支持证券的流动性比个人抵押贷款的流动性强。储蓄机构可以用抵押贷款支持证券作为担保物借入基金，至少在Q准则出台之前都可以这样。后来，Q准则对证券利率设定限制，限制这种抵押贷款支持证券只能用来抵押贷款而不能用于投资基金。如果需要现金，例如需要支付未到期的取款，可以很容易出售这种基金。即使储蓄机构出售抵押贷款支持证券，贷款人也很有可能需要这项服务并获得服务费。贷款人对MBS和自己原始所有的抵押贷款的收取比率不同，前者比后者低 $0.25\% \sim 0.5\%$，这个比率差是贷款机构愿意担保贷款组合以及准时、按量支付本息的费用。同样，MBS可以看成是储蓄机构对于不动产的投资，因为有规定说，储蓄机构要有一定比例的资产用于不动产投资。

一些二级抵押贷款市场的中介机构或公司只出售一两种具有针对性的抵押贷款支持证券，而另一些公司出售各种各样的抵押贷款支持证券。我们将在下文中进行讨论。

● 房地产综合投资证券（RESIs）

尽管大部分抵押贷款支付证券都允许某种形式的信用提升，但是也有例外。比如，2004年美国银行发行了一些结构性MBS，将所有的信用风险传递给了债券持有者。这种证券叫做房地产综合投资证券，由标准普尔或穆迪这样的评级机构进行评级。由于证券是结构性的，所以违约风险首先传递给了级别最低的阶层。穆迪投资服务机构的评级最低为B-3，最高为A-2。这种证券主要是由大宗贷款所支持，因为违约风险传递给了债券持有者，所以RESIs的回报率相当高。2004年，住宅贷款的利率大约为6%，而级别相对较低的RESIs的回报率却大约为15%。

● 商业抵押贷款支持证券（commercial mortgage-backed security，CMBS）

和住宅抵押贷款支持证券对应的是商业抵押贷款支持证券。商业抵押贷款支持证券起源于20世纪90年代末期的存贷款危机。当时，资产处置信托公司（RTC）接收许多贷款出现问题的不动产，并且需要处置账目上的商业贷款。RTC将商业贷款打包成抵押贷款组合，并出售以这些抵押贷款组合为担保的抵押贷款支持证券。1992年RTC发行的商业抵押贷款支持证券最多，达到当年全部商业抵押贷款支持证券的63%。RTC发行的CMBS包括两种资金组合，一种是高级组合，一种是低级、从属性质的资金组合。高级组合接受包括提前还款在内的各种本金偿还方式并可以获得出售抵押房地产的收入。低级组合吸纳了各种违约资金，支付各种违约损失。RTC在1995年完成使命后解散，自此，私营中介企业开始发行CMBS。

除了用证券作为担保外，CMBS的证券化过程和CMO的证券化过程实质上是一样的。顾名思义，商业抵押权包括了各种商业房地产的抵押权，例如，饭店、写字楼、仓库、医院、购物中心及相关物业。二级市场主体通过发行证券的方式，筹集资金购买商业不动产抵押权。可以用如下各种方式担保CMBS：(1) 可以用针对不同的不动产的抵押贷款债权组合作为担保；(2) 可以用以一个特别大的不动产为抵押的单个抵押贷款作为担保；(3) 可以用以各种不动产为抵押的单一的不动产抵押贷款作为担保。

只有抵押贷款组合达到一定的量时，才能证券化。此时，贷款和不动产的相关资料都会送往中介评估机构（标准普尔、穆迪或者惠誉），让它们根据所提供的资料进行评估。其评估过程如下：首先，中介评估机构审核所给资料，考虑商业贷款质量以及作为抵押贷款担保物的不动产，根据违约风险初评等级。其次，中介机构对用于商业抵押贷款担保的不动产进行实地勘察，并分析当地经济发展水平。最后，中介评估机构核实用于抵押贷款的法定手续。高的评定等级需要达到以下标准：(1) 投资的不动产种类多样化并分散在不同的地区；(2) 贷款者没有不良还款记录；(3) 贷款的贷款价值比很高；(4) 良性贷款在总贷款中的比率较高。1997 年哈丁和西蒙斯（Harding & Sirmans）发现，一个既定的 CMBS 的投资组合想获得预期回报率的最关键因素有以下几点：(1) 贷款的质量。具体指贷款价值比和债务服务覆盖比。(2) 资产类型。通常认为，多成员家庭住宅的安全性比旅店和写字楼高。(3) 是否存在交叉担保物，即贷款的担保物是多个不动产。[1] 1997 年惠誉研究发现，当担保物业是多成员家庭住宅时，违约风险比较小，而担保物业是旅店时，违约风险比较大。研究还表明，有不同利率的贷款和有相同利率的贷款相比，前者的违约风险要大。[2]

等级评定后，二级市场各种机构用抵押贷款作为担保，发行房地产抵押贷款投资证券（REMIC）。和 CMO 一样，以房地产抵押贷款投资证券的抵押贷款为担保的商业抵押贷款证券，也分为几种债券组合，它们的发行期限各不相同。期限最短的组合最先获得本金和利息的支付。其他组合的偿还方式依此类推。另外，重组商业抵押贷款还有这样的目的：由于存在违约风险，如果有任何一笔商业贷款无法偿还，这个违约损失都将归到发行期限更长的资金组合中。这样期限更长的组合比起期限较短的组合就承担更大的违约风险，偿还的时间也更晚一些。由于以上原因，评估机构会把发行期限较长的债券的等级评估得比期限较短的债券的等级低，而偿还的利率要高。例如，20 世纪 90 年代末，标准普尔报道说，一个有 15 年期限的抵押贷款，在这 15 年中违约风险不断积累，这笔贷款涉及 6 700 个债权人。其中 3A 等级的贷款比例为 1.06%，3B 等级的贷款比例为 4.21%，3C 等级的贷款比例为 42.72%。

由于投资人希望在商业投资中获得高回报，同时希望投资于由多种贷款组成的贷款组合做担保的 CMBS 而带来收益，这使得 CMBS 的初期发行很成功，评估机构对 CMBS 信用等级的评估在促进 CMBS 市场的发展中起到非常重要的作用。但是 CMBS 的一个缺点是，抵押贷款组合中的贷款的性质各不相同，住宅抵押贷款在利率、到期期限和贷款价值比各方面更加接近，而商业抵押贷款在这些方面就有很大差异。所以，评估 CMBS 和 CMBS 的每一个资金组合的等级对确定 CMBS 的市场价格是非常重要的。

1991 年，全世界共发行过 51 次 CMBS，总价值是为 90 亿美元。到 1998 年共有过 92 次交易，总价值为 800 亿美元。2004 年上半年全世界发行的 CMBS 价值高达 522 亿美元（相当于一年 1 044 亿美元）。CMBS 已经开始成为商业不动产的重要资金来源。我们在第 17 章中会更详细地探讨这一市场。

●信用租赁债券 (credit tenant lease security, CTLS)

CTLS 是抵押贷款支持证券的一种特殊形式，是一种抵押贷款债务证券。它是以不动产作抵押经营的，购买 CTLS 的投资者比起投资于其他证券，有一层额外的保护层。也就是说，那些出售 CTLS 的不动产开发商，以不动产和不动产的预收租金作抵押发行 CTLS。租客被指定给了的受委托机构，向它交纳租金，而受托机构向 CTLS 持有者支付利息。和 CMO 一样，CTLS 也有各种各样的资金组合。如果租客无力支付房租，CTLS 持有者就有权将不动产作为抵押担保物。由于 CTLS 的这种特殊的担保方式，租客支付租金的能力和不动产的价值都与违约风险存在着密切的关系，像穆迪这样的评估机构评估 CTLS 时，就会考虑租客的支付能力，同时考虑不动产的空置贷款价值（loan-to-dark）。当不动产空置时，其价值量就没有租赁使用时的价值量大，这是因为，在租赁使用不动产时，所有者不得不花费资金用于翻修房屋，提高租金，支付租贷手续费。评估机构同时要考虑租约的期限和 CTLS 的发行时间。从 CTLS 持有者的角度来看，租约的期限长于 CTLS 的到期日期是比较理想的。

1992 年，在二级抵押贷款市场中发行了近 10 亿美元的 CTLS，到 1999 年发行量已超过了 30 亿美元。

● 抵押贷款支持证券的税收账目

以抵押贷款为担保，发行 MBS 的一些机构和公司总是会受到双向税收的困扰，特别是现金从贷款人流向二级市场机构，再流到投资者手中这种情况更是如此。如果现金在代理机构和投资者之间流动，而两方都要收税，那么税收负担就过重，就会造成抵押贷款支持证券化的优点受到限制。早期，是通过创立财产转移信托机构（grantor trust）来解决双向税收问题的，财产转移信托机构在为传递证券服务时，效果特别突出。如果符合称职的财产转移信托机构的条件，信托机构就不用纳税，而只由投资者纳税。称职的信托机构需要具备以下条件：（1）成立且经营要有时间限制；（2）流动性强，即当证券投资者完全得到清偿时，信托机构就没有剩余资产了；（3）一旦财产被委托给信托机构，财产所有者就不能再参与管理该资产。根据以上规定，我们可以看出，由于传递证券完全满足这些条件，所以效果最好。

如果为了满足投资者现金流量的需要而发行 CMO，就会出现税收和账目问题，许多 CMO 发行机构向信托机构出售潜在贷款，目的是获得最优惠税收待遇，并且可以从资产平衡表中去除贷款。许多储蓄机构和某些抵押贷款银行不希望在资金平衡表中将贷款作为资本，将 MBS 作为负债，而将潜在贷款让渡给信托机构就解决了这些问题。然而 IRS 和财务问题使这种信托变得更复杂。1985 年 5 月，财务账目标准委员会（Financial Accounting Standards Board，FASB）规定，如果发行商在名义上有不止一个的盈利项目，证券发行机构必须将 CMO 看成负债，即使贷款被让渡给信托机构。

但这样并没有解决税收问题，IRS 规定，如果运用信托的方式管理 CMO，信托机构就相当于一个可以自己管理并拥有资产盈利的公司。由于没有直接发放到证券持有人手中的现金会被再投资，信托机构也需要积极有效的管理，只有很小一部分发起机构并不在意是否采用信托的方式，对它们来说，这些没有太大的影响，但盈余利率意味着它们无法借到足额的债务。

由于以上问题，二级抵押贷款市场参与者催促国会考虑设立一些补救方法。

1986年通过的《税收改革法案》通过了一些补救方法。REMIC可以独立发行CMO而不用交纳双向税收。它的合作企业信托机构和其他企业都可以选择REMIC这种地位，并对自己的抵押贷款组合及该组合的相关基金保持独立的记录。出于税收目的那些由抵押贷款组合带来的收入，可以被用于支付给投资者，这些证券的发行者就获得了剩余，这种剩余有时为正值，有时为负值。

只要信托机构和企业不从事禁止性交易活动，它们就能享受最优惠税收待遇，这些禁止性交易包括：

（1）从不符合条件的抵押贷款中获取收入；

（2）收取劳务费和补偿；

（3）不以贷款组合的方式收购和出售贷款，除非这种组合具有流动性，并且所有的支付过程都在90天内完成。

如果理想的话，REMIC不用将贷款看成资产，也不用将CMO看成债务，REMIC是一项独立存在的活动，但REMIC的发行者要公布REMIC的盈利和亏损状况，如果销售商希望避免销售损失，它可以将MEMIC的盈利利息作为资产。图10—3显示出REMIC的交易是怎样运作的。

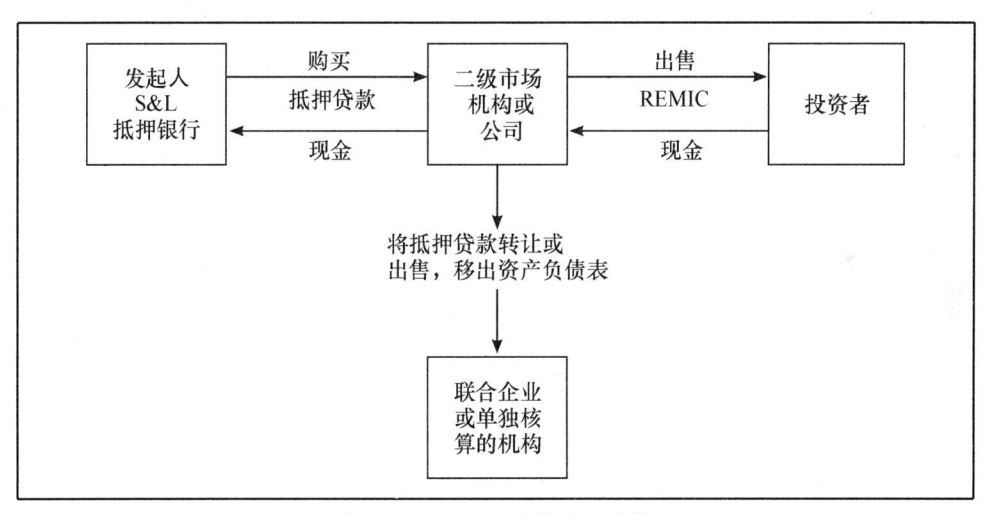

图10—3　REMIC的现金流量

我们已经熟悉了各种抵押贷款支持证券，下面我们来了解一下二级抵押贷款市场的行为主体。

二级抵押贷款市场的代理机构和公司

一些发行或者以前发行过抵押贷款支持证券的公司和代理机构如下：

（1）联邦国民抵押贷款协会（FNMA，Fannie Mae）；

（2）政府国民抵押贷款协会（GNMA，Ginnie Mae）；

（3）联邦住宅贷款抵押公司（FHLMC，Freddie Mac）；

(4) 联邦住宅贷款银行（FHLB）；
(5) 联邦信贷机构；
(6) 各州和地方信贷机构；
(7) 私营企业。

联邦国民抵押贷款协会

1938年，国会通过立法成立FNMA作为重组金融协会（Reconstruction Finance Corporation）的协助机构，主要目的是形成二级抵押贷款市场，支持FHA的抵押贷款和VA的抵押贷款。到1983年，FHA和VA对贷款设定了利率上限，目的是使以这样的贷款购买的住宅成为可支付住宅。随利率的上升，贷款机构不愿意向FHA和VA发放贷款，因为这种贷款使它们背负很大的负担。另外，已有贷款的价值会随利率上升而贬值，Fannie Mae准备向贷款银行和机构以面值购买这种贬值贷款，用于补充这些贷款机构的基金，以便发放新的贷款。即使有些贷款的价值低于面值，Fannie Mae仍然希望在利率下降时，将这些贷款以面值出售。从这个意义上讲，Fannie Mae利用利率的变动来经营，但同时它承担了利率风险。在必要时，Fannie Mae需要依靠财政支持弥补损失。

1950年，Fannie Mae合并到住宅金融机构（Housing and Home Finance Agency，该机构于1972年成立，后来成为HUD的机构）中，但时间很短，1954年，它从住宅金融机构中独立出来。按修改后的章程规定，这时Fannie Mae有三项任务：(1) 继续收购FHA和VA的抵押贷款，以推动二级抵押贷款市场的发展；(2) 激活出现违约的抵押贷款和不动产；(3) 管理具有补贴性的贷款。新章程还规定，将Fannie Mae转变成一个实质性的私营企业。1954年，新章程授权Fannie Mae发行无投票权的优先股和普通股，目的就是将Fannie Mae转变成私营性质的企业。这个措施不仅使Fannie Mae进行重组，而且为Fannie Mae提供了收购抵押贷款的基金。

Fannie Mae通过发行抵押贷款支持证券和收购抵押贷款，促进二级抵押贷款市场的发展。Fannie Mae能够从美国财政部借款使其信用得到提升，它的自有资产来源于出售的优先股和普通股。最初，新章程规定Fannie Mae收购FHA和VA的抵押贷款，但在1970年成立联邦住宅贷款抵押公司（FHLMC）的法案中，国会允许Fannie Mae收购传统抵押贷款。在通常情况下，Fannie Mae都将这些抵押贷款并入自己的投资组合中，但偶尔也出售一些，用来控制自己出现的利率风险。20世纪70年代，Fannie Mae主要发行短期债券，所以它面临着期限失配问题（这个问题也存在于储蓄机构之中），同时它还面临着利率风险。实际上，Fannie Mae是一个大型储蓄机构。1981年，Fannie Mae的总量为614亿美元的资金组合中，有212亿美元来自发行短期债券，一年的流动资产为36亿美元，这造成每年176亿美元的资金缺口，这个资金缺口占Fannie Mae总资产的29%。

20世纪80年中期，FNMA通过发行传递证券和CMO，并购买了可调利率抵押贷款来减少利率风险。在1988年底，一年的流动资产和到期债券都是360

亿美元，所以这一年的资金缺口为0。从那时起，FNMA的资产和负债组合更加平衡了，表10—3展示了FNMA最近的活动。

到2004年第一季度末，Fannie Mae的投资组合中有6 480亿美元的抵押贷款，其中，4 710亿美元的资金来源于出售的短期债券，4 600亿美元的资金来源于长期债券。在2004年第一季度，Fannie Mae的净利息收入为31.96亿美元（抵押贷款的利息收入与债务利息支出之间的差额），相当于每年净利息收入约120亿美元。另外，为传递证券做担保的担保费收入为7.37亿美元，这些传递证券并未出现在资产负债表中。2004年第一季度Fannie Mae的税后收入是18.99亿美元，相当于每年76亿美元。

表10—3　　　　　　FNMA 2003年和2004年的财务活动　　　　　　单位：百万美元

A部分：资产平衡表	2004年3月31日	2003年12月31日
资产		
抵押贷款投资组合	890 908	906 529
投资	104 360	103 040
总资产	995 268	1 009 569
债务		
债券、票据		
一年的支付额	471 252	483 193
一年后的应付额	460 045	464 529
次要债务	14 046	14 010
总计	945 343	961 732
其他债务	29 120	25 464
总债务	974 463	987 196
净资产	20 805	22 373
B部分：截至3月31日的三个月损益表		
	2004年	2003年
利息收入	12 344	12 896
利息支出	(9 148)	(9 528)
净利息收入	3 196	3 368
担保费用	737	547
费用和其他收入	2	114
信用相关费用	(32)	(23)
行政性收费	(383)	(344)
税前净收益	2 558	2 648
税收	(659)	(707)
净收益	1 899	1 941

2003年Fannie Mae股东的获利水平非常高，平均附加利率1.54%（资产利息收入与债务利息支出之差），这使得Fannie Mae共有资产的回报率达到49.9%，比2002年的30.1%有了显著提升。

● 政府国民抵押贷款协会

在1968年,国会通过《住宅和城市开发法案》。根据法案成立了GNMA,并将它归并到住宅发展部。Ginnie Mae 分担了 FNMA 的两项职能:管理和清算以前的抵押贷款,以及贷款补贴项目。在称为特殊资助功能的后一方案中,Fannie Mae 给穷人提供住宅救济补贴。一个具有典型性的计划就是中继计划,在这个计划中,Ginnie Mae 要向符合条件的家庭提供低息贷款。然后,Ginnie Mae 以折扣点的方式向 Fannie Mae 出售贷款,折扣点的数额可以使 Fannie Mae 获得平均市场利润。贷款的数额与出售收入之间的差额由 GNMA 来承担。这是 GNMA 唯一的一级市场行为。但这两项职能并不是 Ginnie Mae 的主要工作,实事上,Ginnie Mae 的第三项职能,也是最重要的一项职能是促进二级抵押贷款市场的发展。

在一定程度上讲,Ginnie Mae 二级抵押贷款市场业务是有重点的。Ginnie Mae 通过担保传递证券来支持 FHA 和 VA 贷款,并在很小范围内支持农民住宅管理局的贷款。它用两种方式增强传递证券的信用水平:首先,潜在贷款由 FHA 和 VA 担保;其次 Ginnie Mae 担保贷款的本金和利息都能按时支付。所以,即使存在一些坏账,投资者也不用担心收不回投资。如果真有这样的坏账,证券持有人也可以按期收取债券本息,这些资金由抵押贷款发起人先行支付,再从 FHA、VA 或乡村住宅服务局(RHS)得到补助。如果贷款发起人无力支付,Ginnie Mae 会替其支付。[3]

我们必须注意到 Ginnie Mae 本身既不购入抵押贷款,也不发放抵押贷款支持证券。在 Ginnie Mae 的资产负债表中,通过 Ginnie Mae 早期支持 Fannie Mae 和 VA 抵押贷款市场运作的工作,很容易理解 Ginnie Mae 的活动。Ginnie Mae 后来的活动变动较小,图10—4展示了一个典型的早期 Ginnie Mae 活动,分阶段来看待这一过程是有益的。

第一阶段,抵押贷款的发起人(抵押贷款银行)从商业银行中获得本票,从而发放抵押贷款,得到抵押贷款债权。随抵押贷款债权的增加,本票数量不断减少,重申一下,这就是"储存"(warehousing)。贷款发起人以这种方式积累一个抵押贷款组合,积累时间为2年,总价值(比如说)100 000 000 美元。其中所有的抵押贷款到期期限相同、利率相同,都是由 FHA、VA 或 RHS 做出担保的。然后,发起人会要求对该组合进行发起传递证券的资格认定。如果组合满足上述条件和其他一些小条件,Ginnie Mae 就会确认该组合的资格。贷款发起人也要相应地交纳一定的费用:前1 500 000 美元交纳 500 美元,以后每增加1 000 000美元加收200美元。

第二个阶段,发起人发行传递证券,它们由证券交易商和抵押贷款银行出售,一般由 Ginnie Mae 交易商协会(这个证券交易机构在1982年归并到公共证券协会中)优先出售。证券购买者包括银行、储蓄机构、养老基金、人寿保险公司和单个投资者。发起人用出售证券获得的资金支付本票,然后抵押贷款被委托给信托机构。该抵押贷款信托机构必须保证:无论什么时候,只要存在抵押贷款

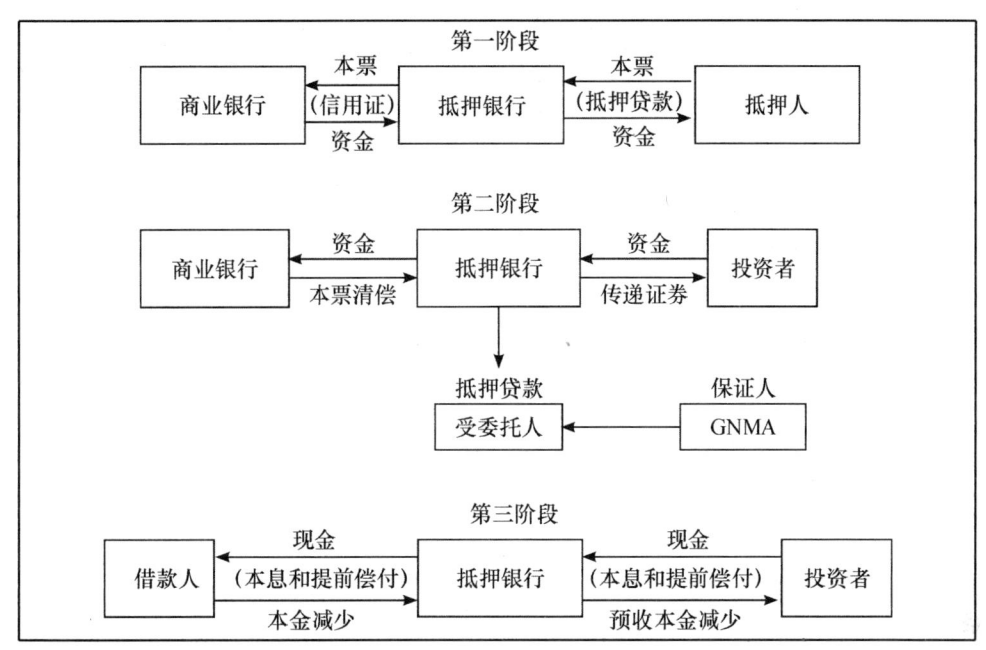

图 10—4　GNMA 传递证券的创立

提前偿付，传递证券的投资者就必须得到偿还。

第三个阶段，投资者收回本金，获得投资利息。投资者的本金随贷款的分期支付而减少，其中还包括提前还款带来的减少额。传递证券的利率比抵押贷款少 0.5%，如果抵押贷款的利率为 10%，传递证券的利率就为 9.5%，其中相差的 0.5% 由贷款发起人（44 个基点）和 Ginnie Mae（6 个基点）共享。在贷款发起人无力支付时，Ginnie Mae 用这些基金向传递证券的投资人支付款项。

1983 年 Ginnie Mae 放松了贷款组合的抵押贷款利率必须相同这一规定。在 Ginnie Mae 二期项目中，只要各组贷款的利率差异小于 1%，就可以组合起来。同时，允许已有的抵押贷款和季节性抵押贷款纳入这种贷款组合中。

表 10—4 展示了 GNMA 最近的活动。想要获取更多关于 GNMA 证券的相关信息，可登录 GNMA 网站 www.ginniemae.gov。

表 10—4　各财政年度 GNMA 未偿还的抵押贷款组合　　　　单位：百万美元

年份	1～4 户	多成员户	总计
1986	256 920	5 777	262 697
1987	309 806	7 749	317 555
1988	331 257	9 270	340 527
1989	358 142	10 225	368 367
1990	391 505	12 108	403 613
1991	415 767	9 528	425 295
1992	410 625	8 841	419 516
1993	414 700	9 000[a]	423 000
1994	451 500	10 000[a]	461 500
1995	472 300	12 000[a]	484 300

续前表

年份	1~4 户	多成员户	总计
1996	485 100	11 900	497 000
1997	516 900	13 600	530 500
1998	527 600	14 600	542 200
1999	553 100	16 500	569 600
2000	584 800	18 700	603 500
2001	582 600	21 700	604 300
2002	543 000	25 400	568 400

注：a. 估计值。

● 联邦住宅贷款抵押公司

1970年，由FHA和VA贷款组合作抵押的抵押贷款相关证券市场已经相当成熟，但这些抵押贷款大部分都是传统性的，即该年发起的65%的1~4户家庭的贷款都是传统性的。一方面，储蓄机构发行的贷款中70%是传统贷款；另一方面，抵押贷款银行主导FHA和VA市场，它们提供的贷款中有94%是以这种方式发放的。因此，从1970年起政府通过支持FHA和VA等相关部门和抵押贷款银行来促进二级抵押贷款市场的发展。人们认识到，那些面临利率风险的传统贷款人和储蓄机构急需政府的支持。

1970年，国会通过了《紧急住宅融资法案》。该法案的第三章规定了联邦住宅贷款抵押公司（FHLMC或Freddie Mac）的特权。该法案授权Freddie Mac收购FHA和VA贷款，并收购传统的由Fannie Mae担保的贷款。具体来看，Freddie Mac主要经营传统抵押贷款，而Fannie Mae主要经营FHA和VA抵押贷款。公司的启动资金来源于公司发行的普通股（无投票权的股票），这些股票出售给了联邦住宅贷款银行，该银行将股票分散到各地的储蓄分支中，这个行为在一定程度上帮助那些处于危机中的储蓄机构渡过了20世纪60年代中期的危机。同时Freddie Mac的股票在纽约股票交易所交易。

Freddie Mac通过出售各种各样的债券和抵押贷款支持证券获得资金，内容如下：

（1）贴现票据和债券。Freddie Mac发行了最小面额为10 000美元，增量为50 000美元的债券。同时，它还发行贴现票据（期限为1年或者更短），最小面值为25 000美元，增量为1美元。

（2）抵押贷款参与保证书。抵押贷款参与保证书是Freddie Mac发行的传递证券。最初在1971年开始发行，这种证券组合中包含了传统的固定利率证券，发行期限有15年和30年两种，还有可调利率贷款和多户的抵押贷款。该公司担保按时支付本金和利息。Freddie Mac通过对抵押贷款参与保证书所有者支付的本金进行担保来假设潜在抵押贷款的抵押风险。

（3）被担保的抵押贷款债券（CMOs）。Freddie Mac CMOs自1983年开始发行，有名义期限不同的几种类型可以选择。本金还款每隔半年按照名义期限的长短顺序分配给各类 CMO，某一类的投资者只有在期限更短的类别清偿后才会收到本金返还。每隔半年，各类 CMO 持有者都根据该类 CMO 的票面利率获得债券本金余额的利息。应计类的利息只在所有其他类债券清偿后才开始支付。虽然 CMOs 是 Freddie Mac 的普通债券，但每一笔 CMO 都由它自己持有的抵押贷款组合担保。

（4）担保式抵押贷款保证书（GMCs）。担保式抵押贷款保证书发行时间很早，但到 1979 年，Freddie Mae 不再直接出售 GMCs。GMCs 的利率全归 Freddie Mac 所有。公司每年支付一笔附担保的小额本金，每半年支付一次利息。

表 10—5 展示了 FHLMC 近期的活动。Freddie Mac 收购的大部分抵押贷款被打包"出售"用来作为 PCs 以及协会发行的传递证券的担保。这些证券构成 FHLME 出售的证券组合，证券的价值和潜在的抵押贷款并未出现在资产负债表中，资产负债表只反映留存的资金组合，但是 Freddie Mac 收取的担保费用算做收入。2002 年 Freddie Mac 净利息收入，即购买的抵押贷款利息收入与向债券投资者支付的利息支出之差为 89 亿美元。

表 10—5　　　　　　　　2002 年 FHLMC 的财务活动　　　　　　　　单位：百万美元

A 部分：资产负债表			
	资产[a]		负债
利息收入资产		**利息支出资产**	
抵押贷款	63 941	债务证券	
证券	525 781	短期证券	244 429
总共留存投资的组合	589 722	长期证券	415 662
现金和投资	135 037	从属债务	5 605
其他	27 490	总计	665 696
总额	752 249	其他债务	9 501
		股东净资产	31 330
		总计	752 249

B 部分：收益的组成部分	
利息收入	38 476
利息支出	29 590
净利息收入	8 886
管理和担保收入	1 516
其他收入	6 266
借用担保开支	128
行政性开支	593
住宅税收信用参与开支	160
非利息开支总计	1 865
净收入	14 803
收入所得税	4 713
税后净收入	10 090
每股收入	14.23

注：a. 在资金负债表中没有显示出抵押贷款参与保证书（这种保证书是以同量的抵押贷款为担保的），Freddie Mac 称之为"出售"投资组合。

● 联邦住宅贷款银行

联邦住宅贷款银行系统由12家区域性银行组成，其所有者为会员银行（和其他机构），会员也是实际的股东。当前，FHLB的会员资格向所有存款机构和其他特定金融机构开放。2002年，有5 886家商业银行、1 390家储蓄机构、660家信用合作社和75家保险公司是FHLB的会员。1997年，芝加哥联邦住宅贷款银行开始从会员机构手中购买抵押贷款组合，该项目叫做抵押贷款合作融资项目（MPF）。目前，有9家银行通过芝加哥银行提供这一项目。其他三家FHLB提供自己的抵押贷款购买项目。FHLB项目和Fannie Mae、Freddie Mac项目之间的区别主要是信用风险的承担。信用风险是抵押人（房主）的违约风险。Fannie Mae和Freddie Mac购买抵押贷款时承担违约风险，但就该风险向出售者（贷款人）收取一定的费用。而在MPF下，贷款出售者（至少是大部分出售者）仍承担违约风险。相应地，FHLB因出售者承担风险而向其支付一定的费用（高达贷款未清偿余额的10个基点）。与Fannie Mae和Freddie Mac类似，FHLB承担市场风险（即利率变动时抵押贷款价值变化的风险）。FHLB的会员设立一个第一损失账户（first loss account），其金额等于抵押贷款组合未清偿余额的1%，并出售给FHLB。另外，如果贷款价值比高于80%，贷款还必须有私人抵押贷款保险。这样一来，一旦出现违约，损失首先由房主的净资产来负担，之后是私人抵押贷款保险，再次是第一损失账户。如果第一损失账户资金用尽，贷款出售者（会员）会提供另外一层保护，他们设立一个损失账户，以保证损失超过账户金额的概率低于穆迪2A级债券投资者所面临的风险。因为有上述的多层保护，所以FHLB愿意支付前文提到的10个基点的费用。

将贷款出售给FHLB而非Fannie Mae和Freddie Mac的好处主要在于，出售者可以就管理信用风险而收取费用。如果贷款出售者发放的贷款违约率非常低，就可以从FHLB处收到风险管理费，而不是将这笔费用支付给Fannie Mae和Freddie Mac。

2002年，FHLB从会员手中得到了价值457亿美元的抵押贷款，其中MPF购买了价值279亿美元的贷款，而抵押贷款购买项目购买了178亿美元的贷款。2002年FHLB持有的贷款数额约为2001年的两倍。

● 联邦信贷机构

在一定的程度上讲，有许多联邦信贷机构支持一级和二级市场的发展。

农业信贷体系。1987年，国会通过《农业信贷法》的目的就是加强和调顺以下三个机构之间的关系：联邦土地银行、联邦信贷中介银行、合作银行。前两个银行合并，共同组成了一个有37个农业信贷银行的统一体系。第三个银行改名为联邦信贷银行，由12个地区农业信贷机构组成。农业信贷银行直接发放农业贷款，包括农业发展贷款和农民住宅贷款。这些银行通过发行证券来筹集资金，这些证券由位于纽约的信贷银行基金组织统一发行，名称是农业信贷体系债券，包括两类产品——贴息票据和长期债券。2004年，该信贷体系的资产为1 100亿美元，其中900亿美元为贷款。

农业信贷辅助融资公司。这个机构是根据1988年通过的《农业信贷法》成立的。它的目标是帮助那些处于金融困境中的农业信贷银行。机构有权发行总量为28亿美元的无担保债券，美国财政部为这种债券做出担保。这种担保债券的发行期限为15年，可以在1992年9月之前发行。

联邦农业抵押贷款公司（FAMC，Farmer Mac）。根据《农业信贷法》成立了Farmer Mac，它的功能类似于GNMA，只不过针对的是农业抵押贷款。该公司处于农业信贷体系之中，其主要功能是：（1）检查农业抵押贷款组合；（2）担保按时支付贷款的本金和利息；（3）允许证券包销商在二级抵押贷款市场中出售传递证券。不同于GNMA的一点是，由FAMC担保的定期还款额仅为应还款额的90%。有三种方式提升信用：（1）财政部提供15亿美元本票；（2）通过向银行保险机构及农业体系机构出售股票，获得2 000万美元的权益；（3）该机构收取的担保费，收费标准是50个基点加上未支付余额的0.5%的年费。

Farmer Mac的启动基金2 000万美元，该基金由出售普通股得到。这些普通股基本由那些有农业贷款业务的金融机构收购。要申请农业抵押贷款，需要以下一些条件：（1）土地改良使用贷款。条件是：要证明改良农产品至少有一种是经济作物才能申请农业贷款，或者要用土地作为抵押贷款的担保物。（2）农业住宅贷款。农民申请住宅贷款的条件是：地区总人口不超过2 500人，申请家庭为单人家庭，最高购房额为10万美元。

尽管Farmer Mac在1987年就成立了，但Farmer Mac已定计划的实施推迟到1992年。1992年，Farmer Mac首次出售总额为2.33亿美元的担保证书，这些证券都是以农业贷款为担保的，这些农业贷款都是旅行者保险公司作为贷款发起人的。

乡村住宅服务局（RHS）。RHS（以前为农民住宅管理局）属于农业发展部，它将贷款的范围扩展到农业、住宅和社区设施。到1975年，该机构通过出售受益权证书（CBOs）来取得一些基金。现行的基金来源于两方面：（1）财政部开出的本票；（2）向私营企业和信托公司出售贷款，这些机构再以贷款抵押权为担保，发行传递证券。RHS直接发放的贷款，仅仅针对那些人口少于10 000人的地区的中低收入家庭，享受贷款的最高收入水平的设定根据城市和家庭规模的大小而变化。RHS发放的贷款通常是低于市场利率的贷款，这些贷款都以打折的方式出售，RHS承担那部分折扣损失。直接贷款的期限一般是33年，但那些收入低于本地区平均收入的60%的家庭可以将贷款的期限增加到38年。各县的农业贷款的最高额各不相同，但贷款总量不能超过物业的市场价值，对本金利息、税收、保险费的支付额不能超过最低收入家庭总收入的29%或低收入家庭总收入的33%。另外，这些家庭必须是自己使用住宅。504条款是专门针对存量房地产修葺的，条款的对象是那些低收入家庭（收入少于本地区中等收入家庭的50%）。如果他们没有优惠贷款，就无法取得资金进行房屋修缮。这种贷款不能超过2万美元，年利为 1%。

融资公司（FICO）。1978 年，联邦住宅贷款银行委员会成立，根据《公平竞争银行法》成立融资公司。该公司成立的目的是协助解决储蓄机构普遍存在的越来越严重的财务问题，为 FSLIC 再融资。FSLIC 由于花费巨大的成本解决许多处于危机中的储蓄机构的问题，使自己处于破产危机中。FICO 被授权发行无投票权的资金股 30 亿美元，还发行了总量为 108.25 亿美元的债券（每年不超过 37.5 亿美元）。这些行为都是为了帮助解决那些经营困难的储蓄机构的危机。FICO 发行的债券既无美国政府的担保，也无 FSLIC 的担保。从 1989 年开始，FICO 的债务每年达到 81.7 亿美元之多。

联邦融资银行（FFB）。根据 1973 的《联邦金融银行法》成立。它的作用是统一为各联邦机构和其他由联邦政府担保发行债券的机构融资，降低政府的支付成本。该银行通过发行证券获得资金，用于购买 24 个政府机构或类似机构的债券。大多数抵押贷款担保及住宅担保机构的债券未包括在内，而只有像 TVA、REA、NASA、SBA 这样的机构的债券才会被 FICO 收购。FICO 可以收购的两种住宅相关债券分别是由 HUD 发行的用于支付 108 条款贷款的债券及用于支持低租金的公共住宅的债券。2002 年，该银行未清偿的债务为 406 亿美元，贷款投资组合为 397 亿美元。其贷款投资组合中，12 亿美元为 HUD 低租金公共住宅贷款，500 万美元为 HUD 社区开发街区赠与贷款。

州和地方信贷机构

在第 7 章中我们了解到各种各样的住宅金融机构（HFAs）是怎样发行抵押贷款税收债券的，这种债券享受免税的优惠条件，所以利率很低。HFAs 通过打包 FHA 和 VA 担保的贷款，发行由 GNMA 担保的证券来筹集资金。同时，它们还参与 Freddie Mac 和 MAC 启动的可支付住宅项目。1989 年，HFAs 通过二级市场出售将近 90 亿美元的抵押贷款担保债务。

私营企业

大量的私营企业进入二级抵押贷款市场。在政府机构论证了该市场的需求且国会通过实施法案的时候，各种私营企业马上就看到了抵押贷款证券化的效益。私营企业所做的事情与政府相关机构相同，它们以抵押贷款为担保出售证券，并且进行交易，证券信用提升后是通过过量担保和贷款保险实现发行的。抵押贷款支持证券要由评估公司评定等级。许多企业的贷款是专门针对那些政府相关机构既无法又不愿意证券化的贷款，例如那些不符合贷款规定及数额太大的贷款项目。一些大的储蓄机构和其他金融机构提供补贴来支付此类抵押贷款担保证券。

当前，几个大的金融机构，如美国银行、德意志抵押贷款证券、美林抵押贷款投资公司、摩根士丹利、Wells Fargo 及华盛顿共有公司等都大量发行 CMO 传递证券。另外，还有许多小的金融机构活跃在这一市场中。

二级抵押贷款市场的发展过程：每年发展概要

在最近的二十几年中，二级抵押贷款市场经历了巨大的变化。我们逐年回顾二级抵押贷款市场发生的重大事件，每个事件都对二级抵押贷款金融的变化发展有重大的意义。这对创造出新的金融工具，从而服务于借款人有很大作用。

1981 年　Freddie Mac 引入担保机制，经营传统的固定利率抵押贷款的互易业务。储蓄机构的一个问题在于没有中介机构，但它们可以用 Freddie Mac 发行的 PCs 作为担保物，借入不受 Q 准则限制的资金。它们也可以出售 PCs 获得资金以备不时之需。由于原始贷款通常都是超低利率的贷款，以互易方式出售原始贷款会带来损失。

1982 年　传统的抵押贷款利率高达 16.5％。GNMA 将多于 120 亿美元的 1~4 户家庭抵押贷款证券化。Freddie Mac 持有此类贷款的数额比 GNMA 多一倍，从 1891 年的 195 亿美元增加到 1982 年的 426 亿美元。

1983 年　6 月，Freddie Mac 首次发行 10 亿美元的 CMOs，发行期限仅仅一周。到 12 月底，共有 12 家机构发行 CMOs，总额达到 47 亿美元。人寿保险公司和养老基金是 CMOs 的主要投资人。

像第一波士顿和所罗门兄弟这样的私营企业购买 Ginnie Mae 的传递证券，也购买 CMOs。美国西南金融公司组成一个由 35 个开发商联营的企业，这个联合企业向购买自己不动产的购买人提供贷款。

1984 年　住宅抵押贷款承兑公司（HOMAC）开始运营。该公司通过将 FHA 和 VA 担保的抵押贷款证券化，来促进住宅建筑工业的健康发展。2 月份，HOMAC 共出售价值为 1 800 万美元的 CMOs。

Freddie Mac 首次购买一年期、二年期和五年期的 ARM，后来，Freddie Mac 对其要购买的 ARM 做出一些限制，将 ARM 的标准统一起来，并购买了这样的 ARM。由于贷款人（银行、储蓄机构）都希望在二级抵押贷款市场中出售自己的抵押贷款，它们就必须接受这些新规定。此时 CMOs 的总量达到 30 亿美元。

花旗住宅所有者抵押贷款承兑公司首次推出特殊的 CMOs，这种 CMOs 的抵押贷款没有 FAV 或 VA 的抵押贷款担保。

《二级抵押市场完善法案》获得通过，该法案去除了州证券注册法律和法定投资对二级抵押贷款市场主体的限制。按照该法案的规定，抵押贷款担保证券必须被评估公司认定为两种最优良的证券之一才能发行。该法案很有效地将 Freddie Mac 和 Fannie Mae 的债券与国债放于同等地位。该法案也授权这两个机构购买二级抵押贷款并积极推进多户抵押贷款的证券化。

1985 年　Freddie Mac 通过联系储备银行的纽约订购系统，以订购方式发行 PCs。这是因为二级抵押贷款市场需要这样的方式。同时，传统的抵押贷款支持证券总发行量从 1981 年的 1 310 亿美元急增到 1984 年 1 万亿美元。1985 年后期，Fannie Mae 也转变进入订购体系。

以商业抵押贷款为担保的 CMOs 首次由 Penn Mutnal 人寿保险公司发行，发行总量为 2.048 亿美元，证券等级为 3A。

在二级抵押贷款细分市场中，EPIC 承兑公司发行了总量为 1 亿美元的 CMOs，这些 CMOs 是以 Freddie Mac PC 为担保的，其中过量担保占总量的 30%。

HOMAC 为扩大自己的业务，开始接收传统的贷款，同时接收大金额的抵押贷款。

1986 年　《税收改革法案》获得通过。该法案允许发行房地产抵押贷款投资证券（REMICs）。它们为多类别的传递证券提供自主选择的纳税方式，避免了传递证券双向收税的问题，但允许在会计上将发行证券看成是出售资产。该法案还对由州住宅机构发行的抵押贷款收入债券（MRB）的总量设定了上限。该法案取消了开发商债券的分期付款待遇，结果使 HOMAC 倒闭。

Freddie Mac 为独户住宅提供的贷款，最大金额定为 133 250 美元。

Freddie Mac 出售总价为 26 亿美元的 PCs，并且取消了一个一次性交易量达到了 30 亿美元的互易交易，开始每周出售多户 PCs。

Ginnie Mae 发行总量为 1.35 亿美元的 ARM。抵押贷款支持证券数量达到具有里程碑意义的 30 亿美元的总数量。

在第二季度中，Fannie Mea 购买了 66 亿美元的抵押贷款，由于担心利率风险，机构出售了 100 亿美元的固定利率贷款。

1987 年　Freddie Mac 提高对独户住宅的贷款最高额，定为 153 100 美元。同期，Freddie Mac 以互易的方式将 10 亿美元的 PCs 与美国第一抵押贷款公司交易，吸收了固定利率抵押贷款。

Fannie Mea 首次发行由 FHA 和 VA 贷款为担保的总量为 5 亿美元的 REMIC。二级抵押贷款市场在本年有了极大的发展。在该市场中，证券分为两类：一类获得 99% 的本金和 62% 的利息（债券比例为 5%）；另一类获得 1% 的本金和 38% 的利息（债券比例为 3.05%）。Fannie Mea 还声称要购买 7 年期和 10 年期的气球型抵押贷款。

Ginnie Mac 声称打算把担保费用从 6 个基点提高到 10 个基点，但由于贷款人强烈指责而放弃了升高费用的打算。

此时，私营企业变得越来越活跃、越来越有创新性。工农储蓄银行公开发行双周还款式抵押贷款支持证券。第一波士顿公司发行 CMO，同时将剩余金额证券化，这就意味着这个证券组合能分享按期支付的本金还款。同时，证券太平洋商人银行首次发行 2 亿美元的 REMIC，这种证券由商业抵押贷款担保。

1988 年　为了避免以极不合理的利率打折出售证券，Freddie Mac 要求借款人能连续两年支付最高利息，否则 Freddie Mac 将不吸收该抵押贷款。同时 Freddie Mae 声称要让 REMIC 发行价值量为 10 亿美元的混合 PCs。此次发行的数量是有史以来最大的一次。

Fannie Mae 首次发行由 ARM 为担保的 REMIC。加利福尼亚贷款银行作为发起人，发行了总量为 2 000 亿美元的贷款。这个机构还首次发行"巨额组合"（megapool），它允许投资者将持有的抵押贷款合成一股更大的投资组合。

HUD 声称要按照抵押贷款的具体情况来调整抵押贷款担保费用。

1989 年　联邦住宅贷款银行委员会（FHLBB）声明，任何机构要在储蓄机构破产前接管该储蓄机构，必须按照一定的规则进行。FHLBB 还声明，要起诉那些没有发现自己负责审查的储蓄机构财务问题的会计公司。政府会计办公室建议必须仔细检查储蓄业，这一行为可以从分割 FHLB 和 FSLIC 开始。

芝加哥期货交易所宣布一种新的、现金交割的抵押贷款担保期货及期货协议。这些期货以正在经营的 GNMA 证券为担保，每 4 个月交易一次。

Fannie Mac 提出一个有资金分渠的巨型 PCs 项目。项目分为两块：仅有利息的证券和仅收本金的证券。两者都是通过几种有固定利率的 PCs 组合而成。Fannie Mac 还发行 PC 混合抵押贷款的第 100 种产品。

通过《金融机构改革、复兴和实施法案》。

1990 年　HUD 的秘书长杰克·坎普（Jack Kemp）开展了一项全国范围的注册会计师调查活动，并将他们所在机构按财务状况排序。

布什总统声称，1 640 亿美元的金融资本不够解决储蓄机构的问题。

储蓄监管办公室发布 38 号公报，将 7 类 CMO/REMIC 产品列为 100％风险等级，目的是确定整顿储蓄机构所需的资金。Freddie Mac 首次发行以 ARM 为担保的 MBS，ARM 的利率紧钉伦敦国际银行制定的汇率，同时推出 5 种由 PCs 担保的 REMIC。

1991 年　美国众议院批准拨款 780 亿美元供联合企业解决储蓄机构的问题。

RTC 和联邦住宅贷款抵押公司（FHLMC）进行价值量为 7 000 万美元的互易贷款交易，这些贷款来源于破产的联邦储蓄贷款协会。同时，RTC 出售了 8.33 亿美元的抵押贷款支持证券，超过以前每次出售的 MBS 值。

国会考虑通过立法要求政府支持的企业如 Fannie Mae 和 Freddie Mac 能够自理资金并接受检查。任何立法条款中都要规定，GSE 发行的 MRS 必须是中介评估公司评定的 3A 级证券。

到 1991 年中期，有 84％的 FHA/VA 抵押贷款和 32％的传统抵押贷款已经证券化。

1992 年　国会通过《住宅和社区发展法》，它是一部主要改善现存计划的专门的住宅法。该法包含《联邦住宅企业财务安全和稳固法案》。该法案重写了 Fannie Mae 和 Freddie Mac 的安全目标，并向中心城市及其他服务地区的住宅提供金融支持。修改后的章程也设定了相关标准，以预防储蓄贷款协会出现的危机。

1993 年　所有的抵押贷款债务及信托数量达到 15 000 亿美元，占全国未偿还债务的 36％。

1994 年　87％的 FHA/VA 抵押贷款和 42％的传统贷款已经证券化。

1995 年　1995 的 HUD《专项拨款法》修订了联邦住宅管理局 203（b）条款，将住宅抵押贷款项目的上限调为 FHLMC 上限的 75%。

1996 年　Freddie Mac 宣布已从住宅金融机构中购买总价为 10.75 亿美元的抵押贷款收入债券。

1997 年　FHA 和 VA 参与 Freddie Mac 的"贷款跟踪"工程。这是一个自动处理的项目，可以使借款人通过互联网立刻确认 FHA 和 HA 贷款。

1998 年　Freddie Mac 发行最大量的 REMIC。此次数量总款超过 50 亿美元。此次发行的几乎都是金 PC（Gold PC）。

Freddie Mac 公布了一项新产品——Alt 97^{SM}，允许有资金困难的住宅所有者仅以少于 3% 的首付款就可以获得住宅。

1999 年　Freddie Mac 公开前 10 年的参考票据项目（Reference Note Program），共 40 亿美元的交易额。

8 月，Freddie Mac 宣布有超过 180 万美元的预期贷款通过贷款监管机构的审核。

2000 年　Freddie Mac 发行总量为 50 亿美元的欧洲参考票据（Euro Reference notes），用于向欧洲市场投资。

Ginnie Mae 的未支付主账目首次超过 6 000 亿美元，在 2000 财政年度，有 1 055 亿美元得到担保。

Fannie Mae 宣称，当年收入首次达到 44.5 亿美元，比 1999 年增加了 15%。

美国抵押贷款的证券化

表 10—6 至表 10—9 大致给出了过去几年内抵押贷款市场以及证券化程度的概貌。证券化是指将抵押贷款打包到贷款组合中，通过发行抵押贷款支持证券来获得资金。抵押贷款支持证券主要有两种：CMO 和传递证券。表 10—6 展示的是过去几年到年末时未清偿的抵押贷款债务总额。到 2003 年中期，住宅抵押贷款未清偿债务为 7.3 万亿美元，其中主要是 1～4 户住宅贷款。

表 10—7 展示的是 Fannie Mae 和 Freddie Mac 购买和持有的抵押贷款数额。GNMA 并不购买和持有抵押贷款。这两家 GSE 在 2003 年中期持有的抵押贷款金额为 2 768 亿美元。购买这些抵押贷款的资金来自发放债券或抵押贷款支持证券所募集的资金。根据定义，这就是证券化。

表 10—8 展示了抵押贷款组合的金额，其中包括传递证券和 Fannie Mae、Freddie Mac 的售出投资组合。在 2003 年中期，抵押贷款组合中证券化的总额为 31 901 亿美元。

表 10—9 对上述资料进行了总结。联邦政府证券化的抵押贷款包括由 Fannie Mae 和 Freddie Mac 持有的抵押贷款，以及 Ginnie Mae、Fannie Mae 和 Freddie Mac 的抵押贷款组合。除了联邦政府证券化的抵押贷款之外，私营企业也发行 MBS。在 2003 年中期，共有 41 899 亿美元的抵押贷款被证券化，相当于所有未清偿抵押贷款的 61%。

表 10—6　　　　　　　　　　未清偿抵押贷款余额　　　　　单位：十亿美元

年份	1～4 户住宅	多户住宅
1999	4 787.2	368.7
2000	5 205.4	403.7
2001	5 738.1	449.7
2002	6 247.7	448.4
2003[a]	6 888.3	509.3

注：a. 第二季度数据。
资料来源：Federal Reserve System。

表 10—7　　　　　　　　GSE 持有的抵押贷款数额　　　　　单位：十亿美元

年份	1～4 户住宅		多户住宅	
	FNMA	FHLMC	FNMA	FHLMC
1999	141.2	44.3	8.2	12.3
2000	144.1	42.8	11.5	16.4
2001	155.1	40.3	14.8	22.5
2002	172.2	35.9	13.6	28.0
2003[a]	195.1	36.9	16.1	28.7

注：a. 第二季度数据。
资料来源：Federal Reserve System。

表 10—8　　　　　　　　　　抵押贷款组合　　　　　　　　单位：十亿美元

年份	1～4 户住宅			多户住宅		
	GNMA	FNMA	FHLMC	GNMA	FNMA	FHLMC
1999	565.2	744.6	924.9	17.1	4.5	35.9
2000	592.6	816.6	1 016.4	18.9	5.7	41.3
2001	569.5	940.9	1 238.1	21.9	7.5	52.2
2002	512.1	1 073.1	1 478.6	25.8	9.1	59.7
2003[a]	460.4	1 042.4	1 687.3	26.8	8.7	62.6

注：a. 第二季度数据。
资料来源：Federal Reserve System。

表 10—9　　　　　　　　证券化的 1～4 户住宅抵押贷款　　　　单位：十亿美元

年份	贷款余额总计	联邦政府证券化[b]	私营企业证券化	证券化贷款总额	证券化占比
1999	4 787.2	2 420.2	455.0	2 875.2	60.06%
2000	5 205.4	2 612.5	499.8	3 112.3	59.79%
2001	5 738.1	2 943.9	591.2	3 535.1	61.61%
2002	6 247.7	3 271.9	691.6	3 963.5	63.44%
2003[a]	6 888.3	3 422.1	767.8	4 189.9	60.83%

注：a. 第二季度数据。
　　b. 由 FNMA 和 FHLMC 持有的贷款再加上 GNMA、FNMA 和 FHLMC 的贷款组合。
资料来源：Federal Reserve System。

政府资助企业的管理

　　政府资助企业是一个用于描述 FNMA 和 FHLMC 的专用名词，这些企业并不是官方机构或政府分支机构。但是它们是依据联邦法律成立，而且在公开市场上由政府支持。事实上，即便政府并没有为这两个企业的债券做出担保，国会也公开表示，如果出现违约贷款，这两个企业可以通过联邦财政去偿付购买了企业债券的投资者。

这两个机构的经营方式与储蓄机构类似。它们发行债券来购买长期抵押贷款。由于它们发行的债券中有些是短期的，因此这些机构面临利率变动的危险。而且任何机构持有的未经担保的抵押贷款都有可能出现违约风险。此外，如果 GSE 的经营缺乏效率，也会面临管理和运营的危机。

因此，1992 年国会通过《联邦住宅企业财务安全和稳固法案》，为 Fannie Mae 和 Freddie Mac 设定了资金指导规定，并在住宅和城市开发部中设立联邦住宅企业办公室和监督处（OFHEO）。该法案设定了两道资金指导线：最小值和决定值。同时，该法案规定由 OFHEO 来设定第三道资金指导线，这道资金指导线是为了抵制风险而设定的，因此更加严格。第三道资金指导线是根据以下情况设定的：在一个 10 年紧张期（风险高峰期）内，利率会有大幅度的变化。第三道资金指导线的设定就是要满足在这 10 年中可以用于抵抗违约风险的资金总量。

OFHEO 设定了风险基本线，而法案也规定了最低线和决定线。最低线等于资产负债表中总资产的 2.5% 加上未支付本金的抵押担保证券的 0.45%，再加上企业未出现在资产负债表中的资产的 0.45%。决定线是将以上三部分的比例换成 1.25%、0.25% 及 0.25%。如果一个企业的资金总量超过了非常苛刻的风险基本线，就可以认为这个企业有充足的资金；如果企业的资金总量处于最小资金线和风险基本线之间，就认为该企业资金不足；如果企业的资金总量处于决定线和最低线之间，就认为该企业资金明显不足；如果企业的资金总量低于决定线，就认为该企业资金严重不足。在后面的三种情况中，企业必须提交筹集资金的方案。而且，OFHEO 的执行官可以约束这类企业的行为和发展。

最后，OFHEO 有权建议改变风险基本线。在 2001 年底，OFHEO 在最新建议中设定了 GSE 在各种不同证券中的投资，可以在 OFHEO 的网站上找到相关规定，网址为 http://www.OFHEO.gov。

小　结

二级抵押贷款市场是一个可以买卖抵押贷款的市场。购买抵押贷款后重新打包，从而它们的现金流转为不同类型的抵押贷款相关证券，例如抵押贷款支持债券和抵押贷款担保债券。这些证券也可以在二级抵押贷款市场中买卖。二级抵押贷款市场使资金在不同地区和企业之间的流动更加便利，使资金能在资金充足的企业或地区与资金短缺的企业或地区之间流动。

流动性强、无违约风险、被担保的抵押贷款证券有利于资金的流动。同时二级抵押贷款市场使贷款人将利率风险转嫁给投资者,这些投资者比起贷款人具有更强的抵抗风险的能力。有两类机构在促进二级抵押贷款市场的顺利发展中起到重大作用:一类是政府机构,例如政府国民抵押贷款协会和联邦国民抵押贷款协会;另一类是私营企业,例如第一波士顿、所罗门兄弟。

联邦政府通过积极地担保一些公司的债券,例如担保 GNMA 的债券,来促进二级抵押贷款市场的发展。这些机构在二级市场中的作用非常重要。到 1990 年,已有 40%的居住抵押贷款都被证券化了。

由于 FNMA 和 FHLMC 都依据联邦立法成立并享受政府的担保,国会通过立法对政府资助企业进行规定,规定的内容包括反映企业信用水平的资金数量、利率水平及管理风险情况等。

关键词

担保
被担保的抵押贷款债券(CMO)
商品抵押贷款支持证券(CMBS)
信用提升
信用租赁债券(CTL)
双向收税
联邦农业抵押贷款公司(FAMC)
联邦住宅抵押贷款公司(FHLMC)
联邦国民抵押贷款协会(FNMA)
联邦信贷机构
联邦融资银行(FFB)
联邦住宅贷款银行(FHLB)
财务会计准则委员会(FASB)
政府国民抵押贷款协会(GNMA)
政府资助企业(GSE)
财产转移信托
抵押贷款保证书(GMC)
就市估价

抵押贷款支持债券(MBB)
抵押贷款传递债券(MPTB)
抵押贷款合作融资项目
抵押贷款支持证券(MBS)
参与证书(PC)
传递证券
私营抵押贷款保险(PMI)
资产组合保险
房地产抵押贷款投资证券(REMIC)
房地产综合投资证券(RESI)
二级抵押贷款市场
高级档
高级/低级传递证券
低级档
互换交易
中继计划
档
储蓄

推荐读物

Anders,G. 1988. How a home mortgage got into a huge pool that lured investors. *Wall Street Journal*,August 17.

Dougherty. A. J. 1989. The (next-to-the) last word in financial innovation. *Secondary Mortgage Markets* 6 (Spring).

Federal Home Loan Mortgage Corporation. 1988. *A Citizen's Guide to the Secondary Mortgage Market*, Publication No. 67.

Federal Home Loan Mortgage Corporation. 1994. *Second Mortgage Market*, *Mortgage Market Review*. McLean, VA.

Frame, S. 2003. Federal Home Loan Bank Mortgage Purchases: Implications for mortgage markets. *Federal Reserve Bank of Atlanta Economic Review* 88 (3), 17-31.

Gatti, J. F., and R. W. Spahr. 1997. Value of federal sponsorship: The case of Freddie Mac. *Real Estate Economics* 25 (3), 453-485.

Investor's Guide to Credit Tenant Lease Securities. CMBS Research, Bear Sterns, December 1999.

Lore, K. G. 1987. *Mortgage-Based Securities*. New York: Clark Boardman.

McElhone, J. 1987. The bear facts about strips. *Secondary Mortgage Markets* 4 (Summer).

Richard, C. 2004. Bank of Amrica's mortgage twist. *Wall Street Journal* (July 15).

U. S Department of Housing and Urban Development. 1986. *GNMA: Ginnie Mae Investment Facts*, Publication HUD-1047-GNMA.

复习思考题

1. 一个经营良好的二级抵押贷款市场会带来什么样的好处？至少列出三项。
2. 二级抵押贷款市场以哪两种方式解决了资金供求之间的矛盾？
3. 什么是抵押贷款支持证券？
4. 理想的抵押贷款支持证券有什么特点？
5. 列出抵押贷款支持证券的种类。
6. 和传递证券相比，被担保的抵押贷款债券有哪些优点？
7. 什么是"信用提升"？列举出在二级抵押贷款市场中可以通过什么方式增强"信誉"。
8. 什么是剥离式抵押贷款支持证券？
9. 什么是互易交易？解释为什么许多贷款出资人愿意使用互易交易。
10. 什么是RENIC？为什么国会通过立法支持REMIC？
11. 列举并简单描述几个二级抵押贷款市场代理机构。

12. 比较三个政府资助企业，比较它们发行的证券和它们购买的抵押贷款。
13. 描述政府资助企业的经营规则。
14. 列出可以为投资者接受的抵押贷款支持证券的特点。
15. 对比抵押贷款支持证券和被担保的抵押贷款债券。
16. 信用租赁证券最主要的特点是什么？
17. 如果存款机构在抵押贷款合作融资项目下将贷款出售给 FHLB，则相对于出售给 Fannie Mae 和 Freddie Mac 的主要好处是什么？
18. 如果只考虑住宅抵押贷款，信用风险和市场风险的区别是什么？

相关网站

http://www.ginniemae.gov
有关 GNMA 方案和证券的信息

http://www.freddiemac.com
有关联邦住房贷款抵押公司的信息，包括它的杂志《二级抵押监控市场》中的文章

http://www.rurdev.usda.gov/rhs/
有关乡村住宅服务局项目的信息

http://www.fhfb.gov
联邦住宅金融委员会网站

http://www.ofheo.gov
联邦住宅企业办公室和监督处网站

注 释

[1] John P. Harding and C. F. Sirmans. Commercial mortgage-backed securities：An introduction for professional investors. *Real Estate Finance* 14 (1)（Spring 1997），43—51.

[2] Fitch IBCA. Trends in commercial mortgage default rates and loss severity—1997 update.（July 20，1998）.

[3] 在经营初期，GNMA 有两个项目：直接传递证券——如果借款人按期归还贷款，就可以支付给证券投资者本金和利息；被部分限定的传递证券——无论借款人是否按期归还贷款，都支付给证券投资者利息。目前，GNMA 经营的是全部限定的传递证券——无论借款人是否按期归还贷款，都支付给证券投资者利息和本金。

第11章

抵押贷款支持证券估价

学习目标

本章的内容是关于抵押贷款支持证券的估价。通过本章的学习,你应该理解:现金流量是如何通过各种抵押贷款支持证券途径从抵押贷款组合流向投资者的;抵押证券现金流量在数量和时间选择上彼此有什么不同;利率变化怎样影响抵押证券的价值。同时,你也会发现,为什么不同的抵押贷款支持证券的价值对利率变化的反应不同,以及一些抵押贷款支持证券如何被用来避免其他大多数传统债券固有的利率风险。

导 言

在本章,我们分析抵押贷款支持证券的现金流量和估价,其中包括传递证券、抵押贷款支持债券、被担保的抵押贷款债券(包括剥离式证券),以及运作权等。这些证券称为抵押贷款相关证券和抵押贷款衍生证券。抵押贷款衍生证券是指来自抵押贷款的现金流量在金额和时限上被重新设定的任何一种证券。它包括了除传递证券外迄今为止讨论过的所有证券。在估价中,需要特别注意市场利率的变化是怎样影响这些证券的现金流量和价值的。

大家都很熟悉利率变化是如何影响传统债券的价值的。对于这些债券,预期现金流量在金额和偿还日期上是固定的。对于诸如国债和(不可赎回)企业债券等固定利率证券,市场利率的提高将会降低它的价值。然而预期现金流量的金额和时限没有改变,因此贴现率升高。对于市场利率降低的情况,恰好相反。不仅如此,证券回收日期(类似于到期期限)越长,其价值受市场利率变化的影响越大。而抵押贷款支持证券与这些传统证券非常不同。

抵押贷款支持证券最大的特殊之处在于预期现金流量的金额和时限依赖于利率变化。市场利率的变化不仅会影响抵押贷款支持证券现金流量的贴现率，而且会影响现金流量随时间变化的情况。由于现金流量的金额和时限与利率有关，抵押贷款支持证券被认为是利率随市场变化的证券。所有这些特点使得抵押贷款支持证券的估价变得相对复杂。我们首先回顾一下传统证券的估价，然后再来分析抵押贷款支持证券的情况。

传统债券的估价

传统债券意味着一种债权，即发行者承诺在某一固定时间支付固定报酬。比如一种不可赎回企业债券到期后会支付半年固定金额的利息，并返还本金面值。支付的金额和时间并不依赖于未来利率水平。证券的价值依赖于贴现率，而贴现率可以用来衡量现金流量的当前价值。起先，如果息票率与市场贴息率相等，这种证券就会以面值出售；当债券刚刚开始发行时，通常都是这种情况，因为相应企业总是试图使得息票率等于当前市场利率。随着市场利率在整个债券寿命时期的浮动，债券价值也会呈典型的反比关系变化。作为示例，考虑如表11—1所描述的债券的价值。这种债券是一种还剩19年到期的不可赎回企业债券，息票率为10%，在一年前发行并以面值售出。有三个概念是非常重要的，即估价、到期收益率以及价值对利率变化的敏感性。

表 11—1　　　　　　　　　　　传统债券的估价

债券描述：

息票率：10%；面值：1 000美元；半年息票：50美元；到期日前的期间数目：38（19年）；久期：9.9年

当前市场利率（%）	价值（美元）
6	1 449.85
7	1 312.62
8	1 193.68
9	1 090.25
10	1 000.00
11	920.97
12	851.54
13	790.31
14	736.13
15	688.01

估价公式：$PV = 50/(1+r/2)^1 + 50/(1+r/2)^2 + \cdots + 50/(1+r/2)^{38}$
$PV = PVIFA_{r\%, 38} \times 50 + PVIF_{r\%, 38} \times 1\,000$

估价。 注意该例子中的债券承诺每年支付 100 美元，即每六个月 50 美元。这种承诺支付是固定的，其价值可以由对预期现金流量进行当前贴息率折扣得到。剩余现金流量由两部分构成：38 笔每半年支付的 50 美元和第 19 年年底支付的 1 000 美元的面值。此外，贴息率越高，价值越低；反之亦然。例如，考虑如果市场利率为 12%，则价值为：

$$851.54 \text{ 美元} = 50/(1.06)^1 + 50/(1.06)^2 + \cdots + 50/(1.06)^{38}$$

到期收益率。 债券折扣或溢价的作用是使它的收益等于当前贴现率。当市场利率为 12%，我们例子中的投资者就会要求债券的预期收益率也为 12%。对于一种折扣售出的债券，更高的收益来源于两部分：息票收益和资本收益。后者是由购买债券金额和它的到期面值二者之间的差额（1 000 美元－851.54 美元）决定的。可以利用下面的公式来估算到期收益率：

$$\text{YTM} = \frac{C + (\text{FV} - P_0)/N}{(P_0 + \text{FV})/2} \tag{11—1}$$

式中，C 为每年的现金息票；N 为距离到期日的年数；P_0 为购买价格；FV 为到期面值。这个公式可以得到每年的收益，并由两部分组成：现金息票和证券价值的增值金额，其中后一部分可以由总资本收益（$\text{FV} - P_0$）除以距离到期日的年数得到，并且这两部分的年回报之和被该证券的平均投资所除。需要注意，这仅仅是一种近似，将其用在这里是为了表明收益是如何被面值贴现影响的。对于我们的例子

$$\text{YTM} = \frac{100 + (1\,000 - 851.54)/19}{(851.54 + 1\,000)/2} = \frac{107.81}{925.77} = 11.65\%$$

这一结果非常接近 12% 的精确值。

价格对于利率变化的敏感性：久期。 注意，尽管上面债券的当前到期期限是 19 年，但它的久期为 9.9 年。事实上正是久期决定了利率变化对于债券价值的影响。这可以通过以下公式看出，这一公式实际上把债券的价格变化百分比与它的久期联系起来：

$$\Delta P/P = -D[\Delta r/(1+r)] \tag{11—2}$$

作为一个练习，请注意表 11—1 中当利率从 10% 降为 9% 时，该种证券价格的变化。该种证券的价格变化百分比为：

$$0.092\,5 = -9.9(-0.01/1.1)$$

如果一种证券的久期未知，可以利用公式 11—2 来避免烦琐的计算，以得到价格变化百分比。如果你接受这一事实，即在流动市场上的证券交易在价格上进行高效的调整，则可以简单地将这一公式重写：

$$D = -\Delta P/P \times (1+r)/\Delta r \tag{11—3}$$

从而解出债券的久期。这是估计债券久期的一种简单而快捷的方法。在上面的例

子中，请注意：

$$9.9 = 0.090 \times (1.1/0.01)$$

下面我们将利用这一近似方法来计算抵押贷款相关债券的久期。

表 11—1 中的企业债券的价值数据已经在图 11—1 中画出。该图将债券价值作为市场（贴现）利率的函数，这是一条单调下降的凸曲线。证券的一个典型特征就是它的凸性，它指的是图 11—1 中价值曲线外凸的程度。当贴现率接近于零时，证券的价值就会随之增长，这是因为这种债券是不可赎回的，即使市场利率下滑，发行者也必须兑现剩余息票支付。一种可赎回的债券的价值在低于某一利率情况下，将不会增长，如图 11—1 中曲线所示。当市场利率下跌到息票率以下时，企业就会提前偿还这种债券，支付等于或接近于其面值的金额，并重新发行低于市场利率的新债券来筹集赎回该债券所需的资金。

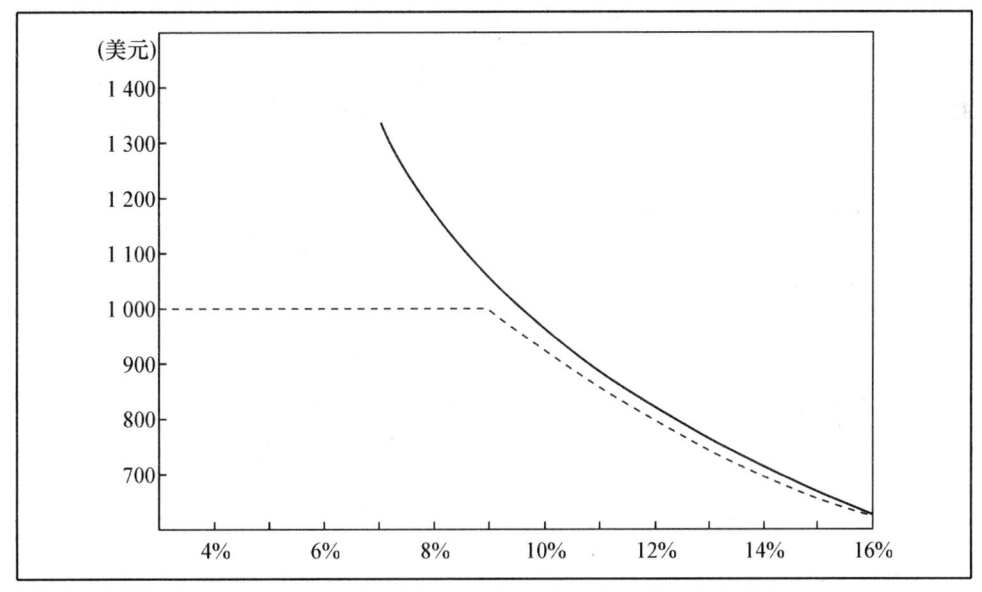

图 11—1 息票为 10%，偿还年限为 19 年的传统债券的估价

估价、到期收益率以及价格对于利率变化的敏感性，这三者对于抵押贷款相关证券影响是非常不同的，下面我们将进行具体分析。

抵押贷款相关证券

抵押贷款相关证券的现金流量和估价不同于上面分析的传统债券，这是因为其现金流量的金额和时限依赖于利率水平。为了说明这一点，我们来考虑一个具有几百项抵押贷款的组合。在任何一段时间（按月）内，来自该组合的现金流量将包括三个要素：(1) 本金的预定分期偿还；(2) 剩余本金的利息；(3) 组合中部分抵押贷款的提前偿还。

前两个要素是标准的本金和利息支付。对于标准的固定利率、固定偿还抵押贷款，所支付金额是不变的，其中利率所占的比例会不断减少，而本金部分则相对增加。第三个要素是指一项或多项抵押贷款到期之前的提前偿还。事实上，大多数贷款都会在到期前提前偿还。标准抵押贷款的平均偿还时间为9～15年。

对于抵押贷款组合（无还款违约），存在以下分析。第一，将来组合偿还的本金的总金额（包括按期和提前偿还）不会依赖于利率变化。利率的浮动可能会致使本金偿还推迟或提前，但总金额将等于组合的初始本金。换言之，将来得到的本金金额不会改变，而可能变化的仅仅是时间。第二，任何一个月的利息支付将取决于该月初拖欠款项的金额。因此，如果本金支付延迟，就需要支付更多的利息。反之，如果本金提前偿还，所支付总利息将减少。因此，对于利息支付，其支付金额和时间都存在不确定性。

第三，市场利率的变化将影响提前偿还的时间。如果利率保持不变，就会有一个房地产业主由于生活方式的变化而出售其财产的"正常"提前偿还利率（提前偿还也可能是由违约和丧失赎回权造成的）。工作的变迁、离婚以及业主希望将来进行更多或更少房地产消费的决定，都可能导致贷款的提前偿还。除了这种"正常"利率，利率的浮动也会影响提前偿还率。如果利率升高，那么更多的贷款就会具有比市场利率低的息票率，这些低利率贷款的提前偿还就会放缓。此时，一些业主就会推迟从事新的工作或者推迟移居新家，否则对于相同价格的房地产他们将面临更高的支付额。反之，如果利率下降，提前偿还就会加速。即使业主并不打算出售住宅，他也会希望重新筹措低息贷款，并运用提前偿还期权，提前偿还贷款。因此，利率的变化会影响抵押贷款组合的现金流量的金额和时间，进而影响抵押贷款相关证券的现金流量。下面我们首先分析传递证券的现金流量。

传递证券

对于所有抵押贷款相关证券，组合用以支持传递的现金流量的金额和时间对于估价是至关重要的；组合抵押贷款的预期利率对于估价操作也是非常重要的。若干种预期提前偿还模型曾被使用或正在被使用以对传递证券进行估价。

12年提前偿还寿命

在20世纪70年代，对传递证券估价的标准方法是，假定所有抵押贷款在12年结束后全部提前偿还，12年成为抵押贷款的平均寿命，这是根据联邦住宅管理局（FHA）数据得到的。但是，后来人们很快发现，这一假设会导致错误的结果。因为事实上并不是所有传递证券都会以相同比率提前偿还，利率的变化会促使一些人相对于另外一些人更快地提前偿还。息票率比市场利率高的抵押贷款会比息票率与市场利率持平的抵押贷款提前偿还得更快；而低利率抵押贷款会提前偿还得比较慢。这种方法现在已经被更为精确的方法所取代。

固定提前偿还率

一种通常采用的方法是假定组合中的抵押贷款以固定比率提前偿还。一段给定时间的固定提前偿还率（CPR）是指在这一时期提前偿还的抵押贷款本金占初始组合金额的百分比。初始结余是由预定分期偿还计算得到的。例如，考虑一个每月 CPR 为 1%（每年为 12%）的组合，如果在每月之初，组合本金为 1 000 000 美元，分期偿还金额为 10 000 美元，则预期提前偿还金额为 9 900 美元 [(1 000 000－10 000)×0.01]。

上例中实际年 CPR 为 11.36%。该年总提前偿还金额应为 113 000 美元（1 000 000×11.36%），而不是 9 900×12%＝118 800 美元。这一数值小于 12% 的原因在于每月 1% 的提前偿还利率应用于减少的本金结余。对于给定的组合，假定的固定提前偿还率将依赖于与市场利率相关的组合的息票率。

FHA 经验

FHA 会定期出版 FHA 贷款 30 年期中每年的死亡率表。该表是根据自 1957 年所有投保的 FHA 贷款的提前偿还情况制定的。表 11—2 给出了一个例子。值得注意的是，起始于 1957 年的所有贷款中的 87.289% 在五年内未偿还完，而 82.38% 的贷款 6 年内未偿还完。这意味着，第六年年初未偿还完的 FHA 贷款中的 4.91%（87.289%－82.38%）在这一年中被提前偿还。这一年的提前偿还率可以用来估计抵押贷款组合的情况。不同的提前偿还模型可能会假定比 FHA 经验值更快或者更慢的提前偿还率。200% 的 FHA 比率意味着组合预期提前偿还率会是总体 FHA 经验值的两倍，而 50% 的 FHA 比率意味着提前偿还率会是 FHA 经验值的一半。

表 11—2　　　　　　　　　FHA 死亡率表（初始期限：30 年）

年限	年初剩余百分比	本年偿还百分比	年限	年初剩余百分比	本年偿还百分比
1	1.00	0.008 37	16	0.440 62	0.030 28
2	0.991 63	0.031 00	17	0.410 34	0.030 37
3	0.960 63	0.041 71	18	0.379 97	0.030 57
4	0.918 92	0.046 03	19	0.349 40	0.030 74
5	0.872 89	0.049 09	20	0.318 66	0.031 05
6	0.823 80	0.049 56	21	0.287 61	0.029 53
7	0.774 24	0.046 68	22	0.258 08	0.027 93
8	0.727 56	0.043 99	23	0.230 15	0.026 25
9	0.683 57	0.040 93	24	0.203 90	0.024 50
10	0.642 64	0.037 84	25	0.179 40	0.022 71
11	0.604 80	0.035 95	26	0.156 69	0.020 89
12	0.568 85	0.033 99	27	0.135 80	0.019 07
13	0.534 86	0.032 41	28	0.116 73	0.017 25
14	0.502 45	0.031 27	29	0.099 48	0.021 81
15	0.471 18	0.030 56	30	0.077 67	0.077 67

采用FHA经验的优点在于它考虑了假定提前偿还率的年变化，这反映了提前偿还的几率逐年变化的事实。在抵押贷款的前几年，提前偿还几率会比较低，然后升高，并在5到8年之间达到峰值，随后下降。采用FHA经验的不足是，这些比率是根据所有FHA贷款的情况确定的，如果FHA经验被拆分为若干个时间段，就会观察到完全不同的提前偿还率。起始于高利率年份（例如1981年）并随之遭遇利率下滑的贷款，在贷款早期提前偿还得较快。相反的情况也成立，即产生于低利率年份（例如1974年）并在随后年份利率升高的贷款将提前偿还得较慢。

公共证券联合会（PSA）模型

目前的行业标准是公共证券联合会提前偿还率模型，它将FHA经验表中的信息与CPR模型的简洁性结合起来。PSA基准假定年度CPR是以月为依据的，即第一个月为0.2%，此后每月递增0.2%，直到第30个月，此时的CPR为6%。对于剩下的330个月，年CPR仍保持这一水平。在这一模型中，基准也可以变为上述值的倍数，例如200% PSA模型假定贷款在第一个月以0.4%的比率提前偿还，第二个月为0.8%，此后依次递增，直到第30个月达到12%，并在此后一直保持这一水平。图11—2画出了基准PSA及其倍数PSA图。

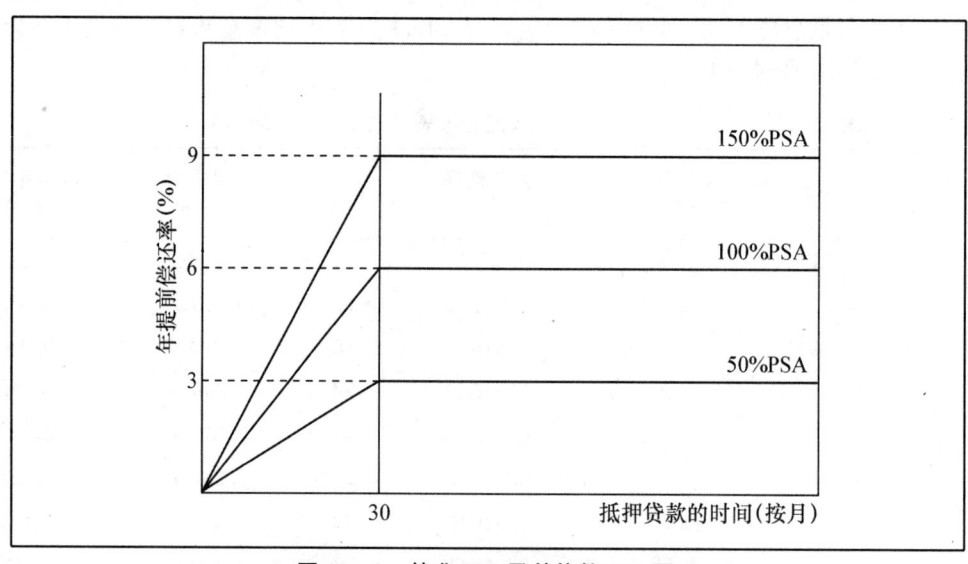

图11—2 基准PSA及其倍数PSA图

未来现金流量可以通过定期本金和利息再加上假定的PSA提前偿还率来估计。一旦这样估算现金流量，传递的价值就可以利用标准贴现现金流量模型决定。

提前还款的计量经济学模型

许多华尔街公司以及二级抵押贷款市场代理机构，提出了提前还款的计量经济学模型来预测组合抵押贷款的提前偿还。若干影响提前偿还的变量包含在这一模型中：抵押贷款的年限，季节因素，与抵押贷款息票相关的当前和预测利率，担保财产的地理位置，以及贷款者的个人信息（如年龄、收入和财产）。这一模型是由梅里尔·林奇（Merrill Lynch）的抵押贷款支持证券研究所提出的，并以 Freddie Mac 持有的普通贷款投资组合的提前偿还率为基础。这一模型解释了提前偿还率 85% 的历史变化。当然，利率水平是重要的，因为它决定了抵押人选择提前偿还的可能性。房地产位置也是重要的，因为一些地方的抵押贷款转手更加频繁。再者，住宅销售的季节变化也会反映为提前偿还率的季节变化。借款人特征则可能表明选择新居的倾向。

提前还款的计量经济学模型可以用来预测未来每月提前偿还率，但是该模型的精确性将随着月份的增加而变弱。也可能出现这样的情况，即该模型预测的提前偿还率看起来与 PSA 模型得到的结果很不一样。但是一旦确定了提前偿还率，就可以估计现金流量，最后通过标准贴现现金流量分析可以获得组合的价值。在找到特殊 PSA 比率后，由于它可以产生该证券的相同价值，结果可以表示为 PSA 提前偿还率形式。

再融资模型

泰勒瑞高级代理服务。1991 年 5 月，泰勒瑞（Telerate）抵押贷款市场部为了预测提前偿还活动引入了一个市场数据库。它们的高级代理服务利用从产权调查公司收集的数据，估算提前偿还情况。当房地产业主决定提前偿还抵押贷款时，产权调查开始进行，这是再融资过程的一部分。因此，产权调查会领先于实际的再融资一到几个月。这些信息可以作为不久后再融资（提前偿还）的一种早期预警加以利用。

抵押贷款银行业者协会每周抵押贷款申请调查。抵押贷款银行业者协会发行的每周报告也提供另一套相似的数据。这些数据由对 20 余位大型国家抵押贷款银行业者的调查编撰而成，其中收录了与贷款相关的数据，以及购买和再融资决定，其应用卷目是以 1990 年 3 月 16 日为基准索引日期的。这些数据也提供了不久后再融资的一种早期预警。

利率变化和提前偿还行为

许多研究已经表明影响抵押贷款组合的提前偿还行为的最重要的变量之一是当前市场利率与组合利率的关系。常识告诉我们，如果当前利率高于合同利率，贷款者就缺乏提前偿还的动机。不仅如此，如果不考虑正差额的大小，提前偿还就会以较慢的均匀速度进行，这一速度依赖于工作变迁、离异等非经济因素。当市场利率低于合同利率时，提前偿还就会加速，直至出现较大的负差额，这时提前偿还率趋于稳定。一些人认为正是这种行为造成了图 11—3 中表征的关系。纳夫拉蒂尔（Navratil）分析了数百个政府国民抵押贷款协会（GNMA）组合的提前偿还情况[1]，发现当前市场利率与组合利率的差值对于提前偿还是最重要的决定因素，而且这些数据与图 11—3 中的曲线非常符合。

例如，考虑纳夫拉蒂尔研究中平均利率为 12% 的组合，如果没有利率差额，那么预期提前偿还率为 1.5%。当市场利率下滑到比组合利率低 200 个基点时，提前偿还率升高到 8.4%；若差额进一步增大到 400 个基点，则提前偿还率升高到 30.9%。当市场利率高于合同利率时，提前偿还率变化很小；在有 200 个基点的差额时，它下落到1%。纳夫拉蒂尔也发现由利率差额引起的提前偿还率的变化弹性在200～300基点负差额时最大。抵押贷款组合的久期也受到类似影响。在没有利率差额的情况下，平均利率为12%的组合的久期为6.4年；对于400基点负差额，久期则迅速降低到2.5年；但对于所有正差额，仍然保持在5～6年。

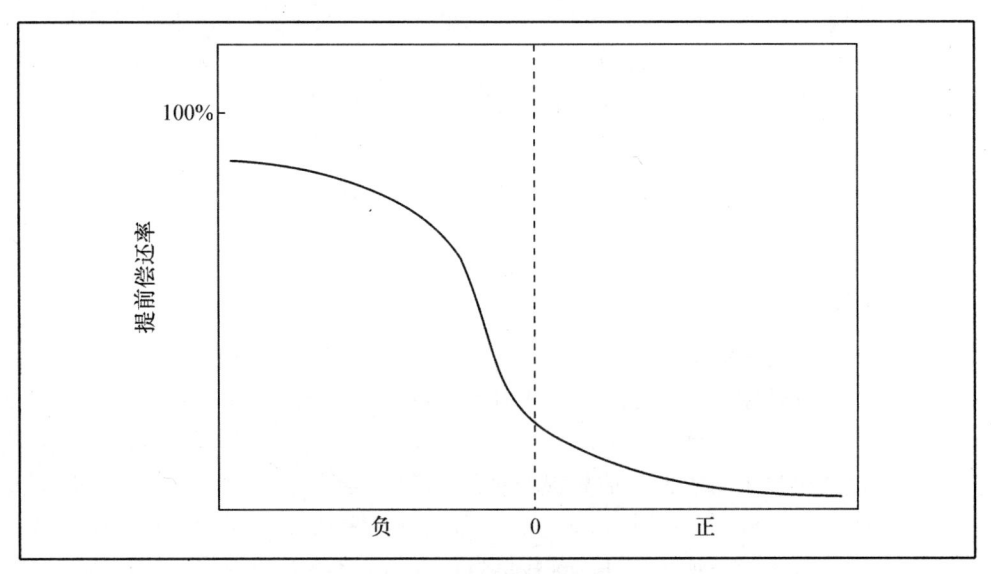

图11—3 利率差额和提前偿还率

格林和肖文（Green & Shoven）将抵押贷款提前偿还的几率作为利率变化的函数加以分析[2]，并研究了1975—1982年加利福尼亚储蓄贷款协会持有的近4 000项抵押贷款的提前偿还情况。当市场利率升高时，低息贷款的价值（对于出借方）和提前偿还的可能性降低，平均还清时间也延长。他们分别分析了具有转售即还条款的贷款和不具有该条款的贷款，发现对于前者，价值减少10%会导致提前偿还率降低35%；而对于可续承的贷款，提前偿还率降低了63%。对于利率为10%的抵押贷款，如果市场利率也为10%，其平均还清时间为5.83年；如果市场利率增加到12%，且贷款具有转售即还条款，平均还清时间增加为7.331年；如果抵押贷款是可续承的，则增加为10.337年。米劳纳斯和莱西（Milonas & Lacey）发现利率差额和条款结构的形式会影响回购率[3]，前者是预测提前偿还行为的关键，但是未来的预期利率也是非常重要的。他们发现，即使当前利率高于合同利率（预付期权属于折扣期权），如果利率预期升高的话，提前偿还加快的可能性就越大。房地产业主并不是将预付期权的价值最大化，而是把他们重新部署的效用最大化。同时，提前偿还行为存在滞后性。随着利率的下降，提前偿还增加，但是滞后至少三个月。

下面，我们探讨提前偿还率是如何影响传递证券的现金流量、价值和收益的；然后将进一步分析它对于其他抵押贷款相关证券的影响。

提前偿还对于传递证券现金流量的影响

假定的提前偿还率对于抵押贷款组合的现金流量的时限影响很大，进而会影响现金流量的价值。下面考虑表 11—3 和表 11—4 中的例子。

表 11—3　　　　　　　　　　抵押贷款组合的现金流量　　　　　　　　　　单位：美元

初始余额：106 000 000 美元；　　0%PSA；　　息票率：10.25%

年限	年末结余	本金	利息	提前偿还	总额
0	106 000 000	—	—	—	—
1	105 385 436	614 564	10 865 000	0	11 479 564
2	104 707 878	677 557	10 802 007	0	11 479 564
3	103 960 871	747 007	10 732 558	0	11 479 564
4	103 137 296	823 575	10 655 989	0	11 479 564
5	102 229 304	907 992	10 571 573	0	11 479 564
⋮	⋮	⋮	⋮	⋮	⋮
29	10 412 303	9 444 266	2 035 298	0	11 479 564
30	0	10 412 303	1 067 261	0	11 479 564
总额		106 000 000	238 386 935	0	344 386 935
10.25%时的现值		16 722 843	89 277 157	0	106 000 000

这一案例中的抵押贷款组合的现值为 106 000 000 美元，由固定利率的 30 年期贷款组成，其息票率为 10.25%。将整个组合看作金额为整个组合总金额的一项大抵押贷款是非常有益的。在表 11—3 中，我们假定提前偿还率为"0% PSA"，这意味着没有提前偿还。可以将表 11—3 与假定 PSA 提前偿还率为正的模型作一对比。为了分期偿还 106 000 000 美元的固定利率抵押贷款，需要每年支付 11 479 564 美元。对于这种贷款，偿还金额由利息和本金组成，前者的比例随时间而减少，而后者的相对比例随时间而增加。

如果某人打算以抵押贷款息票率（10.25%）贴现表 11—3 中的现金流量，则所有总偿还现值显然为 106 000 000 美元，利息部分的现值为 89 277 157 美元，即占现金流量总现值的 84%。既然根本没有提前偿还，那么总支付利息和它的现值就会比任何正提前偿还率模型得到的结果大。

来自这个组合（假定提前偿还率为"100%PSA"）的现金流量列于表 11—4 中。在第一年，定期本金和利息支付与没有提前偿还的情况一样。在第一年末，假定 1.3% 的贷款结余提前偿还，那么在第二年，初始余额就会比没有提前偿还的情况少。因此，第二年相应支付的利息也会减少。分期偿还和提前偿还的总金额仍然为 106 000 000 美元，但是还款进度加快。现金流量的现值仍为 106 000 000美元，但是本金和利息的相对比例发生变化。利息的现值仅为 66 083 724美元，占总金额的 62%，这是因为利息的总金额相对减少了。而本金现值相对增加了，并不是因为总金额发生了变化，而是由于本金偿还在时间上加快了。现金流量获得越早，其现值越高。PSA 比率的进一步上升将导致利息支付现值相对本金支付现值减少。两个组成部分现值的相对关系作为 PSA 比率的函数如图11—4所示。

表11—4　　　　　　　　　抵押贷款组合的现金流量　　　　　　　　　单位：美元

初始余额：106 000 000美元；　　　100%PSA；　　　息票率：10.25%

年限	年末结余	本金	利息	提前偿还	总额
0	106 000 000	—	—	—	—
1	104 015 425	614 564	10 865 000	1 370 011	12 849 575
2	99 523 055	668 749	10 661 581	3 823 620	15 153 950
3	93 135 241	710 017	10 201 113	5 677 797	16 588 928
4	86 860 047	737 815	9 546 362	5 537 378	15 821 555
5	80 935 662	764 691	8 903 155	5 159 695	14 827 541
⋮	⋮	⋮	⋮	⋮	⋮
29	1 870 495	1 804 751	388 935	119 245	2 312 931
30	0	1 870 493	191 725	0	2 062 218
总额		34 958 128	138 017 824	71 041 872	244 017 824
10.25%时的现值		8 399 418	66 083 742	31 516 840	106 000 000

注：a为（106 000 000－614 564）×0.013。

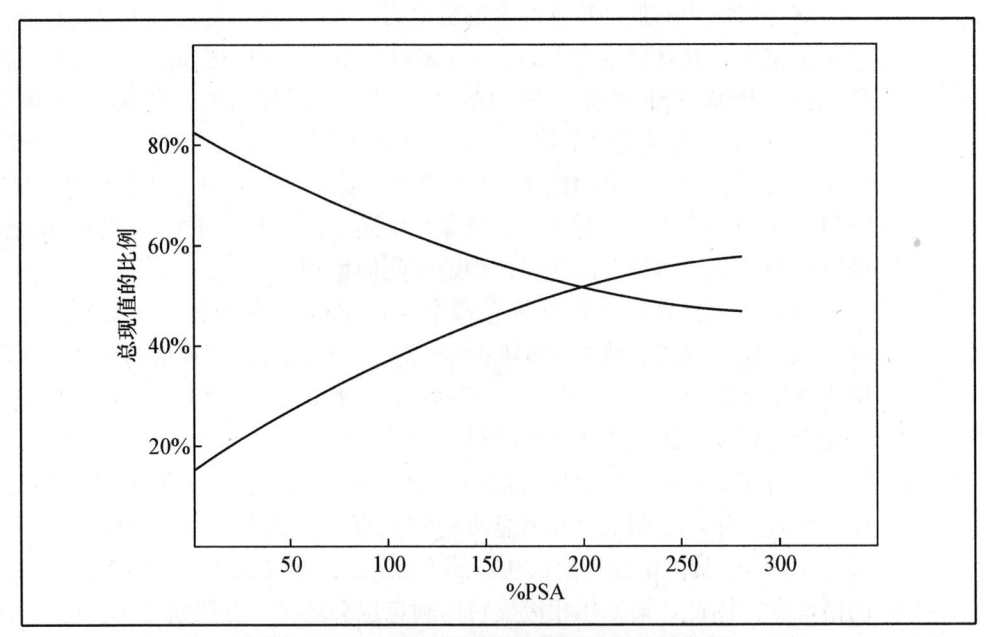

图11—4　本金和利息现金流量总现值的比例

前面的PSA模型假定了抵押贷款组合的提前偿还率在前30个月增加，随后稳定下来，这就会在现金流量的第三年产生一个"尖峰"，因为PSA模型下的现金流量在增长三年后会下降；更高的PSA比率会在第三年产生更多的"尖峰"。在不同的PSA比率假定下，抵押贷款组合的现金流量的曲线如图11—5所示。

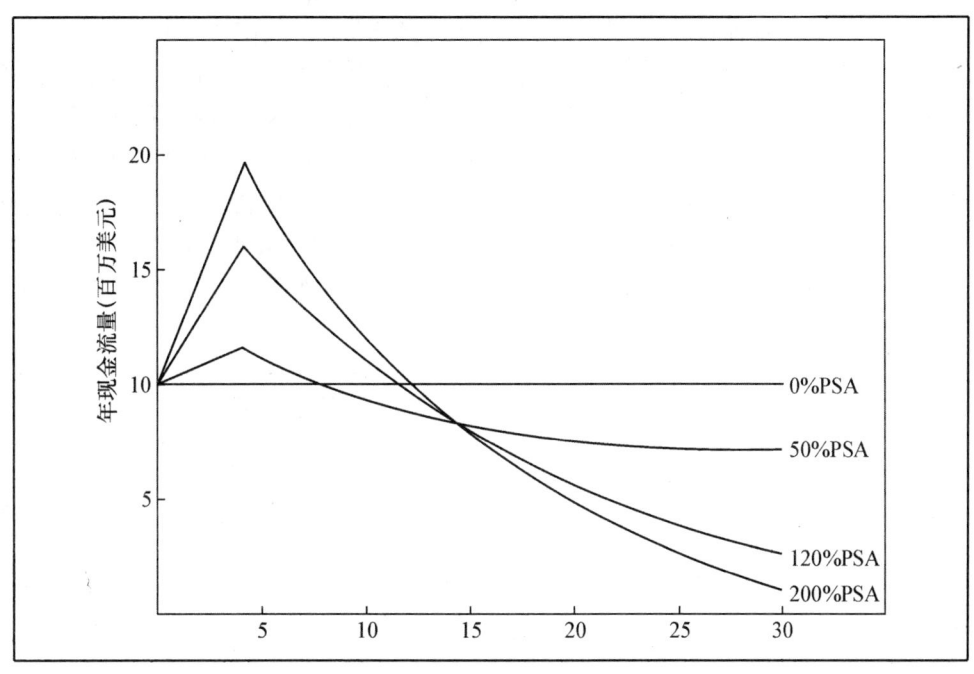

图 11—5 不同 PSA 比率的 GNMA9 的现金流量（组合金额为 100 000 000 美元）

折扣和溢价传递证券

假定的提前偿还率对于折扣或溢价出售的传递证券的评估具有十分重要的影响。当市场利率高于息票率时，债券就会折扣出售；反之，债券就会溢价售出。对于传递证券，提前偿还使得估价复杂化。为了理解这一点，首先考虑折扣出售的传统债券。从购买到到期，价值的增值构成了部分（或全部）收益。一种面值为1 000美元（无息票支付）两年期债券的价格为 826.44 美元，收益率为10%。在这两年时间中，173.56 美元的增值代表了投资者的收益。但是如果由于某种原因，债券发行者在债券发行1年后即提前偿还债券面值，那么收益又会怎么样呢？173.56 美元的一年投资所得将代表21%的收益率；相反的情况是，本金偿还延迟将降低收益率。对于折扣债券，提前偿还加快将增加实际收益率，而提前偿还延迟会降低实际收益率。投资者通常会以某一预期提前偿还率对传递证券进行出价，而且也会意识到提前偿还的加速或者减缓会引起收益率的变化。当然，对于溢价传递证券，相反的情况也成立。在这种情况下，抵押贷款支持证券的息票率高于市场收益率；如果提前偿还加快，投资者就会获利，反之就会受损。

传递证券的价格和收益行为

我们现在可以来分析传递证券的价格和到期收益率是如何受到利率变化影响的。由于具有提前偿还（提前偿还期权）的特点，它与标准债券非常不同。

传递证券价格。在任何时间，总有若干种分别具有不同息票的传递证券同时在市场上交易。一种传递证券一旦发行，就具有了反映抵押贷款支持证券利率水平的息票。既然利率在任何给定时间是循环浮动的，那么传递证券也反映了息票的范围。图 11—6 显示了 2004 年 10 月 1 日 GNMA 和 FNMA 传递证券的价格。

当天新抵押贷款支持证券的市场利率约为 6%。从图 11—6 中可以看到，当息票水平高于 6% 时，价值曲线趋于稳定，这称为"价格压缩"，反映了对于高息票传递证券，市场对于提前偿还的反应。高息票的价值被较高的提前偿还率所抵消。考虑到提前偿还加快将减少溢价传递证券的收益率，预期这种传递证券会较快提前偿还，这是因为抵押人具有提前偿还贷款并再融资的机会。也可以通过另一方面考虑溢价传递证券的价格，即意识到投资者会要求较高的收益率（更低价格）来补偿他们购买可提前偿还债券的事实。不仅如此，溢价传递证券的可提前偿还期权也是通过溢价购得的。

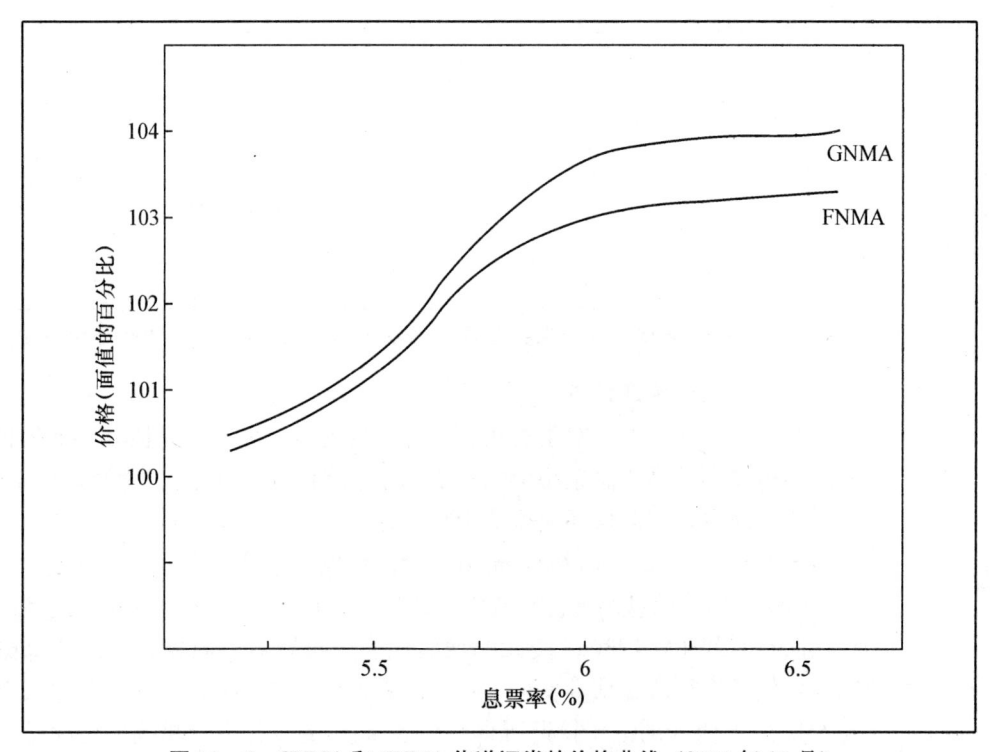

图 11—6 GNMA 和 FNMA 传递证券的价格曲线（2004 年 10 月）

对于利率低于 6% 的情况，价格随息票率的不同而不同，这是由于这种折扣传递证券并没有预期提前偿还加快。

市场利率的变化对传递证券的价值有两方面的影响：贴现率和假定的提前偿还率都将变化。图 11—7 显示了一种折扣 GNMA 传递证券和一种溢价 GNMA 传递证券的价格曲线（当市场利率为 6% 时，二者的息票率分别为 5% 和 7%）。两条曲线的形状彼此不同，反映了二者提前偿还率的不同。GNMA5 的价格会随着市场（贴现）利率的降低或升高而发生变化。假定当前该证券以折扣售出，如果利率升高，提前偿还会预期减缓。在这种情况下，贴现率升高而提前偿还率放缓，两个因素同时导致价格下降。如果利率适度减小，GNMA5 的价格则会升高。当利率下滑，贴现率会降低，而提前偿还会预期加快。对于这种情况，价格会持续上升，但涨速较慢，因为大规模融资已经开始。

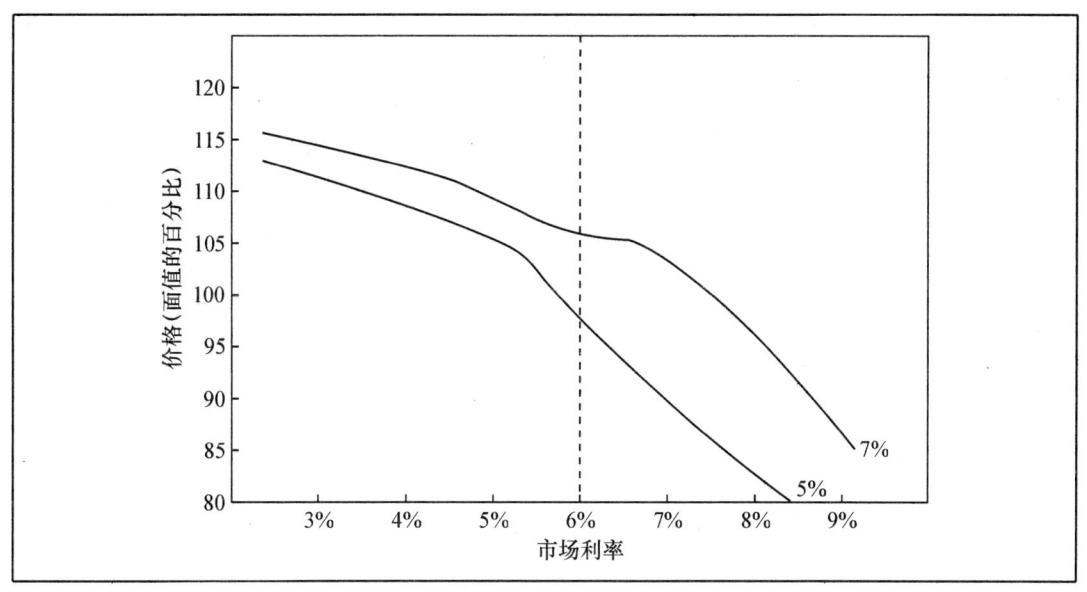

图 11—7　GNMA5 和 GNMA7 的价格曲线

　　GNMA7 价格曲线的形状稍微不同。由于具有较高的息票率，GNMA7 价格曲线相对 GNMA5 靠上。这是一种溢价证券，其价格类似 GNMA5，会随着利率的上涨而下降。对于利率的适度下降，价值不会发生较大变化，因为贴现率降低引起的价值增加被提前偿还的加快引起的价值减少所抵消。考虑到提前偿还加快会减少溢价传递证券的收益率，投资者会要求以较低价格的形式加以补偿。对于利率的大幅下降，低贴现率的作用会大于提前偿还行为，因为大多数提前偿还行为发生于利率下降的一定阶段。

　　传递证券的收益率。图 11—8 说明了市场利率的变化分别对 GNMA5 与 GNMA7 到期收益率的影响。首先考虑利率上升的情况，此时两种传递证券的提前偿还都会放缓，从而导致折扣传递证券收益率下降，这是因为本金在该债券寿命后期收取。与之相反的是，提前偿还变慢会提高溢价传递证券的收益率。贷款结余并不像通常情况那样减少得那么快，因此息票率更高。当利率下降时，提前偿还加快，这会分别导致 GNMA5 收益率上升和 GNMA7 收益率下降。而且 GNMA7 的提前偿还会比 GNMA5 更快，因为其相关利率更大，使得再融资对于抵押人而言更加有利可图。

　　因为以上两种传递证券的收益率对于市场利率升高或下降反应不同，一种好的套期保值策略是购买两种债券的某种平衡投资组合。

　　从以上分析可以看出，在一些情况下，市场利率的变动可能不会引起一种传递证券价格的大幅变动。例如，GNMA7 在利率下降不大的情况下，贴息率下降引起的价值上升被提前偿还率升高所抵消，结果该证券久期缩短，从而缓和了利率变化对价格的影响。

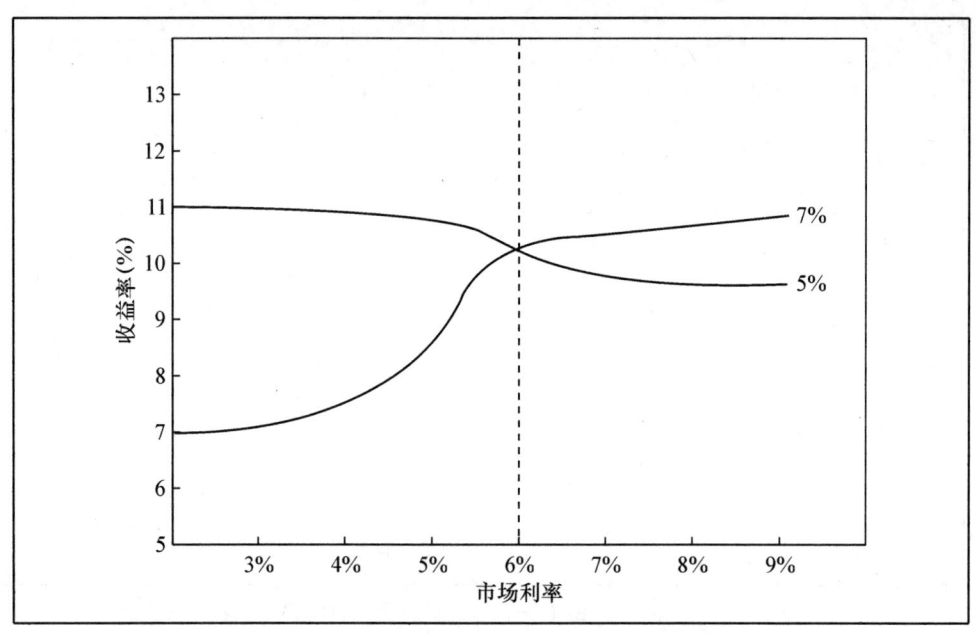

图 11—8 GNMA5 和 GNMA7 的预计到期收益率

传递证券的有效久期。传递证券的久期是不可能通过计算将来现金流量的金额和时限来获得的，因为该证券受到提前偿还的不确定性的影响。尽管如此，通过观察各种传递证券价格对于市场利率变化的反应行为，是可能得到有效或隐含久期的，这可以通过表 11—5 中的例子加以阐明。一种 GNMA7 的市场价格给出，基准利率为 6%，并考虑增加和减少 25 个基点的情况。基准利率对应的价格对于产生 6% 的预期收益率是必要的。如果市场利率升高，传递证券的价格会下降；如果利率下降，价格则会上升。但是预期提前偿还率也会随市场利率变化上升或下降，而且假定的提前偿还率的变化也会进一步对价格产生影响。

表 11—5   GNMA7 有效久期的计算   单位：美元

	利率		
	5.75	6.00	6.25
预测提前偿还率	230	200	180
200% PSA 模型下的价格	105.25	104.25	103.16
预测提前偿还率下的价格	104.80	104.25	103.46

这个例子说明了两种传递证券价格随市场利率上升或下降的变化。对于每一种情况，假定的提前偿还率固定且不随市场利率变化，某种价格对于产生新的收益率是必需的。如果假定的提前偿还率固定但随市场利率变化，这就需要另一种价格来产生新的收益率。后一种情况更可能发生，例如市场利率升高 25 个基点，那么会引起证券价值的下降。如果假定的提前偿还率不受市场利率升高影响，新价格应为 103.16 美元；如果假定的提前偿还率降低，那么市场价格也会降低但

仍较高，为 103.46 美元。价值的增加值（103.46－103.16 美元）即为提前偿还率减小对于溢价传递证券的作用结果。当然相反的分析也可用来说明当市场利率下降时，提前偿还加快会导致价值的一定上升。

在一系列前提假设下，有效或隐含久期可以利用公式 1—3 计算得到，通过分析结果可以发现，提前偿还率的变化会减少传递证券的有效久期。换言之，由利率变化引起的传递证券的价格变化并不像具有相同久期的传统债券那么明显。为了说明这一点，利用非调整价格数据计算久期如下：

$$D=\frac{104.25-103.16}{104.25}\times\frac{1.1025}{0.0025}=\frac{1.09}{104.25}\times411=4.61（年）$$

利用调整价格数据计算久期为：

$$D=\frac{104.25-103.46}{104.25}\times\frac{1.1025}{0.0025}=0.007578\times411=3.34（年）$$

抵押贷款组合的提前偿还率的不确定性使其估价复杂化。这种复杂性导致了其他抵押贷款相关证券的出现，因为这些证券对于投资者来说更容易出价。尽管如此，传递证券仍然受到欢迎，并且提供了 100～200 个基点的回报，高于其他诸如国债等可违约证券的回报。但是只要它们存在，提前偿还的假定就会使得市场估价复杂化。下面三个例子分别为一种折扣传递证券和两种溢价传递证券的案例，说明了提前偿还假定的重要性。

案例 1

在 20 世纪 70 年代末 80 年代初，市场利率处于较高水平，稍早成立的政府国民抵押贷款协会（Ginnie Mae）传递证券以较大折扣出售。投资者意识到收益率部分依赖于提前偿还率，如果提前偿还比预期加快，那么收益就会比预期的更高，因此，应该投入更多的精力鉴别和关注那些可能具有高于平均提前偿还率水平的证券组合。Ginnie Mae 证券商协会的一些成员声称在鉴别"优先给付"（fast-pay）Ginnie Mae 证券方面已经专业化，并承诺给予购买 Ginnie Mae 证券的客户很高的回报。[4] 它们被金融出版界称为"速度独热者"（speed freak）。对于高提前偿还率组合的鉴别主要是基于组合迄今为止提前偿还的历史。这是一种相当初级的模型，简单地认为那些拥有高于平均提前偿还率水平的组合会持续这一行为。随着更加精确的计量经济学模型的引入，这种初级的模式逐渐失掉鉴别"优先给付"组合的优势。人们也很快发现，"优先给付"组合有减缓提前偿还率的趋势，这显然会导致令人不快的投资结果。

案例 2

第二个例子与溢价 GNMA 证券有关。1989 年 3 月，抵押贷款支持证券利率在 10% 左右，FHA 发送了数千封信件给房地产业主，这些业主已经投保了息票率为 15% 或更高的抵押贷款支持证券。这是因为 FHA 担心因业主可能无力偿还这些高息抵押贷款所带来的风险，于是它推出了"流线型再融资计划"（SRP），由此业主可以以低息再融资，以及由 FHA 担保贷款（无再融资费用）。而一定的再融资费用可以包含在新贷款金额中。这些房地产业主可以利用非付现基金进行再融资，并仍减少月还款额。其结果当然是 GNMA15 证券的提前偿还金额发生一次性大幅增加。意识到这一点后，在随后的数周内，GNMA15 的价格相对其他 GNMA 证券下跌 200 个基点。由于未曾料想到的加速提前偿还行为，GNMA15 的持有者失去大约 2 200 万美元的证券价值。[5]

案例 3

该案例仍然与 SRP 计划有关。在 20 世纪 90 年代中期，住宅和城市开发部（HUD）总检查办公室宣布正在调查与 SRP 计划有关的骗局。若干位出借人为高利率贷款再融资，但利率不是市场利率，而是比合同利率低约半个基点，从而在该计划中牟利。这些出借人在报纸上刊登广告声称"无须现金支付也无须处理文件即可降低您的 FHA 抵押贷款利率"。当时的市场利率约为 10%，但骗局参与者却以 13% 的贷款向人们提供无偿再融资计划。通过以 12% 进行再融资，他们可以把新贷款卖给 Ginnie Mae 组合，而组合会以 102%～104% 的面值售出；这样出借人就会获得再融资费用，该费用要比组合溢价所得少。数月之后，他们仍然向相同的借款人提供再融资，但仍高于市场利率，从而保证在二次及随后多次再融资过程中获利，其中的损失将由那些传递证券持有者承担，因为他们以溢价购买了传递证券，却没想到这些传递证券在不久后就被提前偿还了。在第一次再融资时，骗局参与者会告知借款人只有一种再融资利率可以选择，但是下次再融资会给予他们"自由再融资许可证"和"优先借贷许可证"。

● 高级/次级传递证券

在前一章，我们讨论了高级/次级传递证券的结构。在这一结构中，抵押贷款组合进行证券化形成一种高级传递证券，其本金余额比组合的本金稍少。高级证券强化了来自整个组合的现金流量的权利。次级证券通常由出售高级传递证券的出借方持有，并承担各种违约风险。高级证券的违约风险微乎其微，它是可以获得溢价的，而出借方会获得这部分溢价，作为承担整个违约风险和强化高级证券信用的奖赏。如果溢价超过该组合将来违约风险的现值，出借方就会获利。但是如果组合中发生严重的违约行为，处于从属位置的出借方就会获得非常低的甚至负的回报。

图 11—9 显示了作为赎回权丧失率函数的抵押贷款组合与次级证券两者收益

率的对比图。对于赎回权丧失率较低的情况，处于从属位置的出借方获得的回报会比整个组合的回报更大，这是因为出借方获得了出售高级位置的溢价，而这个溢价被认为是流向从属位置的现金流量。只要在2～4年间，赎回权丧失率低于2%，次级位置的收益率将超过整个组合。出借方在判断贷款投资组合违约风险方面有优势，通过成立高级/次级证券可以获得更高的收益率，这实际上是举债的一种形式。次级位置获得较高的预期收益率，同时风险却增加了。当赎回权丧失足够多的时候，次级位置的收益率就会比整个组合的少，甚至变为负的。

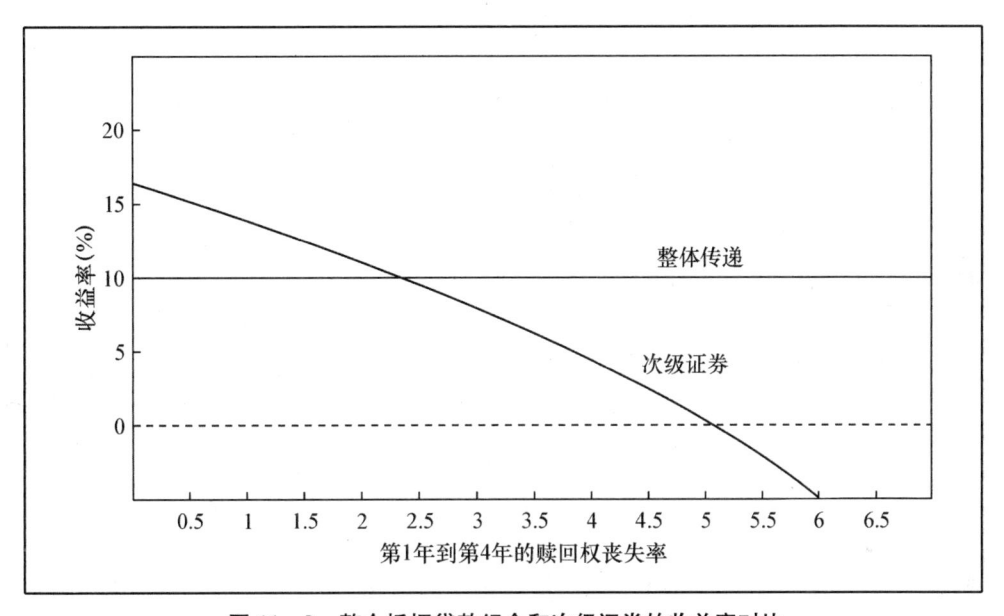

图 11—9　整个抵押贷款组合和次级证券的收益率对比

下面我们来分析抵押贷款支持债券的价格。

● 抵押贷款支持债券

抵押贷款支持债券的现金流量的设计和传统不可提前赎回债券类似，承诺定期支付息票和到期返还面值，其价格设定与传统债券一样。但是如果没有超额担保，贴现率可能反映相应风险；除此之外，还存在估价剩余利息的问题。表11—6给出了一个简单的例子，用110 000 000美元的普通30年期固定利率抵押贷款（每笔贷款的息票率为10.5%）作为100 000 000美元抵押贷款支持债券的担保。这种债券承诺在20年内每半年支付利率为9.5%的利息，并到期偿还面值。为了简化，下面以年为单位分析现金流量。首先，假设不存在提前偿还，但是10年中存在0.5%的年违约率，并将此假设应用于扣除分期偿还的初始组合余额。组合现金流量并没有作为利息归属债券投资者，而是进入偿债基金用以偿还到期本金。该基金盈利为8%，在债券到期之前，未偿还部分会成为剩余（权益）。

表 11—6　　抵押贷款支持债券的现金流量　　单位：美元

抵押贷款：110 000 000 美元；息票率：10.5%；债券：100 000 000 美元；息票率：9.5%；20 年到期；权益：10 000 000 美元；0%PSA；违约率：前 10 年 0.005；权益现值：224 138 美元[d]；基金结余：第 20 年为 105 760 237 美元

年限	组合结余	本金和利息	提前偿还	违约	现金流	对债券持有者的偿还	基金	剩余现金流
1	110 000 000	12 158 133	0	546 959[a]	12 158 133	9 500 000	2 658 133[b]	0
2	108 844 908	12 097 342	0	540 881	12 097 342	9 500 000	5 468 126[c]	0
3	107 635 399	12 036 856	0	534 501	12 036 856	9 500 000	8 442 432	0
4	106 365 759	11 976 671	0	527 787	11 976 671	9 500 000	11 594 497	0
5	105 029 705	11 916 788	0	520 705	11 916 671	9 500 000	14 938 845	0
6	103 620 331	11 857 204	0	513 216	11 857 204	9 500 000	18 491 157	0
⋮	⋮	⋮	⋮	⋮	⋮	⋮	⋮	⋮
19	76 898 349	11 563 723	0	0	11 563 723	9 500 000	96 015 290	0
20	73 408 952	11 563 723	0	0	11 563 723	109 500 000	5 760 237	5 760 237
21	69 553 168	11 563 723	0	0	11 563 723	0	0	11 563 723
⋮	⋮	⋮	⋮	⋮	⋮	⋮	⋮	⋮
30	10 464 908	11 563 723	0	0	11 563 723			11 563 723

注：a. 0.005×（110 000 000−608 133）。
　　b. 12 158 133−9 500 000。
　　c. 2 658 133×1.08+（12 097 342−9 500 000）。
　　d. 10 224 138−10 000 000。

在这一例子中，有两点非常重要。第一，在第 20 年，基金结余为 105 760 237 美元，作为到期偿还金额（100 000 000 美元）已经足够；第二，最后一栏中的剩余现金流在以组合利率（5%）进行贴现后，净现值为 224 138 美元。综合以上两点，可见该证券化是成功的，因为超额担保不仅足以向债券持有者支付承诺金额，而且剩余现金流将成为债券发行者的权益利润。

一方面，债券发行公司希望以尽可能小的超额担保金额获取最大的投资回报，而另一方面，债券购买者则期望以尽可能大的权益金额来保证利息和本金的偿还。正如前文所述，评级机构在评级过程中密切关注的焦点之一就是超额担保情况。评级机构通过考察若干个关键变量对到期偿债基金余额的影响，来决定担保的充分程度。这些变量包括组合中抵押贷款的提前偿还率、偿债基金的再投资率、初始担保情况以及违约率。

表 11—7 给出了上面几个变量的变化对偿债基金到期余额的影响，各变量独立变化。可以发现几个有趣的关系：第一，超额担保初始金额的略微增加会引起基金最终结余的较大变动。例如初始权益增加 2 500 000 美元会使得第 20

年偿债基金结余增加 12 284 070 美元，这是由于大量现金流进入偿债基金后进行了再投资。第二，即使违约率的略微增加也会对偿债基金造成非常大的影响。例如，如果在前 10 年内违约率增加到 0.007，这已经足够使基金结余低于赎回债券所需。这不仅使得违约抵押贷款的价值损失，而且本金偿还、利息支付以及再投资基金也会受到损失。第三，偿债基金收益率的增加对基金结余会发生正面作用，但并不如想象的那么大。第四，基金结余会随着 PSA 提前偿还率的升高而增加，达到峰值后下降。对于提前偿还率较低的情况，在第 20 年前，就会有更多的现金流可用于偿债基金。这意味着，本应债券到期后偿还的抵押贷款组合中的一部分提前偿还，于是这增加了到期基金结余。但是如果在组合寿命早期，提前偿还率过高，则会发生相反的作用。由于提前偿还率的存在，组合的利润率通常低于抵押贷款或者债券的利润率。因此，过高的提前偿还率反而会影响到期偿债基金结余，因为本金来自盈利为 10.5% 的抵押贷款组合，并置于利率为 8% 的基金。

表 11—7　　　　　　　　　　　抵押贷款支持债券第 20 年的基金结余　　　　　　　　　单位：美元

初始抵押贷款组合	基金结余	违约率	基金结余	基金收益率	基金结余	基金第一年的PSA 提前偿还率	基金结余
110 000 000	105 760 237	0.005	105 760 237	0.08	105 760 237	0	105 760 237
112 500 000	118 044 303	0.006	102 651 606	0.081 25	107 295 582	0.05	126 269 237
115 000 000	130 328 368	0.007	99 565 138	0.082 5	108 855 597	0.075	122 217 256
117 500 000	142 612 434	0.008	96 500 677	0.083 75	110 440 682	0.10	117 341 525
120 000 000	154 896 000	0.009	93 458 067	0.085	112 051 241	0.125	113 015 338
125 000 000	179 464 632	0.01	90 437 154	0.086 75	113 687 688	0.15	109 482 052

一些因素也会对上述变量的作用产生影响。如果市场利率下降，提前偿还将加快。而且过多的偿还进入偿债基金，此时该基金的再投资率也下降了。在上面的例子中，如果第一年基金结余的盈利为 7.5%，且提前偿还率上升到 10%，则第 20 年的基金结余仅为 94 202 239 美元。

以上分析表明了超额担保的必要性。评级机构在决定超额担保最低可接受水平时，会考虑一些可能的最坏情况。如果超额担保不足，该债券会获得一个较低的评级，从而不适合大范围的合法投资者进行投资。为了获得一个较高的评级，发行者就不得不提供更多的担保或者提供其他方式的信用保证，比如组合保险或者贷款单独保险。债券的评级（和市场利率的当前水平）将决定用以估价抵押贷款支持债券的贴现率。如果评级足够高，且贴现率等于息票率，那么债券发行时将以面值出售。市场利率的连续变化或者评级的变化将影响贴现率，并以相同的方式影响债券价值，如表 11—1 所示。

●被担保的抵押贷款债券（CMO）

来自抵押贷款组合并流向被担保的抵押贷款债券各个档次和剩余类的现金流

量是非常复杂的。下面我们继续讨论前一章的例子。为了方便起见，CMO 的结构在表 11—8 中再次列出。在分析现金流量之前，请注意这种 CMO 的一些相关特征。首先，这种抵押贷款的息票收益率为 10.25%，比前面两个档次的息票收益率要大，而前面两个档次构成了 CMO 总发行量的 60%。其次，该 CMO 由 6 000 000 美元超额担保。因此，假定不存在违约风险问题，来自抵押贷款组合的现金流量足够满足 CMO 的偿还。考虑到抵押贷款组合的任何提前偿还都会转移给债券持有者，所以不存在盈利比债券息票率低的还债基金。换言之，CMO 发行者面临着无利率或者再投资的风险。相对短期限档次和抵押贷款组合，具有最长到期期限的档次拥有更高的收益率，但是有一小部分本金拖欠。

表 11—8　　被担保的抵押贷款债券的结构

组合结余：106 000 000 美元；　　息票率：10.25%；　　期限：30 年

CMO 档次	息票率	到期年限	金额（美元）
A 档	9.25	5~9 年	30 000 000
B 档	9.50	9~14 年	30 000 000
C 档	10.00	12~17 年	25 000 000
Z 档	10.50	26~30 年	15 000 000

理解了这一点，下面我们来分析从抵押贷款组合到证券持有者和剩余类的现金流量。一种可能的情况如表 11—9 至表 11—12 所示。

表 11—9　　抵押贷款组合的现金流量

初始结余：106 000 000 美元；　　息票率：10.25%；　　年限：30 年；　　100% PSA

年限	(1) 年末组合 结余	2=(3)+(4) 预定本金 和利息	(3) 分期偿还	(4) 利息	(5) 提前偿还	6=(2)+(5) 可分配的 总金额	(7) 拖欠证券持 有者的金额
0	106 000 000						100 000 000
1	104 015 425	11 479 564	614 564	10 865 000	1 370 011ª	12 849 575ᵇ	98 015 425ᶜ
2	99 523 055	11 330 330	668 749	10 661 581	3 823 620	15 153 950	93 523 055ᵈ
3	93 135 241	10 911 131	710 017	10 201 113	5 667 797	16 588 928	87 135 241
4	86 860 048	10 284 177	737 815	9 546 362	5 537 378	15 821 555	80 860 048
5	80 935 662	9 667 846	764 691	8 903 155	5 159 695	14 827 541	74 935 662
6	75 340 138	9 088 452	792 547	8 295 905	4 802 977	13 891 429	69 340 138
7	70 052 814	8 543 781	821 417	7 772 364	4 465 907	13 009 688	64 052 814
8	65 054 231	8 031 753	851 339	7 180 413	4 417 224	12 178 997	59 054 231
9	60 326 059	7 550 410	882 351	6 668 059	3 845 821	11 396 230	54 326 059
10	55 851 031	7 097 914	914 492	6 183 421	3 560 535	10 658 449	49 851 031
11	51 612 876	6 672 536	947 805	5 724 731	3 290 350	9 962 886	45 612 876

续前表

年限	(1) 年末组合结余	2=(3)+(4) 预定本金和利息	(3) 分期偿还	(4) 利息	(5) 提前偿还	6=(2)+(5) 可分配的总金额	(7) 拖欠证券持有者的金额
12	47 596 257	6 272 651	982 331	5 290 320	3 034 289	9 306 939	41 596 257
13	43 786 714	5 896 731	1 018 114	4 878 616	2 791 428	8 688 159	37 786 714
14	40 170 614	5 543 340	1 055 201	4 488 138	2 560 900	8 104 239	34 170 614
15	36 735 091	5 211 127	1 093 639	4 117 488	2 341 883	7 553 010	30 735 091
16	33 468 009	4 898 824	1 133 477	3 765 347	2 133 605	7 032 429	27 468 009
17	30 357 908	4 605 238	1 174 767	3 430 471	1 935 334	6 540 572	24 357 908
18	27 393 967	4 329 246	1 217 560	3 111 686	1 746 381	6 075 627	21 393 967
19	24 565 960	4 069 794	1 261 913	2 807 882	1 566 094	5 635 888	18 565 960
20	21 864 223	3 825 891	1 307 880	2 518 011	1 393 857	5 219 748	15 864 223
21	19 279 614	3 596 606	1 355 523	2 241 083	1 229 086	4 825 692	13 279 614
22	16 803 481	3 381 061	1 404 901	1 976 160	1 071 232	4 452 293	10 803 481
23	14 427 634	3 178 434	1 456 077	1 722 357	919 770	4 098 204	8 427 634
24	12 144 309	2 987 951	1 509 118	1 478 883	774 207	3 762 157	6 144 309
25	9 946 146	2 808 883	1 564 091	1 244 792	634 072	3 442 955	3 946 146
26	7 826 158	2 640 546	1 621 066	1 019 480	498 922	3 139 468	1 826 158
27	5 777 708	2 482 298	1 680 117	802 181	368 332	2 850 631	0
28	3 794 488	2 333 534	1 741 319	592 215	241 901	2 575 435	0
29	1 870 493	2 193 686	1 804 751	388 935	119 245	2 312 931	0
30	0	2 062 218	1 870 493	191 725	0	2 062 218	0

注：a. (106 000 000－614 564)×0.013。
　　b. 11 479 564+1 370 011。
　　c. 100 000 000－614 564－1 370 011。
　　d. 98 015 425－668 749－3 823 620。

表 11—10　　　　　　　　　　对 A 档和 B 档债券持有者的偿还　　　　　　　　　单位：美元

	A 档				B 档			
年限	(1) 拖欠本金	(2) 组合和 Z 档的本金减少	(3) 息票	(4) 总金额 =(2)+(3)	(5) 拖欠本金	(6) 组合和 Z 档的本金减少	(7) 息票	(8) 总金额
0	30 000 000				30 000 000			30 000 000
1	26 440 425[a]	3 559 575[b]	2 775 000[c]	6 334 575	30 000 000	0	2 850 000	2 850 000
2	20 207 680	6 232 774	2 445 739	8 678 483	30 000 000	0	2 850 000	2 850 000
3	11 896 751	8 310 929	1 869 210	10 180 139	30 000 000	0	2 850 000	2 850 000
4	3 496 517	8 400 234	1 100 450	9 500 684	30 000 000	0	2 850 000	2 850 000
5	0	3 496 517	323 428	3 819 945	25 223 961	4 776 039[d]	2 850 000	7 626 039
6					17 033 708	8 190 252	2 396 276	10 586 529
7					8 879 209	8 154 499	1 618 202	9 772 702
8					712 397	8 166 812	843 525	9 010 337
9					712 397	67 678	780 075	

注：a. 30 000 000－3 559 575。
　　b. 614 564+1 370 011（表 11—9）+1 575 000（表 11—11 中的第 6 列）。
　　c. 30 000 000×0.092 5。
　　d. 764 691+5 159 695（表 11—9）+2 348 171（表 11—11 中的第 6 列）－3 496 517（A 档还清）。

表 11—11　　　　　　　　　　　　　对 C 档和 Z 档债券持有者的偿还

年限	C 档				Z 档					
	(1) 拖欠本金	(2) 组合和 Z 档的本金减少	(3) 息票	(4) 总额	(5) 拖欠本金	(6) 应计未付利息	(7) 应计未付利息的累加	提前偿还	利息	总额
0	25 000 000				15 000 000					
1	25 000 000	0	2 500 000	2 500 000	16 575 000	1 575 000	1 575 000	0	0	0
2	25 000 000	0	2 500 000	2 500 000	18 315 375	1 740 375	3 315 375	0	0	0
3	25 000 000	0	2 500 000	2 500 000	20 238 489	1 923 114	5 238 489	0	0	0
4	25 000 000	0	2 500 000	2 500 000	22 363 531	2 125 041	7 363 531	0	0	0
5	25 000 000	0	2 500 000	2 500 000	24 711 701	2 348 171	9 711 701	0	0	0
6	25 000 000	0	2 500 000	2 500 000	27 306 430	2 594 729	12 306 430	0	0	0
7	25 000 000	0	2 500 000	2 500 000	30 173 605	2 867 175	15 173 605	0	0	0
8	25 000 000	0	2 500 000	2 500 000	33 341 834	3 168 229	18 341 834	0	0	0
9	17 483 333	7 516 667	2 500 000	10 016 667	36 842 726	3 500 893	21 842 726	0	0	0
10	9 139 819	8 343 514	1 748 333	10 091 847	40 711 213	3 868 486	25 711 213	0	0	0
11	626 986	8 512 833	913 982	9 426 814	44 985 890	4 274 677	29 985 890	0	0	0
12	0	626 986	62 699	689 685	41 596 257	4 723 518	26 596 257	3 389 633	4 723 518	8 113 152
13					37 786 714	4 367 607	22 786 714	3 809 542	4 367 607	8 177 149
14					34 170 614	3 967 605	19 170 614	3 616 101	3 967 605	7 583 706
15					30 735 091	3 587 914	15 735 091	3 435 522	3 587 914	7 023 437
16					27 468 009	3 227 185	12 468 009	3 267 082	3 227 185	6 494 267
17					24 357 908	2 884 141	9 357 908	3 110 101	2 884 141	5 994 242
18					21 393 967	2 557 580	6 393 967	2 963 941	2 557 580	5 521 522
19					18 565 960	2 246 367	3 565 960	2 828 007	2 246 367	5 074 374
20					15 864 223	1 949 426	864 223	2 701 737	1 949 426	4 651 163
21					13 279 614	1 665 743	(1 720 386)	2 584 609	1 665 743	4 250 353
22					10 803 481	1 394 359	(4 196 519)	2 476 132	1 394 359	3 870 492
23					8 427 634	1 134 366	(6 572 366)	2 375 847	1 134 366	3 510 213
24					6 144 309	884 902	(8 885 691)	2 283 325	884 902	3 168 226
25					3 946 146	645 152	(11 053 854)	2 198 163	645 152	2 843 316
26					1 826 158	414 345	(13 173 842)	2 119 988	414 345	2 534 334
27					0	191 747	(15 000 000)	1 826 158	191 747	2 017 904

第 11 章 抵押贷款支持证券估价

表 11—12　　　　　　　　　　权益所有者的剩余现金流

IRR：13.89%；13%时的净现值为 325 940 美元

年限	现金流（美元）
0	(6 000 000)
1	1 165 000[a]
2	1 125 467
3	1 058 788
4	970 871
5	881 556
6	804 900
7	736 987
8	668 660
9	599 488
10	566 602
11	536 072
12	504 103
13	511 009
14	520 533
15	529 573
16	538 162
17	546 330
18	554 105
19	561 515
20	568 585
21	575 339
22	581 801
23	587 991
24	593 931
25	599 639
26	605 135
27	832 727
28	2 575 435
29	2 312 931
30	2 062 218

注：a. 12 849 575（表 11—9 中的第 6 列）－6 334 575（表 11—11 中的第 4 列）－2 850 000（表 11—10 中的第 8 列）－2 500 000（表 11—11 中的第 4 列）。

表 11—9 中的第 6 列列出了 30 年期组合每一年的总现金流量，由三部分组

成：预定现金流量、利息以及提前偿还。提前偿还基于100%PSA模型，这意味着分期付款后的组合余额第一年年利率约为1.3%。[6]表格中的最后一栏表示仍然拖欠证券持有者的本金。第一年的金额为原始本金扣除分期偿还和组合的提前偿还部分（100 000 000美元－614 564美元－1 370 011美元）。组合本金的减少部分都转移给证券持有者。

表11—10列出了前两类证券的偿还情况。A档证券持有者获得所有组合偿还的本金，外加Z档证券持有者的延期利息。从表11—11中可以看出，Z档第一年应计利息为1 575 000美元，这一金额加上组合本金提前偿还（1 370 011美元）、分期偿还（614 564美元），总金额为3 559 575美元，并偿还给A档债券持有者以弥补他们本金的减少。这些债券持有者也会得到9.25%的息票支付，即2 775 000美元，而总金额为6 334 575美元。B档和C档的证券持有者分别只得到2 850 000美元和2 500 000美元的息票支付。所有债券持有者得到的总现金流量等于11 684 575美元，而组合可用金额为12 849 575美元，所以二者之差（1 165 000美元）为剩余（权益）持有者所得。

这一过程一直进行到第5年。在第5年，组合可用总现金流（14 827 541美元）远多于偿还A档债券的剩余本金和应计利息所需金额。这一年的多余组合偿还本金继续作为B档债券的本金。C档债券的息票进行了偿还，而Z档的利息继续推延。至此，仍欠Z档债券持有者的总金额为24 711 701美元。B档债券持有者在第9年就可以被还清，而C档需要12年。第12年后，随着组合本金的减少，应计利息每年支付一次。因为组合结余（47 500 000美元）与Z档的金额（41 500 000美元）相当，一些偿还留给剩余档次。当Z档在第26年后被还清时，所有剩余组合偿还累计到剩余类中。

表11—12列出了累计到剩余类（以6 000 000美元投资开始）的现金流，并给出了利润率和现金流现值。

因为被担保的抵押贷款债券的结构和传递证券不同，提前偿还行为会以不同的方式影响其价格和收益率行为。短期类价格和收益率受提前偿还影响发生变动并不像传递证券那么大，正是这一特点使得被担保的抵押贷款债券对一些投资者产生吸引力。对于折扣或溢价债券，提前偿还对各档次的影响更为明显。这是由于折扣证券的提前偿还加快会增加收益率，而延缓会减少收益率；对于溢价证券则存在相反的结果。

假定市场初始贴息率不同于证券的息票率，并在100%PSA模型下对证券定价。在这种情况下，市场假定表11—10和表11—11列出的现金流会发生。而表11—13显示了提前偿还率的变化对于收益率的影响。

例如，假定投资者最初以10.25%的贴现率、在100%PSA模型下估价A档的现金流。既然息票率为9.5%，证券将以折扣出售。A档的现金流的现值如表11—13所示，为29 257 585美元。给定该证券发行价值，实际收益率将依赖于组合实际的提前偿还行为。对于0%PSA提前偿还率，收益率为9.87%；而对于500%PSA提前偿还率，收益率则高达10.92%。

第 11 章 抵押贷款支持证券估价

表 11—13　　提前偿还率和收益行为；被担保的抵押贷款债券档次和剩余类

初始贴现率和价格		PSA RATE					
		0%	50%	100%	150%	200%	500%
A 档：							
息票率：9.25%	0.102 5						
本金：30 000 000 美元	29 257 585 美元	0.098 7	0.100 9	0.102 5	0.103 8	0.104 9	0.109 2
	0.082 5						
	30 772 224 美元	0.086 3	0.084 1	0.082 5	0.081 2	0.080 1	0.798
B 档：							
息票率：9.50%	0.105						
本金：30 000 000 美元	28 611 057 美元	0.101 9	0.103 4	0.105	0.106 4	0.107 7	0.113 2
	0.085						
	31 482 680 美元	0.088 1	0.085	0.083 5	0.082 3	0.082 3	0.076 8
C 档：							
息票率：10.00%	0.11						
本金：25 000 000 美元	24 159 905 美元	0.108 1	0.109 2	0.11	0.111 0	0.112 1	0.117 9
	0.09						
	26 610 312 美元	0.092	0.091	0.09	0.088 9	0.087 8	0.082 1
Z 档：							
息票率：10.50%	0.115						
本金：15 000 000 美元	16 928 790 美元	0.106 9	0.111 7	0.115	0.116 6	0.118 4	0.129 1
	0.095						
	17 373 272 美元	0.091 9	0.094 4	0.095	0.093 4	0.091 6	0.081
剩余类							
投资：6 000 000 美元		0.158	0.142	0.138 9	0.134 8	0.132 2	0.130 2

如果 A 档的现金流最初以 8.25% 进行折扣，该证券发行将获得溢价（30 772 244 美元）。比预期慢的提前偿还将增加实际收益率；加快的提前偿还会降低收益。对于这一档次，折扣和溢价情况的收益率变化可以彼此对比。A 档债券的例子将在其他组别中加以重复。有几点需要注意：第一，对于期限相对较短的档次，随着提前偿还行为的变化，收益率变化微乎其微。对于期限更长的 Z 档，相应的收益率变化更加明显。既然提前偿还对于这一类债券的实际到期期限（久期）具有更强的影响，上面的分析结果是可以预见的。第二，既然剩余的支付价格为权益投资金额（6 000 000 美元），随着提前偿还行为的变化，我们只研究这一类现金流的内部利润率（到期收益率）。提前偿还行为的影响对于剩余类最大。图 11—10 描述了一种假定的被担保的抵押贷款债券（不同于上面使用的例子）的收益率和提前偿还行为的关系。从图中可以看出提前偿还行为是怎样影

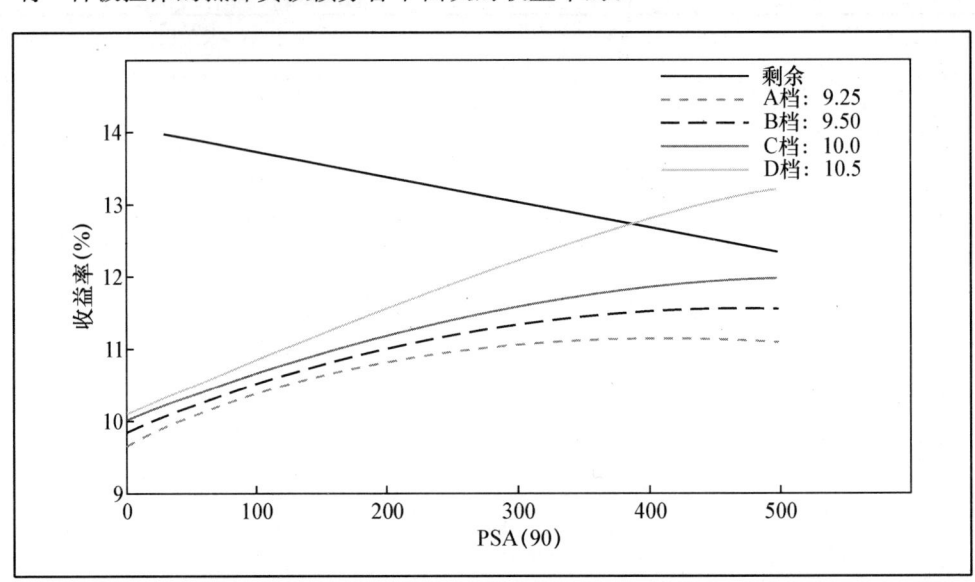

响一种被担保的抵押贷款债券各个档次的收益率的。

图 11—10　CMO 各档次的到期收益率（折价）

我们也可以表明这一简单例子中提前偿还对各档次价格的影响，其中每个档次都有相同的息票率，并低于市场利率（这样证券最初以折扣发行）。图 11—11 表明，到期期限较晚的档次的价值正如预期的那样逐渐降低；另外，所有的价值都会随提前偿还的加快而增加。当没有提前偿还时，这些价值曲线会聚于一点。当提前偿还很快时，价值曲线也会趋于靠近，因为它们都逼近剩余金额。

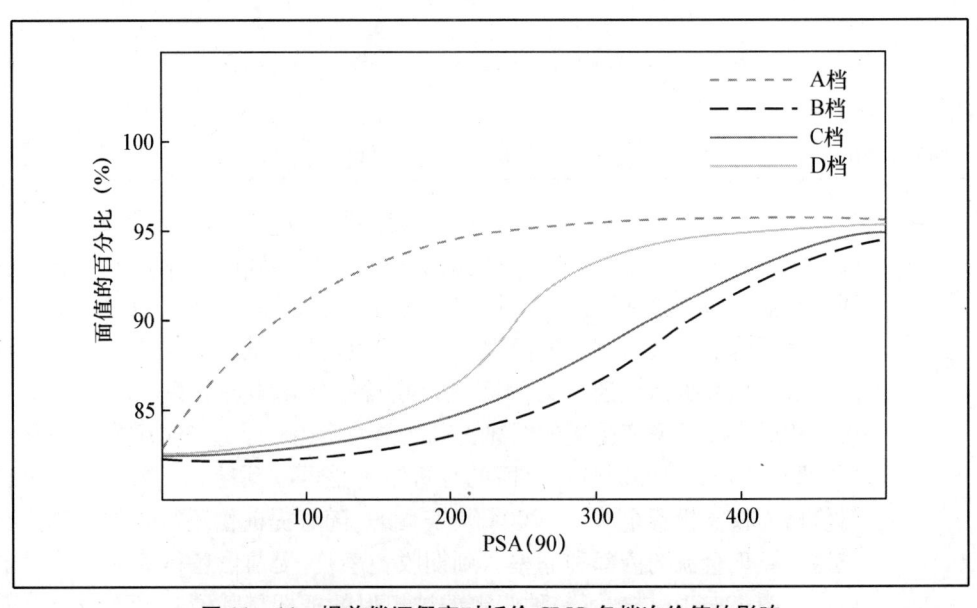

图 11—11　提前偿还假定对折价 CMO 各档次价值的影响

◆仅利息收益证券（IO）与仅本金收益证券（PO）

对抵押贷款组合现金流量进行再分配的一种有趣的方式就是将接收抵押贷款本金偿还和利息偿还的权利分离开。购买仅**本金收益证券**的投资者具有随时接收本金的权利；而购买仅**利息收益证券**的投资者拥有随时接收利息的权利。本金偿还的总金额等于初始组合结余，因为提前偿还是不可预测的，仅本金收益证券偿还的具体时间也是未知的。如果提前偿还加快，本金的更多部分就会更快偿还。利息支付的总额是未知的。每一时期支付的利息是基于那一时期拖欠本金的数额计算得到的。提前偿还加快会减少拖欠本金的数额，进而会减少所有剩余时期的利息。因此，提前偿还加快对仅本金收益证券投资者有益，而对仅利息收益证券投资者不利。

在确定 PO 和 IO 价值时，市场利率扮演着有趣的角色。市场利率的变化对以上两种证券有两种作用：第一，市场利率的变化将改变用以估价所有证券的贴现率；第二，市场利率的变化将改变抵押贷款组合的提前偿还行为，进而会改变 PO 和 IO 现金流的金额和时限。因此，对于 PO 和 IO，我们可以得到以下关系：

```
PO：利率↑      贴现率↑       价值↓
    利率↑      提前偿还↓     价值↓
              净效应          价值↓

IO：利率↑      贴现率↑       价值↓
    利率↑      提前偿还↓     价值↑
              净效应          价值↑
```

为了理解利率的变化是如何影响分离证券现金流量和价值的，首先请参见图 11—3，该图显示了抵押贷款组合的提前偿还率作为市场利率函数的曲线。该图表明，当利率升高时，提前偿还率没有变化，但当市场利率下降时，提前偿还迅速加快，直到达到足够低的市场利率后，提前偿还再次趋于平稳。在图 11—12 中，我们重新画出了两种 GNMA 证券的曲线，其中两种证券的息票率分别为 8% 和 12%，并假定当前市场利率为 9%。请注意两条曲线的折弯点（从该点开始，曲线变得平缓），我们会发现对于每一组合，这些点近似出现在市场利率等于息票率的位置。在市场利率为 9% 的情况下，如预期那样，12% 组合的提前偿还率明显高于 8% 的组合。如果利率升高，8% 组合的提前偿还率没有变化，这是因为这一组合已经折扣的提前偿还期权会折扣得更厉害。另外，随着市场利率的升高，溢价 12% 组合的提前偿还期权将降低价值，最终变为折扣。因此，这一组合的提前偿还随着市场利率的升高而急剧降低。需要注意的一点是，在每条曲线的弯曲点处，市场利率等于息票率。理解这一点后，下面我们将分析 IO 和 PO 的估价。

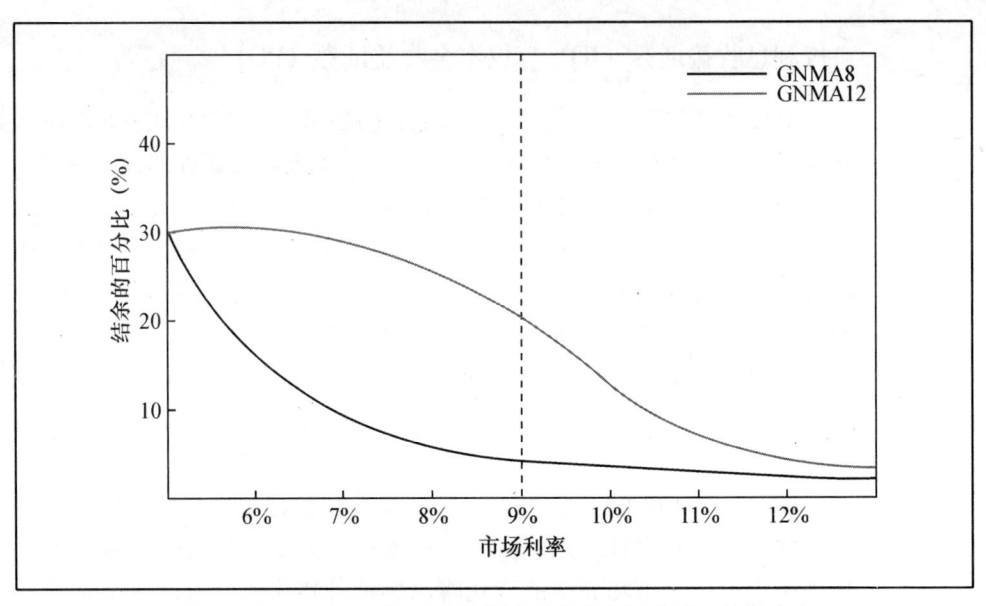

图 11—12 GNMA8 和 GNMA12 欠款余额中提前偿还的百分比

图 11—13 给出了一种 GNMA8 证券以及它的 IO 和 PO 部分在各种市场利率条件下的价值。当市场利率等于息票率时,传递证券的价值等于或接近面值;其实际价值则取决于投资者对市场利率的未来预期和利率的预期波动性。如果投资者预期市场利率存在高波动性,这会增加提前偿还期权的价值,提高预期收益率,并降低价格。在这里,我们假定市场利率预期不会变化,存在低波动性。

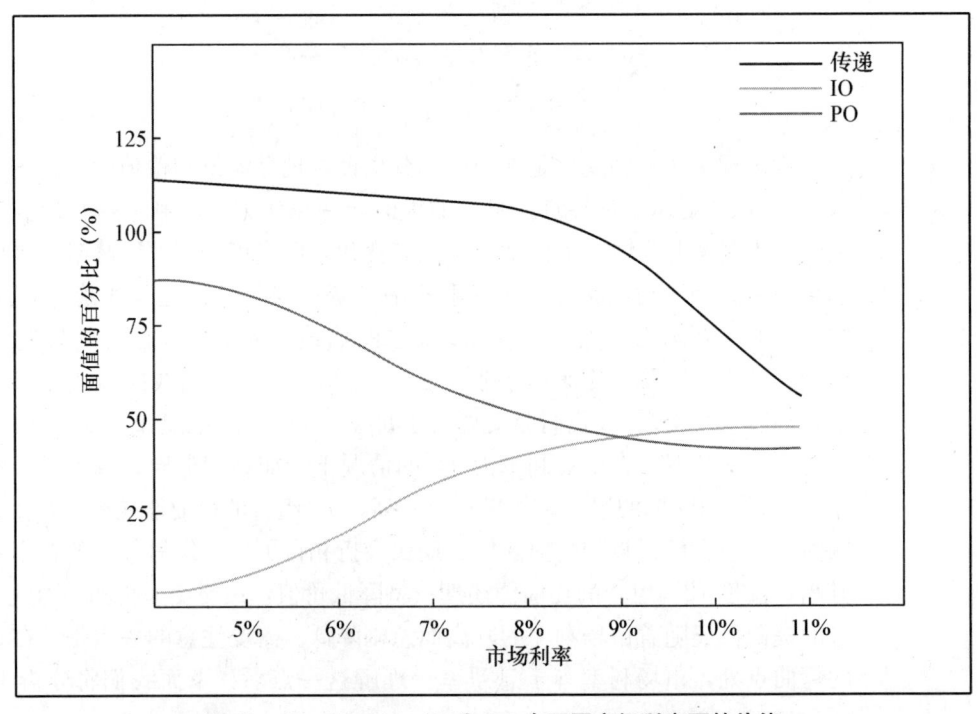

图 11—13 CNMA8、IO 和 PO 在不同市场利率下的价值

第 11 章 抵押贷款支持证券估价

传递证券的价值等于 IO 和 PO 部分的价值之和。价值曲线的形状可作如下解释：如果市场利率升高超过息票率，提前偿还会变慢；而市场利率升高和提前偿还变慢将同时作用并导致 PO 价值的减小。市场利率的升高将增加用以估价 PO 现金流的贴现率；同时，提前偿还变慢将促使 PO 现金流（总额不变）在时限上变长。但对于 IO，这一分析并不适用。尽管贴现率升高，IO 利息支付的总额却增加了。这两种效应彼此抵消，因此在市场利率升高情况下，IO 的价值变化微乎其微。随着 PO 的价值超过 IO 的价值，两部分之和，即传递证券的价值下降。当市场利率下降时，传递证券的价值不发生变化。

对于市场利率下降足够大的情况，该组合大部分贷款的提前偿还成为可能，所以该证券估价为面值或接近面值。两种证券的价值可以彼此反映。市场利率的下降会导致提前偿还加快，进而减少 IO 预期总现金流。PO 现金流则未改变，但开始加快。贴现率减小和更快更多回收现金流的预期，将导致 PO 价值升高。对于利率非常低的情况，提前偿还率高，以至于 PO 的价值接近传递证券的价值，而 IO 的价值接近于零。

对于所有传递证券，IO 和 PO 价值曲线的形状并不总是相同。图 11—14 给出了一种溢价 GNMA12 证券的价值曲线。当市场利率上升时，IO 的价值迅速增加，同时溢价提前偿还期权接近折扣期权范围（12%）。由于相同的原因——提前偿还期权价值的减小，IO 价值的增加伴随着 PO 价值的下降。由于市场利率低于息票率 3 个百分点，市场利率进一步降低，提前偿还行为并未如预期那样急剧变化。因此，每部分证券以及传递证券都不发生变化。

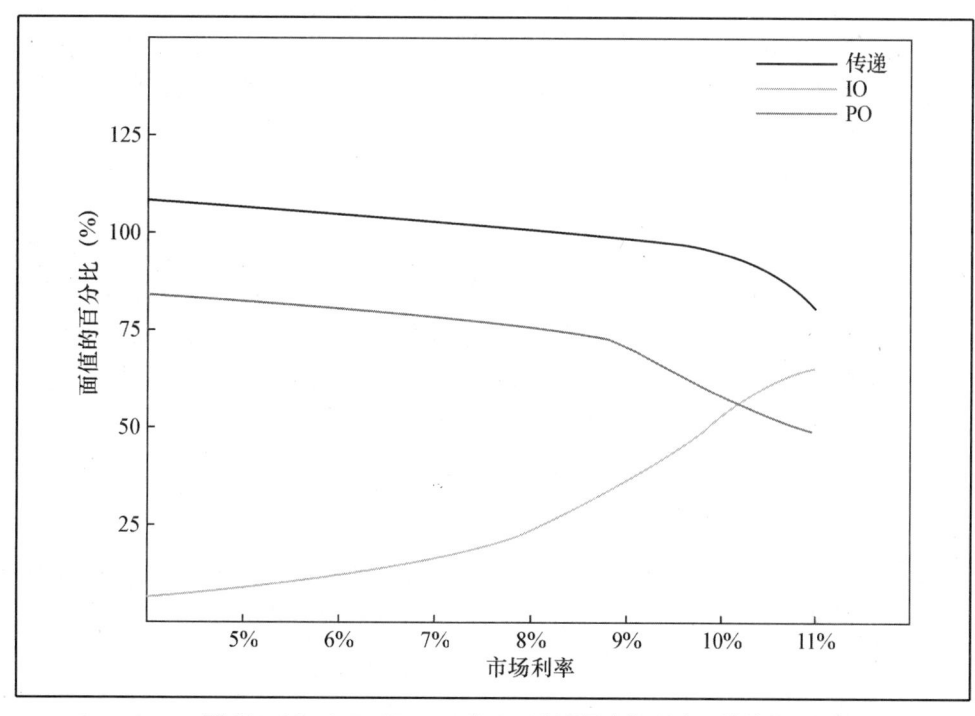

图 11—14　CNMA12、IO 和 PO 在不同市场利率下的价值

与传统债券不同的是，IO 的价值与市场利率变动方向一致，即 IO 存在负久期。这并不是说现金流的加权平均寿命为负，而是意味着 IO 的价值并不会像传统债券那样随着利率上升而下降，这使得 IO 成为一种可以避免利率风险的有用债券。对于传统债券的出借方或其他投资者，IO 的存在可以确保投资组合的利润。如果利率上升，传统债券市场价值的减少可以由 IO 价值的增加来补偿。图 11—13 和 11—14 中的曲线表明，当市场利率处于比息票率低 100～300 个基点范围内时，IO 的价值对市场利率的变化最敏感。因此，那些最希望利用 IO 获利的投资者应该购买高于市场利率 100～300 个基点的传递 IO 证券。

浮动利率和反浮动利率债券

一些抵押贷款债券投资者可能需要一种利率随市场利率变动的债券。例如，金融机构持有利率随市场变动的短期债务（储蓄存款），因此它们需要向那些利率变动与债务利率相匹配的资产进行投资。浮动利率债券是被担保的抵押贷款债券（CMO）的一类，其利率随市场而变化，类似于一种可调利率抵押贷款。当 CMO 剩余档次债券具有如上描述的典型特点时，就可以创建一个特殊档次构成浮动利率债券。这种债券的利息通常与一种短期利率相挂钩，比如伦敦同业拆借利率（LIBOR）。LIBOR 是指欧洲各银行之间彼此贷款的短期利率，类似于美国的联邦基金利率。浮动利率债券的利率将设定在高于 LIBOR 一定基点的位置，类似于可调利率抵押贷款的界限。

创建一种浮动利率债券面临的问题之一是市场利率可能上升到远超过抵押贷款组合利率的水平。如果该组合的息票率为 8%，且该浮动利率债券的利率上升超过息票率，那么这一组合的债券将蒙受损失。为了解决这一问题，在相同组合基础上又创立了一种反浮动利率债券。反浮动利率债券是指利率与市场利率变动相反的一种债券，因此，它的利率变化也与浮动利率债券的利率变化相反。于是就需要设定公式来决定反浮动利率债券的利率，以使得这一组合的总利息不受市场利率影响而保持固定。

下面我们给出一个案例，假定一个由息票率为 8% 的抵押贷款支持的金额为 1 亿美元的组合被用于创立总利率为 7.5% 的浮动利率与反浮动利率债券。然后进一步假定其中 75% 的组合金额（即 750 万美元）构成浮动利率债券，另外的 25% 构成反浮动利率债券。其中，浮动利率债券的利率设定为月 LIBOR 加上 0.5%；如果月 LIBOR 初始值为 3.75%，那么该债券的利率为 4.25%。反浮动利率债券的利率 I，可以利用下面公式计算得到：

$$I = C - 3 \times LIBOR$$

式中，C 为反浮动利率债券的利率上限，即假定 LIBOR 为零时的最高可能利率。例如，设 $C = 28.5\%$，则反浮动利率债券的初始利率为：

$$I = 28.5\% - 3 \times 3.75\% = 17.25\%$$

其中，公式中的数字"3"表明该组合中浮动利率债券部分是反浮动利率债券部分的 3 倍。在这种情况下，整个组合的加权平均息票率为：

$$0.75 \times F + 0.25 \times I = 0.75 \times (L+0.5) + 0.25 \times (C - 3 \times L)$$
$$= 0.75 \times L + 0.375 + 0.25 \times C - 0.75 \times L$$
$$= 0.375 + 0.25 \times C$$

如果设加权平均息票率为 7.5%，那么有：

$$7.5 = 0.375 + 0.25 \times C$$

即

$$7.125 = 0.25 \times C$$

因此

$$C = 7.125/0.25 = 28.5\%$$

尽管超出了本书的范围，但你仍然需要意识到可以从抵押贷款组合中创立许多其他证券。例如，浮动利率与反浮动利率仅利息收益证券可以由仅利息收益证券（IO）创立。总之，利率或有证券（衍生证券）的组合是无穷的。

贷款管理权

下面我们来估价另一种抵押贷款的衍生品，即贷款管理权。当出借方出售贷款时，他们通常会保留贷款管理权；有时，他们也会将管理权独立打包进行出售。无论上述哪种情况，对管理权进行恰当的估价都是重要的。贷款组合的管理包括以下方面中的几个或全部：收取每月还款；维护关于财产税和风险保险的代理账目；将一定的偿还额转给贷款购买者；发送不良和违约行为通知；对违约贷款启动赎回权丧失程序；向抵押贷款发行者提出违约贷款损失赔偿要求。与贷款管理业务有关的收入包括服务费、代理账目的浮资以及收到的月还款与将月还款支付给贷款购买者之间的浮资。管理组合所需的费用包括管理成本和日常费用。因此，管理业务的现金流就等于收入减去成本。

服务费一般为抵押贷款结余的 0.25%～0.5%，通常为 0.375%。成本则会随着抵押贷款结余的变化而变化，但是总是存在固定组成，比如管理成本和日常费用。管理权的价值为管理业务净收入的现值。这些现金流的行为有些类似于仅利息收益证券，因为收入的主要组成部分是服务费，而服务费可以像利息那样表达为组合拖欠余额的百分比。

为了使这一分析更加具体，表 11—14 给出了抵押贷款组合的管理现金流的例子。为了简化，我们假定在托管账户上以及支付款在从组合到投资者的时间内没有浮资收入。第一年的管理成本为 30 美元加该年末组合结余的 0.0002%，随后每年以 4% 递增。在 100%PSA 模型下，抵押贷款每 100 000 美元的管理权的价值为 1 588 美元。在 200%PSA 模型下，管理权的价值仅为 1 235 美元，相当于 0%PSA 模型下价值的 78%。

表 11—14　　　　　　　　　　　贷款管理权的估价　　　　　　　　　　　　单位：美元

贴现率：12%；　　组合结余：100 000 美元；　　息票率：10%；　　初始本息：10 608 美元

年限	年初结余	偿还	年末结余	提前偿还	管理收入	管理成本	净收入
1	100 000	10 608	99 392	1 292	375.00	52.00	323.00
2	98 100	10 470	97 440	3 605	367.87	53.67	314.21
3	93 835	10 083	93 136	5 352	351.88	54.86	297.02
4	87 784	9 503	87 059	5 217	329.19	55.63	273.56
5	81 842	8 934	81 092	4 860	306.19	56.41	250.49
6	76 232	8 398	75 457	4 522	285.87	57.25	228.62
7	70 935	7 895	70 133	4 203	266.01	58.15	207.86
8	65 930	7 422	65 102	3 902	247.24	59.10	188.14
9	61 200	6 977	60 343	3 616	229.50	60.12	169.38
10	56 727	6 559	55 840	3 347	212.72	61.20	151.52
11	52 494	6 166	51 577	3 091	196.85	62.35	134.51
12	48 486	5 796	47 538	2 849	181.82	63.56	118.27
13	44 689	5 449	43 709	2 620	167.59	64.83	102.75
⋮	⋮	⋮	⋮	⋮	⋮	⋮	⋮
25	11 305	2 596	9 839	590	42.39	86.00	(43.61)
26	9 250	2 440	7 735	464	34.69	88.30	(53.62)
27	7 271	2 294	5 704	342	27.27	90.69	(63.43)
28	5 363	2 156	3 742	224	20.11	93.18	(73.07)
29	3 518	2 027	1 843	110	13.19	95.75	(82.56)
30	1 732	1 906	(0)	(0)	6.50	98.43	(91.93)

贴现率为 12% 时的现值为 1 588 美元

前面已经提到过，利息的变化会影响仅利息收益证券的价值；在这里，利息的变化也会以同样的方式影响贷款管理权的价值。利息的升高将会导致贴息率上升和提前偿还加快。尽管组合的固定开支仍然继续，但是提前偿还将抵销将来所有与终结贷款有关的收入。所有这些因素将共同作用使贷款管理权的价值明显减小。

抵押贷款的发起人经常保留额外的管理权，它由超过正常服务补偿的服务费组成。这种情况通常会在抵押贷款以稍低于息票率的利率售出时发生，例如，发起人以 9% 的允诺利率将 9.5% 的抵押贷款组合出售给投资者或二级抵押贷款市场机构，即通常会为业务管理保留 50 个基点（如果没有保证费的话），这要比正常情况下的 25 个基点大。有时甚至可能扩大为 100 个左右基点；扩大的基点越大，放贷者持有的额外管理费就越多。

有很多原因可以解释为什么发起人要保留额外的管理业务费用。第一，抵押贷款支持证券的息票率通常以 0.5 个基点为间隔，而 0.25 个基点间隔的证券交易价格通常相对不够吸引人；因此，在上面的例子中，抵押贷款支持证券的利率为9%，而不是9.5%。第二，溢价证券可能会以相对不吸引人的价格出售，因为投资者担心他们溢价购买的证券会随时以面值被偿还。如果抵押贷款以10%的利率放贷，而随后降到9.25%，发起人就会倾向于以低于面值的9%的利率出售证券，而不是以高于面值的9.5%。因为低利率会带来更高的额外管理服务费。第三，发起人经常会把同一组合中的贷款按不同息票率进行组合，结果组合中的一些贷款可能具有额外管理费，这种情况甚至出现在组合平均额外管理费为零时。

财务会计准则委员会第65号声明（《关于某些抵押贷款银行活动的清算》，1982年9月）要求在预期提前偿还调整后，额外管理应该在抵押贷款售出时变成资本。其资产称为"额外管理权"，通常能够在整个管理契约期限内分期偿还。尽管发起人为了清算账目必须遵守这些方针，但许多人仍使用不同的税务处理。这是为什么呢？考虑到售出抵押贷款的允诺息票越低，出售人（发起人）获得的价格就越低，因此，通过保留额外管理，贷款可以以折扣售出甚至不惜蒙受损失进行出售；通过保留额外管理，贷款人也可以为了税务目的在出售抵押贷款时蒙受一定损失。例如，100 000 000美元的抵押贷款组合只售95 000 000美元，蒙受5 000 000美元的损失。

1991年，IRS用《收入准则91-46》停止了这种做法。该准则要求额外管理的合理市场价值应当在管理权和抵押贷款组合之间进行分配。在上面的例子中，如果额外管理的价值设定为5 000 000美元，那么组合的基准为95 000 000美元。既然这也是该例中的出售价，对于税收而言就无损失。《国内收入纳税程序91-50》规定了1~4户家庭抵押贷款的正常管理的可接受金额。正常的服务费对于普通固定利率贷款为25个基点，对于FHA和VA贷款则为44个基点，对于初始余额少于50 000美元的贷款也为44个基点，对于包括可调利率贷款在内的其他贷款则为37.5个基点。

贷款管理权的购买者基于税收目的，希望尽可能快地对他们的投资进行分期偿还。分期偿还可以勾销名册中的投资，这类似于不动产的折旧贬值。数年来，IRS一直要求，无论组合实际如何支付（由提前偿还造成），整个抵押贷款组合必须拥有以固定比率进行的分期偿还。组合的购买者要求拥有提前偿还时勾销抵押贷款的能力。在2000年初，IRS进行了妥协，允许抵押贷款管理方将抵押贷款组合进行分解，并进行重新组合，以便于分期偿还。重组后的子组合基于预期分期偿还，所以预期提前偿还早的抵押贷款可以放入一个子组合，那么该子组合的分期偿还可能比其他子组合更快。

● 抵押贷款组合数据

抵押贷款支持证券（MBS）的市场价值在一定程度上依赖于构成组合的各项抵押贷款的个体特征。组合特征可以影响不良行为率、违约率以及提前偿还率。因此，MBS投资者会需要尽可能多的组合特征信息。例如，当GNMA组合刚刚形成，传递证券发行时，构成组合的抵押贷款通常来自一个固定的地理区域。因此，获知哪位抵押贷款银行业者发行了该组合可以使投资者了解贷款发放的地理区域。这些信息是非常有价值的，因为来自某些地区的抵押贷款（比如加利福尼亚南部）的提前偿还率比其他地区要高；一些地区可能对于高违约率更加脆弱。但是到了 20 世纪 80 年代初，许多出借人已经扩展到全国市场，构成 GNMA 抵押贷款组合的贷款也来自全国各地。因此，这种组合信息对传递证券也不再重要。

尽管如此，其他组合特征，包括非标准贷款特征，仍然可被投资者利用。例如，一个抵押贷款组合可能包含各种不同期限的可调利率抵押贷款。这样一个组合具有若干复杂的术语，包括周期利率上限、寿命上限、指数、差幅、调整频率和可转换性。二级市场机构（如 Freddie Mac）会发布具有这些术语特征的本金结余的组合信息。其他组合可能由搬迁抵押贷款组成，这类抵押贷款是指作为调整工作地点的补助的一部分发放给公司重要雇员的抵押贷款，具有与标准抵押贷款不同的提前偿还行为。再者，也存在一些组合买低抵押贷款，借方在买低时期之后，可以正常偿还的能力可能造成提前偿还行为的变化不同于标准抵押贷款。

如果一个抵押贷款组合的构成包括一系列息票与年限不同、标准固定利率、固定偿还的抵押贷款，那么会存在有价值的投资者相关信息。自 1983 年起，Freddie Mac 开始发布关于每个组合初始加权平均息票（WAC）和加权平均剩余期限（WARM）的信息，投资者可以判断这些组合中贷款的提前偿还率和期限。从 1987 年开始，每个组合的 WAC 和 WARM 每年都会更新，并且公布四分位数。四分位数是指组合中 1/4 的贷款处于的连续利率和年限范围。从 1991 年开始，WAC、WARM 以及四分位数每月都进行更新，而且也可以获得其他数据，如组合加权平均贷款年限（WALA）、加权平均初始贷款期限（WAOLT）、最新最长到期日期（ULMD）和平均初始贷款规模（AOLS）。所有这些组合信息可以与当前市场利率一起用来判断组合的将来提前偿还行为。例如，如果组合贷款平均为 50 000 美元，与 200 000 美元对比，投资者对提前偿还会有不同的预测。

每一个二级市场机构都设有自动电话服务，投资者可以通过该服务获取组合的详细信息。Ginnie Mac 有一个通过化学银行的服务，Freddie Mac 有 Freddie Answers，而 Fannie Mae 拥有 PoolTalk。投资者也可以经常将组合信息下载到他们的个人计算机上，这样，他们就可以分析组合信息，以便做出定价决定。再者，组合数据也可以通过私营专业服务公司获得，例如债券购买者、资本市场决策公司、金融出版公司、互动数据公司以及 Telerate 系统有限公司。考虑到组合可用数据容量的增加，抵押贷款支持证券市场相对其他资产市场是非常高效的。

抵押贷款相关证券中的价值创新

在每一个抵押贷款相关证券创新的案例中，来自抵押贷款组合的现金流通常在金额和时间上会重新安排，然后发送给证券投资者。在此过程中，没有额外现金流添加到该组合中，投资者获得的现金流仅仅来自组合本身。事实上，用来创立抵押贷款相关证券的额外财源的持有者也会吸收一些现金流,还有一些当事方,如保险商、投资银行业者、持有抵押贷款的受托人、证券经纪人及其全体职员也吸收了来自抵押贷款组合的现金流。现在的问题是,不吸纳额外创利财源的体系,而仅仅通过吸纳现存投资组合的现金流,如何能够创造价值?下面将给出最普遍的三点原因。

第一,证券化使得抵押贷款市场规模更大,也具有更强的流动性。通过消除流动性风险,价值得以创造。

第二,抵押贷款支持证券化通常将组合现金流重新拆分组合为风险更大和更小的部分。不同的投资者的需要可能不同,因而对现金流划分的估价也不同。例如,尽力避免利率风险的投资者可能会因此估价仅利息收益证券。当然,投资者对于风险的不同喜好也会通过这种方式重新安置现金流,使得价值创造升高。

第三,价值可以通过信息非对称被一方创造。对于高级/次级传递证券的情况,出借方可能拥有关于组合信用风险的优势信息。既然另一方没有这种信息,他们就会赋予高级证券更高的价值。占有信息资源的出借方会通过溢价出售高级证券而保留次级利息来获取更多的价值;事实上,出借方知道次级证券没有显著的违约风险。

有相当一部分抵押贷款在二级抵押贷款市场上证券化,这一事实意味着这一过程创造的价值超过了完成证券化所需资源本身的价值。

小 结

抵押贷款相关证券的估价,包括它们的到期收益率和久期的变化不同于传统债券。其现金流不同程度地依赖于抵押贷款组合的偿还情况。抵押贷款组合的现金流的组成包括计划摊销、余额利息和贷款的提前偿还。因此,与抵押贷款相关证券有关的现金流与利息有关,这意味着市场利率的变化对抵押贷款相关证券的价值有两方面影响。第一,贴现率会发生变化。而对于传统债券,市场利率的变化会对抵押贷款相关证券有相反的作用。第二,现金流的时限和(或)金额会发生变化,这一效应要么加强要么抵消贴现率的变化。如果市场利率的变化使得总偿还增加或者推迟,抵押贷款相关证券的价值将会增加;反之亦然。

传递证券代表了一种抵押贷款组合中的所有权权益。传递证券的现金流的变化与抵押贷款组合的现金流严格一致。提前偿还行为将会对溢价和折扣传递证券的收益率造成影响。如果一种折扣传递证券的本金偿还得比预期快,到期收益率就会比预期高。因此,随着提前偿还加快,利率的下降会增加折扣传递证券的到期收益率。对于溢价传递证券,则存在相反的情况。

若干种抵押贷款相关证券将抵押贷款组合的现金流重新安排为各种部分,其中一些与利息关联较强,另一些则与利息关联较弱。对抵押贷款组合重新打包的程度，或者增强或者减弱偿还的利息关联性。例如，被担保的抵押贷款债券的一些组合重新构造后，在不考虑提前偿还的条件下，只可以接受利息且债券到期时间仅发生在一个很窄的年限范围内。在创建模仿传统债券现金流偿还的抵押贷款支持证券方面，它们走得更远。组合的创建也可以生成一种剩余部分，它与利息的关联性比整体组合更强。

一种特殊利息的被担保的抵押贷款债券是将现金流分割为仅利息收益和仅本金收益两部分。仅利息收益证券的持有者只接受来自抵押贷款组合的利息支付，而仅本金收益证券的持有者只接受本金偿还（包括定期偿还和提前偿还）。当市场利率发生变化时，这两类证券的行为会非常不同。当市场利率升高时，仅本金收益证券的价值伴随贴现率的增加会迅速下跌；而且由于提前偿还的放缓，固定金额的本金偿还在时间上会拉长。当市场利率下降时，仅本金收益证券的价值由于相同的原因也会下跌。当市场利率上升时，仅利息收益证券的价值实际可能增加，因为组合的提前偿还放缓，接受的仅利息收益证券现金总额的增加升高了其价值。投资者通过仅利息收益证券可以利用传统债券抵消利率循环中利率变化造成的影响。

贷款管理权的价值的变化有些类似仅利息收益证券，因为贷款组合的管理者获得的补偿也定义为拖欠余额的百分比。但提前偿还加快时，管理服务的总支付减少。管理权的市场价值将依赖于利率的收费预期和对抵押贷款组合提前偿还行为的影响。

抵押贷款支持证券现金流的利息等相关属性使得未来提前偿还率的估计对于恰当的估价是必需的。前文中我们已经使用了若干种模型，包括FHA贷款历史、固定CPR以及公共证券联合会的再偿还模型。除此之外，还使用了计量经济学模型来估计将来提前偿还行为。这些模型可以建立各种变量（比如利率和收益曲线）和抵押贷款组合提前偿还行为的函数关系。最后，如果证券在一个更具流动性的市场中交易或者可以满足不同投资者的风险偏好，那么可以通过抵押贷款支持证券化来创造价值。另外，关于抵押贷款组合风险的非对称性信息也可以为某一方创造价值。

关键词

固定提前偿还率（CPR）	负久期
提前还款的计量经济学模型	价格压缩
有效（隐含）久期	仅本金收益证券（PO）
提前偿还经验	公共证券联合会（PSA）
浮动利率证券	提前偿还率
仅利息收益证券（IO）	剥离式证券（IO和PO）
利率或者证券	贷款管理权

反浮动利率证券 简单化再融资计划（SRP）
抵押贷款衍生证券 价值创造

推荐读物

Andrukonis, D., and B. Preiss. 1984. Projecting mortgage cash flow. *Secondary Mortgage Markets* 1, (May).

Biasucci, J., and M. Martell. 1990. Buying and selling motgage servicng. *Secondary Mortgage Markets* 6 (winter).

Fabozzi, F. J., C. Ramsey, and F. R. Ramirez. 1994. *Collateralized Mortgage Obligations*, 2nd ed. Buckingham, PA: Frank J. Fabozzi Associates.

Hendershott, P., and S. Buser. 1984. Spotting prepayment premiums. *Secondary Mortgage Markets* 1 (August).

Hess, A., and C. W. Smith, Jr. 1989. Mortgage securitization: A low cost hedge against interest-rate risk. *Simon Research Review, University of Rochester* (Fall).

Hjerpe, E., 1987. Stripped mortgage-backed securities: An economic analysis and valuation simulation, Research Paper No. 130. Washington, DC: Federal Home Loan Bank Board.

Stanton, R. 1995. Rational prepayment and the valuation of mortgage-backed securities. *Review of Financial Studies* 8 (3), 677–708.

复习思考题

1. 利率或有证券是指什么？试举出现金流量与利率相关的三个例子，并加以解释。
2. 为什么传递证券被认为是可提前赎回债券？
3. 请列出预测抵押贷款组合提前偿还的三种方法，并加以解释。
4. 给定一种GNMA10抵押贷款组合，如果市场利率从15%下落到14%，你认为提前偿还会加快很多吗？从10%下落到8%呢？解释上述答案中的区别。
5. 解释"超额担保"的含义以及为什么需要存在超额担保，并给出一个例子。
6. 抵押贷款组合的有效或者隐含久期是指什么？它与传统不可提前赎回企业债券的久期有什么区别？怎么测量它？
7. 什么是高级/次级传递证券？它们是如何提供信誉保证的？
8. 对比抵押贷款支持债券与被担保的抵押贷款债券的特征。
9. 解释仅利息收益证券和仅本金收益证券的含义。解释为什么当市场利率上升时，仅利息收益证券的价值也会上升？解释为什么仅利息收益证券是防止利率风险的有效工具。考虑到这一点，请进一步定义负久期。

10. 什么是贷款管理权？解释为什么提前偿还预期加快时，贷款管理权的价值会下降。

11. 解释抵押贷款支持证券化是如何创造价值的。

12. 解释什么是浮动利率证券和反浮动利率证券。

习 题

1. 一个固定利率抵押贷款组合的信息如下，请进行相关计算。

金额	110 000 000 美元
息票率	11%
%PSA	100%

第一年，1.3%；第二年，3.7%；第三年，5.75%；第四年，4.6%

对于前四年，求：(1) 年末组合余额；(2) 定期本金和利息偿还；(3) 总现金流量。

2. 假定习题 1 中为 50%PSA，请再次计算以上结果。

3. (1) 通过以下 FNMA11 的收益率和价格数据计算有效久期。

	市场利率	
	10%	10.25%
价格	105.125	104.25

(2) 如果价格变化并没有反映假定 PSA 提前偿还率的变化，那么计算的久期是更大还是更小？请解释。

4. 一种抵押贷款支持债券的相关信息如下，请进行相关计算。

组合数据	
金额	120 000 000 美元
息票率	11%
到期期限	30 年
%PSA	0%
违约率	前五年 0.5%

债券数据	
金额	110 000 000 美元
息票率	10%
到期期限	20 年
基金收益率	7%

对前四年，计算：

(1) 年末组合余额；

(2) 违约损失；

(3) 组合现金流量；

(4) 对债券持有者的偿还；

(5) 年末基金余额。

5. (1) 假定习题 4 中没有违约，请重新计算结果。

(2) 当违约率从 0.005 降到 0 时，谁会获利——是债券持有者还是权益持有者？

6. 利用下面给出的信息进行相关计算。

组合数据	
金额	106 000 000 美元
息票率	10.5%
到期期限	30 年
PSA	100%

第一年，1.3%；第二年，3.7%；第三年，5.75%；第四年，6%。

档次数据	息票	金额（美元）
A 档	9.50%	30 000 000
B 档	9.75	30 000 000
C 档	10.25	25 000 000
Z 档	10.50	15 000 000
权益		6 000 000
总额		106 000 000

(1) 对于前四年，计算：

1) 年末组合余额；

2) 分配总基金；

3) 拖欠证券持有者的年末金额；

(2) 对于前四年，计算拖欠本金和 A、B、C 三个档次债券持有者之间的现金分布。

(3) 对于前四年，计算 Z 档的拖欠本金。

(4) 对于前四年，计算剩余利息（权益）的现金流量。

7. 假定一种利率浮动证券的 LIBOR 设为 +2.5%，某种类证券中的浮动利率证券的比例为 80%，浮动利率证券与反浮动利率证券的加权平均息票应该为 8%。请利用公式计算反浮动利率证券的上限。

相关网站

http://www.ginniemae.gov
政府国民抵押贷款协会网址

注 释

[1] Frank Navratil, The estimation of mortgage prepayment rates, *Journal of Financial Research* (Summer 1985), 107–117.

[2] Jerry Green and John Shoven, The effects of interest rates on mortgage prepayments, *Journal of Money, Credit, and Banking* (February 1986), 41–59.

[3] Nikolaos Milonas and Nelson Lacey, An examination of GMNA prepayments, Office of Policy and Economic Research, Federal Home Loan Bank Board (May 1988).

[4] 这个协会随后被公共证券联合会合并。

[5] See Terrence M. Clauretie, Mel Jameson, and Ronald Rogers, A note on refinancing costs, prepayment assumptions and the value of mortgage backed securities, *Journal of Real Estate Finance and Economics* (September 1990), 295–330.

[6] 第2、第3、第4年的提前偿还率分别为3.7%、5.75%和6%。

第 12 章

通过借款人资格审查、贷款担保和合同关系来控制违约风险

学习目标

本章将讨论通过借款人资格审查、贷款担保以及票据、抵押贷款契约或信托契约中的合同关系来控制违约风险。通过本章的学习，读者可了解重要的借款人和房地产特性是借款人资格审查的关注焦点，同时也可了解贷款人和借款人之间的法律关系和合约条款怎样来规定合同各方的权利和义务。读者还将获得有多少种合同关系来保护贷款人以避免违约风险的知识。简言之，读者将理解贷款人如何通过拟订合法的贷款合同来确定借款人的资格以控制违约风险。

导　言

对贷款人而言，违约风险是一个最主要的风险，此风险主要指借款人不能及时地还款或不能偿还本金。当房地产价值下跌时此风险将增大，因为这种可能性将会增加一处特定的房地产价值少于贷款金额的风险。贷款人使用各种预防措施来减少违约风险，包括详细调查借款人的财政状况，对作为担保物的房地产进行准确估价；使用法律协议（信托契约和抵押贷款契据）的条款来保护贷款人的利益。尽管贷款人收集尽量多的信息并使用法律文件来预防违约风险，但法律系统同时也维护借款人的合法权利。这些权利，以及如地区性经济衰退造成的房地产价值缩水等不可预见事件，使得对贷款人来说，某些违约风险仍然存在。在第14章中，我们将讨论违约风险保险事项。

借款人资格审查和贷款担保

借款人资格审查和贷款担保是指确定和控制违约风险的过程。一般而言，贷款信用分析包括：(1) 确定贷款最大额度；(2) 评估交割的条件和成本；(3) 分析信用历史记录；(4) 计算有效收入；(5) 评估每个月房屋的运营成本；(6) 评估按时归还贷款和其他债务的能力。当借款人还款违约时，贷款人将采取法律行动（取消抵押物赎回权）以使贷款得到偿还。他将清算房地产资金并向保险公司作出声明（第14章将讨论到）；或者，他可以作出声明并递交一份房地产契据给保险公司。这一过程既耗时又昂贵，因为贷款人必须支付法律费用、房地产税、房屋维护费用、房屋损坏保险、维修费用等。适当的借款人资格审查可以减小这些风险。拒绝贷款的理由一般有：(1) 借款人不能支付还款；(2) 借款人有不良信用记录（尤其是在抵押贷款偿还方面）；(3) 借款人目前已经拖欠债务。

贷款人使用的一种方法是信用评分。最广为人知的提供信用评级的公司是FICO。FICO使用信用、收入、未清偿贷款、数年内的债务运用、受信途径以及其他记录来确定借款人偿还债务的能力大小。数字化的分值范围为300~900。Fannie Mae和Freddie Mac的临界分值是620。低于此分值被视为是在最高信用等级以下的。用来推导FICO分值的权数有付款记录（35%）、债务数量（30%）、借款人使用信用的时间长度（15%）、借款人当前信用记录（10%）以及借款人信用组合（10%）。从历史上看，信用分值并不会向借款人公布，原因在于借款人在被观察时必须像平时一样进行商业运作。借款人可以停止一张很少使用的信用卡来提高其信用分数。现在要求透露信用分值的呼声越来越高，国会正在讨论是否需要出台《公平信用完全披露法》。

还款违约理论

有两种还款违约风险理论：支付能力违约论和权益违约论。借款人资格审查正是基于这两个理论。

支付能力违约论

此理论认为当借款人不能按月偿还贷款时就存在违约及违约风险。失业、离婚过程中出现的争执以及不曾预期的家庭成员的增加是借款人不能偿还贷款的一些原因。在数次没有还款后，抵押品赎回权的丧失程序就将启动。借款人资格审查包括对借款人特征的分析，例如受赡养者人数和家庭收入的数量及稳定性。在此种理论指导下用来解释或预测违约风险和逾期拖欠贷款的研究一般聚焦于家庭规模和收入来源等借款人特征。

权益违约论（卖出期权）

权益违约论着重分析房地产权益的数量。此种理论认为，没有拥有大量正净资产的借款人会违约,即使他们能按时偿还月还款额。借款人可以通过市场卖出房地产来清偿贷款,为自己获得抵押资产的净值。相反,如果存在负资产(房地产的价值少于贷款额),即使借款人能够按月还款,违约风险依然存在。

权益违约论也被称作卖出期权违约理论。当获得贷款时,借款人也取得了卖出期权。简单地说,当房屋的价值低于贷款价值时,借款人就有选择将房屋出让给贷款人而不是偿还贷款的权利。如果借款人将价值 90 000 美元的房屋用以抵偿 100 000 美元的抵押贷款,他就将获利。然而在这样的情况下,一些借款人可能不会作出出让的决定,因为他们对房地产的估价远高于市场价值。虽然贷款人可以为此差额寻求法庭判决(叫做短额裁定),但在实践中,这很困难。法庭判决的成本以及违约者声称个人破产的可能性制约了短额裁定的力度。同时,某些州颁布法律禁止短额裁定。

在贷款生效的同时,贷款人将确认房屋的评估价值高于贷款额。然而,即使是这样,卖出期权也可能因为在贷款期内某些时候房地产的价值会低于贷款额而具有价值。当这样的情况发生时,卖出期权就意味着"金钱"。在贷款价值比较高并且房地产价格浮动较大时,卖出期权将会有更大的价值。

逾期拖欠贷款和违约的研究

逾期拖欠贷款和违约的研究包括以上提及的支付能力违约论和权益违约论涉及的变量。一份由奎尔舍和斯特格曼(Quercia & Stegman)做出的抵押贷款风险文献报告显示,一贯来说,住宅权益或相关指标、贷款价值比,是影响违约决策的主要因素。[1] 其他被认为重要的因素有交易成本和评估违约选择价值的困难程度。在早期一份关于违约的报告中,冯·弗斯腾伯格(von Furstenberg)分析了在政策年(贷款生效并保险的年度)中收集的 FHA 贷款违约率。[2] 他考虑了原始贷款的到期日、原始的贷款价值比以及贷款是新房抵押贷款还是旧房抵押贷款。他发现短期贷款(20 年与 30 年比较)和新房抵押贷款违约的可能比较小。把握住这两项变量的月还款常数,他发现原始贷款价值比是贷款期内控制违约的最重要的单一影响因素。在类似的一份 VA 贷款研究中,冯·弗斯腾伯格不仅考虑了原始贷款价值比,同时也研究了违约贷款的时间(从生效到违约)。[3] 他发现违约在贷款生效之后 3~5 年达到高峰,贷款价值比是解释违约最关键的决定要素。在另一份对匹兹堡储蓄贷款协会的贷款投资组合报告中(与格林一起完成),冯·弗斯腾伯格认为逾期拖欠贷款与违约有相似之处;它们都与贷款价值比、贷款期限、房地产类型(新建或已有)有密切的关系。[4]

有关支付能力违约论的变量,例如家庭规模和收入来源,也被用来解释违约的原因。在早期研究中,莫顿(Morton)分析了引起逾期拖欠贷款或赎回权丧失的原因中借款人特征的重要性。[5] 他研究了 24 位康涅狄格州贷款人的贷款表现并发现受赡养者的人数和借款人的就业状况在解释违约现象中十分重要。销售员职业是到目前为止与违约最相关的工作类别。

在宏观层面上,失业被认为会影响贷款违约。在一份由抵押贷款授权保险公司做出的全国性抵押贷款保险研究报告中，坎贝尔和迪特里希（Campbell & Dietrich）发现地区性失业率可以用来解释逾期拖欠贷款和违约率。[6]

最后，在一项关于支付能力违约论和权益违约论的测试中，杰克逊和凯瑟曼（Jackson & Kaserman）认为事实支持后一理论。[7]通过对1969年左右发起的FHA贷款的大量数据的研究，他们发现贷款价值比相对于借款人的还款收入比来说是一个更好的预测违约的要素。

然而，读者应该注意，这两种理论之间并没有内在冲突。负资产很可能是贷款违约的必要而非充分条件。一个负资产的房屋所有人可能更愿意按月还款。她这样做也许出于责任感，出于对不好的信用记录的担心，或者因为房屋对她来说有比市场价更高的价值。

一旦违约发生，贷款人自然启动赎回权丧失程序。但是，安布罗斯和卡彭（Ambrose & Capone）在1996年的一份研究报告中指出，赎回权丧失可能是最昂贵的违约处理方法。[8]其结果是，贷款人可能倾向于向借款人提供某些选择权以恢复原有债务而不是使用赎回权丧失的手段，例如，替代赎回权丧失的行为（自愿权利转移），即使有损失也同意借款人出售房地产，或者安排一份较低还款额的临时解决协议。安布罗斯和卡彭做了一个模拟试验，其结果表明贷款人能够在增加的为赎回权丧失而提供的选择中找到有利可图的机会。

但是，贷款人在处理赎回权丧失时提供选择权会面临（因投保人的信用等问题引起的）"道德风险"问题。贷款人对于达成费用较少的解决贷款违约的方案的意愿也许对于借款人是一个信号，表示他们的违约成本会降低，而这在本质上又会导致更多的违约。根据这个特点，克劳瑞特和詹姆斯（Clauretie & Jameson）总结出在贷款定价模型中出于对担保的充分考虑，贷款重新谈判并不会经常发生。[9]

然而，安布罗斯和布蒂曼（Buttimer）[10]指出贷款人在赎回权丧失的选择方案中有可能得到潜在的偿还。他们争辩说，使用一个基于期权的违约模型，允许延期履约，追求反短额裁定，尤其是指出未来信用声誉对于借款人的价值可能使对赎回权丧失的选择权更加有价值。

● 房地产的特征

贷款人要求对不动产价值作出评估并作为资格审查程序的组成部分。评估报告一般由独立评估师作出。对所有的FHA、VA和通常由联邦财政机构管理的贷款，评估过程和表格都是标准化的，而且联邦法律要求评估师必须是州许可或认证的。评估师将会留意表格中房地产的物理特征，例如面积、卧室数、建筑结构（框架结构、砖石、混凝土）。评估师同时也将指明房地产的位置，例如处于城市、郊区或者洪泛区。接下来，评估师将会确定至少三处附近可比较的房地产的当前售价作为价格判断的根据。最后，作为出租物业的房地产价值将被评估出来。即使对所有者来说房地产不是用于出租，也将因评估方法而被作为出租用途来考虑，由市场租金决定其价值。

合规传统贷款都由销售它们的二手市场主要代理机构制定一套准则。其他的常规贷款则没有设置准则。超过贷款价值比95%的贷款是不常见的，大多数贷款人要求对贷款价值比超过80%的所有贷款投保私营抵押贷款保险。

● 借款人的特征

虽然细节上不尽相同，但在借款人资格审查的常规程序上，FHA和VA贷款是相似的。它们都包含了根据家庭收入对借款人进行抵押贷款还款能力的检查。审查中考虑了收入的类型和稳定性，以及收入的来源、非抵押贷款债务和生活费用。

借款人资格审查基于包括信用评分、收入、资产、总负债以及其他因素在内的一套标准。第一个因素——信用评分，在对高信用等级和次高信用等级贷款的定价方面十分有用。次高信用等级贷款是指那些没有顶级信用记录的借款人的贷款。由于次高信用等级贷款要求较高的利率，只有贷款用途谨慎才能够获利更多。

典型来说，合规贷款目前的市场利率是容易得到的。它们在报纸上、互联网上等都被广泛引用。而次高信用等级贷款是基于风险的定价方式，利率一般不会被公众引用。它们一般根据借款人的风险程度谈判得出结果。

与基于风险的贷款相应的是借款人的一系列风险数据表以及清偿贷款的可能性。信用评分为350分意味着高风险，950分意味着低风险。最常提供信用评分的公司是FICO。信用评分严格基于借款人的信用记录，并不考虑收入以及族裔、性别或婚姻状况等人口统计因素。信用记录包括借款人当前债务水平、过去不良行为、信用类别、信贷历史长度以及最近的信用查询次数等信息。而计算信用评分时，各因素的权重分别为：还款记录35%，当前负债水平30%，信用类别15%，信贷历史长度15%，查询次数5%。可见最重要的因素是按时还款，再低的贷款金额也不允许拖欠。

随着互联网的普及，借款人进行利率比较也越来越方便。最近信用评分程序的变化就是为了将利率比较的负面影响降到最低。比如，如果借款人申请抵押贷款，在过去一年内向抵押贷款相关机构进行的查询在开始30天内是不计的。之后，接下来14天内进行的多次查询被记作一次，尽管每次查询还是会出现在信用报告中。

因为贷款人的特征不同，所以没有一套固定的标准存在。但是，借款人一般都被分到A、A-、B、C、D或者F类。A类借款人有较低的违约率，能够获得较高贷款价值比的贷款。A-类借款人是有些许风险者——可能是由于还款晚了些。B类借款人也许是自营者，收入稳定性存在问题。担保人需要为逾期拖欠贷款寻找合理的解释。C类借款人有一般的信用和高负债率。担保人对其还款的能力和意愿有要求。D类借款人有不好的信用记录和高负债率。这些贷款赎回权丧失的机会很大。担保人必须确保抵押物足够保证还款。F类借款人目前正面临破产或赎回权丧失。这些将在本章中更加详细地讨论。

相关立法如2003年的《公平准确信用交易法案》就是为了保证申请信贷受

到公平对待。第一，该法案允许每位借款人每年得到一份免费的信用报告。第二，该法案通过要求商家在购物收据上只保留信用卡号的最后五位来避免买方身份泄露。第三，该法案建立了全国性的欺诈监测系统，人们一旦受害，只需打一个电话即可。第四，该法案鼓励贷款人和信贷机构通过识别不法行为而事先采取行动。

当前技术的进步和高度发展的信息集成系统使得贷款人增加次高信用等级贷款成为可能。

表 12—1　　　　　　　　　　　借款人资格标准比较

	合规传统贷款	FHA	VA 剩余法	VA 收入比例（与1991年相比）
(1)月收入	毛收入	毛收入	有效净收入	毛收入
(2)每月房屋费用	本金、利息、税及保险(PITI)	本金、利息、税、保险、社团费用	本金、利息、税、保险、设施、维护	本金、利息、税、保险、社团费用
(3)其他月花费	国税、地税、汽车还款	分期债务、贷款还款、子女抚养费	国税、地税、社会保险税、分期债务、退休金分担、生活保险津贴、贷款还款	分期债务、贷款还款、子女教育资助
(4)最小剩余			食物、衣服、交通、医疗、个人物品；由地区和家庭规模决定	
最大比例2/1	一般为28% 25%[95%L/V]	29%		
最大比例(2+3)/1	一般为36% 33%[95%L/V]	41%		
最小超额剩余比[(1)−(2)−(3)−(4)]/(4)			20%	

● 抵押贷款与互联网

大量网站都直接向消费者提供抵押贷款。现在借款人可以通过互联网申请到贷款。互联网上抵押贷款的业务的扩大有一系列的理由。首先，它避免了到贷款人办公室的路程。这样也可以避免较长的路途或者通过拥堵的地区。其次，信用记录并不完美的借款人能够避免和贷款人面对面交谈。甚至有很好记录的人也更愿意在网上匿名交易。

互联网抵押贷款谈判的组织费用也许比较低，但其他费用很可能和一般的抵押贷款一样。但是网络的匿名运作也存在一系列缺点。与借款人讨论资金需要和匿名提供贷款的可能不是一个真实的人，而是打着幌子的可疑的操作员，他们企图利用易上当的借款人。

HUD/FHA 准则

住宅和城市开发部（HUD）要求 FHA 认证的贷款人使用百分比计算来帮助决定贷款申请者的资格。贷款人按规定使用抵押贷款信用分析表，表中有两个还款收入比：（1）每月总贷款还款额（TMP）与每月有效总收入的比例；（2）TMP 加上每月其他花费与每月有效收入的比例。有效收入是指借款人和贷款合作者常规收入加上补贴的总收入。还款收入比前者超过 29%、后者超过 41% 一般会导致贷款申请的延长。但是，HUD 将准许认证比例增加两个百分点（对借款人和贷款合作人分别为 31% 和 43%），这主要是对被认定为"高效能房屋"的新建房屋而言。实际上，FHA 提供"高效能抵押贷款"，借款人可以用来购买住房或者实施再融资，贷款额中可以加入节能设备的成本。

房屋费用的定义

常规贷款的借款人资格审查仅聚焦于本金、利息、保险和税（PITI），FHA 在 PITI 基础上增加了每月抵押贷款保险费（MIP）和业主联合会费用或共管费用。

固定的总还款额由总抵押贷款还款额加上分期债务、子女抚养金以及其他债务的还款（例如汽车贷款）。安排在六个月以内清偿的分期债务没有包括在此定义中。为借款人估计每月总债务的思想在很长的一段时间内是不会改变的。每月债务总额不应该超过每月有效总收入的 41%。

收入的定义

HUD 定义的每月有效总收入是抵押贷款第一个五年内能够预期的所有来源的总收入。如果有以下重要的修正因素，关于总收入的双重认证比率的计算可以略有超出：

（1）借款人对信用使用和积累流动资产（不同于被授权）持谨慎态度；
（2）借款人在房地产上至少占有 10% 的投资；
（3）作为买卖的结果，借款人的房屋费用仅小幅增长；
（4）借款人有不影响有效收入数据的其他补助；
（5）借款人有效收入中有相当大一部分是免税的。

自营业主借款人在估算有效收入方面会遇到一些难题。如果拥有 25% 及以上股权，就被认为是自营借款人。对这样的借款人来说，贷款人必须审核他们至少两年的收入，资格审查时使用平均收入。还有，自营业主借款人必须经营至少两年的时间。为了审查，在经营 1~2 年之间的人至少需要之前两年的就业记录。没有满一年的自营者不能通过 FHA 担保贷款的审查。

HUD/FHA 根据以下四种信用评级因素来做出接受或拒绝的决定：

（1）信用特征；
（2）有效收入的稳定性；
（3）充足的有效收入；
（4）充足的财产或资产。

以上任何一种因素没有达到标准都将导致贷款延期。

● VA 借款人资格审查

VA 抵押贷款计划的主要目的是在退伍军人购买房屋时为其提供有利的贷款条款和有竞争性的利率。VA 抵押贷款可以用于购买住宅、联排住宅、公寓和活动住房；也可用于维修和改善住宅以及再融资。VA 贷款的基本特征是没有首付款，购买人支付交割成本没有限制，并且没有提前偿还罚金。典型要求如下：(1) 贷款权利符合条件；(2) 房屋被所有人使用；(3) 借款人必须符合收入要求；(4) 借款人必须有良好的信用。VA 仅直接贷款给本土的美国印第安人或者退伍的残疾军人。其他情况下，贷款由地方贷款人发行，由 VA 担保。

VA 提供最长期限为 30 年零 32 天的贷款，可以是固定利率贷款、累进还款贷款，可调利率贷款或者权益增长式抵押贷款。权益增长式抵押贷款允许还款额逐年递增，所有额外还款额作为抵押贷款本金的返还。增幅可能是固定的（例如每年 3%）或者与某些指数相联系。如果房地产的价值超过购买价格或成本，则不需要首付款。而由于消极摊销的原因，累进还款抵押贷款需要首付。利率由谈判商定，且只需支付合理的交割成本。交割成本可以包括 VA 评估、信用报告、调查、产权保险、登记费用、初始费用和折扣点。

战时退伍军人如果在"热战"中积极服役 90 天即符合 VA 贷款的标准。所谓"热战"包括：(1) 第二次世界大战（1940—1947 年）；(2) 朝鲜战争（1950—1955 年）；(3) 越南战争（1964—1975 年）；(4) 海湾战争（1990—1991 年）。和平时期要求最少有连续 181 天的积极服役记录。对预备役人员和国家警卫队则需要六年的服役才能符合要求。其他能够申请 VA 贷款的人包括第二次世界大战时在联盟国家军队中服役的美国公民及其健在的至今未再婚的配偶，在服役期间失踪的退伍军人的配偶，以及因战争入狱 90 天及以上的军人的配偶。

VA 使用与 FHA 资格审查相似的两步法比例，见表 12—1。剩余法已经使用多年；还款收入比方法是从 1986 年 10 月开始使用的。

剩余法

剩余法与 FHA 使用的方法类似，不同的是分析中加入了另一类开销——月生活成本，如食物、衣服和交通。VA 开始时对房屋花费的定义与 FHA 一样——PITI，然后添加了设施和维护费用，还加入了每月追加还款。这里，VA 包含了国家和地区税收、退休金分摊、社会保险税、生活保险费。最后，VA 还增加了生活成本费用。这些成本通过地区和家庭规模估算，叫做最小残值收入。

然后从有效权益（总收入去掉联邦所得税）中减去所有这些费用的总和就得到剩余残值收入。在 VA 准则中，如果借款人不能符合下面提到的还款收入比要求，这项剩余残值收入至少应该占最小要求残值的 20%。

还款收入比法

还款收入比法和 FHA 的方法类似，是与剩余法结合起来使用的。收入被定义为相对有效净收入而言的总收入。在这里，PITI 用来指房屋花费，而每月其他花费包括贷款的偿还、分期还款债务以及子女抚养金。房屋各种费用的总和不应该超过总收入的 41%。如果费用超过了这一比例，则使用剩余法。同时，VA 也会考虑申请人的财产、贷款决定以及信用历史记录。VA 将关注借款人的工作经历和收入的稳定性。受赡养者的数量和年龄也是设定房地产首付比例的一个考虑因素。

● 常规贷款资格审查

与政府担保贷款不一样，常规贷款担保没有国家统一的标准。FNMA 和 FHLMC 从贷款人/发起人那里购买常规贷款。这些机构建立了一套贷款申请人必须遵循的资格准则。由于非常规贷款不会被这些大的二手市场机构购买，大多数常规贷款在准则下开始运作。如果不能符合这些准则，贷款将不能被机构购买并且不太可能由在投资组合中没有原始份额的贷款人提供。由于二次抵押贷款市场的效率，常规贷款一般执行利率低于非常规贷款 10～50 个基点的政策。

对于贷款价值比为 95% 的贷款，FNMA 要求抵押贷款还款不能超过总收入的 25% 以及还款总数和其他债务不能超过总收入的 33%。对于贷款价值比低于 95% 的贷款，界线分别是 28% 和 36%。

表 12—2 表明联邦机构关于贷款有其他的准则而不仅是固定利率标准模式。例如，FNMA 不会购买负摊销的可调利率抵押贷款（ARM）。FHLMC 则会购买，只是要求 10% 的首付款。对于累进还款的 ARM 也是这样。

表 12—2 购买一般性抵押贷款的联邦机构准则

	是否允许投资者贷款	最低首付款	一般 ARM 的最低首付款	负摊销 ARM 的最低首付款	ARM 期后还款	建筑商买低	再融资贷款	是否要求 PMI 抵押贷款保险	是否要求产权保险
Fannie Mae	是，贷款价值比最大为 80%	10%（如果少于 10% 则用毛收入标准）	10%	不接受	不接受	固定利率,低于 10% 首付为 3%；10% 首付为 6%；ARM 没有分担	10%	是,如果贷款价值比超过 80% 则需要	需要
Freddie Mac	是	5%	5%	10%，负摊销不超过 125%	10% 首付,前 5 年调整 5% 和 7.5%	买低价值低于贷款量 10%；每年增加 7.5% 左右还款	10%	是,如果贷款价值比超过 80% 则需要	需要

同样，Freddie Mac 和 Fannie Mae 根据由联邦住宅抵押公司（FHFB）指导的住宅贷款的一份年度调查报告来设定贷款限额。如 1995 年 1 月 1 日的限额设置为 203 150 美元。根据法律，Fannie Mae 和 Freddie Mac 的贷款限额自 1981 年起每年根据 10 月到下一年 10 月平均住宅价格的百分比变动来调整，变动情况依据 FHFB 关于一般性房屋抵押贷款的月度调查报告。

●借款人资格审查的比较

表12—3给出了史密斯家庭的相关数据和比率。这个家庭通过了除高贷款价值比的一般性贷款和较低剩余收入比率外的所有比率检验。如果这个家庭不能通过VA使用还款收入比法的审查,VA就需要考察剩余收入。这样,这个家庭将会遇到困难,因为他们的剩余收入少于准则中的20%。

估算涉及借款人资格的各类比率是十分耗时的。幸运的是,相关程序软件能够使计算变得更容易。由于附属信息已经存在于程序中,使用者只需简单地输入新数据,程序就会自动计算出新的比率。电子制表程序是这种分析模式的典型程序。

目前贷款人根据申请人的信用历史为贷款分发等级证书。贷款人通常将贷款分为A级贷款、B级贷款和C级贷款。在A等级下,借款人用于偿还贷款的款额不超过收入的38%,在最近两年中没有延迟还款,在10年内不会破产,仅有一笔分期债务延迟30天内清偿或信用卡在60天内支付。对B等级贷款来说,借款人用于偿还贷款的款额不超过收入的50%,在最近一年内有不超过三笔抵押贷款延迟30天内清偿(没有延迟60天清偿的债务),并且仅有不超过四笔分期债务延迟30天内清偿或两笔信用卡在30天内支付。同时,在最近2~4年内借款人没有宣告破产。C等级贷款限制还款额为收入的55%,还允许不超过四笔分期债务延迟30天内清偿或四笔信用卡在60天内支付。同时,在最近两年内借款人不能宣告破产。

表 12—3 史密斯家庭借款人资格审查比率

	合规传统贷款	FHA贷款	VA 剩余法	VA 收入比例
(1) 收入(美元)	3 600	3 600	3 200	3 600
(2) 每月房屋费用(美元)	800	800	950	800
(3) 其他月花费(美元)	600	600	850	600
(4) 最小剩余(美元)			1 193	
最大比例 2/1	22.22%	22.22%		
最小比例 (2+3)/1	38.89%	38.89%		38.89%
最小超额剩余比[(1)−(2)−(3)−(4)]/(4)			17.35%	

住宅贷款中的合同关系

在这部分中,我们将详细阐述住宅金融相关法律工具的基本特征。事实上,这类工具的特征并不是一成不变的,这些特征在不同州和不同地区中各不相同。

贷款人和借款人会针对许多条款具体协商，虽然这种情况并不常见，但是肯定会发生。这里提到的法律工具中的许多条款会受到州法律的限制，甚至被州法律取消。另外，各个州的一些允许或者禁止性规定也不相同，联邦政府通过各种机构，如储蓄监管办公室做出的规定和州政府的规定也会发生冲突。

通常来说，各州立法机构都通过一些法律（或者州法院做出具体规定），这些法律（规定）在财务交易时保护借款人的利益。例如，许多州法律都规定不允许收取提前偿还罚金，从而保证借款人有提前还款的选择权。需要注意的是，以下提到的条款，对一些州和联邦政府管制的储蓄机构发起的抵押贷款或者由联邦二级市场抵押贷款机构购买的抵押贷款来说是无效的。

◆本　票

在住房融资安排中，借款人可以承诺以签发本票的方式偿还贷款人的贷款。本票包括了贷款中的重要条款。按照抵押贷款和信托协议的规定，在借款人违约时，用房地产作为担保物。抵押贷款和信托协议同样有许多重要的规定条款。通常来说，违约指的是借款人无法满足本票的规定，具体包括无法偿还利息和本金、无法支付房地产税金，无法支付风险保证金及类似项目等。

本票可以从一个贷款人转让到另一个贷款人手中，转让时，抵押贷款或信托协议也随之转让。仅转让贷款而不转让票据是无意义的。离开了贷款本身，贷款保证是毫无价值的。

本票的种类

本票分为两类：有追索权的本票和无追索权的本票。有追索权的本票指的是当出现违约事件或是抵押品赎回权丧失时，抵押住宅的清算价值无法支付债务，此时贷款人有权对借款人的其他房地产提出索求用于支付未偿还债务。在这种情况下，贷款人可以通过法院公证未偿还债务的总量。无追索权的本票是指追索权仅限于为抵押贷款担保的担保物。这是由免责条款规定的。免责条款的字面意思是"保持无罪"。尽管本票的条款中会规定本票有无追索权，但州立法会限制某些贷款，不允许这些贷款以有追索权的本票方式支付。卖者回购贷款和住宅状况改善贷款都属于此类贷款。当房屋的所有者出售房屋，并同意为购买者担保一笔贷款，而不需要用现金交易时，就出现卖者冲回现象。一些州通过的反风险立法要求首次抵押贷款要用无追索权的本票支付。在这些州中，贷款人无法申请法院进行违约贷款的法律公证。追索权仅存在于住宅担保的贷款中。一些州允许在首次抵押贷款中进行违约鉴定，目的是使贷款人按照借款人的余留价值放款。当然，如果借款人仅有很少的剩余资产，则借款人声明破产的能力会使贷款人不愿意出资申请违约公证。我们将在第14章中谈论违约公证。

本票的条款

总量、对价和付款人。 要想让票据有价值，贷款人必须做出一些对价使票据具有强制性，对价的数量要和贷款的数量相同，对价可以是个人的财产，在卖者冲回情况中，也可以是房地产。在条款中必须说明还款的总量以及接受还款的个人或实体单位。如果确定贷款人作为收款人的身份后，还贷情况依然有序进行的话，贷款人就可以出售票据或指定别的机构来收取贷款的还款金。实际上，由于二级市场很大，各种本票都有此项规定。

利息和定期还贷款项。票据必须指明年利率和开始计息的日期。对可调利率抵押贷款，票据必须指明从哪天（每年都为该天）起利率可以调整，从哪个基点开始计算新利率（指数），以及对于利息变动或还款款项变动的种种限制性规定。对于还款的款项受到限制而利率不变的贷款，本票就必须解释负摊销的规定条款。如果是固定利率贷款，本票必须标明分期支付的还款款项和应付款日期。某些本票还要规定贷款的摊销时间可以超过最后的还款日期，在这种情况下，最后一次还款后还存有未摊销的本金。该情况发生时，必须一次偿还全部本金，这就是所谓的"气球型支付"。一些州的立法中规定，本票的持有人必须提前书面通知付款人最后一笔大金额付款的应付时间安排。

利息的计算可以使用增值和添附两种方法。前一种方法是目前最为普遍的一种计算方法。当分期还款额既包括本金又包括利息时，就使用前一种方法，仅对未偿还的本金余额计算利息。后一种方法主要运用于不以房地产作为抵押的债务中。这里计算的利息是整个贷款的利息，且期初时就开始计息。

转让条款。许多本票规定，如果出现违约现象，借款人就要将收取租金的权利或是房地产带来的其他收入转让给贷款人。这个条款避免了借款人凭借房地产所有权获得收入，而不向贷款人支付利息的现象。

锁定条款和提前还款。抵押贷款本票有这样一条规定："借款人许诺支付分期还款额或更多的还款额"。规定的"更多的还款额"就允许借款人可以在贷款到期前的任何时间内偿还部分或者全部贷款。当市场利率低于本票利率时，借款人通常会提前还款。借款人用新票据为已有票据重新筹集资金，目的是利用更低的市场利率获利。由于提前还款的选择权不是无偿的，贷款人就通过拒绝接纳分期支付条款中的额外部分来"锁定"借款人，不许他们提前偿还贷款。在贷款人之间的竞争、州立法、判例法、联邦机构担保的贷款（FHA、VA 贷款）的规章制度各项因素的共同作用下，锁定条款实际上不起作用，以至于在大量的住宅抵押贷款中，借款人都有权在任何时间内提前还款。

如果不运用锁定条款，还有另一个备用方案，就是贷款人收取提前还款损失费。如果收取的损失费非常大，借款人即使在市场利率低于票面利率时也不会提前还款。同样，贷款人之间的竞争、州立法、判例法、联邦机构担保的贷款（FHA、VA 贷款）的规章制度各项因素共同限制以收取提前还款损失费的方式避免提前还款的行为。只要使用这种罚金（损失费）方式，就很可能受到立法的限制。立法可能会限制罚金的数量（例如，罚金为后六个月的利息），也可能会限定在什么时间内允许收取罚金（例如，在发放贷款后三年就提前还贷）。在转让房地产或贷款人执行转售时清偿条款而加速贷款偿还时，提前还款就不允许收取罚金。提前还款罚金的收取普遍存在于商业房地产贷款中。

住宅抵押贷款中基本废除锁定条款和提前偿还罚金意味着大多数的借款人都可以自由地提前还款。

违约、推迟还款和加速还款。 票据通常也会标明，如果借款人推迟还贷时间，就要支付推迟还款费，同时也标明在延期支付贷款多少天内可不算作违约。当出现违约时，票据也必须标明，贷款人可以要求借款人支付代理费和其他必须的合法费用作为违约的补偿。这些费用都加到以住宅为担保的贷款债务中。加速还款指当出现违约现象时，贷款人可以要求借款人全额支付债务。对于贷款人的这些权利，法律都做出限制性规定。各州适用的公平补救权利条款规定，如果借款人可以在信托机构出售房地产前使债务（包括各种法定费用和取消赎回权的费用）重新运转，就可以弥补违约行为。而且，大多数州都规定，出售房地产的日期至少要定于宣布贷款违约后的三个月。当票据的支付无法得到保障时，可以立即实施加速还款条例。

托管账户。 由于本票是以住宅作为担保物的，贷款人要求借款人定期支付的还款额中包括风险保证金和房地产税收，并将此支出做在账目中适合的位置。因为许多情况都会使本票担保物失去价值，例如火灾等情况的发生。这样，本票的可靠性就会减小，甚至失去可靠性。所以，贷款人必须确保能够收到风险保证金。同样，未缴纳房地产税收造成房地产留置权优先于贷款人对房地产的留置权，所以贷款人必须确保收到房地产税收的缴纳额。在某些州中，贷款人可以根据贷款的种类要求采用托管账户。通常来看，政府代理机构（例如 FHA 和 VA）担保的贷款和贷款价值比超过 90% 的抵押贷款都用这种托管账户。贷款人不能因为持有托管账户而收取劳务费用，借款人有权每年年末交割一次托管账户，并可以在托管账户增值后，回收超额资金。

此外，贷款人还可以要求用托管账户 1/6 的基金作为缓冲资金。是否需要这样的缓冲资金，完全由贷款人决定，RESPA 对此不作相应规定。HUD 对是否支付托管账户利息也不作规定，一些州规定收取利息，而一些州规定不收取利息。

担保人。 通常情况下，作为担保人的不是借款实体，而是独立的个人。这个独立的个人就称为担保人。当借款实体是企业或有限责任合伙人时，贷款人就要要求个人作担保，这样做会缓解机构内部的问题。例如，企业的主要持股人可以以企业的名义借款，然后挥霍企业的资产（例如，将资产转移给其他企业）。另外，本票是以企业的房地产作为担保的，不能以企业的股票来担保。在那些有反短额判决立法的各州中，如果贷款出现异常混乱的状况，担保人可能会承担比当初借入款还大的债务。这样的法律就不利于担保人。因此，即使借款实体是企业，也会受到反短额判决法的保护，但是担保人却不受到保护。只要贷款人出现损失，就有权向担保人索偿。

转售时清偿条款。 在第 5 章中，我们了解到可继承贷款有一个很有价值的选择权。如果市场利率上升到比贷款利率还高时，出售房地产时选择可续承贷款而不是提前还款，会带来更大的价值。从第 7 章中可以了解到，从一定程度上说，可续承贷款的选择权的价值量已经转嫁到房地产的价值中。由于可续承选择权的价值非常大，它的诉讼费用也很高。自从通过了《Garn-St. Germain 法案》后，所有的转售时清偿条款开始真正得以实施。赞成实施这些条款的支持者使国会相信，转售时清偿条款的实施有利于降低储蓄机构面临的利率风险并且会保证它们的偿还能力。按照该法案的规定，只要涉及利益的转让就属于出售，具体指的是租约的让渡、进一步承担债务等各种情况。

在房地产是以附有转售时清偿条款的票据方式获得资金的情况中，房地产所有人通过出租房地产获得票据低利率带来的利益，并不出售房地产。在长期租赁中，房地产的贴现值接近于房地产的价值，但所有人根据票据的低利率偿还债务。根据《Garn-St. Germain 法案》的规定，任何超过三年租赁关系的租赁行为，都可以为了实施转售时清偿条款申请利益的转移。对于附带购买优先权的租赁关系，即使租赁期限少于三年，也能使转售时清偿条款得以实施。

同样，有些房地产的居住者包含了不止一个的居住单元，有些房地产的占有权不属于财产所有人，对于这样的房地产，设定第二留置权会促使转售时清偿条款得以实施。另外，对所有的居住性房地产，第二信托契约规定的取消赎回权也能促使转售时清偿条款得以实施。

有些情况下房地产的让渡是自愿的。例如，在死亡、离异或父母与子女之间房地产的让渡。在此情况中，住宅房地产所有权从一个主体转移到另一个主体。但房地产转移不会促使转售时清偿条款得实施，除非新所有者不居住房屋或房地产的居住者是两个或两个以上的居住单位。

如果房地产让渡给类似于信托机构的组织，房地产所有人仍然作为财产受益人，并且对房屋的占有权没有发生改变，也无法实施转售时清偿条款。对所有者自用的独户住宅的转让，储蓄监管办公室的规章制度中不强行要求实施转售时清偿条款。同样，贷款人按照原始本票接受还款，但从新的房地产所有人手中获得，此时，贷款人可以放弃要求实施转售时清偿条款的权利。储蓄监管办公室的规章制度在这方面并不试图推翻各州的具体规定。

也有一些情况，房地产的让渡是出于非自愿情况的。如果火灾完全毁掉了住宅，贷款人有权要求用保险费额来付清本票，而不需要重建房地产。如果市场利率比本票利率高很多，贷款人很可能要求分期还款，如果这样的话，借款人就必须借高利息的贷款重建住宅。但在某些州，法院支持借款人，要求贷款人延长原始本票的时间。法院根据合同各方的长期预期做出规定：只要本票的安全性能够得到保证，借款人可以使用保险费重建房地产。

即使有转售时清偿条款的存在，贷款人也可能会允许贷款的续承。但是，贷款人要收取一定的续承费。但新贷款的基本事项中不包括该项费用。某些州的判例法明确表示，如果利率非常高的时期，贷款人对可续承贷款征收很高的续承费，会给房地产的让渡带来不合理的限制。

为了合理收费，收取的费用必须要反映可续承本票过程中贷款人的费用支出，如评估贷款余额的花费等。

出售、转移或转让票据

出售票据（转让房地产）和信托是两种不相关的事项。可以通过各种途径出售本票。第一种方式是完全转让，在这种情况下，出售者对房地产不保留任何的权利和义务。出现违约时，票据的收购者对出售者无追索权。为了保证理顺将来的债务关系，出售者必须在本票的背面标明"无追索权背书"的字样。

第二种方式是担保的转让。在这种情况下，票据的出售者对收购者有债务关系，如果将来出现违约，收购人可以从出售人那里获得损失补偿。

第三种方式也是一种担保转让，但担保人是独立于票据出售者和收购者之外的实体。虽然担保人并不参与本票的交易，但担保人要保证本票如期、全额支付。这种担保行为只是担保人和本票收购者之间的交易行为。

●信托协议

信托协议是保证本票安全的一种工具。信托协议使借贷关系中出现第三方。信托人通常是银行、代理机构及所有权公司。一般不会特意规定贷款人不能作为信托机构，但这种情况并不常见。在信托协议中通常会写明"借款人以信托的方式将以下房地产转让给信托人……"事实上，只要借款人觉得合适，她就有权使用房地产，如占有房地产、将房地产作为抵押担保物或出售房地产。如果借款人不履行债务，信托机构就根据协议将房地产迅速变现。典型的信托协议要标明协议三方，要有各种条款规定。

信托协议的各方

信托协议存在三方关系：借款人（信托人，通常也是房地产的所有人）；贷款人（受益人）；受托人。信托人可以拥有房地产的部分权益，并可以用这部权益作为抵押贷款担保物申请贷款（例如，如果房地产的所有人是两个，那么任何一方都可以将自己持有的部分房地产作为贷款的抵押担保）。受益人指的是分期还款的接受者。如果出售本票，根据新的协议，收购者就成为受益人。信托协议的大多数条款，都是在保护贷款人的利益。根据协议条款的规定，受益人可以要求支付房地产税收和保险基金，这些基金都以保证金为担保。最重要的是，如果借款人无法定期偿还贷款，贷款人有权将房地产变现为现金。借款人可以根据协议的限定（下面会谈到）使用房地产，可以出售或出租房地产。借款人的权利是由州法律规定，而不是信托协议规定的。州法律规定，借款人支付的税收和风险保险费可以从托管账户中支付，此外还规定，如果借款人收到违约通知，他有权计算所有的还款额和未还款额。某些州的法律对借款人是非常有利的。例如，这些法律规定，在特定的时间内，借款人即使失去房地产的赎回权，仍然可以赎回房地产。我们将在第14章中更详细地讨论州法律。

受托人的义务仅有一个，就是在收到本票得到偿还的通知时，非常公正地将房地产权利归还给借款人。

信托协议的条款

信托协议的条款具体规定了贷款人（受益人）和借款人（信托人）之间的权

利和义务。信托协议也包括了许多本票中的规定。例如，对于分期付款的款项、托管账户、转售时清偿条款及违约出现时的做法等的相关规定。

租金的转让。如果出现违约，根据协议条款的规定，贷款人可以收取房地产的租金，用于偿还债务。但在十分罕见的情况下，房地产的租金就可以支付贷款的拖欠部分。这些条款可以防止发生借款人的"权益瞒报获利"现象。当借款人（原始或后继借款人）对房地产投入的自有资本非常少时，就会出现这种"权益瞒报获利"现象。借款人可以从房地产中收取大量租金，而不偿还贷款，这样几个月后，租金的总量很容易超过原来的自有资金的投入额。这样，借款人就违约了。如果贷款人有权干预并收集租金用于支付还贷的不足额时，就会阻止"权益瞒报获利"现象的发生。

损耗。借款人为了保证房地产不贬值，同意使房地产保持良好的状态。这样，房地产就不会受到损害。

非放弃权。贷款人放弃行使某些信托协议中的权利不会影响他以后在需要的情况下行使该项权利。

抵押品保护。如果贷款人在不利情况下支付费用保护房地产，借款人要偿还这部分保护费用。

后继者和转让。任何个人和单位，只要接受了房地产带来的利益，就要遵守和借款人一样的条款。

转换受托人。如果州法官签署了必备的文件，信托条款就允许借款人改换受托人。

财产的再次转移。该条款规定，在偿还债务中，借款人将票据和信托协议交给受托机构，然后受托机构将权利让渡给借款人。

释放条款。该条款是专门针对大的房地产开发设定的，在这种情况下，开发资金来源于抵押贷款，此贷款是将土地作为贷款担保物的。该条款允许借款人只要归还一部分贷款，就将一部分的土地从本票和信托协议中解除出来。这样做，就可以使开发商在出售一部分土地时，不用偿还债务。通常情况下，贷款人要确保留存的抵押物的价值超过余留的债务。

所有者自用。根据此项条款，所有者要承诺使用房地产，这样就可以避免所有者购买房地产用于投资。我们将会在第 14 章中了解到，投资性房地产比起所有者自用的房地产的违约现象多。这样做同样可以避免"权益瞒报获利"现象。

征用补偿。如果当地政府征用房地产，贷款人有权在征用过程中直接申请获得收入，用于偿还债务。如果不这样，而是由借款人获得这部分收益，则借款人有可能不偿还债券，那么，贷款人就没有抵押物来担保债务的偿还。

契约条款和约束。产生于信托契据并可以在许多年中限制借款人对房地产的使用。这在本质上大到可以禁止房地产作为商业用途使用，小到可以限制宠物的数量。

第12章 通过借款人资格审查、贷款担保和合同关系来控制违约风险

小 结

在本章中我们了解了贷款人如何通过借款人资格审查和抵押贷款和/或信托协议条款来管理违约风险。在借款人资格审查阶段，贷款人关注的是作为抵押品的房地产价值高于贷款数额。他们同样关注借款人每月支付还款的能力，注意力主要集中在申请者收入的数量和稳定性、抵押贷款还款的规模以及其他非抵押贷款债务上。政府（FHA、VA）和私营抵押贷款担保人都对违约风险的管理有兴趣。许多借款人资格审查标准都由它们来设置。政府机构，如FNMA和FHLMC，购买一般性贷款，同时也关注违约风险。它们制定了对于"常规"贷款的资格审查标准。

大多数抵押贷款和/或信托协议条款在违约发生时保护贷款人的利益。贷款人可以干涉和获得任何租金收益或从保险声明或征用权裁定中获利。贷款人还可以取消抵押品赎回权和出售房地产来弥补贷款亏损。贷款人可以要求所有人保持房地产的良好状态。尽管信托协议也可能为借款人提供某些权利，但大多数还是由各州法律来提供。这包括通过偿还需要的还款来弥补短缺款额和恢复贷款。在一些州，这些权利可以延长到赎回权丧失和交割房地产价值后的一段时间。

关 键 词

支付能力违约论　　　　　　　无追索权本票
信托协议　　　　　　　　　　还款收入比
违约风险　　　　　　　　　　本票
权益违约论　　　　　　　　　有追索权本票
月有效总收入　　　　　　　　剩余法
担保人　　　　　　　　　　　次高等级贷款
还款收入比方法　　　　　　　抵押贷款还款总额（TMP）
锁定条款

推荐读物

Ambrose，B.，and R. Brttimer. 2000. Embedded options in the mortgage contract. *Journal of Real Estate Finance and Economics* 21，95-111.

Ambrose，B.，and C. Capone. 1996. Cost-benefit analysis of single-family foreclosure alternatives. *Journal of Real Estate Finance and Economics* 13，105-120.

Ambrose, B., and C. Capone. 1998. Modeling the conditional probability of foreclosure in the context of single-family mortgage default resolution. *Real Estate Economics* 26 (Fall), 391-430.

Capozza, D. R., D. Kazarian, and T. A. Thomson. 1998. The conditional probability of mortgage default. *Real Estate Economics* 26 (Fall), 359-390.

Clauretie, T. M., and M. Jameson. 1995. Residential loan renegotiation: Theory and evidence. *Journal of Real Estate Research* 10, 153-161.

Dennis, M. W. 1989. *Residential Mortgage Lending*. Mason, OH: Thomson/South-Western, chap. 16.

Elmer, P. J., and S. A. Seelig. 1999. Insolvency, trigger events, and consumer risk posture in the theory of single-family mortgage default. *Journal of Housing Research* 10, 1-25.

Jackson, J. R., and D. L. Kaserman. 1980. Default risk on home mortgage loans: A test of competing hypotheses. *Journal of Risk and Insurance* 47 (December).

Melicher, R. W., and M. Unger. 1989. *Real Estate Finance*. Mason, OH: Thomson/South-Western, chap. 1.

Sirmans, C. F. 1989. *Real Estate Finance*. 2nd ed. New York: McGraw-Hill, chap. 3.

Waller, N. 1988. Residential mortgage, default: A clarifying analysis. *Housing Finance Review* 7 (Fall/Winter).

Wiedemer, J. P. 1990. *Real Estate Finance*. Mason, OH: Thomson/South-Western, chap. 5.

复习思考题

1. 简述违约风险的两种理论。哪种理论偏重"直觉"?
2. 什么是短额裁定?借款人违约时短额裁定在减少损失中怎样发挥作用?
3. 解释借款人违约时"卖出期权"理论。
4. 定义借款人资格审查。
5. 比较 VA 和 FHA 程序中的借款人资格审查。描述剩余法和还款收入比法。
6. 列举保护贷款人利益的抵押贷款的四种合约关系。
7. 指出州法律如何在条款中保护借款人的权利。
8. 有追索权本票和无追索权本票的差别是什么?
9. 列举至少七条本票的重要条款。
10. 什么是信用协议?谁是信用协议的当事人?受托人的职责是什么?
11. 列举并解释至少五种典型的信用协议条款。

第12章 通过借款人资格审查、贷款担保和合同关系来控制违约风险

习 题

假设以下为琼斯家庭的月数据（单位：美元）：

琼斯家庭	
贷款数额	85 000
总收入	3 400
联邦税	425
PITI	795
设施维护	160
其他债款还款	625
社会保障费、退休金、生活保险、州及本地税	235
最小剩余	1 200

（1）估算FHA贷款和VA贷款的相关资格审查比例。

（2）如果可能，在哪个比例下琼斯家庭符合贷款要求？

相关网站

http://www.boston-financial.com
为贷款人、投资者和REIT等提供减小风险的信息

http://www.fanniemaefoundation.org
住宅立法的信息

http://www.housebuyingtips.com
为买房提供指导

http://www.reinfo.com
提供住宅买卖双方的信息，同时提供寻找房地产中介的全国性咨询网络

http://www.hsh.com/calc-amort.html
收入资格审查、住宅支付能力计算器

http://www.nahb.com
修建或购买新房屋的信息

注 释

[1] R. G. Quercia and M. A. Stegman, "Residential Mortgage Default: A Review of the Literature", *Journal of Housing Research*, 3 (2) (1992): 314-379.

[2] G. von Furstenberg, "Default Risk on FHA Insured Home Mortgages as a Function of the Tems of Financing: A Quantitative Analysis," *Journal of Finance* 24 (1969): 459-477.

[3] G. von Furstenberg, "The Investment Quality of Home Mortgages," *Journal of Risk and Insurance* 37 (1970): 437-445.

[4] G. von Furstenberg atad J. R. Green, "Estimation of Delinquency Risk for Home Mortgage Portfolios," *AREUEA Journal* 2 (Summer 1974): 5−19.

[5] T. G. Morton, "A Discriminant Function Analysis of Residential Mortgage Delinquency and Foreclosure," *AREUEA Journal* 3 (Fall 1975): 73−90.

[6] T. Campbell and J. Kimble Dietrich, "The Determinants of Default on Insured Conventional Residential Mortgage Loans," *Journal of Finance* 38 (1983): 1596−1581.

[7] J. R. Jackson and D. L. Kaserman, "Default Risk on Home Mortgage loans: A Test of Competing Hypotheses," *Journal of Risk and Insurance* 47 (1980): 678−690.

[8] B. Ambrose and C. Capone, "Cost-Benefit Analysis of Single-Family Foreclosure Alternatives," *Journal of Real Estate Finance and Ecornomics* 13 (1996): 105−120.

[9] T Clauretie and M. Jameson, "Residential Loan Renegofiation: Theory and Evidence," *Journal of Real Estate Research* 10 (1995): 153−161.

[10] B. Ambrose, and R. Guttimer, "Embedded options in the mortgage contract," *Journal of Real Estate Finance and Economics* 21 (2) (September 2000), 95−111.

第 13 章

贷款申请、办理和完成

学习目标

通过本章的学习，你应该了解处理贷款申请、抵押贷款交易完成的各个步骤，应该了解在这个过程中必须收集和分析的资料、整个处理过程使用的表格以及必须注意的有关规定。你还应该了解抵押贷款银行业的运作过程。

导　言

大部分情况下，进行住宅贷款交易是一个按部就班的细致的过程。对于政府担保贷款而言，处理过程和使用的文件几乎是一成不变的。对于各种住宅贷款而言，总体过程是相同的，但是为了方便起见，我们将主要描述联邦住宅管理局贷款交易。办理贷款的方式和程序几乎每天都在调整，所以，如果确实要进行贷款，就需要参考最新的指导方针和操作惯例。

贷款办理

贷款办理涉及几个步骤，包括房地产估价、申请分析（借贷者信息收集和确认）、提交投保、贷款完成。在整个过程中，每一步都要使用某些表格来进行组织处理。

房地产估价

房地产估价是贷款过程的第一步。**估价**通常是在提交贷款申请之后进行。但是，计划在 FHA 或 VA 资助下建造和出售房地产的开发商在进行估价之余还需要有合理价值的权威证书（MCRV）。办理 MCRV 需要在申请贷款之前进行房产估价，以确定房地产的最高价值和从 FHA/VA 贷款的最高贷款数额。

估价过程分为三步，分别是：要求估价、估价监督、估价结果评估。

要求估价。传统的要求估价程序因发起人和投资人而异。大多数发起人都有权自由选择自己的评估师。从 1995 年 1 月开始，几乎所有的贷款都开始使用**制式住宅估价报告**，连打算卖给 Fannie Mae 或 Freddie Mac 的抵押贷款以及 FHA 或 VA 担保的贷款也不例外，只有直接背书发起人才可以参与这样的贷款。区分所有权房地产和小型（通常不超过 4 居室）居住及收益性房地产分别使用不同的表格。1994 年以前，如果申请 FHA 或 VA 贷款，是由 FHA 或 VA 指定房地产评估师，但是自 1994 年开始，发起人可以自行选择评估师。

图 13—1 描述的就是评估师管理体制。1989 年的《金融机构改革、复兴和实施法案》规定，凡 1991 年 7 月 1 日以后进行的联邦一级的抵押贷款交易，其估价必须启用州内认证或者执照的评估师。[1]

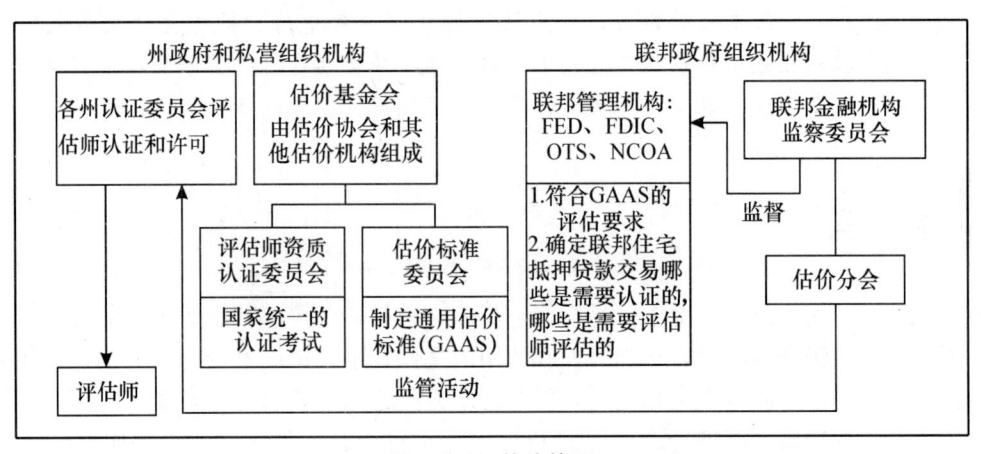

图 13—1　估价管理

根据 FIRREA，每一个联邦管理机构（包括联邦储备委员会、FDIC、货币监理署、储蓄监管办公室以及国家信用联盟管理局）都为联邦一级的交易设立了估价指导方针。事实上，所有的抵押贷款都可算是联邦一级的，因为它们都是由 FHA 或 VA 提供担保、由联邦保险机构发起或发放后卖给联邦二级抵押贷款市场代理机构。FIRREA规定，所有的估价工作至少必须符合估价基金会下属的估价标准委员会设立的《职业估价实践统一标准》（USPAP）。[2]

估价管理机构还可以为其管理的组织设定额外的标准。FIRREA 将认证评估师和执照评估师区别对待，前者必须满足一系列更为严格的要求。该法案将认证评估师的权力交给了各州，各州认证机构设定的认证要求必须与估价基金会下属的评估师资质认证委员会设定的标准相一致。评估师资质认证委员会协助各州管理统一认证考试。

除了保证各州认证机构履行其选拔评估师并进行认证、发照的职责之外，FIRREA还进一步设立了一个权威政府管理机构——联邦金融机构监察委员会的估价分会，负责监管各类联邦管理机构。

如若在联邦一级的抵押贷款交易中使用未经认证或无执照评估师，初犯将被处以25 000美元的罚款，再犯将被处以50 000美元的罚款。

监督估价。在这一阶段，贷款处理人必须确保估价在HUD（如果是FHA贷款）、私营投资者或者二级市场代理指定的时间内进行。贷款处理人要确保评估师会对房地产进行实地考察，并且在提交估价报告后可以得到报酬。

估价结果评估。对于政府担保贷款，发起人不会得到估价报告的副本，而只会得到（HUD-FHA提供的）有条件的贷款承诺或者房地产的合理价值证书。如果估得的价格看起来偏低，发起人可以要求重新估价。在这种情况下，发起人必须提供至少三宗类似房地产的详细资料，由同一位评估师进行重新估价。如果发起人对于重新估价结果仍然不满意，HUD就会指定一个估价机构进行再次重新估价。

对于VA担保的贷款，估得的价格是一个"名义"价值，需要在贷款完成之前由资质较深的评估师对房地产状况进行认可。另一方面，如果由于房地产本身的缺陷致使居住者的健康和安全受到威胁，则HUD-FHA评估人员可以要求对其进行维修。某些情况下，发起人如果觉得房地产的缺陷并不影响其物质价值则可要求HUD-FHA放弃维修要求。如果坚持要进行维修，则必须要通知售房者以保证可以顺利进行必需的维修。

在传统贷款情况下，发起人会收到一个完整的估价报告。**保险人**或**复核评估师**会审核这一估价报告以确定可否接受。审核过程包括对房地产进行实地勘察以及核对初始评估师所采用的类似房地产的交易价格。如果这一审核过程只是在复核评估师的办公室中进行，则被称为**书面审核**。复核评估师会考虑影响估价结果的一些重要因素，包括估价对象房地产的物质特性、社区环境、现有及可选择的土地用途、房地产主要用途（所有者自住还是租用）、独户房地产的价格变动范围以及房地产的使用年限。估价报告必须指出估价对象房地产是否位于HUD确定的洪涝灾害区。如果房地产很可能受到洪水侵袭，则其所处的区域要被定为A级洪涝区；如果被洪水侵袭的可能比较小，则被定为B级；如果实际中不存在被洪水侵袭的可能，则被定为C级。位于A级区内的房地产必须要具备洪灾保险，而位于B级和C级区内的房地产则不必具备此保险。

请注意，根据微量原则，如果贷款额度低于200 000美元，发起人不一定必须对房地产进行估价，而是可将贷款列入其投资组合。但是，由于大部分发起人都喜欢保留出售贷款的期权，因此通常估价是必需的。

估价报告的技术部分要表明评估师如何得到其估价结果。通用估价标准要求评估师在确定房地产价值的时候使用三种方法：成本法、市场比较法和收益法。

成本法的原理是：对于两宗效用相同的可比房地产，购买者不会多花钱购买价格偏高的一宗。因此，房地产的价格不能高于其重置成本。成本法的步骤如下：

（1）估算空地的价格。

（2）估算重置地上建筑的成本。

（3）估算建筑物的折旧，有三种类型：

1）物质上的折旧（如年久失修、油漆剥落、门窗脱落等）；

2）功能上的折旧（如地板装修过时、位于南佛罗里达地区却缺乏空调设备等）；

3）经济上的折旧（如社区环境的改变、街道的喧哗等）。

（4）从建筑的重置成本中减去折旧［即从（2）中减去（3）］。

（5）将（1）和（4）相加得到总价值。

估算折旧时，物质上的和功能上的折旧通常是房地产内在的，可能是**可修复的**。如果修复折旧的成本低于维修之后增加的价值，则被称为是可修复的折旧。而经济上的折旧是房地产外在的，通常是**不可修复的**，主要是由房地产所有者个人无法控制的因素导致的。房地产紧邻街道的交通流量就是一个典型的例子。但是，应该指出的是，并非所有的外部因素都是不利的，比如紧邻高尔夫球场的房地产就会因此而升值。

成本法的局限在于成本未必与价值等同。例如，如果在一个工业区内花大价钱建造一处房屋，成本和价值的差异很快就会显现出来。

市场比较法的原理是：邻近地区类似房地产的交易价格可以很好地指示估价对象房地产的价值。通常评估师会收集至少三宗类似房地产的交易情况，然后根据待估房地产与可比实例之间的物质特性差异对可比实例的交易价格进行修正。例如，如果可比实例有壁炉而待估房地产没有，则评估师可能会在可比实例价格的基础上减掉 1 300 美元。通常估价中要进行几种修正，除了物质特性的修正之外，复核评估师还会认真审核另外一些因素，如区位、交易日期、融资情况等。

收益法的原理是：房地产的价值取决于其带来收益的能力。因此，收益法就是通过运用收益乘数或者总资本化率将待估房地产的潜在租金收益资本化从而得到待估房地产的价值。例如，如果一宗房地产每月毛租金收入为 1 000 美元，适当的毛租金乘数（房地产价值除以每月毛租金）为 100，那么该宗房地产的估算价值为 100 000 美元。毛租金乘数可以用最近成交的类似房地产的交易价格除以这些房地产的租金求得。

另外，评估师也可以用总资本化率来确定房地产的价值。总资本化率是收益乘数的倒数，可以定义为净运营收益（见第 15 章的 NOI 定义）除以房地产价值。同样，人们通常使用类似房地产来确定总资本化率。所以说，如果一宗房地产每年的 NOI 为 10 000 美元，适用的资本化率为 10％，那么这宗房地产的估算价值为 100 000 美元。

复核评估师接下来会确定贷款价值比。VA 担保的贷款数额可能不会超过房地产本身的价值，FHA 也设定了贷款价值比的上限，贷款价值比的限制因项目不同而有所差别，但是通常不会超过 90%。常规发起人为没有私营抵押贷款保险的贷款设立了一个最高贷款价值比。一般情况下，贷款价值比在 80% 以上的贷款都需要有保险，保险费用因贷款价值比不同而不同。贷款价值比是用评估价值或者协议价格计算得到，这两个价格哪个低就用哪个。

用以上三种方法分别估算得到的评估价值可能并不完全相同。因此，在估价的**修正阶段**，评估师会考虑每一个评估价值，得到一个最终的估价结果。了解了上述的估价过程，读者应该理解，房地产估价是一门"主观的艺术"而非"精确的科学"，因为在这一过程中，评估师是基于收集到的资料的质量和数量等因素来考虑各个估价结果的可靠程度的。

◉ 申请分析

办理贷款的这一阶段涉及对借贷人财务状况的全面分析，以及《房地产交割程序法》（RESPA）、《Z 条例》、《平等信用机会法》（ECOA）要求的相关信息的披露。RESPA 要求发起人事先提供交割成本的基本信息，在接到申请后的三日内出具交割的估算成本和月还款的说明。在这三日内，发起人必须向借贷人提供贷款期限内成本的乐观估计，其中必须包括估算的年百分率（APR）。实际的年百分率（APR）和总的财务变化情况必须在交割之时或者之前提供出来。

FHA 和 VA 担保的抵押贷款使用联合申请格式。Fannie Mae 和 Freddie Mac 对于它们购买的贷款使用自己偏好的格式。一些发起人偏好按照自己的格式处理所有的贷款申请，然后将资料移交给相关的申请处理机构。某些贷款申请可能是由 Fannie Mae 和 Freddie Mac 以外的代理机构如房地产经纪人或者建筑商受理的。HUD 要求对于 FHA 贷款，发起人和借款人必须在申请阶段进行一次面对面的会谈。

从贷款申请表中可以搜集到一些特别重要的信息，包括申请贷款的种类、贷款期限、贷款目的（是建设贷款、长期建设贷款还是已有房地产的抵押贷款）、产权持有者的姓名、首付款和交割手续费。借款人的重要信息包括借款人每月总收入、其他收入、每月住宅支出、以前的工作情况、资产状况、负债情况、权益、以前的信用记录以及所拥有的其他房地产的情况。

在贷款办理的这一阶段，发起人主要关心两个问题：(1) 借款人偿还贷款首付款和月付款的能力；(2) 借款人申请贷款时提供的有关财务状况资料的准确性。为了解决第一个问题，发起人会检查借款人的流动资产状况、与住宅支出相比借款人收入的数量和稳定性及其过去的信用记录。而为了解决第二个问题，发起人必须从独立的第三方渠道确认借款人财务状况信息的准确性，这一工作必须尽快完成，以避免得出的数字过时（FHA 贷款通常不接受 90 天以前的确认信息)。

FHA、VA 和 Fannie Mae 使用同一种存款证明表格。FHA 和 VA 共用一个工作表来确认借款人的工作情况,而 Fannie Mae 使用的表是与之独立的。确认表必须由申请人签名,然后直接送到信托机构和雇主处由他们分别进行签名。通常发起人还要确认借款人是否拥有其他资产及其价值,包括股票、证券、退休金、其他房地产的净值及人寿保险的退保现金价值。发起人在进行上述确认工作时使用自己的工作表,同时要求借款人有两年以上的收入来源历史,以判断其收入的数额及稳定程度。

最后,发起人要确认申请人的信用状况。发起人会从信用报告机构(或信用局)处索要申请人的信用报告,报告中会指出任何可能存在的申请人未按时偿还其他贷款的情况。可能申请人的某些授信人不会将相关信息报告给信用局,这种情况下发起人就要直接向授信人进行信息确认。另外,发起人还要确认申请人在公共记录中是否有未偿还的留置权或者因此而产生的裁决。

大部分确认信息(信用报告)要在 2~7 个工作日内返回。发起人必须监督整个信息确认过程以保证可以按时收到所有的信息。

● 提交投保

对借款人的信息进行确认并确定没有大的问题之后,就要将贷款提交投保。FHA 和 VA 有一个通用的提交表格,表中的主要条款清楚明了,不需额外的解释说明,但是有一些内容需要进行说明。如果申请的是 FHA 信用许可,则发起人必须说明各种 FHA 保险项目中哪些是可以申请的。每一个被许可的发起人都有一个十位数的 ID 码,在申请投保时必须包含这个 ID 码。为了便于监督,还要搜集借款人的种族和国籍方面的信息。但是,如果借款人不愿意提供这些信息,投保单中也可以不包含这些信息。

投保单中必须有关于住宅支出的信息,比如房贷利息、灾害保险、房地产税、公用设施支出和维修保养费用等,以及借款人的资产与负债情况。

投保单中发起人认证部分包括了提供给 FHA 或 VA 的重要信息。签署了这部分内容就意味着发起人保证遵守 FHA 所有的规章和规定,并同意对其代理人(如评估师)的所有行为负责。

投保单中借款人认证部分包含借款人以及保险机构两方的重要信息。FHA 尤其注意了解借款人是否曾经拖欠住宅贷款,是否获得 FHA 担保的其他贷款,或者是否计划将贷款购买的房地产进行出租。这些因素都关系到借款人的信用风险。如果贷款协议金额超过了房地产的估算价值,那么 FHA 或 VA 会要求借款人通过现金支付首付款来补足差价。借款人也要保证投保单中的所有信息在其所能提供的范围之内是真实的并且是完整的。

其次,对于 FHA 和 VA 担保贷款,发起人要准备一个贷款分析工作表。如果该表填写正确,则地方 HUD 办公室在办理时会给予优先考虑。工作表中包含的信息有:借款人(和联合借款人)的毛收入和净收入,贷款本金及利息、税收、保险、其他住宅支出，以及其他非住宅性的月支出。做这个表的目的之一是收集充足的信息用来计算有效净收入与住宅总支出和固定还款总额的比率，另外一个目的是确定借款人是否拥有足够的流动资产来满足交割的要求。

要获得FHA许可，发起人需要提交以下文件：
（1）抵押贷款分析工作表。
（2）保险承诺申请。
（3）销售合同副本。
（4）所有存款证明。
（5）所有工作情况证明。
（6）信用报告。
（7）债务证明。
（8）其他辅助文件，如以前的住宅销售合同、累进还款抵押贷款还款进度、买低代理协议、二级融资担保证明等。

许多发起人都参加了FHA的"直接背书项目"，在这一项目中，基本上是由发起人来进行保险工作。要成为直接背书者，发起人必须要提交15个左右的案例供FHA进行检查。如果保险过程或者发起人的决定与FHA对案例测试的结论之间没有显著差别，FHA就会为发起人以后发放的贷款颁发直接背书许可。直接背书发起人基本上都是FHA的代理人，在整个业务处理过程中可以节省好几天的时间。

如果FHA接受了投保单就会签发一个抵押贷款保险证书，指明最高抵押贷款数额（其中可能包括抵押贷款保险费的融资情况）、贷款利率以及月还款。书面贷款承诺要有一个有效期，超过这个日期则贷款不能完成。如果书面贷款承诺约定贷款协议的修改是有条件的，则对于现有房地产而言有效期为承诺签署之后6个月，而对于新建房地产而言为承诺签署之后1年。定向承诺的有效期就是有条件贷款承诺的有效期，或者是定向承诺签订日期之后90天，这两个日期哪一个晚则以哪个为准。

● **贷款完成**

贷款完成主要由两个有所区别但又相互关联的交易过程组成，其中一个是房地产的所有权从卖方转到买方手中，另一个则是买方签署期票。整个过程涉及准备及收集完成贷款交易所必需的法律文件。在某些地区，由交割单位准备所有的文件；在另外一些地区，则是由发起人准备这些文件并提交给交割单位让它们完成交割过程；还有一些地区是由发起人准备文件、完成交割并存档。无论采用哪种体系，在完成交易的过程中必须要具备某些特定文件，并且要在地方法院进行存档。

期票代表借款人偿还贷款的承诺，它指明了贷款的某些条款内容，包括贷款的数额、利率、支付情况、到期日期等等。

某些管理单位的抵押贷款或信托契据是标准化的。FNMA 和 FHLMC 使用一种联合表格，FHA 和 VA 使用类似但不同的表格。抵押贷款或信托契据包括大部分期票所载的基本信息，另外还包括对房地产的合法描述。

抵押贷款或信托契据将房地产的所有权由卖方转让给买方，契据中指明作为让渡人的卖方必须是记录在案的业主，作为受让人的买方必须是抵押贷款或信托契据中指明的借款人，并且契据中指明的房地产也同样必须是进行抵押贷款的同一宗房地产。

交割声明记录了交易完成过程中的相关事项，保存在 HUD-1 表中，该表是与《房地产交割程序法》（RESPA）的规定相吻合的一种标准交割声明。RESPA 要求所有"联邦一级"的贷款都要使用该表。HUD-1 表可能有不止一份的副本，给卖方的那份可能会也可能不会标明买方所付的价钱；反之亦然。

书面贷款承诺应该是贷款结案文档的组成部分，如果是 FHA 书面贷款承诺，则借款人必须签署某些认证书。

贷款事实必须公开给借款人并且必须包括贷款的主要财务事项（见第 8 章）。

贷款支付。 贷款支付是贷款完成程序的一部分，可以有几种办理途径。发起人可能会将几张写明领款人为最终贷款接受人（产权公司、抵押贷款承保人、房地产代理等等）的支票给予交割单位。或者，发起人可以将一张写明领款人为交割单位的全额贷款支票给予交割单位，再由交割单位自行签发支票给最终贷款接受人。

登记。 信托契据和抵押贷款情况都要进行登记，以使公众知道买方成为房地产新的所有者，抵押权人拥有房地产的留置权。进行登记未必是为了强调关于房地产的转让或者债务状况的声明，但是却可以保护所有者的权利免受其他声称也拥有合法契据的人侵害，或者保护发起人的权利免受其他可能声称拥有房地产优先留置权的人侵害。

抵押贷款保险支付。 此处讨论的抵押贷款保险仅限于 FHA 保险。发起人会指导交割单位开出领款人为住宅和城市开发部秘书处的抵押贷款保险费（MIP）全额支票，支票的金额必须与 HUD-1 表中的数额相同。如果支票延期，则 HUD 会估算后续费用和利息。与支票一起开出的还有一个抵押权人抵押贷款保险费一次移交表。而 HUD 则会给发起人一张结单来结束整个交易过程。然后发起人会提交一份保证书，证明已经满足 FHA 的所有要求。提交的材料包括交割单、抵押贷款保险证书、期票和抵押贷款票据副本、FHA 定向承诺原件、交割声明、联邦贷款事实披露声明、建筑商授权（若为新建房地产）、抵押权人维修证明以及抵押权人复核证明。

抵押权人复核证明是发起人用以证明以下事项的签名文件：（1）借款人已经投入了不低于最低数额的现金；（2）借款人并未支付任何被禁止的费用；（3）书面贷款承诺所要求的所有条件已经满足；（4）书面贷款承诺所要求的所有维修工作也已经完成；（5）抵押贷款的期限与 HUD 的要求以及书面贷款承诺的期限一致。

抵押贷款银行业

抵押贷款银行业是指由公司或者个人进行的抵押贷款的发放、管理和销售行业，抵押贷款银行业者则专攻本章中讨论的贷款发放的细节问题。抵押贷款银行业者并非存款机构，也不持有它们发放的贷款，它们并不是"组合"发起人，而仅仅是办理、完成和出售所筹款项的发起人，但通常却拥有贷款管理权。贷款管理有几方面的职责，包括从借款人那里收取月付款、确保托管支出（充公部分）用于保险和税收、处理违约和违法行为、将还款交给投资者，甚至不时检查房地产的状况。抵押贷款银行业者对其发放的贷款进行管理要收取相应的费用。

抵押贷款银行业者相对其他抵押贷款发起人的地位随着时间的推移已经稳步提升。1997 年，抵押贷款银行业者共发放了 7 530 亿美元住宅抵押贷款中的 30%。

● 资金来源

抵押贷款银行业者的资金来源主要有两个：一个是商业票据，商业票据是一种短期债券（180～270 天），其利率大约与基准利率相同，由大的抵押贷款银行业者签发；另一个是来自商业银行的短期贷款，被称为**储存贷款**。抵押贷款银行业者申请一个受信额度，如 200 万美元，并认同一个补偿性差额，通常为最高受信额度的 20%。由于抵押贷款是由受信额度而来，因此抵押贷款银行业者将贷款作为受信额度的担保，这就是说，当抵押贷款银行业者发放一笔 100 000 美元的抵押贷款时，它同时要"拿出" 2 000 000 美元受信额度中的 100 000 美元，并保证以抵押贷款票据作为担保。抵押贷款银行业者发放 2 000 000 美元的抵押贷款之后会将贷款卖给投资者，销售的收入会用于偿还商业银行的受信额度。通常，抵押贷款银行业者会从投资者（如 FHLMC）那里收到书面贷款承诺，以设定的价格购买贷款。这样，一个储存周期就完成了，并且可以周而复始。抵押贷款银行业者通常每一次都保留对贷款的管理权。

● 收　入

抵押贷款银行业者的收入主要有四种来源。它们收取贷款申请费，通常是抵押贷款数额的 1%，同时也收取管理费，每年为未偿还贷款余额的 0.25%～0.5%。在持有抵押贷款并准备售出时，它们还从抵押贷款利率与支付商业银行受信额度利率的差额中获得收入，这种收入叫做**储存利率差**。另外，抵押贷款银行业者还从**营销率差**中获得收入，所谓营销率差就是发放的贷款数额和销售收入之间的差额。贷款发起和管理费用构成了抵押贷款银行业者收入的最主要来源。

一些抵押贷款银行业者通过购买其他发起人的贷款管理权从而取得规模效

益。由于成本固定，随着抵押贷款银行业者的规模扩张，每笔贷款的平均管理成本就相应减少。那些可发放抵押贷款数额有限的抵押贷款银行业者可以通过从其他发起人手中购买抵押贷款管理权来扩大自身规模。贷款管理权从其自身权利上讲是一种抵押贷款衍生证券，其价值取决于与远期利率和还款情况相关的一系列假设条件。大部分贷款管理权的出售价格是其管理的贷款金额的 $1.5\%\sim2.25\%$。关于贷款管理权的估价我们已经在第 11 章中进行了探讨。

抵押贷款银行业者并不像储蓄机构和商业银行那样由政府机构管理，它们是政府机构的合作者或者公司，受规定这类企业形式的各州法律约束。除此之外，对抵押贷款银行业者就没有其他现行规定了。但是如果抵押贷款银行业者是由 FHA 认可的发起人或者 FNMA 认可的发起人或贷款管理人，则其行为要接受定期审查。

小　结

贷款的发起、办理和完成涉及的所有步骤都是为了确保参与交易的各方利益受到保护。买方想要明晰（没有争议）的房地产所有权；发起人想要发放的贷款有所保障，想确保买方能按照要求进行偿还，并且担保物（房地产）的价值可以通过准确的估价以及支付房地产税、灾害保险得到保护。

发起人还要求有应对可能造成损失的突发事件的保险，比如应对借款人违约的保险（抵押贷款保险）或者产权不明从而危害发起人利益的保险（产权保险）。保险机构会采取必要的措施确认已经收集到足够的信息以评估违约和损失的风险。

在这整个过程中的每一步，相关事实、资料或者信息都要由第三方进行确认。这整个过程可以被视作一个整体，中间各方都采取必要的行动以避免损失。

抵押贷款银行业者是发起、办理和完成住宅贷款的专家。它们并不将贷款纳入自己的投资组合，而是通过从商业银行借得短期贷款（储存）作为放贷资金来源。贷款售出之后，抵押贷款银行业者再偿还商业银行的贷款。

抵押贷款银行业者的收入主要来源于对其发放的贷款进行管理。其他的收入来源包括储存利率差和营销率差。

关 键 词

估价	收益法
成本法	不可修复的
可修复的	办理贷款
书面复核	比较法
直接背书项目	营销率差

抵押贷款银行业　　　　　　　保险商
修正阶段　　　　　　　　　　制式住宅估价报告
复核评估师　　　　　　　　　储存贷款
贷款事实披露　　　　　　　　储存利率差

推荐读物

Stowe, A. M. 1997. Servicing FHA single-family loans. *Mortgage banking* 57 (8), 91-97.

复习思考题

1. 列出办理贷款的步骤并加以解释。
2. 在办理贷款的过程中估价的重要意义是什么？
3. 列出三种基本的估价方法并进行简单解释。
4. 有关贷款申请人的哪些信息必须进行确认？如何确认？
5. 在 FHA 保险领域内，什么是直接背书？
6. 贷款完成过程中有哪两项交易？
7. 什么是交割声明？
8. 哪些文件必须进行登记？为什么？
9. 什么是抵押贷款银行业？
10. 抵押贷款银行业者的收入来源有哪些？
11. 贷款"储存"的含义是什么？

相关网站

http://www.hsh.com
住宅和抵押贷款信息

注 释

[1] 由于很多的州比较晚才通过立法、建立评估师认证和执照的规则和程序，联邦金融机构监察委员会的估价分会将开始实行这一规定的最后期限推迟到 1992 年 1 月 1 日。1991 年底，国会通过了有关银行业立法的一个规定，又将最后期限再次推迟到了 1993 年 1 月 1 日。

[2] 估价标准委员会是由一些估价团体的代表组成的私营组织，这些估价团体中最大的一个是估价研究所（由前美国房地产评估师研究所和房地产评估师协会于 1991 年合并而成）。

第 14 章

抵押贷款违约保险、赎回权丧失和产权保证保险

学习目标

通过本章的学习，你应当理解三种不同的违约保险计划——VA、FHA和私营抵押贷款保险——的操作，以及这三种保险计划之间的基本差别，并能够区分部分保险、全额保险以及联合保险。其次，你还应该了解各州禁止赎回法的区别以及在不同的保险计划下这些法律如何影响抵押贷款保险的索赔情况。最后，你还应该理解由产权保证保险所担保的风险，以及产权保证保险业的经济原理。

导　言

在本章中我们将会回顾违约保险、禁止赎回法以及产权保证保险的基本要素。一开始我们就对三种违约保险计划——VA、FHA和私营抵押贷款保险进行了描述与对比。这三种计划在合格要求、成本（保险费）、贷款限制、保险程序以及覆盖面方面各不相同。然后，我们将关注一下各州的禁止赎回法，讨论法定禁止赎回与行使售卖权程序的区别、平等赎回权和法定赎回权的区别、追索权和无追索权（反短额裁决）规定的区别。然后还会分析在不同的保险计划下各州的禁止赎回法对于违约风险和保险索赔的影响。最后我们讨论产权保证保险的目的、本质和成本。

抵押贷款违约保险

美国住宅和城市开发部（HUD）具备一系列支持和促进住宅供给的影响深远的项目：（1）有担保的高效贷款；（2）为修复房屋提供的担保贷款；（3）为受灾者提供的担保贷款；（4）有担保的反向年金贷款。HUD旗下还有联邦住宅管理局（FHA）。由于FHA是主要的由政府资助的提供抵押贷款违约保险项目的机构之一，因此我们的讨论就集中在这一块。

全美主要有四种抵押贷款违约保险，它们全都能保障贷款人免受由于取消赎回权而招致的损失。部分保险可以保障贷款原始金额的一定比例。如果保障比例为20%，那么100 000美元的贷款则可以保障20 000美元的索赔。全额保险则可以保障贷款人的全部损失。而联合保险可以保障不超过贷款金额一定比例的损失，高于这个数额的损失就要由贷款人和担保人按照相同的比率分担。因此，如果在保险保障率为20%的情况下，100 000美元的贷款出现了30 000美元的损失，那么贷款人会承担22 000美元的损失（即20 000美元+剩余无保险损失的20%）。随后我们会发现保险的种类直接影响贷款人控制损失的动机强烈程度。第四种抵押贷款保险是自我保险，在这种保险下，贷款人自行承担违约风险。

谈到抵押贷款保险和借款人，这里要指明几点。第一，保险费通常由借款人承担（FHA和私营抵押贷款保险情况下）或由联邦政府承担（VA）。第二，借款人必须缴纳合理的抵押贷款保险费。比如，VA担保的贷款除了在贷款发放时借款人必须要支付的担保基金费之外是没有其他费用的。而FHA担保的贷款和私营抵押贷款担保贷款则需要由借款人支付预付费用和年度保险费。由于FHA担保可以全额保障贷款，因此过去借款人不得不在整个贷款期限内支付保险费（这一状况后来有所改变，我们会在下文中进行探讨），而且必须支付。一般而言，贷款价值比高于80%的传统抵押贷款也是如此。

● 政府资助的保险

全美的两个政府资助保险项目分别由VA和FHA进行管理。VA是部分保险，保障不超过贷款金额一定比例的损失，而FHA是全额保险，可以保障全部损失。

VA保险

VA保险由1944年的《军人重新安置法案》根据《GI人权法》501条款设立。1989年，VA被提升为内阁级别，它提供担保以帮助符合条件的退伍军人及其直系亲属（通常是配偶）以极低的或零首付获得住宅。该住宅必须是退伍军人的主要住所。曾在海外服役的退伍军人可以为其直系亲属购买一处房屋作为主要住所。VA担保的贷款数额取决于作为借款人的退伍军人的条件。但VA并不能保障退伍军人免受所有的损失。

退伍军人必须服满最低期限的现役才可以申请VA贷款，这个期限从90天（实战期间）到6年（作为后备部队和国家警卫队）不等。一般而言，在和平时期要求连续服181天的现役才能符合条件。并非在服现役的退伍军人必须要有退伍证明并且不能有处分才算合格。在服兵役期间死亡或者因服兵役致残的军人的配偶如果没有再婚，通常也有资格得到VA贷款。

退伍军人的授权书指明了他的授权额。到2004年，退伍军人可贷得的最高数额为60 000美元。而在1944年该项目起步之初最高限额仅为2 000美元。随着近年来房价不断上涨，国会也同样提高了可得贷款上限。

VA为贷款人提供的担保金额最高可达初始贷款金额的50％或者50 000美元。对于数额在45 000～144 000美元之间的贷款，VA的最高担保额为贷款的40％，金额可达36 000美元。对于数额超过144 000美元的贷款，VA的最高担保额为25％，金额可达60 000美元。大部分的VA担保贷款都卖给了Ginnie Mae，它要求至少25％的担保，因此，贷款的最大数额不能超过240 000美元。退伍军人通常贷款的数额等于房屋的合理价值或购买价再加上融资费用。

VA的担保促使私营贷款者愿意为退伍军人提供条件优厚的贷款。如果借款人违约，贷款人因赎回权丧失而遭受损失，但是借款人还要负责偿还VA支付给贷款人的资金。对于在1990年1月1日及以后交割的贷款，只有借款人存在欺诈、撒谎或信用不良的情况时，违约的借款人才要向VA还款。

1988年3月1日以前批准的VA贷款是可以被全额续承的，之后批准的贷款可否被续承则取决于购买者的信用资格。对于前一类贷款，除非获准免责，否则退伍军人要对购买者的违约情况负责。而对于后一类贷款，购买者必须承担偿还贷款的全部责任，包括VA承担的赔偿责任。无论哪种情况下，VA贷款总是附带一些权利，因此如果房地产被卖给了非退伍军人，卖房的退伍军人的权利仍然与售出的房地产联系在一起，退伍军人只能通过用其他权利替代或者偿还抵押贷款来重获其权利。这里应该注意重获权利与免除责任有所不同。例如，一个退伍军人可能允许抵押贷款由符合条件的非退伍军人续承，在这种情况下，非退伍军人就可以续承还贷责任，使退伍军人可以免除责任。但是，该退伍军人的权利还会继续受到贷款的拖累。以前使用过其特权的退伍军人可能还有尚未使用的部分权利，可以用于购买另外的住宅，即便最初的贷款还没有偿还完毕也仍然可以。

VA担保贷款需要一定的担保基金费用，该费用因首付款数额不同而有所区别。如果首付为5％以下，则担保基金费是贷款金额的2％；如果首付在5％～10％之间，则担保基金费为贷款的1.5％；如果首付在10％及以上，则该费用为1.25％。对于预备役军人和再融资者，担保基金费要高一些；而由于服兵役致残从而有权获得赔偿的退伍军人则不需支付此费用。如果担保基金费与贷款的总额没有超过VA的上限，则担保基金费就可能包含在贷款之中。无论是已建成的独户住宅、两居室公寓还是四居室公寓，只要是退伍军人在完成贷款之后用于居住，就都有资格受保。新建的单元房是没有资格受保的，除非建筑商事先得到许可或者为退伍军人提供 10 年担保。

两名及以上的退伍军人可以使用他们的受保权利共同购买住房。VA 的担保是基于每位退伍军人的权益的，但是也不会超过较低的贷款金额的 40% 或 36 000 美元（对于金额超过 144 000 美元的某些贷款，该数额为 60 000 美元）。同样，如果夫妇二人都有资格受到 VA 担保，可以一起购买住房，但是 VA 担保的数额也不会超过较低的贷款金额的 40% 或 36 000 美元（对于金额超过 144 000 美元的某些贷款，该数额为 60 000 美元）。

VA 还为符合条件的累进还款抵押贷款提供担保。因此种贷款是分期偿还的，因此要求退伍军人支付首付，并且首付的比例可能比普通贷款要稍高一点。自 1992 年以来 VA 就开始了一个可调利率抵押贷款项目，其利率为一年期可调利率，根据浮动范围为 2.00、1 年期和贷款期利率的上限分别为 1% 和 5% 时的国债收益指数得到。VA 会担保包括商品房在内的用于房屋购买、维修或改造以及再融资的贷款。同时 VA 也提供再融资贷款。

自 1992 年以来，VA 贷款可以收取市场利率和贴现费用。由借款人支付的贴现费用不能被加到贷款中计算利息。在此之前，市场利率是由 VA 的主管设定，除了担保基金费之外，借款人不需支付任何贴现费用。

尽管不同区域的贷款交割成本不尽相同，但 VA 仍能在一定程度上对其进行管理。比如说，交割 VA 贷款不会收取佣金或经纪人费用。退伍军人支付的交割成本是非常合理的，其中通常包括 VA 估价、信用报告、调查、产权证明、登记费用、1% 的贷款发放费用以及折扣点。除了再融资之外，交割成本和贷款发放费用不能包括在贷款之中。

过去，在取消房地产赎回权的诉讼中由 VA 支付到期的贷款本金和利息，取得房地产的产权。随着 20 世纪 80 年代末期取消赎回权事件的增加，VA 改变了政策，要求对即将禁止赎回的情况进行公告，然后再进行估价，决定采取怎样的行动是最有利于 VA 的利益的：是取得房地产产权还是仅向贷款人支付保证金？如果仅向贷款人支付保证金，则在禁止赎回时 VA 不会参与竞买房地产，于是贷款人可以自行处理房地产，从而改变了 VA 和贷款人之间贷款的风险构成。

FHA 保险

FHA 是根据 1934 年的《联邦住宅法》设立的，目的是鼓励改善住宅标准和住宅条件。当时有近 200 万的建筑工人失业，住宅抵押贷款的违约量也创历史新高，只有约 40% 的家庭拥有产权，大部分的抵押贷款被限制为住宅价值的 50%，并且是 3~5 年的气球型抵押贷款。

FHA 的主要作用是并且一直以来都是提供一个共有抵押贷款保险体系。1965 年 FHA 并入 HUD，通过收取保险费自给自足。FHA 抵押贷款保险项目是为了保护私营贷款人免受由于借款人违约而造成的损失。同 VA 一样，FHA 不保障借贷人免受各种损失，也不直接出借政府基金。过去，FHA 在取消赎回权时取得房地产产权。现行的程序是先进行估价，然后决定是取得产权还是仅支付保险索赔而不在取消赎回权、出售房地产之时参与竞买。FHA 有 50 多个不同的项目为住宅购买、住宅改造、住宅维护、移动房车、多户住宅等提供贷款。

除了普通抵押贷款之外，FHA 还发放长期建设贷款，这类贷款可以允许借款人在房屋建筑之前获得贷款从而协助建筑商建房。另外，FHA 还提供逆向年金抵押贷款，允许借款人将权益算作月收入和（或）受信额度。这类贷款叫做住宅权益转换抵押贷款。这类贷款对借款人的要求是：(1) 年龄至少为 62 岁；(2) 拥有房地产；(3) 所拥有的房地产作为主要住所；(4) 参加消费者信息会。只要房地产由借款人居住并作为主要住所，则申请这类贷款没有收入和还款的要求。交割成本可以通过融资筹得，且 1~4 户住宅均可。抵押贷款的数额是根据最年轻借款人的年龄、当前利率水平、住宅评估价值或 FHA 限额的较低者来确定。对于独户住宅而言，贷款数额的上限为 132 000 美元。FHA 收取 2% 的保险费，以及每年未清偿贷款余额 1% 的一半。

FHA 保险的保障与 VA 有所不同。FHA 担保贷款全额免受违约和取消赎回权造成的损失。为了控制风险，FHA 考虑借款人的收入、信用状况、工作经历、购买住宅可用资金以及每月住宅支出情况设定了一个其担保的贷款额度，对满足额度限制的贷款给予担保。FHA 保险面向所有符合条件的美国居民，申请者并不一定具备公民资格，但是抵押房地产必须是借款人的主要住所，并且必须在美国境内。

FHA 抵押贷款保险的利率和贴现费用是可以与贷款人进行磋商的。贴现费用可以由买方支付，也可以由卖方支付。在 1984 年 11 月 30 日之前，FHA 就已经设定了一个借款人可以收取的最高利率，并禁止买方支付贴现费用（除一个点的贷款发放费用外）。设定这些限制的目的是为了保护借款人，但是现实却是当市场利率超过了 FHA 限定利率之时，贷款人就收取 FHA 贷款贴现费用以平衡利率差别。由于借款人不能支付贴现费用，因此该费用就要由那些经常抬升房价的卖方来支付。这一政策在信贷市场上造成了畸形：FHA 放弃了惯例转而支持现在的政策。

贷款限额。 贷款金额的上限曾经是全国统一的，这就导致那些住宅价格尤其昂贵的地区像夏威夷、阿拉斯加和加利福尼亚部分地区的 FHA 贷款保险匮乏。因此，政府允许特定地区的贷款限额根据住宅成本可以有所变动。对于房价低廉地区（全美约有 2 300 个县），贷款上限是 Freddie Mac 认可贷款限额的 48%。目前，这类地区独户住宅的贷款上限是 160 176 美元，两居室公寓是 205 032 美元，三居室公寓是 247 824 美元，四居室公寓是 307 992 美元。

房价高昂地区的贷款也根据 Freddie Mac 贷款限额的一定比例有一个上限。目前，独户住宅最高限额为 290 319 美元，但是在许多房价高昂地区（全美约有 130 个县），该限额设定为学区（SMA）或县内中等房价的 95%。阿拉斯加、关岛、夏威夷和维尔京群岛的限额可以调整为贷款限额的 150%，对于独户住宅而言最高可达 435 478 美元。对于多户房地产而言，限额可能会更高一些。FHA 会资助从独户一直到四居室的房地产，只要其中有一个居室是由所有者居住即可。

贷款续承。1986年12月1日以前，所有的FHA担保贷款都为全部可续承，这意味着买方续承抵押房地产不必满足什么条件。除非是有特定要求，且购买者同意承担债务，否则卖主不能解除债务。在1968年12月1日和1989年12月14日之间发放的贷款，放贷之后一年内进行续承需要对意图续承的人进行信用审核，初始审查期之后就变成了全部可续承贷款。如果房地产被售出，抵押贷款被续承，卖主在此后的5年内仍然负有责任。如果续承方并不想占有房地产，则初始期可延长为2年（由非房地产所有者的占用者申请的或续承的贷款叫做投资贷款，已于1989年被取消）。对于1989年12月14日之后发放的贷款，意图续承贷款的所有借款人在贷款的整个期限内都要接受信用审核。非所有者的占用者（投资者）不能续承此类贷款，也就是说贷款续承者必须作为所有者自住房屋。如果一个符合条件的借款人续承了贷款，则贷款人就应该同意卖主解除债务。

再融资。偿还FHA贷款可以进行再融资。由所有者占用的房地产可以获得高达购置成本（评估价值加上交割成本）的85%的现金。借款人可以从有担保的累进还款贷款中取出融得的资金，但却不能将资金注入其中。1989年3月，FHA针对极高利率的抵押贷款（15%及以上）出台了《简化再融资计划》，根据此计划，FHA允许基本不需书面报告就进行再融资，再融资的成本包含在新的贷款之中。

贷款价值比。FHA有几种不同的贷款保险项目，其中最受欢迎的为203b条款项目。该项目担保期为标准的30年，提供1~4户住宅的固定利率抵押贷款担保。如果在申请FHA担保的时候还附有退伍军人身份证明，则退伍军人可以贷得除200美元最低支付额之外的全部房款。若不是退伍军人就要求有一个最低的首付。FHA用如下的计算方法来确定贷款数额：（1）价格为50 000美元及以下的房屋，贷款为估算价值或者销售价格的98.75%，哪个低以哪个为准；（2）价格高于50 000美元的房屋，贷款为估算价值或者销售价格两者中数额较低的值的97.75%。1991年HUD公布的规定将可贷得的交割成本百分比限定在57%。

245a条款项目是FHA的累进还款抵押贷款（GMP）项目。借款人的月收入即使比较低也可以申请这类贷款，但是由于分期还款不断增加，因此首付款的要求比标准的203b贷款要高。因选择的计划不同，还款会以每年不同的增长率持续增长5~10年。本章附录A就比较了FHA累进还款抵押贷款计划Ⅲ中三种很受欢迎的贷款计划的还款情况及可贷得的房地产购置价格的百分比。比如，如果利率为10%左右，借款人的首付必须约为购置价格的9%。

抵押贷款保险费。1984年以前，FHA在贷款的整个期限内每年收取保险费（按月支付）。每年的保险费是未偿还贷款余额的0.5%，将这一数字除以12，加在月付之中。如果提前偿还贷款，借款人仅停止支付保险费，而不会收到退还的保险费。从1984年到1991年，年度保险费被废止，FHA开始一次性收取预付保险费（区分所有权房地产贷款仍然要按月支付保险费）。一次性抵押贷款保险费或者在交易完结之时以现金支付，或者计入抵押贷款之中。如果计入贷款，则30年期贷款的保险费为贷款金额的3.8%。如果在交易完结之时以现金支付，则保险费为贷款金额的 3.661%。

1990 年美国又制定了一套新的法律，逐渐减少保险费的比例到一个不变值 2.25%。这部分保险费被重新命名为预付抵押贷款保险费。该比例于 1994 年生效。预付保险费可以通过贷款获得，且无论用现金支付还是计入贷款之中都是一样的。新法律同时恢复了每年收取保险费的做法，所以现在 FHA 担保的借款人要同时支付预付保险费和年度保险费两种保险费用。

新法律恢复的年度保险费为未偿还贷款余额的 0.5%。对于 2001 年 1 月 1 日以前发放的贷款，支付保险费的时间长短取决于首付款的金额。贷款价值比低于 90% 的抵押贷款，其年度保险费是按照在贷款期限的头 11 年内的支付进行估算的。贷款价值比在 90% 到 95% 之间的抵押贷款，整个 30 年贷款期限内每年都要支付保险费。而如果贷款价值比高于 95%，年度保险费就要达到未偿还贷款余额的 0.55%，并且在整个还贷期限内每年都要支付。

从 2001 年 1 月 1 日起，预付保险费的比率从 2.25% 降低到了 1.50%。HUD 也第一次宣布，如果偿还的抵押贷款已经达到购买价格的 78%，则首次借款人也可以延缓支付年度保险费，且保险的保障仍然存在。

由于预付保险费是涵盖整个还贷期限的一次付清的款项，因此如果提前偿还贷款，则预付保险费的数额取决于退还的部分保险费。FHA 会使用基于尚需还贷年限的比例来计算退还的保险费。如果贷款被续承则不会退还保险费。

乡村住宅服务局

乡村住宅服务局（前农民住宅管理局）有为乡村地区提供抵押贷款担保的住宅担保贷款项目，为新建住宅贷款、长期建设贷款、购买现房贷款、维修或改造房屋贷款提供资助。该项目的突出优势在于：(1) 贷款价值比可达 100%；(2) 没有抵押贷款保险；(3) 很多情况下交割成本和担保费用可以贷款；(4) 使用传统的估价方法；(5) 申请者不局限于第一次购房者；(6) 还款收入比为 29%~41%。但是该项目也有一些限制，比如房地产不能有游泳池、贷款资助不包括商品房，同时贷款数额也有一个上限。

私营抵押贷款保险

私营抵押贷款保险（PMI）是由私营公司提供的保险，以担保贷款人免受由借款人违约而造成的损失。这一行业始于 20 世纪初期，当时产权公司购买抵押贷款并再次出售，成为一种小型的二级市场。为了发挥市场的作用，贷款售出时要有还贷担保及产权担保。截止到大萧条时期全美就已经出现了几百家抵押贷款保险公司，其中许多都存在资本不足的情况。后来房地产连年升值，使得私营抵押贷款保险公司远离了贷款违约风险。而经济萧条的几年里出现了大量的贷款违约事件，使得许多抵押贷款保险公司无力履行其承诺。

抵押贷款保险公司的大范围失败构成了在大萧条时期设立 FHA 抵押贷款保险的诱因之一。第二次世界大战之后，在 FHA 抵押贷款保险项目之余又增加了

VA保险项目。这两个官方保险项目都是针对中低收入购房者的,并且对于贷款的数额有所限制。官僚化的规定有时还会导致贷款办理过程出现延误。正是由于官方抵押贷款保险的局限性,传统贷款在抵押贷款市场上占据着显著的地位。

20世纪50年代末期抵押贷款担保保险公司在威斯康星州的成立意味着私营抵押贷款保险再次出现。其他的抵押贷款保险公司也紧紧追随,到20世纪70年代,全美已经有12个左右的大公司提供抵押贷款保险,而且这些大公司大多资本运作良好。重构的私营抵押贷款保险业是建立在广泛的资本需求基础上的。尽管私营抵押贷款保险公司由各州的代理机构进行管理,但是所有的州无一例外地都要求保险公司有大量的储备金,以应对可能的损失。除此之外,私营抵押贷款保险公司还必须有可以经受严重的经济衰退或灾难性的经济萧条的充足的储备金。

保险保障

一般而言,首付低于20%的情况下,PMI承保贷款超过一定比例的部分,贷款的首付越低,要求的保障数额就越高。通常PMI保险合同的保障情况如下:假设贷款人要求的贷款保障数额超出抵押房地产价值的75%,则最低的抵押贷款保险保障率为:

$$保险保障率 = \frac{抵押贷款余额 - 0.75 \times 房地产价值}{抵押贷款余额} \quad (14—1)$$

如果价值为100 000美元的房屋取得的抵押贷款数额为90 000美元,则:

$$保险保障率 = \frac{90\,000 - 75\,000}{90\,000} = 16.67\% \approx 17\%$$

保险保障率为17%的情况下索赔如下(单位:美元):

到期本金余额	88 915
累计利息	7 900
律师费	2 400[a]
房地产税	1 040
灾害保险	650
维修支出	360
其他取消赎回权的成本	200
小计	101 465
减收到的租金	1 300
索赔总计	100 165

注:a. 在大部分保险合同中,律师费限制在本金余额的3%以内,再加上累计利息。

如果保险公司认为在扣除附加的持有和交易成本之后房地产可以卖到高于100 165美元的价格,就会支付索赔,取得房地产产权。当借款人违约时很可能出现房屋价格被压低的情况,这时保险公司会选择支付17 028(100 165×0.17)美元的保险,这就意味着在扣除交易成本之后以83 137(100 165-17 028)美元的价格售出房地产，贷款人就不会遭受损失。

联合保险使得借款人愿意尽最大可能减少损失，这是由于一旦到达底线，借款人要共同分担大部分的额外违约损失。每个PMI公司都有一个所谓的总保险单统领各单个保单的条款和条件。总保险单包括用于控制损失的附加规定，典型的规定如下：

> 贷款人应当使所有取消赎回权的过程尽可能地快，除非整个程序排除了进行短额裁决的可能性（见下文的各州禁止赎回）。

> 鼓励自愿转让产权或者签订保证赎取权契据以避免缴纳取消赎回权的律师费。同时，在许多州内，取消赎回权使借款人得到一个可以赎回房地产的较长的时期，在这个时期之内，借款人有权在房地产内居住而不支付租金。

> 律师费局限于总索赔额的3%（这避免了贷款人为熟识的律师抬高律师费）。如果要求律师对借款人执行短额裁决，则可以允许收取额外的律师费。

> 由于保险公司可能保留代位偿还的权利（如果是由州内立法许可，则保险公司可以向借款人追究贷款人拥有但是没有行使的权利），故而贷款人不会采取任何行动限制保险公司要求赔偿的合法权利（如果限制的话则可拒绝赔款）。

> 贷款人必须对房地产进行修缮以使其恢复到签订保险合同时的状况，以避免贷款人忽视房地产的状况而损害到保险公司的利益。如果贷款人不进行修缮则不能要求索赔。索赔要求中只能包含正常的维护费用，不包含大修的费用。所以，如果贷款人无视房地产状况恶化，就必须要在要求索赔之前进行维修，并且维修的费用不能包含在索赔额之中。

图14—1表示的就是向抵押贷款保险公司（MI）提出和解决索赔要求的流程。例如，如果借款人3~4个月没有支付贷款的月付，则认为其已经违约。这时，贷款人必须与保险公司一起出具违约通知。如果借款人没有偿还贷款，贷款人就要设法通过取消赎回权或自愿转让取得房地产的产权，然后要么出售房地产得到多于债务金额的钱（这时没有损失），要么获得少于债务的钱并向抵押贷款保险公司提出索赔，再者不出售房地产而是提出初步索赔，这种情况下抵押贷款保险公司有两种选择——要么向贷款人支付保险合同规定的那部分债务，要么完全支付赔款取得房地产的产权再将其出售。

费用构成

私营抵押贷款保险的费用构成与政府抵押贷款保险有些区别，其预付费和每年收取的费用都比较低。如果几年之后贷款人不想继续保险合同，则不再交付年费。这种费用构成为私营抵押贷款保险业带来了一些问题。首先，这里存在着一个逆向选择的问题，即贷款人有终止低风险贷款的抵押贷款保险的倾向。比如，某个地方的房价可能会迅猛攀升，则贷款可能会一直存在风险，那么贷款人就会持续支付保险费以保持保险合同有效（保险公司不能终止保险）。这样一来，一段时间之后，保险公司就会失去良性贷款业务转而集中于高风险贷款业务。其次，由于保险可以随便在什么时候终止，所以如果贷款人感觉保险公司的赔付能力由于遭受严重损失或者无力偿还从而受到威胁，就可能会改投其他保险公司。尽管私营抵押贷款保险业实现了大规模资本化，但是在20世纪80年代中后期，仍然有一些PMI公司由于国内部分地区的经济萧条以及贷款人放弃经济实力较弱的保险公司的倾向而导致破产。

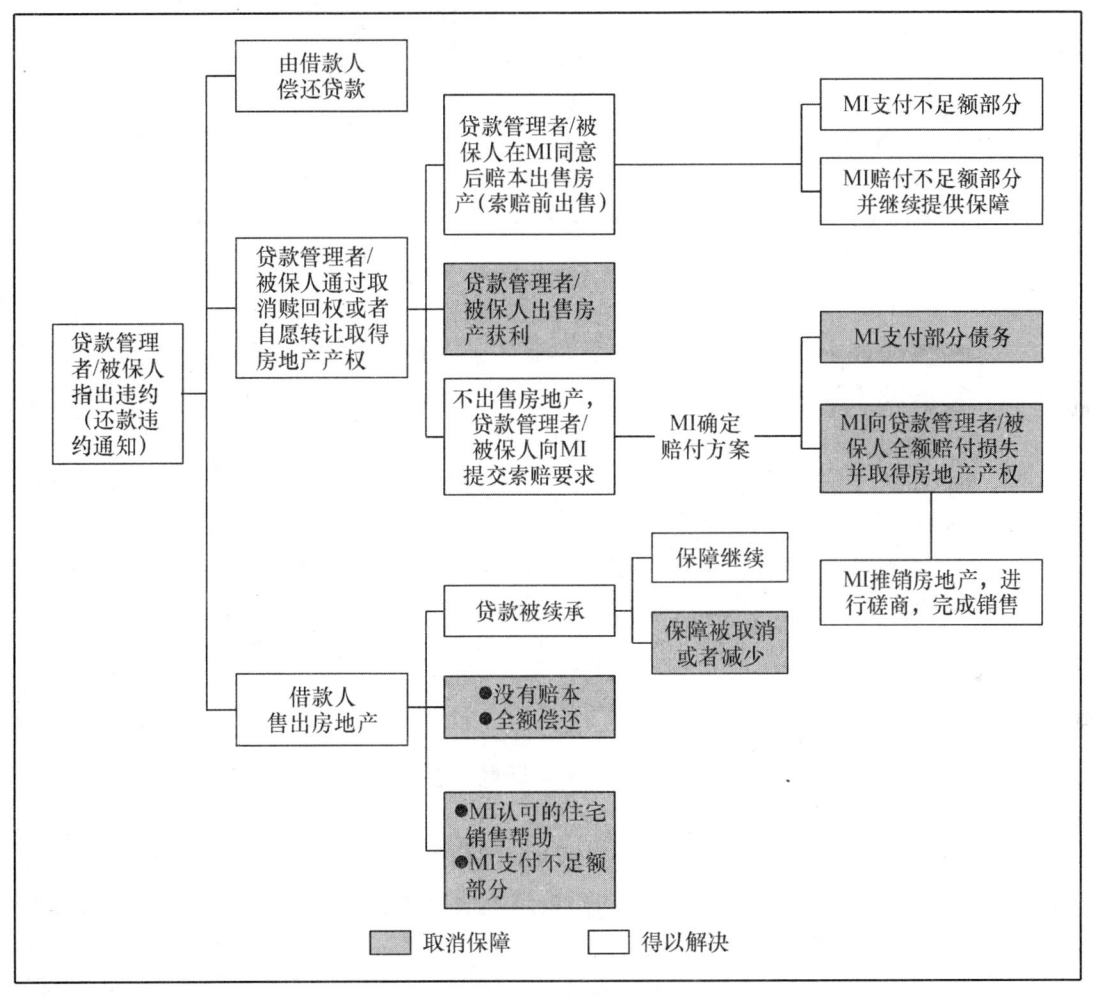

图14—1 索赔流程

●政府和私营抵押贷款保险项目的对比

表14—1简要总结了FHA、VA和私营抵押贷款保险之间的相同点和不同点。政府抵押贷款保险项目对于担保的贷款数额有限制，而私营抵押贷款保险没有。PMI在高端抵押贷款保险市场上占据主导地位的同时仍在中端市场上与FHA和VA抵押贷款保险进行竞争。VA保险具有改进的联合保险的性质，高于投保金额的损失由贷款人承担。PMI公司参与地方性保险，可以根据贷款的风险特别是贷款价值比收取不同的保险费。FHA保险项目基于贷款价值比收取年

度保险费，而VA则一次性收取统一的预付费，它们都不考虑房地产的所在地。而如上文所述，PMI公司收取初始费用再加上年费。如果贷款人放弃保险，则PMI保险费也停止收取。

表14—1　　　　　　　　　　抵押贷款保险对比表

	FHA	VA	PMI
是否限制贷款金额	是	是	否
是否有联合保险性质	否	经过改进的	是
是否收取统一保险费	是	无	否
是否成为保险业	否	否	是
是否提供首付极低的贷款	是	是	否
费用构成	部分预付，每年支付	一次性预付	部分预付，每年支付
可否用于新房	是	一般不能	是

FHA和PMI保险情况下，当抵押贷款全额偿还之时也不必再支付保险费。1998年的《住宅所有者保护法》要求当贷款价值比达到78%时，贷款人要自动终止PMI保险。1999年7月29日之后，一旦贷款价值比达到最初房地产价值的80%，则借款人可以要求终止PMI保险。美国抵押贷款保险公司估计每年约有100 000个的购房者取得PMI保险。自动终止保险不适用于已有贷款，但是必须告知现有房主其拥有终止保险的权利。

贷款人必须向借款人透露哪些信息取决于抵押贷款的种类——是固定利率抵押贷款还是可调利率抵押贷款。对于固定利率抵押贷款，贷款人必须向借款人提供的信息包括：（1）贷款价值比达到80%时（分期偿还情况下）借款人有权终止保险以及贷款价值比达到78%时保险自动终止的说明。（2）分期偿还贷款的日程安排，并指明借款人可以要求终止保险的时点以及保险自动终止的日期。（3）贷款风险情况。风险不高的情况下保险最迟不会超过贷款期限中点终止，也就是说30年的贷款最迟在第15年终止保险。

对于可调利率贷款，贷款人必须向借款人提供：（1）贷款价值比达到80%时通知借款人有权终止保险；（2）贷款价值比达到78%时保险自动终止的通知；（3）贷款风险情况的通知。

从1999年7月29日开始，法律为取得抵押贷款的借款人提供终止抵押贷款保险的两种途径：还款达到权益的20%后可以要求终止保险，以及达到22%后保险自动终止。保险的自动终止仅仅基于抵押贷款的初始分期偿还日程安排，法律并没有要求借款人提出的终止保险要考虑还款情况，也不要求将房地产的升值考虑在内，但是也并不禁止将其考虑在内。除了贷款价值比的要求之外，终止保险的要求还包括以下方面：借款人在过去的12个月内偿还贷款的时间比规定时间不晚于30天，或者在过去的24个月内不晚于60天；房地产没有贬值，也不存在从属留置权。

一种新的融资计划为借款人提供了一个免于支付PMI保险的方法，即"背负"贷款，将小额二级抵押贷款置于一级抵押贷款之上。由于这种贷款通常是

80％的一级抵押贷款，10％的二级抵押贷款，再加上10％的首付款，所以也常被称为80-10-10，另外还有其他的变形。一级抵押贷款通常卖给Fannie Mae或Freddie Mac，这类贷款的借款人不仅不一定必须支付保险费，而且二级抵押贷款的利息也可免税，这样就可以更快地累积资产。如果购买高价住宅，贷款人可能会将贷款价值比限制在80％，此时这类融资方法也具有优势。

各州禁止赎回法

下文对于各州禁止赎回法的讨论会为读者提供一些背景信息，以评估不同抵押贷款保险项目的风险。

禁止赎回

禁止赎回是指作为贷款担保的房地产被卖出的过程，它在借款人违约、不履行贷款协议（通常是不按照协议要求还款）的情况下发生。通过禁止赎回，贷款人行使其出售房地产的权利。在每个州，禁止赎回的过程由贷款协议条款及适用的州内法律规定管理。各州的法律允许或规定的程序各不相同，主要的区别集中在三个方面：取消赎回权的程序、赎回权和短额裁决。

程　序

将用于抵押贷款的房地产出售以弥补借款人违约责任的两种方法分别是：通过法定程序禁止赎回和通过售卖权禁止赎回。在为数不多的州，还有一种并不出售房地产的"严格禁止赎回"。

在法定禁止赎回情况下，贷款人必须通过向法庭起诉取得对借款人的判决以及法官批准的出售房地产的法院指令。全美所有的州都准予法定禁止赎回，但是大约有一半的州规定法定禁止赎回为唯一许可的程序。准予法定禁止赎回的各州法都设定了公开房地产的销售并向有关各方报告的要求。房地产售出之后，贷款人要向法庭提交一个有关房地产销售的确认报告，然后由法庭的工作人员进行记录并将契据交付新的房主，将扣除开庭费用的销售收入按照优先次序给予贷款人。在每一个优先留置权持有者得到全额偿还之后再偿还二级和再次之的留置权所有人。如果还有剩余则给予前房主（借款人）。《统一土地交易法》规定支付的次序为开庭费用、各级留置权所有人、前房主，大多数州都遵守这一规定。如果出售房地产的收入不足以支付开庭费用与拖欠的到期债务之和，就导致了短额。只要不被禁止，各州就会针对不足的金额对借款人作出短额裁决（见下文）。由于是通过法庭禁止赎回，因此通常结果是可出售完全产权。但是法定程序通常比较复杂、成本较高也比较耗时，仅仅是让法庭接手就要花掉大量的时间，而在这个过程中房地产的维护保养费用又落在了贷款人头上。

很多州许可的另一种方法是行使禁止赎回后的售卖权。如果抵押贷款协议的条款将违约情况下出售房地产的权利赋予贷款人，那么即使没有法院的指令也可以出售房地产。这时，最可能存在由受托人持有的信托契据。受托人的职责是确保贷款双方的权利受到保护，如果没有违约的证据就不能禁止赎回房地产并进行出售。受托人通常是律师或者银行。州内法律要求房地产出售要公开拍卖，并要有大量的布告，以此来保障借款人的利益。房地产的销售收入首先要用于支付进行销售的成本，包括房地产担保和保有的合理成本，然后用于偿还债务，最后剩余的才归借款人所有。

如果房地产的销售收入不足以偿还债务，贷款人就不得不采取法律行动来取得短额裁决。但是很多州规定，要取得短额裁决就要通过法定程序，致使行使售卖权禁止赎回的情况下无法取得短额裁决。行使售卖权的程序比法定禁止赎回快得多，费用也低，只要法律许可就可以成为人们比较倾向选择的一种方法。

平等赎回权和法定赎回权

无论在哪个州，出现贷款违约的抵押人如果全额支付未偿还债务（包括拖欠的利息以及贷款人规定的费用）就可以避免房地产被禁止赎回并出售，这就叫做平等赎回权，抵押人可以被豁免并得到产权。平等赎回权因房地产禁止赎回并出售而终止。《统一土地交易法》将借款人消除违约的权利限制为每12个月一次。已经违约的借款人可以出售其平等赎回权，购买者就会偿还贷款并承担借款人的债务。

法定赎回权是指借款人重新得到禁止赎回并进行出售的房地产的权利。法定赎回权从禁止赎回进行出售或平等赎回权的终止之时开始生效。并不是全美所有的州都允许法定赎回，约有24个州允许。各州的法律规定赎回期从1个月到18个月不等。法定赎回权是可以转让的。在某几个州，只有当通过行使售卖权实现禁止赎回时才会有赎回期，赎回期之内赎回房地产的成本通常是房地产售出的金额再加上利息和各种费用（由各州法律规定）。

有人说，法定赎回权的存在导致了赎回权丧失之时所有权弱化，阻碍了很多人在房地产出售之时参与竞标购买，因此增加了贷款人的成本（损失）。

短额裁决

短额裁决是指法庭基于禁止赎回并出售时的房地产价值以及债务数额（包括逾期拖欠贷款利息和取消赎回权的成本）之间的差别对借款人做出的裁决。

在大萧条时期遭受的巨大损失推动下，有一些州通过了反短额裁决立法。通常，在房地产市场萧条的情况下，房地产出售时唯一的出价人就是贷款人，他最终会得到房地产以及对借款人的裁决。看起来这样好像对很多人都不公平。反短额裁决立法就提出这一明显的不平等。许多州采用了改进的反短额裁决立法，以此来限制短缺的金额。这类情况下短缺的金额限制在债务额度和房地产的公平市场价值（非贷款人所出的价格）之间的差额之内，这里房地产的公平市场价值由法庭决定。而在其他各州，如果贷款人在房地产出售之时参与出价购买，则不允许短额裁决。反短额裁决立法通常不允许借款人在抵押贷款合同中放弃短额裁决的权利。

表14—2总结了各州取消赎回权的程序。该表中并没有表现出一些额外的细微差别，比如说，对位于相同面积土地上的住宅，不同的州运用的规定可能会有所不同。

表 14—2　　　　　　　　　各州赎回权丧失的对比

州名	主要的取消赎回权的方法	完成最初行动的月份	平等赎回期
阿拉斯加州	售卖权	3	无（A）
亚利桑那州	售卖权	4	无（B）
阿肯色州	售卖权	5	无（C）
加利福尼亚州	售卖权	5	无（A）
科罗拉多州	售卖权	2	2.5个月（D）
康涅狄格州	严格禁止赎回	6	无（E）
特拉华州	法定禁止赎回	9	无
哥伦比亚特区	售卖权	2	无
佛罗里达州	法定禁止赎回	6	无
佐治亚州	售卖权	1	无
夏威夷州	法定禁止赎回（F）	6	无（F）
爱达荷州	法定禁止赎回（G）	6	6个月（G）
伊利诺伊州	法定禁止赎回	6	6个月（H，I）
印第安纳州	法定禁止赎回	7	3个月（J，K）
艾奥瓦州	法定禁止赎回	6	6个月（L）
堪萨斯州	法定禁止赎回	4	12个月（M）
肯塔基州	法定禁止赎回	9	无（N）
路易斯安那州	法定禁止赎回	4	无
缅因州	占用占有权	1	12个月
马里兰州	售卖权	2	无
马萨诸塞州	售卖权	9	无
密歇根州	售卖权	4	6个月（O）
明尼苏达州	售卖权	3	6个月（P）
密西西比州	售卖权	1	无
密苏里州	售卖权	2	无（Q）
蒙大拿州	售卖权（R）	1	无（R）
内布拉斯加州	法定禁止赎回	7	无（J，S）
内华达州	售卖权	5	无（T）
新罕布什尔州	售卖权	2	无
新泽西州	法定禁止赎回	6	无（U）
新墨西哥州	法定禁止赎回	6	1个月（V）
纽约州	法定禁止赎回	8	无
北卡罗来纳州	售卖权	1	无
北达科他州	法定禁止赎回	3	6个月（L）
俄亥俄州	法定禁止赎回	8	无
俄克拉何马州	法定禁止赎回	6	无（W）
俄勒冈州	售卖权	9	无（X）
宾夕法尼亚州	法定禁止赎回	6	无
罗得岛州	售卖权	1	无
南卡罗来纳州	法定禁止赎回	5	无（U）
南达科他州	法定禁止赎回	6	6个月（L，Y，Z）
田纳西州	售卖权	1	无（C）
得克萨斯州	售卖权	1	无
犹他州	售卖权	5	3个月（J，A1）
佛蒙特州	严格禁止赎回	1	6个月（A2）
弗吉尼亚州	售卖权	2	无

续前表

州名	主要的取消赎回权的方法	完成最初行动的月份	平等赎回期
华盛顿州	售卖权	1（A3）	无
西弗吉尼亚州	售卖权	2	无
威斯康星州	售卖权（A1）	3	12个月（A1）
怀俄明州	售卖权（A2）	3	3个月（A1）

注：(A) 使用信托契据。但是，如果实行法定禁止赎回，则有12个月的赎回期。
(B) 也可以实行抵押贷款下的法定禁止赎回，完成时间是4个月，之后是6个月的赎回期。但是，如果房地产被放弃赎回，赎回期就可以按照法律减少为1个月。
(C) 担保契约中明确指出放弃提供的赎回权。如果不放弃，则在阿肯色州赎回期为12个月，田纳西州为24个月。
(D) 1965年7月1日以前执行的担保契约赎回期为5个月。
(E) 法定赎回期完全取决于房地产价值与债务之差。如果扣除债务的净值很少或者没有，则在赎回完成之前有30天的赎回期，否则就由法庭决定赎回期的长短。
(F) 签订信托契据条件下也允许通过行使售卖权进驻或者拥有房地产从而取消赎回权。
(G) 超过20英亩的房地产赎回期为12个月。签订信托契据后也同样允许通过行使售卖权取消赎回权。
(H) 法律既允许严格禁止赎回（房地产的价值不超过债务的90%），也允许在抵押人同意后取消赎回权。无论哪种情况都排除禁止赎回后将房地产出售，抵押权人放弃短额裁决，判决直接将产权授予抵押权人，抵押权人要同意有3个月的赎回期。
(I) 如果裁决日期在1982年1月1日以后，待售房地产的赎回期为6个月（在1982年1月1日以前赎回期是从接管之日起12个月）。
(J) 在印第安纳州、内布拉斯加州（法庭按照抵押人的要求延缓出售）、俄克拉荷马州（法庭不进行估价）、威斯康星州（采用法定禁止赎回情况下）、和犹他州（通过行使售卖权禁止赎回情况下），赎回期都在房地产出售之前。在内布拉斯加州，只能在出售之日与确认出售之日期间赎回。
(K) 对于1975年7月1日之前执行的担保契约，赎回期为房地产出售之前6个月，销售完成的时间为10个月，之后是为期12个月的移交期。
(L) 如果担保契约特别规定6个月的宽限期，则赎回期为12个月。在艾奥瓦州，如果抵押人放弃房地产，则赎回期可以被缩短为2个月。
(M) 如果没有针对短额提起诉讼，则在放弃房地产或者以低于1/3首付的价格进行买价抵押贷款的情况下，赎回期被缩短为6个月。
(N) 如果取消赎回权将房地产进行出售的收入低于房地产评估价值（法庭评估师评估结果）的2/3，则有12个月的赎回期。
(O) 1965年1月1日前签订的担保契约赎回期为12个月。如果抵押人放弃房地产则赎回期缩短。
(P) 如果信托契据在1967在7月1日之后执行，且放弃进行短额裁决，则赎回期为6个月。
(Q) 房地产售出之后10天内，抵押人可以公开表示赎回的意愿，包括出示税收和利息等的担保金，这种情况下赎回期为12个月。
(R) 超过15英亩的房地产，如果进行抵押贷款并且法定禁止赎回，则有一年的赎回期。
(S) 1965年开始生效的信托契据下可以通过行使售卖权禁止赎回。完成售卖的期限为3个月，售出之后不能赎回。
(T) 抵押贷款的房地产可以采用法定禁止赎回，售出之后有12个月赎回期。
(U) 假设没有针对短额提出诉讼，否则赎回期为6个月。在南卡罗来纳州，如果进行了短额裁决则赎回期为1个月。
(V) 假设抵押贷款特别要求较短的赎回期，否则赎回期为6个月。
(W) 假设房地产的出售经过了法庭估价，否则在出售之前有6个月的赎回期。
(X) 如果担保契约在1959年5月26日之前执行，则必须采用法定禁止赎回，房地产售出之后有12个月的赎回期。
(Y) 面积少于40英亩的房地产也可以通过行使带管理权的售卖权禁止赎回。
(Z) 抵押人提交包括提供自然产生的税费和利息等内容的书面陈述后，赎回期可以延长到24个月。
(A1) 可以实行法定禁止赎回，如果采用这种方法，在出售房地产之前有6个月的赎回期。在犹他州，房地产出售之后也6个月的赎回期。在怀俄明州，房地产出售之后有3个月的赎回期，以及留置权人的30天留置。
(A2) 1968年4月1日之后进行的抵押贷款，赎回期为从裁定之日起6个月，除非通过投诉使赎回期变短。1968年4月1日之前进行的抵押贷款，赎回期为12个月。
(A3) 如果出售房地产，必须是在确定出售之日前借款人至少已违约120天方可。

资料来源：Mortgage Bankers Association, *A State Legislative Compilation*。

第14章 抵押贷款违约保险、赎回权丧失和产权保证保险

❖ 违约风险、抵押贷款保险和各州禁止赎回法

住宅贷款的违约风险通常在违约之时以房地产的负权益值来度量。假定有一笔100 000美元的贷款，当房地产的价值是90 000美元时，损失为10 000美元。但是违约贷款的实际损失比负向资产净值高得多。当贷款人取消一宗房地产的赎回权时，主要成本就会增加。取消赎回权、清算房地产的成本可以被分为三类：交易成本、房地产成本和机会成本。交易成本包括取消赎回权过程所涉及的成本——律师费、受托人酬金、政府交易手续费、经纪人佣金、产权让渡费用等等。房地产成本包括在清算之前贷款人保有房地产带来的成本——房地产税、灾害保险、公用事业公司股票以及维修保养费用。机会成本包括投资于房地产的资金投作他用生成的利息。

取消赎回权的程序越长、代价越高，以上提到的成本就越高。早期联邦住宅贷款银行理事会所做的一项研究表明，在取消赎回权程序简洁且造价低廉的州，贷款违约造成的损失与贷款余额之比仅为6.4%，而在取消赎回权所需时间较长且费用较高的州，这一百分比可以高达53%。[1] 克劳瑞特发现，在伊利诺伊州，1972—1988年间，FHA在禁止赎回的贷款方面遭受的平均损失为25 316美元。[2] 伊利诺伊州法律要求采取法定禁止赎回，提供法定赎回权。而在相邻的密歇根州，同期内的平均损失为15 847美元，且密歇根州允许行使售卖权从而禁止赎回。因此，看起来违约的风险不仅仅来自可能导致负权益的房地产价格的下降，还来自取消赎回权和房地产清算过程中的成本。有一些州的法律为取消赎回权和房地产清算过程提供了便利，而另一些州则没有这么做，从而为贷款人造成了经济负担。

如果允许通过行使售卖权禁止赎回并且不提供法定赎回权，就有助于控制成本。行使售卖权可以通过缩短取消赎回权的过程降低保有成本、售卖前的利息和机会成本。如果不提供法定赎回权，那么在房地产清算出售时出价的要求应该更严格。规定了短额裁决的法律也可以减少违约损失，贷款人可以要求法庭作出短额裁决以减少其损失。即使借款人缺乏资金来全额支付法庭的短额裁决，也可以由贷款人占用房地产作为一种解决方法，这在一定程度上也可以减少损失。

简而言之，在法律规定有利于贷款人的各州，贷款人可以迅速清算房地产，实现更有利的房地产出售价格并向借款人追索短缺金额。

贷款人和承保人动机的冲突

由于大部分住宅贷款要么由政府机构要么由私有公司提供保险，因此由违约和取消赎回权造成的风险也成了承保人担忧的一个问题。此外，保险合同的格式以及各州不同的法律也可能会影响承保人承担的风险。

这一风险来源于保险合同带来的贷款人控制取消赎回权成本的动机。例如，FHA为所有的损失提供全额保险保障，但PMI则是联合保险。既然FHA保险可以保障所有的损失，贷款人就不会有强烈的动机去追求最迅捷的禁止赎回过程，也不会努力去争取短额裁决。但是在PMI情况下，贷款人要分担一部分高

于保险保障率的损失,因此如果可以选择禁止赎回的程序(法定禁止赎回还是行使售卖权禁止赎回),贷款人会愿意尽快取消赎回权,并且努力去争取短额裁决。有证据表明,事实的确如此。克劳瑞特和赫佐格(Herzog)分析了抵押贷款承保人每承保1美元而遭受的由索赔带来的金钱损失的风险。[3] 1980—1987年间,PMI公司的平均损失率为1.2%。该损失率因州而异,从夏威夷州的0损失率(1980年)到怀俄明州的9.75%(1987年)不等。

损失率的差异有些是由地方经济状况导致的,但主要还是由于各州禁止赎回法的差别造成的。我们发现,在要求法定禁止赎回的州和规定了法定赎回权的州,PMI损失率分别比其他州高12%和25%。而在允许作出短额裁决的州,损失率就降低了29%。对于FHA担保贷款,法定禁止赎回和法定赎回权的规定,分别使损失率增加了60%和65%。FHA的损失并没有受到有无短额裁决的影响,这是可以预料得到的,因为在FHA担保下贷款人没有主动争取短额裁决的倾向。

产权保证保险

通过转让房地产的产权可以实现房地产的交易。产权的转让就意味着将房地产的合法使用权由卖方转移给了买方。买方希望拥有一系列尽可能没有争议的房地产的合法权利。政府总是通过其管制权力限制或者剥夺某些房地产的相关权利,比如通过颁布区划法限制房地产的使用,将房地产用于某些公共用途(征收或者征用),要求房地产的全部或部分作为公共服务之用(例如用于公共通行),以及对产生收益的房地产课税。但是除了这些政府要求外,买方也希望得到无争议的明晰的产权且不受私营团体的限制。

产权保证保险在房地产转让之时即可取得。它可以避免未将明晰的产权转让给买方的风险,但并不能担保由于政府对房地产权利的限制可能造成的损失,比如由于区划立法或者征用造成的损失。产权保证保险包括产权调查,而所谓产权调查,就是回顾房地产的整个历史中每一次产权转让情况的过程。产权调查可以回顾公共记录,发现那些没有将明晰的房地产产权转让给买方的情况。大部分人都认为,房地产历史上的一些事件可能会导致房地产的产权不清晰,他们想象着突然发现一份文件,记载着在19世纪的某一时间,一个已失踪许久的房主的不道德的亲戚将房地产的产权进行了欺诈性的转让,或者与当地人签订的一个古老的条约被人们曲解,再或者根本就未从古代西班牙国王手中得到土地的授权转让,于是人们将产权保证保险视作避免受这类情况损害的保护措施。尽管产权保证保险能够防范这些情况,但这并非产权调查或者产权保证保险的主要目的,其主要目的还是防范因近来发生的某些事件导致的未能将明晰的产权转让的现象。

有些人对于产权保证保险的另外一个常见的误解是认为其并非必需的。他们推测如果房地产的出售者在购买之时已经进行了产权调查并取得了明晰的产权,那么房地产的产权一定仍然没有争议。用事实来解释这一误解是再清楚不过的了。将明晰的产权进行转让存在的争议和障碍大多是在最后一次转让近期和之后出现的。最明显的争议就是由于现在的房主出资购买了房地产故而存在的抵押贷款（信托契据），但是还可能存在其他的争议，像在房地产最后一次转让之后还可能有二次抵押贷款，或者由于现在的房主未能支付地方房地产税形成对房地产的留置权。如果房主没有支付联邦所得税，那么国内税务局就可能对物业设留置权。如果房主对房地产进行了维修或者增建又没有向订约人支付必需的费用，就可能形成对物业的维修性留置权。甚至如果房主不支付水费或者污水处理费也会生成留置权，而且这类留置权可以很快成立。产权调查就是为了发现这些争议，并在初步调查中列出来，使其在转让产权时必须得到解决（通常是通过偿还解决）。

转让房地产之时会进行产权调查并签署产权保险合同。全美大约有12个全国性的产权保险公司都使用一种叫做"美国土地产权联合会（ALTA）保险合同"的标准保险合同，可以担保贷款人和新房主各自免受一些损失。

在以下情况下，出现损失的贷款人和新房主双方都可以享受保险：（1）房地产的产权归属错误的一方；（2）房地产转让之后仍然存在留置权或者抵押权；（3）产权不能被出售；（4）房地产建筑的土地毗邻一条或者多条街道，因此所有者不能得到正常的占用权；（5）抵押贷款无法执行；（6）抵押贷款留置权的优先顺序不正确；（7）抵押贷款的转让无效。

如果房地产是完全用现金购买的，新房主就不一定必须购买产权保险，而是可以自己承担风险。如果新房主购买了保险，就会涉及"所有者保险"，这时只能保障以上所列的（1）～（4）条的内容。保险的保障金额可以有所不同，但不能高于房地产的价值。所有者保险不保障在房地产销售之前就已知存在的留置权造成的损失，也就是说，如果在产权调查时即发现存在对房地产的留置权，且在转让产权的时候没有消灭，则产权保险不保障由留置权造成的任何损失。通过产权调查发现的留置权在保险合同上将被列为"例外"情况，即不受保障。看起来这好像对于房地产购买者不太公平，但是请注意，如果没有将明晰的产权进行转让，则购买者享有对出让人（产权转让公司或者律师）的追索权。所以，如果出让人进行产权调查，发现了留置权，转让了房地产产权但是没有使留置权归于灭失，则新房主会针对出让人而非产权保险公司行使追索权。

另外，贷款人会要求新房主购买"贷款人保险"，保障以上所列的（5）～（7）条涵盖的额外因素。贷款人保险会保障在调查过程中发现的已知的留置权或其他债权造成的损失。由于提供额外保障，贷款人保险比所有者保险贵一些，承保金额通常与贷款金额相等，可以低于房地产价值。如果新房主全部用现金购买了一宗房地产，那么他可能愿意支付更高的保险费取得贷款人保险，这也是允许的。

产权保险与其他种类的保险（比如房地产保险和灾害保险）有几个方面不同。首先，产权保险保障在支付保险费之前发生的事件造成的损失，而房地产保险、灾害保险、人寿保险和健康保险都只是保障支付保险费之后的损失。其次，正因为以上原因，产权保险公司或其代理会尽最大努力确保不会因过去的某些事件造成损失。产权保险公司的最主要的成本是查询公共记录、寻找在眼下的交易之前产权转让过程中出现的债权或者错误而带来的费用。为此，保险公司必须雇用接受过公共记录调查培训的个人。在美国很多地区，保险公司复制公共记录并将其保留为自己的记录，这就叫做"产权副本"。每日更新产权副本的信息造价高昂，且维持产权副本、进行调查是产权保险公司最大的单项费用。所以，简言之，产权保险的相关管理费用比其他险种高得多。

但是产权保险的赔偿却低得多。对于房地产保险和灾害保险公司而言，赔偿可以达到收入的40%～90%，尤其不利的年份内，某些这类保险公司提供的赔偿甚至超过保险费收入的100%。而对于产权保险公司而言，赔偿仅是保险费收入的4%～7%。因此可以说，房地产和灾害保险费的绝大部分用于赔偿损失，而产权保险费的绝大部分用于维持产权副本、进行记录查询。

最后，由于产权保险费的一大部分用于支付管理和运营费用，所以只有少量的保险费可以用于投资获得收益。对于房地产保险和灾害保险公司而言，净投资收益平均约占收入保险费的11%，而对于产权保险公司，这一比例仅为4%。

维持产权副本的高额固定管理成本使得产权保险公司很容易受房地产周期的影响。很显然，保险费收入是从房地产交易中赚得的，因此当利率提高时房地产特别是商业房地产交易就会减弱，产权保险公司的保险费收入也就大幅下降。

小　　结

贷款人如果希望其发放的贷款免受损失，可以有两种选择，即投保政府保险项目或者私营保险项目。无论是哪种选择，贷款都必须符合承保人的资质要求。FHA 和 VA 设定了承保贷款的贷款价值比和贷款数额要求。正因为如此，很多高额贷款都由私营保险公司承保。VA 保险提供的是部分保险保障，而 FHA 保险是对所有损失的全额保障。PMI 保障约定比例的贷款，如果损失超过了这一比例，则贷款人和承保人共同分担超额的损失，这就是联合保险。

如果贷款出现了违约，各州的法律就会管制取消赎回权过程。一些州要求通过法定程序，另外的州则允许受托人通过行使售卖权的程序出售房地产，后者比前者的成本低得多。如果房地产的价值还不足以支付债务就叫做短额，此时大部分的州都允许贷款人争取短额裁决，但是有大约6个左右的州规定，如果行使了售卖权禁止赎回房地产则不再允许作出短额裁决。

对取消赎回权进行管制的各州法律可以影响到贷款违约造成的损失总和。赎回的司法程序和法律规定增加了违约导致赎回权丧失的成本（以及损失）。反短额裁决立法也通过限制贷款人的追索权从而增加了损失。

向私营和政府抵押贷款保险机构索赔的历史资料表明，赎回所需的司法程序和法律规定确实增加了贷款违约造成损失的风险。

产权保险可以担保贷款人（和借款人）免受产权存在问题而导致的损失。借款人保险不担保房地产出售之前就已知存在的留置权或其他欠缺造成的损失，贷款人保险则可以担保房地产出售之前就存在的已知和未知的留置权或其他欠缺造成的损失。

关 键 词

美国土地产权联合会	抵押贷款违约保险
联合保险	抵押贷款保险费
保险保障率	部分保障
短额裁决	有售卖权的赎回权取消
权利	私营抵押贷款保险（PMI）
平等赎回权	自我保险
赎回权丧失	法定赎回权
完全保障	产权副本
取消赎回权的司法程序	产权调查
留置权	

推荐读物

Clauretie, T. M., and T. Herzog. 1990. The effect of state foreclosure laws on loan losses: Evidence from the mortgage insurance industry. *Journal of Money, Credit and Banking* 22 (2), 221–233.

Epperson, J. F., et al. 1985. Pricing default risk in mortgages. *Journal of the Amercian Real Estate and Urban Economics Association* 13 (Fall).

Foster, C., and R. Van Order. 1984. An option based model of default. *Housing Finance Review* 3 (October).

Plotkin, I. H. 1978. On the theory and practice of rate review and profit measurement in title insurance. Cambridge, MA: Arthur D. Little, Inc.

Touche, Ross & Co. 1975. The cost of mortgage foreclosure: Case studies of six savings and loan associations. Washington, DC: Touche, Ross & Co.

Wiedemer, J. P. 2001. *Real Estate Finance*, 8th ed. Mason, OH: Thomson/South-Western.

复习思考题

1. 分别定义并解释不同种类的抵押贷款保险保障,并各自举出一个例子。
2. 对比 FHA 和 VA 保险项目。
3. FHA 如何确定其标准 203b 条款项目的保险费?
4. 对比私营抵押贷款保险项目与政府保险项目。
5. 对比州立法律确定的两种取消赎回权的主要方法。
6. 区分平等赎回权和法定赎回权。
7. 解释州立取消赎回权法律如何影响贷款损失和抵押贷款承保人面临的索赔风险。
8. 定义产权保险,说明它用于保障哪些损失。
9. 区分所有者(借款人)保险和贷款人产权保险在保障范畴方面的差别。
10. 对比产权保险和房地产保险、灾害保险。

习 题

1. 根据以下给定的信息,确定:(1)申请人有权获得的最高抵押贷款金额;(2)FHA 保险可以资助的正当交割成本的百分比。

房地产价值	
售价	80 000 美元
评估价值	79 500 美元
正当的买卖手续费	2 400 美元

2. 如果习题 1 中销售价格和评估价值都是 46 000 美元,正当的买卖手续费为 1 200 美元,那么(1)和(2)的答案又是什么?

3. 假设一笔住宅贷款违约情况的相关信息如下:

禁止赎回后进行出售时房屋的价值	100 000 美元
最后一次还贷时所欠贷款余额	120 000 美元
最初贷款金额	125 000 美元
拖欠利息	4 000 美元
取消赎回权成本	
律师费	5 000 美元
开庭费用	300 美元
取得房地产产权费用	
保养费用	800 美元
灾害保险	400 美元

房地产税	550 美元
维修费用	700 美元

确定贷款由以下不同机构担保时贷款人得到的损失赔偿金额：(1) 由 FHA 担保；(2) 由 VA 担保；(3) 由普通的 PMI 公司担保且保险保障率为 15%。分别指出以上三种情况下不能得到保险保障因而必须由贷款人自己承担的损失。

4. 对于习题 3，如果其他条件不变，投保私营抵押贷款保险且贷款人不承担任何损失，则房地产的价值应为多少？

5. 同样对于习题 3，如果房地产的价值仍然是 100 000 美元，贷款人不承担任何损失，则私营抵押贷款保险的保险保障率应为多少？

相关网站

http://www.creditscoring.com
有关信用积分状况的信息

http://www.fairisaac.com
有关信用积分的信息

http://www.fanniemae.com
有关联邦国民抵押贷款协会以及住宅金融体系的信息

http://www.freddiemac.com
有关联邦住宅抵押贷款公司的信息

http://www.hsh.com
有关传统抵押贷款和其他贷款的信息

http://www.hud.gov
来自住宅和城市开发部的住宅信息（包括 FHA）和消费者警示

http://www.mbaa.org
抵押贷款银行业者联合会

http://www.va.gov
有关退伍军人管理局抵押贷款保险的信息

注 释

[1] Touche, Ross & Co. The costs of mortgage loan foreclosure: Case studies of six savings and loan associations. Washington, DC: Touche, Ross & Co., April 1975.

[2] T. Clauretie. Foreclosed laws and FHA losses: Illinois and neighboring states, Office of Real Estate Research Paper No. 79. Champaign-Urbana: University of Illinois, May 1990.

[3] T. Clauretie and T. Herzog. The effect of state foreclosure laws on loan losses: Evidence from the mortgage insurance industry. *Journal of Money, Credit and Banking* 22 (2) (May 1990), 221-233.

附录 A
FHA 累进还款抵押贷款项目

FHA 累进还款抵押贷款项目（245a）及月付对比　　　　　　　　单位：美元

贷款金额：90 400 美元；利率：10%；期限：30 年

累进率	245a 方案 1 2.50%	245a 方案 2 5.00%	245a 方案 3 7.50%	203b 利率为 10% 的 FHA 标准抵押贷款
第一年	723.72	660.45	603.00	793.50
第二年	741.80	693.48	648.22	793.50
第三年	760.35	728.14	696.84	793.50
第四年	779.37	764.56	749.11	793.50
第五年	798.85	802.79	805.29	793.50
第六年	818.82	842.93	865.69	793.50

最高贷款系数，FHA 累进还款抵押贷款计划 III（245a）

利率（%）	本金余额系数	第 1 年 P&I 系数	利率（%）	本金余额系数	第 1 年 P&I 系数
8.00%	94.087	5.510 1	12.50%	89.452	8.235 8
8.25	93.793	5.650 0	12.75	89.225	8.398 2
8.50	93.505	5.791 5	13.00	89.004	8.561 8
8.75	93.225	5.934 4	13.25	88.787	8.726 3
9.00	92.951	6.078 8	13.50	88.575	8.891 7
9.25	92.684	6.224 6	13.75	88.367	9.058 0
9.50	92.423	6.371 9	14.00	88.164	9.225 2
9.75	92.169	6.520 4	14.25	87.966	9.393 3
10.00	91.920	6.670 4	14.50	87.771	9.562 1
10.25	91.677	6.821 6	14.75	87.581	9.731 8
10.50	91.440	6.974 0	15.00	87.394	9.902 3
10.75	91.200	7.127 7	15.25	87.212	10.073 6
11.00	90.932	7.282 6	15.50	87.033	10.245 6
11.25	91.970	7.438 7	15.75	86.857	10.418 3
11.50	90.415	7.596 4	16.00	86.685	10.591 8
11.75	90.166	7.754 3	16.25	86.519	10.766 0
12.00	89.922	7.913 8	16.50	86.350	10.940 8
12.25	89.685	8.074 3	16.75	86.188	11.116 8

第14章 抵押贷款违约保险、赎回权丧失和产权保证保险

抵押贷款保险费每月支付系数

区分所有权房地产，30年抵押贷款

利率（%）	系数	利率（%）	系数	利率（%）	系数	利率（%）	系数
7.00	0.4148	9.50	0.4155	12.00	0.4160	14.50	0.4163
7.25	0.4149	9.75	0.4156	12.25	0.4160	14.75	0.4163
7.50	0.4149	10.00	0.4156	12.50	0.4161	15.00	0.4163
7.75	0.4150	10.25	0.4157	12.75	0.4161	15.25	0.4163
8.00	0.4151	10.50	0.4158	13.00	0.4161	15.50	0.4163
8.25	0.4152	10.75	0.4158	13.25	0.4162	15.75	0.4164
8.50	0.4153	11.00	0.4158	13.50	0.4162	16.00	0.4164
8.75	0.4153	11.25	0.4158	13.75	0.4162	16.25	0.4164
9.00	0.4153	11.50	0.4159	14.00	0.4163	16.50	0.4164
9.25	0.4154	11.75	0.4159	14.25	0.4163	16.75	0.4164

第三部分

商业房地产金融

➡ 第15章 价值、金融杠杆和资本结构
➡ 第16章 联邦税收与房地产金融
➡ 第17章 商业房地产的资金来源
➡ 第18章 购置、开发和建设融资
➡ 第19章 商业房地产中的永久融资
➡ 第20章 房地产融资与持有的所有权结构

这一部分涵盖了商业房地产融资的相关课题。商业房地产包括所有非住宅物业和多单元式的住宅物业。商业房地产有很多种类，包括办公楼、仓库、工业物业、购物中心、医院、酒店、汽车旅馆和许多其他种类的物业。本部分将重点介绍商业房地产项目所特有的融资特性，并涵盖有关税收和不同所有权形式的问题，如合伙制、公司制和房地产投资信托。

第15章

价值、金融杠杆和资本结构

学习目标

本章将介绍通过举债方式为商业或产生收益的房地产物业进行融资的问题。通过本章的学习，你应当理解房地产权益投资的价值取决于税后权益现金流量的水平和风险，并掌握债务资金的运用将如何改变现金流量。当债务资金的运用改变权益现金流量的数量及风险时，房地产的投资价值也会相应改变。因此，应确定负债的最佳数量，贷款数量太多或太少都不能实现权益价值的最大化。应掌握负债和权益融资的最佳平衡的概念。关于运用最佳数量的贷款是否能够改变房地产权益投资的价值这一问题，还存在争议。还应了解现实中有很多制度问题，如税法的特殊规定和不同类型房地产的风险，也会影响房地产投资的债务结构。

导 言

关于商业房地产物业，本章将引入相互关联的三个基本概念：价值、金融杠杆和最优资本结构。本章将论述房地产投资中金融杠杆的价值这一核心问题。即使不考虑税法和借款协议的法律问题等制度因素，有观点认为金融杠杆将对房地产的价值产生积极影响，也就是说，金融杠杆本身具有价值。这种观点还提出过多运用债务也会带来高风险，是不可取的。尽管举债融资可能带来收益，但也有理由认为房地产融资不能也不应完全依靠负债。因此，要确定最佳的债务数量或最优的资本结构。最优资本结构可由出借方提出用来限制贷款数量以确保利益最大化，这将与其他的制度因素一起影响债务融资的数量。

与此相对应，有观点则认为运用债务本身并不能提高房地产投资的价值。这种观点认为，如果忽略制度因素，负债经营没有收益，因而不存在最优的资本结构，并得出结论，金融杠杆本身没有价值。不管哪种观点看起来更合理，我们必须解释为什么在房地产中金融杠杆得以广泛运用。因此，在本章结束时，我们给出了这一房地产投资融资形式长期存在的可能解释，并讨论了影响房地产投资融资中债务数量的某些制度因素。下面我们先从一些广义的概念开始说起。

房地产投资的评估

● 基本原理

房地产评估在概念上与其他资产的评估并没有不同。产生收益的资产（包括房地产）的价值，是资产所产生收益的函数。收益通常用现金流量来衡量，并用适当的利率进行贴现。**贴现现金流量（DCF）的模型为：**

$$价值 = \sum_{i=0}^{n} \frac{CF_i}{(1+r)^i} \tag{15—1}$$

某些资产，如国债，因为现金流量容易确定，所以其估价很简单。而对于其他投资，现金流量和适当贴现率就要复杂得多和难以确定了。

商业房地产投资是最难应用上述估价模型的领域之一。很多房地产投资的预期现金流量和适当贴现率都很难确定。下面不完全地列举了商业房地产投资的种类：酒店、汽车旅馆、城区办公楼、郊区办公楼、大型购物中心、商业街、仓库、小仓库、主题公园、餐馆、快餐店、保育和康复中心、医院、公寓大楼、赌场和私立学校。

评估上述类型的房地产比较复杂，因为其现金流量有两种来源：房地产属性和非房地产属性的价值来源，如领导商业企业的管理层的才能就属于后者。通常很难分离两种价值来源，而无法确定它们对企业的贡献将导致错误估价。例如，一家现有快餐店的预期现金流量来源于两部分：一是房地产的价值，如位置、维护情况、设施的吸引力等等；二是目前经营者的管理才能、专利名称及其他与房地产无关的资产。投资者可能以两种来源产生的现金流量的总价值来购买该物业，但是他不能复制管理才能或其他非房地产来源的现金流量。他可能因为购买后的现金流量低于预期水平而花了冤枉钱。尽管整个企业的价值低于预期水平（和买价），该房地产本身的价值并未因此而改变。

房地产现金流量的确定对于那些租赁性质的物业来说就不那么复杂了，比如办公楼、仓库和公寓大楼。然而，即便如此，物业管理的作用也很重要。投资者若举债融资购买了这样一个物业，但不能有效地管理，就会导致拖欠贷款。许多管理不善的房地产投资失败，但是也有一些房地产在购买后由于运用了管理人才而获利。房地产物业估价失败的原因之一可能就是无法衡量非房地产来源的现金流量。在探讨房地产估价时，要记得现金流量的一部分可能来自物业所载的非房地产资产。

资产现金流量的数量和时间分配越难确定,则越难准确评估其价值。而在房地产投资中,举债会把投资现金流量分成两部分:债务收益和权益收益。其中,债务支出通常更稳定和可预测。事实上,如果债务不要求提前偿还[1]而且由房地产超额担保(违约风险最小),则支出的数量和时间分配几乎是可以确定的。

金融杠杆

运用**金融杠杆**[2]是指通过举债为部分房地产投资融资。尽管债务结构不尽相同,但通常表现为一定数额的债务责任,其利息支出可定可变。如果债务数量固定、利率固定,则债务还款或支出是稳定可测的。**权益**是资产价值和负债数量之间的差,是一个余额。权益持有人有权在履行还款等债务后拥有资产的现金流量,因此,权益持有人有权取得资产的现金流量余额。

举债在房地产投资中是很常见的。有论据支持通过负债为房地产投资融资。在研究复杂的房地产投资案例前,我们先举一个简单的例子来说明支持金融杠杆的理论。

假定一项价值100美元的资产在未来无限年内每年的预期现金流量为10美元。我们同时假设现金流量为8美元或12美元的概率各为50%(应根据这些可能性检验预期的现金流量为10美元)。在此基础上,让我们来看看金融杠杆和价值。

金融杠杆、权益回报和价值

有些观点认为运用债务能够提高房地产权益的收益。一种支持金融杠杆的观点认为债务融资会增加**权益回报**及其价值。实现这一结果的机制是进行债务融资的成本要低于资产的预期回报。假定一个投资者的总财富是100美元现金,如果他用现金(而不是借钱)购买我们上面提到的简单资产,投资的预期回报为10%(10美元/100美元)。现在,如果该投资者能以8%的利率借到相当于资产价值80%的资金,则进行这项投资只需自有权益20美元。在10美元的年预期现金流量中,他需付出6.40美元(80美元×0.08)的利息,余额3.60美元代表其投资获得了18%(3.60美元/20美元)的回报率。如果有其他四项类似的资产可供投资,则该投资者可以用其剩余的80美元现金进行投资。在支付利息后的总预期现金流量将为18美元(5×3.60美元),其100美元投资的回报率为18%。如果他用所有的自有资金只购买一项资产,他的回报率仅为10%。运用金融杠杆能取得收益,是因为投资者有机会以低于所购资产回报的费用(利率)从外界获得借款。

在这个简单的例子中,我们可以从另一个角度考察金融杠杆的作用,那就是分析投资者的财富状况。如果他以自有资金购买一项资产,他的财产为100美元。如果他通过借债而购买五项资产,他的财富就是五项投资收益的总价值。这五项投资收益的年现金流量总和为18美元。权益现金流量的价值取决于投资者的贴现率。如果采用10%的贴现率,他的财富就价值180美元(18美元/0.10)。显而易见,权益有限的人总希望尽可能多地运用债务。这就允许权益有限的投资者能够以这种方式控制尽可能多的房地产资产,从而增加其财富。

然而，有一点需要注意，由于资产的年现金流量不确定，可能偏离10美元的期望值，负债就会加大房地产投资的**风险**。上面说过，资产的现金流量有一半的可能是8美元或12美元。如果现金流量是8美元，付完6.40美元利息后只剩1.60美元，而第二种情况余额是5.60美元。那么，权益收益率要么为8%，要么为28%。下面，我们来讨论风险增加会抵消价值增加的观点。例如，如果风险增加使得投资者的贴现率增加到18%，那么五项房地产投资的价值将为100美元（18美元/0.18），这与以100%权益投资于一宗房地产的价值相同。不管怎样，投资者有能力以既定数量的权益获得更多的房地产资产，使我们开始关注举债融资的另一个作用——投资组合效应。

投资组合分析

不需要任何理论性探讨我们也可以看出，金融杠杆可使投资组合更加多样化。在上面的例子中，金融杠杆允许投资者以有限的权益资金投资于五项而不是一项资产。在房地产界，投资多样化能带来潜在收益。显然，不同类型或本国不同地区物业的回报并不是高度相关的。在后面的一章里，我们可以看到较低的相关性可使投资组合的风险低于单项或仅几项投资的风险。这样，负债对于想以有限的自有资金构建投资组合的投资者来说，具有特别强的吸引力。下面你将看到，对于具有不同风险偏好的投资者来说，债务还有助于分配风险。

现金流量划分

金融杠杆把不确定的现金流量划分为两部分：风险较整个资产的风险低的部分和较之高的部分。在上面的例子里，只要资产的年现金流量不低于6.40美元，债务的利息就会得到支付。在忽略（可控制的）违约风险后，贷款人每年可获6.40美元的利息收入，这一数额是可知的、不变的。权益投资者则有权获得余额。但若按上例给出可能的现金流量计算，权益回报率则为8%或28%。

如果债权人和自有资金持有人风险偏好不同，则可通过划分资产的现金流量来确定价值。简单地说，排斥高风险的投资者将成为贷款人，而不那么排斥高风险的投资者将成为权益持有人。权益投资者为获取高回报而承担更高的风险，但是他们的风险偏好需要进行一种交换。债权人承担较低的风险因而获得较低的回报（8%的利息回报与10%的资产回报相比）。他们的风险回报偏好使得这种替代成为双方的需要。这种情况如图15—1所示。

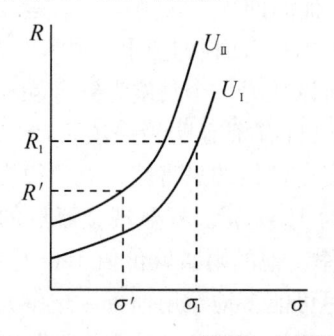

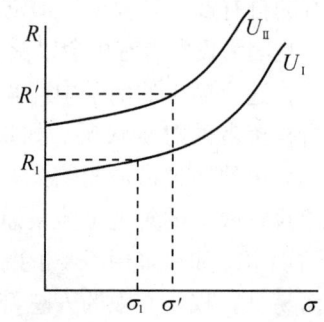

图15—1 风险回报偏好曲线

风险排斥程度不同的投资者的效用无差异曲线分别如图15—1中的左图和右图所示。效用曲线表示对投资者无差异的风险和回报的替代关系。可以先假定风险厌恶者和风险偏好者在一项房地产投资中是权益相同的合作伙伴，该投资的现金流量风险为 $2\times\sigma_1$，则每人分担的风险为 σ_1；总预期回报为 $2\times R_1$，二人平均分享。可重新安排现金流量的风险和收益，将每个合伙人的无差异曲线移到较高的水平。风险厌恶型投资者，其效用曲线较为陡峭，意味着他愿意放弃丰厚的预期回报来降低风险。风险偏好型投资者，其效用曲线较为平缓，表明承担额外的风险所增加的回报较少。风险厌恶型投资者宁愿承担较低的风险 σ'，以降低回报到 R' 作为交换，但仍将无差异曲线移动到较高水平。这将把更多的风险 σ 和回报 R 转移给风险偏好型投资者，其效用曲线也移动到较高水平。

最终的平衡位置取决于风险与回报的替代关系，而这种关系取决于投资的现金流量风险和回报的特性。我们并不能立即确定这种替代的"模型"，但是，根据图15—1中曲线的斜率，能够得出，通过重新安排债务和权益的现金流量，投资者双方都可以移动到较高的效用曲线。由于双方都获得了更高的效用，以上述方式划分现金流量就创造了价值。

利息支出的税收抵扣

现在来考虑利息支出可以在纳税时作为费用进行抵扣这一问题。每付1美元利息，纯收益就扣减1美元，这意味着政府以税收减免的形式把一部分利息费用作为"回扣"返还给投资者。如果房地产持有人的税率为28%，那么每1美元利息费用的税后成本仅为72美分。这就降低了投资的税后成本，使得举债融资更加有利可图。还可以用另外一种方式来观察负债的益处，即认为物业的经营纯收入固定不变，这样，如果根据税法可以向国库少交税，债权人和权益持有人就可以分得更多的收益，提高投资价值。下一部分将举例说明税收补偿。

最后，读者应注意到，以上的例子说明的是**正金融杠杆**，即举债成本低于资产回报，将使权益回报增加（是否也会增加所要求的回报或权益的贴现率，将作为另一个问题考虑）。金融杠杆的结果也可能是消极的或中性的。**负金融杠杆**指债务成本高于资产的预期回报，在这种情况下，资产的回报须用来支付高于收益率的贷款利息，从而权益投资的预期回报就会减少。在我们的简单例子中，如果债务成本为12%，那么80美元贷款的利息费用为9.60美元，权益持有人仅得到0.40美元或2%的回报率。

同理，**中性金融杠杆**指债务成本等于资产的预期回报。[3] 在这种情况下，权益回报不受负债的影响。

总之，如果资产回报高于债务成本，则金融杠杆可以创造价值，并产生投资组合效应，且利息可以抵扣税收。

债务和权益回报：一个房地产实例

要了解金融杠杆对房地产投资价值的影响，必须首先弄清房地产项目的现金流量结构。总现金流量由两部分构成：经营现金流量（租金收入等）和物业再出售得到的现金流量。表 15—1 和表 15—2 分别说明了物业经营和再出售得到的税后现金流量的计算过程。尽管现金流量中要计税，但是本章我们主要考虑构造和评估现金流量，而对于房地产税收将在第 16 章中进行更细致的探讨，为此第 16 章中也会涉及现金流量构成。

表 15—1 假设毛租金（GR）减去空置成本（VAC）加上其他收入（OI，来自收费停车、自动售货机、租金滞纳金等），得到有效总收入（EGI）。有效总收入减去经营费用（OE）得到净经营收入（NOI）。经营成本可能包括管理费、财产税、房地产保险、除害虫费用、保洁服务费、公用设施成本等。为偿还债务，再从 NOI 中减去抵押贷款还款（MP）计算出经营收入的税前现金流量（BTCF）。剩余部分需要缴纳税收或进行税收抵扣，如表 15—1 的最后一部分所示。这部分需要单独列出，是因为计税依据是应税收入而不是现金流量。

表 15—1	经营税后现金流量
	毛租金（GR）
	－空置成本（VAC）
	＋其他收入（OI）
	＝有效总收入（EGI）
	－经营费用（OE）
	＝净经营收入（NOI）
	－抵押贷款还款（MP）
	＝税前现金流量（BTCF）
	－经营税金（抵扣）（TXS）
	＝税后现金流量（ATCF）
	经营税金
	有效总收入（EGI）
	－经营费用（OE）
	＝净经营收入（NOI）
	－利息（INT）
	－折旧（DEP）
	＝应税经营收入（TI）
	×边际税率（t）
	＝经营税金（抵扣）（TXS）

作为总的原则，现金流量计算包括所有的实际现金流入或流出，而不管其是否可用于扣减税收。相反，应税收入计算应包括所有可抵扣税收的项目，而不管其是不是实际现金流量。表 15—1 中上下部分在净经营收入内容以上相一致，是因为经营费用是可抵扣税收的。从这点也可以看出，贷款支出中只有可抵扣税收的部分（即利息）是需要考虑的。同时，所有可以抵扣税收但不属于实际现金流出（即折旧）的项目也包含其中。

折旧是可以抵扣税收的费用，但不是实际的现金流出。房地产的改造被认为是一种物理结构，随着时间的推进其最终价值会降解为零。基于此，国会在税法中规定了房地产（及其他资产）的折旧进度。这一进度的细节将在第 16 章中讨论。到此，我们完全可以说折旧的基础是固定资产改造价值和购置成本之和。购置成本是与获取该财产相关的所有成本，如评估或调查成本。现行的折旧进度采取月中直线折旧制。住宅收益物业的直线折旧年限为 27.5 年，而非住宅收益物业为 39 年。

只要应税收入已知，就可用适当的边际税率来计算应纳税额或税收抵扣额。负应税收入导致经营亏损，因而可以减免税收。这样，就有可能使得税前现金流量为零或为负，而税后现金流量为正。

表 15—2 展示了出售物业所产生的税后现金流量及其总利润的应纳税额（或税收抵扣）。从表中可以看出，要从售价中扣除销售费用，得到净售价，再减去未付贷款余额用来偿还贷款。最后，减去（或加上）应纳税额（或税收抵扣）得到税后权益回报。

表 15—2　　　　　　　　权益转让税后现金流量

	估计转售价格（ESP）
	－销售费用（SE）
	＝净售价（NSP）
	－未付贷款余额（UMB）
	＝税前转售收入（BTER）
	－转售总税金（TXR）
	＝税后转售收入（ATER）
	物业转售税金
转售应税收入	
	估计转售价格（ESP）
	－销售费用（SE）
	＝销售所得（AR）
	－调整基准（AB）
	＝销售总利润（TG）
	－计提折旧（DR）
	＝转售的资本利润（CG）
转售税金	
	计提折旧（DR）
	×计提折旧税率（t_d）（最高 25%）
	＝计提折旧税金（DRT）
	资本利润
	×资本利润税率（t_g）（最高 20%）
	＝资本利润税金（CGT）
	计提折旧税金（DRT）
	＋资本利润税金（CGT）
	＝转售总税金（TXR）

表 15—2 的下半部分说明出售物业的应纳税总额取决于总利润。总利润由两部分构成：资本收益和总利润的折旧部分。总利润等于销售收入减去修正基准。

修正基准是原始买入价加上此后的设备改造和购置成本减去累计折旧。总利润的折旧部分的最高税率为25%，而资本收益（假定长期）的最高税率为20%。这样，总税额为折旧部分税额与资本收益税额之和。

有了表15—1和表15—2，除掉原始费用，即原始的权益投资，就得到物业获得的所有税后现金流量。贷款人通常要求投资者在此项目中做一些权益投资，这反映为首付款。此外，购置成本和融资成本（获得贷款的成本）都需要事先支付。这些通常来自权益资金。这样，项目启动时的总权益支出通常等于首付款加上购置成本再加上融资成本。总的说来，原始权益投资包括所有权益投资者的支出。

我们现在就可以通过构建投资者现金流量来说明金融杠杆的作用。表15—3给出了一个多户住宅投资的例子。

表15—3　　　　　　　　　　　多户住宅投资数据

项目成本	
土地	300 000美元
建筑	2 500 000美元
总成本	2 800 000美元
权益投资	
首付款	2 800 000美元减去贷款额
债务融资	
贷款额	可变
利率	可变
贷款年期	30年
经营数据	
原始租金	522 100美元
租金增长率	每年8%
空置率	毛租金的6%
其他收入	毛租金的1%
经营费用	第一年毛租金的16%（83 536美元）
费用增长率	每年7%
转售价格增长率	6%
销售费用	转售价格的5%
折旧	27.5年直线折旧，月中惯例，第一年初投入使用
持有期	5年
边际税率	28%
资本利润税率	15%
计提折旧税率	25%

● 基本假设

运用表15—3中的数据，未运用金融杠杆的税后现金流量计算如表15—4所示。我们先做这样的假设，就可以更好地说明金融杠杆对现金流量和权益价值的作用。第一年的毛租金为522 100美元，年空置率为6%，其他收入为毛租金的

1%。预期毛租金以每年8%的速度递增。第一年经营费用为毛租金的16%,此后以每年7%的速度递增。物业价值以每年6%的速度递增,并在第五年末售出。[4] 销售代理费为5%。注意,经营费用也可以用有效总收入的百分比表示。可根据当地习惯或客户的要求确定,目的是与现行标准保持一致。

● 年经营现金流量

首先,分析表15—4中第一年和第五年的现金流量。第一年的毛租金是522 100美元。考虑6%的空置率和1%的其他收入,则得出EGI为495 995美元。减去经营费用(毛租金的16%)得到净经营收入(NOI)为412 459美元。这里讲的收入,只考虑了现金流量。即NOI是净现金流入——现金收入减去现金支出。由于此例中没有贷款费用,NOI也就成为税前现金流量。要计算税后现金流量,我们只需计算应税额。假设该物业于1月1日购得,于12月31日售出,根据月中惯例四舍五入得折旧87 000美元。[5] 因为没有债务,所以没有利息费用。税额为应税收入(325 459美元)的28%,即91 129美元。则第一年的税后现金流量为321 330美元(412 459-91 129)。同理可得其他各年的税后现金流量。

第五年的税后现金流量较大,是因为收入增长比支出快。

表 15—4		经营现金流量			单位:美元
年限	1	2	3	4	5
税前现金流量					
毛租金(GR)	522 100	563 868	608 977	657 696	710 311
一空置成本(VAC)	31 326	33 832	36 539	39 462	42 619
+其他收入	5 221	5 639	6 090	6 577	7 103
=有效总收入(EGI)	495 995	535 675	578 529	624 811	674 796
一经营费用(OE)	83 536	89 384	95 640	102 335	109 499
=净经营收入(NOI)	412 459	446 291	482 888	522 476	565 297
一抵押贷款还款(MP)	0	0	0	0	0
=税前现金流量(BTCF)	412 459	446 291	482 888	522 476	565 297
所得税义务(抵扣)					
净经营收入(NOI)	412 459	446 291	482 888	522 476	565 297
一折旧(DEP)	87 000	91 000	91 000	91 000	87 000
一利息(INT)	0	0	0	0	0
=应税经营收入(TI)	325 459	355 291	391 888	431 476	478 297
×边际税率(t)	×0.28	×0.28	×0.28	×0.28	×0.28
=税金(抵扣)	91 129	99 482	109 729	120 813	133 923
税后现金流量					
税前现金流量(BTCF)	412 459	446 291	482 888	522 476	565 297
一税金(抵扣)	91 129	99 482	109 729	120 813	133 923
=税后现金流量(ATCF)	321 330	346 810	373 160	401 662	431 374

续前表

年限	1	2	3	4	5
物业转售的税后现金流量					
税前转售现金流量					
估计转售价格（ESP）					3 747 032
—销售费用（SE）					187 352
=净售价（NSP）					3 559 680
—未付贷款余额（UMB）					0
=税前转售收入（BTER）					3 559 680
转售税金（抵扣）					
估计转售价格（ESP）					3 747 032
—销售费用（SE）					187 352
=销售所得（AR）					3 559 680
—调整基准（AB）					2 353 000
=销售总利润（亏损）（TG）					1 206 800
计提折旧（DR）					447 000
$\times t_d$					$\times 0.25$
=计提折旧税金（DRT）					111 750
资本利润（CG）					759 680
$\times t_g$					$\times 0.15$
=资本利润税金（CGT）					113 952
计提折旧税金（DRT）					111 750
+资本利润税金（CGT）					113 952
=转售总税金（TXR）					225 702
税后转售现金流量					
税前转售现金流量（BTER）					3 559 680
—转售总税金（TXR）					225 702
=税后转售现金流量（ATER）					3 333 978

● 物业出售

例中，物业在第五年末售出。表15—4的最后一部分显示出售后的税后现金流量计算。五年内物业的价值年递增6%，以3 747 032美元售出。销售费用（5%）为187 352美元，得净售价为3 559 680美元。调整基准由于折旧累积而降减为2 353 000美元。销售总利润则为1 206 680美元。其中，计提折旧（累积折旧）为447 000美元，按25%计算得税额111 750美元。剩余的资本利润759 680美元，按15%计算得税额113 952美元。销售总税金为225 702美元。物业出售的税后现金流量等于净售价减去债务支出（此处为零）再减去纳税支出，最后等于3 333 978美元。

● 现金流量价值

表15—5总结了物业的年现金流量。如果权益的税后贴现率为15%，则所有

者所获的现金流量价值为 2 888 711 美元。根据公式 15—1，可以计算出房地产投资的净现值 NPV 为 88 711 美元。净现值是把投资者所要求的经过风险调整的回报率作为贴现率，得到的现金流入和流出的现值之差。净现值衡量的是投资者进行该投资将使其财富增加还是减少。这就导出一项决策原则：净现值为正的项目可以投资，为负的则遭拒绝，为零则无所谓。如果投资者面临资本分配或非此即彼的投资选择，通常会选 NPV 最高的项目或项目组合。NPV 的公式如下：

$$\text{NPV}_e = \sum_{t=0}^{n} \frac{CF_t}{(1+r_e)^t} \qquad (15—2)$$

式中，CF_t 为 t 时间内的权益现金流量（可正可负）；r_e 为权益贴现率；t 为年期数。上例中的 NPV_e 应为：

$$\text{NPV}_e = \frac{321\ 330}{(1.15)^1} + \frac{346\ 810}{(1.15)^2} + \frac{373\ 160}{(1.15)^3} + \frac{401\ 662}{(1.15)^4}$$
$$+ \frac{(431\ 374 + 3\ 333\ 978)}{(1.15)^5} - 2\ 800\ 000$$

使公式 15—2 中 NPV 的值为零求解 r 值，可得权益的税后内部收益率（IRR_e）。上例中的税后 15.88% 的 IRR 比贴现率略高。我们知道，内部收益率是现金流入和流出现值相等时的收益率，即净现值为零时的贴现率。内部收益率的公式如下：

$$\sum_{t=0}^{n} \frac{CF_t}{(1+\text{IRR}_e)} = 0 \qquad (15—3)$$

表 15—5　　　　　税后现金流量总结（多户住宅投资，零债务）　　　　　单位：美元

年限	0	1	2	3	4	5
税后现金流量	(2 800 000)	321 330	346 810	373 160	401 662	431 374＋3 295 994
贴现率 15% 的 NPV	69 827					
税后 IRR	15.70%					

根据 IRR 作投资决策时，投资者所要求的经风险调整的收益率将作为基准。IRR 高于所要求的回报率的项目可以投资，IRR 低于所要求的回报率的项目将被拒绝。在我们的例子中，由于 IRR 高于所要求的回报率，所以项目是可取的。

比较 NPV 和 IRR。在上例中，我们对一个独立的项目（投资该项目对投资其他项目没有影响）作了接受与否的简单决策。在这个简单的决策框架内，NPV 和 IRR 方法在接受与否的问题上必然是一致的。由于计算过程如此，所以不会出现冲突的结果。然而，在更为复杂的决策中，这两种方法可能会给出相反的建议。例如，有两个互不兼容的项目 A 和 B，NPV 法建议选择项目 A，而 IRR 法建议选择项目 B。在解决这一矛盾时，通常会选择 NPV 法的结论，因为它直接衡量了投资者财富的变化。

IRR 法有时会面临另外一个问题——多个收益率,也就是说,对于同一套现金流量,可能计算出不止一个 IRR。经验表明,对于一套现金流量来说,现金流量有多少次正负符号改变,IRR 就可能有多少个。还有可能有的现金流量计算不出 IRR。

求取 NPV 和 IRR 的贴现过程,首先假设了现金流量以分析中所用的收益率被再次投入到项目中去。NPV 法假设现金流量按所要求的回报率再投资,IRR 法假设按 IRR 再投资。有人认为 NPV 法更适用,因为按 IRR 再投资似乎不太可能,而按投资者所要求的回报率再投资则更为合理。

金融杠杆和价值

现在我们来分析举债对房地产投资价值的影响。假定所有者能够以 9% 的年息借到一笔为期 30 年的贷款,并逐年偿还,表 15—6 和表 15—7 给出了物业的现金流量。第一年的贷款支出为 97 336 美元,须从物业的现金流量中支付。假定所有者同样使用 15% 的税后贴现率,则权益的价值为 2 151 506 美元。我们会得出以下结论:所有者付出了 1 800 000 美元,净现值为 370 390 美元,IRR 为 20.51%。因为权益的现值增加了,看来金融杠杆创造了价值。

表 15—6　　经营现金流量（第一年到第五年,贷款 1 000 000 美元）　　单位:美元

年限	1	2	3	4	5
税前现金流量					
NOI	412 459	446 291	482 888	522 476	565 297
—抵押贷款还款	97 336	97 336	97 336	97 336	97 336
=税前现金流量	315 123	348 955	385 552	425 129	467 961
税后现金流量					
—折旧	87 000	91 000	91 000	91 000	87 000
—利息	90 000	89 340	88 620	87 836	86 980
=应税经营收入	235 459	265 951	303 268	343 640	391 317
—税金	65 929	74 466	84 915	96 219	109 569
=税后现金流量	249 194	274 488	300 637	328 920	358 392
税后销售现金流量（第五年）					
转售价格	3 747 032				
—销售费用	187 352				
—未付贷款余额	956 094				
—转售税金	225 702				
=税后现金流量	2 377 884				

表 15—7　　税后现金流量总结（多户住宅投资,贷款 1 000 000 美元）　　单位:美元

年限	0	1	2	3	4	5
税后现金流量	(1 800 000)	249 194	274 488	300 637	328 920	358 392+2 377 884
贴现率 15% 的 NPV	370 390					
税后 IRR	20.51%					

此例中价值产生的驱动机制为,所用贷款的税后利率低于纯自有资金物业的

税后收益率。贷款的税后利率为6.3%［9%×(1-0.28)］，而纯自有资金物业的税后收益率为15.88%。实际上，投资者是通过使用税后成本只有6.3%的外来资金来为税后收益率为15.88%的物业融资。负债部分产生的"利润"由投资者获得。

此例中创造价值的另一个因素为支付给政府的税收的减少。不管物业的内在经济价值产生了多少现金流量，现金流量权利人（债权人和权益持有人）保留的部分越多，投资的价值越大。换句话说，如果债务的运用能够减少纳税额，则有更多的现金流量可供贷款人（债权方）和投资者（权益方）分配。他们会顺理成章地达成协议来分享这部分由税收产生的现金流量。简单地说，如果可以得到更大的总现金流量，投资的价值就越高。

最优资本结构

最优资本结构指的是使得房地产价值最大化的负债和权益的比例（或者说是负债和权益两种成分的价值）。如果以上述方式创造了价值，则物业应负债多少？起先，投资者可能希望融资越多越好，比如99.9%。但是，现实不允许运用这么多债务。举债会增加违约风险，而房地产投资可得的现金流量又不确定。如果物业的现金流量大大低于预期，物业的价值及其所有者的偿债能力就会下降，物业的价值甚至会低于债务数量。如果该债务无追索权，物业所有者拥有卖出期权，他可以把（已贬值的）物业移交给债主以偿还票面债务。为降低卖出期权的价值，债权人将限定物业所担保的债务数量，或者要求为更高的贷款额收取更高的利息。由于贷款越多，违约的可能性就越大，债权人的损失可能就越大，所以债权人要求更高的利息是合理的。如果利息费用太高的话，金融杠杆的优越性就消失了。当债务的税后成本超出纯自有资金物业的税后收益率时，就会发生负金融杠杆。在这种情况下，增加债务会使权益价值下降。

这些分析认为，债务的运用能产生价值。下面，我们将讨论与此相反的观点。但是，请记住，房地产举债融资的大量存在，意味着这种方式对房地产开发商和所有者来说是有价值的。有些制度因素可能也推动了房地产的举债融资。

● 反对最优资本结构的观点

如果我们忽略由于利息的减税作用带来的现金流量增加，那么就有理由认为金融杠杆不能创造价值。为了便于说明，我们假设房地产投资不用纳税，或者说投资者的税级为零。第一个比较有力地说明举债不能创造价值的观点，是由莫迪利亚尼和米勒在公司金融和股票价值范畴内提出的。[6] 他们认为公司运用债务并不能影响其权益的价值。这一论断的基础是，公司的价值取决于公司资产所产生现金流量的数量和风险，把现金流量分成两部分并不能增加其价值。更准确地说，他们认为划分公司现金流量并不能创造价值，因为通过运用"自制"贷款可以在公司外部划分现金流量。投资者不会评估公司自身可以完成的行为。他们通过套利交易理论来证明他们的命题。套利交易理论认为，如果通过同时买卖证券（他们以公司证券为例）可以无风险地获利，那么这种买卖将导致证券价格的变化，会消除超额利润。我们将用关于房地产的案例来说明这种观点。

房地产领域中莫迪利亚尼-米勒（MM）命题。 为了解这种反对举债能创造价值的理论，我们作如下假设：

（1）两宗（或两套）房地产在各方面是完全相同的，包括物理特性和年现金流量的预期数量和风险。

（2）一宗（套）房地产没有负债，为纯权益物业；另一宗（套）有200万美元贷款。

（3）没有税收（利息不可抵扣税收）。

（4）投资者个人借款的利率与抵押贷款利率相同。

（5）买卖房地产没有交易费用。

表15—8给出了第一年的预期现金流量以及按15％权益贴现率将现金流量贴现得到的物业价值。由于取消了税收，在这种情况下求得的价值相对较高（我们要说明的是MM假设的没有税收的情况）。按照预期，负债物业的价值比纯自有物业价值要高。价值的增加完全来自有能力以低于（净）资产收益的利率借到贷款。

表15—8 现金流量和价值 单位：美元

纯自有物业与负债物业第一年现金流量比较		
	物业 A 纯权益	物业 B 200万美元贷款，利率为10.75％
总收入	522 100	522 100
净收入	495 995	495 995
经营费用	83 536	83 536
NOI	412 459	412 459
利息	0	215 000
税后现金流量	412 459	197 459
物业价值	3 363 197	3 648 130
权益价值	3 363 197	1 648 130
套利交易		
物业 B 转售价格		3 648 130
偿还贷款		2 000 000
差额		1 648 130
借款200万		2 000 000
		3 648 130
物业 A 转售价格		3 363 197
差额		284 933

下面我们来介绍MM理论。如果表15—8中所给的物业价值存在，那么物业B的所有者可进行套利交易。他会以3 648 130美元出售物业，还清2 000 000美元的抵押贷款，剩余1 648 130美元，然后个人以10.75％的利率借款2 000 000美元。现在他就有了3 648 130美元。他用其中的3 363 197美元去购买物业A，

假定他把剩余的 284 933 美元存入银行。第一年，物业 A 的税后现金流量如表 15—8 所示，为 412 459 美元，从中他拿出 215 000 美元支付 2 000 000 美元个人贷款的利息，还剩余 197 459 美元。

这与物业 B 的现金流量相等。这样，这个投资者就有了同样的预期现金流量和同样的风险，但是在银行里有了额外的 284 933 美元。很明显，此时他更富有，因此有动机以这种方式进行套利交易。但是，套利交易对物业价格有什么影响？如果有足够数量同种类型的物业，卖出物业 B 和买入物业 A 存在压力，它们的价格就会改变。物业 A 会涨价，物业 B 会跌价。事实上，这一过程会持续到两者价格相等。在这一平衡点上，就不能说负债物业价值高于纯自有物业。

值得关注的是，MM 理论的核心观点是，只要投资者能以与抵押贷款相同的利率融资，举债就不能为物业增加价值，因为融资可以在个人层面上进行（MM 称之为自制贷款）。借贷可以在物业层面之外产生价值，因此不会增加物业的价值。同样，如果两宗房地产，一个有债务，一个为纯自有资金融资，但是它们的卖价相同，那么每宗物业的负债和权益的总价值必定是相同的。但是，我们知道，如果以低于物业收益的利率举债融资（运用金融杠杆），能够增加物业的预期回报。根据 MM 模型，这意味着所要求的权益回报率必定因运用债务而提高。再来参考表 15—8，这意味着负债增加多少，权益价值就减少多少，同时所要求的权益回报率将提高。例如，如果举债 2 000 000 美元使所要求的权益回报率提高到 29.53%，那么权益现金流量的价值将为 832 944 美元，负债和权益的总价值将为 2 832 944 美元，这与纯自有资金投资的价值相同。

举债为什么会使所要求的权益回报率提高？答案是，权益持有人所承担的现金流量风险增加。回忆第 3 章的内容和本章所举的简单例子，我们知道，负债会增加权益持有人的现金流量风险。尽管预期收益增加，但风险也增加了。而且，对于给定的物业现金流量风险，举债增加时，权益现金流量的风险加速上升。如果债务足够高，风险会很大，评估房地产投资的适当贴现率就会非常高。MM 模型认为，物业价格相等就意味着贴现率必须提高，从而使得权益价值的下降等于债务的增加。

在 MM 模型假设的前提下，其结论是无可争辩的。但是，我们怎么来解释在房地产界大量运用举债来融资的事实呢？下一部分，我们将考虑代理成本和负债的法律框架对房地产产生的影响[7]，然后我们再考察举债融资的其他制度因素和现实原因。

◆ MM 理论与房地产金融杠杆矛盾的解决

关于 MM 理论的必然结论与债务广泛运用之间的矛盾，我们可以用几种方法来解决。

首先，当然是税收的引入。如果物业不是由个人持有，而是由公司持有，那么举债就会增加所有者的税后现金流量。此点前面已有论述。[8]第二个重要原因就是代理成本。

代理问题会伴随个人举债而来。在投资者以个人身份借款并全部以自有资金购买物业的例子里，他能得到同样的现金流量来支付个人债务的利息。由于现金流量相同，贷款人的风险看起来并不高于以物业作担保的贷款。然而，如果出现违约，我们的法律制度就会规定有物业作担保的贷款有权优先受偿。这意味着有物业作担保的贷款人比个人贷款人更安全。另一种考察方法如下：假定通过个人借款购买物业A进行套利交易的投资者打算向第二个贷款人借钱并以物业作为担保（如果需要，他可以把200万美元贷款与存在银行里的数额相加）。如果违约，第二个贷款人有权优先要求以物业偿还贷款，而第一个贷款人只能去追究投资者个人。但是，第一个贷款人可能已预料到这种情况所增加的风险。结果就是，第一个贷款人要么要求更高的利率（这就抵消了金融杠杆的价值），要么要求保有物业的留置权。最后，升值的负债就只能发生在物业层面上。

这种情况并不违背MM理论。它只是说明，如果债务创造价值，那是因为有法律制度规定物业能够作为贷款的担保，使得金融杠杆发生在物业层面而不是个人层面。同时，许多投资者也不通过举债进行房地产投资。需要大的机构投资者，如人寿保险公司和养老基金，以纯自有资金购买物业。全国房地产投资信托理事会（NCREIF）是一家包括50多个机构投资者和权益物业的房地产管理者的组织，它拥有或管理着1000多宗纯自有物业，价值超过了150亿美元。然而，许多这样的机构投资者并不必为所获收益纳税，这使得他们缺少通过举债支付利息抵扣税收的动机。

最后，我们来考虑其他影响房地产负债数量的制度和实际问题。

⦿通过举债为房地产融资的现实考虑

上述关于最优资本结构的理论探讨，可以用来探索通过举债为房地产融资的现实问题。有些现实因素会规定房地产投资者使用的负债和权益的相对数量。这些因素包括所有权形式、进入权益资本市场的途径、物业风险、破产成本、特殊税法规定以及利率或债务成本。下面我们逐一探讨。

所有权形式。如果房地产为公司实体持有，收益要被双倍征税。通过运用债务可以增加房地产投资的负债和权益价值。如果可以选择持有房地产的其他法律形式（如有限合伙制和免税的房地产信托投资公司），就没必要在公司框架下持有房地产而交双倍的税。如果以公司形式持有房地产，就希望可以自由地运用债务以抵扣公司的应税所得。

进入权益资本市场的途径。房地产权益市场的规模是很有限的。虽然房地产投资信托收益的市场有限，但其他形式的权益收益并不存在市场。养老基金和人寿保险公司确实拥有数量可观的权益房地产（尽管与它们的总投资组合不成比例），但是其权益收益并不上市交易，这些机构一般将其作为长期投资。这样，大多投资者只能利用其所持有的权益资源去进行尽可能多的房地产投资。因为很难在有组织的流动市场上筹集更多的权益资金，所以相对较小的权益有限的非机构投资者只能依赖负债来购买房地产。这样，规模小的非机构投资者就可能运用更大比例的债务来购买更大更昂贵的物业。

物业风险。为购买房地产融资的贷款人是排斥风险的。因此，他们要求在购买他们认为有风险的房地产时首先注入大笔的自有资金。某些类型的物业本身就比其他类型的物业风险高。历史地看，城区办公楼的现金流量风险比公寓楼要高，某一特定种类物业的风险，在国内的某些地区要比其他地区高或者低。精明的地方贷款人可能要求投入较高的自有资金（较低的负债率），才肯为他们认为有风险的房地产投资融资。

破产成本。这点与物业类型的风险密切相关。以物业作担保的票据可能是有追索权的，也可能是无追索权的。**无追索权票据**意味着贷款人只能以担保物业偿债。在贷款人看来，这样的票据风险更大。而**有追索权票据**对投资者来说则风险更大。如果物业的经营现金流量不能偿还债务成本，结果就是违约和丧失抵押品的赎回权。如果发生这种情况，投资者本人就要为债务和物业市值之间的不足部分负责了。综合起来，这意味着贷款人只愿意为风险低的物业或有追索权的票据发放较多贷款。而投资者更希望所有物业，特别是高风险物业，都使用无追索权票据。在其他条件相同的情况下，如果没有追索权，投资者就会尽可能多地使用债务。

特殊税法规定。这里有两个问题需要考虑：房地产投资的经营损失能在多大程度上抵销其他的收入和税率。下一章将会讲到现行税法严格限制投资者用房地产经营损失抵销其他正（应税）收入以减少税额的程度以及利息抵扣税收的程度。这种限制并不是一直都有的。这些变化减少了利息的抵扣作用，也降低了金融杠杆的价值。如果物业折旧足够抵销净经营收入，利息的抵扣作用将进一步降低。这样，折旧迅速的房地产就会更少举债融资（运用金融杠杆）。有些较新的物业，其改造价值相对于（不可折旧的）土地来说就比较大。当然，税率越低，利息的抵扣作用就越小。

利率。市场利率越低，购买房地产就会运用越多的债务。降低市场利率的因素对权益成本越是没有影响时，这种情况就越突出。这时，债务成本要比权益成本低。假定房地产投资可用的权益数量有限，这意味着市场利率将是决定市场价值和活动的重要因素。事实上，我们知道在这个周期中，低市场利率会带来房地产交易增加和房地产价格上升。

总的来说，在以下几个条件下，债务会占房地产投资资本结构的较大比例：(1) 以公司形式购买房地产；(2) 投资价值较大（权益有限）；(3) 以现金流量风险衡量的物业风险较小；(4) 投资者的破产成本较低（票据是无追索权的）；(5) 经营损失可以抵销其他收入进而减税；(6) 折旧额较小；(7) 税率较高；(8) 市场利率较低。[9]

其中的几个因素可能是相关的。如果物业的折旧基准大而税法允许经营损失抵销其他正收入，那么负债还是有价值的。但是，如果有规定限制使用经营损失，那么举债的需求会减少。

本章讨论各个因素都支持举债为房地产投资融资。历史地看，税法对债务融资有利，权益市场的融资能力有限，相对于权益来说债务的税后成本较低。不考虑理论上关于最优资本结构是否存在的争议，一些现实因素，如有限的权益市场、税法规定、物业风险和贷款协议的法律支持等，都促进了房地产融资中的举债行为。

现实中的房地产投资

本章中给出的现金流量模型可以成为房地产投资决策的依据。文中所列的表格为计算不同类型房地产投资的现金流量提供了参考。在现实中，有些房地产项目还要考虑另外一些因素，下面我们来进行探讨。

在购买物业的过程中，买方要支付各种成本，称为交割成本。买方可能发生的成本有评估费、抵押贷款申请费、登记费等。这些费用通常由买方在买入物业时支付。但是，这些成本并不能在支出当年完全抵扣税收。开始时，买方必须区分**购置成本**和**融资成本**。购置成本是与购买房地产有关的费用，根据土地价值、改造价值及项目的总价值的一定比例来分配。分配给改造的部分包含在折旧里，在折旧期内进行摊销。融资成本是与获得抵押贷款相关的费用，包括抵押贷款初始费用（贷款申请费）和折扣点。融资成本在整个抵押贷款期内直线摊销。这样，如果买方的 30 年期抵押贷款的融资费用为 15 000 美元，则年摊销额为 500 美元。这一数量将反映在现金流量和应税收入里。如果物业在融资成本完全摊销前售出，剩余的融资成本将在销售年扣除。

另一个要考虑的因素是抵押贷款**提前偿还罚金**。有些抵押贷款要求借款人在提前还款（即贷款到期前还清本息）时支付罚金。罚金数额可能等于提前还款时贷款余额的一定比例，或是维持银行收益的某种形式。提前偿还罚金可作为利息，在支付当年可以完全用来抵扣税金。提前偿还罚金将计入现金流量和应税收入。

最后一个要考虑的因素是**置换准备**。有些投资项目会要求所有者保留一笔准备金用来更换易磨损的物件，包括加热和制冷系统、电器和地毯。准备金通常被纳入经营费用。但是，准备金不能抵扣税收。如果扣除准备金后得出 NOI，应税收入里必须再加上扣掉的准备金。在贴现现金流量分析中，置换准备不会反映在出售现金流量里，因为售价已经减掉了准备金额。

小　结

如果贷款人和权益持有人有不同的风险/收益偏好，房地产投资风险现金流量的划分就是有意义的。贷款人可能愿意接受较低的贷款收益率，以换取较低的风险。如果贷款利率低于纯自有物业的预期收益，那么房地产投资的回报（和风险）就会提高。对于不那么排斥风险的房地产投资者来说，这种交换也是有益的。有人认为这种做法能创造价值，这也解释了房地产负债大量存在的这一现象。

第15章 价值、金融杠杆和资本结构

另一些人支持 MM 假设，即在没有税收的情况下，运用金融杠杆不能增加房地产的价值。物业价值只取决于其创造的现金流量和风险，而不取决于现金流量如何在各种权利人（债务和权益）之间划分。套利交易的例子可以说明这点。套利交易理论的基础是假设物业所有人能利用自制贷款产生与负债相同的现金流量。

然而，两个主要的制度因素推动了金融杠杆在购买房地产中的运用。第一，我们的法律制度允许贷款人有权在违约的情况下通过清算抵押房地产优先受偿。这是解释为什么举债能在物业层面而不能在个人层面进行的一个原因。第二，在有税收的情况下，利息支出的减税作用能增加权利人获得的现金流量。这个因素本身就能刺激举债融资。如果权利人的总现金流量因负债而增加，就可以通过贷款使国库收入减少，但使借贷双方的财富都增加。不需要抵扣税收的机构投资者更倾向于全部以自有资金购买物业。其他因素也会影响最优资产结构，包括物业风险、破产风险、税率，当然，还有市场利率。在下一章里，我们将考察税法如何影响房地产项目的融资。

关键词

购置成本   破产成本
买卖成本   负债
贴现现金流量模型   权益
金融杠杆   融资成本
莫迪利亚尼-米勒（MM）假设 负金融杠杆
中性金融杠杆   无追索权票据
最优资本结构   正金融杠杆
提前偿还罚金   物业风险
有追索权票据   置换准备
权益收益   风险
价值

推荐读物

Brown, G. R., and G. A. Matysiak. 2000. Sticky valuations, aggregation effects, and property indices. *Journal of Real Estate Finance and Economics* 20 (January), 49-66.

Chang, C. E., and R. W. Owens. 1999. Modifying the internal rate of return method for real estate investment selection. *Real Estate Review* 29 (Fall) 36-41.

Friedler, L., and A. Lim. 1999. Dequity: A seamless world of real estate debt and equity. *Real Estate Review* 28.

Glascock, J. L., C. Lu, and R. W. So. 2000. Further evidence on the integration of REIT, bond, and stock returns. *Journal of Real Estate Finance and Economics* 20 (March), 177-194.

Jaffe, A. 1982. On the theory of finance, equity models and optimal financing decision of real property. *Real Estate Research* Vol. 1. Greenwich, CT: JAI Press.

Lusht, K. M. 1977. A note on the favorability of leverage. *Real Estate Appraiser and Analyst* 43 (May-June).

Lusht, K. M. 1986. Finance theory and real estate valuation. In W. Kennard, ed., *Real Estate Valuation Colloquium*. Cambridge, MA: Lincoln Land Institute.

Mahoney, J., J. Murphy, and S. Keogh. 1998. The internal rate of return and institutional performance measurement for real estate portfolios. *Real Estate Finance* 15 (Summer).

复习思考题

1. 定义负债和权益。负债和权益的主要特点是什么？
2. 定义金融杠杆。
3. 在什么条件下会通过金融杠杆来提高权益收益？
4. 在划分风险和收益的情况下，负债将如何影响房地产投资的现金流量？
5. 最优资本结构的含义是什么？
6. 为什么房地产投资很少全部用贷款来融资？
7. 分别介绍支持和反对在房地产投资中运用债务会增加房地产投资价值的理论（假定没有税收）。
8. 解释为什么利息支出的减税作用对债务运用有积极影响。
9. 法律制度如何影响房地产投资中债务的运用？
10. 列出几个影响房地产举债融资的制度因素，并解释它们分别对债务运用有什么影响。

习题

1. 一项价值（成本）为 100 万美元的房地产投资的数据如下：

年现金流量（美元）	概率
150 000	0.5
90 000	0.5

第 15 章 价值、金融杠杆和资本结构

（1）物业的预期收益是多少？

（2）如果投资者能以 10% 的利率借到物业价值 80% 的贷款，那么其权益的预期收益是多少？

（3）如果投资者贷款额为物业价值的 80%，他有没有无力偿还的危险？

（4）投资者应该举债为购买房地产融资，还是应该全部用自有资金来购买物业？为什么？

根据下面关于住宅开发的基本数据，回答第 2 至第 5 题。

土地成本（美元）	300 000
建筑成本[a]（美元）	2 500 000
总成本（美元）	2 800 000
持有期	5 年
第 1 年毛租金（美元）	500 000
空置率	4%
第 1 年经营费用	毛租金的 15%
增长率	
毛租金	7%
经营费用	7%
转售价格	7%
转售费用率	5%
投资者税率	一般收入 28%
	计提折旧 25%
	成本外的超额利得为 20%
住宅折旧期限	27.5 年
物业购买时间	1 月 1 日
融资[b]：	

负债（百万美元）	债务成本	税后债务成本	权益贴现率
0	N/A	N/A	0.15
1.4	0.09	0.064 8	0.15
2.4	0.18	0.129 6	0.15

注：a. 第 1 年折旧额=87 121 美元；第 2 年到第 5 年=90 909 美元。
　　b. 所有债务 30 年摊销。

2．（1）假定没有负债，计算项目的税后现金流量（核对数据：第 5 年经营税后现金流量为 406 622 美元；第 5 年物业出售税金：折旧税 111 742 美元，利润税 139 618 美元）。

（2）计算权益投资的现值（注意：不是净现值）。

3．（1）假定负债 140 万美元，计算项目的税后现金流量（核对数据：第 5 年经营税后现金流量为 304 447 美元；第 5 年物业出售税金，与 15—2 题同。）

（2）计算权益投资的现值。

4．（1）假定负债 240 万美元，计算项目的税后现金流量（核对数据：第 5

年经营税后现金流量为 95 838 美元；第 5 年物业售价：3 927 145 美元）。

（2）计算权益投资的现值。

5. 给出三种负债水平下的物业总价值（负债和权益的价值）。最优资产结构是怎样的？

注　释

[1] 与所有者占有的住宅房地产融资不同，商业房地产融资中普遍存在提前还款罚金。

[2] 金融杠杆不应与经营性融资混淆，后者与商业经营中的固定成本和可变成本有关。

[3] 上述关系可用数量关系说明。如果资产收益（ROA）定义为划归资产（A）的净经营收入（NOI），权益收益（ROE）定义为划归权益的 NOI 与利息费用（rD，r 指利率，D 指负债）之差，那么：

$$ROA=NOI/A$$
$$ROE=(NOI-rD)/权益$$

正金融杠杆意味着如果债务成本 r 低于 ROA，则权益收益大于资产收益。不等式

$$(NOI-rD)/(A-D)>NOI/A$$

可简化为

$$r<NOI/A$$

[4] 可以认为，如果收入递增 8%，而费用递增 9%，则物业价值递增速度超过 6%。在其他因素相同的情况下，可以认为这是对的。但是，为了便于说明，我们假设其他的市场因素不允许物业升值速度超过 6%。

[5] 现行税法要求多户住宅按 27.5 年直线折旧，且残值为零。假设物业在月中投入使用并在月中出售。每年的折旧将为 2 500 000/27.5＝90 909 美元，摊派在 11.5 个月中，第一年和最后一年的准确折旧额为 87 121 美元。其余各年的折旧额为 91 000～90 909 美元。

[6] Franco Modigliani and Merton Miller. The cost of capital, corporation finance, and the theory of investment. *American Economic Review* 48（June 1958），261-297.

[7] 记住代理成本是指本金方支付给代理人以保护本金利息的费用。在其后的例子中，本金方即为贷款人，代理人为投资者/借款人。众所周知，借款人通常以自身利益为动机，而不考虑贷款人的利益。

[8] 在下一章中，莫迪利亚尼和米勒意识到了税收问题，得出了公司应尽可能多地运用债务的结论。Franco Modigliani and Merton Miller. Corporation income taxes and the cost of capital. *American Economic Review* 53（June 1963），433-443.

[9] 乔治·高（George Gau）和王科（Ko Wang）分析了 1971—1985 年间在加拿大温哥华售出的 759 宗物业的贷款价值比。他们没有足够的数据来检验税收环境的影响，但是他们发现上述许多问题确实影响贷款价值比。公寓楼（被认为风险较低）的贷款价值比比其他物业类型要高。旧物业（折旧基准小）跟公司持有的物业一样，贷款价值比也比较高。高价值物业（可以考虑进入权益市场）贷款价值比也比较高。简言之，他们发现这些理论和实际问题在决定房地产投资的资本结构时具有重要作用。George Gau and Ko Wang. Capital structure decisions in real estate investment. *Journal of the American Real Estate and Urban Economics Association* 18（Winter 1990），501-521.

第 16 章

联邦税收与房地产金融

学习目标

通过本章的学习，你应该了解联邦所得税法规是如何影响房地产投资价值和房地产投融资决策的。你会明白税收规定的改变在过去 20 年中是如何改变房地产投资回报的。尽管税收规定很复杂而且有些规则看起来没有逻辑性，但是你会了解其背后的动机。

导　言

联邦所得税法规从很多方面影响房地产投资的价值和回报。现行及近来的税制对房地产投资和房地产金融的影响梗概如图 16—1 所示，这也引发了本章的讨论。图 16—1 表明联邦税制通过两种主要渠道影响房地产投资：应税收入是如何定义的；明确收入的定义后如何确定税金。

收入的定义受两个因素的影响：允许将不涉及现金的支出作为费用（即折旧）和允许将债务的利息支出作为费用看待。对这些费用的限制，如房地产以怎样的速率折旧及如何将原始发行折扣和投资利息约定计算为利息费用，会影响房地产投资的吸引力。

关于税制影响房地产投资的第二种主要方式——决定需要支付的实际税金，有几点需要留意。第一，对资本收益（特别是长期收益）的处理与一般收入不同。前者的税率较低，用来鼓励纳税人持有长期投资，如果可能还可将一般收入转化为资本收益。在房地产作为一项工具用来实现该目的的范围内，差别税率会

> 主要以两种方式影响税后现金流量：
>
> 第一
>
> 应税收的定义不同于税前现金流量，因为：
>
> 1. 允许有非现金费用，如（常造成"账面损失"的）折旧
> 2. 贷款的利息支出可作为费用，需符合：
>   （1）原始发行折扣（OID）规定；
>   （2）投资利息规定；
>   （3）折扣点的摊销。
>
> 第二
>
> 已知应税收，影响实际税金的因素有：
>
> 1. 对一般所得和资本所得的差别税率
> 2. 亏损抵销其他来源的收入；这种亏损受以下规定的限制：
>   （1）资本亏损限制规定；
>   （2）严格划分收入种类，禁止跨种类的亏损抵销；
>   （3）设立"风险"规定。
> 3. 规定可选最低税
> 4. 规定房地产投资优惠种类，如：
>   （1）低收入住宅；
>   （2）历史性建筑。

图 16—1　税收规定及其对房地产投资价值的影响

对作为投资的房地产有利。对长期资本收益（至少持有 18 个月）的现行最高税率是 20%。可作为折旧的资本收益额最高税率为 25%。第二，允许房地产投资亏损抵销其他来源的收入会减少投资者的总体税负，增加房地产的投资价值。然而，在现行规定下，房地产亏损可以在多大程度上用来抵销其他来源收入，要受到以下规定的限制：(1) 限制用来抵销其他来源收入的资本亏损数额；(2) 更严格地划分收入种类，防止跨种类抵销；(3) 把可作为亏损的数额限制在纳税人资产中"有风险"的部分以内。第三，还有其他一些规定限制了纳税人可以利用的税收优惠的总额。现在所谓的可选最低税（AMT），会限制房地产投资中现存的某些税收优惠政策的使用。第四，确定优惠的房地产种类，会鼓励房地产投资。一些特殊规定，如为开发低收入住宅或修整历史性建筑物提供税收优惠，会鼓励这些房地产项目的投资。

　　表 16—1 总结了税制对房地产投资价值的影响，指出了税制现状（以黑体标出）。你会很快发现多数现行税制并不像前些年那样对房地产投资有利。在 1987 年以前（1986 年《税收改革法案》生效以前），税收的许多规定对于作为投资的房地产是有利的。现在，房地产被放在了与其他投资更平等的位置上。

表 16—1　　　　　　　　　　　税制与房地产投资

税制	税制有利于 房地产投资	税制不利于 房地产投资	对房地产投资 的影响
折旧			显著
A. 短期内加速折旧	X		
B. 长期内直线折旧		X[a,b]	
资本收益处理			显著
A. 税率低于一般所得	X		
B. 税率与一般所得相同		X	
贷款的利息支出			
A. 可作为费用抵扣	X		显著
B. 借贷双方基准不同	X		中等
C. 借贷双方基准相同		X	
D. 不计入	X		中等
E. 计入		X	
F. 投资利息限制		X	轻微
收入的界定			
A. 广义	X		显著
B. 狭义		X	
可选最低税			轻微
A. 不实行	X		
B. 实行		X	
优惠投资种类			中等
A. 允许	X		
B. 不允许		X	

注：a. 黑体表示现行税制。
　　b. 房地产相对于其他资产来说还存在优势，即不会贬值。

总的来说，税法有四个方面的改变会影响房地产：(1) 边际税率的变化；(2) 折旧方法的改变；(3) 资本收益处理方法的改变；(4) 冲销亏损能力的改变。本章的讨论会帮助你理解这些因素是如何影响投资者的房地产投资决策的。

房地产分类

出于计征所得税的目的，根据房地产的用途，可以将其分为四类：
(1) 作为主要住所持有的房地产；
(2) 作为投资持有的房地产；
(3) 为转售给他人而持有的房地产；
(4) 作为商业或经营场所而持有的房地产。
本章主要关注能产生收益的房地产。作为主要住所持有的房地产（通常叫做房主自住物业)的税收与其他类别的房地产有显著差异,不同点包括:(1)个人最多可扣减 1 000 000 美元购房贷款外加 100 000 美元任意用途贷款的抵押贷款利息;(2)出售亏损和大部分经营费用不可抵扣税负(只有抵押贷款利息和物业税可以抵扣);(3)不允许折旧。在出售或交换主要住所前五年内至少拥有并使用该住所两年的个人,可以从出售或交易所得收入中扣除 250 000 美元(联合申请人为 500 000 美元),这适用于 1997 年 5 月 6 日以后的交易。每两年只进行一次出售或交易才适用这样的规定。健在的人可在配偶身故当年与配偶共同获得计税扣除。这项新的扣除规定代替了转滚法规定和 55 岁扣除规定。

  如果房主有不止一处住宅,最常使用的那处被视为主要住所。如果主要住所不明显,则 IRS 会考虑一系列的事实和情况,其中包括房主的上班地点、其他家庭成员的主要住所、纳税申报单和驾驶执照上的地址、房主的账单邮寄地址、房主的贷款银行地址、房主所属的宗教组织或俱乐部等的地址。

  现行主要住所纳税规则规定,房主将作为主要住所组成部分的空地出售,如果住宅在空地出售前或出售后的两年之内售出,则空地的出售所得可以享受计税扣除。但是空地必须紧邻宅基地。住宅和空地的两笔交易可视为一笔,每笔的最大计税扣除额为 250 000 美元(两者合计最大 500 000 美元)。对于既作为主要住所又作为商业使用的住宅,如果商业用途和住宅用途属同一个居住单元,则不要求房主区分商业用途出售所得和居住用途出售所得。房主仅就出售收益的折旧更新部分(如房主的累积折旧)纳税。

  如果房主因就业、健康状况或其他不可预见情况的变化而不能享受上述计税扣除,也可以享受部分扣除。不能享受全额计税扣除意味着房主既不能满足使用要求,也不能满足 2 年的时间要求。部分扣除等于全额扣除的一部分。在计算部分扣除的比例时,分子是住宅出售时点之前 5 年内房主使用住宅的时间,或者之前享受销售所得计税扣除日期与当前住宅出售日期之间的时间,两者哪个短便以哪个为准,分母为 2 年(或相应的天数或月数)。

  也许与你最初设想的相反,大部分房地产投资不属于**作为投资持有的房地产**类型。当持有房地产完全是为了产生收益或投资,而且业主并不参与投资经营时,才属于这种类型。通常包括未改良土地和净租赁。净租赁是承租人支付经营费用(如维修费、物业税和保险)的租赁方式,因此,持有房地产完全是为了获取收益而不是用于经营或商业目的。这种投资受到了其他类型投资所不受的限制。首先,业主要面临利息可抵扣性的限制。其次,亏本出售的投资要遵守有关资本亏损的法律规定。

  如果**持有房地产是为了转售他人**,房地产就会被当作存货处理,销售利润作为一般收入纳税(与资本收益相反)。在一般商业过程中把房地产作为存货持有的个人按商人而不是投资者对待,例如开发土地的开发商和建造住宅并立即售出的建房者。以这种方式持有的房地产不能折旧,出售这种存货的亏损可视为经营亏损并抵扣税收。

  用于**商业或经营的房地产**,即 1231 条款资产,是产生收益的房地产最流行

（及通常最受欢迎）的分类。事实上，大部分产生收益的房地产投资属于这一类别。定义此类的关键词是为获得租赁收入而拥有并经营的房地产。所有的经营费用、抵押贷款利息和折旧都可从租赁收入中全额扣除。此外，出售物业的亏损也可以全额扣除。

合法避税工具

合法避税工具是一种投资，其结构使得税收规定和制度可以被用来提高其价值。由于投资者收益的大部分来自其他收入的税收减免或投资本身收入的税收优惠，投资的价值因此增加。换言之，资产的总价值应等于其基本经济价值与税收减免价值之和。税法用来改变现金流量的数量和时间，以及用来评估现金流量的贴现率。房地产是可用作潜在合法避税工具的一种投资。房地产所有权的组织形式与税法相互作用，使得房地产投资的现金流量更大，产生得更快。持有房地产投资的组织形式包括公司、有限和普通合伙制、房地产投资信托和单一所有权。由于投资的组织结构不同，适用的税制就不同，于是税制就与组织结构一起形成了避税工具。

在很多情况下，优惠税制会提高房地产投资的价值，但如果没有优惠，这些投资也有其价值。更重要的是，税收制度会为原本没有价值或经济上不可行的房地产投资创造价值。后一种情况最符合合法避税工具的定义。如果税制足够优惠，原本会产生负现金流量的房地产投资可为投资者提供正现金流量。尽管利用税收制度提高现金流量价值的任何投资都可视为避税手段，但"合法避税工具"这个名词通常是指仅在运用了税收规定后才可产生正现金流量的情况。

◆税收、现金流量和贴现率：举例

首先，让我们来区分一下评估现金流量所用的**税前**和**税后贴现率**。投资者关心的是支付了所得税以后的现金流量。如果税负率是40%的投资者拥有一笔年利息为100美元的五年期（需纳税的）公司债券（10%的息票率），那么他的**税后现金流量**为60美元。如果该债券（税前的）市场贴现率为10%，我们知道其票面价值应为1 000美元。即：

$$1\,000=100/(1.1)^1+100/(1.1)^2+\cdots+100/(1.1)^5$$

使用10%贴现率的投资者对该资产的估价为1 000美元，虽然每年的税后收益仅为60美元。也就是说，评估资产的一种方法是将税前贴现率代入**税前现金流量**。

如果有一项到期期限和风险相同的市政债券每年也有60美元的利息但是不用纳税，那么同一个投资者将对其如何估价？答案很明显，他对市政债券的估价与公司债券相同。情况也确实如此。如果两项风险相同的资产承诺给付同样的税后现金流量,那么它们的估价也相等。但是这就要求税后现金流量不能用税前的市场贴现率来评估,而要用投资者的税后贴现率。两种资产的税后现金流量是相同的,为 60 美元。如果它们的价值相同,那么应该用相同的贴现率来评估。这样,贴现率就等于税后贴现率 $r(1-T)$,其中 r 为税前市场贴现率,T 为投资者的税率。两种资产的价值均为:

$$1\,000 = 60/(1.06)^1 + 60/(1.06)^2 + \cdots + 60/(1.06)^5$$

式中,60 美元是税后年现金流量;0.06 是税后贴现率,即 $0.1 \times (1-0.4)$。

我们来看另一个例子,在现行税法下,多户家庭投资的经营数据和假设如表 16—2 和表 16—3 所示。1986 年颁布的《税收改革法案》(和随后的 1993 年税法)引发了税法的全面改革,减少了以房地产作为避税工具的吸引力。稍后,我们将说明 20 世纪 80 年代宽松税法下的现金流量。这可以证明税法改革对房地产投资价值的影响。

表 16—2　　　　　　　　　　　　　多户家庭投资的经营数据

项目成本	
土地	165 000 美元
建筑	660 000 美元
购置成本	14 000 美元
附加资本修正	无
总计	839 000 美元
融资数据	
贷款总额	660 000 美元
利息率(按月偿还)[a]	10%
期限	20 年
融资成本	贷款总额的 4%
提前偿还罚金	本金余额的 5%
权益投资	205 400 美元
经营数据	
一年毛租金	141 000 美元
空置率	毛租金的 6%
其他收入	毛租金的 3%
经营成本	毛租金的 32%
增长利率	
毛租金	每年 5%
资产价值	每年 5%
其他	
返租出售成本	出售价格的 8%
折旧	住宅直线折旧
边际税率	28%
资本收益税率	15%
持有时间	5 年
必需权益收益	10%

注:a. 月还款额乘以 12 得到年还本付息额。

表 16—3　五年持有期的税后经营现金流量　单位：美元

年期	1	2	3	4	5
总收入	141 000	148 050	155 452	163 225	171 386
－空置	－8 460	－8 883	－9 327	－9 794	－10 283
＋其他收入	＋4 230	＋4 442	＋4 664	＋4 897	＋5 142
个人有效总收入	136 770	143 609	150 789	158 328	166 245
－经营成本	－45 120	－47 376	－49 745	－52 232	－54 844
净经营收入	91 650	96 233	101 044	106 096	111 401
－抵押贷款还款	－76 430	－76 430	－76 430	－76 430	－106 065
税前现金流	15 220	19 803	24 614	29 666	25 336
－税收	－401	－1 719	－3 420	－5 226	－6 414
税后现金流	14 819	18 084	21 194	24 440	11 750

经营税收

年期	1	2	3	4	5
个人有效总收入	136 770	143 609	150 789	158 328	166 245
－经营成本	－45 120	－47 376	－49 745	－52 232	－54 844
净经营收入	91 650	96 233	101 044	106 096	111 401
－利息	－65 508	－64 365	－63 101	－61 706	－89 799
－已摊销融资成本	－1 320	－1 320	－1 320	－1 320	－21 120
－折旧	－23 390	－24 407	－24 407	－24 407	－23 390
应纳税收入	1 432	6 141	12 216	18 663	22 907
$\times t$	×0.28	×0.28	×0.28	×0.28	×0.28
税金	401	1 719	3 420	5 226	6 414

税后净资产返还

估计售价	1 052 932
－出售成本	－84 235
净交易价格	968 697
－未偿付抵押贷款	－592 696
税前净资产返还	376 001
－TXR	－49 455
税后净资产返还	326 546

财产转售税金、应纳税收入

估计售价	1 052 932
－出售成本	－84 235
实现总额	968 697
－已调整基准	－718 999
资本收益	249 698

转售税金

折旧更新	120 000
$\times t_d$	×0.25
折旧更新税	30 000
资本收益	129 698

	$\times t_g$				$\times 0.15$	
	资本收益税				19 455	
	折旧更新税				30 000	
	＋资本收益税				＋19 455	
	TXR				49 455	

税后现金流汇总

年期	0	1	2	3	4	5
税后现金流	−205 400	14 819	18 084	21 194	24 440	11 750
税后净资产返还						326 546
贴现率10%净现值	65 689					
内部收益率	17.14%					

表16—3显示了五年经营的现金流量。计算税后现金流量需要明确纳税义务。税收扣除了折旧和利息费。本章稍后我们再详细讨论如何计算折旧。该项目的初始权益投资为205 400美元（首付款加上融资成本再加上购置成本），它在10%的要求回报率下才能被接受。净现值是65 689美元，内部收益率是17.14%。

通过比较，表16—4显示了在1981年的税收制度下与在1986年后的税收制度下，同一项目税收处理方法的不同。计提折旧产生了负的应纳税收入。这些亏损可以冲销其他来源的收入而产生税收节减和更大的税后现金流量。更有趣的是，项目当前产生了更高的回报率和净现值。这表明了税制可以影响房地产投资价值。

表16—4   1986年税收改革前后税后现金流量比较　　　　　　　　单位：美元

年期	1986年后税收处理方法税后现金流	1981年税收处理方法税后现金流
0	−205 400	−205 400
1	14 819	43 081
2	18 084	38 089
3	21 194	36 506
4	24 440	34 979
5	11 750＋320 061	28 587＋262 805
贴现率10%的净现值	61 662	97 493
内部收益率	16.75%	21.87%

因为项目初始权益投资是税后成本，所以固有贴现率是税后贴现率。购置成本必须包括折旧、注销资产折旧期和注销抵押贷款期的融资成本。由于首付款不可以在计税时扣除，权益的费用就是税后成本了。

在表16—4所示例子中，两种税收处理方法都使得价值从税前到税后出现增长。首先，优惠的计提折旧政策使税收回扣在前期很大。其次，一般收入向资本收益的转换产生了有利的处理方法。1年中,每1美元的折旧是通过1美元收50美分的税来减少一般收入的,同时也减少了财产的账面价值,并且给出的最终出售价格在出售年中增加了资本收益。资本收益率通常要比投资者附加税率低。因此,税制允许投资者在开始的几年推迟缴附加税率较高的税,改为当财产被售出时以较低的税率缴税,这就是一桩很好的买卖。

上面讨论的例子很好地说明了如何运用优惠的税收法律来增强一宗房地产的投资吸引力。有人认为,20世纪80年代初期宽松的税收法律鼓励了那些纯粹用于避税的房地产项目的开发。

房地产税法

图16—1有效地概述了税法以及它们对房地产的影响。几种税制的相互作用影响了房地产的价值。我们首先从税制影响收入界定的方式来加以说明。

● 收入的定义

对应纳税收入与税前现金流量定义的不同之处来源于两个原因。一是非现金费用的处理方法如折旧;二是利息费用的处理方法。

非现金费用,特别是折旧

因为折旧是一种非现金费用,每1美元的折旧将导致一定比例的税收减免,这一比例等于纳税人的边际税率。不管折旧是否减少上报的利润从而减少税金,或者它是否创造了可以抵销其他收入的亏损从而作为一种税收的"回扣",上述结论都是正确的。由折旧产生的税收减免的价值受三个因素影响:折旧的数量、账面价值的摊销速度和边际税率。如果税法允许在投资早期增加折旧数量且存在高税率,那么由折旧提供的避税工具也会加强。

折旧避税工具现值(PV)的一般公式是:

$$PV = \sum_{t=1}^{n} \frac{D_t \times T}{(1+r)^t} \tag{16—1}$$

式中,D_t是在t时间内折旧的总额;n是折旧年限(并不一定是投资的持有时间);T是投资者的边际税率;r是贴现利率。

以不同折旧税收处理方法为标志的多个典型时期存在于过去的40年里。在1981年以前,房地产折旧需要相对较长的时间。这种劣势被有能力的投资者选择一种加速折旧的方法所抵消。最高边际税率是70%,并且附加了该阶段折旧避税工具的价值。从1981年到1986年,尽管最高边际税率减少到了50%,但是计提折旧是加速的。然而,1986年以后,避税工具的价值是通过延长折旧期、消除加速方法和减少最高税率至28%来减少的。1993年的税法提高一般收入的边际税率到最高39.6%,并且延长了非住宅财产的折旧期。最后,1997年,资本收益处理方法再次引入。让我们来回顾一下这五个时期。

1981 年以前。在 1981 年《经济复兴计划法案》颁布以前,税法将商业房地产分成在折旧年限较长的一类当中。住宅房地产(多户住宅)的折旧年限是 40 年。税法允许几种加速折旧的方法,包括双倍折旧结余法和年数总和法。如果在折旧期内变换使用这两种方法会使得剩余折旧年限的折旧额更大,那么纳税人也可以使用直线折旧法。在这期间,最高边际税率是 70%。

t 年的折旧额(D_t)在直线折旧法下的计算公式如下:

$$D_t = C/n \tag{16—2}$$

式中,C 是应折旧部分房地产成本;n 是折旧期限。利用直线折旧法,折旧周期内财产是以恒量利率折旧的。

利用双倍折旧结余法,第一年的折旧是直线折旧法的两倍。第二年,余额是在直线折旧法下可计算总数的两倍。这种方法会在最初几年内折旧额相对较大,后面几年比较小。

利用年数总和法,年折旧是由一个比率来衡量的。其中分子 n 是剩余年数;分母(SYD)是折旧周期内剩余年数的总和;C 是应折旧部分房地产成本。

1981—1986 年。1981 年的税收改革对房地产影响最显著的是建立了折旧的新方法——加速折旧制度(ACRS)。房地产被划分在 15 年的类别中。1984 年和 1985 年增加到 18 年,1986 年为 19 年。折旧可加速,总折旧的 46% 可以在 5 年周期内完成。5 年的折旧率分别为 12%、10%、9%、8% 和 7%。房地产可选直线折旧法以 15 年每年 6.67% 的利率折旧(1/15)。利用加速折旧制度(ACRS),第一年的实际折旧几乎是两倍,达到 12%。从 1981 年到 1986 年,最高税率达到 50%。这种制度不仅允许早期更大的折旧,而且通过降低最高税率(从前些年的 70%)的方法降低了折旧避税工具的价值。

1986—1993 年。1986 年的《税收改革法案》建立了修正的加速折旧制度。这项制度消除了加速折旧且把商业房地产投资分成了两类。住宅财产如公寓的折旧期是 27.5 年,其他商业财产(办公楼、商场、仓库等)是 31.5 年,都是以直线折旧法为标准的。因此,对于房地产来说,这种变化消除了加速折旧且延长了折旧时间。同时,最高税率也降到了 28%。[1] 这些个人收入中延长折旧时间、转换为直线折旧和降低边际税率的方法导致了很明显的折旧避税工具的价值降低。

修正的加速折旧制度需要利用"月中"制度,假设资产在每月的中旬投入使用,同时假设资产在月中旬出售。因此,尽管资产在 1 月 1 日买入的,但第一年的最大折旧也只能是 11.5 个月。同样,如果资产在 12 月 31 日出售的,该年最大的折旧也只能是 11.5 个月。

1993—1997 年。1993 年税法给个人所得税结构带来了更进一步的变化:(1)最高边际税率从 1992 年的 31% 增长到 1993 年的 39.6%;(2)长期资本收益税率保持在最高值 28%;(3)从 1994 年开始,某一房地产活动中的损失和信用不再受消极准则的限制;(4)1993 年 5 月 12 日之后投入使用的非住宅房地产的折旧年限从 31.5 年上升到 39 年。

1997 年以后。1997 年的《减税法》将长期资本收益的持有时间增至 18 个月。1997 年 7 月 28 日后进行的出售和交换，长期资本收益率将只应用于持有资产超过 18 个月的纳税人。1997 年 5 月 6 日以后，长期收益的出售，最大资本收益率为 20%。中期资产（持有时间大于 1 年但小于 18 个月）在 1997 年 7 月 28 日前出售的税率最高为 28%。2000 年 12 月 31 日以后，资本收益财产的取得和持有超过 5 年的征税 18%。直到 2006 年，人们才能从这项规定中获益。对边际税率为 15% 的个人来说，只要持有时间超过 5 年，不管取得时间是何时，资本收益税率都可以从 10% 降到 8%。这一准则只适用于 2000 年 12 月 31 日以后的资本收益。2003 年 5 月 6 日开始生效的长期资本收益税率为 15%。

对于符合 1250 条款的房地产，属于折旧回收的收益，最大税率下调至 25%。很重要的一点是 1250 条款适用于所有的房地产资产折旧，而不仅仅是超额折旧。一定比例的出售总利润处理，资本收益处理，且以最高到 15% 的税率进行征税。

表 16—5 中总结了 1981—1986 年及 1986 年以后征税期的折旧方法。表中所示多户住宅的折旧是以 10 万美元为折旧基准的。在最初几年的投资中，1981—1986 年的征税环境比 1986 年以后的征税环境提供了更大的折旧。最好的衡量折旧方法价值的办法是计算这种方法所节约税金的现值。对于每一种方法，表中同时表示出了折旧额和所节约税金的现值。后者等于前者乘以相关最高税率。比如，加速折旧制度（ACRS）所节约税金的现值是 28 395 美元，税率是 50%。1986 年以后所节约税金的现值是 9 404 美元，税率是 28%。

表 16—5　　多户住宅年折旧额——加速折旧制度和 1986 年以后的方法　　单位：美元

折旧基数：10 万美元；1 月 1 日开始使用		
年期	1981—1986 年 加速折旧制度（ACRS)[a]	1986 年以后 1986 年《税收改革法案》
1	12 000	3 485[b]
2	10 000	3 636
3	9 000	3 636
4	8 000	3 636
5	7 000	3 636
6	6 000	3 636
7	6 000	3 636
8	6 000	3 636
9	6 000	3 636
10	5 000	3 636
11	5 000	3 636
12	5 000	3 636
13	5 000	3 636
14	5 000	3 636

续前表

折旧基数：10万美元；1月1日开始使用		
	1981—1986年 加速折旧制度（ACRS）[a]	1986年以后 1986年《税收改革法案》[b]
年期		
15	5 000	3 636
16	—	3 636
17	—	3 636
18	—	3 636
19	—	3 636
20	—	3 636
21	—	3 636
22	—	3 636
23	—	3 636
24	—	3 636
25	—	3 636
26	—	3 636
27	—	3 636
28	—	1 979
10%的现值	56 790	33 586
现值×边际税率[c]	28 395	9 404

注：a. 15年折旧期。
　　b. 反映月中制度。
　　c. 分别假设为50%和28%。

这样，资产价值中的避税成分由于折旧方法变为直线法、延长了折旧期并且降低了边际税率而明显地下滑了。[2] 人们可能会产生这样的疑问，显著降低税率的税法（如1986年《税收改革法案》）是如何给作为房地产投资的价值带来不利影响的呢？毕竟，如果投资者缴纳了更少的税，那么任何其他的资本投资的价值就不会增长吗？这个问题的答案是肯定的。1986年税法不仅降低了税率，而且减少了折旧的价值并消除了资本收益的优势。这些变化将给房地产项目带来很大的影响。高税率等级有利于能产生账面损失的房地产项目，因为更大比例的损失将导致减少其他收入的税金。低税率等级有利于能够带来利润的房地产投资，因为投资缴纳的税金少了。从某种程度上说，折旧方法的变化完成了期望的目标：减少缺乏经济可行性的房地产投资。

税收和利息支出

税收收入同样会受到债务利息的偿还方式的影响。一般来说，利息的支出被视作成本。因此，每支付1美元的利息，政府应得的税收就减少1美元乘以税率所得的金额。我们在上一章关于金融杠杆和资本结构的内容中看到了债务的使用是如何提高权益收益的，这将会促使债务融资。如果没有违约风险的话，那么最好的融资可能是有着99.9%的债务的房地产项目。

过去，房地产开发商和投资者利用（有的是滥用）这种规定，以与折旧避税工具同样的方式减少或者避免税收。当它成为融资的名词术语后，它就常被用来减少或者避免税收。税法改革限制了这种滥用。下面用两个例子来说明税法的改革：原始发行折扣规定和投资利息限制规定。

原始发行折扣规定

从其背景来看，原始发行折扣是以低于面值的折扣价发行的债券。这种债券在其周期内没有任何息票或利息偿还，但是一般在到期前有一项支付面额。公司发行的零息证券就是很好的例子。一笔面值为1 000美元、无息票利息、10年期的债券，其现值（折旧率为10%）为385.54美元。该债券的购买者将会因债券在其期限内升值而获得10%的利润。在这个时候，投资者没有获得任何现金利息偿还。假设利率不变，债券的价值在其到期前每年都增长，到投资者不能获得利息偿还时，他们就不得不缴纳税金。随后，IRS规定投资者必须按年对债券的价值增长缴纳税金。1984年以前，涵盖这些要求的一系列条例被称为原始发行折扣规定，并且只运用于公司债券。1984年的税法将原始发行折扣规定延展到抵押房地产。只要当定期利息偿还不同于市场利率时，这个规定就运用于房地产融资。有些滥用的实践也导致了原始发行折扣规定运用于房地产中。

当存在不同税率的时就会出现一般收入向资本收益转的化。尽管这种差别消除了，但是原始发行折扣仍然在运用着，因此非常有必要了解其相关背景。举一个例子来说，财产所有者可能希望将以8万美元购入的土地以100万美元售出。卖方由于属于高税收等级，当前并不需要现金，而是希望得到未来的收益。卖方愿意以12%的利率在30年内为购买提供资金，年偿还额为124 144美元，其中的12 000美元为第一年的利息。卖方必须以一般税率缴纳税金。如果卖方将要价提高为140万美元，并且在同样条件下贷款利率为8%，那又将会怎样？年偿还额仍然是相对一样的124 358美元，但是第一年的利息是112 000美元。卖方可能获得同样的偿还款且能够减少未来的一般收入，而较多地在目前获得资本收益（资本收益从200 000美元上升到600 000美元）。即使不考虑调整问题，卖方同样能缴纳更少的税收而获得较大的税后收入。

另外一个滥用的实践导致原始发行折扣规定利用大量的无追索权债务而以更高的价格出售财产。无追索权债务是一种借贷人不负个人责任的贷款。一般说来，贷方只关注抵押财产和债务的偿还款。有追索权债务意味着贷款人在违约时可以从借款人的个人财产中获得补偿。在卖方融资交易时，卖方成为了贷款人，而买方成为了借款人。在一滥用实践例子中，假设财产所有者将价值100万美元的财产以180万美元的价格售出，并且主要部分贷款给予非常低的贷款利率，比如4%。少量的和以真实价值交易时贷款的偿还额比市场利息贷款的偿还额要低。但是，更高的交易价允许借款人摊销更大数量的折旧。高税级纳税人能用这些损失抵销其他收入，可以说是一种典型的避税手段。同时，卖方财产的出售可以以分期付款为标准，买方会继续还贷并最终还清债务。如果财产没有升值，买方可能会违约贷款，把财产返还给最初的所有者。买方由于折旧而节约的税金总额可能超过首付款，因此违约就不存在损失。如果贷款能带来利息增长的话，双方都会受益。

基于这些实际情况，原始发行折扣规定颁布了。风险限制法规也由于无追索权债务的存在而颁布了（风险限制法规会在下一章讨论）。1984年的税法将原始发行折扣规定第一次运用于房地产，该规定在1986年《税收改革法案》中仍然有效。这些法规需要两样东西：低于市场利率和利息的卖方融资市场利率和年收入。有两种检验方法能确定原始发行折扣规定是否得到运用。

利率适宜性检验认为，如果票面利率小于适用联邦利率的110%，贷款利率会达到适用联邦利益的120%。适用联邦利率的确定参考同期的国债利率，可以分成三类：低于3年贷款、3~9年贷款和9年以上的贷款。

举 例

假设适用的联邦利率是10%，贷款利率为9%。当利率低于11%时（110%×10%），贷款的估计利率将为12%（120%×10%）。

货币时间价值检验只适用于国家利率符合利率适宜性检验的情况，但是付款至少一年才能支出一次，或者有一个估算利息。在每个案例中，要求贷款的有效利率是确定的，而且大量的利息会以工资的形式从贷方转向借方。简言之，原始发行折扣规定要求有一个估算利息，然后每年以税收的形式公布。

同样也有无须遵守原始发行折扣规定的情况。可以归为以下两类：1984年税法中免除的和随后在1985年10月通过的修正法中免除的情况。1984年税法中免除的情况包括个人出售土地不超过100万美元、出售个人住宅低于25万美元以及亲属间交易额在50万美元以下的情况。在这些交易中，**估算利息原则**是适用的，但是推定的利率对于利率低于9%的贷款为10%。而货币时间价值原则是不适用的，这就意味着基于收入实现制的卖方不需要交纳个人所得税直到实际收到现金，同时基于权责发生制的买方可以减少他承担的利息支出。

1985年的修正案进一步放宽了原始发行折扣规定。对于那些卖方资产不超过280万美元的交易，税率将更低或者是适用联邦利率的100%。1990年之后，280万美元也根据通货膨胀指数进行调整，这降低了联邦税率要求的110%或者120%的最小利率。原始发行折扣规定适用于大量卖方的出售行为，包括出售和租赁，也适用于卖方所得超过280万美元的情况。而修正案则是为解释基于收入实现制的方式中交易额为200万美元或低于200万美元的利息，其中贷方和借方都同意采用基于收入实现制的方式。

投资利息支付

另外一个例子是利用税法使税后收入减到最少，该税后收入是以投资为目的的持有房地产而得到的。当税率不同或者获得一般收入和资本收入，那么就有可能在税收领域利用利息开支来把一般收入转化成资本收入。假设一个投资者购买了一项房地产，而它不可能产生经营性收入而只有资本收入，如购买一块未开发的土地以获得增值价值。投资者利用贷款来购买该房地产，只需支付很少的首付款就可以了。从每年的经营上看，投资者看起来没有任何所得，只有利息支出，所导致的损失可以抵销其他收入。这样，利息支出而不是折旧构成了一种避税工具。然后，当房地产被售出时，其所得就只需缴纳很低利率的财产所得税。

为了减少这类情况的发生，1969年的税法对利息的扣除额设定了限制，针对的是那些每年并不提供经营收入的投资。这种资产大多数是股票和公债。1969年的税法所指出的房地界的例子包括未开发土地和净租金投资。通过**净租金投资**，房地产所有者的所有经营性支出，包括财产税、维修费用和其他支出，都由房客来支付。1986年的《税收改革法案》取消了对净租金投资的限制。该原则现在所秉持的目标是以净租金收入来限制个人年利息扣除量。如果产生了不当净收入，那么在对未开发土地投资时的贷款支出就不能扣除。

举 例

一个投资者以10%的利率向银行贷款100万美元来购买一块价值为120万美元的土地，希望它能够升值。第一年，他允许进行一些矿业开采，获得了11万美元的特许开采权费。在这一年，他的投资支出仅包括3.5万美元的房地产税。利息支出是10万美元（0.1×1 000 000）。该投资者可能得到以下扣除（美元）：

特许开采权费收入	110 000
一财产税支出	35 000
＝净投资收入	75 000
允许扣除的利息	75 000
递延的利息	25 000

● 确定税金

上述原则具体说明了怎样界定收入和支出以达到确定应纳税收入的目的。在给出了应纳税收入之后，其他原则用来确定税金的金额。确定税金的原则如下：

（1）一般收入和资本收入的差别税率；
（2）从一个收入来源到另一个收入来源的抵销损失（消极损失限额）；
（3）是否适用可选最低税；
（4）设定给予税收优惠的投资类别。

差别税率

在1986年的《税收改革法案》之前和1997年以后，一般收入和资本收入以不同的税率纳税。资本收入的低税率促使（纳税人）尽可能地将一般收入转化为资本收入。1986年的法案保留了对这两种收入的区分，但是规定资本收入同一般收入一样，须以最高28%的税率纳税。个人的最高税率是39.6%。税法继续保持对不同收入的区分是因为不同的税率会有波动，而且会继续限制资本损失。不过，税率越接近，试图把一般收入转化成资本收入的纳税计划和避税工具的人就越少。

损失限额

税法有三种方法来限制以一种收入来源的损失来抵销另一种来源的收入，分别是资本损失限额、消极损失限额和风险准则。

资本损失限额。资本损失限额原则规定纳税人只能以一种资本损失抵销另一种资本收入。即使一般收入和资本收入的税率相同，也同样适用这一点。资本损失超过资本收入的部分每年最高只能有 3 000 美元用来抵销其他来源的收入。这个原则并未真正阻止将房地产作为一个避税手段。在税法允许范围内，房地产作为避税手段的价值主要是利用经营损失抵销其他来源的收入。不过，像消极损失限额这样的保护原则严格地限制了这种抵销。

消极损失限额。房地产避税手段之所以存在是因为摊销折旧所带来的损失可以抵销其他（非房地产）来源的收入。税收节约是投资间接现金流量的红利。政府对这个"问题"的回答是更加细致地划分收入类别。一个类别的损失不允许抵销其他类别的消极收入。一般有两种收入类别：营业收入和外部收入。后者一般包括工作的薪水和工资。1986 年的《税收改革法案》制定了消极行为损失限制（PALL）原则，并且把外部收入划分成三类：积极收入、投资组合收入和消极收入。**积极收入**主要由工作所得组成。**投资组合收入**是从投资中得到的收入。**消极收入**，在这里主要指房地产活动所得。图 16—2 总结了收入的类别并指出了其损失可以用来抵销外部收入的情况。

积极贸易或商业活动带来的损失可以用来抵销外部收入。纳税人必须在积极贸易或商业活动中参与"实质性工作"。房地产一般不被看作积极商业活动，因此房地产活动的损失不能用来抵销外部收入（除了下面要讨论的 2.5 万美元的特别豁免额）。房地产活动通常被定性为租赁行为。租赁行为是指从有形的房地产中产生收入的行为。旅店业是一个例外，它在短期内租借一个生活空间。因此，酒店和汽车旅馆就属于积极商业活动类别的一类房地产。

投资组合损失（通常专指资本损失——资本财产出售的损失）可以抵销投资组合收益和每年 3 000 美元的一般收入。房地产投资信托公司的红利或者房地产抵押贷款投资证券的收入都被看作投资组合收入。这些工具虽然和房地产有关，但实际上属于股票和红利，不可以用来抵销消极损失。

消极收入是除上述收入类型之外的收入。它包括所有的非营业房地产活动和有限责任合伙所得的收入。由于有限责任合伙所得的收入被定义为消极收入，因此，不管是非房地产行业或活动还是房地产行业或活动的有限责任合伙收入都属于消极收入。然而，为有限责任合伙企业提供个人服务而取得的收入不属于消极收入。如果一个有限责任合伙人为合伙企业准备账目而获得薪金，那么他的收入则属于外部收入。

在这些收入类别中，一种类别的损失不能抵销其他类别的收入。唯一的例外是积极参与房地产投资活动。这一类别的损失达到 2.5 万美元时就可以用来抵销其他类别的收入（积极的非房地产收入、投资组合收入和外部收入）。损失额必须是由于积极参与房地产投资而造成的。所谓"积极参与"不同于"实质性工作"（包括对非房地产交易或贸易的要求）。积极参与只要求纳税人参与一项重要的判断，比如管理财产、维修或者是安排维修。当纳税人的调整毛收入（AGI）

第16章 联邦税收与房地产金融

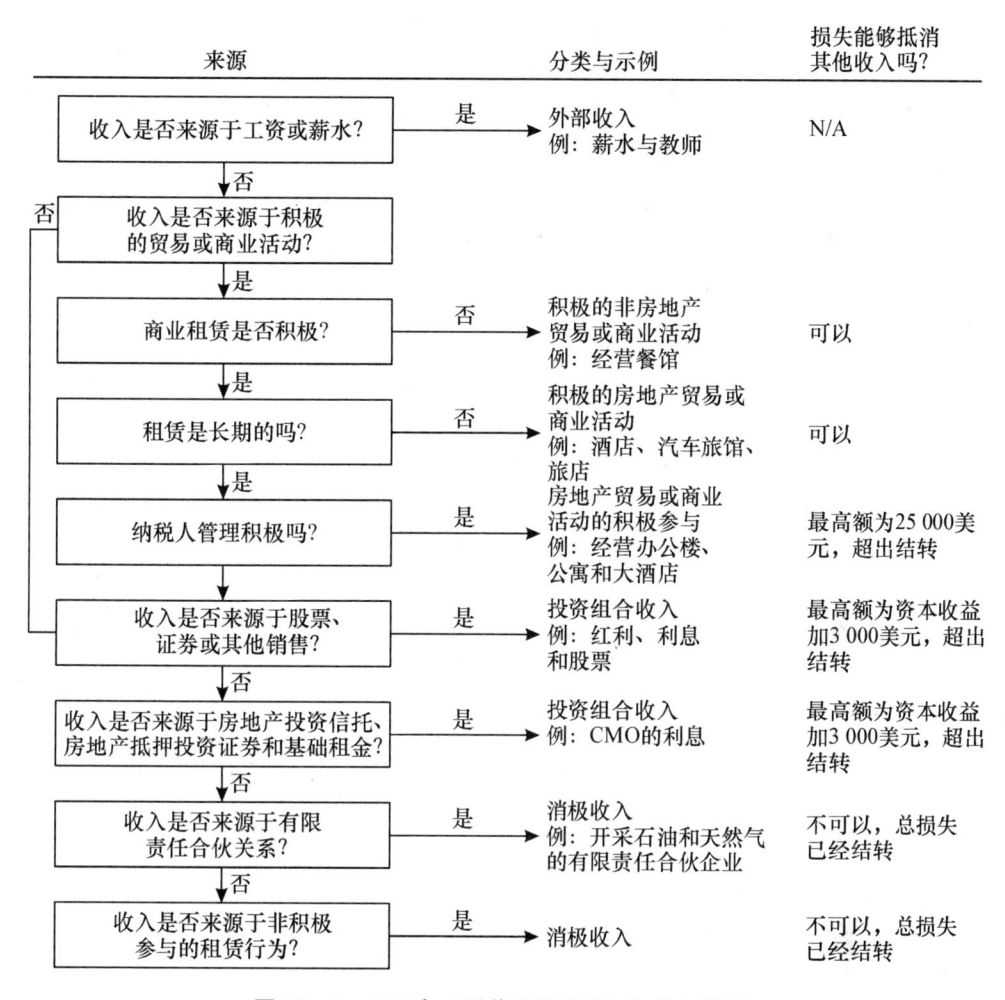

来源		分类与示例	损失能够抵消其他收入吗?
收入是否来源于工资或薪水?	是 →	外部收入 例:薪水与教师	N/A
↓否			
收入是否来源于积极的贸易或商业活动? ←否			
↓是			
商业租赁是否积极?	否 →	积极的非房地产贸易或商业活动 例:经营餐馆	可以
↓是			
租赁是长期的吗?	否 →	积极的房地产贸易或商业活动 例:酒店、汽车旅馆、旅店	可以
↓是			
纳税人管理积极吗?	是 →	房地产贸易或商业活动的积极参与 例:经营办公楼、公寓和大酒店	最高额为25 000美元,超出结转
↓否			
收入是否来源于股票、证券或其他销售?	是 →	投资组合收入 例:红利、利息和股票	最高额为资本收益加3 000美元,超出结转
↓否			
收入是否来源于房地产投资信托、房地产抵押投资证券和基础租金?	是 →	投资组合收入 例:CMO的利息	最高额为资本收益加3 000美元,超出结转
↓否			
收入是否来源于有限责任合伙关系?	是 →	消极收入 例:开采石油和天然气的有限责任合伙企业	不可以,总损失已经结转
↓否			
收入是否来源于非积极参与的租赁行为?	是 →	消极收入	不可以,总损失已经结转

图 16—2　1986 年《税收改革法案》与收入类别

低于 10 万美元时,可以使用全部 2.5 万美元豁免额;当纳税人的 AGI 高于 10 万美元时,豁免额减少 50%;当 AGI 到达 15 万美元或更多时,则豁免额消失。

　　消极损失的利用。除非纳税人从事的是租赁房地产活动,不然他的收入或损失都属于消极收入或损失。在一个纳税年中,纳税人必须计算这些出租房地产的净损失和净收益。每次出租房地产都被看作独立的"活动",实际的净消极收入是须纳税的,而净消极损失则必须结转下一期。消极损失不能向前追溯。延期的(也叫挂账的)消极损失可以用来抵销未来任何正的消极收入,包括纳税人处置房地产那一年的所得。在经营活动所使用的全部房地产都被处置后仍未处理的挂账消极损失,可以用来抵销外部收入。经营活动中的消极损失被挂账并不意味着它丢失了。

　　1993 年的税法制定了一些消极损失限额的放宽条例,这些条例主要是针对房地产经纪人、销售员和其他房地产专业人员。其中最大的优惠是法定纳税人可以通过积极收入和投资组合收入来减少房地产活动的损失。新法规定,个人必须符合以下要求:(1)一年里他所从事的实质性工作中至少要有一半以上是房地产贸易或商业活动。（2）他每年要为那项房地产活动提供超过 750 个小时的服务。因此，实质性参与要求正好符合纳税人要参与房地产常规的、连续的和实质的业务的要求。房地产贸易或商业活动包括房地产经纪、管理、租赁、经营、开发、建设、改造、取得或转化。

纳税人的每个消极经营活动都应该有一个独立的记录。一项经营活动中未使用的消极损失可用来抵销当年的外部收入，甚至是其他行为带来的消极收入。"遗弃"被认为是一种处置资产的方式，并将导致挂账损失的确认。但是如果纳税人将房地产转移给其亲属，那么这种转移不会被看作处置。未使用的消极损失依然在出售者的名下，他可能会利用那些损失来抵销他的实际消极收入直到该房地产被完全处置。政府必须事先预料到纳税人会将房地产出售给他的亲属，然后使用挂账损失，最后再把房地产买回来。

组织形式。根据财产拥有者的组织形式，消极损失限制规定有所调整。房地产可以被很多组织所拥有，包括个人、个人服务公司、有限责任合伙企业、紧密控制型 C 型公司、普通 C 型公司或 S 型公司。紧密控制型 C 型公司是少数几个股东拥有的公司或家族企业，它与 S 型公司不同。虽然 S 型公司也是由少数股东控制，但是它按照合伙企业纳税。这样它就避免了像 C 型公司那样的双向纳税问题。

紧密型公司可能会利用消极损失抵销积极商业收入而不是投资组合收入。普通 C 型公司可以用消极损失抵销积极商业收入和投资组合收入。表 16—6 总结了不同所有权形式的公司利用消极损失抵销收入的情况。

表 16—6　　消极损失限额

所有权形式	消极损失能抵销	
	积极商业收入？	投资组合收入？
个人	否	否
有限责任合伙	否	否
个人服务公司	否	否
S 型公司	否	否
紧密控制型 C 型公司	是	否
C 型公司	是	是

举　例

紧密控制型 C 型公司拥有从一个公寓联合体（该联合体并没有得到 C 型公司积极的管理）中获得的 20 万美元的消极损失，从一个餐馆中获得的 35 万美元的实际收入，从红利中获得的 5 万美元的利息。那么，20 万美元可以用来抵销从餐馆获得的收入，从而减少到 15 万美元，但是它不能用来抵销投资组合收入。假如从公寓联合体中获得的消极损失是 40 万美元，它可以将从餐馆获得的收入抵销至零，剩下的 5 万美元只能留做后用。

消极损失限额很明显是为了减少利用房地产作为单纯的避税工具而制定的。在新原则中，消极行为就等同于房地产行为。然而，这些规定，包括其他一些综合规定，也许太过严格了。1986年的《税收改革法案》引入了消极损失限额，也延长了折旧的周期并且降低了最高税级。仅仅对折旧进行处理也许更能有效地消除大部分房地产避税工具。当然，折旧处理的改变和消极损失限额联合可以促使投资者关注房地产开发的真正经济可行性。

资本损失限额和消极损失规定。在处置房地产上未使用的消极损失可以用来抵销其他来源的收入。但是在资本买卖中出现的资本损失又将如何呢？这个损失现在究竟是可以用来抵销其他收入还是需要遵守资本损失规定？答案是后者。资本损失不能简单地因为来源于消积损失就可以不受资本损失限额的限制。

举　例

假设纳税人将一个公寓以95万美元的价格出售，但其账面价值为100美万元，造成了5万美元的损失。纳税人还有往年递延的1万美元消极损失。这1万美元足以用来抵销其他收入，那5万美元的资本损失则只能在出售当年用来抵销资本收益加上3 000美元的一般收入。

风险准则

1976年的税法中引入了风险准则概念并且最初的目标是针对非房地产的，比如石油和天然气开发。在法案颁布前，投资者可以用自有资金购买涨价的"资产"，且以无追索权的债务融资。庞大的利息费用将会为其他收入提供避税工具。避税工具的现金流量比微小投资要大。如果风险投资失败了，投资者只要对无追索权债务违约就可以了。1976年税收引入了"风险"的概念。实际上，这项法规限制了投资的累计损失及投资者实际所承担的风险。

1986年的《税收改革法案》将风险准则应用于个人、合伙企业和公司（包括紧密控制型公司）持有的房地产投资。这项准则实施的关键在于确定认为存在风险的金额。对于一项房地产投资，这个金额一般来说是而且本来就是投资者对这项投资的现金投入、房地产的税收基数中投资者投入的部分、投资中使用的投资者负个人责任或者用其他房地产做抵押的借款金额，和/或投资中使用的投资者不负个人责任但是由商业银行、储蓄贷款协会、保险公司或养老基金等专门从事贷款业务的合格贷款人提供的借款金额。

合格贷款人不能是所投资的房地产的促进人或者销售人。当贷款人收取的费用取决于投资者的投入额时，贷款人就变成了促进人。只要贷款的条款和市场上交易的相同，合格贷款人就能在所投资的房地产上有权益参与。如果在投资中拥有权益的贷款人所提供贷款的利率明显低于市场利率，期限超出房地产的寿命，或者对取消赎回权的能力有极其严格的限制，贷款人就会被认定为不合格，同时贷款不视为风险金额。

初始投资后，风险金额因投资者追加投入而增长，因对投资人的付款而减少。

风险测试是在考虑消极损失之前进行的。如果风险准则否认了某些损失，那么这些损失就不能作为递延消极损失，因而永远不能用于抵销其他收入。

可选最低税原则

可选最低税（AMT）原则是在1978年制定的，当初制定的原因是由于一些高收入的纳税人通过税收优惠项目对大部分收入进行避税，很多税收优惠项目都是和房地产有关的。实际上，AMT原则规定了纳税的最低收入标准，并且确定了最低税收率。为了实现这一点，AMT原则将一些税收优惠项目加回到调整后的收入上。1986年的《税收改革法案》扩展了AMT原则中收入的定义，将适用于个人和企业的最低税率提高为21%。从1991年开始，该税率又上升为24%。1993年的税法采用两级利率结构代替了单利率结构，调整后的税率为25%（收入为175 000美元以下）和28%（收入为175 000美元以上）。从1993年开始，不动产、动产以及流动资产升值带来的收益不再属于AMT规定的税收优惠项目。本章附录A详细列举了应该被加回到调整后的收入中的税收优惠项目。

AMT的计算过程如下：首先纳税人将他的常规应税收入加上税收优惠项目，然后按照AMT的规定计算扣除额，用它们代替常规的扣除额。计算出的结果就是AMT税率所对应的收入（AMTI）。AMTI中有40 000美元的免税额（个人为30 000美元）。当AMTI超过150 000美元（个人为112 500美元）时，40 000美元的免税额就减少为超额部分的25%。最后，再使用适当的AMT利率进行计算。纳税人支付常规纳税额和AMT纳税额中较高的税额。任何AMT超过常规纳税额的部分都可以被递延，在未来年份里用来抵扣常规纳税额。

表16—7展示了一个计算AMT的案例。

表16—7　　　　　　　　　　　　　AMT的计算案例　　　　　　　　　　　　单位：美元

	常规纳税金	金额
薪水	200 000	200 000
投资组合收入	25 000	25 000
避税减少额	(75 000)[a]	0
扣除额		
抵押贷款利息	22 000	22 000
应税收入	128 000	203 000
免税额		26 750[b]
AMTI		176 250
按28%的税率	38 840	
按24%的税率		42 300
AMTI	42 300	

注：a. 此数值是根据附录A所示的税收优惠项目计算得出的结果。
　　b. 40 000美元－[0.25×(203 000美元－150 000美元)]。

房地产投资项目的税收优惠

政府通常会采用税收激励的方式来鼓励那些具有社会和经济效益的行为，尤其是采取税收减免政策。税收减免额不同于应税收入扣除额。1美元的应税收入扣除额可以使纳税人节省的纳税额为1美元乘以税率，而1美元的税收减免额可以使纳税人节省1美元。税收减免政策是一项有巨大激励作用的工具。

联邦政府通过税收减免政策来鼓励两种类型的房地产投资：其一是历史建筑的修复；其二是保障性住房。

历史建筑的修复。 1978年颁布的税法设立了对历史建筑修复项目的税收减免政策，减免额相当于修复符合要求的建筑物所需费用的10%。1981年税收减免政策的范围扩宽了：减免额对30~39年历史的非住宅建筑物提高到15%；对40年以上历史的非住宅建筑物提高到20%；对注册的历史建筑（CHS），无论是否为住宅建筑，提高到25%。1986年的税法再次修改了减免额条款。该法案给予建于1936年之前的非住宅建筑10%的减免额，给予CHS 20%的减免额——无论它建造于哪一年。CHS是指国家级历史名胜内或历史文化地区内的建筑。CHS的修复必须经内政部部长批准。

税收减免政策只适用于抵销消极收入的纳税额，但是可以把它视为来源于纳税人积极参与（管理）的出租活动。因此，纳税人有权拥有非劳动收入25 000美元的税收减免额。即使修复项目是由有限责任合伙公司负责的，这一点仍然成立。也就是说，不管企业的本质以及所有权形式如何，税收减免政策仅适用于消极收入，但存在25 000美元的减免额。实际中，纳税人会要求将25 000美元的税收减免额应用于外部收入。调整毛收入（AGI）超过200 000美元时，每增加1美元就会减少50美分的减免额。对于纳税等级为28%的纳税人来说，25 000美元的应税收入扣除额能够为他节省7 000美元的税金。因此，该纳税人可以用纳税减免额中的7 000美元来抵销外部收入。

举 例

某纳税人对一座建造于1924年的非CHS（非住宅建筑）进行修复。修复该建筑适用的税收减免率是10%。该纳税人总共花费120 000美元来修复该建筑，税收减免额为12 000美元。他可以使用减免额中的7 000美元来抵销外部收入的税金，剩余的5 000美元可能用来抵销消极收入的税金。如果消极收入的应税额不足5 000美元，则未被抵销的税收减免额可以递延到未来的年份使用。

最后，如果纳税人使用税收减免额，则该房地产的折旧基数必须减去该减免额，并且采用直线法进行折旧。这在一定程度上降低了税收减免额的价值。

保障性住房的税收减免。 投资者如果投资建设符合规定的保障性住房，就可以享受一定的税收减免。具有这种资格的房地产有两类：第一类是没有其他政府补贴的新建筑。前10年中每年的税收减免额为"合规性基数"的9%。合规性基数是指该房地产用于保障性住房的部分。第二类享受税收减免的房地产具有一些其他的政府补贴，例如低于市场利率的贷款，或者可以通过发行税收减免债券如抵押贷款收入债券筹集资金（见第7章）。在这种情况下，税收减免额限定为前10年中合规性基数的4%。如果该项目在任意一年中不再符合免税要求，那么以前年份的税收减免额将被征回。税收减免额适用于25 000美元消极收入的纳税减免额，这意味着投资者每年可以使用该税收减免额最多抵销25 000美元非消极收入的税金。同样，对于纳税等级为28%的纳税人来说，这可以节省7 000美元的税金。未被抵销的税收减免额可以用来抵销消极收入或者递延到未来年份使用。1993年的税法规定由在校学生居住的房地产可以享受税收减免政策，并且放宽了对保障性住房的各项经营要求。

1986年《税收改革法案》对房地产投资的影响

1986年的《税收改革法案》对房地产投资行为的影响比对其他投资行为的影响更为显著。法案进行调整的主要目的就是为了降低房地产作为避税工具的价值。为此，存在三项主要调整：(1) 延长折旧年限；(2) 限制使用房地产投资损失来抵销其他收入；(3) 降低最高税率。然而，房地产投资仍然保持了一些投资优势。纳税时债务利息可以扣除，并且投资特定类型的房地产可以享受税收减免政策。

由于对向合伙人转移损失进行了限制，公司制这种所有权形式更具优势。如果公司拥有其他来源的收入，就能够节省大额的税金。并且，如果这些节省的税金用于其他资产的再投资（而不是发放股利），它们会继续在个人层面上的免税现金流。然而，仍然存在的公司收入双重纳税问题意味着某些房地产项目还是会被合伙制的企业开发。伦茨和费舍尔（Lentz & Fisher）研究了1986年《税收改革法案》对所有权形式的影响。[3]他们得出的结论是，尽管在法案颁布之前公司制的所有权形式并不占主导，但现在这种所有权形式可能是价值最大化的组织形式。他们认为，公司制的所有权形式尤其适合于财务杠杆比率较高的可折旧房地产，大量的现金流可以被公司保留。同时，再投资的现金流不用纳税。他们还认为，相对于建立公司，成立合伙制企业并分配权益所花费的成本更高。他们提出，受1986年法案的影响，合伙制企业持有的房地产数量可能会减少。

有足够的证据表明事实就是这样的。1989年，纳尔森和佩兹凯（Nelson & Petska）对1986年法案前后有限责任合伙制房地产企业及其盈亏状况进行了研究。[4]通过纳税申报单，他们发现法案的颁布导致了有限责任合伙制房地产企业数量的减少。他们还发现，大量的损失因被递延而无法减轻税收负担。在1986年法案颁布之前的几年中，亏损的有限责任合伙制企业数量显著上升，但到1987年该数量又有了显著下降。[5]

税收递延的房地产交易

有一条税收条款并没有对房地产经营产生的税后现金流量以及持有房地产的所有权结构产生影响。然而，该条款对于房地产投资者具有重大的意义。此条款就是1031条款，即所谓的**税收递延交易条款**。税收递延交易是一种符合以下特点的交易：根据协议要求，纳税人以贸易或商业的生产性用途或投资为目的交换

第 16 章 联邦税收与房地产金融

一项持有的资产，然后以贸易或商业的生产性用途或投资为目的取得并持有一项资产。

由于各种原因，很多房地产持有者希望卖掉房地产。也许是因为他们认为该房地产在未来不会有很大的升值空间，也许是因为该房地产存在着过多的管理责任。然而，这些所有者希望继续从事房地产投资事业。出售（同时买入另外的房地产）也许能够满足这个要求，但是如果房地产的纳税基数低于出售价格的话，可能会产生较高的纳税额。假设出售一宗价值为 10 000 000 美元（纳税基数为 0）的房地产，纳税等级为 30% 的所有者在税后只能得到 7 000 000 美元的金额进行再投资。解决这个问题的方法是利用 1031 条款规定的内容。根据条款内容，投资者可以交换一项（或多项）资产，前提是新的资产为类似的资产。事实上，几乎所有的房地产都被认为是类似的资产。房地产所有者可以将农场土地交换为公寓，或将办公楼交换为仓库。

按照 1031 条款的内容，房地产投资收益的永久递延是存在可能的。只要投资者持续地交换类似房地产而不是选择出售，其获得的收益就不用纳税。投资者身亡时，房地产的纳税基础自动调整为市场价值，从而移除所有的资本利得。

● 基本要求

1031 条款有四项要求：第一，放弃和取得的资产都必须是以贸易或商业的生产性用途或投资为目的而持有的。因此，所有者自用的住宅不符合类似资产交换的要求。第二，交换和取得的资产必须是相类似的。对于房地产来说，这基本上含了上面提到的所有类型。第三，交换必须实际存在。所有者不允许将一项资产出售获得现金，然后立刻使用所得现金来购买另外一项资产。放弃的资产不允许有任何的期间交易行为，无论新资产的购置速度有多快。第四，所取得资产的纳税基数必须与所放弃资产的纳税基数相等。如果涉及非房地产资产（补价），必须对纳税基数的计算进行调整。这一点稍后讨论。

● 三方交易

你可能会想知道，如果某所有者发现了一项想要获得的新资产，但是该新资产的所有者不希望用自己的资产交换前者的资产，这时交换该如何达成？这种情况很可能出现。一种解决的方案就是三方交易。假设所有者拥有资产 A 并且希望用其来交换资产 B。但是资产 B 的所有者对资产 A 不感兴趣。在三方交易的条件下，可以找出对资产 A 感兴趣的第三方。由第三方购买资产 B 而不是 A，然后用资产 B 来交换资产 A。所有的参与方都得到了自己想要的资产：第三方得到了资产 A，最初的所有者得到了资产 B，资产 B 的所有者得到了现金。

● 延期交换

如果对资产 A 感兴趣的第三方购买者希望立刻获得资产 A，而资产 A 的所有者却还未发现另外一项希望得到的资产，这种情况该如何处理？在这种情况下，可以采用延期交换的方式。资产 A 的所有者会将产权转让（不是出售）给第三方，第三方则同意在未来某个时间将资产 A 的所有者希望得到的产权转让给他。在这种情况下，第三方购买者通常会在某托管账户中存入一笔足够数目的现金以便之后购买目标资产。在此类交换中，资产 A 的所有者所做的事情就是将产权转让给第三方，然后说："未来的某个时间，我将会希望得到某项你能够购买的资产，你将其买下并把产权转让给我。"

补 价

补价的概念通常出现在非类似资产交换中。在类似资产交换中，通常很难认为交换的房地产具有完全相等的价值。如果资产 A 价值 1 000 万美元，其所有者可以用它来交换价值 800 万美元的资产和 200 万美元的现金，则 200 万美元的现金就是补价。在本例中，补价是交换中的应纳税部分。如果投资者的纳税等级为 30%，则纳税额就是 60 万美元（$0.3 \times 2\,000\,000$）。这比该资产直接出售情况下 300 万美元的纳税额好得多。所获得资产的纳税基数仍然是所放弃资产的纳税基数。在本例中为 0 美元。

补价的形式不仅限于现金，它可以是任何非类似的资产，包括抵押贷款债务的免除。在上例中假设将要放弃的资产中包含 100 万美元的抵押贷款。如果被交换资产（价值 800 万美元）的所有者偿还该抵押贷款并且再支付 100 万美元现金，那么交换的补价就包括 100 万美元现金和 100 万美元的抵押贷款减免。

技术性要求

同类资产的交换如果要免除税收，必须满足一系列技术性要求。如果你希望进行此类型的交换，最好寻求税务专家或此类置换的专家的建议。大部分城市地区都有一些这样的专家，他们属于房地产交换协会或社会组织。在这里，我们将提及一些最重要的技术性要求。

延期（递延）交换的时间限制

税收递延交易必须满足三个要求：第一，被放弃资产的所有者必须在确定期限内确定希望得到的代替资产。第二，交换必须在特定的交换期内完成。第三，被放弃资产的所有者不允许从资产交换开始获取连续性的收益。

确定期限开始于被放弃资产交换的日期，结束于 45 天之后。如果交换中涉及多项资产，则确定期限开始于最先被交换资产的交换日。交易期开始于被放弃资产交换的当天，结束于 180 天之后或纳税年度纳税申报单的到期日，以二者中较短的为准。

多项资产检测

在延期交换中，在 45 天之内确定想要获得的资产几乎是不可能的。IRS 准则允许所有者在这个时间段内确定多个希望获得的资产，条件是它们能通过三项资产测试、200％测试和95％测试。

三项资产测试允许资产所有者确定任意三项希望交换的资产，而不必考虑它们的公平市场价值。200％测试将被确定资产的市场价值限定在放弃资产市场价值的200％以内。如果不能通过前两个测试，就使用95％测试。按照这种标准，如果在180天的交易期截止前收到了至少95％的被确定资产，则仍然满足确定要求。

其他事项

关于税收递延的房地产交换还应该注意其他一些细小的环节。交换中可能会涉及附带资产。此类资产通常被认为是私人资产（如家具和装修），但是只要其价值不超过换入资产总价值的15％就可以将其与房地产一起"打包"。如果希望获得的资产正处于建设之中，那么准则要求该资产必须在确认期内被尽可能详细地描述。主要生产方式改变带来的变化是允许的。但是，资产接收之后任何额外的建造都不被认为是类似资产，而被视为补价。对于200％测试来说，被建设资产的市场价值是指该资产被接收时的价值。

前面已经讨论过，被放弃资产的所有者不可能从交易中获得任何现金。然而总是存在这种可能性，在延期交换中交换的另一方未能按照交换条款要求转让资产的产权。在这种情况下，资产所有者会要求对方在托管账户中存入一笔现金来保证要获得资产产权的转移。只要资产所有者在被放弃资产产权转移的过程中还未获得现金，税收条款就允许这种安排。

税收递延交易对于希望改变房地产投资类型的投资者具有明显的益处，因为不需要支付税金，也不需要因此减小投资组合的规模。与很多其他税收条款相类似，税收递延交易涉及的条款非常复杂。进行交易的资产所有者最好向专家咨询交易的组织形式，以满足适用规则的要求。

税收递延交易案例

假设投资者A拥有一套5年前购买的三居室住房，目前其价值为150 000美元。该住房调整之后的纳税基数为75 000美元，投资者A还有67 500美元的抵押贷款余额。她正打算购买一套更大的住房，并且已经发现了投资者B正在出售一套四居室住房。该四居室住房的价值为300 000美元，并且有217 500美元的抵押贷款余额。表16—8中展示了投资者A与投资者B进行税收递延交易的过程。

在进行交易时，双方的权益净值必须相等。这可以通过支付现金（补价）或再融资其中一项抵押贷款来实现。

表中投资者A应确认的收益为0美元，表示交换实现的66 000美元被全部递延了。投资者A现在拥有的新资产的纳税基数在最后一行列出（234 000美元）。交换旧房地产所实现的66 000美元收益已经从新房地产的价值300 000美元中扣除了。尽管这降低了房地产的折旧基数，但投资者A拥有了更多的现金。另外，她还实现了自身的目标：在递延收益所得税的情况下处置了旧资产，并且获得了价值是旧资产两倍的新资产。

表 16—8	税收递延交易的计算	单位：美元
	投资者 A	投资者 B
A. 权益净值必须相等		
资产的市场价值	150 000	300 000
－抵押贷款余额	67 500	217 500
＝资产权益净值	82 500	82 500
＋补价（非类似资产）	0	0
＝总计	82 500	82 500
B. 实现的收益		
资产的市场价值	150 000	300 000
－销售费用	9 000	18 000
－调整后的纳税基数	75 000	270 000
＝实现的收益	66 000	12 000
C. 确认的收益		
净抵押贷款减免额	0	150 000
－支付的补价	0	0
－销售费用	9 000	18 000
＋收到的补价	0	0
＝收到的净补价	0	132 000
确认的收益（实现的收益与收到的净补价中的较小者）	0	12 000
D. 所得财产的纳税基数		
调整后的基数	75 000	270 000
－收到的补价	0	0
－旧抵押贷款	67 500	217 500
＋支付的补价	0	0
＋销售费用	9 000	18 000
＋新资产的抵押贷款	217 500	67 500
＋确认的收益	0	12 000
＝新资产的纳税基数	234 000	150 000

分期付款销售融资

在销售房地产时，如果出售者在销售年份缴纳全部资本收益的所得税，就视其为一次性销售。另外一种可供选择的销售方式为分期付款销售，这通常发生在出售者从购买者处获得一份约定支付的贷款时。通常 IRS 会将获得的应付票据视为应税收入，就和收到现金一样。这就要求出售者在销售年份内缴纳税金。然而，在税法中有一节允许对符合要求的分期付款销售采取不同的处理方法。分期付款销售只有在收付实现制的前提下才能成立。在权责发生制的条件下，销售必须被视为一次性的销售。

为了满足分期付款销售的要求，出售者至少有一次付款是在销售年份之后才收到的。典型的情形是出售者在销售年份收到首付款，然后在分期付款年份内连续收到付款。分期付款的销售方式只有在销售能够获利的情况下才使用。商业资产销售的损失必须从销售年份中的应税收入中扣除，但为私人使用而持有资产的损失不允许在税前扣除。分期付款销售方式被频繁应用于收益性资产，目的是推迟所得税的缴纳。出售者提供的融资可以是第一、第二抵押贷款等。由于产生了一系列的分期付款，出售者只需要为每项付款的资本利得部分缴纳所得税。分期付款销售的主要任务是区分每项付款额中的应税利润部分和初始投资收益部分。资本收益百分比被称为毛利率，它是通过合同价格计算出的百分比。毛利率一旦确定就保持不变，并且被应用于每期收到的付款额来计算应税利润部分。

在以前，如果出售者将收到多次付款，就必须采用分期付款的方式。然而现在，在要求采用分期付款销售方式的情况下，出售者可以决定他是否希望将此销售视为一次性付款销售。有趣的是，即使出售者在未来期间内收到销售收入，他仍然可以将此销售视为一次性付款销售并在销售年份内支付全部资本利得的税金。其他的税收条款包括亲属准则，该准则要求如果分期付款销售的对象为亲属（包括配偶、子女、父母和祖父母，兄弟姊妹除外），并且该亲属在2年之内将房地产出售，那么最初的出售者必须在该亲属出售房地产时确认自己受益的余额。该准则不包含亲属非自愿转移房地产的情况。

分期付款销售也要遵循应计利息准则的要求。对于出售者来说，可能会希望设定低于市场利率的利率，同时提高合同价格来弥补损失的利息收入。这种做法可以将利息收入转化为资本利得，从而获取较多的税收优惠。为了限制这种行为，IRS制定了应计利息准则。1985年国会制定的联邦税率体系中阐述了该准则的内容。其设定目的既不是信贷控制，也不是设定利率。

● 分期付款销售案例

假设史密斯将自己的房地产以150 000美元的价格卖给琼斯，双方约定按照2年期的分期付款方式支付房款，首付金额为40%，余额按照10%的利率偿还。所售房地产调整后的纳税基数为80 000美元，累计折旧为45 500美元。史密斯的销售费用为5 000美元且他的边际纳税等级为28%。该房地产按照直线法进行折旧，购买者将按年支付还款额。那么房屋出售者在销售年份的税后现金流（ATCF）是多少？每年收到分期付款的税后现金流呢？

表16—9计算出了这些现金流。左上角的计算显示出了销售年份的税后现金流：它等于首付款减去销售费用和纳税额。销售年份的纳税额在中间靠左的位置显示。如果在双方交易中琼斯从史密斯那里续承了贷款，则需要考虑抵押贷款超过调整后税基和交易费用的部分；如果贷款不被续承则不需要考虑。如果该贷款被续承，应该从续承性抵押贷款余额中减去调整后税基以及销售费用。如果得到的结果为正数则应该列入表格的内容中，如果结果为负数或者零，则不需要列入。计算纳税额也需要利润率指标，这在表格左下方列出。利润率的计算是用总

收益（销售价格减去销售费用和调整后税基）除以合同价格。

右面的表格显示出各分期付款年份的税后现金流以及相应的纳税额。为了确定指定年份中应纳税的本金金额，必须区分偿还额中的本金部分和利息部分。

表 16—9　　　　　　　　　分期付款销售协议的税后现金流量　　　　　　　单位：美元

A. 销售年份的现金流		D. 分期付款年份的税后现金流		
			第1年	第2年
首付款	60 000		—	—
－销售费用	－5 000			
－纳税额	－5 720	负债偿还额	51 857	51 857
＝税后现金流	49 280	＋气球型还款额	0	0
		－分期付款额的纳税额	－6 605	－5 814
B. 销售年份的纳税额		＝税后现金流	45 252	46 043
首付款	60 000			
＋抵押贷款超出调整后税基和销售费用的部分	0	E. 分期付款年份的纳税额		
＝销售年份的总付款额	60 000	本金偿还额	42 857	47 143
×利润率	×0.433 3	＋气球型还款额	＋0	＋0
＝应税收益	25 998	＝本金金额	42 857	47 143
×收益税率	×0.22ª	×利润率	×0.433 3	×0.433 3
＝销售年份的纳税额	5 720	＝应纳税的本金金额	18 570	20 427
		×本金的税率	0.22ª	×0.22ª
C. 利润率		＝本金应缴纳的税金	4 085	4 494
销售价格	150 000	＋利息收入	9 000	4 714
－销售费用	－5 000	×边际税率	×0.28	×0.28
－调整后的税基	－80 000	＝利息部分缴纳的税金	2 520	1 320
＝总资本利得	65 000	本金缴纳的税金	4 085	4 494
销售价格	150 000	＋利息部分缴纳的税金	＋2 520	＋1 320
－续承的抵押贷款余额	－0	＝分期付款年份的纳税额	6 605	5 814
＋抵押贷款超出调整后税基和销售费用的部分	＋0			
＝合同价格	150 000			

总资本利得/合同价格＝利润率　65 000/150 000＝0.433 3

注：a. 收益税率＝0.70×0.25＋0.30×0.15＝0.22。折旧回收占总收益的70%，并在分期付款年份内等比例摊销。

分期付款销售的其他情况

注意，在以上的例子中，债务在分期付款两年期限中完全摊销。然而，在有些情况中，票据摊分也许比分期付款协议中规定的摊销时间更长。这将导致最后一年的还款中包含气球型还款。这样做通常是为了使债务的偿还变得更容易承受。这将影响到分期付款的现金流量的重新安排。同时，如果交易量超过150 000美元且销售人有大额的其他债务，销售人必须根据允许的分期付款债务准则确认额外的利得。

小　结

　　从历史上来说，税收法律和法规是有利于房地产投资的。1986年以前的税法中房地产折旧时间相对较短。这些非现金费用减少了税收，并且抵销了其他收入的账面损失，实际上税后现金流增长超过税前现金流。资本利得的较低税率使得房地产投资者通过折旧摊销的方式将一般收入转化为资本收益。同时，债务利息都是课税减免的。折旧和利息费用共同产生了可用来抵销其他收入的损失。

　　但是，为了避免这些滥用税收准则的行为，税法对损失设定了一些限制。这样的限制包括对非经营房地产投资可以扣除的利息额的限制；对贷款，特别是卖方融资和无追索权贷款所收取利率的限制。报告的损失同时被限制在投资者的风险金额以内。最后，使用过多税收优惠的投资者将会受到最低税额的限制。尽管有诸多限制，有利的准则仍然使房地产成为可选择的避税工具。

　　这种状况因1986年的《税收改革法案》而改变。四项主要的调整降低了房地产作为避税工具的价值。第一，折旧年限被延长，显著地减小了投资初期的折旧额。第二，资本利得的优惠税率被取消，从而消除了使用房地产将一般收入转变为资本利得的动机。第三，除少量豁免额外，房地产经营活动的损失不能被用于抵销非房地产经营活动的收入。第四，最高等级税率降低了。这降低了纳税损失的价值。投资收益准则、初始发行折价准则和风险限额准则被保留了。这些调整共同作用的结果是，房地产不再是有效的避税工具，从而使房地产项目投资更多地基于它们的经济可行性，更少地基于它们产生纳税损失的能力。大概古建筑和低收入者住宅的投资是仅存的避税工具了。但是，即便是在这里，税金扣除额也仍然受25 000美元豁免额的限制。1993年税法提高了边际税率，并且将非住房收益型房地产的直线折旧年限延长至39年。该法案的确在某种程度上放宽了消极损失限额准则对房地产专业人士的限制。1997年税法重新引入了资本利得。

　　房地产的税收递延是财产所有者调整其房地产投资组合的一个很不错的方法，它可能使投资组合的价值不会因为税金而减少。放弃财产的所有者必须在放弃财产后的180天内接收另一项财产作为交换，所获得财产的税基一般来说与所放弃财产的相同。分期付款销售协议是全部销售的一种替代方式，它使销售人能通过选择接受一系列的分期付款延迟资本利得税的缴纳。

关键词

- 加速折旧制度（ACRS）
- 利率适宜性检验
- 税后贴现率
- 风险限额
- 税前现金流量
- 资本利得税
- 注册古建筑
- 折旧避税工具
- 毛利润比例
- 推定利率准则
- 投资利息限额
- 修正加速折旧制度（MACRS）
- 无追索权债务
- 初始发行折扣（OID）
- 消极损失限额
- 有追索权债务
- 直线折旧
- 递延消极损失
- 税收优惠条款
- 合法避税手段
- 积极收入
- 税后现金流量
- 可选最低税（AMT）
- 税前贴现率
- 补价
- 资本损失限额
- 折旧利润回收
- 双倍折旧结余法
- 古建筑修缮税金扣除额
- 分期付款销售
- 低收入者住房税金扣除额
- 净租金投资
- 一般收入税
- 消极收入
- 投资组合收入、投资组合损失
- 亲属条款
- 年数总和法
- 税收递延交易原则
- 1986 年《税收改革法案》
- 货币时间价值测试

推荐读物

Auster, R. 2000. How to sell stock and reinvest in real property (or vice versa) tax free. *Real Estate Review* 29 (Winter), 5–9.

Brode, G. 1986. Structuring real estate entities in view of the new limitation on loss rules. *Journal of Taxation* 65 (November).

Bunn, R., and J. Williamson. 1998. Planning for home sales after the Tax Relief Act of 1997 and avoiding the pitfalls. *Real Estate Law Journal* 27 (Fall).

Cummings, J. L., and D. DiPasquale. 2000. The low-income housing tax credit: An analysis of the first ten years. *Housing policy Debate* 10, 251–307.

Follain, J. R., and J. K. Brueckner. 1986. Federal income taxation and real estate: A survey of tax distortions and their impacts. Office of Real Estate

Research Paper No. 26. Champaign-Urbana, IL: University of Illinois.

Harris, R. W. 2000. Installment sales of real estate: Second disposition by related party can backfire on seller. *Journal of Real Estate Taxation* 27 (Winter), 84–105.

Howard, R. 1989. Selected tax issues of real estate ownership and use. *Real Estate Accounting and Taxation* 4 (Summer).

Jordan, G. 1999. Appraising the assets of low-income housing tax credit properties. *Appraisal Journal* 67 (2), 156–162.

Lentz, G., and J. Fisher. 1989. Tax reform and organizational forms for holding investment in real estate: Corporations vs. partnerships. *Journal of the American Real Estate and Urban Economics Association* 17 (Fall).

McCoy, B. H. 2000. Commercial real estate finance—Global or local? *Real Estate Issues* 25 (Winter), 40–43.

Sanger, G., C. F. Sirmans, and G. K. Turnbull. 1990. The effects of tax reform on real estate: Some empirical results. *Land Economics* 66 (November).

Wechter, T., and D. Kraus. 1991. The ABC's of low-income housing credit. *Real Estate Accounting and Taxation* 6 (Spring).

复习思考题

1. 什么是避税工具？简述至少三种有利于一项投资作为避税工具的税收准则。
2. 解释当前税法中下列的税收"限制"的含义：
(1) 投资利息限额；
(2) 资本损失限额；
(3) 消极损失限额。
3. 解释为什么税法要求根据初始发行折扣法"估算"贷款利率。
4. 概括讨论最近的三种税收制度有关折旧费处理方面的规定：1981年以前，1981—1986年，1986年以后。找出其中哪种对房地产投资最有利，哪种最不利？为什么？
5. 解释如何使用用税金扣除额鼓励某种特定类型的房地产投资。
6. 解释当消极损失限额条款生效时如何免除了25 000美元。
7. 当房地产以公司形式和有限责任合伙关系所有时，怎么处理消极损失？
8. 解释风险限制条款，为什么要介绍风险限制？
9. 为什么财产出售者提供的无追索权贷款不被视为存在风险？
10. 指出为什么你相信1986年的《税收改革法案》对房地产投资有影响，并指出法案的具体规定。

11. 允许房地产交换的目的是什么？
12. 指出房地产交换要满足税收递延条款必须满足哪两项主要标准。
13. 列举出四种房地产税收主要的不同点。
14. 什么是分期付款销售的利润比率？解释其重要性。
15. 解释在分期付款销售中对假定抵押品的税收规定。

习 题

在习题1和2中，假定房地产投资者只考虑购买办公楼并了解以下的信息：

购买价格是80 000美元，购置成本是25 000美元。

项目是包括一共有42 000平方英尺可出租的两座两层的办公楼。

期望租金是6美元/平方英尺·年，预期增长率为5%。

期望空置率每年8%。

项目的特许卖主产生了占总收入8%的其他收入。

每年的经营费用大概是总收入的45%。

80%的购买价格可以借贷，20年期限，贷款为利率12%，附带2%的融资成本。贷款有提前偿还罚金，为本金余额的4%。

总成本中，85%是应折旧的。

期望的投资价值增值率为5%。期望出售成本是出售价格的8%。

投资者计划持有项目5年，边际税率为28%，要求14%的权益利润率。

1. 在投资者持有期内，从经营和税后权益回复中计算税后现金流量。
2. 计算投资的净现值和内部收益率。
3. 假设下面数据是与购买未开发土地有关，计算在投资利息限额准则下递延的利息额。

出售价格	1 500 000美元
贷款总额	1 100 000美元
利率	12%
第一年所得税收	150 000美元
第一年财产税费用	55 000美元

4. 确定投资者第1年年末在以下投资中的风险总额。

资产	有限合伙利息
最初成本	100 000美元
融资方式如右侧所示	5 000美元现金首付款
	25 000美元追索权期票
	40 000美元出售者筹集，无追索权期票
	30 000美元土地（课税标准）
第一年合伙企业偿还投资者资金	10 000美元

5. 已知一栋500 000美元建造的办公楼（土地单独估价），假设从1981年到

1986 年生效的税制和 1986 年以后生效的税制贴现率为 12%，确定避税工具的现值。产生两种区别的原因是什么？

6. 根据原始发行折扣条款，在以下条件下，国内收入署（IRS）确定贷款的利息损失时使用的利率各是多少？

票面利率（%）	适用的联邦利率（%）	估算或许可利率（%）
10	10	____
12	10	____
11	10	____

7. 确定以下投资者应付的税金。假设投资是适用消极损失限额的房地产。

	投资者 A	投资者 B	投资者 C
是否参与管理	是	是	否
其他应税收入	90 000 美元	120 000 美元	200 000 美元
边际和平均税率	28%	28%	28%
房地产收入	(100 000 美元)	(100 000 美元)	(100 000 美元)
应征收入	____	____	____
应付税金	____	____	____

8. 兰特先生将价值 250 000 美元财产以 3 年分期付款方式卖给了迪恩先生。迪恩先生将付 30% 的首付款，剩余款以利率为 8%、为期 5 年的年付形式融资。兰特先生初始购买价格是 160 000 美元，购置成本是 10 000 美元。他没进行资本改进并且以直线法折旧 37 000 美元。兰特先生同样有 8 000 美元的售出费用并且税级为 28%。计算兰特先生销售当年的税后现金流和各期付款的税后现金流。

相关网站

http://www.taxsites.com
税收、会计和法律网站

注 释

[1] 收入为 71 901～180 850 美元，边际利率实际为 33%，超出的部分边际税率是 28%。因它适用于最高收入种类，所以我们用 28% 作为最高税率。

[2] 值得注意的是，尽管折旧没有变化，但由于 1986 年以来边际税率一直在逐步增长，所以折旧的价值有所增加。比如，1994 年的最高税率达到 39.6%，折旧价值从 9 405 美元升到 13 300 美元。

[3] George Lentz and Jeffrey Fisher. Tax reform and organizational forms for holding investment real estate：Corporation vs. Partnership. *AREUEA Journal* 17 (3) (Fall 1989)，314-337.

[4] Susan Nelson and Tom Petska. Partnerships, passive losses, and tax reform. *Statistics of Incom Bulletin*，*Internal Revenue Service* 9 (3)(Winter 1989-1990)，31-39.

[5] 虽然合伙企业不纳税，但它们仍在报表中报告收入。单独的合伙人为转移给他们的收益和损失支付税金。

附录 A　可选最低税的优先条款

当确定固定收入时允许做某些扣除。在确定可选最低税时，以下条款必须加入到固定收入中。

（1）纳税人在 1986 年税法下了用了 27.5 年或 31.5 年的折旧期限。要区别在这种折旧周期限下的折旧额与 40 年直线折旧额的差值。

（2）消极农业活动（无实质性参与）损失（消极农业活动损失不能用来抵销其他农业活动造成的损失）。

（3）增值房地产资本收益额已捐赠给有资格的慈善团体。

（4）纳税人用完工比例法核算房地产开发项目实现的额外收入。

（5）特定私营业务证券的免税利息。

（6）无形钻探成本超出石油和天然气所产生净利润的 65%。

（7）污染控制部门超额折旧部分（可分期偿还 60 个月）。

（8）完工比例超过财产可调整标准。

（9）超出 10 年摊销额的研发费用。

（10）分期付款销售递延的收入。

第 17 章

商业房地产的资金来源

学习目标

本章简要地论述了房地产投资资金的两个主要来源——债务融资和权益融资。通过本章的学习，你将熟悉房地产开发和房地产购买的资金来源，同时还能够学习到资金的债务融资和权益融资的区别，并且知道不同的机构为何专门提供债务或者权益资金，或者专门为各类房地产提供融资。另外，你还将了解到政府法规是如何影响金融机构进行房地产投资决策的。

导　言

估计目前的美国房地产价值约为 20 万亿美元。[1] 这些房地产的所有权依靠债务融资或者权益融资获得。很大一部分房地产是通过抵押贷款来融资的，同时也有大量的房地产是全部或者绝大部分依靠权益融资。2004 年年中，所有 8.0 万亿美元的住宅房地产都进行了抵押贷款。一些机构只提供债务融资，而另一些机构只提供权益融资，还有一些机构提供两者的组合融资。那些原来偏好于一种融资方式的贷款机构现在改变了它们的偏好，开始从事其他方式的融资。另外，某一个机构对一种融资方式的偏好取决于它对资本流动性的需要，即它对短期和长期现金流量的需求。最后，在 20 世纪 90 年代，债务和权益的证券化发展十分迅速。证券化为房地产进入资本市场开辟了广阔的通道。在过去几年内盛行的证券有 REIT、CMBS 和 CTL。

房地产资产的债务融资

● 住宅债务的份额评估

据美国联邦储备系统估计，2004年年中，全美住宅抵押贷款（包括独户和多户住宅）未清偿余额约为7.9万亿美元。不同类型的贷款机构持有这些债权。表17—1显示了贷款机构提供住宅按揭贷款的情况。多户住宅也包括在住宅物业之内。

表17—1　　　　　　　　　1997—2004年[a] 抵押贷款余额　　　　　　　单位：十亿美元

A 部分
住宅抵押贷款

年份	商业银行	储蓄机构	信用合作社	人寿保险公司	养老金基金	GSE	抵押贷款组合	其他	合计
1997	745.5	520.7	86	7.2	5.7	194.3	1 788.1	592	3 939.5
1998	797	533.5	96.9	6.6	5.8	199.6	1 970.2	696.5	4 306.1
1999	879.6	548.2	111	5.9	6.6	189.3	2 234.7	752.2	4 727.5
2000	965.6	594.2	124.9	4.9	7.7	205.1	2 425.6	814.5	5 142.5
2001	1 023.9	620.6	141.3	4.9	9	225.3	2 748.5	891.1	5 664.6
2002	1 222.1	631.4	159.4	4.7	10.7	271.3	3 063.7	989.9	6 353.2
2003	1 347.1	703.4	182.6	4.6	12.8	369.6	3 373.4	1 177.7	7 171.2
2004	1 394.7	753.8	185.4	4.7	13.5	372.2	3 397.8	1 253.8	7 375.9

B 部分
多户住宅抵押贷款

年份	商业银行	储蓄机构	信用合作社	人寿保险公司	养老金基金	GSE	抵押贷款组合	其他	合计
1997	49.7	59.5		30.4	1	16.2	37.8	105.5	300.1
1998	54.6	57		31.5	0.9	16.2	48.3	122.8	331.3
1999	67.7	59.3		32.8	1.1	20.5	57.5	129.8	368.7
2000	77.8	61.3		33.7	1.1	25	66	135.9	400.8
2001	84.9	64.6		35.6	1.1	33.2	81.6	144.9	445.9
2002	94.2	68.7		36.8	1.1	41.7	94.5	152	489
2003	104.9	78		38.3	1.1	45.9	114.7	161.3	544.2
2004	107.7	81.6		38.5	1.1	46.9	111.4	163.6	550.8

注：a. 2004年的余额截至当年6月30日。
资料来源：Federal Reserve Board, Fannie Mae, Freddie Mac, GNMA。

商业银行是住宅抵押贷款最大的单一机构持有者，拥有整个住宅抵押贷款的18.9％。储蓄机构（储蓄贷款协会、储蓄银行）位于其次，GNMA抵押贷款支持证券是第三大住宅抵押贷款资金的机构来源，并且也是第二大机构投资者。政府资助企业（GSE）在其投资组合中直接持有全美5％的住宅抵押贷款。GSE的抵押贷款组合，包括未列在资产负债表中的抵押贷款组合，持有全国46%的住宅抵押贷款。

❖ 债务资金流

机构对房地产债务有价证券的投资有两种方式：直接提供贷款和向其他贷款人购买债务合同。证券的持有者，无论是发起人还是购买人，都是资金的最终来源。虽然如此，那些可能转让大部分债权的贷款人在引导资金从来源到使用的流动中扮演了重要的角色。表17—2中的数据显示了在表17—1中列出的主要机构贷款人的净投资。对于某一机构来说，年末持有的债务证券净投资额等于发起额加上购买额，减去出售额，再减去上年年末债务余额。发起额加上购买额减去出售额即是净获得额。这种数量关系可以表示为：

$$发起额+购买额=毛获得额-出售额$$
$$=净获得额-上年年末债务余额$$
$$=所有权的净变动额$$

表17—2　　　　　1997—2003年住宅抵押贷款余额中的净投资　　　　单位：十亿美元

A部分

住宅抵押贷款

年份	商业银行	储蓄机构	信用合作社	人寿保险公司	养老金基金	GSE	抵押贷款组合	其他	合计
1997	67.9	7	10.1	0.2	0.8	−4.2	109.3	50.7	241.8
1998	51.5	12.8	10.8	−0.6	0.1	5.3	182.1	104.6	366.6
1999	82.6	14.7	14.1	−0.7	0.7	−10.3	264.6	55.7	421.4
2000	86.1	46	13.8	−1	1.1	15.8	190.9	62.3	415
2001	58.2	26.4	16.4	0	1.3	20.2	322.9	76.7	522.1
2002	198.2	10.8	18.2	−0.3	1.7	46	315.2	96.8	688.6
2003	125	72	23.2	−0.1	2.1	98.3	309.7	187.8	818

B部分

多户住宅抵押贷款

年份	商业银行	储蓄机构	信用合作社	人寿保险公司	养老金基金	GSE	抵押贷款组合	其他	合计
1997	4.2	−2		−0.3	0	−1.5	5.3	6.4	12.1
1998	5	−2.5		1.1	−0.1	0	10.5	17.3	31.3
1999	13	2.3		1.1	0.2	4.3	9.2	7	37.1
2000	10.1	1.9		0.9	0	4.5	8.5	6.3	32.2
2001	7	3.3		2	0	8.2	15.6	8.9	45
2002	9.3	4.1		1.2	0	8.5	12.9	7.2	43.2
2003	10.7	9.3		1.5	0	4.2	20.1	9.4	55.2

资料来源：Federal Reserve System, Flow of Funds。

从表 17—2 中可以看出资金流的几个重要特征。首先，也是最重要的，是 GSE 和抵押贷款组合占了 2003 年净获得贷款额的近一半，而 1997 年仅占约 1/3。我们也已经知道了三个 GSE 在住宅抵押贷款领域扮演着日益重要的角色。其次，储蓄机构近年来稳步增加了 1～4 户住宅和多户住宅抵押贷款的净获得额。再次，人寿保险公司不断降低 1～4 户住宅抵押贷款的购置数额，同时不断增加多户住宅抵押贷款的净获得额。

● 商业债务

商业债务有各种各样的来源，包括人寿保险公司、商业银行和储蓄机构。近来商业房地产越来越重要的一个融资渠道是使用 CMBS，也叫做商业抵押贷款支持证券。表 17—3 显示了从 1997 年到 2004 年第一季度的商业抵押贷款余额及其净变化。2004 年商业银行持有近一半的商业抵押贷款，其中 CMBS 大约占了 20%。但是，这一数字在 1997 年仅为 8%。在表 17—3 中，CMBS 由更广义的词汇来指代，即资产支持证券（ABS）发行者。

表 17—3   1997—2004 年[a] 商业抵押贷款债务   单位：十亿美元

A 部分
贷款余额

年份	商业银行	储蓄机构	人寿保险公司	ABS 发行者	其他	合计
1997	423.1	51.3	158.8	74.9	125	833.1
1998	456.3	53	164	123.4	124.3	921
1999	516.3	60.1	179	157.3	144.5	1 057.2
2000	582.6	67	183.8	187.1	148.4	1 168.9
2001	645.6	72.5	188.4	225.7	149.8	1 282
2002	704	80.7	195	252.1	156	1 387.8
2003	763.4	88.9	203.2	295.7	167.4	1 518.6
2004	785.7	91.4	204.1	303.8	171.7	1 556.7

B 部分
净变化量

年份	商业银行	储蓄机构	人寿保险公司	ABS 发行者	其他	合计
1997	25.7	−1.5	−1.5	20.7	20.4	63.8
1998	33.2	1.8	5.2	48.5	−0.8	87.9
1999	60	7.1	13.8	33.9	−12.7	102.1
2000	66.2	6.9	4.7	29.7	4.2	111.7
2001	63	5.6	4.6	38.6	1.3	113.1
2002	58.4	8.2	6.7	26.4	6.1	105.8
2003	59.4	8.2	8.2	43.6	11.4	130.8

注：a. 截至 2004 年第一季度。
资料来源：Federal Reserve System, Flow of Funds.

2003 年 ABS 发行者占了抵押贷款净增加数额的 1/3。我们在第 10 章中对 CMBS 进行了简要的探讨，现在主要是仔细考察这种商业债务的资金来源。

● 近观商业抵押贷款支持证券（CMBS）

商业抵押贷款支持证券（CMBS）正在变成商业房地产的一个重要债务融资来源。与其他住宅融资方式一样，这类证券是由商业房地产抵押贷款所支持的。最开始，CMBS 以单独的大型房地产抵押贷款作担保，如坐落在大城市的办公楼；后来，不同类型的规模小些的房地产也被进行组合抵押。目前，很多 CMBS 由不同地理位置、不同类型房地产的组合抵押贷款担保。商业 CMBS 被引入的原因和住宅 CMBS 一样，是为了通过二级市场的经营机制来获得流动性。与住宅 CMBS 不同的是，商业 CMBS 可能更具有风险。这是因为以下几个原因：第一，商业 CMBS 可能缺少住宅抵押贷款几乎都拥有的抵押贷款保险（例如 FHA 和 VA 保险）；第二，不同类型的房地产组合抵押贷款可能妨碍对所抵押房地产进行详尽的风险分析。第三，即使由单一物业抵押担保的商业 CMBS，对于一般投资者来说，所抵押房地产的风险可能也很难确定。

由于这些原因，大多数的商业 CMBS 与住宅 CMBS（除了残值以外）不同，前者被一些评级机构进行评级，例如穆迪、标准普尔。这些评级给投资者提供了关于被担保的抵押贷款债券风险的简单印象。比如，当穆迪的投资服务结构金融部要为一项商业 CMBS 评级时，它会考虑很多的变量和因素。首先，它通过考虑抵押贷款和房地产的金融因素（例如贷款价值比、本息覆盖率、当前平均每平方英尺的贷款余额等等）给定该 CMBS 一个质量评价等级 A、B、C、D 或者 E。他们同样也考虑一些定性的因素，例如房产的维修状况、邻近地区的经济稳定情况、房屋承租人的融资能力。表 17—4 总结了穆迪公司在进行 CMBS 质量评级中利用的一些抵押贷款特征因素。

表 17—4　　　　　　　　　在 QR 系统中使用抵押贷款特征的总结

质量评级	A	B	C	D	E
贷款价值比	<65%	<70%	<75%	<80%	>85%
还款额覆盖比	>1.35x	>1.25x	>1.15x	>1.05x	<1.05x
拖欠 30 天的次数/月数	0/36	0/24	1/24；0/12	1/12；0/6	1/6
抵押贷款时效（月数）	>36	>24	>24	<12	—
气球型还款的风险	较小	较小	平均水平	较大	较大
入住水平	>95%	>90%	>90%	>85%	<85%
房地产年龄（年）	<10	<15	<20	<25	>25
逾期维修	没有	较少	平均水平	较多	极多
建造质量	很好	好	平均水平	中等	差
邻里					
趋势	稳定/改善	稳定/改善	稳定	稳定/下降	下降
当前状态	很好	好	平均水平	低于平均水平	差
房地产规模					
多户住宅（单元数）	>200	>150	>75	>10	<10

续前表

质量评级	A	B	C	D	E
写字楼、工业和零售房地产（平方英尺）	>100 000	>75 000	>50 000	>25 000	<25 000
多租户	是	是	—	—	—
零售	信用好的主力店	信用好的主力店	信用好的主力店	主力店	主力店
业主/租户信用	很好	好	平均水平	中等	差

资料来源：Moody's Structured Finance。

穆迪公司进行完质量评级后，会根据房地产所在的州和城市的地区市场实力做出最终的等级评定。例如，在20世纪80年代末期，加利福尼亚被评为地区经济实力较强大的州，密歇根是地区经济实力处于平均水平，得克萨斯则被评为地区经济实力较弱的州。表17—5体现了地区经济实力是如何帮助评级机构结合质量评级做出最终等级划分的。这些基准数据显示了为获得特定的级别在信誉增强或信用支撑方面进行的相应改变。

表17—5　　　　　　　　　　　基准信用支持水平[a]

区域市场实力												
强大				平均水平				弱势				
QR:	Aaa	Aa	A	Baa	QR:	Aaa	Aa	A	Baa	QR:	Aaa	Aa	A	Baa
A	8	4	2	1	A	12	8	6	5	A	18	14	12	11
B	9	5	3	2	B	13	9	7	6	B	19	15	13	12
C	11	7	5	4	C	15	11	9	8	C	21	17	15	14
D	14	10	8	7	D	18	15	12	11	D	24	20	18	17
E[b]	—	—	—	—	E[b]	—	—	—	—	E[b]	—	—	—	—

注：a. 以上的基准数字只是提供一项指引。信用增强的实际水平还将反映每一笔待评交易的细节，因而可能有很大不同。
　　b. QR为E的抵押贷款，信用增强的水平必须一个案例一个案例地确定，因为这类抵押贷款的信用风险有很大的方差。

资料来源：Moody's Structured Finance。

● CMBS 分档

与住宅CMBS类似，商业CMBS也有不同风险水平的分档。CMBS的风险可能来自不同的到期日或不同的信用风险，或与两者都有关。图17—1展示了发行商设立CMBS的过程。发行商从贷款人，如商业银行、抵押贷款银行业者手中购买商业抵押贷款，再发行几档不同的CMBS。不同档的CMBS到期日和信用风险不同。比如，从剩余级到安全4级再到安全3级，违约风险不断降低。风险较低的安全级别（图17—1中为安全1级）是评分机构评分最高的，因此利率也最低。另外，发行商可能会购买共同保险，以帮助抵偿违约损失。只要就证券支付的加权平均利息（再加上共同保险费，如果买了的话）低于抵押贷款的利息收入，并且剩余级贷款没有高违约率，则发行商就会盈利。

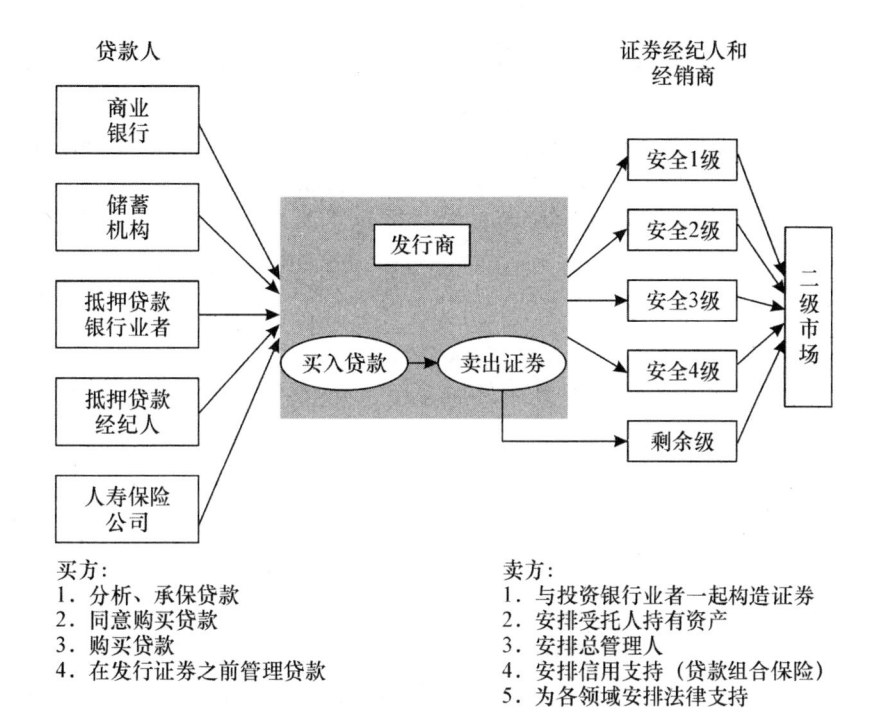

图 17—1　CMBS——证券化过程

图 17—2 显示了利率的结构。假设抵押贷款为 1 亿美元，发行商的年利率为 8%。6 个级别证券的加权平均利率为 6.265%。抵押贷款利率为 8%，因此发行商的平均附加利率为 1.735%。值得注意的是，最后三个级别的证券利率比抵押贷款利率要高。因为这几个级别的证券吸收了大部分的贷款违约风险，所以发行商能够向前三个级别的证券支付较低利率的利息，而这几个高级别的证券刚好是 CMBS 的主体。

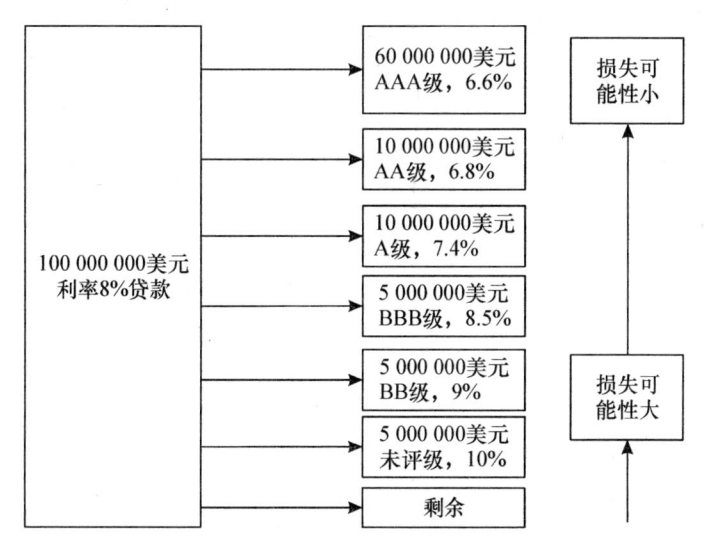

附加利率 $=0.08-(0.6\times 0.066)-(0.1\times 0.068)-(0.1\times 0.074)-(0.05\times 0.085)$
$-(0.05\times 0.09)-(0.05\times 0.1)=0.08-0.06265=0.01735$

图 17—2　证券构造案例——CMBS

2001年CMBS融资建设的房地产中约1/3为办公楼，其次是零售商业地产（占1/4），最后是多户住宅（占1/5）。

使房地产融资来源增长的关键在于对支持CMBS的资产实施标准化。为了从评级机构那里得到最准确的评级，CMBS至少要做到以下几点：

（1）贷款文件标准化；

（2）将分期偿还延伸到目前流行的5～7年"子弹型"贷款之外；

（3）建立最小的还款额覆盖比和最高的贷款价值比；

（4）建立在一定标准年期内禁止提前还贷的机制。

由于商业贷款条款和情况具有多样性，所以这些贷款很难达到完全的标准化。

● 债务融资的新趋势

在债务融资领域出现了很多值得人们关注的新趋势。首先，区域经济与国家经济表现不同。当一些地区出现经济萧条的时候，其他地区经济可能仍在增长。商业银行不仅为商业房地产提供大量贷款，同时它们也深切关注各自的地区经济。所以，一家银行的商业信贷趋势与地区经济的发展趋势往往是同步的。举个例子来说，1990年，联邦存款保险公司在40个大城市中进行了一项有关商业房地产贷款的调查。调查表明，尽管当时全国经济处于下滑的阶段，但是在40个地区市场中有10个市场建设贷款的发放增加了超过20个百分点。表17—6列出了当时排在前10位和后10位的地区在建筑放贷情况方面的变动百分比。建筑放贷在排在前5位的城市（都位于加利福尼亚）中增长了32%～54%，而在得克萨斯州和其他城市一些经济萧条的市场中放贷量却显著下降。这些数据体现了商业银行在商业房地产建设融资方面发挥的地区性作用。

表17—6　各大都市区的银行建设贷款发起量——年变动百分比（1989—1990年）

前10位				后10位			
排行	大都市区	州	贷款发起量增长（%）	排行	大都市区	州	贷款发起量下降（%）
1	圣何塞	CA	53.70	1	奥斯汀	TX	258.00
2	阿纳海姆	CA	47.00	2	圣安东尼奥	TX	241.80
3	里弗赛德	CA	40.30	3	菲尼克斯	AZ	233.80
4	洛杉矶	CA	37.40	4	休斯敦	TX	233.50
5	圣迭戈	CA	32.30	5	达拉斯	TX	230.20
6	克利夫兰	OH	31.00	6	檀香山	HI	215.40
7	西雅图	WA	24.00	7	俄克拉何马	OK	214.40
8	底特律	MI	23.90	8	波士顿	MA	213.20
9	萨克拉门托	CA	22.60	9	丹佛	CO	28.50
10	奥兰多	FL	20.50	10	新奥尔良	LA	27.00

资料来源：Roulac Group & Touche；Federal Deposit Insurance Corporation。

第 17 章 商业房地产的资金来源

其次，对大型住宅房地产开发商的取得、开发和建设贷款不再像 20 世纪 70 年代和 80 年代那样宽松。《金融机构改革、复兴和实施法案》限制了原先储蓄机构发放给单一借款人的贷款数量，这项规定迫使很多开发商或是削减它们的开发数量，或是向一些它们并不熟悉的贷款人寻求贷款。1990 年，国家房屋建造协会向开发商进行了一项关于取得、开发和建设贷款能力的调查。大约有 50% 的开发商一直将储蓄机构作为它们融资的来源。所有开发商中的 58% 和大型房地产开发商中的 60% 认为获得充足的取得、开发和建设贷款非常困难。它们同时也反映，由于与不熟悉的贷款人合作，它们必须承受更高的贷款利率来获得取得、开发和建设贷款。很多开发商通过以下方式解决这个问题：减少开发数量，建造更小规模的办公或商业房地产，只为能够自己提供建设贷款的人进行开发，将更多的权益投入到项目当中。《金融机构改革、复兴和实施法案》限制发放给单一借款人的贷款数量的结果之一是使更多的开发商通过权益来源进行融资，例如有限合伙制和房地产投资信托，这在下一节中会进行讨论。虽然政府有一些关于放宽该法案规定的讨论，但是还没有采取任何相关行动。

表 17—7 显示了 Roulac 资本流数据库估计的包括商业房地产在内的所有房地产的总债务量。所有的债务根据资金的来源不同被划分为私营债务和公共债务。公共债务是指能够通过上市交易证券获得的债务，例如房地产投资信托公司。私营债务是指不利用有价证券而发起的债务，如商业银行或人寿保险公司向房地产开发商发放的直接贷款。可以看到，商业银行和抵押贷款公司持有大量的私营债务，而商业抵押贷款支持证券如 CMBS 是大多数公共债务的来源。另外，还要注意的是，有限合伙制引起的债务继续成为债务的小部分来源。这一现象从 1986 年《税收改革法案》改变了税务制度政府合伙制以后就开始出现了。1999 年的私营债务比上一年增长了 22 539 100 万美元，增幅达 29%，这主要源于商业银行和抵押贷款公司。通过 CMBS，公共债务也增加了 5 950 100 万美元。

表 17—7　1997—1999 年房地产负债的存量和流通量：公共和私营来源　　单位：百万美元

	存量			流通量	
	1997 年	1998 年	1999 年	1998 年	1999 年
私营债务					
人寿保险公司	180 773	177 158	224 675	(3 615)	47 517
银行和抵押贷款公司	469 097	483 170	206 164	14 073	122 994
S&L 和储蓄银行	93 295	91 429	137 834	(1 866)	46 405
养老基金	23 790	23 567	32 042	(223)	8 475
小计	766 955	775 324	1 000 715	8 369	225 391
公共债务					
政府信贷机构	103 812	102 359	111 901	(1 453)	9 542
商业抵押贷款机构	152 009	220 705	275 896	68 696	55 191
抵押贷款 REITS	7 370	9 415	4 442	2 045	(4 973)
公共房地产有限合伙企业	1 538	1 181	922	(357)	(259)
小计	264 729	333 660	393 161	68 931	59 501
贷款总计	1 031 684	1 108 984	1 393 876	77 300	284 892

资料来源：Roulac Capital Flows Database.

房地产资产的权益融资

投资人在商业房地产中可以通过直接投资或购买有价证券的形式来获得权益。直接投资是指机构和个人投资者通过购买物业来获得房地产权益。间接投资是指投资者购买有资本利息的有价证券。有两种常见的有价证券形式适用于间接投资：拥有房地产的有限责任合伙企业的利息股；购买或拥有房地产投资信托公司的股份。大量的权益房地产投资就是房地产有限责任合伙企业（RELP$_s$）和房地产投资信托（REIT$_s$）以有价证券投资的方式进行的。有限责任合伙企业和房地产投资信托公司的公司结构会在第 20 章进行探讨。这里我们只讨论为商业房地产提供权益融资的各种投资工具的相对重要性。

表 17—8 显示了 Roulac 资本流数据库估计的房地产权益的存量和流通量。这里私营权益同样是指不利用有价证券的房地产机构的直接投资。与其相反，公共权益指的是利用证券进行的权益投资。由于 1986 年的《税收改革法案》，有限责任合伙企业在权益投资中起到的作用变得越来越小。

表 17—8　房地产权益的存量和流通量：公共和私营来源（1997—1999 年）

单位：百万美元

	存量			流通量	
	1997 年	1998 年	1999 年	1998 年	1999 年
私营权益					
养老基金	139 091	146 754	170 686	7 663	23 932
外国投资者	34 118	34 618	9 317	500	14 699
私人投资	12 815	10 026	6 246	(2 789)	(3 780)
人寿保险公司	34 319	33 513	24 227	(806)	(9 286)
私人投资者	319 514	332 295	355 533	12 781	23 238
小计	539 857	557 206	606 009	17 349	48 803
公共权益					
房地产投资信托	133 163	153 197	119 820	20 034	(33 377)
公共合伙企业	3 040	422	510	(2 618)	88
小计	136 203	153 619	120 330	17 416	(33 289)
贷款总计	676 060	710 825	726 339	34 765	15 514

资料来源：Roulac Capital Flows Database。

● 机构投资者

如表 17—8 所列，两大在房地产权益方面的主要的机构投资者是人寿保险公司和养老基金。

人寿保险公司

迄今为止抵押贷款，仍是人寿保险公司最主要的房地产资产所有形式，而房地产权益相对来说是一种较次要的形式。以权益形式拥有的房地产资产在过去的20年中占有大约3%的比例。与之相对应,1999年以抵押贷款形式占有的房地产资产高达22 467 500万美元,大约是总资产的20%。人寿保险公司将其房地产权益的1/3分到不同的账户。一个账户就是人寿保险公司建立的一项基金,同时这个账户与其他财产分离保管。州法律规定,通过分开账户存放的财产可以不受对其他投资的限制而进行投资。分开的账户可以分别由股票、抵押贷款或者房地产权益组成。但是因为房地产权益的流动性问题,人寿保险公司在房地产权益融资方面所起到的作用受到了限制,它们的主要作用还是提供债务融资。

养老基金

养老基金的增长一直以来非常显著。1970年,养老基金只拥有1 350亿美元的资产,而到了1991年,其资产飞升到25 000亿美元。但是养老基金对房地产投资方面的兴趣是近年来才产生的。1980年,养老基金只拥有很少的房地产权益,但是在后来的十年里它对房地产权益的投资逐渐加大。到80年代末,许多投资顾问开始为养老基金经营起房地产投资。到1990年,它所拥有的房地产已经增长到其总资产的5%,而且在90年代的大多数时候,它都保持着这个水平。表17—9展示了前200家和前四家养老基金(按收益计算)在2003年的房地产权益投资数额。前200家养老基金持有超过1 000亿美元的房地产权益直接投资。除此之外,这些养老基金还以REITs形式持有约150亿美元资金,这些资金投入到各种商业房地产类型中。表17—10列出了2003年前9名房地产权益和(商业)抵押贷款基金管理公司,这些公司管理着约850亿美元的房地产权益和约570亿美元的抵押贷款。

表17—9　2003年收益最高的养老基金持有的房地产相关证券　　单位:十亿美元

	前200家	前10家
抵押贷款	33.128	26.343
房地产权益	102.057	45.744
REITs	14.914	8.434
总计	150.099	80.521

表17—10　2003年最大的房地产权益和抵押贷款基金管理公司

房地产权益	
企业	管理的资金(百万美元)
J. P. Morgan	10 785
Prudential Real Estate	9 791
TIAA-CREF	9 611
RREEF	8 978
Lend Lease Real Estate	7 831
UBS Asset Mgmt.	7 436
Invesco	7 372
Ing Clarion	5 612
Kennedy Associates	5 077
合计	84 658

续前表

房地产权益	
抵押贷款	
TIAA-CREF	24 000
Principal Capital	9 804
Cigna	9 562
J. P. Morgan	4 300
New York Life Investment	2 736
Heitman	2 465
Union Labor Life	2 036
Prudential Real Estate	1 033
Lend Lease Real Estate	622
Advantus Capital	605
合计	57 163

资料来源：*Pensions and Investments*，May 2003。

养老基金计划可以分为两类：固定缴款计划和固定收益计划。简单地说，前者需要雇员在工作期间缴纳一定的款项，退休金在退休的时候根据所积累的资金多少来发放。后者发放固定金额的退休金。雇员在工作期间缴纳充足的款项来保证当他们退休的时候能够得到固定的退休金。他们缴纳的金额可能会随着这项基金投资的损益情况而改变。

固定缴款计划迄今为止是养老基金计划中的最大一部分，无论从金额还是从数量上都是最大的。但是其管理者直到现在还不太愿意进行房地产权益投资。截至1988年，最大的固定缴款计划中只有0.7%的资产投资于房地产。最大的200家基金只有4.3%的资产投资于房地产。[2]表17—10列出了前200家养老基金在房地产权益方面的投资。固定缴款计划的参与者通常在基金投资方向的问题上有一定的发言权。他们因为一些原因不希望投资于房地产领域。首先，他们可能不理解将房地产加入资产的投资组合能够极大地提高投资组合的分散化程度。其次，他们可能对70年代和80年代早期的房地产证券带来的较低的收益不感兴趣。即使是今天，在美国的某些地区，房地产收益仍然很低。最后，计划的参与者可能更重视基金的流动性和能够快速买卖资产的选择权。

阿里巴什和约斯特（Elebash & Yost）所做的一项调查显示，大多数养老基金经理认为多样化是房地产权益投资中最吸引人的一项特征。与此相对应，64%的公司养老基金经理和47%的公共养老基金经理认为缺乏流动性是房地产作为一种投资缺乏吸引力的原因之一。[3]事实上，缺乏流动性成为固定缴款计划的一个最重要的问题，因为很多基金允许参与者从一个投资期权转换到另外一个上去。从根本上说，流动性的问题需要通过将房地产包装成类似共同基金或房地产投资信托这样的方式来解决。虽然在为房地产创建共同基金项目方面人们也做过一些尝试，但是这些项目上的成果却非常有限。一些观察家认为养老基金在90年代后半期将会加快在房地产投资信托方面的投资。

养老基金投资限制

至少以下三个方面会影响养老基金投资：《雇员退休收入保障法》建立的法规、关于不相关业务收入的税收规定、《GAAP》。

1974年，国会通过了《雇员退休收入保障法》。这项法案用来保障养老基金的完好性和退休计划中的雇员的退休收益。《雇员退休收入保障法》在很多方面都影响了养老基金在房地产上的投资。首先，一项退休计划的契约不能与《雇员退休收入保障法》相冲突。其次，养老基金必须被从一个谨慎的投资者的角度进行投资。再次，养老金必须对各自的投资组合进行分散化。

《雇员退休收入保障法》没有对养老基金可以购买的房地产类型做出规定。但是，它不鼓励用一笔养老基金购买属于该基金持有公司的房地产，因为这家公司可能会以过高的价格卖出低价值的房地产。除了这个较小的限制以外，《雇员退休收入保障法》对以养老基金进行房地产投资没有其他方面的限制。然而，税收法规会影响养老基金投资的房地产类型。

养老基金可以免缴联邦税，但是这并不意味着养老基金能够利用免税来实现将债务融资作为投资基金的来源。正是因为这个原因，税务法规禁止养老基金用于任何与其基本目的不相关的业务。如果一项养老基金获得了与其基本目的不相关的业务收入，它必须要根据这种收入的性质缴税。这种税被叫做不相关业务所得税。

直到1981年，如果养老基金用于购买部分依靠抵押贷款融资的房地产，必须缴纳其收入的一部分（例如租金）来作为不相关业务所得税，这就阻碍了养老基金在房地产方面的投资（除了一些偶然的全权益投资）。1980年，税法修改后允许养老基金投资债务融资房地产可以免交不相关业务所得税。但即使这样，仍然有一些限制。物业的购买价格必须固定于某一金额，并且不受物业未来收益或利润的影响。物业不能再租给原来的卖方（售后回租），并且融资也必须规范（不能有无追索买价抵押贷款或低于市场利率融资的行为）。不仅如此，养老基金必须遵守在融资房地产方面的成员准则。这就需要有一个合伙契约，在这个契约里，至少有一个合伙方不是拥有免税资格的组织（QO）。成员准则的建立是为了避免合伙企业在建立早期不成比例地将年支出分配给应征税合伙方，同时在建立后期不成比例地将收益分配给能够免税的养老基金（考虑资金的时间价值）。这项规定指出，在任何一个应征税年度中分配给一个免税合伙方的收益和支出不能够超过这个合伙方的成员准则比例。这个比例是指，在该合伙人的亏损分担比例最小的纳税年度其对合伙企业亏损所分担的比例。这项规定防止了养老基金或其他免税组织将它们的免税资格"借给"其他应征税的合伙方。养老基金必须十分谨慎以确保自己不违背成员准则，因为任何一点违背都将会是无法挽回的致命失误。一旦一个合伙方违背了成员准则，它在所有剩余的合伙企业应征税年度中都会被视为违背了这一原则。另外，违背这一原则的影响是会迅速扩散的。是否遵守这一原则在合伙企业层面而不是合伙方层面进行检查。当有很多合伙方拥有免税资格时，如果对其中一个的分配产生失误将会影响到合伙企业中所有的免税合伙方，包括那些遵守成员准则的合伙方。成员准则非常复杂也很难遵守，财政部在1994年5月制定了条例来阐明在成员准则的规定下哪些行为合法、哪些行为不合法。这些允许和不允许的行为在本书中不作赘述，但总体来说它们允许将"所偏好的收益"分配给拥有免税资格的组织，作为对免税方现金权益投资的补偿；允许将随之获得的无追索债务的收入分配给合伙人；而微量准则允许合伙企业中只有很少权益的免税方可以完全规避成员准则的限制。

从上述讨论中你可以发现，有关不相关业务收入的规定因为与房地产有价证券相关，所以非常复杂而且超过了我们在此处的讨论范围。总而言之，出售RELP的收入通常被看作养老基金的不相关业务收入。因为潜在的税收问题，很多养老基金不投资于有限合伙制企业。与其他应税实体组成的合伙企业需要严格遵守成员准则。从房地产投资信托获得的收入不被认为是不相关业务收入。然而，很多投资于房地产有价证券的养老基金会避开RELP而投资于REIT。

养老基金投资于房地产的前景

虽然缺乏流动性对于固定缴款计划来说是一个问题，但是养老基金在房地产投资方面的前景是很好的。这是因为基金经理很了解投资组合理论和投资分散化的必要性，也因为财务会计准则委员会第87号声明（FASB-87，1990年生效）在养老基金债务报告方面做出了改变。这些变化鼓励养老基金在房地产权益方面的投资，因为财务会计准则委员会第87号声明限制了公司可以用来决定养老基金债务的贴现率的范围，而且要求流动债务必须在公司的资产负债表中记录下来。下面来说明它是如何发挥作用的。

根据FASB-87，各公司需要根据其员工的数量、年龄和薪水等预测未来需要承担的退休金，然后将其现值作为负债在各自的资产负债表中报告。损益表中报告的年养老基金费用就是各年资产负债表报告的负债（现值）的变化值。在FASB-87之前，各个公司可以在很大的范围内选择贴现率。如果它们某一年的利润较低，就可以提高贴现率，这将降低年末的养老基金负债额，进而降低被报告为费用的养老基金负债变化值。正是这种滥用行为导致FASB-87对公司可以选择的贴现率进行了限制。

财务上有困难的公司害怕利率会下降。在贴现率选择余地不大的情况下，利率的大幅度下滑将导致要求公司记录的养老基金负债大幅增加。这在损益表中表现为高额的养老金费用，它会降低公司的净利润，还会导致养老基金负债超过养老基金中资产的价值，除非这些资产的价值同样随着利率的下降而上升。

因此，FASB-87使得很多公司投资于在利率下降时价值上升的可以回购债券。很多专业的养老基金计划管理人提供这种对利率变动"免疫"的方案。但是正如有些公司认识到的，将养老基金计划的资金大部分投资于债券只能获得较低的收益，并且几乎没有任何通货膨胀防护；相反，投资于房地产可以解决一部分养老基金筹集问题。房地产的价值在利率下降时往往上升，这将使基金在一定程度上对利率的大幅下滑产生免疫。同时，房地产投资的价值波动性比债券或者股票更低，而且所提供的对未预期通货膨胀的防护作用似乎比债券投资组合好。

● 公共/私营合伙企业

公共基金也是房地产投资和开发的一项资金来源。在一个公共/私营合伙企业中，地方政府提供土地、资金，开发商提供技术。在这种合伙企业中，政府批准的土地或资助的资金使一些项目变得可行，如果没有这些帮助，项目不可能在纯经济基础上进行。最常用的政府补贴方式包括：土地划拨（或将土地低于市场价格卖出）、现金、土地转让、补贴或者以低于市场水平的预期收益率直接投资于房地产、低利率贷款（通常通过发行免税债券）和信誉提升。

除了政府在经济上的援助外，房地产开发商还能够从社区的帮助中获益。另外，这样的合伙企业也意味着开发商可以更快地通过其他情况下需要较长时间才能通过的审批程序。但是，审批程序的加快可能会被繁杂的规划程序所抵消。地方政府投票权的分散化会延缓项目的进程，而且开发商也会面临来自地方法规的各种限制。例如触犯利息法、公开听证要求、少数族裔雇佣和积极行动要求、环境法规、工资要求、土地利用限制。

地方政府可以从服务于社区的项目中获益。通常开发商会改变衰落城区的城市面貌、减少犯罪、提高周边房地产价值（从而增加房地产税收）。一些开发项目所涉及的风险可能超出地方政府愿意承担或者根据法律可以承担的风险水平。虽然大部分州已经公布了法规禁止地方政府以低价格出让土地或者借款给私营企业，但也有很多州的法院已经允许成立公共/私营合伙企业，只要它们能够清楚证明项目能够带来公共利益，即使其中可能隐含着附带的私营利益。

公共/私营合伙企业开发项目如果是依靠出售免税市政债券来融资，则会受到联邦税法的严格限制。在现行联邦法律的规定下，如果用债券的收益融资的项目有10%以上被私营企业使用，而且超过10%的利息由私营商业机构支付，那么这些债券的利息是不能够免税的。这项规定也有一些例外，如飞机场、公共水利设施用地、污水处理设施用地、固体废物处理设施用地、慈善机构用地、大型交通设施、码头和港口的开发。

● 寻找融资来源

大多数房地产开发商与资金来源都有很密切的联系。它们与这些资金源良好合作，并且建立了很紧密的关系。一部分大型开发商和大多数稍小型新兴开发商可能没有与大的贷款人或投资者建立很紧密的关系，它们可能更多地通过经纪人或者专门从事小型或中型项目抵押贷款的银行融资。这些银行用自己的权益或者机构投资者投入的大量资金来为企业融资提供服务。

对于那些没有长期的资金来源的房地产开发商来说，可以很容易地使用计算机来寻找贷款。事实上所有的贷款人，无论是贷款机构还是抵押贷款银行业者，都有方便开发商登录的网站。最近在某常用搜索引擎上的"开发建设贷款"快速搜索点击次数超过了 3 200 000 次，"商业房地产贷款"搜索点击次数超过了 2 500 000 次。当在搜索过程中规定特定房地产类别时，点击结果也类似：办公楼贷款，点击

2 730 000 次；公寓贷款，点击 2 270 000 次；仓库贷款，点击 1 010 000 次。大部分贷款人使用互联网表明它们正朝着专业化发展（比如东北地区的公寓贷款从 500 000 美元增加到了 10 000 000 美元）。

小　结

商业房地产融资来源可以分为债务来源和资产来源。大多数商业房地产债务融资由三类贷款机构来提供：商业银行、储蓄机构、人寿保险公司。这三类机构持有大约 85% 的商业房地产债务。商业银行与当地的经济情况联系紧密，因此它们提供的房地产建设和购买贷款最多，它们的贷款行为与地区经济状况紧密相连。

商业银行和储蓄机构在购买和出售多户抵押贷款住宅方面非常活跃，而人寿保险公司发起的债务超过它们所购买房地产贷款总量的 97%。

现在流行的一种趋势是商业房地产债务或抵押贷款证券化。一些私营金融机构创造了商业抵押贷款支持证券，这同住宅担保抵押贷款支持债券类似。但是投资商业抵押贷款支持证券的风险与投资住宅抵押贷款支持证券的风险是完全不同的，前者的风险会被一些评级机构进行评级。评级机构会考虑该宗房地产和房地产贷款的各种特征，例如贷款价值比、本息覆盖率、当前每平方英尺平均贷款额、当地市场经济状况。一些复杂的商业抵押贷款支持证券将不同地点、不同类型房地产组合起来形成捆绑抵押贷款。

投资者能够以直接购买商业房地产或者购买代表资产权益的有价证券的方式来提供权益融资。后者有两种典型的形式：房地产有限责任合伙企业和房地产投资信托。随着 1986 年《税收改革法案》的出台，有限责任合伙企业的重要性慢慢有所减弱，该法案限制了消极损失向合伙人的传递。在 20 世纪 80 年代末 90 年代初，房地产投资信托弥补了由于房地产有限责任合伙企业的衰落所导致的市场空缺。人寿保险公司和养老基金也直接投资于商业房地产。特别是养老基金在近几年中大大增加了在商业房地产上的投资。多样化投资组合和会计准则的需要使房地产对于养老基金来说越来越有吸引力。养老基金面临的最主要问题是房地产缺乏流动性，对固定缴款计划来说尤其如此。该计划的参与者有权也愿意为他们缴纳的资金选择投资工具。

关 键 词

商业抵押贷款支持证券（CMBS）　　固定收益计划
固定缴款计划　　　　　　　　　　雇员退休收入保障法（ERISA）
成员准则　　　　　　　　　　　　净获取额
发起额　　　　　　　　　　　　　养老基金

私营债务   公共债务
质量评级   不相关业务所得税（UBIT）

推荐读物

Books, R. 1988. Commercial real estate as a capital market. *Real Estate Finance* 5 (Fall).

Hesly, J. J., P. Healy, and E. Lindner. 1994. Emerging trends in commercial mortgage securitization. *Real Estate Issues* (August), 44-47.

Her, M. 1990. Attracting Asian investment: East meets southwest. *Real Estate Finance* 6 (Winter).

Levitan, D. R. 1990. Alternative financing sources for the 1990s. *Real Estate Finance Journal* 6 (Fall).

McCoy, B. 1988. The new financial markets and securitized commercial real estate financing. *Real Estate Issues* 20 (Spring/Summer).

Roulac, S., and N. Dimick. 1991. Real estate capital markers undergo fundamental changes. *Real Estate Finance Journal* 6 (Winter), 7-17.

Roulac Real Eastate Consulting Group. A quarterly survey of trends in commercial financing. *Real Estate Finance*, various Issues.

Sprayregen, R. 1990. REITs may make a comeback as a development financing vehicle. *Real Estate Finance Journal* 6 (Fall), 35-41.

复习思考题

1. 最主要的三个向商业房地产提供债务融资的金融机构是什么？
2. 讨论人寿保险公司在商业房地产融资方面发挥的作用。
3. 哪些机构专门从事发起和售出商业抵押贷款债务？
4. 哪些机构购买了它们所拥有的大部分商业抵押贷款债务？
5. 商业抵押贷款支持证券与住宅抵押贷款支持证券有哪些区别？
6. 评级机构为商业抵押贷款支持证券评级时会考虑哪些因素？
7. 《金融机构改革、复兴和实施法案》怎样影响获取、开发和建设贷款的来源？
8. 为什么养老金开始对收购房地产权益产生兴趣？养老基金进行房地产投资有哪些主要缺点？
9. 什么是不相关业务收入？它怎样影响养老基金在房地产方面的投资？
10. 请概述养老基金投资于房地产合伙企业的成员准则。

11. 请解释会计准则如何影响养老基金所购置的财产。
12. 风险资本需求怎样影响人寿保险公司在进行房地产投资时的决策？

相关网站

http://www.c-lender.com
商业贷款的相关信息
http://www.pionline.com
定期养老基金与投资网站

注 释

[1] M. Miles. What is the value of all U.S. real estae? *Real Estae Review* 20 (Summer 1990): 69—75.

[2] Real estate assets up 26%. *Pensions and Investment Age* (January 23, 1989): 69—71.

[3] C. Elebash and G. Yost. Real estate attitudes differ greally. *Pensions and Investmet Age* (August 7, 1989): 35.

第 18 章

购置、开发和建设融资

学习目标

本章中,你将了解到商业房地产开发从土地购置阶段到建设阶段的融资情况。虽然本章大部分都是描述性的内容,但是有一条主线贯穿着贷款人、开发商和承包人之间的关系——即代理成本问题。你将会了解到在购置和开发商业房地产的贷款中包含的契约和限制很大一部分是为了解决代理问题。一个项目中会涉及多方:开发商、承包商、两个或更多的贷款人。每一方都有自己的利益动机。代理成本是防止某一方为了自身利益而伤害他方利益的必要的成本。你将会见到很多用以避免代理成本的贷款契约和限制。

在实务层面,你应该了解这些对商业房地产开发来说十分普通的贷款条款,并且知道这些贷款条款与住宅贷款条款有何区别。同时,你还应该了解决定贷款数额和周期支付的基本机制。

导 言

本章和下一章将讨论商业房地产融资。这一主题按照商业房地产融资的时间顺序被划分为两章。本章主要讨论与购买生地、开发生地使其用于建设以及建设设施有关的融资。下一章主要讨论永久和长期的商业房地产融资所采取的形式。当房地产项目完工并且可以产生运营收益时开始进行永久性融资。

我们将本章讨论的非永久性融资划分为三个阶段:购置、开发和建设。在业内,这种融资方式被称为 ADC 融资。我们假设土地的购置、开发和建设的融资是分阶段进行的，并且涉及不同贷款人的不同融资来源。虽然这种情况在实际中经常发生，但是并没有任何理由来解释为什么从购置到建设的整个融资过程不能一次性地通过一个来源、签订一份贷款组合协议来完成。事实上，两种方法都能够行得通。

当 ADC 融资按阶段进行时，单独的贷款人经常会要求其他的贷款人遵守一套详细的规则。例如，为房地产开发提供贷款的贷款人可能会要求在进行开发贷款时其他贷款人已经做出为设施建设提供贷款的承诺。开发贷款的贷款人经常会规定建设贷款的条款。与此相似的是，建设贷款的贷款人经常会要求有一个永久性贷款人（一些时候被称为"置换"贷款人）承诺在设施完成并且准备运营时提供长期贷款。这样看来，在购置、开发、建设和永久放贷过程中，不同阶段的贷款人能够通过为项目提供从土地购置到设施运营阶段的贷款来简化事务，并且避免代理问题发生（更不用说诉讼费用了）。

虽然这种全面融资已有先例，但是更加普遍的一种方法是不同的贷款人进行不同开发阶段的融资。这种现象持续出现的原因可能是不同类型的贷款人选择了专业化经营。一些贷款人已经在例如建设融资方面形成了专长。他们能够监督建设过程并且保证贷款收益仅按照项目开发情况支付，还能确保项目按照或者低于原有的成本计划进行，但可能没有能力确定项目的经济价值。另一方面，其他的贷款人可能在确定项目的经济价值方面比较擅长，但却不能监督收益的支付情况（可能由于他们没有驻扎在项目建设现场的缘故）。这种情况下，建设贷款人会在同意进行项目建设融资前要求确保有一个永久性置换贷款人。永久贷款人将会评价项目的经济生存能力并且确定项目如果按照计划完成能否支持在永久性贷款上的偿还。这种专业化可能是按照购置和开发的阶段分开融资的唯一合理解释。

本章中，我们将回顾购置和开发的阶段，并且说明每一阶段是如何进行融资的。我们还会说明在购置和开发过程中不同贷款人之间的代理问题是怎样产生的，这些代理问题又是如何解决的。最后，我们将回顾贷款总额及其拨付方式是如何确定的。

购　置

● 土地贷款

整个过程的第一阶段涉及购置用于开发的生地。生地被两类投资者购置，一类是投机者，另一类是开发商。投机者没有详细的土地开发计划，他们试图通过新的交通设施、规划调整和其他能够导致土地价值增值的经济或制度变化来寻求短期土地价值增值的机会。与此不同的是，开发商对土地有明确的计划。开发商可能专注于某一类别房地产的开发，例如住宅、购物中心或者工业设施。开发商专注的类别可能更加细化，例如一些开发商可能只开发低收入住宅或者高档住宅。一些购物中心的开发商可能专门开发购物广场，其他一些可能专门开发条形购物中心。无论专门从事哪一种开发，开发商都会立即对土地进行计划，并且尽可能快地完成项目。

土地储存

大开发商，特别是那些专门从事大型住宅开发项目的开发商可能需要储存大量的土地。土地储存是指在开发过程开始前拥有大量土地。当一个住宅开发项目完成后，一个项目有一些住宅单元正在建设，一个项目有一些住宅建设刚刚开始，另一个项目准备好了开发所用的土地。这样开发商可以以一个连续的过程来进行住宅开发。作为整个过程的一部分，开发商不断地争取购买其他土地来开始一个新的开发过程，即使开发商正在完成最近的开发项目。这里，融资变得十分重要，因为开发商希望在大宗土地上投入尽量少的权益。这样，因为资产必须通过融资购置，拥有大量土地的开发商会寻求成本最低的融资方式。这样的融资有很多来源。

●机构贷款人

土地购置融资的一个来源是传统金融机构。我们从上一章中知道，商业银行和储蓄机构是主要的土地融资来源。本地贷款人最能够评价一项土地贷款的风险。因为以下一些原因，土地购置贷款具有风险。首先，生地通常不能产生任何运营收入，所以贷款只能依靠土地价值增值或者随后为了开发和建设而发放的贷款来偿还。土地不会贬值，并且利息成本的可推断性是有限的。如果土地价值下降并且没有被开发，土地所有者可能会违约，将土地"卖"给贷款人。其次，生地可能本身不适用它最终的最佳使用方式，而将生地转换为适于那种使用方式的费用是不确定的。将土地转变成适于开发的用地的成本可能出乎意料的高，或者如果地质条件不允许按照计划进行开发，那么土地开发就不可能进行。另外，可能无法保证那些对开发十分必要的法律因素如规划调整会随之出台。一些开发项目已经获得了当地规划部门的批准，但仍然需要面对由反对该项目的当地市民提出的法律异议。简言之，不可预见的自然和法律问题可能使土地开发的费用涨到惊人的程度。在这些情况下，贷款人最终拥有的只是对一块几乎无价值的土地的留置权。由于这些风险的存在，土地贷款很少超过土地估价的50%或60%。

金融机构对生地贷款时会将土地留置权作为贷款担保。如果土地将被用来进行住宅开发，则必须制定一些合同条款来确定将一部分土地的留置权释放，这就是所谓的释放条款。例如，假设一个住宅开发商购买了1 000英亩的土地，他期望能够开发和销售2 000套住宅。但是开发商不可能在非常短的时间里建成并售出这些住宅。一些情况下，开发项目会持续销售几年时间。开发商会在最后一批住宅开工之前售出第一批开发的住宅。但是，土地贷款人拥有开发的所有土地的留置权。第一批住宅的潜在购买者会要求对他们的物业拥有不受妨碍的（或者说清晰的）产权，仅仅受限于他们自己的抵押贷款。为了适应项目开发初始阶段的销售，土地贷款会包含一项部分释放条款，这项条款针对售出的开发用地的留置权而制定。当物业被售出时，开发商用销售收益来支付一部分土地贷款，同时换取所售土地的留置权的释放。

关于部分留置权释放的条款会包括在原始贷款文件中，这些条款必须仔细考虑清楚。特别是贷款人必须确保在非常重要的一部分开发项目被卖出后，剩余土地的价值（贷款人仍然拥有留置权的土地）比剩余债务的价值要大。如果开发商在每售出一块土地时没有偿还足够多的债务，那么债务的价值可能超过土地的价值。如果部分释放条款要求开发商在10%的土地被售出时只需偿还10%的债务，上面的情况就会发生。开发商可能会先售出更具价值的土地，将价值量小的土地留下来作为剩余债务的担保。在这方面，释放条款可以设立一种"释放形式"来明确不同土地开发和出售的顺序，这样就确保了开发商不会开发和售出更优等的土地而不充分偿还贷款。

部分释放的具体细节根据协议由第三方暂为保管。当开发商售出物业，一项新的留置权（购买者抵押贷款）将会代替开发商的留置权。

● 卖方贷款

土地购置融资的另一个来源是土地的卖方。通常土地的卖方会被要求向购买土地的开发商提供融资。这可以通过很多方式来完成，包括期权融资、卖方融资和细部信托。

期　权

多数开发商不愿意一次性立即购买土地，而是宁愿购得在未来某个时间买入土地的期权。土地购买期权的合约会规定购买价格、期权终止日期、期权的费用或保险费。通过这种方式，开发商能够不立即进行融资，也不在土地上投入权益，同时确保获得自己希望开发的土地。如果后来土地的开发被认定在经济上不可行，开发商可以让自己的期权失效。他的损失只是期权的保险费，而这远远少于土地权益投资的损失。

期权保险费取决于一些因素。首先，期权期限越长，保险费越高。当土地的购买价格在期权合约上已经确定的时候更是如此。期权行使的时间越长，土地的市场价格上涨超过期权协议上的合约价格的机会越大，其本质是卖方为开发商持有土地直到期权合同的最后一天。卖方会发生土地的持有成本（例如物业税），同时开发商会从期权生效期间土地价值的增值中获益。然而，期权行使时间越长，卖方要求的保险费也越高。其次，期权的价格由土地价格的可变化程度来决定。如果土地价格一直或者预计将会十分稳定，则期权的保险费会较低。稳定的价格减少了在行使期权时土地价格远远超过合约价格的可能性。再次，如果土地的合约价格可以根据某种指数上浮，期权保险费会相对较低，这样可以减少行使期权时土地市场价格远远超过合约价格的机会。

在一些情况下，土地的卖方会抬高土地的价格但同时允许赊欠期权保险费。其他一些情况下，卖方允许赊欠的期权保险费的份额随着时间的流逝而逐渐降低。这些规定与其他规定相比，可以鼓励尽早行使期权。

滚动期权

一些开发商会签订滚动期权的合约。滚动期权使开发商行使现有期权的同时在更多土地上拥有额外的期权。特别是住宅开发商会使用滚动期权。当他们购买土地并且用于住宅开发时，需要拥有在其他土地上的期权。他们通常利用滚动期权协议来购买与已购得土地临近的土地。

卖方融资

一些情况下，土地卖方会同意通过收回买方的票据的方式来对土地购买进行融资。通过这种方式，卖方也成为了贷款人。在这种方式下土地售出的价格比不采用这种方式的价格要高。原因是卖方绝大多数情况下提供的都是无追索权融资。因为卖方赋予开发商一项买权，在项目失败时可以行使，卖方可通过卖出更高的价格来获得补偿。卖方融资会使开发过程复杂化，因为土地的卖方拥有土地的留置权。然而贷款人只有在他们拥有优先留置权的时候才会预付资金。在卖方融资的情况中，贷款协议中几乎总有一项条款要求卖方的留置权从属于后来的建设贷款。卖方票据的风险因为从属过程而增加，这也是土地销售价格比不利用卖方融资时要高的另一原因。

当从属条款存在时，它通常十分详细。这里存在一个严重的代理问题。当卖方的票据从属于建设贷款人时，就没有人关心卖方的利益。开发商在开发过程中会希望尽可能保持灵活性。建设贷款人在从属过程中获得了先于土地卖方的受偿权，只会考虑使物业的价值超过建设贷款额而不是债务总额（建设贷款额加上卖方票据）。这样，在卖方票据从属于建设贷款后，其他各方都只为自己的利益行事而不会考虑卖方利益。

由于有代理成本，卖方会坚持制定尽可能多的严格的合约。在这种情况下，卖方必须表现得像建设贷款人一样。从属条款通常会清楚地说明建设贷款的各项规定，例如贷款总额、到期日、利率（例如在贷款日比最优惠利率高2%等）、贷款价值比。从属条款也会给予卖方一项权利，使卖方在开发商违约时有权支付建设贷款的月还款，并且监督贷款拨付。简言之，从属条款会尽可能确保所开发房地产的总价值超过建设贷款拨付时的债务总额。债务总额当然也包括卖方票据。

当建设贷款生效且卖方票据的从属关系发生时，如果出现违约，建设贷款人拥有优先受偿权。虽然建设贷款人不关心土地卖方的低级留置权，但是他们必须确保自己不会无意损害到低级留置权拥有者的权益。如果建设贷款人不适当地危害到低级留置权拥有者的抵押品，他将负法律责任并且他的受偿顺序将被移到土地卖方之后。建设贷款人会遵守某些程序来确保自己免受诉讼和低级留置权拥有者要求的索赔。

第一，必须确保在原始销售合同上有一份详细的从属协议。类似"土地卖方同意在未来某个时间考虑该抵押权的从属性"这样概括性的陈述太粗略以致无法执行。从属协议必须尽可能详细。第二，建设贷款人必须保证建设贷款收益的支付是按照原计划进行的，并且不会被开发商挪用。如果这些资金没有按照原计划使用，物业的价值可能不会和债务同步增长，这样会使低级留置权的拥有者处于越来越不利的地位。第三，在建设资金的支付方面，建设贷款人必须明确可选择支付与必须支付的区别。第四，建设贷款人必须要求低级留置权拥有者放弃支付与建设贷款或从属协议不严格一致的任何贷款。第五，建设贷款人应该避免向低级留置权拥有者做任何口头承诺，例如同意继续向开发商预付更多的资金。

细部信托

在细部信托形式下，开发商仅支付售价的一部分，并且同意当物业被开发和出售时支付余额。土地卖方将产权转移到一种信托上，自己成为信托的第一受益人。开发商是信托的第二受益人，他们售出开发物业的土地，并且有权拥有一部分托管人释放的留置权。在典型的细部信托中，当开发商认为合适时，他们有权开发物业。这些规定避免了土地的产权掌握在开发商的手中，同时也为防止开发商违约和破产的情况提供了某些安全保障。

开　发

当土地购置后，开发的下一阶段工作是使这块土地满足建设要求。这涉及很多步骤，包括：

（1）规划。如果有必要，应该采用合适的方法和合法的程序来保证地块根据原有的开发计划进行划分。

（2）设计与勘测。工程师和其他专家必须设计出有关土地平整、排水和自然障碍物转移的详细方案，并且准备精确的区域地图。这些工作在任何体力工作开始以前都必须完成。

（3）土地细分。如果可行，将土地细分为更小的部分是必要的。对于住宅开发项目来说尤其如此。

（4）体力工作。最后一个阶段的准备包括土地平整、修建街道和公用设施以及景观美化等。

所有这些土地准备工作成本都很高。事实上，很普遍的情况是与前三个步骤相关的花费比实际的体力工作花费要高出很多。虽然在前三个步骤中土地没有发生任何物理性能上的改变，但是通过在这些工作上的花费，土地价值已经增加。土地开发贷款人与下面将要讨论的建设贷款人一样，都要保证当土地开发贷款收益被支付时项目的价值能够增加。贷款文件通常会说明在违约的情况下，贷款人有权拥有由不同的专家和技术人员在土地准备过程中完成的工作材料。这些工作材料包括地图、测绘图、工程报告等等。在违约的情况下，贷款人可能愿意按照原计划继续进行开发。这样，这些工作资料就十分有价值。同样，如果工程师、测绘师、规划师和建筑师的任何工作完成了但是没有获得报酬，他们对该物业也拥有留置权。

土地开发贷款人的专长在于他们能够判断土地开发怎样增加其价值，并且判断当土地做好建设准备时贷款收益加上开发商权益是否少于或等于土地价值。他们还通晓当地土地利用规则和购置开发土地所需要的政府许可。贷款人会确保贷款文件上标明了获取必要的政府许可的截止日期。

一些更重要的政府许可涉及细分控制法令和配套费。细分控制法令通常与住宅开发相关，它规定开发商最少必须建设哪些基础设施。这项法令在每个州和几乎每个地区都存在，它用来保护消费者免受开发商不遵守承诺的危害。这项法令颁布以前，开发商通常会在出售住宅用地时承诺，当大部分土地售完并且准备建设时，他们会修建必要的道路、公用设施、排水系统等等。但是当很多土地被售出后，开发商就拒绝修建原来承诺的这些能让土地增值的设施，留给消费者的仅仅是没有公共设施或者道路的可建设土地。

细分控制法令有两种形式。一种形式是要求开发商在建设住宅或售出住宅用地之前就建好基础设施。修建的基础设施必须达到最低的标准。另一种形式是建设者必须提交履约保证金，将现金委托第三方暂为保管或者获得信用证。这时土地开发贷款人能够发挥作用，开发商通常会要求贷款人将贷出的资金托第三方暂为保管或者发出信用证来保证履约。

配套费是市政当局向开发商征收的费用，它用来承担新开发项目带来的基础设施建设成本。市政当局认为新开发项目增加了当地人口数量，所以需要增加更多的高速公路、学校、图书馆、消防站、污水处理设施等等。

配套费有两种常见的类型：现金形式的费用和非现金形式的费用。现金形式的费用是向市政当局或其他地方政府交纳的费用。非现金形式的费用是代替现金支付的贡献。设施建设要求就是一个例子，即开发商同意建造和捐助一项公共设施，例如公园、学校或者消防站。有时如果所建设的设施是有价值的，开发商会被允许在每平方英尺土地上建造比规划条例规定的更多的房屋。这被称为密度补偿。

与上面讨论的一样，贷款人必须仔细考虑部分释放条款。土地开发商可能会要求卖出一部分已经开发好的土地而不是继续进行建设。通常的方法是将释放价格定为销售收益的一小部分，这样开发商既能够支付与销售（如经纪人佣金）相关的费用，也能够从他的劳动中获取合适的收益。部分释放条款也会规定最低售价以确保有充足的资金支付给贷款人来换取留置权的部分释放。

建　设

建设贷款是一个项目在永久性或"置换"贷款前，即项目竣工并且准备运营使用前的最后一种融资类型。大多数建设贷款都具有以下一些特征：

(1) 贷款时间短，只持续在建设阶段。

(2) 利率是变化的，通常设定为贷款人的最低贷款利率的某个固定百分点。

(3) 因为项目在建设阶段没有任何运营利润，所以利息的支付被推迟并且由贷款人来"融资"。

(4) 贷款价值比对于准备出售的商业项目为70%～80%，对于投机性项目为60%～70%。

● 建设贷款

和土地开发贷款人一样，建设贷款人对地区政治和建设贷款中涉及的各种风险十分了解。他们擅长评估和控制在建设过程中出现的和由地区情况导致的风险。建设贷款中可能出现的风险包括以下方面：

(1) 贷款抵押物包括了未建成或部分建成的工程。

(2) 未知的建筑风险可能出现，例如不可预料的材料价格上涨、罢工、恶劣天气和分包商的财务困难。

(3) 第三方干预权也代表了一种风险，例如技工的留置权或者建筑工人要求的工伤索赔。

(4) 如果永久性贷款人放弃兑现承诺，永久性融资就可能失去。

(5) 如果不符合建筑规范可能导致不能获得居住许可证。

由于这些原因，建设贷款人通常是评估和控制项目建设阶段风险的专家。为了评估和控制风险，建设贷款人会做下面的事情：

(1) 贷款人要求对完成的项目根据通用评估方法进行评估。贷款人必须确保评估人独立于开发商。以同盟形式联合的贷款人必须保证评估的关键委托要求得到满足。评估要基于完工项目的财务分析进行。如果财务分析缺漏或者不充分，贷款人必须自己进行分析。

(2) 贷款人要让自己的员工重新审核所有的建设计划、工程报告、政府许可申请、规划调整申请等等，这样做是为了确定项目能否按预计的规模建成并且在预定的时间框架内完成。贷款人必须在贷款文件中明确指出哪一方应对成本超出或者工期延误负责。

(3) 贷款人必须确保贷款只用于经核准的开支，并且支付给负责建设的各方。这有两方面的影响：首先，它确保了工作按时完成，并使贷款抵押物的价值随着贷款余额的增加而增加。其次，它确保了不会因为某一方完成了工作但是没有获得相应报酬而在项目上设置技工的留置权。

(4) 贷款人要监督贷款保留金。贷款保留金是从支付给分包商的资金中保留的一部分，它直到分包商的工作被总承包商验收后才会发放。

(5) 贷款人要确保拥有一项永久性贷款人的"置换"承诺，并且要分析该承诺。"置换"贷款人的财务稳定性和声誉在分析中很重要。

● 建设贷款承诺

作为房地产项目计划过程的一部分，开发商期望得到贷款人发放建设贷款的承诺。建设贷款承诺是一份单独的协议，贷款人通过这项贷款承诺可以获得一定的酬金。虽然建设贷款承诺是一份单独的协议，但是它会提供相当详细的有关建设贷款的信息。事实上，为了方便实施（在诉讼时），承诺应该尽量详细并且避免出现含混的语句。以下是必须包含在承诺当中的有关建设贷款的重要条款：（1）贷款额及贷款收益支付的时间；（2）利率，可以是固定的，也可以是浮动的，还可以确定最高和最低利率来保护双方的利益；（3）抵押品的描述；（4）永久性贷款的承诺和永久性贷款的详细条款；（5）开发商在建设阶段需要投入的权益额；（6）指出项目将遵守各项法律约束的声明，例如环境法规和规划条例；（7）项目主要承租人已经签订租赁协议；（8）有关在违约情况下个人债务的声明；（9）声明该承诺不能转让给第三方。

开发商支付承诺酬金用以保证获得建设贷款。如果建设贷款在承诺签订时要求固定利率，开发商就拥有了一项期权。如果市场利率等于或者高于承诺的利率，开发商可以执行期权并且接受建设贷款；如果市场利率低于承诺利率，开发商会寻找其他的融资渠道。然而，在很多情况下，承诺具有两面性。即使市场利率低于承诺利率，开发商也必须在承诺规定的较高的利率下进行融资。因此，如果开发商享有寻求其他融资渠道的期权，承诺酬金可能会更高。与此相反，如果开发商不管市场利率在融资时的高低而必须按照贷款承诺中规定的利率接受贷款，承诺酬金会更低。如果市场利率下跌但是开发商必须接受承诺规定的更高利率，就会引起一些有趣的法律诉讼。

首先，如果开发商不能开启建设程序，他通常没有权利拿回承诺酬金。只有当开发商是由于某些贷款承诺文件上允许的原因而未能开启项目或者由于法律规定阻止了项目开发时，酬金才能够返还给开发商。

其次，如果贷款人不能够依照承诺发放建设贷款（可能因为利率上涨到高于承诺利率），开发商可以获得在贷款承诺日期前支出的开发费用。开发商还可以收回任何比贷款承诺上载明的融资费用高的其他融资费用。获得项目上的未来收益是更加投机的想法，并且通常是不会实现的。

● 建设贷款管理

建设贷款发放后，贷款人必须监督建设过程并且检查贷款支付给承包商的情况。建设贷款管理包括以下一些步骤：

（1）确保建设按照计划的时间表进行。建设过程中的延迟意味着未付清的欠款额会变得越来越大，其中包括应计利息。贷款人不希望欠款额超过项目完工部分的价值。

（2）确保建设工作符合所有规范。贷款人不希望已完工的项目还要花费额外费用来弥补施工缺陷。

（3）确保项目的成本不超过原计划成本。这就确保了在任何时间里未拨付的贷款超过已完工工程的成本。

（4）确保没有其他的留置权干预贷款人的留置权。实现这一目标的最好方法是保证承包商在承包工作完成后获得报酬，这样就不会有技工的留置权设置在物业上的情况发生。

（5）确保不违背任何永久性贷款人要求的条件。建设贷款人不希望让永久性贷款人有任何拒绝对完工项目融资的借口。

通常，贷款管理者专门负责贷款的管理。贷款管理者要确保贷款协议上的所有要求在项目的建设过程中都得到遵守。开发商会定期向承包商和参与工程建设的分包商支付工程款。贷款管理者要确保支付的请求中包括完工工程的价值和剩余工程的价值。贷款管理者会请一名建筑师来检查工作是否按照被认可的规范进行。

同样，很多贷款人还会利用契据控制代理人提供的服务。契据控制代理人是一个独立的第三方，专门对贷款是否支付给合适的承包商进行监督。这些代理机构还定期在工作现场察看建设是否按照预定计划进行，购买的材料是否运到现场。它们还要在资金被支付时收集材料和劳动力的释放书（以防止技工的留置权）。

● 贷款额和贷款支付的决定

在这部分我们将概述贷款额、贷款支付及贷款偿还的决定机制。这些数额的确定与项目建设的费用和进度紧密相关。在这方面，通常有一些考虑。

第一，贷款人会要求开发商为项目投入权益。当项目完成时，ADC贷款的贷款价值比会反映贷款人对项目风险的看法。对于一个典型的商业项目来说，80%的贷款价值比是比较常见的。第二，开发商会要求只按其需求借贷资金来完成项目。只为建设融资借贷资金，会使开发商将贷款的利息成本降到最低。第三，因为项目在完工前不会产生现金流，开发商不会为贷款支付利息直到永久性融资被确定以后。换句话说，贷款人的每一项预付款都会不断产生利息直到项目完工为止。项目完工时，永久性贷款将被用于偿还建设贷款。第四，与房地产融资的很多类型一样，贷款人会要求制定一个合同利率并且评估贷款费用或折扣点。第五，如果在项目完工时不能确定贷款的实际余额并且贷款必须要偿还，这就需要对数额进行可靠的评估。贷款人要确保最后的贷款余额不会过大以致贷款价值比超过预计值。第六，对于贷款人和借款人来说，ADC贷款都有一些风险。我们通过讨论下面一个ADC贷款的例子来说明这些风险。

ADC贷款举例

表18—1列出了一个多户家庭项目相关的基本成本数据。这个项目的最终投资额将达到约280万美元，但投资额并不决定它最终的价值。我们将利用考虑了预期现金流量的价值来确定项目开发的成本。因此，为了简便起见，我们假设项目完工的价值约等于投资额，即开发的成本，其中包括与ADC贷款相关的利息成本。土地的成本是300 000美元（每5英亩6 000美元）。如果贷款人同意对这个项目放贷，估计需要18个月完成。现场准备费共195 000美元，硬件费用1 940 00美元，软件费用55 000美元。总费用，包括土地购置费用，共2 190 000美元。现在，我们假设开发商用现金购买土地作为开发商的物业权益利息的一部分，贷款人为剩余的开发成本提供资金。

表 18—1	项目数据	单位：美元
基本数据		
场地面积 5 英亩	60 000 美元/英亩	
单元（个）	35	
建筑面积（平方英尺）	42 000 可出租	
	合计 52 500	
开发时间	18 个月	
成本信息		
土地取得（包括交割成本）	300 000	
土地准备		
给排水	60 000	
平整和修路	100 000	
景观美化	35 000	
合计	195 000	
建设成本		
硬成本		
结构	1 025 000	
供暖和制冷	100 000	
电气	85 000	
给排水	70 000	
竣工费用	660 000	
合计	1 940 000	
软成本		
设计费	40 000	
法律费用	15 000	
合计	55 000	
贷款成本		
利息	199 143	
费	47 783	
或有费用	60 000	

表 18—2 显示了开发商和贷款人协商一致的建设时间表。该表显示在 18 个月里将会支出 2 190 000 美元的开发费用。在这个例子中，贷款人要求订立 12%（年利率，每月 1%）的合同利率，在贷款终止时得到 2 个百分点的折扣。表 18—3 显示了贷款支付和偿还的机制。

我们假设贷款在每月初支付。在第一个月初，贷款人会按照建造成本时间表预先支付开发商 105 000 美元。在月末，债务余额反映了首次支付额和贷款利率为每月 1% 的利息之和。这时，贷款人会预先支付第二个月的 95 000 美元。债务余额此时为 106 050+95 000，即 201 050 美元。这个和同样也要支付每月 1% 的利息，这样债务余额在第二个月末是 201 050×1.01，即 203 061 美元。这个过程继续下去，如果建设过程像预期一样进行，贷款的债务余额在 18 个月后将会达到 2 389 143 美元。

单位：美元

表 18—2　建设成本拨付进度表

月次	给排水	平整和修路	景观美化	结构	暖气和空调	电气费用	管道费用	竣工费用	设计费	法律费用	总计 (%)
1	30 000	25 000							40 000	10 000	105 000 (4.8)
2	30 000	50 000	15 000								95 000 (4.3)
3		25 000	20 000								45 000 (2.1)
4				20 000							20 000 (1.9)
5				50 000							50 000 (2.3)
6				100 000							100 000 (4.6)
7				100 000							100 000 (4.6)
8				125 000							125 000 (5.7)
9				125 000							125 000 (5.7)
10				300 000							300 000 (13.7)
11				125 000	20 000		30 000				175 000 (8.0)
12				80 000	40 000	40 000	20 000	80 000			260 000 (11.9)
13					20 000	30 000	15 000	100 000			165 000 (7.5)
14					20 000	10 000	5 000	100 000			135 000 (6.2)
15						5 000		100 000			105 000 (4.8)
16								100 000			100 000 (4.6)
17								100 000			100 000 (4.6)
18								80 000		5 000	85 000 (3.9)
总计	60 000	100 000	35 000	1 025 000	100 000	85 000	70 000	660 000	40 000	15 000	2 190 000

第18章 购置、开发和建设融资

表 18—3　　　　　　　　　　　　　建设贷款拨付　　　　　　　　　　　单位：美元

月次	贷款额	合同利率=12%时占总额的百分比（%）	债务余额	未来价值
1	105 000	4.79	106 050	125 595
2	95 000	4.34	203 061	112 509
3	45 000	2.05	250 541	52 766
4	20 000	0.91	273 247	23 219
5	50 000	2.28	326 479	57 474
6	100 000	4.57	430 744	113 809
7	100 000	4.57	536 051	112 683
8	125 000	5.71	667 662	139 459
9	125 000	5.71	800 588	138 078
10	300 000	13.70	1 111 594	328 106
11	175 000	7.90	1 299 460	189 500
12	260 000	11.87	1 575 055	278 755
13	165 000	7.53	1 757 455	175 151
14	135 000	6.16	1 911 380	141 886
15	105 000	4.79	2 036 544	109 263
16	100 000	4.57	2 157 909	103 030
17	100 100	4.57	2 280 488	102 010
18	85 000	3.88	2 389 143	85 850
贷款费用				47 783
总计	2 190 000			2 436 926
收益率	1.23%每月	14.71%每年		
拨款现值	1 957 035 ($i=12.3\%$)			
还款现值	1 957 035 ($i=12.3\%$)			

另一种得出该数据的方法是计算每一笔支付在 18 个月后的未来价值，并将其加和。例如，105 000 美元在每月 1% 的利率下 18 个月后的价值是 125 595 美元（即 $105\,000\times1.01^{18}$）。第二个月的终值是 $95\,000\times1.01^{17}$，即 112 509 美元。表 8—3 中第五列的终值之和是 2 389 143 美元（不包括作为折扣点的 47 783 美元）。贷款人将这个值增加 2%（47 783 美元），从而得到债务余额为 2 436 926 美元。

为了简化这个例子，我们假设开发商提供土地，贷款人提供项目建设资金。另外，我们假设开发商负担任何意外损失或者超支（我们假设这一项支出为 60 000 美元）。最后，如果没有任何意外损失或者超支，物业的资本化价值是 2 436 926+300 000，即 2 736 926 美元。如果超支按照预期的发生（60 000 美元），项目的总成本根据本文中的假定值将接近 2 800 000 美元。在本案例中，18 个月末的贷款价值比是 2 436 926/2 800 000，即 87%，这是一个相当高的数值。更多的情况是，贷款人将不会提供这个简化的例子中描述的所有开发资金。为了降低风险，贷款人会要求开发商以提供一部分开发资金的方式来增加项目的权益。

投资收益计算

贷款人的投资收益能够通过找到一个使支出的现值等于贷款偿还现值的比率来确定。在本例中，贷款人的投资收益率为 r，这样：

$$105\,000+95\,000/(1+r)^1+45\,000/(1+r)^2+\cdots+85\,000/(1+r)^{17}$$
$$=2\,436\,926/(1+r)^{18}$$

能够满足这一等式的比率是月收益率 1.23% 或年收益率 14.71%。

ADC 贷款风险

对于开发商和贷款人来说，ADC 贷款都会带来一些风险。从贷款人的角度看，最大的风险是物业价值不能增长到超过建设费用。一些开发费用并不能增加物业价值。获得政府许可的成本、法律方面的开支和其他软性成本可能不会增加物业的价值。因为这个原因，贷款人可能会要求开发商以权益投入的方式承担软性成本。另外，像前面叙述的那样，贷款人还会监督开发的各个方面，以确保贷款按照建筑和工程设计方案用于物业开发。

贷款人会关心项目是否能够按时完工。建设延期将导致在完工时 ADC 贷款上有巨额的债务余额。如果项目延迟的时间太长，ADC 贷款的余额可能开始接近或超过物业的价值。在这点上，恶劣天气、工人罢工或者材料短缺等因素会影响贷款的风险程度。很多 ADC 贷款人会要求开发商承担一部分开发成本，如果项目进度比预先达成的进度推后的话。

贷款人还会要求在 ADC 贷款发放之前通过永久性融资。永久性融资的数额必须足够支付当项目终止时 ADC 贷款的预期余额。

开发商也要面对很多风险。建设延期会给开发商带来损失。开发商因为工程延期要承担更多的利息费用，而且可能向项目投入更多的权益。材料成本的增加也会增加开发商的风险。对于短期项目来说，开发商可以通过在项目开始时签订固定材料价格合同来降低风险。

同样，一些 ADC 贷款采用的是浮动利率。贷款人可能要求月利率等于基本利率加上差额利率。建设过程中利率的上涨将导致开发商利息的增加（超短期 ADC 贷款可能制定固定利率，浮动利率通常出现在长期 ADC 贷款中）。小开发商可能没有动力或者资源去防范复杂的金融工具所带来的利率风险。

小　结

房地产项目建设过程中的三阶段包括土地的购置、土地的开发或准备以及设施建设。这些阶段的贷款都涉及购置、开发和建设贷款（ADC 贷款）。没有任何理由来解释为什么一个贷款人不能够向建设过程的所有阶段提供贷款，而且有些贷款人事实上就是这样做的。但是在很多情况下，贷款人专门从事一个或两个阶段的贷款。在 ADC 贷款人和为完成的项目融资的贷款人（即所谓的置换贷款人或永久贷款人）之间有明确的分工。开发过程中不同的阶段由不同的贷款人融资的原因在于专业化。特别是本地的贷款人，他们了解当地的法律和制度上的限制因素，在分析开发和建设过程中出现的风险时具有优势。

取得生地的买方有两种：投机者和开发商。投机者依靠土地价值的增值来获得投资回报。开发商在土地上开发商业房地产项目。住宅开发商需要囤积大量土地来确保住宅物业的开发和销售平稳进行，并且与房屋需求（容纳量）保持一致。机构贷款人，例如商业银行和储蓄机构，是迄今为止最大的土地购置贷款人。对于住宅开发来说，开发商和贷款人有必要在一起制定一份周密的部分释放计划，这个计划允许释放贷款人拥有的开发商在建设完成时期望卖出的土地的留置权。

土地所有者通常会通过取消物业的票据来对销售进行融资。卖方通常不得不答应让他的留置权在未来的某个时间里从属于建设贷款人的留置权。开发商的违约风险和卖方留置权最终从属于建设贷款人的留置权，增加了卖方的风险。因为这些原因，通过卖方融资的物业价格通常比第三方融资的价格高。

当土地做好建设准备时，开发商通常不得不遵守细分控制法令中的条款。这些条款要求开发商在销售物业之前将充足的基础设施准备到位。或者，开发商可以发行债券或信用证来保证基础设施会在完工的项目销售前准备完毕。为开发商提供贷款的贷款人通常会被要求为遵守细分控制法令中的条款而提供贷款。

建设贷款人擅长分析和管理建设过程中出现的风险。主要的风险因素在于贷款支付是在建设进行时发生，并且价值增值发生在工地现场。贷款管理者必须确保适当的偿还额（担保物）随着贷款余额逐步增加。贷款管理者还必须确保没有额外的债务款项损害到建设贷款人的贷款安全。这意味着管理者必须核实支付是否给予了合适的对象，这样可以避免产生技工的留置权以及类似的问题。一些建设贷款人利用契据控制代理提供的服务来进行所有必要的核对工作以保护贷款人的抵押物。

关 键 词

建设贷款　　　　　　　　　　土地开发贷款
建设贷款管理　　　　　　　　土地购买期权
建设贷款承诺　　　　　　　　部分产权释放条款
成本回收费用　　　　　　　　释放条款
密度补偿　　　　　　　　　　滚动期权
开发商　　　　　　　　　　　高级融资
现金形式的费用　　　　　　　投机者
环境审计　　　　　　　　　　细分控制法令

建筑细则　　　　　　　　　　细部信托
配套费　　　　　　　　　　　从属条款
税收增加融资　　　　　　　　低级融资
契据控制代理　　　　　　　　土地购置贷款
储存

推荐读物

　　Sirmans, C. F. 1989. *Real Estate Finance*, 2nd ed. New York: McGraw-Hill, chap. 12.

　　Wiedemer, J. P. 2001. *Real Estate Finance*, 8th ed. Mason, OH: Thomson/South-Western, Chap. 11.

复习思考题

　　1. 讨论土地投机者和土地开发商在动机上的不同。
　　2. 讨论购置、开发和建设每个阶段由不同的贷款人提供融资的优势。
　　3. 部分产权释放条款的目的是什么？不合适的部分产权释放条款给贷款人带来的危险有哪些？
　　4. 解释一个贷款人为什么会宁愿购买一项土地购买期权而不愿意立即购买土地。
　　5. 说出当卖方提供部分融资时会导致一块土地的价格相对较高的两条理由。
　　6. 什么是从属协议？为什么当存在卖方融资时必须达成从属协议？
　　7. 说出土地开发即在建设准备过程中的土地开发所涉及的步骤。
　　8. 什么是细分控制法令？请解释其施行的原因。
　　9. 说明建设贷款人在设计贷款组合时必须分析和控制的至少四个风险领域。
　　10. 说明建设贷款人在监督和管理建设贷款风险时可以实施的至少四项控制措施。
　　11. 建设贷款承诺对于开发商和贷款人来说有哪些好处？
　　12. 说出在建设贷款管理过程中涉及的至少四个程序。
　　13. 什么是契据控制代理？代理的职责有哪些？

习　题

　　根据下面的项目进度费用数据回答第1和第2题。

第18章 购置、开发和建设融资

月次	公共事业设施和景观美化	结构	供暖和制冷	电气和管理	竣工费用	软成本
1	75 000	0	0	0	0	40 000
2	125 000					8 000
3	52 000	14 000				0
4	0	126 000				
5		452 000				
6		318 000				
7		200 000				
8		125 000				
9		52 000	40 000			
10		4 000	72 000	48 000		
11		0	115 000	152 000		
12			0	26 000	122 000	
13				0	216 000	
14		0	0	0	146 000	22 000
总计	252 000	1 291 000	227 000	226 000	484 000	70 000

1. 假设一位贷款人同意以14%的利率和2个折扣点为所有的成本提供融资（土地取得成本除外）。

（1）在第14个月末，借款人应该向贷款人偿还的余额是多少？

（2）贷款人的贷款收益率是多少？

（3）第14个月末的贷款价值比是多少？

2. 假设贷款人复核了上面的贷款并且决定通过要求开发商自己支付配置公共事业设施和景观美化的所有成本来减少风险。

（1）在第14个月末，借款人应该向贷款人偿还的余额是多少？

（2）贷款价值比是多少？

相关网站

http://www.boma.org

建设所有者和管理者协会的相关信息，该交易组织收集商用房地产的经营收入和费用数据

第19章

商业房地产中的永久融资

学习目标

到目前为止,你已经掌握了相关的房地产金融原理,你学到的许多概念都可以应用于标准的永久性商业房地产融资中。因此,通过本章的学习,你能够解释代理问题、利率风险以及金融杠杆应用等概念是如何应用于永久性商业房地产融资中的。此外,你还必须掌握本章中"永久性商业房地产融资"这个概念与先前章节中一些概念的区别,如住宅项目的融资以及购置、开发与建设融资。你尤其应该知道商业房地产的长期固定利率融资的标准条款、条件及特征。

读完本章以后,你也将了解股权参与式贷款的构成,以及这类贷款给物业投资者与贷款人所带来的利益;了解在"租赁还是拥有"这个问题上各种立场的观点,也就是说,你会了解到是什么原因使得一处商业房地产的业主会将其物业出售给新的业主,然后从新的业主那里将原物业租回。最后,你必须了解"售后回租"的机制,以及在卖方的财务报表中记录此类交易所依据的会计准则。

导 言

在本章中,我们将讨论商业房地产的永久融资。永久融资是一种对于现有资产长期融资的方法。商业房地产融资的所有权仅指纯权益所有权(或纯自有所有权、以纯自有资本取得的所有权)的替代形式。首先,我们考虑标准的、长期、固定利率的商业房地产贷款。这种类型的贷款与标准的、固定利率的住宅贷款非常相似。接下来，我们学习永久融资的两种不同形式。第一种是股权参与式贷款，这种贷款方式可以使贷款人分享源自物业的收益或现金流量。第二种是承租制，它既是一种产权模式，同时也是一种融资方法。我们尤其要研究的是售后回租交易的经济学与会计学原理。

从历史上来看，商业银行提供了大多数商业房地产贷款。另外，人寿保险公司也是商业房地产投资资金的一个主要来源。它们合起来提供了商业贷款的绝大部分。一些机构，例如人寿保险公司和养老基金通过购买抵押贷款支持证券间接地为房地产提供资金。这些商业房地产的抵押贷款支持证券比住宅抵押贷款支持证券更具风险性，因为它们缺乏抵押贷款保险，而不同物业的混合抵押贷款可能会妨碍对这些物业的抵押贷款风险的全面分析。

长期、固定利率贷款

长期、固定利率贷款是房地产融资的一种常用方法。这类贷款的绝大部分是由商业银行和人寿保险公司等金融机构发放。养老基金也会发放部分此类贷款，房地产抵押贷款次级市场也存在一些其他的抵押贷款方式。除了些许差别，这种贷款形式与长期、固定利率的住宅贷款非常类似。

首先，长期商业房地产贷款包含了更复杂的担保程序。对于住宅贷款来说，物业的价值主要取决于物业的销售价格。这种方法也同样适用于商业房地产的评估，而担保贷款更多取决于收入的资本化途径。对于商业房地产来说，贷款人更关注抵押品的价值，而抵押品的价值由其收益能力来决定。贷款人还会依据市场变化，并参考新增物业带来的竞争，及时调整现有物业的收入预期。因此，贷款人谨慎对待此类贷款，通常只发放少于物业价值的部分贷款。居住类物业的贷款价值比可以达到 90%～95%，而商业房地产的贷款价值比却只有 60%～70%。同时，针对商业房地产贷款的抵押贷款保险与住宅贷款相比也比较少。

长期商业房地产贷款和住宅贷款的第二个主要区别在于借款人的提前还贷能力。住宅抵押贷款允许借款人在利率降低时提前还贷，而无须缴纳**提前偿还罚金**。而对于商业房地产贷款则不同，大多数长期商业房地产贷款都要求为提前偿还支付罚金，罚款数额通常根据市场利率与合同利率的差额来确定。市场利率与合同利率的差额越高，则商业房地产贷款提前偿还罚金的数额越大。适当的提前偿还罚金将会减少或消除借款人的选择性再融资行为，我们称之为**"用来保证收益的提前偿还罚金"**。

住宅贷款与商业房地产贷款的第三个区别与抵押品的属性相关。商业房地产贷款允许贷款人获得商业房地产的收益保证，这类似于一个**租金转让条款**。该条款允许贷款人在借款人不履行责任（拖欠债务）的时候，可以直接向承租人收取租金。

商业房地产贷款的一些基本规定如下：(1) 它们首先由续承者的完全所有权

担保；(2) 贷款期限一般为 5~20 年，最长分期偿还期为 30 年；(3) 贷款利率根据财政部公布的数字为一固定利率；(4) 提前偿还需保证贷方收益；(5) 除非发生特殊情况，如有害废弃物或借款人破产，贷款不含追索权；(6) 借款人的财务状况必须足以弥补经营亏损；(7) 借款人必须具备一定的管理经验。

标准、长期、固定利率贷款的替代形式

标准、长期、固定利率贷款的两种流行的替代形式是股权参与式贷款和售后回租协议。

股权参与式贷款

股权参与，或者叫做股权的"权益分红"，是指贷款人能够参与资产收益的分配。它们有时只涉及参与式贷款。但是，你必须注意到"参与式贷款"可能还有另外一种意思。它可能是指多家（一家以上）金融机构同意参与贷款，但每家金融机构都只是预付贷款总额的一部分。但这里所说的参与式贷款是指只有一位贷款人能够参与资产收益分配。在**股权参与式贷款**中，贷款人提供低息贷款，并以分享资产收益或者分享资产的增值作为回报。在大多数情况下，分享的收益必须超过特别规定的一个最低数额。实际上，一部分贷款可以被看作物业的股权收益权，因为股权的本质就是对于剩余收益的要求权。在股权参与式贷款中，如果收益超过一定的数额，即存在剩余收益，则贷款人有权获得剩余收益的一部分。

基本原则

在给出股权参与式贷款的例子之前，我们必须了解这种方式的一些基本原则。首先，这种方式体现了所有者/借款人与贷款人之间的一种公平交易。贷款人放弃一部分利息，换取分享剩余收益的权利。所有者放弃一部分收入，换取利率的降低。首先，很难看出这种方式能够创造出新的价值。在富有效率的市场上，如果交易双方能够完全预期现金流，则可以适当地确定交易价格。也就是说，从"没有免费的午餐"这个道理来看，没有哪一方能够在损害另一方利益的情况下获利。或者说，资产的价值取决于其预期的现金流的大小和风险，而不是预期现金流在投资者与贷款人之间的分配方式。

其次，税收减免似乎也不创造价值。如果贷款结构合理，贷款人分享的收益与借款人节约的利息相当。换句话说，借款人支付较少的利息，以其收益的一部分回报贷款人，这两者在税收上都是可以扣除的。

再次，交易的双方必须慎重考虑，并确定贷款条件。在参与式贷款中，贷款人风险增加，因为贷款人为了获取资产的剩余收益而放弃了常规贷款的一部分利息收入。实质上，贷款人发放的资金部分是贷款，部分是股权。就常规贷款而言，贷款人会在合约规定的利率基础上给利息打一个折扣，使其达到分期付款额的现值。一旦分期付款现金流中包含了分享物业收入的部分，风险就增加了。因此，用来估算分期付款额的贴现率必须比只含有利息的贷款要高。即使贷款人的风险由于分享股权而增加，标准股权参与式贷款也保证了贷款人分享正的现金流量。风险虽然增加了，但也是有限的。

同样地，股权参与式贷款也降低了所有者的风险。借款人通过支付部分收益作为回报，减少了利息支出。对于特定数额的贷款，这在增加偿债率的同时，破产与拖欠债务的可能性会降低。因此，股权参与方式的自身特点能够降低用来估价股权收益的贴现率。简言之，股权参与方式增加了融资中的股权部分，同时减少了债务成分。但是，分享的股权越多，贷款人风险越大，而资产所有者风险越小。因此，必须对贴现率进行适当的调整。

综上所述，股权参与式贷款必须有效定价，针对所有者和贷款人的贴现率必须能够反映交易的价值。

有关股权参与式贷款的大众看法

有些金融出版物指出了股权参与式贷款对于借款人的好处，但是并没有提到如何有效定价的问题。虽然如此，但它们仍然反复强调：第一，股权参与方式对借款人有利，因为借款人虽然让渡了部分股权但却没有丧失对资产的所有权，这使得借款人可以行使资产权利，有权对折旧进行会计处理。第二，股权参与方式将会降低还款成本，降低盈亏平衡点。降低盈亏平衡点的代价是借款人与贷款人分享利润和资产增值。第三，股权参与方式增强了金融杠杆的作用。因为所有者享有的只是部分资产，这使得资产基数比较小，从而增加了金融杠杆的作用。

这些所谓的优点都没有解释借款人价值有无增加的问题。从逻辑上说，聪明的贷款人通过分享利润和资产增值，能够从较低的利息偿还额中榨取额外价值。也就是说，当有效定价的时候，借款人通过股权参与方式获得的利益不会更多，也不会更少。我们将举一个股权参与式贷款的例子来说明这类贷款方式存在的理由及其价值是如何通过股权参与方式创造的。

股权参与式贷款举例

接下来，我们通过前几章讨论过的一个类似的标准贷款来揭示股权参与式贷款的特点。假设该标准贷款的贷款期限为 30 年，固定利率为 12%，贷款额约为资产价值的 70%。表 19—1 中列出了这个例子所涉及的运营收益、费用以及关键变量的增长率等相关数据。表 19—2 列出了一项持有期为 5 年的物业的税前和税后经营收入。该物业每年都产生正的现金流，因而没有被动亏损挂账。负债率（营运净收入/还款额）由第一年的 1.66% 上升至第五年的 2.28%。表 19—3 为第五年末物业产权返回（出售）时的现金流。表 19—4 总结了所有的数据，从投资者的角度给出了现金流和净现值。假设贴现率为 15%，权益部分的净现值为 492 675 美元，但在此没有给出贷款人的现金流。值得注意的是，即使贷款人依据贷款风险控制着利率，而净现值却是零，并且，内部回报率将与贷款利率相同，均为 12%。

表 19—1　　　　　　　　　　　　　商业房地产项目分析

项目成本		
	土地	300 000 美元
	建筑物	2 500 000 美元
	总计	2 800 000 美元
项目融资		
	贷款总额	2 000 000 美元
	利率	12%
	分期偿还期	30 年
	初始股权投资	800 000 美元
毛租金		
	［每年］	522 100 美元
	空置率	5%
运营费用		
	［每年］	83 536 美元（总收入的16%）
增长率		
	毛租金	8%
	运营费用	7%
	转卖价格	6%
	转卖费用率	5%
	投资者边际税率	28%

表 19—2　　　　　　　　　　　　　运营现金流　　　　　　　　　　　　单位：美元

	税前现金流				
	第1年	第2年	第3年	第4年	第5年
毛租金	522 100	563 868	608 977	657 696	710 311
空置	26 105	28 193	30 449	32 885	35 516
有效毛收入	495 995	535 675	578 529	624 811	674 796
运营费用	83 536	89 384	95 640	102 335	109 499
营运净收入	412 459	446 291	482 888	522 476	565 297
分期还款额	248 287	248 287	248 287	248 287	248 287
税前现金流	164 172	198 004	234 601	274 188	317 010
负债率	1.66	1.80	1.94	2.10	2.28
	税后现金流				
	第1年	第2年	第3年	第4年	第5年
营运净收入	412 459	446 291	482 888	522 476	565 297
折旧	87 000	91 000	91 000	91 000	87 000
利息	240 000	239 006	287 892	236 644	235 247
应税收入	85 459	116 286	153 996	194 831	243 050
递延所得税资产	0	0	0	0	0
净递延资产	0	0	0	0	0
净应税收入	85 459	116 286	153 996	194 831	243 050
应纳税额	23 929	32 560	43 119	54 523	68 054
税前现金流	164 172	198 004	234 601	274 188	317 010
税后现金流	140 243	165 444	191 482	219 636	248 956

第19章 商业房地产中的永久融资

表 19—3　　　　　　　　　　　第 5 年资产出售现金流量　　　　　　　　　　　单位：美元

销售价格	3 747 032
销售费用	187 352
抵押贷款欠额	1 947 352
缴纳税款	225 649[a]
总计	1 386 679

注：a. 税率＝0.2185＝0.37×0.25＋0.63×0.15；总利润＝1 206 680 美元（其中 37% 为计提折旧，调整基数＝2 353 000 美元）。

表 19—4　　　　　　　　　　　　现值与收益计算　　　　　　　　　　　　　单位：美元

	第 1 年	第 2 年	第 3 年	第 4 年	第 5 年
现金流量	140 243	165 444	191 482	219 636	1 635 635
折扣率：15%					
净现值：511 730					
IRR 30%					

为了说明股权参与式贷款的特点，我们建立了如下形式的参与式贷款：我们有目的地选择了交易条款和折扣率，以体现对投资者（借方）或是贷方的成本并未增加。表 19—5 显示了采取参与式贷款的物业的会计科目。我们注意到以下几

表 19—5　　　　　　　　　　贷款人参与的商业房地产项目分析　　　　　　　　　　单位：美元

项目成本	
土地	300 000
建筑物	2 500 000
总计	2 800 000
项目融资	
贷款总额	2 000 000
利率	10%
分期偿还期	30 年
参与条款	
营运净收入分配	
超过 280 000 美元	15%
增值分享	10%
初始股权投资	800 000
毛租金：1 年	522 100
空置率	5%
运营费用	83 536
增长率	
毛租金	8%
运营费用	7%
转卖价格	6%
转卖费用率	5%
投资者边际税率	28%

条：第一，贷款利率为10%，少于常规贷款12%的利率，贷款金额相同。第二，依据股权参与条款，在这个例子中，贷款人拥有营运净收入15%的股权，超过280 000美元，同时拥有资产增值部分10%的权益。这种资产增值反映出，在第5年的整体出售价格与当前价值（280万美元）相比会有所不同，而这两者都可获得税收减免。

通过参与式贷款的无限组合方式，除了可选股权百分率，参与式贷款的条款还规定了现金流和净收益的比率。同时，贷款条款指出只能在经过一定的时间后分配收益。然而，所有的组合有着共同的宗旨，即贷款人由于降低贷款利率将得到部分剩余价值。投资者与贷款人将就可行性条款进行协商，投资者不愿放弃明显多于利息减少部分的现金流。显而易见，贷款利率折扣越多，投资者出让的现金流份额就越多。

不过我们要记住，对参与式贷款的各方来说，风险与现金流交替出现。投资者风险降低，贷款人风险就升高，这意味着对投资者的贷款利率折扣降低，而贷款人就提高了贷款利率。

表19—6列出股权参与式贷款在税前和税后的现金流。表19—7为物业销售项目在税后的现金流计算，其中减去了股权参与式贷款带来的相关费用。投资方与贷款人可以依据表19—6和表19—7的数据来确定利润。表19—8总结了针对投资者与贷款人的现值与收益率指标。从表中可以看出，对投资者来说现金流的增长与表19—4中列出的并无显著不同，这是因为投资者放弃部分营运净收入以换取利息支出的降减。假设为了降低风险，对投资者的贴现率进行轻微下调（比如从15%到14.75%），则投资净现值实质上与标准的固定利率贷款相同。折旧回收为总收益的40%。

表19—6		股权参与贷款			单位：美元
	税前现金流量				
	第1年	第2年	第3年	第4年	第5年
毛租金	522 100	563 868	608 977	657 696	710 311
空置	26 105	28 193	30 449	32 885	35 516
有效毛收入	495 995	535 675	578 529	624 811	674 796
运营费用	83 536	89 384	95 640	102 335	109 499
营运净收入	412 459	446 291	482 888	522 476	565 297
分期还款额	212 158	212 158	212 158	212 158	212 158
税前现金流	200 301	234 133	270.730	273 946	310 344
负债率	1.94	2.10	2.28	2.46	2.66
	税后现金流量				
	第1年	第2年	第3年	第4年	第5年
营运净收入	412 459	446 291	482 888	522 476	565 297
折旧	87 000	91 000	91 000	91 000	87 000
利息	200 000	198 784	197 447	195 976	194 357

增值	19 869	24 944	30 433	36 371	42 795
应税收入	105 590	131 563	164 008	199 129	241 145
递延所得税资产	0	0	0	0	0
净递延资产	0	0	0	0	0
净应税收入	105 590	131 563	164 008	199 129	241 145
应纳税额	29 569	36 838	45 922	55 756	67 521
税前现金流	180 432	209 189	240 296	273 946	310 344
税后现金流	150 866	172 351	194 374	218 190	242 823

表 19—7　　　　　　　　　第 5 年物业的销售状况　　　　　　　　单位：美元

销售价格	3 747 032
销售费用	187 352
抵押贷款欠额	1 925 771
增值	94 703[a]
税金	211 276[b]
总计	1 327 930

注：a. 10%×(3 747 032 美元－2 800 000 美元)。
　　b. 22%×(3 747 032 美元－187 352 美元－94 703 美元－2 353 000 美元)。

表 19—8　　　　　　　　　　现值与收益计算　　　　　　　　　　单位：美元

	第 1 年	第 2 年	第 3 年	第 4 年	第 5 年
所有者					
现金流量	150 866	172 351	194 374	218 190	1 570 753
贴现率：14.75%					
净现值：506 333 美元					
内部收益率：30.26%					
贷款人					
现金流量	232 027[a]	237 102	242 592	248 530	2 275 427[b]
贴现率：12.25%					
净现值：$0					
IRR 12.25%					

注：a. 212 158 美元＋19 869 美元。
　　b. 212 158 美元＋1 925 771 美元＋94 703 美元＋42 795 美元。

贷款人每年的现金流入量包括收取按揭与股权红利分配。由于风险的轻微增长，贷款人的贴现率也随之增长（比如从 12% 增至 12.25%），结果导致贷款净现值为零，与标准贷款相同。因此，无论是投资者还是贷款人，在这种参与式贷款的条约及假定下，谁都不能获得价值增益。如果一方为应对股权参与式贷款给各方带来的风险变化（分摊）接受贴现率改变，那么看起来参与式贷款的条约就是进行了有效定价。换句话说，调整贴现率，投资者/借款人在交易中可以支付较低的利息同时出让部分股权收益，对参与式贷款各方都更为有利。

当然，如果调整贴现率未能分摊风险，那结果就是无效的。举例来说，当贷款人所给贴现率未达到范例中指出的数值，贷款人就通过参与式贷款获益。在这种情况下，贷款人就会在参与式贷款的条约中向投资者提供更多优厚的条件（更多平等条款、更低的利率）。由此可以看出，通过重新协定股权参与式贷款的条款，将更易于创造价值。

依据股权参与式贷款条约对贴现率的要求，我们建议缺乏经验的贷款人不要尝试大幅度提高贴现率，这有如下两个原因：第一，贷款人可能并不认为参与式贷款比标准贷款风险更高，因为前者具有防范风险的特性。当贷款人为了抵御通货膨胀的特殊需要，将房地产作为服务于此特殊目的的投资时，股权参与式贷款看上去并无额外风险，而实际上，风险的降低得益于这种类型的贷款抵御通胀的性质。第二，一些贷款人没有观察到参与式贷款有着更多风险，可能是因为他们在有些时候忽略了净值。这个概念在前面关于储蓄机构的章节讨论过。从事经营的净值为负的储蓄机构有从事风险投资的动机，如果投资失败，情况并不会更糟糕；如果投资成功，储蓄机构就免于破产的命运。

20世纪80年代中期到晚期，许多储蓄机构开展了参与式贷款业务。但对那些经历了80年代末90年代初房地产泡沫的国家及地区来说，利用储蓄资金去投机并不成功，它们的损失远远超过了它们在没有从事股权参与式贷款时的所得。

对贷款人来讲，在参与式贷款中，通常用以评估贷款的贴现率没有显著（或任何）增长。其关键原因是，在这种情形下，参与贷款的各方都将受益于由股权参与式贷款创造的风险分摊机制。

● 关于租赁还是持有物业的分析

对那些需要使用物业的房地产投资者来说，租用物业是持有物业的一种替代方式。如果是购置物业，投资者就需要借债以支付购买资金及交付定金；如果是租用物业，投资者就不用支付定金，避免了债务，所附租金也能够完全免税。因此，对投资者来说，更好的选择取决于税后利润和每种方式的风险。必须要提醒的是，如果租金不合理并且允许对物业享有优先购买权，那么税务局就会将租赁认定为一种筹资方案。

● 举 例

假设马克思·A·米勒先生是一个小商人，需要一个办公空间使用5年。一开始他考虑买一栋写字楼，但考虑到同时必须购买设备和家具，支付采购过程中的采购费用，并承担筹资成本才可以得到按揭贷款，于是他考虑租一栋写字楼。

米勒先生找到一栋合乎他要求的待售建筑物。该建筑售价为225 000美元，其中180 000美元为建筑物成本，45 000美元为土地成本。他可以首付175 000美元，并以10%的固定利率按揭在5年内付清所有贷款。米勒先生预期在5年后将该物业以280 000美元的价格出售，届时他要支付28%的印花税并获得12%的股权回报。

第 19 章 商业房地产中的永久融资

另一种可供选择的方式是米勒先生在 5 年内以每年 20 000 美元的价格租赁该建筑。在这两种情况下，都没有现金流入（因为业主拥有使用的物业），并且米勒先生都需要支付物业费、保险以及维修费用。因此，如果他购买了该物业，只需要考虑利息与折旧；而租用时则只需要考虑租金支付。表 19—9 列出了持有该物业的税后现金流。总共产生了 −39 122 美元的净现值。而表 19—10 列出了租用该物业的税后现金流，总共产生 −51 909 美元的净现值。比较而言，拥有该物业的开支最小。当租金为 16 453 美元时，由于两种方式产生同样的净现值，米勒先生就不会对两种方式再进行比较选择。而当租金少于 16 453 美元时，他会更乐于租用该物业。

表 19—9　　　　　　　　　　　　　　持有物业的税后现金流　　　　　　　　　　　　　单位：美元

	\multicolumn{6}{c}{年}
	0	1	2	3	4	5
净运营收入	—	0	0	0	0	0
−分期还款额	—	−17 500	−17 500	−17 500	−17 500	−17 500
=税前现金流	—	−17 500	−17 500	−17 500	−17 500	−17 500
−税金	—	+6 138	+6 192	+6 192	+6 192	+6 138
=税后现金流	−50 000	−11 362	−11 308	−11 308	−11 308	−11 308
税后股权回报						91 093

净现值（$i=12\%$）：−39 122

ATER	=出售价格	280 000
	−抵押贷款欠额	−175 000
	−税金	−13 907
	=税后股权归还	=91 093
TX	=出售价格	280 000
	−调整基数	−202 309
	=收益	=77 691
	×税率	×0.179
	=税金	=13 907

注：税率=0.29×0.25+0.71×0.15=0.179（计提折旧为总收益的 29%）。

表 19—10　　　　　　　　　　　　　　租用的税后现金流　　　　　　　　　　　　　单位：美元

	\multicolumn{6}{c}{年}
	0	1	2	3	4	5
净运营收入	—	0	0	0	0	0
−租金	—	−20 000	−20 000	−20 000	−20 000	−20 000
−税金	—	+5 600	+5 600	+5 600	+5 600	+5 600
=税后现金流	0	−14 400	−14 400	−14 400	−14 400	−14 400

NPV（$i=12\%$）=−51 909

注：出用税后成本=20 000×(1−t)=20 000×(0.72)=14 400 美元。

租赁与售后回租协议

在商业房地产全面折旧时,对于所有权的拥有者(个人或公司)来说,因为他急于获得现金,就会对物业进行融资。表19—11列出了实现这一目的两种方式。你可以看到,这两种方式在实质上是相同的。一种是利用物业来抵押贷款;另一种是售后回租,就是将物业卖出,并从新的所有者手中租用它,同时保留回购的权利。在这两种情况下,现业主可以继续使用该设施。

表 19—11　　　　　　　　　　　融资方法的比较[a]　　　　　　　　　　单位:美元

贷款			售后回租		
借款额	8 000 000	现金流入	出售	8 000 000	现金流入
利息支付	800 000	现金流出	租金支付	800 000	现金流出
偿还的款项	8 000 000	现金流出	重购	8 000 000	现金流出

注:a. 物业价值为 10 000 000 美元。

例如,假设物业价值1 000万美元。如果业主获得一份期限为20年、利率为10%的贷款,贷款总额为资产价值的80%(共计800万美元),那么他每年需要支付80万美元(仅为利息)。作为纯利息贷款,20年后的盈亏平衡点为800万美元。另一种方式是,业主以800万美元将物业卖出,然后以每年80万美元的费用租用该物业20年。售后回租协议向卖方提供了在租期结束后对物业的回购权。对这两种方式来说,现金流相同,并确保了现业主使用该物业。支付的利息与租金都可以得到税收减免。因此,以现金流为出发点来看,这两种方式实质上是相同的。正是因为这个原因,租用物业也可以被看作融资的一种方式。

有人也许会说租赁更为划算,因为在现金流相同的情况下,租赁确保了现业主在租期结束后购买该物业的权利。如果物业贬值,现业主就会比该物业的所有者处在更为有利的位置。但是许多售后回租协议规定,卖方要确保在租用期结束时物业的价值,并同意在物业贬值而未进行回购时给予买方赔偿。当售后回租含有这种条款时,这两种方式就是相同的。

融资租赁还是持有物业的经济学研究

在研究房地产售后回租协议的例子前,我们先讨论一般意义上的融资租赁与所有的经济学问题,这将有助于我们聚焦于房地产项目售后回租的优势与弊端。经济学中有一种观点,当一个经济实体预期长时间使用一种资产时,就不应租用它。原因是租用资产要求创立具有独立资产结构的会计主体,而这种独立的所有实体会消耗资源(管理、文秘人员以及其他),但对资产的生产力却没有影响。就是说,资产的生产力不受那些法定实体的影响。如果某个会计实体拥有一项物业并租给其他公司使用,部分由资产产生的现金流就必然会花费在建立该实体所必需的资源上,这使得采用售后回租的方式变得更不经济。

但你也会立即发现,租用而非持有某项资产的一个好处是,资产在其物理寿命结束前会变旧(报废),而你不用为此承担后果。然而,当假设所有的市场参与者都知道该资产会变旧报废时,承租人就不再有优势了。当折旧的风险与费用转嫁给出租人时,出租人就会调节租金来掌控风险。因此,使用该资产的公司就无法把折旧风险转嫁给不在该项资产上花钱的其他公司。

租用有以下一些合理优势:第一,如果公司打算使用资产(不可分割的)的一部分,或者打算在一段相对较短的时间内使用资产,而所有关系的发生会产生交易成本,那么对一个倾向于短时期内使用资产的公司,承担交易成本就不太可行。对预期短暂使用资产的公司,租用资产就是更好的选择,即使需要支付相对较高的租金。因为公司经常要求使用的只是部分房地产物业,或者仅使用较短时期,物业租用就比较普遍。然而,这种观点不能证明长期使用的物业适于售后回租的方式。

第二,税收政策。如果出租人作为所有者而不是使用者,能够运用基于物业折旧的更多税收优惠,公司通过出租就会比持有物业获得更多收益。因此,对于不能运用折旧利益(因为没有其他收入来抵销被动亏损)的房地产物业的所有者,更好的选择是将该物业出售给可以折旧销账的公司并从其手中租用它。并且,因为新业主能够得到税收优惠,那么租赁条款就会比利用该物业贷款的条款(利息方面)更为优惠。

同样要考虑的是,如果某资产的全部或接近全部的折旧记录在业主的财务账簿上,**加速**获得该资产当前市值的唯一办法就是出售资产。一旦财产的账面价值迅速接近它的市场价值,就能对其采取大额的折旧。如果那种折旧是由新业主实行的,作为回报,新业主将提供更为优厚的租赁条件给卖方。在这种情况下,售后回租交易的参与双方将都以增加国库支出为代价而获益。

第三,从公司财务状况的角度来说,这样做是**粉饰账面**。公司售出物业后又以接近于物业贷款利息的租金租用物业。在那种情况下,如果公司出售物业然后租回使用,公司的资产负债表中的总资产将减少,那么资产回报率将增加,权益负债率下降。但在充分有效的市场中,粉饰账目的方式就没有意义。毕竟,金融分析师会意识到,未来租赁责任的现值对公司来说是隐含债务,更不用说当前的会计准则禁止使用粉饰账目的技巧了。

简单来说,售后回租的交易方式的建立是为了减少纳税支出或是改善物业所有者的财务状况,但其目的也许不能完全达到。税法声明,任何出于避税的特殊目的的交易方式对税务局来说都是无效的,并且会计准则要求公司的财务报表要真实地反映出交易的实质而非形式。

实质与形式:举例

通过分析例子,我们可以对售后回租交易方式的利弊有个大概印象。表19—12为一份商业房地产的相关数据报告,业主为非机构投资者,并拥有该物业一段时间。该物业的账面价值(未经折旧)较低,剩余部分的年折旧与债务也相对较低。为了简化,我们假设该物业的预期收益、支出、营运净收入、资产价值在10年内保持相同,如果投资者持续拥有该物业10年,表19—13给出了每年的现金流。

表 19—12　　　　　　　　　　　物业属性

原始成本	2 000 000 美元
账面价值	60 000 美元
市场价值	2 000 000 美元
债务余额	100 000 美元
利率	12%
剩余期限	10 年
偿还额	17 698 美元
投资者税率	28%
年折旧额	6 000 美元
增长率	0%

表 19—13　　　　　　　　　　　房地产持有　　　　　　　　　　　单位：美元

	第 1 年	第 2 年	第 3 年	第 4 年	…	第 10 年
税前现金流						
净运营收入	338 900	338 900	338 900	338 900		338 900
抵押贷款还款额	17 698	17 698	17 698	17 698		17 698
现金流	321 202	321 202	321 202	321 202		321 202
税后现金流						
净运营收入	338 900	338 900	338 900	338 900		338 900
利息	12 000	11 316	10 550	9 693		1 896
折旧	6 000	6 000	6 000	6 000		6 000
应税收入	320 900	321 584	322 350	323 207		331 004
税金	89 852	90 043	90 258	90 498		92 681
现金流	231 350	231 158	230 944	230 703		228 521

　　税前现金流的计算从营运净收入开始。营运净收入减去按揭还款额得到税前现金流。税后现金流通过计算每年的税率来求得。营运净收入减去利息与折旧后的收入就是应纳税收入。现在，我们先分析物业的售后回租产生的现金流。

售后回租条款

　　为了便于比较，假设投资者售出物业并回租 10 年，售价为 200 万美元。投资者同意在 10 年后以同样价格回购物业，并支付年租金 27.5 万美元。在此你要注意三件事：

　　第一，10 年后，投资者拥有该物业。

　　第二，为了简化，假设在物业出售时不用纳税。

　　第三，投资者支付的年租金接近于一项为期 10 年的 200 万美元贷款的年利息。

　　综合考虑，你可以发现售后回租条款具有贷款的所有特征，通过售后回租，买方预付 200 万美元给投资者，收取租金代替利息，并在 10 年后（通过物业回购）收回200万美元。因为这个原因，会计准则强制规定，资产所有者在财务报表上将售后回租方式视为贷款方式。就是说，纳税人在报表上必须将物业计为资产，将租赁业务计为债务，租金计为利息支出。

表19—14列出了投资者通过售后回租方式得到的现金流。开始的现金流表示卖方从买方手中收入200万美元，第10年的现金流反映卖方以200万美元的价格回购物业。表19—15比较了在10年内拥有该物业（见表19—13）与10年内售后回租该物业的现金流。在两种情况下，现金流对应的贴现率为15%（这种伴随所有权的风险不会因为售后回租而转移，因为卖方同意以协议价格回购物业。在典型的售后回租方式下，业主同意确保买方不受物业市值下跌的影响）。我们还要注意到源自售后回租现金流的现值远大于持续拥有该物业的现金流现值。

表19—14　　　　　　　　　　　售后回租现金流[a]　　　　　　　　　　单位：美元

	第0年	第1年	第2年	第3年	第4年	⋯	第10年
净运营收入		338 900	338 900	338 900	338 900		338 900
租赁费用		275 000	275 000	275 000	275 000		275 000
应税收入		63 900	63 900	63 900	63 900		63 900
税金		17 892	17 892	17 892	17 892		17 892
现金流	2 000 000	46 008	46 008	46 008	46 008		(1 953 992)

注：a. 出售价格为2 000 000美元；租赁付款为275 000美元。

表19—15　　　　　　　　　　　持有与租赁的净现值[a]

	持有					
	第1年	第2年	第3年	第4年	⋯	第10年
	231 350	231 158	230 944	230 703		228 521

净现值＝1 156 744美元

	租赁						
	第0年	第1年	第2年	第3年	第4年	⋯	第10年
	2 000 000	46 008	46 008	46 008	46 008		(1 953 992)

净现值＝1 736 534美元

注：a. 现金流量贴现率为15%。

首先对业主来说，价值的增长来自买方的支出，但我们会发现事实并非那样。表19—16列出了新业主（出租人）的现金流增长。第一年的现金流包括购买价格的现金支出；最后一年的现金流反映了源于回购的现金收入。我们可假设新业主基于物业的高额售价进行大额折旧，那么在这个例子中，新业主所得贴现率就会低于原投资者所能得到的贴现率。考虑到原始投资者保留了全部的所有权风险，包括物业市值下降的风险，那么新业主事实上就处于贷方的位置。以（贷款人的）贴现率将现金流现值贴现到零，就是说租金代替了贷款人12%的还款额。由此可以看出，物业的加速大额折旧是使得售后回租方案成立的条件之一。

表 19—16　　　　　　　　　　买方/出租人的现金流　　　　　　　　　　　单位：美元

	第 0 年	第 1 年	第 2 年	第 3 年	第 4 年	…	第 10 年
租赁收入	0	275 000	275 000	275 000	275 000		275 000
折旧	0	150 000	150 000	150 000	150 000		150 000
税金	0	35 000	35 000	35 000	35 000		35 000
现金流	(2 000 000)	240 000	240 000	240 000	240 000		240 000

贴现率＝12%
净现值＝0

但是，有些因素可以降低售后回租操作的价值。首先，我们没有考虑税收对物业销售所得的影响，资产增值税会使得售后回租的价值减少。其次，原始业主虽然无法获得金额上等同于销售价格的贷款，但可以通过售后再租用物业达到与贷款同样的效果。任何附加的债务（12%的利率）都会产生与售后回租同样的影响，因为利息支出代替租金，而且此两者都可以免税。换句话说，以 12% 的利率获得新的贷款或者与新业主协议以同样贴现率进行售后回租，都将产生金融杠杆效用。此外，如果折旧额没有显著增加，则促使这种交易发生的主要因素之一就消失了。我们的例子中允许在当前税收政策许可的条件下进行更大额度的折旧。事实上，从 1986 年《税收改革法案》出台后，售后回租的案例已经大量减少了。这降低了商业房地产中的折旧补贴。

最后，会计准则要求，在原始业主的财务报表中，售后回租将被记为举债融资，此时其粉饰账目的作用就没有了，因此简要浏览会计准则中关于售后回租的条款，研究会计准则如何将类似方式视作举债融资的替代方式，就显得极为有利。

租赁与会计准则

常规租赁会计报表以及房地产售后回租专用报表都是非常烦琐复杂的。在确立会计准则时，财务会计准则委员会（FASB）就曾试图确定每种可以想到的售后回租方案的实质。但我们在这里不是针对房地产售后回租方式的会计准则进行全面培训，而是提供一两个例子去揭示会计准则的本质与倾向。如果你有兴趣详尽地分析房地产售后回租的财务报表，你可以咨询权威的会计公司以获取资料。[1]

通用租赁会计报表。会计准则中对正常商业租赁和替代借贷融资的租赁作了如下区分：前者叫做**经营租赁**，后者叫做**资本租赁**。一般地说，如果一项租赁可被视为贷款融资的替代方式，会计准则就规定，租赁的物业与未来所付租金在资产负债表中分别记为资产和债务。租金相应地记为利息支出。同时如果使用该物业的公司保留所有权带来的风险与收益，这样的租赁就被定义为资本租赁。具体些说，如果一项租赁满足以下任一标准，就是资本租赁。

（1）租赁条款规定在租期结束时所有权（产权）过户给承租人。
（2）租赁包含以议定价格购买资产的优先权。
（3）租赁期等于或长于资产 75% 的预期寿命。
（4）最低租金的现值等于或大于资产 90% 的市场公平价值（减去由出租人保

留的各种投资税）。

就如你所看到的，这些标准中的每一条都针对承租人所有权的不同方面。

房地产售后回租的会计学。财务交割标准声明（SFAS）中规定了掌握售后回租交易的主要会计法则：

（1）SFAS第13条，租赁的财务处理；

（2）SFAS第28条，回租性销售的财务处理；

（3）SFAS第66条，房地产销售的财务处理；

（4）SFAS第98条，租赁的财务处理：涉及房地产的售后回租交易、房地产的销售型贷款、租赁条款的确定、直接性融资租赁的初始成本。

1988年5月公布的最新的财务交割标准声明缩减了先前声明中涉及房地产售后回租交易的部分。SFAS第98条修正了第66条第40节，在以前的声明中该节指导会计师以SFAS第13条为依据来判定售后回租交易中的获益。SFAS第13条与SFAS第66条相比，对销售行为的判定就比较宽松。SFAS第66条第28节中特别提到，由于租金确保了买方收益，因此禁止卖方将销售行为视为售后回租行为。部分会计师更是由此依据第40节，更为自由灵活地应用了SFAS第13条。现在SFAS第98条清除了任何容易引起混淆的地方，确立了更为精确的法则以结束售后回租交易被简单认为普通交易的现象。

依据SFAS第98条，并非所有的售后回租方案都被视为资本租赁。只有在业主出售商业房地产物业并回租它，交易以销售方式完成，也就是物业从资产负债表中删除，租赁费用不被视为利息支出的情况下，会计准则才会将该交易视为售后回租。然而，如果有明确制定的标准，业主就不会那样操作售后回租，而是像资本租赁那样进行财务处理，将物业保留在资产负债表中，将租金记为负债。通常来说，当交易作为售后回租处理（而不是资本租赁）时，就必须将业主的风险与收益转嫁给新业主。

售后回租的财务处理示例。现在，我们来讨论两个**售后回租的财务处理**的例子，这具有很强的指导意义。这两个例子告诉我们，在物业由卖方保留并举债融资的情况下，必须确定哪些条款。

● 例 一

投资者B（卖方/承租人）以100万美元将建筑物卖给买方/出租人，并签订协议以每年12万美元租赁该建筑。租赁条款包括了卖方回购物业的优先权。卖方应确保在租赁期结束时物业的残值不少于100万美元。该物业的历史成本为130万美元，累计折旧45万美元，年折旧7.5万美元。在履行最初的租赁条款后，卖方/承租人决定不再回购该物业，而是去购买其他并不相关的物业。此时物业的市场公允价值为96.5万美元，因此卖方/承租人付给买方/出租人3.5万美元以确保残值。

在售后回租的情况下，交易因为回购优先权和担保残值而不能按销售行为进行会计处理。但在5年的租赁期结束后，卖方/承租人并未进一步参与该物业的经济活动。此时，交易行为就被认定为销售。

表19—17列出了物业销售情况下的收益计算。只有在第五年选择回购期限已过时，收益才能重新得到确认。收益将依据租赁期结束时的累计折旧进行计算。表19—18列出了售后回租交易相关的会计分录。第一年物业因销售所建立的债务叫做**融资债务**。每年记录在财务报表上的租金被记做利息支出。租赁期结束后，回购选择权过期，物业与融资债务就从卖方/承租人的账簿中删除。同样在那时，物业的销售收益将得到确认。

表19—17　　　　　　　　　物业出售收益计算——例一　　　　　　　　单位：美元

售价	1 000 000
基数	475 000[a]
预期收益	525 000

注：a. 1 300 000美元－450 000美元－（5×75 000美元）。

表19—18　　　　　　　　　　例一的会计分录　　　　　　　　　　　单位：美元

	借	贷
第1年		
现金	1 000 000	
融资债务		1 000 000
年流水分录：第1年至第5年		
折旧费用	75 000	
累计折旧		75 000
利息费用	120 000	
现金		120 000
第5年		
出售收益识别		
累计折旧	825 000	
融资租赁债务	1 000 000	
资产		1 300 000
现金		35 000
出售收益		490 000[a]

注：a. 525 000美元收益减35 000美元还款或抵押贷款。

上述案例揭示了一种相对简单的交易。接下来的是一个稍微复杂的案例。

● 例　二

我们假设例二与例一有同样的环境设定，并有如下变化：（1）租赁期结束时物业的残值无担保；（2）卖方/承租人通过制造95万美元的无追索权票据获得等同于部分销售价格的融资。

在5年租赁期结束时回购优先权继续保留。而无追索权的卖方融资有两个结果：第一，交易行为不能按销售行为进行财务处理，必须按融资租赁对待。第二，票据使融资债务复杂化了。财务责任在卖方/承租人的资产负债表上被确立为债务。相关的部分条款将交易认定为一种融资行为而非销售行为。而支付给新业主的租金也被认定为基于债务的应付款。然而，在这个例子中，交易涉及在卖方票据上的买方的年付款。这些支出，一部分被认为是利息收入，一部分被认为是融资债务增长（叫做应收票据，不是资产的减少，因为没有相应的资产记录）。因此，伴随着融资债务就出现了以下情况：卖方/承租人支付的租金减少了债务项目，买方/出租人出具的票据支付增加了债务项目。

同样，在交易行为能被确认为销售的时候，在租赁的5年期间，利息的支出和收入的财务效用必须调整（冲销）。该调整保留了投资者B的收入，但重新界定了物业的损益。表19—19中显示了收益的增加。调整数分别反映了利率、租赁信贷、票据支付的冲销。本章节附录A中包括了该案例的明细表。表19—20是该交易的会计分录。租金中利息支出部分假设利率为10%，实际使用利率必须由利息法计算得出，这个议题超出了本章的讨论范围。简单来说，我们假设利率是10%。因为在租赁期结束时我们认定该交易行为为销售，作为债务的财务责任被删除，应收票据平衡作为资产建账。同时，物业伴随自身的累积折旧，从资产负债表中删除，收益得到确认。

表 19—19　　　　　　物业出售收益计算——例二　　　　　　单位：美元

描述	金额
出售价格	1 000 000
基数	475 000
	525 000
调整	
根据融资债务计算的租赁费用（第1至第5年）	(600 000)
根据收入计算的利息费用（第1至第5年）	76 178
用于归还融资债务的利息收入（第1至第5年）	452 748
预期收益	453 926

表 19—20　　　　　　　　　例二的会计分录ᵃ　　　　　　　　单位：美元

描述	借	贷
第1年		
现金	50 000	
融资租赁债务		1 050 000
每年的会计分录：第1年至第5年		
现金	161 311	
融资租赁债务		161 311
（收到900 000美元票据的还款）		
折旧费用	75 000	
累计折旧		75 000

续前表

描述	借	贷
不重现会计分录：第 1 年到第 5 年		
第 1 年		
融资租赁债务	115 000	
利息费用	5 000	
现金		1 120 000
第 2 年		
融资租赁债务	110 369	
利息费用	9 631	
现金		1 120 000
第 3 年		
融资租赁债务	105 275	
利息费用	14 725	
现金		1 120 000
第 4 年		
融资租赁债务	99 671	
利息费用	20 329	
现金		1 120 000
第 5 年		
融资租赁债务	93 507	
利息费用	26 493	
现金		1 120 000
第 5 年		
融资租赁债务	332 733[a]	
应收票据	596 193[a]	
累积折旧	875 000	
房地产		1 300 000
销售利得		453 926

注：a. 数据来源于本章附录 A。

会计准则的基本要求是将售后回租交易作为融资处理，直到可以确定为销售行为的条件得以满足。确定为销售的情况通常发生在所有的风险和收益都转嫁给买方，从所有权的角度看贷方并没有参与物业经营时。

售后回租协议可以有无数种变化形式，每种都涉及买方风险以及回报的变换幅度和时效的不同。我们应该意识到会计准则应用于更复杂一些的交易时会变的更为复杂。设计会计准则和相关规定就是为了促使卖方/承租人的财务报表反映售后回租交易的实质而非形式。

土地租赁权抵押贷款

有时候，贷方将依靠土地租赁进行贷款。[2]因为借方并不拥有土地，所以土地租赁权抵押贷款的方式并不常见。承租人从所有者/发展商手中租来土地并进行改造建设。这种方式在人口稠密的居住区很普遍。通常租赁条款要求在租赁期满时进一步的开发所有权要转给土地所有者。有时租赁条款会规定承租人具有购买优先权。土地租赁期较长（50年的情况很常见）并通常形成三级租赁。

土地租赁贷款的协议可以分为很多种。在某些情况下，以租赁为担保，发放给业主/发展商的贷款被视为不动产并按抵押贷款对待。在另外一些情况下，租赁物被视为合法的个人动产并受到《统一商法典》融资声明的保护。在这两种情况下，贷方可以在借方不能履行债务时取消抵押品赎回权。

1994年颁布的《破产重组法》对贷方担保租赁的权利进行了澄清，以保护在土地所有者破产的情况下贷款人的利益。

信用融资

信用融资是指利用良好信誉而不是房地产物业自身作为融资的基础。当承租人比物业所有人有更好的信誉时，这种类型的融资方式就非常有用。[3]信用融资有两种可行的方式，都要求与承租人直接商定协议。这两种基于信用的融资方式都属于传统房地产融资中的抵押贷款和常用债券融资的范畴之外。

第一种方式为**多物业抵押贷款融资**，是将一组设施净租赁给租户，再由第三方去建设设施，然后用收取的物业费和租金来偿还债务。在这种模式下，如果资金价值减少，通过承租人直接抵押贷款就会比开发商利用各个物业分别融资更合适。而且，担保机制将允许承租人合伙经营一组小型或分散的设施。不同类型的租赁方式都允许承租人直接偿还债务和购买设施。

第二种方式为**承租人改造性融资**。承租人从个人物业租赁中融资以改善租住条件。承租人改造性融资的债权（而不是房地产）被转让给第三方金融机构。因为承租人改善租住条件的花费被包含在支付给土地所有者的租金中，所以承租人会接受这种方式的财务处理。

承租人和所有者双方都有动机利用信用基础进行融资。对承租人来说，这样可以通过融资得到比较昂贵的新设备，还有在会计处理时无须记录在资产负债表中，可以100%地得到融资，并且获得在房地产融资中的更大的灵活性（因此获得更好的经济效益）。对土地所有者来说，可以获得实质上的免税收入，从而吸引更多的租户，并提升其物业的价值。

小 结

在这一章里,我们讨论了现有的收益型物业融资的不同方法。一种常见的模式就是通过标准长期贷款而不是利用居住性物业的抵押贷款。然而,这些长期贷款不能真正反映抵押品的本质。商业房地产的现金流风险要求对物业进行更细致的分析,而且通常商业房地产比住宅贷款的贷款价值比更低。商业房地产贷款的风险也可以通过签署租赁协议得到降低。伴随着这种贷款的提前偿还罚金也非常普遍,提前偿还罚金的具体金额可以参考市场利率来确定。

股权参与式贷款和售后回租是两种可供选择的借贷形式。股权参与式贷款允许贷方分享物业带来的收益或资产增值以回报贷方的低利率贷款。本质上说,这种形式的借贷增加了交易中的资产净值并将物业的部分股权分给了贷方,贷方的风险增加,而投资者的风险降低。在有效率的市场中,因为准确定价的交易条款是对风险转移的反映,投资者不可能通过交易本身获得收益。股权参与式贷款的各方都不会享受税收优惠;对投资者来说可以减免税的利息支出和股本支出,对贷方而言却是应税收入。

对交易双方来说,如果用来评估现金流的贴现率不因风险的转移而相应改变,那么交易双方就会获利。简单来说,就是贷方认为并不能以风险的增加为由来提高贴现率。对于寻求规避通货膨胀风险的贷方,或者寻求高风险投资以使自己摆脱破产的负净值贷方,就会发生这样的情况。

售后回租可被视为举债融资的一种替代方式,证据表明售后回租中的现金流与举债融资是相同的。与传统的举债融资相比,售后回租几乎没有什么优势。但因为允许有加速的大额折旧,这种交易使得税费减少。在新税法的相应规定中,通过销售产生的大额折旧只能得到轻微的税收减免。会计准则禁止粉饰账目的行为(财务报表中会反映出高额的资产回报率和较低的债务权益比),并要求将此类交易在财务报表中记为债务融资。SFAS 第 98 条规定,在符合特定标准的情况下,物业将以资产的形式被登账,相应的责任被记为债务。即使在物业产权被转让给买方时也进行同样的财务处理。确定以上这种财务处理方式的标准取决于物业所有权带来的风险和回报是否被转给了买方。如果风险和回报没有转移,这种交易行为就不会被认为是销售,而是必须按融资来进行财务登记。

关 键 词

租金分配　　　　　　　　所有权风险与回报
资本租赁　　　　　　　　售后回租
信用融资　　　　　　　　售后回租会计

股权参与式贷款　　　　　　　SFAS 第 98 条（财务交割标准声明第 98 条）
金融债务　　　　　　　　　　加速折旧基数
土地租赁权抵押贷款　　　　　承租人改造融资
多物业担保　　　　　　　　　粉饰账目
营运性租赁　　　　　　　　　保障收益的提前偿还罚金
提前偿还罚金

推荐读物

Arcudy, A. T., R. K. Herdman, and M. T. Strianese. 1989. Real estate sale-leasebacks under FASB 98. *Journal of Accountancy* (June).

Halper, E. B. 1998. Don't confuse a ground lease with a ground lease. *Real Estate Review* 28 (3) (Fall).

Lieberman, M. J., and E. Kosoffsky. 1989. Sale-leaseback accounting: The rules have changed. *Real Estate Accounting and Taxation* 4 (Spring).

McGrath, W. T. 1989. Sale-leasebacks of corporate property: A response to new financial reporting requirements. *Real Estate Review* 19 (Fall).

McNiff, J. 1988. Share the risks: Share the profits. *Mortgage Banking* (January).

Smith, C., and E. McDonough. 1989. A sale and leaseback case study. *Real Estate Finance* 6 (Spring).

Steuber, N. L. 1998. Drafting the percentage rent clause. *Real Estate Law Journal* 26 (4) (Spring).

Urdang, S. 1986. Participating mortgages, determining true returns. *Mortgage Banking* (April).

复习思考题

1. 比较长期商业物业贷款与住宅物业贷款，解释其产生区别的原因。
2. 给出股权参与式贷款的定义，并举例说明股权参与式贷款的条款。
3. 关注股权参与式贷款对于物业投资者有何好处？对于贷款人有何好处？借贷双方如何从这种贷款方式中获益？
4. 比较售后回租与标准举债融资的异同点。
5. 指出售后回租交易方式的哪些特点使得它在早期受到市场青睐。近期税收制度和会计准则的哪些变化降低了售后回租的吸引力。
6. 区别营运性租赁和资本租赁的定义，并指出确定一项租赁为资本租赁的标准。

7. 列出五个售后回租交易被视作融资而非销售的条件。
8. 如果售后回租必须按融资处理，通常财务报表如何反映这种交易行为？

习 题

1. 某投资者购买一处物业，该物业的预期股权（15%的贴现率）现金流为400 000美元，持有期为5年，该交易可获得一笔标准的、长期固定利率的贷款。现在考虑如下股权参与式贷款。

基本数据

项目成本	
土地	300 000 美元
建筑物	2 500 000[a] 美元
共计	2 800 000
项目融资	
贷款金额	2 000 000 美元
利率	9%
分期偿还期	30 年
股权参与协议	
营运净收益的份额	250 000 美元以上部分的 20%
物业增值部分的份额	15%
贴现率	
投资者	14.75%
贷款人	12.25%
物业持有期	5 年
经营数据	
毛租金，第一年	522 100 美元
空置率	5%
经营开支，第一年	83 536 美元（毛租金的 16%）
增长率	
毛租金	8%
经营开支	7%
转卖价值	6%
转卖费用率	5%
投资者边际税率	28%

注：a. 第一年和第五年的折旧额为 87 000 美元；其他年份的折旧额为 91 000 美元。

(1) 确定投资者在 5 年持有期内经营该物业的税后现金流（核对金额：第三

年为 194 578 美元）。

（2）确定第五年出售物业后的税后现金流（核对金额：股权参与贷款人享有的销售份额为 142 055 美元）。

（3）确定投资者预期的税后现金流的净现值。

2. 对于习题 1 中的贷款：

（1）确定该物业在 5 年持有期内带给贷款人的现金流（核对金额：第三年为 233 931 美元）。

（2）确定在出售物业的那年贷款人的总现金流（核对金额：第五年享有的营运净收益的份额为 63 059 美元）。

（3）确定贷款人预期现金流的净现值。

3. 比较以上问题中股权参与式贷款与标准贷款的净现值。是投资者愿意借款还是贷款人愿意贷款？

4. 试着决定在接下来的 5 年是租赁还是购买一个仓库。因为在这两种方式下都将支付财产税、保险和维修费（三级租赁），你要考虑的主要因素就是还本付息和折旧以及与之相对的租赁成本。你所诉求的物业有如下特点：

购买价格	300 000 美元
建筑物价值	240 000 美元
土地价值	60 000 美元
销售价格	400 000 美元
单一利息抵押贷款	225 000 美元，利率 9%，第五年末交割
边际税率	28%
股权收益要求	14%
应付租金（如果租赁）	每年 22 000 美元

（1）哪种方式更合适？

（2）两种选择中，你所不喜欢的方式的盈亏平衡点是多少？

5. 假设一处商业存储设施的信息如下：

原始成本	1 500 000 美元
账面价值	0
市场价值	1 800 000 美元
建筑物价值	1 500 000 美元
土地价值	300 000 美元
每年折旧	0
债务	100 000 美元
利率	12%
偿还期	10 年
付款	17 698 美元
投资者税率	28%

第一年营运净收益	338 900 美元
营运净收益增长	0%

（1）计算在接下来的 10 年经营该物业的税后现金流（核对金额：第三年为 229 264 美元）。

（2）假设要求投资者有 15% 的回报率（贴现率），计算经营该物业 10 年的税后现金流量的现值。

（3）计算通过售后回租方式所得的税后现金流，假设：1）年租金为 275 000 美元；2）物业的出售和回购价格为 1 800 000 美元；3）在第 10 年回购该物业。

（4）计算买方/出租人的现金流量（假设买方/出租人的征税级别为 28%）。

（5）假设买方/出租人享受 12% 的贴现率，计算现金流量的现值。

（6）假设税务局对交易方式无限制，你会采取售后回租的方式吗？为什么？

注 释

[1] A good source is Financial Accounting Standards Board. *Accounting Standard*, *General Standards*. Homewood, IL: Irwin Publishing Co., 1991.

[2] See T. Cornwell. Ground lease mortgages easier now. *National Mortgage News* 19 (December 5, 1994), 2.

[3] A good discussion of credit-based financing is found in Miller Blew, Credit-based financing: New tools for tenants and landlords. *Corporate Real Estate Executive*. Boston: Greyfield Finance, 1993.

附录 A

例二的明细表

单位：美元

融资债务会计计算；第 1~5 年					
	第 1 年	第 2 年	第 3 年	第 4 年	第 5 年
初始余额	50 000[a]	96 311	147 253	203 289	264 929
加票据支付	161 311	161 311	161 311	161 311	161 311
减租金支付	(115 000)	(110 369)	(105 275)	(99 671)	(93 507)
结束余额	96 311	147 253	203 289	264 929	332 733
票据分期付款；第 1~5 年					
	第 1 年	第 2 年	第 3 年	第 4 年	第 5 年
初始余额	950 000	893 189	830 129	760 132	682 436
加票据支付	104 500	98 251	91 314	83 615	75 068
减租金支付	(161 311)	(161 311)	(161 311)	(161 311)	(161 311)
结束余额	893 189	830 129	760 132	682 436	596 193
利息部分总计=452 748 美元					

注：a. 原始保证金。

第 20 章

房地产融资与持有的所有权结构

学习目标

美国的房地产物业有多种所有权形式，包括个人独资企业、公司制、合伙制以及房地产投资信托。通过本章的学习，你会了解到所有权形式依据法律而定义，但选择确定所有权形式的却是制度和经济因素。你将了解房地产持有方式的三个主要决定因素：联邦税制、个人责任、与自有或权益资本市场（证券资本市场）接轨。此外，投资者还须考虑物业管理与转移等相关问题，以及所有权结构的延续性。除非存在其他更重要的考虑因素，否则房地产持有方式将采取那种能够为所有者带来更多税后收益的所有权形式。你也将明白投资者为什么不愿意担负超过他们投资额度的债务。你会看到个别房地产的流动性对所有权形式选择的影响。接下来，你会了解到左右各种所有权形式的基本税收制度和法律因素。最后，你能够对各种不同的所有权形式的风险与收益做出比较。

导　言

房地产持有可以有多种所有权结构形式。拥有物业的可以是个人、C 型公司和 S 型公司、合伙企业（私有的或公开上市交易的）或者信托公司。所有权的选择取决于进入大型权益资本市场的税收制度和法律约束。联邦政府通过立法对不同的所有权形式征税，从而在决定房地产所有权形式中扮演了一个积极的角色。可以说，联邦政府有意地利用税法，积极地推动房地产的所有权形式朝着某个确定的方向发展。因为投资者会选择能够给他们带来最大税后现金流的所有权形式；而房地产的内在价值取决于其预期的现金流入的大小与承担的风险。此外，决定所有权形式的主要因素是税收制度，除去上缴国库的部分，投资者期望获得尽可能多的现金流。所以从组织形式来说，合伙企业优于公司形式。

当然，还有其他需要考虑的因素。法律因素，例如个人责任将会影响到所有权形式。房地产投资失败时，投资者期望免于承担个人责任。换句话说，一旦发生破产，投资者希望只对其出资额承担债务。你可以想象，在有效市场中，债务免除是有代价的，一些所有权形式会将债务从特定投资者身上转移给其他的投资人。这种代价是根据利润回报来计算的：那些承担更多个人债务风险的投资者将获得更大的回报。公司形式与房地产有限责任合伙企业都将保护投资者以出资额为限承担责任。

同时，**经济因素**，例如与资本市场的接轨也影响着所有权形式。进入大型的、富有效率的资本市场将会减少流动性风险。房地产本身不能流动，但是所有权形式的效用增强了其流动性。尽管单个公司可以购买房地产，而且足够大的公司可以在大型有效的产权投资市场上进行股权交易，但对于公司制组织形式的双重税负，严重妨碍了这种所有权形式的采用。幸运的是，税法允许一种特殊设计的公司形式避免双重征税——房地产投资信托（REIT）[1]，它可以进入大型资本市场并且不必担负繁重的双重税负，从而增强了流动性。越来越多的房地产投资受这种形式的保护，采用房地产投资信托的形式。税收制度实际上推动了这种结构形式的发展。

总的来说，进入大型有效的资本市场降低了流动性风险，从而减少了融资成本。同时，相对于其投资规模来说，有价证券的发行成本在进入大型资本市场时要稍低一些。而其他所有权形式之所以依然存在，是因为它们能够给投资者提供某些特殊的利益。

接下来，我们将介绍房地产物业的各种所有权形式，并对每种形式进行简要的介绍。然后我们将对其中两种所有权形式进行详细的论述——房地产有限责任合伙制与房地产投资信托。

房地产所有权形式

表20—1罗列了几种房地产物业的所有权形式。这里对每种形式进行了简明的探讨。

⬤ 个人独资企业

在这种所有权形式下，房地产归个人投资者所拥有。一般情况下，单个投资者都采取谨慎的资产投资组合。他们可能持有一些住宅类物业，有时候会是小型多户式公寓或地处闹市的小型购物中心。由于资产净值有限，这些投资者不得不在很大程度上依靠借债来保障大规模投资。在这些情况下，物业就像资产凭证一样对债务提供担保。如果凭证具备追索权，那么任何损失将由投资者个人承担。所以，如果物业价值下跌到负债值以下或投资者拖欠贷款，债权人就可以追讨亏损。反亏损条例在某些州并不适用于投资者拥有的（商业）物业，在这些州，个人独资企业无须缴纳像公司制那样的双重税负。如果所有者积极参与物业管理的话，私营业主承担的亏损可以由其他正的收入抵销。每年能够采用这种方式利用经营亏损获得上限为25 000美元的免税额。

由于上述原因，个人层面上的房地产投资者所有形式（与所有者占用形式相对立）几乎不存在。

表20—1　　　　　　　　　　　　　房地产的所有权形式

形式	主要特征
个人独资企业	低流动性，控制物业
公司制	
C型公司	双重税制
S型公司	无双重税制，股东数量有限
合伙制	
普通合伙企业	无限责任，控制物业
有限责任合伙企业	有限责任，集中管理
公开交易合伙制	有限责任，可进入资本市场
房地产投资信托	无双重税制，可进入资本市场，高流动性
个人独资企业的特征	
税收环境	中等
个人连带责任	无限连带
接轨资本市场	差
总体	中等偏下

✧ 公司制

依据法律，公司是区别于公司股东的独立实体。**C型公司**和**S型公司**是两种类型的公司结构，它们依据税法的不同章节来命名，并依据税法享受不同的税收待遇。税法认可C型公司拥有独立于股东的合法身份。公司获得收入并承担责任，而非股东。公司的收入必须纳税。同时，公司以税后收益对股东派发红利。首先是公司所得纳税，然后是股东就其股息红利纳税，**双重征税**便运用于这种所有权形式。

让我们来考虑一个小的房地产投资。假设一家位于闹市的超市每年除去经营费用和债务利息后收入为100 000美元。如果该超市为个人所有，所有者将根据税率缴纳联邦所得税——比如说，28%。于是税后现金流为72 000美元。另一种模式，如果该超市为一家公司所有，股东仍是同一个假定的投资者，那么税后现金流和前者相比就有所减少。如果公司税率是35%，公司将65 000美元税后现金流以红利的方式向股东分发。而股东将缴纳总共 18 000 美元的个人所得税（65 000美元×28％）。这样股东的税后现金流就只有 46 800 美元，比他独资所有时的 72 000 美元少得多。

普通 C 型公司存在并承受双重征税是因为它为股东提供有限责任，允许他们进入大的产权投资市场，并经常投资于特定资产。然而由于存在持有房地产的更好形式——有限责任且无双重征税，对于专营或主营房地产的投资者来说，C 型公司就不是一个令人满意的所有权结构形式。

公司制的特征（C 型公司）

税收环境	差
个人连带责任	无
与资本市场接轨	好
总体	中等偏下

和 C 型公司一样，S 型公司的股东也承担有限责任，不同的是它免于双重征税。税法允许将公司收入（包括亏损）转移到每个股东，股东以个人收入的形式申报缴纳个人所得税。作为一种房地产所有权形式，S 型公司的主要不足在于它对股东人数有限制：S 型公司只允许有 35 个股东。这种约束严重限制了 S 型公司筹集资金的能力，而这对于大型房地产投资项目来说是必需的。1983 年之前，税法不允许 S 型公司的收益中现在被认定为消极收入（比如商业房地产的租金）的部分超过总收益的 20％。但是，1982 年通过的税法 S 章节修订案消除了这个限制，从而使得 S 型公司现在可以投资房地产。

公司制特征（S 型公司）

税收环境	好
个人连带责任	无
与资本市场接轨	差
总体	中等

● 合伙制

合伙制是由诸多个人集中他们的资本而形成的一个企业联合。法律上定义了两种合伙制形式——普通合伙制和有限责任合伙制，两种形式在合伙企业层面都无须纳税，这自然避免了双重征税。但是，普通合伙制的合伙人对合伙企业的债务承担无限连带责任。对于寻求有限责任的投资者来说，普通合伙制就不是值得推荐的所有权形式。同时，由于投资者不希望承担无限连带责任，所以他们甚至不会去考虑成为普通合伙制企业里的合伙人。也正是因为如此，普通合伙制企业几乎不能进入资本市场。它们通常从事与货币资本无关而与人力相关的律师事务所、会计师事务所等的业务。

有限责任合伙制允许部分"投资"合伙人以其对合伙企业的出资额为限承担债务。一个有限责任合伙企业至少应当有一名承担无限连带责任的普通合伙人。

投资者会因为有限责任而更倾向于购买有限责任合伙企业而不是普通合伙制企业的"股权"。双重征税在此同样是不存在的,利润和亏损直接针对有限合伙人。1986年《税收改革法案》出台前,合伙人的损失可被用来抵销其他实际收入,有限责任合伙制在房地产所有权形式中占据主导地位。有限责任合伙企业可以是很小的债券直销合伙企业,也可以是大型公共贸易合伙企业(PTP)。在下一节我们将对房地产有限责任合伙制进行更深入的了解。

合伙制的特征	
税收环境	好
个人连带责任	无
与资本市场接轨	好(对PTPs来说)
总体	好

● 房地产投资信托

房地产投资信托(REIT)可以是信托机构或者公司。在1960年之前就有信托持有房地产以规避伴随公司的双重征税。信托的良性股权可以在资本市场出售。国会在1960年通过了《房地产投资信托法》,批准了这种组织形态的房地产所有制公司可享受免于双重征税,前提是这些公司必须满足相应的标准。此外对股东的收入分配标准也进行了限制。如今,实质上所有房地产投资信托都是以公司为组织形态,承担有限责任、享有免税优惠并与资本市场接轨,这使得它们成为各大型物业投资组合偏好的所有权形式。

房地产投资信托的特征	
税收环境	好
个人连带责任	无
与资本市场接轨	好
总体	极好

在确定房地产所有权形式时,因为税收制度、连带责任和接轨资本市场是重要的决定因素,我们接下来就对符合这些方面投资标准的两种所有权形式进行深入探讨——房地产有限责任合伙企业和房地产投资信托。它们作为重要的投资形式和房地产融资的重要方式,1990年总共为房地产投资筹集到了30亿美元资金。

房地产有限责任合伙制和房地产投资信托的深入研究

● 房地产有限责任合伙制

房地产有限责任合伙制是以房地产投资为目的形成的"合伙制"的个人联合。合伙企业中至少应当有一名普通合伙人,其对合伙企业的债务承担无限连带责任。剩下的有限责任合伙人以其对合伙企业的实际或承诺出资额为限承担责任。1916年颁布的《**统一有限责任合伙企业法案**》（**ULPA**）、1976年颁布的《**统一有限责任合伙企业法修正案**》规定了有限责任合伙制的组织结构和财务制度。该法还对合伙企业的存在时间、合伙人的相互关系以及合伙人与外界债权人的关系作了规定。《统一有限责任合伙企业法案》把有限责任合伙制定义为：两个或两个以上有限责任合伙人组成的企业形式。普通合伙人负责经营管理并承担无限连带责任，因此普通合伙人要有足够的融资能力以应付任何预期责任。而有限责任合伙人，正如前文提到的，以其对合伙企业的出资额为限承担债务，并被禁止管理企业事务，甚至禁止他们的名字出现在合伙企业名称中。

所有的有限责任合伙人都拥有平等的合伙企业资产分配权。虽然他们对超过其出资额的企业债务不负责，但他们被要求缴纳一笔等同于承诺出资额而未兑现的摊款，在有些情况下，他们可能需退还过去由合伙企业创始人合法拥有但后来作为红利分配的金额。

1976年的修正案（70%的州采用）使得有限责任合伙企业更容易筹集资金，而之前的《统一有限责任合伙企业法案》则限制了合伙企业对投资者的吸引力。原法规的其中一点就是限制有限责任合作人以合伙企业物业抵押贷款时获得担保物权。正是因为无法得到担保物权，所以有限责任合伙人不愿对追加资金进行贷款。这些规定自然限制了大型金融机构以合伙企业财产抵押贷款。而修正案则允许每个合伙人与合伙企业贷款或交易，就像那些非合伙人一样。

原法也同样限制有限责任合伙人参与经营管理。很多潜在投资者由于希望参与合伙企业管理而反对该条规定。而在修正案中有限责任合伙人则可以与普通合伙人商议或提出建议；赞同或反对合伙企业的决定；投票解散合伙企业；对（以非正常交易途径）销售、置换、抵押或转移合伙企业资产进行表决；投票罢免普通合伙人。在修正案出台前，《统一有限责任合伙企业法案》允许不满的合伙人起诉解散合伙企业以获得投资收益。而修正案却要求不满的合伙人像其他普通债权人一样只能对出资部分提起诉讼以保护合伙企业的完整性。简言之，1976年的修正案放宽了对有限责任合伙人参与合伙企业事务的限制，给予合伙企业更多权利追加资金（向合伙人贷款），避免了不满合伙人对合伙企业完整性的有害行为。

1983年至1989年是有限责任合伙制最流行的时候。有限责任合伙企业能在没有管理负担和个人责任的情况下，使投资者直接获得财产收益，这使得投资者对其钟爱有加。由于1981年《经济复兴税法》规定了加速折旧，使得80年代早期成立的有限责任合伙企业主要是受税收制度的驱使。然而到了80年代后期，税收制度的变化和日渐增加的审查使得投资者对有限责任合伙企业失去了兴趣。其中1986年《税收改革法案》制定的消极亏损限额和加大房地产避税风险限制，是使得投资者失去兴趣的最主要因素。

80年代中期形成了应对1986年《税收改革法案》的大型有限责任合伙企业（MLPs）。它们的形成是为了以消极亏损抵销消极收入。有利的收入调节税率使得高级有限责任合伙企业优于公司。然而，1987年税法取消了大型有限责任合伙企业的税收优惠。这在90年代导致的后果就是：由于税法改革和房地产价格的下跌，已经持有有限责任合伙企业物业的投资者面临两种选择：要么继续持有，要么大打折扣在二级市场出售。有限责任合伙企业完全失去了昔日的光辉。

区别合伙企业与公司

合伙企业相对于公司来说的显著优势就是免于双重征税，特别是其没有双重税制。于是国内收入署制定了许多标准来确认一个合伙企业究竟是合伙企业还是公司。实际上，评判标准在很早的时候就形成了，在当时很多专业合伙企业（比如由少数医生建立的医药公司）为了债务目的而希望被认可为公司。合伙企业必须考虑四个特征：

存在时间。因为公司具有永久性，而合伙企业的合伙关系会终止。这个条件很好检验。如果合伙企业有终止期，即使是50年，它也不能满足条件。

集中管理。公司与有限责任合伙企业一样进行集中管理。普通合伙人对有限责任合伙人负责，并作主要决策。这个特征指出普通合伙企业也是公司。

有限责任。这是公司的特点之一。有限责任合伙企业必须至少有一位普通合伙人对公司债务承担连带责任。他必须有足够的资产以应对突发责任。

股份利益可自由转让。公司的股票能够自由地由一个股东转让给另一个股东。而有限责任合伙企业的股份在没有普通合伙人的同意下是不能转让的。允许所有权而不是管理权的转让可以被认为是限制**股份利益自由转让**。当然，股份利益转让的限制使其难以进入资本市场。因此，大多数限制股份利益自由转让的合伙企业一般很小，通常情况仅限于在州内进行小的房地产投资。而对资本市场要求比较高的有限责任合伙企业通常为大型的、公开交易的合伙企业（PTP），有时候称为大型有限责任合伙企业（MLP）。

业主有限合伙制

业主有限合伙制或**公开交易合伙制**的诞生源于小型有限责任合伙企业对股份利益流通性的需求。创始人成立MLP，通过新成立的大型合伙企业发行股票置换小型合伙企业流通性较差的股票。举例来说，同样的投资额在小型合伙企业占5%的股份，而在一个新成立的MLP中所占股份就小多了，这种MLP可以说是脱胎于众多小型合伙企业而逐渐形成的。[2]这种新成立的MLP有着良好的流通性。事实上，大型有限责任合伙企业发行的股票在纽约、全美国和纳斯达克市场上流通，并在1987年3月的纽约证券交易所中名列前茅。

MLP始于1981年2月的石油行业，阿帕奇石油公司收购众多小型石油和天然气合伙企业股份成立了一个大型有限责任合伙企业，共有33个不同的有限责任合伙企业加入其中。如果合伙企业的架构使其不足已被认定为公司，那么它的股权利益就可以自由交易。请注意"股权利益"这个词。真正转让的不是合伙企业中的所有权，而是受益权（单位）或者受益凭证，或者是存款单位收据。这就是说，交易转让的是利润分配权和合伙企业的现金分红权。

虽然业主有限合伙制诞生于石油产业,但几乎今天所有的业主有限合伙制都和房地产有关。1987年的《综合预算调整法案》要求对所有的大型有限责任合伙企业按公司税收对待。然而部分MLP被排除在外——即那些至少90%的总收入来自合格收入的MLP。这些收入包括股份、红利、房地产租金、房地产销售收入,以及其他减去利息的部分。正像你所看到的那样,法律的特允使得业主有限合伙企业如果投巨资于房地产物业的话,就可被视为合伙企业。1987年的法案更进一步对MLP的消极收入和投资组合收入作了分类,这意味着只有MLP在未来几年有足够的绝对收入才能够对亏损进行抵销平衡。MLP的亏损不能被用于抵销源自其他MLP的收入和任何消极收入。MLP的合伙人也不能应用25 000美元的免税额去从事其他业务。他们只能从低收入房地产经营和恢复重建项目抵税方面得到税收优惠。从上述对收入的重新分类和对亏损的限制中可以明显看出,房地产物业只有在房地产投资信托所有权形式下才能更加有效。

房地产投资信托

房地产投资信托(REIT)是遵照1960年颁布的《房地产投资信托法》中规定的组织结构而成立的公司模式,用来投资于房地产物业,其收入在公司层面上不必纳税。国会创立REIT的目的之一是使小的投资者能够通过专业化管理的公司投资房地产。只有满足特定条件的组织才被认可为REIT。几十年来,房地产投资信托所起的作用有限,直到1992年起,房地产投资信托公司才迅速地发展起来。

美国税收法典列出了房地产投资信托作为免税中介的一系列资格认证标准:(1)每年必须把至少90%的年净收入(净现金流)分配给股东。(2)至少75%的资产须为房地产资产、房地产抵押贷款、抵押物、其他REIT的股份、现金或政府债券。(3)75%以上的收入必须来源于房地产相关投资。(4)必须由一个或一个以上的个人或公司形式的理事或董事管理。(5)必须由独立的顾问和管理公司经营其房地产物业。(6)必须发行可转让的股票。(7)不能是金融机构或保险公司。

1986年的《税收改革法案》大大减少了房地产投资领域避税的机会,从而改变了REIT的投资环境。该法案限制了利息扣除,增加了折旧更新期,并且制定了消极/积极规则。对消极损失的限制增强了REIT作为房地产投资方式的吸引力。现在REIT可以拥有、经营和管理大部分类别的收益型房地产,为房地产所有者提供习惯的服务。

1997年的《纳税人减免法》颁布了以下对房地产投资信托公司有影响的条款。房地产投资信托总收入的1%可以来自对顾客的基本理财服务,例如帮助承租人承租或退租。同时,允许持有期少于4年的物业销售收入计入总收入的30%之内。此外,放宽限制条款使得各种形式的衍生收入都可被认为是合格收入计入90%总收入的审核范围。

1999年《房地产投资信托现代化法》允许REIT全资拥有"应税房地产投资信托附属公司"（TRS）。这些实体对承租人提供保洁、家政服务、搬家协助等服务。同时，法律要求持有公司股份10%或10%以上的股东（当5个或更少的人合计拥有REIT 50%以上的股份时）在计算估算税额时，必须按年利率计算分红。

2003年的《房地产投资信托改良法》取消了运用REIT规则的不确定性，取消了外籍投资者投资REIT的限制，对于小的违规采用金钱惩罚而不是取消REIT资格，通过这些规定支持了REIT的发展。制定该法案的三个主要目标是：(1)修正REIT税收规则，通过持有承租人为进行承租人改良而申请的普通商业债务（比如贷款），来改正由1999年《房地产投资信托现代化法》造成的使REIT地位受损的问题；(2)使公开交易REIT的境外机构投资者的税收待遇与其他公开交易公司类似投资的税收待遇相一致，使分配给境外机构投资者的REIT资本所得的税收待遇与正常分配的REIT资本所得的税收待遇相一致；(3)授权IRS就REIT的合理违规收取罚金而非取消REIT资格。

信托法的颁布保证了房地产投资信托作为共同基金，为了持有房地产相关资产而进行经营操作。起初的三项立法中的第一项确保房地产投资信托公司投资和从事于房地产经营。房地产投资信托公司的股东可以是个人、公司、合伙企业、信托和房地产公司，并依据房地产投资信托公司是信托还是公司、是由理事会管理经营还是董事会管理经营来划分。第二项，理/董事会必须雇用外部顾问来管理房地产投资信托公司的资产。该顾问可以是银行、房地产顾问公司、人寿保险公司或是个人。公司每年付给顾问管理费，通常是其管理资产或者在此期间实现的收入和利润的某个百分比。顾问费不受任何联邦法律限制，但在与国家证券管理机构合作时受北美证券管理协会（NASAA）的约束。顾问通常可以利用REIT融资，因此，如果顾问是房地产抵押贷款银行业者（公司），就能够将REIT作为短期融资（库存）来源进行贷款；如果顾问是房地产开发公司，就可以通过REIT获得用于房地产购置、开发和建设的短期贷款。

最后，《信托法》对防止房地产投资信托公司从事短期房地产投机交易作了规定。房地产投资信托公司不能仅为了销售（正常商业意义）而持有房地产物业，并且只能在规定的条件下才可以将物业出售：(1)必须至少持有该物业4年；(2)在销售前的4年内，必须确保对物业的资本投入不超过其售价的20%；(3)在同一年内不允许售出多于5项物业；(4)不允许通过丧失抵押品赎回权来获得物业。

正如你所发现的，房地产投资信托公司必须满足非常苛刻的条件以确保税收优待、避开双重征税进入资本市场。这使得房地产投资信托公司有着充足的动机去达到这些条件。自从1986年《税收改革法案》限制房地产合伙企业转嫁亏损以来，房地产投资信托公司占据了房地产证券市场的主导地位。

REIT的特性，衡量房地产投资信托公司的经营表现自有史以来就成为一个问题。直到1991年国家房地产投资信托委员会（NAREIT）提出了**经营所得收**

入（FFO）的概念，才开始用更精确的方法去衡量房地产投资信托公司的经营表现。工业分析师逐渐发觉，通过历史成本会计的概念来衡量经营表现可能会产生误解。此外，REIT分析家也认为房地产投资信托公司的股票价值用传统意义上的价格/收入来定义是没有意义的。

$$FFO = 净收入(GAAP) + 折旧(房地产) + 出租费用的摊销$$
$$+ 承租人改良的摊销 - 突发事件的所得(损失)$$

经营所得收入（FFO）是一种减去债务重组和物业销售的损益，再加上资产贬值和摊销后的净收入。经营所得收入的概念并不与GAAP相背离，只是它不享受GAAP下的净收入退税。自从1991年它被引入使用以来，这种针对净收入的补充衡量方法就给房地产投资信托行业带来极大好处，它给出了衡量经营表现的一种符合工业标准的方法。而资产净值也就定义为公司所有的资产减去债务后的净市值。

调整后的经营所得收入（AFFO）反映出有多少现金可以作为红利分给股东。调整后的经营所得收入是由经营所得收入减去正常开销（如购买新地毯、为承租人提供便利等等）与直线租金后的所得，它也被叫做可分红现金或可分红资金。直线租金是指租户在承租期内所交租金的平均值。

● 房地产投资信托分类

房地产投资信托有以下几种：第一，**权益型房地产投资信托**投资并经营房地产物业，权益型房地产投资信托还可根据是否对特定类型的物业进行专业收购和经营来细分。第二，**抵押贷款型房地产投资信托**发放抵押贷款，主要是商业房地产抵押贷款。同样，抵押贷款型房地产投资信托像权益型房地产投资信托投资特定物业一样从事特定类型的抵押贷款。第三，**混合型房地产投资信托**，不仅进行房地产权益投资，还可从事房地产抵押贷款。不考虑房地产投资信托的类型，每个房地产投资信托都有其自身特有的资本结构。举例来说，一家房地产投资信托公司发行股票和债券，利用所得去购买权益型物业。这就是一种权益型房地产投资信托，即使在其资本结构中包含债务。

房地产投资信托的第四种类型是**定期型**，或叫**自偿还型**房地产投资信托。这种类型的房地产投资信托在某一段特定的时期购买或经营物业，到了确定期限后，董事会就出售物业，偿还债务，分配残值给股东。权益型房地产投资信托通常每5年或10年清算资产，而抵押贷款型房地产投资信托可能每12年清算一次。当清算期将至，股票的市值将接近于房地产投资信托所拥有的物业市值。因此自偿还型房地产投资信托的市值比无期限型房地产投资信托的市值更为遵循资产的潜在价值。它的建立在某种意义上是为了与普遍有明确清算期的有限责任合伙企业进行竞争。而且它具有优于合伙制的几个特点：通常能够以较少资金购买最少量的股票；股票能够在资本流通市场交易；管理者必须由股东选举且独立，因而股东对房地产投资信托的管理决策有更多的控制权。

REIT 也可以分为开放型及封闭型。**开放型房地产投资信托**基金可以持续发行新股出售给投资者，然后利用所得追加购买新的房地产物业。当其新股发行时，必须对其现有资产进行评估以确定基于资产的发行价格。而持续性评估被证明有困难，尤其是对那些投资于股权型物业的 REIT。因此，许多 REIT 不是开放型而是**封闭型房地产投资信托**基金。这就意味着 REIT 在起初发行股票并购买资产后，不得任意发行新的股票。现存股票的价值将取决于 REIT 的投资组合产品的资产表现。封闭型 REIT 在购买额外资产时，就需要凭借法律允许保留的少量收益（5%）或利用现有物业的折旧现金流。

REIT 还可以被分为伞型合伙基金（UPREIT）和伞型多重合伙基金（DOWNREIT）两种模式。在伞型多重合伙基金中，REIT 直接持有并经营物业而不是交给控股合伙企业。而在典型的伞型合伙基金，现有合伙企业的合伙人与新成立的房地产投资信托公司共同组建一个新的合伙企业叫做经营型合伙企业。由合伙人提供房地产物业而收入来自 REIT 公开发行的证券，并且 REIT 为普通合伙人，承担无限责任。

● 房地产投资信托专业化

许多房地产投资信托只投资于特定类型的房地产。如部分 REIT 只投资于酒店（汽车旅馆）类物业，而其他 REIT 则在经济衰退过后的地区购买折扣出售的房地产。1997 年 10 月 31 日，权益型 REIT 市场的大致构成为零售业（24%）、居住类（18%）、健康护理（6%）、办公楼（10%）、工业（5%）、仓库（3%）、旅馆（7%）、商品住宅（2%）、多用途（13%）、抵押贷款支持证券（7%），及其他（5%）。REIT 的投资类型分化缘于其管理或顾问机构的专业知识与技术分化。

部分房地产投资信托只关注特殊地段的物业。没有理由能够解释为何 REIT 的本质是多样化经营。我们知道 REIT 的潜在股东可以通过购买各种 REIT 的股票来使得他们的投资组合多样化。如果投资者在个人层面就能够做到多样化投资，那么作为独立的 REIT，进行多样化投资就不会有投资回报。而事实上，由于房地产特定领域需要具体的专业知识，对 REIT 来说专业化投资更为有利。

部分房地产投资信托专门投资于住宅抵押贷款。它们通过购买持有联邦住宅管理局和退伍军人管理局的担保贷款去投资。通过这种方式，它们对二级抵押贷款市场的代理方式进行部分复制。这种专门投资于衍生抵押贷款支持证券的 REIT 很常见，例如（住宅）CMO 残值。投资者会购买这种 REIT 的股票作为利息对冲策略。回忆第 11 章讨论过 CMO 残值回报率在利率提高时会上升，因此，如果投资者（例如银行）的投资组合中大部分投向传统债券，他就会希望投资那些当利率提高时会增值的衍生证券，于是就会选择地投资那些拥有残值的 REIT。

房地产投资信托顾问

《房地产投资信托法》要求 REIT 的资产由独立顾问管理，其多为金融机构或从事房地产咨询服务的专业公司。有的顾问例如抵押贷款银行业者和开发商，可能会通过 REIT 为他们的非 REIT 商业行为进行短期融资。REIT 的经营表现（回报率）成为衡量投资质量、顾问的管理能力、决定顾问薪酬的一个标准。理论上来说，REIT 的经营表现不受顾问类型的影响。然而，至少有一项研究表明并非这样。在研究过 105 家 REIT 后，豪和希林（Howe & Shilling）发现雇用抵押贷款银行业者为顾问的 REIT 的回报率明显地少于雇用其他类型顾问的 REIT[3]，而由人寿保险公司和房地产顾问公司管理的 REIT 的回报率最高。因此，很明显选择合适的顾问对 REIT 十分重要。

REIT 的发展

房地产投资信托的经营表现可以从表 20—2 中看出一些端倪。该表列出了所有权益型、抵押贷款型、混合型 REIT 在 1972 年到 2001 年期间的当年投资回报率。我们发现 REIT 的投资回报在一定程度上来说不稳定。例如 1974 年所有 REIT 的总回报率为负的 42%，而在接下来的两年投资回报率分别为 36% 和 49%。80 年代房地产投资信托行业的投资回报率比较低，90 年代又重新回弹，但在 90 年代末期投资回报率却又极低。

表 20—2　　　　　　　　　　REIT 的年利润总额

年份	总计（%）	权益型（%）	抵押贷款型（%）	混合型（%）
1972	11.19	8.01	12.17	8.01
1973	−27.22	−15.52	−36.26	−15.52
1974	−42.23	−21.40	−45.32	−21.40
1975	36.34	19.30	40.79	19.30
1976	48.97	47.59	51.71	47.59
1977	19.08	22.42	17.82	22.42
1978	−1.64	10.34	−9.97	10.34
1979	30.53	35.86	16.56	35.86
1980	28.02	24.47	16.80	24.37
1981	8.58	6.00	7.07	6.00
1982	31.64	21.60	48.64	21.60
1983	25.47	30.64	16.90	30.64
1984	14.82	20.93	7.26	20.93
1985	5.92	19.10	−5.20	19.10
1986	19.18	19.16	19.21	16.41
1987	−10.67	−3.64	−15.67	−4.48
1988	11.36	13.49	7.30	15.75
1989	−1.81	8.84	−15.90	4.64
1990	−17.35	−15.35	−18.37	−23.62
1991	35.68	35.70	31.83	29.42
1992	12.18	14.59	1.92	20.66

续前表

年份	总计	权益型	抵押贷款型	混合型
1993	18.55	19.65	14.55	18.70
1994	0.81	3.17	−24.30	4.00
1995	18.31	15.27	63.41	22.99
1996	35.75	35.27	50.86	29.36
1997	18.86	20.26	3.83	10.75
1998	−18.82	−17.50	−29.22	−34.03
1999	−6.48	−4.62	−33.22	−35.90
2000	25.89	26.37	15.96	11.61
2001	15.50	13.93	77.34	50.75

资料来源：NAREIT web page (http://www.NAREIT.com)。

70年代早期，房地产投资信托经历了最初的稳健成长，到70年代中期成长放缓，在这之后，房地产投资信托在80年代恢复活力，并在80年代后期于1986年《税收改革法案》出台后大规模增长。在资产方面，房地产投资信托大量减持用以购置、开发及建设的贷款。在债务方面，REIT减少它们的短期借款。这次在资产和债务方面调整的原因是70年代中期房地产投资信托行业的大规模破产和亏损，REIT的投资价值在70年代的早期和中期急剧下降，REIT的股票价值直到1983年都未恢复到其1972年的水平。股票价值的下降妨碍了REIT进入资本市场，而且意识到投资大幅贬值的投资者对投资REIT更加谨慎。表20—3列出了从1970年到2003年公共证券的发行量。

表20—3　　　　　　　　　　REIT公开发行的证券　　　　　　　　单位：百万美元

年份	所有支出		原始支出		二次支出	
	排名	合计	排名	合计	排名	合计
1970	72	1 687	41	1 358	31	329
1971	78	1 987	32	1 183	46	804
1972	67	1 223	29	563	38	660
1973	68	852	18	157	50	695
1974	17	24	5	2	12	22
1975	5	0.4	1	0.0	4	0.4
1976	8	20	0	0.0	8	19.7
1977	8	92	0	0.0	8	92
1978	12	92	3	8	9	83
1979	18	111	4	0.0	14	111
1980	20	264	4	30	16	234
1981	22	245	5	100	17	145
1982	12	454	3	315	9	139
1983	23	741	4	159	19	582
1984	34	2 730	9	379	25	2 351
1985	59	4 271	29	2 792	30	1 479
1986	63	4 669	20	1 204	43	3 465
1987	50	2 929	12	634	38	2 295
1988	37	3 069	13	1 374	23	1 695
1989	34	2 441	11	1 075	23	1 366
1990	24	1 765	10	882	14	883

续前表

年份	所有支出 排名	所有支出 合计	原始支出 排名	原始支出 合计	二次支出 排名	二次支出 合计
1991	35	2 289	8	808	27	1 480
1992	58	6 616	8	919	50	5 698
1993	141	18 327	50	9 335	91	8 991
1994	146	14 771	45	7 176	101	7 596
1995	195	12 435	8	922	187	11 513
1996	221	17 063	6	1 108	215	15 955
1997	463	45 271	26	6 297	437	38 974
1998	474	38 382	17	2 129	457	36 252
1999	205	17 214	2	292	203	16 921
2000	114	10 376	0	0	114	10 376
2001	127	18 752	0	0	127	18 753
2002	187	19 768	3	608	184	19 159
2003	228	25 562	8	2 646	220	22 915

资料来源：NAREIT web page (http://www.NAREIT.com)。

1970 年 REIT 的广泛破产给了这种所有权形式黑暗的前景，直到 80 年代后期房地产投资信托行业都没有恢复元气。排名下降有两个主要原因，REIT 的资产和价值。一个是在前面章节讨论过的储蓄机构在当时也遇到的到期期限失配问题。本质上讲，部分 REIT 的组织结构与储蓄机构几乎等同。例如在 1974 年 REIT 行业合计 34％的资产都由长期（其他）贷款构成，而同时几乎 50％的资金来源是短期贷款（银行借款和商业合同）。所以当 70 年代利率上调，REIT 不得不以更高利率再融资时，其所拥有资产的回报率却没有变化。于是当 REIT 的资产市值相对低于其债务时，其资产净值就被侵蚀了。

许多房地产投资信托破产的第二个原因与代理问题有关。在 1974 年，47％的 REIT 资产用于发放置地、建设与房地产开发贷款。这类贷款的风险性高，因为它们被用来开发物业而不是购买现有物业。而且与发放开发性贷款相伴的就是现金流被用来投机，这是因为附加风险较高，开发性贷款的利率就会高于购买现有物业贷款的利率。

70 年代出现的代理问题导致的结果是：开发性贷款的贷款人以票面价值将实际价值已经下降的资产卖给 REIT。因此，当作为 REIT 顾问的商业银行促使 REIT 购买那种以投机为目的后来被认定为投机的开发性贷款时，如果银行（也是 REIT 的顾问）以票面价值将贷款卖给 REIT，就会以牺牲 REIT 股东为代价获得财产溢价。这种 REIT 顾问出售房地产物业给 REIT 的行为，使投资者谨慎地对待房地产投资信托。表 20—3 显示出公开上市的 REIT 公司在 70 年代的中期到末期大量减少。现在，土地开发和建设贷款在所有 REIT 的资产中仅占很小的份额。

房地产投资信托：对资本结构决策的分析实验

不考虑 REIT 的资产所有权形式（权益型、抵押贷款型、混合型），房地产投资信托都会通过发行债券融资以获得部分收购资金。那些发行债券的 REIT 就是融资型 REIT。它们体现出一种有趣的现象：我们都知道，REIT 在经济实体层面免税，它们也不像普通公司那样获得利息税减免。因此，对 REIT 来说，为了避税而负债融资是没有理由的。从这个意义上说，我们就有机会了解在"免税世界"中金融杠杆所起的作用。

关于应用金融杠杆是否会提升 REIT 的价值有很多争议，也就是说，人们对 REIT 发行债券融资以进行资产收购有许多不同的看法。

第一，涉及个人所得税。即使 REIT 在公司层面不上税，但 REIT 的债券持有人和股票持有人需要上税。如果股票的个人税率低于利息税率，那么投资者就会购买更多的股票，并减少购买公债。房地产的避税特性间接表明股票的税率低于债券的税率，而运用金融杠杆会对 REIT 的价值产生负面影响。第二，如果举债增加了 REIT 破产和违约的可能性，那么举债就产生了负面影响。第三，那些从基金借款的 REIT 必然会与普通纳税公司竞争，而普通纳税公司享受利息税减免。这意味着当 REIT 争取贷款时在市场上会处于不利地位，因为它们支付的利率太高。从以上各方面来说，REIT 举债融资不可取。

另一方面，房地产物业不可移动，而贷方又乐于接受。从这个角度来看，它们通常是最好的贷款抵押物。在此还有一种观点：公司管理者所掌握的关于公司价值的信息比市场所掌握的更多。如果管理层相信 REIT 的股票价值被低估了，他们宁愿发行债券来为收购融资。（如果公司不能获得新股的全部价值何必发行股票？）这对市场来说也许是一个信号：REIT 的价值远大于市场所给定的价值。我们也知道有些 REIT 的投资者是机构投资者，比如养老基金。法律禁止养老基金举债投资于资产，其本身也不能举债融资。即使它们购买抵押物业，他们也可能招致在前面章节提到的非主营所得税（UBIT）带来的风险。然而，REIT 投资可以避免非主营所得税招致的风险。因此，这些机构投资者就会购买举债融资的 REIT 公司的债券，以使用其本身不能使用的金融杠杆政策。我们发现，REIT 举债的理论争辩相互混杂。

房地产投资信托运用金融杠杆的效用在事实上也混淆了这些观点。玛丽斯和伊莱安（Maris & Elayan）调查了 61 家 REIT 企业在 80 年代的资金成本，发现通过运用金融杠杆只会使资金成本轻微增长。这意味引入债务后 REIT 的价值将下降。额外的债务提高了获得资金的平均成本。

而豪和希林发现大型房地产投资信托的价值增长与债券发行同时发生[5]，而相反地，宣布新股发行时 REIT 的价值下跌。

然而，没有一项研究表明变化是明显的，这只是指出 REIT 运用金融杠杆可能会有不好的影响。

深入研究所有权的公司制与合伙形式

我们通过总结这章与其他章节，对房地产所有制中公司制与合伙制这两种模式进行深层次比较。这两种所有权形式是当排除房地产投资信托模式的情况下的替代形式；举例来说，如果为中等规模投资，如果需要保留收益进行再投资，或者如果不需要进入大型资本市场，依据房地产投资的特点，这两种所有权形式都将产生较高的回报。在这里，我们假设不考虑有限责任合伙企业，因为有限责任合伙企业还是用合伙所有权形式持有房地产。

哪种所有权形式能够给投资者带来最高的税后现金流现值，投资者就会采用那种所有权形式。有几个概念我们一定要清楚：第一，必须是现金流的现值，而不是整个经营期的总收入。第二，衡量标准是税后现金，而不是税前收入，因此税法对选择持有房地产的最佳所有权形式有重要的影响。第三，考虑的是针对投资者的回报，不是针对持有房地产的经济实体的回报。如果是由公司持有房地产，那就是衡量股东所得到的利润价值，而不是对公司层面来说的利润。

早在1986年《税收改革法案》出台前，因为公司需承担双重税负而合伙企业可以进行亏损转移使得以合伙制持有房地产更为有利。如果收入和现金流为正，公司制所有权形式就会承担双重税负，而在合伙制形式下只有在投资者层面才需缴税。如果收入（不考虑现金流）为负，公司制就不能像合伙制那样转移亏损。因此，在1986年以前，合伙制占主导地位，而1986年《税收改革法案》的出台改变了其主导状况。1986年《税收改革法案》主要限制了利用消极亏损去抵销平衡其他收入。当合伙企业的投资者不能利用消极亏损（除去抵销消极收入）时，公司的投资者却可以利用消极亏损抵销其他收入，这就减轻了公司投资者承担双重税负的刺痛并给公司制带来许多好处。但对公司制的主要不利因素——收入双重征税还是保留下来了。

在给定的税收环境下，以下几个因素将决定持有房地产的最佳所有权形式。

折旧额。折旧是一种出于税收减免目的的非现金支出，经过充分折旧，房地产投资的运营净收入（NOI）可以接近为零（但需要正现金流）。如果房地产投资的运营净收入（NOI）在一个重要的持有期接近为零，则双重征税问题几乎消失。因此，加速折旧对公司制所有权形式比较有利；而减缓折旧导致运营净收入为正值，对合伙制所有权形式有利。

持有期。如果投资者预期长期持有房地产，他将更加乐于采用公司制形式。任何由公司留存的现金流除非分配都不需缴税。在长期持有的情况下，现金流能够被用来再投资，而且长期用来再投资的现金流避开了双重征税。虽然税金最终会支付，但毕竟是在未来扣除了（成本）现值的某一天。

如果投资者预期短期持有房地产，他就会乐于采用合伙制形式，尤其是在投资初期产生了挂账消极亏损的情况下。只有当物业被出售时挂账亏损才能够用来抵销其他收入。因此，短期持有房地产将会引致使用投资初期的挂账亏损和有关的税收优惠来获益。

留存收益。如果投资者需要再投资大量现金于房地产，那么公司制形式将受益。原因同样是双重征税。如果保留大量现金，公司就能够用来投资并避免作为个人投资者所需缴纳的税金。而在合伙制形式下，任何一笔合伙人（投资者）的收入都需要上税。

抵税额（税务补贴）。如果经营低收入物业或修复重建物业时可以得到税务补贴，那么合伙制形式也许就是两种方案中的最佳选择。在公司制形式下，税务补贴发生在公司层面，公司层面比其他层面缴税少，但这意味着投资者最终获得更多的现金流（由于公司层面的税收减免）并因此在个人层面要纳税。而在合伙制形式下，抵税效果将直接针对投资者。

使用债务融资。在物业适于做贷款担保物而通过股票获得资金有难度的情况下，进行大规模物业举债融资几乎是灾难性的。因为利息税务减免的特性，投资者将乐于采用公司制。这与前面提到的投资者利用高额折旧原因相同。因此，对于加速折旧同时承担利息支出的物业，公司制可能最为有利。

消极亏损限额。投资者可以使用积极收入和消极收入来抵销消极亏损。在这种情况下，消极亏损限额就约束更少而投资者将更乐意采用合伙制形式。如果投资者没有消极收入来抵销消极亏损，而只有公司制才能利用消极亏损来抵销非消极收入，投资者将乐意采用公司制。

表20—4列出了房地产投资中影响所有权形式（公司制或合伙制）选择的几个方面。通常公司收入的双重征税使公司制与合伙制相比处于明显不利的位置。在这里归纳了几点即使有消极亏损限额，公司制仍旧优于合伙制的原因。对物业来说，高额折旧、预期长期持有物业、需要利用现金流再投资、不符合税务补贴条件以及进行了债务融资等原因决定了公司制的主导地位。

表20—4　　　　　　　　决定房地产的最佳持有方式的因素

公司所有制	合伙所有制
1. 大额折旧	1. 小额折旧
2. 长期持有	2. 短期持有
3. 需要留存收益	3. 需要现金分红
4. 无税务补贴	4. 可获得税务补贴
5. 通过债务融资	5. 通过股票融资
6. 无消极收入	6. 有消极收入来抵销消极亏损

我们可以通过衡量投资者最终获得（并非持有物业的实体）的税后现金流的现值来选择最佳的所有权形式。税后现金流的多少取决于是否双重征税、可以减免税的折旧额和利息支出、现金流的再投资、利用消极亏损抵销其他收入。

表20—5总结了前面所述的观点。房地产投资没有完美的所有权形式，投资者甚至可能因为乐于从事可以自行管理的小型收购而采用独资形式。然而，如果考虑到税收政策、与资本市场接轨（流通）、许多房地产项目需要大规模投资，房地产投资信托（REIT）或者房地产有限合伙（RELP）那样的所有权形式就很可能是最佳选择。

表20—5　房地产所有权形式总结

特征	独资	C型公司	S型公司	私人有限责任合伙企业	上市合伙企业	房地产投资信托
个人责任	无限	有限	有限	有限	有限	有限
税法规定双重征税	没有	有	没有	没有	没有	没有
损失的传递	25 000元以内	可以冲抵积极商业收入和投资组合收入	只能冲抵积极商业收入	没有	没有	没有
流动性	低	低	低	低	好	很好
进入权益资本市场融资的能力	没有	中等	没有	有限	好	很好
要求的最低投资额	难以负担	中等	中等	中等	中等	很小
获取的资产的规模	小	中等	中等	中等	中等—大	大
政府对财务决策的限制	没有	没有	没有	没有	没有	很多
参与管理决策的程度	很高	中等	很高	中等	不参与	不参与
总体	差—中等	差—中等	差—中等	中等	中等—好	好—很好
评价	对希望投资小型房地产的投资者而言较好，分散化能力有限	对没有利润但有正的现金流的房地产再投资而言较好	类似合伙企业，但有股东数目限制	适用于小规模投资，筹集资金的成本相对高	由于消极损失不能使用，所以类似于REIT，REIT可有更好	税收条例使得REIT对大规模投资而言是好的选择

第 20 章 房地产融资与持有的所有权结构

小 结

影响房地产投资所有权形式的三个主要因素是：税收政策、个人（投资者）责任、与资本市场接轨。税收政策影响投资者从事房地产投资的税后现金流。在其他条件相同的情况下，那些使投资者获得更多（更快）的税后现金流的所有权形式就是投资者更乐意的持有运作模式。公司制的双重征税问题使得它明显处于不利地位，但对亏损转移的限制（1986 年《税收改革法案》）同样降低了合伙制的投资价值。

投资者也会考虑有限责任问题。房地产举债融资的风险性很高。当物业的价值低于债务价值时，债权人就会追讨差额，而投资者却不希望他们的债务超过原始出资额。独资制将投资者暴露在这种风险下，而其他许多所有权形式，包括公司制、有限合伙制、房地产投资信托（REIT）都只承担有限责任。

对于大型房地产投资，进入资本市场尤为重要。在这里，所有权形式应适用于在大型、有效的资本市场交易的股票或股权。大型有限责任合伙企业（MLP）和房地产投资信托（REIT）比起私营有限责任合伙企业、S 型公司或独资公司更容易进入大型资本市场。

在 1986 年《税收改革法案》出台前，房地产有限责任合伙企业十分普遍。在那个时候，亏损能够转嫁给有限合伙人。有许多案例，高额借债融资（高金融杠杆）的有限责任合伙企业的投资者在投资初期会享受到至少等于初始投资的税收减免。而《税收改革法案》对消极亏损的限制降低了合伙制的投资价值。除非该合伙企业与大型资本市场接轨（如大型有限责任合伙企业），否则投资者不再乐意选择合伙制。

1960 年由国会设立了房地产投资信托（REIT）形式。设立 REIT 的立法免除了通常公司制形式中的双重税负。然而房地产投资信托因为到期期限失配和投资于高风险的大规模收购、建设、开发贷款，其在 70 年代表现糟糕。因为 70 年代市场利率上调，带来房地产投资信托（REIT）的货币成本增加；同时其抵押贷款投资组合的收益又持续偏低，这使得它们的资产权已逐渐被利息支出侵蚀；其发放的用于兼并、房地产开发和建设的投机性贷款（ADC）成为呆账。这些因素综合起来导致房地产投资信托（REIT）全面崩溃。投资者对这种所有权形式失去了信心，使其无法上市发行新证券融资。房地产投资信托（REIT）在 80 年代中后期卷土重来，资产和债务的到期期限构成更为合理，同时 1986 年《税收改革法案》降低了合伙制的投资价值。

对大规模投资来说，最好的所有权形式仍然是大型公开交易的合伙企业和房地产投资信托（REIT）。对小规模投资来说，公司制尽管要双重征税但还是会带来收益。如果投资者倾向长期持有房地产物业，并且举债融资，或如果物业进行高额折旧，或如果公司有着用以抵销源自物业亏损的其他收入，公司制的投资模式就会比较理想。对于中等规模投资，私营有限责任合伙企业因为可以避免双重征税而占主导地位。

因为投资者有着多种不同的需要和预期，各种所有权形式才得以存在。即使是独资所有权形式也有小额投资者乐于采用，因为投资者能够最大限度地控制管理物业，还能够获得主要的管理者—投资者才能享受的2.5万美元的亏损转移免税额。

关 键 词

C型公司	普通合伙人
封闭型房地产投资信托	混合型房地产投资信托
偿还期延长	有限责任
双重征税	有限责任合伙企业
权益型房地产投资信托	大型有限责任合伙企业（MLP）
定期型房地产投资信托	抵押贷款型房地产投资信托
股份利益自由转让	开放型房地产投资信托
经营所得收入	公开交易型合伙企业（PTP）
房地产投资信托（REIT）	自偿还型房地产投资信托
《统一有限责任合伙企业法修正案》	《统一有限责任合伙企业法案》（ULPA）
S型公司	

推荐读物

Allen, M. T., J. Madura, and T. Springer. 2000. REIT characteristics and the sensitivity of REIT returns. *Journal of Real Estate Finance and Economics* 21 (2), 141–152.

Anderson, R. I., D. Lewis, and T. Springer. 2000. Operating efficiencies in real estate: A critical review of the literature. *Journal of Real Estate Literature* 8 (1), 3–18.

Capozza. D., and P. Sequin. 2000. Debt, agency, and management contracts in REITs: The external advisor puzzle. *Journal of Real Estate Finance and Economics* 20 (2) (March), 91–116.

Chandrashekaran, V., and M. Young. 1999. Industry concentration: The case of REITs. *Real Estate Finance* 16 (3) (Fall), 27–35.

Conover, C. M., H. S. Friday, and G. S. Sirmans. 2002. Diversification benefits from foreign REITs. *Journal of Real Estate Portfolio Management* 8 (1), 17–26.

Corgel, J. B., W McIntosh, and S. Ott. 1995. Real estate investment trusts: A review of the financial economics literature. *Journal of Real Estate Literature* 3 (1), 13-46.

Erickson, J. R., and A. Fiedman. 1987. Estimating the cost of capital for a REIT: A case study. *The Real Estate Appraiser and Analyst* (Fall/Winter).

Glascock, J. L., and W. T. Hughes. 1995 NAREIT identified exchange listed REITs and their performance characteristics: 1972—1991. *Journal of Real Estate Literature* 3, 63-83.

Gould, A., and A. Van Dyke. 1990. Properly ownership: Key considerations in choice of entity. *Real Estate Accounting and Taxation* 15 (Summed), 43-51.

Healey, T., R. Papert, and S. Shepherd. 1990. Real estate finance alternatives in corporate restructurings. *Real Eastate Finance Journal* 5 (Spring), 9-16.

Investment Partnership Association. 1990. Partnership in America: An analysis of limited partnerships. *Real Estate Accounting and Taxation* (Winter).

Kapplin, S. D. and A. L. Schwartz, Jr. 1988. Public real estate limited partnership returns: A preliminary comparison with other investments. *Journal of the American Real Estate and Urban Economics Association* 16 (Spring), 63-68.

Lentz, G., and J. Fisher. 1989. Tax reform and organizational forms for holding investment real estate: Corporation vs. partnership. *Journal of the American Real Estate and Urban Economics Association* 17 (Fall).

Levinson, S. E., and G. Rozenshteyn. 2000. REITs: Will the new legislation solve old problems? *The Real Estate Finance Journal* (Fall), 5-10.

Maris, B., and F. Elayan. 1990. Capital structure and the cost of capital for untaxed firms: The case of REITs. *Journal of the American Real Estate and Urban Ecnomics Associationl* 18 (Spring), 22-39.

McIntosh, W., C. Rogers, C. F. Sirmans, and Y. Liang. 1994. Stock price and management changes: The case of REITs. *AREUEA Journal* 22, 515-526.

Wang, K., J. Erickson, and G. W. Gau. 1993. Dividend policies and dividend announcement effects for REITs. *AREUEA Journal* 21, 185-201.

Webb, J. R. 1984. Real estate investment acquisition rules of life insurance companies and pension funds: A survey. *Journal of the American Real Estate and Urban Economics Association* 12 (Winter), 495-500.

Webb, J. R., and W. McIntosh. 1986. Real estate investment acquisition rules for REITs: A survey. *Journal of Real Estate Research* (Fall), 465-495.

Zietz, E. N., G. S. Sirmans, and H. S. Friday. 2003. The environment and performance of real estate investment trusts. *Journal of Real Estate Portfolio*

Management 9 (2), 127–166.

复习思考题

1. 列出影响投资者选择持有房地产的三个主要因素，并解释它们对所有权形式有何影响。
2. 列出投资者可以采用的各种房地产所有权形式，并列出每种形式的至少一项优点和缺点。
3. 解释对公司收入的双重征税意味着什么？
4. 为什么说有限责任合伙企业比起S型公司是更好的房地产所有权形式？
5. 有限责任合伙企业与普通合伙企业有哪些不同？
6. 列出用于区别合伙企业与公司的四项标准。指出这四点中合伙制与公司制的区别。
7. 什么是业主有限合伙制，它与普通有限合伙制有何区别？
8. 列出投资机构满足作为房地产投资信托的至少六点要求。
9. 列出并定义四种类型的房地产投资信托。
10. 解释为何在19世纪70年代大多数房地产投资信托破产。
11. 房地产投资具备哪些特点会使投资者更加青睐公司制而不是合伙制？具备哪些特点会选择合伙制？对各种原因进行解释。

相关网站

http://www.nareit.com
美国房地产投资信托协会的网址

注 释

[1] 为了避税，房地产投资信托最初通过信托方式持有房地产物业，并在资本市场出售信托受益权益。后来在1960年，美国财政部允许投资者以公司制方式持有房地产资产，而且在满足一些限制条件的情况下可以避税。今天，房地产投资信托更多指代的是持有房地产物业的公司形式。

[2] 本书范围内不包括建立大型有限责任合伙企业的其他方式。

[3] J. Howe and J. Shilling. REIT advisor performance. *AREUEA Journal* 18 (4) (Winter 1990), 479–500.

[4] B. Maris and F. Elayan. Capital structure and the cost of capital for untaxed firms: The case of REITs. *AREUEA Journal* 18 (1) (Spring 1990), 22–39.

[5] J. Howe and J. Shilling. Capital structure theory and REIT security offerings. *Journal of Finance* 43 (4) (September 1988), 983–993.

第四部分

房地产金融专题

- 第21章 投资组合中的房地产
- 第22章 房地产金融中的责任、代理问题、欺诈和职业道德本部分论述与房地产金融有附带关系的话题。在这里，我们考虑投资组合的建设和分散化在降低房地产投资风险上的作用，我们也将考虑房地产信贷中的贷款人法律责任问题以及欺诈和道德问题。

第21章

投资组合中的房地产

学习目标

在本章中,我们将讨论房地产投资在投资组合中的重要性。**投资组合**是指一组资产的组合。尽管投资组合可以只包含一项资产,但是通常情况下,它被看作多种不同类型资产的组合。通过本章的学习,你会了解投资组合的风险和收益是如何与构成组合的各个资产相区别的。你会了解多元化投资组合,即多种不同类型的资产形成投资组合的过程,如何影响投资组合的风险。你也会了解到在组建"有效的"投资组合时,资产的哪些特性很重要。有效的投资组合是那些在既定风险下能够使期望收益最大化或在既定收益下能够使风险最小化的投资组合。你将看到房地产投资中的哪些特性影响着有效投资组合的建立。最后,你将看到实现多元化的房地产投资组合的多条途径,包括不同类型的房地产组合和不同区位的房地产组合。

导言

在本章中,我们将探讨房地产投资在投资组合中的作用。我们先讨论投资多元化的本质及多元化投资对投资组合的风险和回报的影响。你将看到单一投资和投资组合之间的风险差异。之后我们会讨论一些包含投资组合风险概念的资产定价理论。你将会仅从一种资产与其他投资组合的关系角度来认识其风险。

在本章中的后半部分,我们将讨论房地产在**混合资产投资组合**中的作用。混合资产投资组合即包含不同类型资产的投资组合。最后，我们将分析只包含房地产资产的**投资组合多元化**。在这里，多元化投资组合是指不同区位不同类型房地产的组合。

投资多元化的本质

投资者关心的是一项资产的期望收益和风险。收益和风险是密不可分的。金融理论中的一个基本前提就是承担额外风险的投资者必须得到更高的期望收益。这就说明了为什么高风险投资，比如科技股，就有高于政府债券等无风险投资的初始收益。所幸，投资者不必分别投资，他们可以将有着不同期望收益和风险的多种资产组成投资组合。多元化投资组合的主要作用就是降低了一部分风险。

风险可以被定义为一项投资的实际收益不同于期望收益的可能性（和概率）。它可以用一项资产的收益变动情况来衡量。在风险的定义中有两个隐含的要素。第一，要认识到在实际收益和期望收益之间存在绝对差额。第二，要考虑到实际收益不同于期望收益的概率。我们来看下面这个简单的例子。表 21—1 列出了在未来一年中两项投资的期望收益和可能收益。投资 A 的可能收益与期望收益间存在相当大的差额，而投资 B 的可能收益则接近期望收益。一开始，人们可能会认为二者之中投资 A 风险更大。但是，请注意每个例子中给出的可能收益和期望收益的概率。投资 A 中的可能收益（不是期望收益）发生的概率非常低。我们可以分配给可能收益足够小的概率，这样投资 A 实际上就变得没有风险了。投资 B 不能获得预期收益的概率说明其风险可能更大。下面，我们将运用单一投资的风险决定公式。如果将表 21—1 中的数据代入这一公式，将证明投资 B 的风险确实要高于投资 A。

表 21—1　　　　　　　　　　未来一年的收益分布

	投资 A		投资 B	
	可能收益（%）	概率	可能收益（%）	概率
	2	0.02	7	0.30
	9	0.96	9	0.40
	16	0.02	11	0.30
期望收益（%）	9		9	

为了理解多元化投资组合可以降低风险，我们来看下面这个简单的例子。表 21—2 列出了投资 X 和投资 Y 的期望收益和可能收益。每项投资的期望收益 $E(R)$ 根据可能收益及其发生的概率计算，公式如下：

$$E(R) = P_1R_1 + P_2R_2 + \cdots + P_nR_n = \sum_{i=1}^{n} P_iR_i \qquad (21—1)$$

式中，i 代表各项投资。X 和 Y 的期望收益均为 $E(R)=(0.06\times0.2)+(0.07\times0.2)+(0.08\times0.2)+(0.09\times0.2)+(0.10\times0.2)=0.08$。

同样地，风险计算公式不仅考虑了期望收益与可能收益之间的差额，还考虑了它们发生的概率。那就是每个可能收益与期望收益之间的差额的平方 $[R_1-E(R)]^2$ 乘以可能收益的概率 P，公式如下：

$$\sigma^2 = [R_1-E(R)]^2 \times P_1 + [R_1-E(R)]^2 \times P_2 + \cdots + [R_n-E(R)]^2 \times P_n$$
$$= \sum_{i=1}^{n}[R_i-E(R)]^2 P_i \qquad (21-2)$$

式中，σ 是标准差或风险；n 是投资的数量。

因此，在表 21—2 中，每项投资的风险可以这样计算：

$$\sigma^2 = (0.06-0.08)^2 \times 0.2 + (0.07-0.08)^2 \times 0.2 + (0.08-0.08)^2 \times 0.2$$
$$+ (0.09-0.08)^2 \times 0.2 + (0.10-0.08)^2 \times 0.2$$

由公式 21—2 得到的风险计量尺度称为方差。它的平方根 σ 被称为标准差。

为了表述的需要，表 21—2 中的每项投资的期望收益和风险都被赋予相同的值。很明显，至此，从风险和回报的角度来考虑，两项投资是完全相同的。每一项都有同样的期望收益率 8%，同样的风险 $\sigma=0.014\ 14$。图 21—1 列出了每项投资的可能收益的概率分布。

表 21—2　　　　　　　　　　　未来一年的收益分布

	投资 X		投资 Y	
	可能收益（%）	概率	可能收益（%）	概率
	6	0.2	6	0.2
	7	0.2	7	0.2
	8	0.2	8	0.2
	9	0.2	9	0.2
	10	0.2	10	0.2
期望收益（%）	8		8	
方差	0.000 20		0.000 20	
标准差	0.014 14		0.014 14	

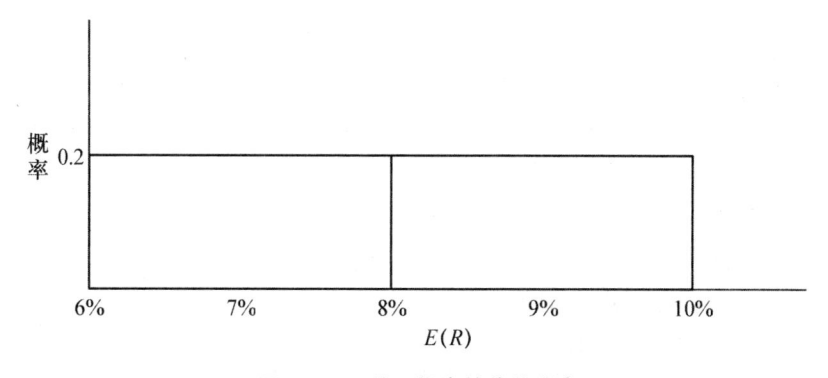

图 21—1　单一投资的收益分布

如果一个理性的投资者要对两项投资中的任何一个进行单独投资,他应该是不存在偏好的,因为两项投资都有相同的期望收益和风险。但是如果投资者想对每项资产各投入一半资金会怎么样呢?如此划分的投资组合将有怎样的收益和风险呢?你可能会认为两项相同的投资形成的投资组合与单独持有其中任何一个有着同样的风险和收益,但事实却不是这样的。

为了解释这一问题,我们假设投资 X 和投资 Y 的收益是完全不相关的(以统计术语描述即为两项投资的收益之间的相关系数为零)。这意味着一项投资的收益对另一项投资的收益没有影响。如果以更准确的方式来描述这种收益之间的不相关性,那就是,了解一项投资的收益对预测另一项投资的收益并无帮助。换句话说,如果你知道投资 X 去年的实际收益率是 7%,这一信息对你预测投资 Y 的收益毫无用处。如果两项投资的收益是完全不相关的,由等额的 X 和 Y 组成的投资组合的期望收益和风险将如表 21—3 所示。

表 21—3　　　　　　　　　　未来一年的收益分布

包含 X 和 Y 的投资组合	
可能收益(%)	概率
6.0	0.04
6.5	0.08
7.0	0.12
7.5	0.16
8.0	0.20
8.5	0.16
9.0	0.12
9.5	0.08
10.0	0.04
总和	1.00
期望值	8%
方差	0.000 1
标准差	0.01

表 21—3 中的值是这样推导的。注意第一行列出的投资组合可能收益率是 6%。但是,要实现这一收益率,两项投资的收益率都要达到 6%。由概率理论可知,两个独立事件同时发生的概率等于它们单独发生的概率的乘积。因此,两项投资(以及投资组合)的收益率为 6% 的概率为 0.2×0.2=0.04。下一行的可能收益率为 6.5%。这一投资组合收益有两种实现方式:如果投资 X 的收益率为 6%,投资 Y 的收益率为 7%,或者反过来,投资 X 的收益率为 7%,投资 Y 的收益率为 6%。因为这两项投资各自的概率都为 4%,所以它们的联合概率为 8%。

同样的理论也可以用于所列出的其他概率值。例如,一个投资组合要实现 8% 的收益率有五种方式(X 和 Y 的收益率分别为 6% 和 10%、7% 和 9%、8% 和 8%、9% 和 7%、10% 和 6%),所以此时的概率为 20% (5×0.04)。总体的概率分布如图 21—2 所示。在图中我们应当注意到两点：第一，收益率极值，6% 和 10% 的概率明显从 20% 下降到 4%。第二，期望收益（及其概率）仍保持不变。总之，由此说明投资组合的风险小于其中任何一项单独投资的风险。但是，期望收益并没有降低。这个简单的两项资产的投资组合的标准差为 0.01，低于其中任何一项单独投资的标准差。事实上，如果 100 项与 X 或 Y 相同的资产组成一个投资组合，期望收益仍会保持 8%，但是如标准差所示，风险则会减小到可以忽略。这个投资组合的收益率绝不可能远小于 7.9% 或远大于 8.1%。如果有足够多的与 X 或 Y 相同的资产，建立一个收益率为 8% 的投资组合就是实际可行的。

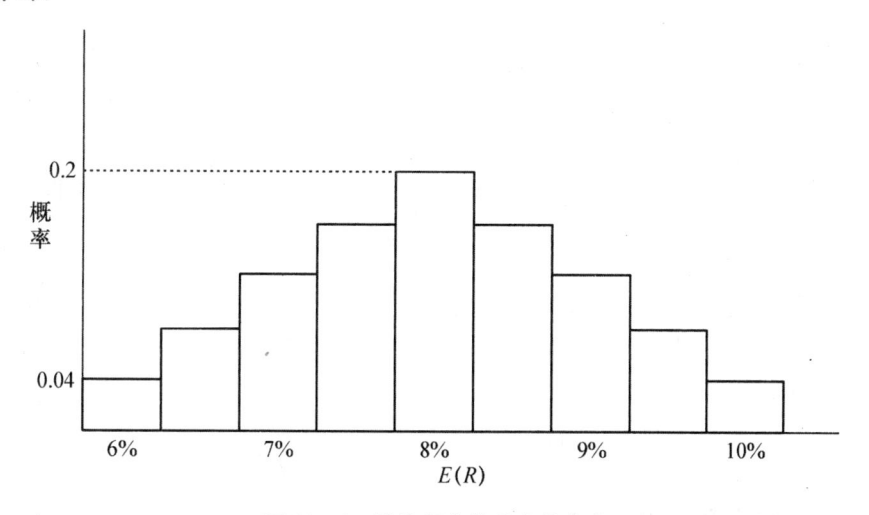

图 21—2　投资组合收益率的分布

通过多元化投资降低风险的程度取决于各项投资之间相关的程度。例如，如果投资 X 和投资 Y 高度相关，那么多元化投资也无法获益。如果投资 X 的收益率是 6%，而投资 Y 的收益率也是 6%，那么多元化投资就没有益处，投资组合与任何一项单一投资的效果完全相同。另一方面，如果两项投资完全不相关，多元化投资能够将投资组合的风险降低到零。

两项投资收益（过去）的**相关性**可以由过去收益的统计样本判断并以相关系数 r_{xy} 表示：

$$r_{xy} = \frac{\sum_{t=1}^{n}(R_{x,t}-\overline{R}_x)(R_{y,t}-\overline{R}_y)/N}{\sigma_x \sigma_y} \tag{21—3}$$

式中，N 是样本中的时期数；$\overline{R}_x$ 和 $\overline{R}_y$ 是投资 X 和 Y 的平均收益；$R_{x,t}$ 和 $R_{y,t}$ 是投资 X 和 Y 在每一时期 t 的实际收益；σ_x 和 σ_y 分别是投资 X 和 Y 的收益的标准差。

注意当 R_x 和 R_y 总是高于各自的平均收益时，公式 21—3 的分子是正值。当两个值都与低于各自的平均收益时，分子仍为正值。因此，如果两项投资的收益按正比例变化（同时上升或下降），相关系数就是正值。如果一项投资的收益上升而另一项下降，则相关系数就是负值。当然，如果两项收益之间完全不相关，则相关系数为零。

从这种关系中，你会看到两项资产的投资组合的风险在某种程度上取决于它们收益之间的相关系数。对于一个有两项资产（X，Y）的投资组合，投资组合σ_p的收益的标准差可以这样计算：

$$\sigma_p=\sqrt{(\alpha \cdot \sigma_x)^2+[(1-\alpha) \cdot \sigma_y]^2+2\alpha \cdot \sigma_x[(1-\alpha) \cdot \sigma_y r_{xy}]} \qquad (21-4)$$

式中，α是以资产X表示的投资组合的权重。

这一公式在20世纪50年代末由哈里·马科维茨（Harry Markowitz）提出，并被称为马科维茨多元化投资公式。[1]请注意，r_{xy}越小，投资组合的风险就越小。实际上，如果r_{xy}小到可以忽略，那么投资组合收益的标准差就会为零。

表21—3中的收益是基于这样的假设：投资X和Y的收益相关性为零。根据公式21—4和表21—2中的标准差，我们可以确定这里的标准差是0.01。

$$0.01=\sqrt{(0.5 \times 0.014\ 14)^2+(0.5 \times 0.014\ 14)^2+0}$$

虽然多元化投资可以降低投资组合的风险，但是不一定会影响投资组合的收益。投资组合的收益等于其中每项投资收益的加权平均。因此，投资组合的收益可以这样表示：

$$R=\alpha R_x+(1-\alpha)R_y \qquad (21-5)$$

◆投资多元化的益处

投资多元化的价值在于多种投资组合在一起可以降低风险。即使各项投资的收益彼此独立（不相关），投资组合也能降低单独投资某项资产的风险。而且，这种风险的降低对投资者来说是没有成本的。除了略高（有时并不高）的交易成本，投资多元化可以无成本地降低风险。但是，投资多元化不会降低收益。公式21—5说明投资组合的收益是其中各项资产收益的加权平均，这种关系如图21—3所示。我们来看两项独立的投资和投资组合中的两项投资的期望风险和收益。点X和Y代表两项彼此独立的资产的期望收益和风险。投资Y比投资X风险更大，期望收益更高。理性的投资者在这两项投资之间并不敏感，因为风险更大的投资有更高的期望收益。但是如果两项资产组成投资组合会怎么样呢？公式21—4说明了投资组合的风险（标准差）取决于单个投资的风险、它们的收益之间的相关性和它们在投资组合中的比重。公式21—5说明了投资组合的期望收益取决于单个投资的期望收益和它们在投资组合中的比重。

我们来看三种情况，每种都有不同的相关系数：绝对的正相关（+1）、不相关（0）和绝对的负相关（-1）。在图21—3中，点X和Y之间的直线部分说明收益是绝对正相关的。多元化投资没有带来更多收益。包含更多资产Y的投资组合会获得更多的收益，但是也承担更高的风险，因此没有给投资者带来高于单一投资的收益。曲线部分说明当相关系数为零时风险和收益的关系。风险是可以**被降低的**（理论上可以降低到 σ'）。在以资产 X 为基础的投资组合中加入资产 Y 有两个好处：增加收益和降低风险。没有一个理性的投资者会全部投资到资产 X，因为他可以通过多元化投资组合增加收益和降低风险。图中弯折部分连同相关系数 -1 说明资产 X 和 Y 的适当比例能够达到零风险。这个适当的比例取决于单个资产的风险。

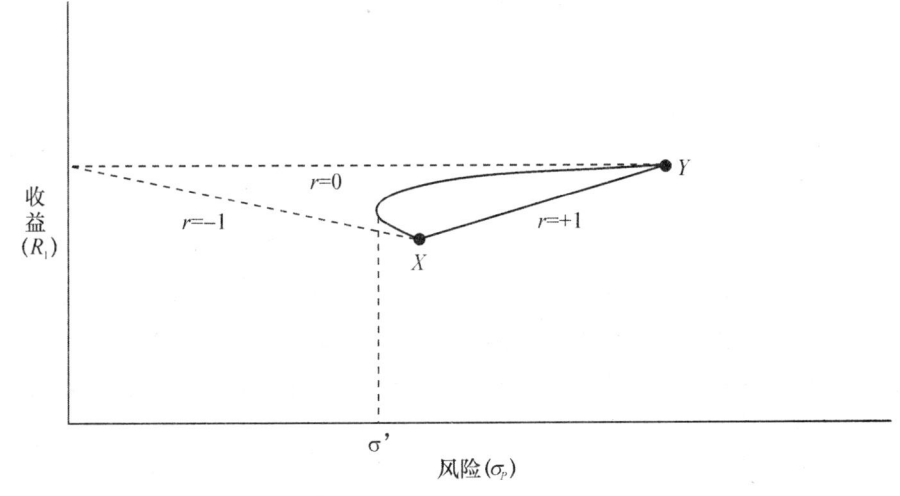

图 21—3　两项资产的风险收益

在此我们可以假设大多数资产之间是零相关的，这样风险和收益的关系可以用如图 21—4 中的曲线部分表示。理性的投资者会选择风险和收益关系如曲线上半部的投资组合，即点 B。

下面，我们来看在投资组合中引入第三、第四项及其他资产后的结果。**图 21—4 表示了其他资产是如何发挥作用的。**如果我们引入第三项资产 Z，可以看作是在原有的由资产 X 和 Y 组成的投资组合点 B 处加入资产 Z 而形成新的**投资组合**。因此，新的风险和收益关系将如点 Z、B、Y 之间的曲线所示。**按这样的方法加入更多项资产将引入新的曲线，最终，包含无限多项的投资组合的风险和收益关系将如图 21—5 所示。**

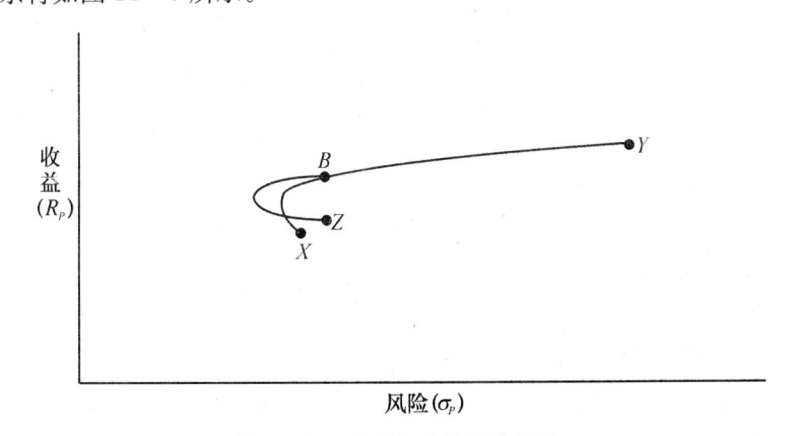

图 21—4　多项资产的风险收益

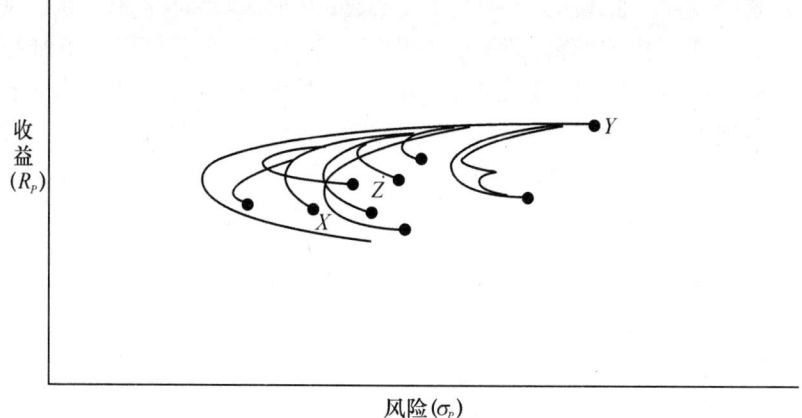

图 21—5　效率曲线

加粗的黑线代表所有投资组合在给定风险下的最大期望收益或在给定期望收益下的最低风险。这部分曲线被称为效率曲线，所有的理性投资者都会选择风险和收益符合这一曲线的投资组合。这一曲线上的投资组合被认为是均方差的，因为它们在既定风险下有最大收益或既定收益下风险最小。投资者会根据他们的风险偏好在曲线上的投资组合中进行选择。风险规避者会选择曲线左边的部分，而风险爱好者则会选择曲线右边风险更高的部分以追求更高的利润。

在这部分论述中需要牢记的是收益间相关性很小、不相关或负相关的投资可以组合成有效的投资组合。有效的投资组合几乎可以无成本地降低风险而不减少收益。建立投资组合的关键是寻找收益负相关的投资。

资产定价理论

公式 21—4 在计算若干资产的投资组合的风险时是非常有用的。这一公式可以用来计算单项投资对投资组合的风险的影响。这样，一项投资其相应的风险就与它对投资组合风险的贡献联系起来了。与现有组合中的资产收益负相关的投资是组建投资组合的最好选择。这一公式可以用于计算加入一项投资后降低了多少风险。不过公式也存在一些缺点。

这一公式在计算一项投资在投资组合风险中的作用时最主要的缺点就是有大量的因素和计算量。即使利用现代计算机，对含有多项资产的投资组合进行数据收集、输入和计算，也是非常浩大的工程。投资组合风险的公式必须兼顾每项资产的风险（标准差）以及每项资产与投资组合中其他资产的相关系数。随着投资组合中包含的资产数目的增加，确定新的投资组合风险（和新增资产对投资组合风险的影响）所需要的因素数目呈几何级增长，直至无法计算。因此，对那些试图建立有效的多元化投资组合的实际操作者来说，马科维茨公式作用有限。

资产定价模型

大约十年后，威廉·夏普（William Sharpe）[2]提出了另一种方法来代替马科维茨公式，他指出不需要将各项资产收益间的相关性联系起来，只需要与总数

第21章 投资组合中的房地产

（或投资组合的收益）联系起来。在本章附录 A 中有对这一模型的数学论证。但是在这里，结合以下股票市场中的案例，我们采用一种直观的方式来说明夏普的模型。

假设资产获得收益的唯一市场就是股票市场，并且大量社会投资者的投资管理者要尽力消除风险。因为多元化投资是无成本的，所以他们开始尽可能地分散投资。起初是一个简单的多元化投资过程，投资经营商只是单纯地增加股票而不考虑单只股票的风险或它对投资组合风险的贡献。现在，每只股票都有持有者。之后，如果大家都不想持有某只股票了，需求和价格都会下降，直到有人认为这只股票值得购买。这一简单的过程的结果就是所有的投资经营商最终的投资组合都会包含所有的股票。他们的投资组合将成为大的股票市场的缩影。根据定义，他们将通过多元化投资的过程消除所有可消除的风险。他们将消除所有**可分散风险**。这是否意味着所有的投资组合都没有风险了呢？不是。每一个投资组合都代表着股票市场，因此，每一个都有与市场相关的风险。投资股票市场并不是无风险的。每年的市场回报都是波动的。

现在假设每个投资经营者都试图进一步降低投资风险。怎样才能实现这一目的呢？市场上已经不再有能够降低的可分散风险，只剩下**不可分散的风险**。假设每个经理人都选择那些与市场同趋势并且波动大于市场趋势的股票。当市场收益上升时，这些股票的收益上升幅度更大；当收益下降时则反之。换句话说，投资组合的收益是投资组合中各项收益的平均值。如果市场组合的收益增加，那一定是因为某些股票的收益增长高于市场平均值，而其他股票的收益增长低于市场平均值。当市场收益降低的时候也是同样的情况。

经理人的可选策略就是售出那些收益波动大于市场趋势的股票。这样，他们不但消除了所有可分散风险，也消除了一些不可分散的市场风险。因此，夏普的方法关注单只股票（或其他投资）的收益与投资组合收益（市场指标）的关系。我们继续看这个例子，假设每个投资组合经营者都选择了那些波动大于市场趋势的股票。由于大量价格数据已知，这是不难实现的。每个人都想出售这些股票来购入那些波动较小的股票。但是在这一过程中，前一种股票的价格会下降，后一种股票的价格会上升。在其他条件相同时，下降的价格代表更高的期望收益，上升的价格代表更低的期望收益。以这种简单的方式，那些波动大于市场趋势并代表着投资组合附加风险的股票对潜在投资者来说必定有更高的期望收益率。夏普说明的这种关系的数学表达式被称为**资产定价模型**（**CAPM**），其数学表达式为：

$$R_J = R_f + \beta(R_m - R_f) \tag{21—6}$$

式中，R_J 是股票 J 的收益；R_f 是无风险利率；R_m 是市场收益。在资产定价模型中，β 代表单只股票收益和市场投资组合收益之间的关系。β 值大于 1 的投资要求高于市场值的期望收益；反之亦然。我们注意到资产定价模型的公式说明 β 值等于 1 的投资的期望收益率等于市场收益，由于投资的收益与市场的收益是一致的，这是合理的。

投资者通过持有无风险资产，特别是国债，也能获得同样的结果。当投资组合中加入无风险资产时，效率曲线会变得陡峭。如果我们考虑向图21—6中的点B代表的投资组合中加入无风险资产，之后新的效率曲线会如R_fBC的直线段所示。新的效率曲线也称为资本市场曲线，其为直线，因为加入无风险资产后影响了新的投资组合的收益，但是从投资多元化的角度来说（无风险投资没有收益方差），没有改变风险。我们看到如图21—6所示的新效率曲线所包含的一组投资组合，其更高的收益和更低的风险都优于其他的投资。因此，点B代表某种风险下的最优组合。根据他们的风险偏好，投资者将在这条资本市场曲线上选定投资组合。有些人可能会只投资无风险证券（点R_f），有些人可能会只投资有一定程度风险的组合，另一些人则会同时投资两种。

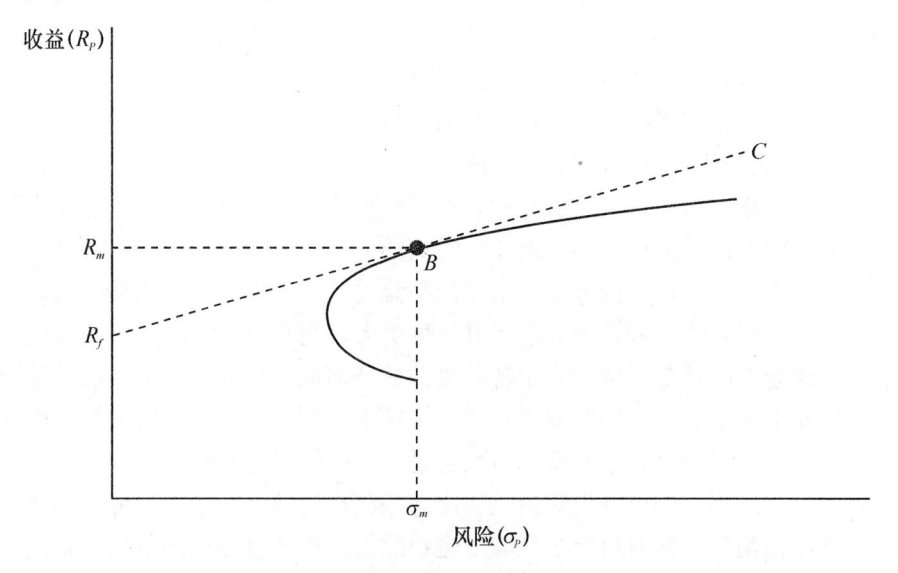

图 21—6　含有无风险资产的投资组合的建立

资本市场曲线的表达式很容易推导。线性表达式如下：

$$Y = A + BX \tag{21—7}$$

式中，A是截距；B是直线的斜率。直线的斜率等于收益与时间之比。如果在图21—6中点B是市场投资组合，它的期望收益和风险也将分别是市场值$E(R_m)$和d_m。从点R_f开始，资本市场曲线的斜率（收益与时间之比）是：

$$\frac{R_m - R_f}{\sigma_m - 0} = \frac{R_m - R_f}{\sigma_m} \tag{21—8}$$

资产市场曲线的表达式可以写成：

$$R_p = R_f + \frac{R_m - R_f}{\sigma_m}\sigma_p = R_f + (R_m - R_f)\frac{\sigma_p}{\sigma_m} \tag{21—9}$$

这与单种证券的资产定价模型很相似。

随着资产定价模型的发展，人们做了很多实证研究来证明它作为定价模型的有效性。大多数研究仅限于对股票收益的研究。证明的形式也很简单。人们采用截至某一点的历史数据来确定股票的 β 值;然后根据 β 值和无风险利率预测某只股票截至某一时点之后的收益;之后用预测收益与实际收益相比较。模型的预测能力准确度有限。大多数研究验证了最基本的关系,但是准确度不够理想。一般说来,这些研究证明了以下几点:

(1) 股票的 β 值与其超出市场值的收益之间存在线性正比例关系。
(2) 资本市场曲线的截距一般低于预测值。
(3) 总的预测结果不太理想。

实证研究结果不理想的两个主要原因是使用了历史的 β 值来预测未来的收益,以及用于验证模型的资产选择问题。大多数验证利用了股票收益,而事实上,一个适当的投资组合应当包含每种可能持有的资产,包括债券、房地产和人力资本。

套利定价理论

罗尔在 20 世纪 70 年代末对资产定价模型进行验证后[3],罗尔和罗斯提出了**套利定价理论(APT)**。[4]这一模型的核心就是一项投资的收益很可能是多项因素(市场收益)的函数。资产定价模型只包含一项因素,即市场收益,从这一意义上说,它是套利定价理论的特殊形式。套利定价理论不是基于均方差的有效投资组合,而是基于无套利空间的资产定价。对套利定价理论的检验说明,投资收益受若干因素的影响,包括公司所在市场的收益、通货膨胀、产业总量和行业收益。但是,对套利定价理论的验证通常也限定在股票市场的范围内。

资产定价模型和套利定价理论都说明多元化投资可以在不影响期望收益的前提下降低一部分风险。这一结果的唯一必要条件是投资组合内的资产的收益完全不相关。此外,相关性越小,多元化投资能够降低的风险就越大。

在本章的下一部分,我们来看房地产在多种资产投资组合中的作用。也就是,向一组不含房地产的投资中加入房地产投资能否带来多元化投资收益?

混合资产投资组合中的房地产投资

我们在此讨论向混合资产投资组合中加入房地产投资的好处。塞勒、韦伯和迈尔在 1999 年进行的一项研究给出了对美国房地产多元化投资的一个研究角度。[5]他们认为在股票和债券之外确实存在受房地产影响的溢价。这意味着投资组合应当包含一部分房地产投资。除了房地产溢价之外,房地产在通货膨胀中的稳定性也说明它应当被纳入最优投资组合中。塞勒、韦伯和迈尔也验证了房地产的数量应为多少的问题。已公开的研究表明这一数量可以分布在零到投资组合的 2/3 之间。乔伯罗斯基(Ziobrowski)在 1999 年进行的一项研究发现 20%~30% 是最优比例。[6]此外,查(Chua)在 1999 年的研究认为跨国房地产在全球性的混合资产投资组合中起着非常重要的作用。[7]他发现根据投资者的风险偏好,最优比例应为 4%～21%。

研究房地产投资收益与其他多种投资，如股票、债券、人力资本和收藏品之间的相关程度是很重要的。在这一检验中，精确地度量房地产的收益是一项很艰难的工作。股票和债券都在广泛而有效的市场上进行频繁的交易。它们的市场价格和长期的收益可以很容易、很精确地判定。另一方面，房地产投资的交易很少，它们的价格也不像股票和债券一样能够集中汇总到一些市场上。[8]那些相对交易频繁的房地产的价格，如单身公寓，也不会汇总到集中的市场上。另一个问题是关于房地产的资产增值。即使某宗房地产在不同的两天都有交易价格可查，但缺少任何关于短期内资产增值的信息仍然会导致收益计算偏差。

评估价格的问题

很多能够取得的房地产价格的数据都来自定期的评估，而不是实际的销售。这是因为很多房地产在很长时间内都是由同一个业主所有。很多由公益基金和保险公司等机构持有的投资用房地产必须定期评估，以便向它们的管理者汇报财务状况。通常，这些机构会每季度进行内部评估，但至少每年会做一次独立的外部评估。评估结果可用于估计房地产在不同日期的价格，但评估价格不一定是交易价格。收益的测算是基于评估价格而不是交易价格，这样它随时间变化的波动较小。换句话说，基于评估价格的收益曲线被平滑化了，不会像基于交易价格的收益一样出现波动。

出现平滑化过程的主要原因源于房地产评估的方法——收益法。这一方法与盖尔特纳（Geltner）所说的"缺少可信度"的条件一起引发了平滑化的曲线。[9]缺少可信度是指评估过程的主观性和评估人员在形成新的价格意见时过于依赖最近期的房地产评估结果的倾向。通常，新的评估结果可能只是根据通货膨胀对过去的评估结果进行简单调整。评估报告中可能有很多内容是以这样的方式得出的——根据所发生的通货膨胀对最近期的外部评估报告进行调整。

迈尔和韦伯在 1993 年所做的研究似乎证实了这一有关平滑化曲线的问题。[10]他们发现与非证券化的商业房地产相比，证券化的房地产（房地产投资信托）的收益表现得与一般股票和资本额固定的基金的收益更为相近。他们将这一现象归因于房地产投资信托、一般股票、资本额固定的基金都在同一市场上进行交易，以及非证券化房地产的收益是以评估或会计为基础而不是以市场或交易为基础。

通过分析 20 世纪 80 年代和 90 年代的价格变化，弗莱恩和卡尔霍恩在 1997 年的研究中提出了一些关于多户住宅市场的见解。[11]通过研究价格指数，他们得出了一些关于国内多户住宅市场的结论。第一，多种建立指数的方法产生了相似的价格变化模式。第二，价格变化的地区差异似乎很大。第三，由于价格下降都没有出现在 1986 年或 1987 年的指数中，因此 1986 年《税收改革法案》的影响并没有一些人所说的那么强烈。

在我们进一步探讨房地产和其他投资的收益关系前，我们先简单看一些可用于估算房地产收益的典型数据来源。

◎房地产数据来源

当人们提到房地产收益和它们在混合投资组合中的作用时,通常是指房地产权益部分的收益,不是贷款或抵押贷款的收益。这种收益数据的理想来源是为了资本增值而进行的房地产权益的交易价格。这些一手数据无法或很难获得。但是,有一些资料可用于估计房地产权益收益。这些资料被广泛应用于房地产投资组合的研究中。

罗素-美国不动产投资信托委员会。 罗素-美国不动产投资信托委员会不动产指数衡量所有产生收益的房地产的历史业绩,这些房地产由合格的公益基金和投资信托机构组成的混合型基金持有,或直接由这些信托机构持有并以独立账户进行经营。这一指数因法兰克罗素公司而得名,该公司根据美国不动产投资信托委员会会员所拥有的房地产的价格计算指数。这一指数产生于1977年,是根据个人投资于房地产的季度收益进行计算的。1987年,Russell-NCREIF开始开发独立的住宅指数。它是房地产价格中最广泛的评估指数。房地产的净收益和价格都被用于构建由收益和升值两个指标构成的季度收益系列。罗素-美国不动产投资信托委员会不动产指数包含五种不同类型不动产的业绩数据:住宅、写字楼、商铺(包括社区和临近的商业中心)、研发中心和仓储用房。

美国房地产投资信托协会。 房地产投资信托是投资于房地产并获得股票收益的信托。房地产投资信托投资于房地产抵押贷款、房地产权益或两者均有(混合投资信托)。由房地产投资信托业绩获得收益数据的好处是房地产投资信托的股票价格是市场交易价格而不是评估价格。缺点是除了一些很大的房地产投资信托之外,大多数房地产投资信托都不在大规模的、有效的市场上进行交易。不交易的房地产信托投资的收益会表现为缺乏流动性。那些使用房地产投资信托价格数据的研究主要从股票交易或从美国房地产投资信托协会获得数据,美国房地产投资信托协会收集和保存房地产投资信托的交易信息。从这些交易数据的资料中,协会根据投资信托的权益收益公布美国房地产投资信托协会权益指数(NAREIT Equity Index)。

混合房地产基金。 混合房地产基金(CREFs)由公益基金等大型金融机构代替投资者进行管理。它之所以被称作混合型基金是因为它从多个投资者那里集资购买房地产。

全美房地产经纪协会。 这个由全美的房地产销售商和经纪人组成的贸易组织定期对会员进行调查以判断住宅物业的售价。所得数据会每季发布,并说明全国四个地区的售价中值。它的局限性在于这些数据没有根据所售房屋的质量对价格进行调整。其他住宅物业的数据来源还包括芬尼根政府财政预算明细收益率和美国商务部的同类房屋价格数据。所有这些住宅价格数据的主要问题是缺少同一房地产的交易数据——也就是所谓的重复交易数据。大多数情况下,时间序列中的交易数据都是不同房地产的。

美国农业部。美国农业部根据近期的交易发布一组名为"农业房地产市场发展：展望与现状"的数据。这组数据与住宅数据有着同样的问题——缺少重复交易数据。这是农地评估中应用最广泛的数据资料之一。

伊伯森协会。在罗杰·伊伯森（Roger Ibbotson）的带领下，公司每年发布不同投资的收益率，包括房地产投资。对于比较不同投资的收益和风险（收益率的变动），这是一个很好的资源。

房地产投资多元化的益处

利用这些和其他一些房地产收益的数据，很多研究人员尝试着判定房地产投资多元化的价值。研究结果压倒性地证明了一个观点——房地产能带来较多的多元化投资利润，同时具有对非预期的通货膨胀的抵抗能力。伊伯森和西格尔在20世纪80年代的研究表明，从1947年至1982年，房地产的平均年收益率是8.27%。[12]这与美国政府债券3.98%的收益率和公司债券3.56%的收益率形成了对比。只有公司股票的收益率高于这个值——11%；房地产年收益的标准差很低，为3.71%；美国政府债券略高一些，为4.92%；公司债券是6.47%；公司股票更高，为17.52%。在此期间，房地产的风险与收益变化说明它优于其他任何投资。房地产的多元化投资收益还相当丰富。表21—4列出了1947年至1982年间房地产与其他资产之间的相关系数。房地产的收益是居住、农业和商业物业的收益组合。收益组合是以评估价格为基础的，因此，它也受上文讨论的平滑曲线问题的影响。伊伯森和西格尔得出的结论是：如果独立持有，房地产投资优于其他资产的投资；在混合投资组合中，房地产则会带来很好的多元化投资利润。

表21—4　伊伯森和西格尔研究的部分投资收益之间的相关系数（1947—1982年）

	房地产	S&P一般股票	小公司股票	长期公司债券	长期政府债券	美国国债
房地产	1.0					
S&P一般股票	−0.06	1.0				
小公司股票	0.04	0.79	1.0			
长期公司债券	−0.06	0.14	0.05	1.0		
长期政府债券	−0.08	0.01	0.06	0.95	1.0	
美国国债	0.44	−0.25	0	0.16	0.21	1.0

资料来源：Ibbotson and Siegel, "Real Estate Returns: A Comparison with Other Investments," *AREUEA Journal* Vol.12, No.3, 1984, Table 3, p.231.

诺曼、西蒙斯和本杰明（Benjamin）对房地产收益和风险的论述进行了回顾。[13]他们发现，在根据风险调整收益时，房地产单位风险的收益高于债券或一般股票。

本杰明和沃泽拉研究了公益基金计划在混合投资组合利益分配或资产等级中的决策制定过程。[14]有意思的是，大多数情况是在进行等级内分配前，先单独进行等级间分配。这些公益基金管理者应用的主要的多元化投资技巧并没什么独特的。混合投资组合被按照收益和风险以及资产等级进行划分，而单个投资等级多数是按照资产类型划分的。他们还发现公益基金对房地产的投资分配明显少于理论研究认为其应有的部分。

齐茨、沃泽拉和西蒙斯研究了大型保险公司的投资决策和分配模式，并发现大的公司更倾向于选择直接的房地产抵押贷款和抵押贷款支持证券投资。[15]

新均衡理论。在伊伯森和西格尔的文章中论述的优化的房地产收益引入了**新均衡理论**。房地产收益的实际表现比资产定价模型或套利定价理论的预期要好。新均衡理论认为，房地产突出的超额收益是对这类资产一些独有的风险特性的回报。因为房地产股票的 β 值（房地产收益与股票市场收益的相关系数）很小，主要的风险因素是剩余风险、市场流通成本和信息成本。**剩余风险**是指除了很大的投资者之外的其他投资者实行房地产多元化持有的风险。大多数房地产投资与典型投资者的投资组合是高度相关的。换句话说，典型投资者不可能只持有少量某种特定的房地产，否则会使多元化投资变得很困难。**可流通风险**是指房地产的流动性。同样，因为房地产是不可分的，并且不能像公司股票一样在广泛有效的市场上进行频繁的交易，所以对一般投资者来说，流动性风险都是一个问题。**信息风险**是指获得充分的、用以做出有理有据的房地产投资所需信息的全部成本。要获得关于目标地区的变化、基础设施的变化和当地经济变化的信息都是很昂贵的。但是，这些因素在房地产投资中都起着重要的作用。简言之，这些风险是房地产特有的，也是与房地产风险相关的突出超额收益的来源。

韦伯和鲁宾斯研究了房地产在混合投资组合中的作用。[16] 他们构建了一个"有限制的"投资组合，其中包括两类房地产：农业物业和居住物业。一个**有限制条件的投资组合**只包括那些法律允许大机构投资者投资的资产，如公益基金。他们研究得到的一些相关系数如表 21—5 所示。农业和居住房地产收益数据来自芬尼根政府财政预算明细表。同样，负相关系数证明了房地产多元化投资的益处。当最优投资组合建立在收益和风险数据之上时，房地产在其中占主导地位。韦伯和鲁宾斯发现，最优投资组合包括近 75％ 的房地产资产、约 15％ 的小公司股票和只有 5％ 一般股票。政府债券在最优投资组合中属于可忽略的部分。即使房地产收益保持在历史水平上，风险（收益标准差）任意增加 5 倍，房地产也一直保持着在最优投资组合中的主导地位。

表 21—5　韦伯和鲁宾斯研究的部分投资收益之间的相关系数（1967—1986 年）

	农业	居住	一般股票	小股票	公司债券	政府债券
农业	1.0					
居住	−0.37	1.0				
一般股票	−0.36	−0.37	1.0			
小股票	0.01	−0.23	0.73	1.0		
公司债券	−0.57	−0.47	0.32	−0.07	1.0	
政府债券	−0.55	−0.55	0.42	0.04	0.96	1.0

资料来源：James Webb and Jack Rubens, "The Effect of Alternative Return Measures on Restricted Mixed Asset Portfolios," *AREUEA Journal* Vol. 16, No. 2, 1988, Exhibit 3, p. 132。

盖尔纳特利用罗素-美国不动产投资信托委员会和美国房地产投资信托协会指数的收益数据来衡量房地产在混合投资组合中的价值。[17]盖尔纳特使用一种统计方法使收益数据"减弱平滑"。也就是，他先调整数据中评估价格平滑化的结果，再估算收益数据。经过调整的数据必然比严格按照评估价格所得的数据风险（方差）更大。结果，单独持有的房地产不存在与风险相关的超额收益，但它确实存在可靠的多元化收益。盖尔纳特计算了自20世纪70年代早期至80年代后期各种房地产指数和股票市场之间的相关系数，他发现相关系数都接近于零。

佩吉拉里、韦伯和德尔卡西诺也利用罗素-美国不动产投资信托委员会数据比较了目标的和已有的投资组合。[18]他们的目标是找出使用过去（事后）投资组合的历史数据来建立未来（事前）投资组合时存在的问题。事实上，他们的结论表明，因为目标期数据是无法统计的，当采用历史数据时，应用目标策略制定的投资组合是处于已有的效率曲线上的，所以使用上一期的数据可能会产生次优的未来收益。

总之，大多数对混合投资组合中的房地产的研究都发现，房地产的收益与风险高度相关，并可通过多元化投资有效降低风险。大多数研究显示，房地产应当在大机构投资者的投资组合中发挥更大的作用。研究者们认为，缺乏流动性是大机构投资者没有将房地产投资增加到最优比例的主要原因之一。

下面，我们来看一下多元化房地产投资的益处，即只考虑房地产投资组合并通过房地产类型和区位等特性进行多元化。

房地产自身的多元化

由于各种原因，一些投资组合可能会全部或主要由房地产或房地产相关投资组成。例如，那些受法律规定限制或选择投资房地产或房地产证券（如抵押贷款）的机构就是这样。其他还有一些基金就是以房地产投资为主要目的而建立的，如混合房地产基金。在这里，我们讨论在房地产投资中实行多元化的益处。房地产多元化可以有以下几种方式：一种是房地产类型，通过投资不同类型的房地产建立投资组合，如酒店、仓库、写字楼和公寓的组合。当然，这里的意思是即使在同一地区，所有的房地产类型也不一定同时成功或失败。通常，当写字楼业绩很好时，公寓往往业绩不佳。但是，也确实有所有的房地产类型同时成功或失败的例子，这取决于当地经济的发展状况。

另一种多元化的方法是地域上的。这是指利用全国或全球不同地方的房地产建立投资组合。这一策略包括一种或几种房地产类型。这种策略可以以一种简单的方法实现，例如，选择东部、西部、南部、北部的房地产，或通过一种更复杂的方式，如深入了解不同地区的经济状况。这些更复杂的多元化类型可以通过分析不同地区经济相关性或观察当地经济自身多元化程度的方式来实现。

● 房地产类型多元化

房地产类型多元化有益于降低风险并不是什么令人惊奇的事情。在1982年的研究中，麦尔斯和麦丘对比分析了两种房地产多元化投资策略，一种是将全国分成四个地理区域，一种是采用不同的房地产类型使投资组合多元化。[19]他们发现，房地产类型多元化在风险/收益方面的表现要优于四地区的地域策略。他们研究了1972—1978年间房地产投资信托在不同类型房地产投资上的收益情况，并发现写字楼与商铺间的房地产投资信托收益相关系数为0.48。居住类房地产与写字楼间的房地产投资信托收益相关系数为－0.49。商铺与居住类房地产间的房地产投资信托收益相关系数为0.080 6。居住与写字楼之间的负相关性说明在已有的房地产投资组合中加入居住类房地产会使风险降低，这符合韦伯和鲁宾斯的有效投资组合分析中对居住类房地产的强调。在他们之后，弗斯腾伯格、罗斯和齐斯勒分析了1974—1987年间近600个房地产的季度业绩表现。[20]他们将房地产分为四种类型：写字楼、商铺、工业用房和公寓。他们用收益数据建立了一个年收益率至少在10.5%~11.5%的均方差的有效投资组合（处于效率曲线上的投资组合）。他们的研究结果说明，风险和收益之间的有效相互作用主要取决于投资组合中的房地产类型。例如，他们证明了在包含其他三类房地产的投资组合中加入第四类房地产对收益的影响。表21—6说明了向写字楼、工业用房和商铺的投资组合中加入公寓后所实现的风险降低（在既定的收益水平上）。

表21—6　　　　　　　加入公寓后对投资组合风险/收益关系的影响

期望收益	三类资产投资组合的标准差	加入公寓的投资组合的标准差	风险降低的百分点
10.8	3.41	3.29	0.12
10.9	3.59	3.33	0.19
11.0	3.88	3.45	0.43
11.1	4.24	3.63	0.61
11.2	4.67	3.87	0.80

资料来源：Managing Portfolio and Reward, Paul Firstenberg and Charles Wurtzebach, *Real Estate Review*, Vol. 19, No. 2, Summer 1989, Exhibit 2, p. 64。

● 地域多元化

房地产投资的地域多元化确实能够有效地带来实质性的风险降低益处。麦尔斯和麦丘在他们的研究中计算了房地产投资信托补偿与波动性比率（超额收益除以收益标准差）。[21]以计算值作为因变量，他们对每个房地产投资信托持有的房地产类型的数目和房地产所在州的数目做了回归分析。两个变量对补偿与波动性比率都有正面影响，说明除了房地产类型多元化之外，**地域多元化**也有积极作用。但是，地域多元化变量的统计显著性远弱于房地产多元化变量的这一特性。在另一篇论文中，哈策尔、赫克曼和麦尔斯分析了1973—1983年间混合房地产基金的收益，并得出结论，地域多元化并不像房地产类型多元化一样重要。[22]但是，他们所说的地域多元化是把房地产置于广泛的四个地区分类中的：东部、西部、南部和中西部。他们指出，如果投资者按照这样简单的地域多元化建立投资组合，他们从中获得的利益会很少。

因此，房地产投资组合的多元化历来都是通过地域策略或房地产类型策略实现的。哈策尔、舒尔曼和沃泽什在1987年的文章中提出了一个新的方向。[23]他们按照区域经济的共通性将美国分为八个部分。在划分中不考虑州的边界。例如，南加利福尼亚和南内华达划在一起，但是二者都与北加利福尼亚分开。区域划分尽可能地依照当地经济状况。蒙大拿和怀俄明都被看作出产矿产的州，并与得克萨斯和路易斯安那划在同一个部分。中西部的一些州被割裂开了，因为这一地区被划分为两部分：工业部分和农业部分。

米勒在1993年所做的研究重新检验了已有的地域和地域/经济策略相对于以经济为基础的运用政府行政划分的多元化策略的有效性。[24]他的研究发现，在地域条件的模型中加入经济要素会比纯粹的地域条件的模型产生更高的风险和收益。表21—7显示了四个主要地区和八个地理区域的相关系数。可以看到，复杂的多元化投资的相关系数比那些简单的四部分区域划分的相关系数要小。这证明如果按照区域经济而不是严格的地理位置划分，地域多元化能够真正地使风险降低。这一研究的重要意义在于使得地域多元化又重新兴起并比早期研究更受重视。

纳尔逊夫妇在2003年的研究基于经济因素特别是关于就业的一些测度指标考察了地域上的多元化。[25]他们饶有兴致地测度了广义经济周期。研究使用NCREIF房地产回报数据证明，使用"容量集群"方法可以实现最优多元化收益。容量集群是指有经济和开发容量的区域。

表21—7　　　　　　　　　　　　　地域多元化的相关系数

	四个地区　1973年第四季度—1990年第四季度			
	东部	中西部	西部	南部
东部	1.0			
中西部	0.308	1.0		
西部	0.282	0.459	1.0	
南部	−0.038	0.076	0.199	1.0

	八个地区多元化　1973年第四季度—1990年第四季度							
	新英格兰	大西洋中部	旧南方	工业区	农业带	矿业区	南加州	北加州
新英格兰	1.0							
大西洋中部	−0.212	1.0						
旧南方	−0.170	−0.077	1.0					
工业区	−0.042	0.306	0.025	1.0				
农业带	−0.013	0.125	0.167	0.323	1.0			
矿业区	−0.238	0.070	0.136	0.177	0.205	1.0		
南加州	−0.045	0.378	0.085	0.473	0.361	0.102	1.0	
北加州	−0.007	0.095	0.139	0.207	0.139	0.145	0.371	1.0

资料来源：Glenn Mueller, "Refining Economic Diversification Strategies for Real Estate Portfolios," *Journal of Real Estate Research*, Vol. 8 (Winter, 1993), pp. 55-68。

● 房地产国际多元化

一些学者也研究了房地产国际多元化的好处。2001 年，阿萨比尔、克雷曼和麦格旺经研究后得出结论：国际房地产能够提高美国投资者的投资组合效率。[26]1998 年，刘（Liu）和梅（Mei）研究发现，在投资国际股市之余投资国际房地产会带来额外的多元化收益。[27]2002 年，玲（Ling）和奈若周（Naranjo）的研究表明，即便考虑世界系统风险，国际多元化的机会仍然存在。[28]

2002 年，科诺沃、弗罗雷和西蒙斯比较了公开交易的境外房地产以及美国股票、美国房地产和境外股票投资的风险和回报[29]，使用的数据包括了 1987 年股市崩盘的数据。研究结果表明，在 6 个研究国家中有 5 个国家的房地产与美国股市的相关性比股票要低。这较低的相关性意味着美国投资者如果不投资于境外房地产，将会降低回报，提高风险。

● 其他多元化的方法

投资经营者可以通过其他的方法使他们的房地产投资组合多元化。库格尔和盖伊（Corgel & Gay）研究了美国大城市之间在抵押贷款投资方面与就业的相关性。[25]他们认为就业状况反映了城市的经济状况，投资经营者应当根据这样的相关性建立房地产抵押贷款投资组合，在那些就业相关性很低或为负值的城市进行抵押贷款投资。当然，他们的观点也可以扩大到投资房地产权益。他们使用了 1969—1984 年间 30 个较大城市的月度就业变动率，并证明它们之间没有大的系统性关联。也就是说，就业率能保持充分的独立性，使投资组合经营者们能够实现地域多元化。而且，以就业率相关性为基础的地域多元化是优于简单的地域多元化的（北部、南部等等）。

克劳瑞特认为，真正的投资多元化收益可以通过小投资组合经营者在经济多元化的地区投资房地产实现。[26]他考虑了若干经济多元化的衡量尺度。他指出，住宅抵押贷款丧失赎取权的比率与当地的经济多元化是相关的。经济多元化发达的地区比经济专业化分工的地区丧失赎取权的比率低。由此可以说明，有些小投资组合的经营者不能通过在不同地区投资房地产以实现真正多元化，但他们可以通过在经济多元化地区投资一些房地产来获得一部分多元化投资收益。

乔伯罗斯基和科西奥论述了国际多元化投资的问题，他们将国际多元化投资可以提高投资组合绩效和向金融投资组合中加入房地产能够改善收益两个观点结合起来。[27]他们假设从国际混合投资组合中能获得最大的收益。他们将这一假设作为外国投资者在美国投资房地产的解释加以研究。他们的研究结果说明美国的房地产没有改善外国投资组合的绩效。有证据证明多变的汇率增加了风险，从而抵销了潜在的多元化投资收益。

阿黛伊-黛弗、魏伊和埃博赫姆研究发现，在房地产领域相反策略意味着高运营收益的房地产（价值房地产）比低运营收益的房地产（增长房地产）的表现要好。[33]他们发现，现金流集中水平和多元化指数都与投资组合绩效指数显著相关，这意味着收益来源的多元化能够提高房地产投资组合的绩效。

小　结

多元化地投资于若干资产而形成投资组合，可以明显有效地降低投资组合的风险，同时保持甚至增加期望收益。而且，实行投资多元化的成本是可以忽略的。正因为这样，理性的投资者抓住机会实行多元化投资。多元化投资降低风险的程度取决于加入资产与已有投资组合收益间的相关性。要加入的资产的收益和投资组合的收益的相关度是必须评估的相关风险因素，也是资产定价模型的基础。

房地产权益投资收益说明，所有规模的投资组合中都应当包含这些投资。房地产的历史收益远超出它们的风险，并且它们与其他投资没有或有负的相关性。特别是居住类房地产更是如此。房地产明显的超额收益是新均衡理论的基础，这说明这些收益是与房地产特有的一些风险特性相关的，如流动性、残值和信息成本风险。不过，很多大机构投资者已经增加了他们的房地产投资量。

房地产多元化投资还能降低风险。曾经，人们认为只有房地产类型多元化才能带来好处。最近的一些证据表明，如果按照经济而不是地域边界来进行区域划分，地域多元化也能降低风险。小规模或中等规模投资组合的投资者们可以利用其他方法实现多元化而受益。他们可以在那些存在负的就业相关性的大城市投资房地产，或者在经济多元化的地区投资。

关 键 词

套利定价理论（APT）　　　　　　　　　　资产定价模型（CAPM）
相关性　　　　　　　　　　　　　　　　　相关系数
可分散风险　　　　　　　　　　　　　　　多元化投资
地域多元化　　　　　　　　　　　　　　　信息风险
流动性风险　　　　　　　　　　　　　　　混合投资组合
房地产投资信托权益指数　　　　　　　　　新均衡理论
不可分散风险　　　　　　　　　　　　　　投资组合
房地产多元化投资　　　　　　　　　　　　剩余风险
有限制条件的投资组合　　　　　　　　　　风险
罗素-美国不动产投资信托委员会不动产指数　方差

推荐读物

Benjamin, J. D., G. S. Sirmans, and E. N. Zietz. 2001. Returns and risk on real estate and other investments: More evidence. *Journal of Real Estate Portfolio Management* 7 (3), 183-214.

Conover, C., H. Mitchell, S. Friday, and G. S. Sirmans. 2002. Diversification benefits from foreign real estate investments. *Journal of Real Estate Portfolio Management* 8 (1), 17-25.

Corgel, J. B., and G. Gay 1987. Local economic base, geographic diversification, and risk management of mortgage portfolios. *Journal of the American Real Estate and Urban Economics Association* 5 (Fall).

Firstenberg, P. B., and C. H. Wurtzebach. 1989. Managing portfolio risk and reward. *Real Estate Review* 19 (Summer).

Follain, J. R., and C. A. Calhoun. 1997. Constructing indices of the price of multifamily properties using the 1991 residential finance survey. *Journal of Real Estate Finance and Economics* 14, 235-255.

Goetzmann, W. N., and M. Spiegel. 1997. A spatial model of housing returns and neighborhood substitutability. *Journal of Real Estate Finance and Economics* 14, 11-31.

Hartzell, D. J., D. G. Shulman, and C. H. Wurtzebach. 1987. Refining the analysis of regional diversification for income producing properties. *Journal of Real Estate Research* 2 (Winter).

Liang, Y., and W. McIntosh. 1999. Measuring the overall and diversification benefits of an investment. *Real Estate Finance*, 16 (3) (Fall), 55-63.

Miles, M., and T. McCue. 1982. Historic returns and institutional real estate portfolios. *Journal of the American Real Estate and Urban Economics Association* 10 (Summer).

Norman, E., G. S. Sirmans, and J. D. Benjamin. 1995. The historical environment of real estate returns. *Journal of Real Estate Portfolio Management* 1 (1), 1-24.

Sirmans, G. S., and C. F. Sirmans. 1987. The historical perspective of real estate returns. *Journal of Portfolio Management* 14 (Spring).

Webb, J. R., and J. H. Rubens. 1988. The effect of alternative return measures on restricted mixed-asset portfolios. *Journal of the American Real Estate and Urban Economics Association* 16 (Summer).

Webb, J. R., R. J. Curcio, and J. H. Rubens. 1988. Diversification gains from including real estate in mixed-asset portfolios. *Decision Sciences* 19 (Spring), 434—452.

复习思考题

1. 请解释多元化投资是如何降低投资组合风险的。
2. 请说明效率曲线的定义。
3. 请给 β 值下定义并说明为什么它是唯一一个与投资者相关的投资风险。
4. 为什么房地产投资的历史收益难以计量？
5. 请解释有关房地产历史收益的新均衡理论。
6. 房地产的历史收益是否证明了混合投资组合中应当包含房地产投资？请加以解释。
7. 请指出几种实现房地产多元化投资的方式。
8. 请举出一个房地产投资组合进行区位多元化的成功案例。

相关网站

http：//www.nareit.com
美国房地产投资信托协会
提供房地产投资信托、权益、抵押贷款和混合房地产投资信托收益的全面信息

http：//www.ncreif.com
美国房地产投资信托委员会
提供无杠杆效应和有杠杆效应的权益回报索引

注　释

[1] H. Markowitz. *Portfolio Selection：Efficient Diversification of Investments*. New York：John Wiley，1959.

[2] W. Sharpe. *Portfolio Theory and Capital Markets*. New York：McGraw-Hill，1970.

[3] R. Roll. A critique of the asset pricing theory's tests. *Journal of Financial Economics* 5 (May 1977).

[4] R. Roll and S. Ross. An empirical investigation of the arbitrage pricing theory. *Journal of Finance* 35 (December 1980)，1073—1103.

[5] M. Seiler, J. Webb, and F. Myer. Diversification issues in real estate investment. *Journal of Real Estate Literature* 7 (1999)，163—179.

[6] B. Ziobrowski and A. Ziobrowski. Higher real estate risk and mixed-asset portfolio per-

formance. *Journal of Real Estate Portfolio Management* 3 (2) (1997), 107-115.

[7] A. Chua. The role of international real estate in global mixed-asset investment portfolios. *Journal of Real Estate Portfolio Management* 5 (2) (1999), 129-137.

[8] For a review of the literature showing returns and risk on real estate relative to other assets, see E. J. Norman, G. Stacy Sirmans, and J. D. Benjamin. The historical environment of real estate returns. *Journal of Real Estate Portfolio Management* (1995).

[9] D. Geltner. Estimating real estate's systematic risk from aggregate level appraisal-based returns. *AREUEA Journal of Real Estate Finance and Economics* 4 (September 1991), 327-345.

[10] F. C. Neil Myer and J. R. Webb. Return properties of equity REITs, common stocks, and commercial real estate: A comparison. *Journal of Real Estate Research* 8 (Winter 1993), 87-106.

[11] J. R. Follain and C. A. Calhoun. Constructing indices of the price of multifamily properties using the 1991 residential finance survey. *Journal of Real Estate Finance and Economics* 14 (1997), 235-255.

[12] R. Ibbotson and L. Siegel. Real estate returns: Comparison with other investments. *AREUEA Journal* 12 (Fall 1984), 219-242.

[13] See J. D. Benjamin, G. S. Sirmans, and E. N. Zietz. Returns and risk on real estate and other investments: More evidence. *Journal of Real Estate Portfolio Management* 7 (3) (2001), 183-214; and E. Norman, G. Stacy Sirmans. and J. D. Benjamin. The historical environment of real estate returns. *Journal of Real Estate Portfolio Management* 1 (1995), 1-24.

[14] V. L. Bajtelsmit and E. M. Worzala. Portfolio decision-making by pension fund managers: A survey of corporate, public, and union plans. paper presented at the American Real Estate and Urban Economics Association meeting, January 6, 1995.

[15] E. Norman Zietz, E. Worzala, and G. Stacy Sirmans. Insurer portfolio allocations: An exploration of investment decision-making techniques. paper presented at the American Real Estate Society Meeting, March 1996.

[16] J. R. Webb and J. Rubens. The effect of alternative return measures on restricted mixed-asset portfolios. *AREUEA Journal* 16 (Summer 1988), 123-137.

[17] D. Geltner. Estimating real estate's systematic risk from aggregate level appraisal-based returns, *AREUEA Journal* 17 (Winter 1989), 463-481.

[18] J. L. Pagliari, Jr., J. R. Webb, and J. J. Del Casino. Applying MPT to institutional real estate portfolios: The good, the bad and the uncertain. *Journal of Real Estate Management*, 1995.

[19] M. Miles and T. McCue. Historic returns and institutional real estate portfolios. *AREUEA Journal* 10 (1982), 184-197.

[20] P. Firstenberg, S. A. Ross, and R. C. Zisler. Managing real estate portfolios. Goldman Sachs & Co. (November 1987).

[21] Miles and McCue. Historic returns and institutional real estate portfolios.

[22] D. Hartzell, J. Hekman, and M. Miles. Diversification categories in investment real estate. *AREUEA Journal* 14 (Summer 1986), 230-259.

[23] D. Hartzell, D. Shulman, and C. Wurtzebach. Refining the analysis of regional diversification of income-producing real estate. *Journal of Real Estate Research* 2 (Winter 1987), 85-95.

[24] G. Mueller. Refining economic diversification strategies for real estate portfolios. *Journal of Real Estate Research* 8 (Winter 1993), 55–68.

[25] T. R. Nelson and S. L. Nelson. Regional models for portfolio diversification. *Journal of Real Estate Portfolio Management* 9 (1) (2003), 71–88.

[26] P. K. Asabere, R. T. Kleiman, and C. B. McGowan, Jr. The risk-return attributes of international real estate equities. *Journal of Real Estate Research* 6 (1991) 143–152.

[27] C. Liu and J. Mei. The predictability of international real estate markets, exchange risks, and diversification consequences. *Real Estate Economics* 26 (1998), 3–39.

[28] D. Ling and A. Naranjo. Commercial real estate return performance: A crosss-country analysis. *Journal of Real Estate Finance and Economics* 24 (2002), 119–142.

[29] C. M. Conover, H. S. Griday, and G. S. Sirmans. Diversification benefits from foreign real estate investments. *Journal of Real Estate Portfolio Management* 8 (1) (2002), 17–25.

[30] J. B. Corgel and G. Gay. Local economic base, geographic diversification, and risk management of mortgage portfolios. *AREUEA Journal* 15 (Fall 1987), 256–267.

[31] T. M. Clauretie. Regional economic diversification and the residential default rate. *Journal of Real Estate Research* 3 (Spring 1988), 87–97.

[32] A. J. Ziobrowski and R. J. Curcio. Diversification benefits of U. S. real estate to foreign investors. *Journal of Real Estate Research* 6 (Summer 1991), 119–142.

[33] K. Addae-Dapaah, S. G. Wee, and M. S. Ebrahim. Real estate portfolio diversification by sources of return. *Journal of Real Estate Portfolio Management* 8 (1) (2002), 1–15.

附录A

向已有的市场投资组合中加入一种资产得到的资产定价模型

如果向市场投资组合中加入资产 X，新的投资组合的收益和风险将如下所示：

$$E(R_p) = \alpha E(R_y) + 1 - \alpha E(R_m) \tag{21A—1}$$

和

$$\sigma_p = \sqrt{\alpha^2 \sigma_x 2 + (1-\alpha)^2 \sigma_m 2 + 2\alpha(1-\alpha)\sigma_x \sigma_m r_{xm}} \tag{21A—2}$$

但是，如果这个投资组合中的 X 已经是最优比例，对 X 的再需求必定为零，或：

$$\frac{\partial E(R_p)}{\partial \alpha} \bigg| = E(R_x) - E(R_m) \tag{21A—3}$$

$$\frac{\partial \sigma_p}{\partial \sigma} \bigg| = r_{ym}\sigma_x - \sigma_m$$

$$\frac{E(R_m) - R_f}{\sigma_m} = \frac{E(R_m) - E(R_x)}{\sigma_m - r_{xm}\sigma_x} \tag{21A—4}$$

整理得

$$E(R_x) = R_f + \frac{r_{xm}\sigma_x\sigma_m}{\sigma_m^2}(E(R_m) - R_f)$$

或

$$E(R_y) = R_f + \beta[E(R_m) - R_f]$$

其中

$$\beta = \frac{r_{xm}\sigma_x\sigma_m}{\sigma_m^2}$$

第22章

房地产金融中的责任、代理问题、欺诈和职业道德

学习目标

在本章中,我们将回顾与房地产金融法律环境有关的几个问题。通过本章的学习,你将理解房地产金融交易中的各方是如何为他们的某些行为负责的,包括欺诈、歪曲、过失,甚至有时违反联邦或州立法。你也会明白房地产金融中代理关系的结构和这些关系是如何刺激各方维护自身利益并损害其他各方利益的。这样的行为也可能包括欺诈或不道德的行为。你还会看到为了防止各方为自身利益行事并损害其他方利益,需要付出成本——代理成本。你将了解代理监督费用不足是如何导致代理问题的。很多联邦保险储蓄和贷款的失败就是这样的例子,某几方通过欺诈和不道德的行为损害他方利益以满足自身利益,受损的主要是普通纳税人。你将理解代理成本不足是如何造成这种财产转移的。

导 言

本章的核心问题是与房地产金融有关的法律环境。我们也会讨论在法律体系内外的代理关系、代理成本、欺诈和道德问题。

在法律环境中,焦点之一就是房地产金融交易中各方的合同关系,以及合同关系中规定的各方的义务和无法履行义务时各方应承担的责任;另一个焦点是违反州和联邦法律时应承担的责任。无论是未履行合同义务还是违反州和联邦法

律，贷款人、借款人和房地产所有者应承担的责任可能都会很大。在这里，尽管其他当事人，如房地产开发商和经纪人也可能承担责任，但我们还是主要关注贷款人所要承担的责任。

此外，我们将探讨房地产金融交易中各主体之间的代理关系，以及在这些关系中的欺诈和职业道德。

贷款人的法律责任

在这一部分，我们将讨论房地产交易融资中所涉及的贷款人及其他各方主体的法律责任。在过去几年中，最受关注的话题一直是各种违法行为或不履行法定义务所应承担的责任，有关这方面的判例也很多。那些对法律环境不敏感的贷款人可能发现他们自己已处在债务人的位置了。其他各方，如房地产开发商、经纪人和业主也必须了解房地产金融的法律环境。

我们反复强调，贷款人在两种情况下受法律责任的限制。第一情况是按照州或联邦有关法律规定，贷款人负有法律责任。例如，贷款人要对因不当处置抵押房地产而产生有毒有害废弃物的行为负有法律责任。第二种情况是贷款人违背贷款协议的合同义务。最近，在这两种情况下，贷款人越来越多地被认为负有法律责任。

●有毒有害废弃物的处置

随着关于有毒有害废弃物处置不当的问题不断出现，联邦政府于1980年通过了《综合环境反应、补偿与责任法》(CERCLA) 及其配套立法，并于1986年通过了《超级基金修正和再授权法》(SARA)。这两项法律的核心目的是将清理被污染地区的费用转嫁给由制造和处理这些废弃物而获益的主体。1986年，美国环保局（EPA）预计全美的工业每年产生2.66亿吨的有毒有害废弃物，其中68%来自化学工业。[1] 环保局现在估计大约有27 000个地区需要清理，所需费用超过3 000亿美元。清理污染最严重地区的费用可能无法估计。1986年，联合碳化公司同意支付至少4 000万美元来清理科罗拉多州的一个有毒有害废弃物堆积场。[2]

《综合环境反应、补偿与责任法》和《超级基金修正和再授权法》试图让对这些问题负有责任的当事人来负担清理费用。法条及其近期解释性的法庭判决都表明，在这一过程中贷款人也可能会被牵扯进去。

《综合环境反应、补偿与责任法》规定的法律责任是严厉、有追溯力并有连带责任的。**严厉**是指被告不能以其行为未触犯任何《综合环境反应、补偿与责任法》出台之前的法律为由提出抗辩。当事人可能表现诚实，并遵守一个理性生产者在类似情况下的责任准则，但仍应负有法律责任。如果他们排放有毒有害废弃物并污染了某一地区，即使他们没有违反之前的法律，也要承担清理费用。**有追**

溯力是指即使当事人已经不再是污染房地产的业主，他们仍对此前的排放负有责任。**连带责任**是指每个可能负有责任的当事人都可能被要求承担全部的清理费用，尽管污染可能是由多个当事人造成的。同样，一个或多个负有法律责任的当事人也可以要求其他可能负有责任的当事人来共同承担费用。该法的第113条（f）款规定，任何人都可以要求其他负有法律责任的人分担费用。国会在法律中做这样的规定是为了将可能负有责任的当事人尽可能地包括进来，使清理更高效，对纳税人来说成本更低。法律中的这项规定对贷款人尤为危险，因为这样政府和污染的其他当事人可能会在清理过程中寻找所谓的财主。

如果某一地区受到有毒有害废弃物污染，该法将**潜在责任方**（PRPs）定义为：

（1）现任的场地业主和经营者；

（2）装卸时的所有者或经营者；

（3）有毒有害废弃物的制造者或安排处理这些废弃物的各方；

（4）有毒有害废弃物的运送者。

法律中所说的地区是指"所有放置、储存、处理或能够追踪查明的地点或地区"[3]，其中也包括荒地。有毒有害废弃物的处理包括非故意的泄漏或倾倒。在《综合环境反应、补偿与责任法》条款下，潜在责任方要承担一定的费用，包括清除或减轻有毒有害废弃物影响的成本、对自然资源造成破坏所带来的损失和判定污染对公众健康的影响所进行的必要研究的成本。在制定法律时，国会本没有打算扩大贷款人在此问题上的责任。法律将以下人员排除在业主或经营者之外："没有参与容器或场地管理，并出于保证其对容器或场地的担保物权而持有标记所有权的人。"[4] 这被称作**被担保贷方免责**，即有潜在责任的业主或经营者不包括持有房地产抵押贷款或信贷契据作为担保证明的贷款人。

但是，如果贷款人对受污染的房地产取消赎回权（并且通过取消赎回权的交易成为业主），或者在避免赎回权丧失的过程中参与了受污染房地产的经营，他们就会丧失这种免责的权利。当一个公司亏损并无法偿还贷款时，贷款人通常会参与公司的经营。贷款人会提高公司的盈利能力以便它能够继续还款，并且可以避免昂贵的赎回权丧失。国会似乎没有预见到当贷款人取消赎回权或参与受污染场地的经营时根据此法产生的与责任相关的问题。国会法中这方面的法律空白给司法判决留下了一个有待填补的空缺。在后面你很快会看到，解释性的法庭判决对贷款人并不宽容。

⊕ 贷款人抗辩权

作为潜在责任方，贷款人有若干种抗辩权，通过取消赎回权或贷款债务重组，贷款人可以干涉借款人的业务经营。在第一抗辩下，贷款人可以简单地主张自己不属于潜在责任方。在第二抗辩下，贷款人可以主张污染完全是由不可抗力、战争或除雇员、经理人之外与贷款人无合同关系的第三方造成的。《综合环境反应、补偿与责任法》将合同关系广泛定义为"包括但不限于土地合同、契约或其他可做土地或财产权利转让的证书"[5]。

第三抗辩是无责任土地所有者抗辩权。在这里，贷款人可以主张在取消赎回权或取得土地所有权时对污染不知情。在这一抗辩下，贷款人如果能够证明取得房地产是在处理或安置有毒有害废弃物之后并且对该房地产存在有毒有害废弃物不知情或无必要理由知情，则贷款人就可免除责任。但是这一抗辩处于两难境地。法庭规定，为确保无必要理由对污染知情，贷款人应当对此前的房地产所有和使用情况做出适当的询问。而且，在场地发现有毒有害废弃物足以证明贷款人没有做充分的询问以了解废弃物的存在。在任何情况下，商业房地产的贷款人都会比住宅房地产的贷款人执行更高的询问标准，因为有毒有害废弃物更可能存在于商业或工业地点。发现有毒有害废弃物后出售房地产的所有者同样会失去这一抗辩权。最后，第四抗辩是上面提到的被担保贷方免责。

● 早期司法判决

一些早期的法庭案例说明了以上的每种抗辩。让我们来回顾一下这些重要的案例。

"美国诉米拉伯案"。[6]这个 1985 年的案件涉及对一项房地产有担保物权的三个贷款人。安娜（Anna）和托马斯·米拉伯（Thomas Mirable）从美国银行与信托公司（ABT）取得了房地产的地契，在这之前，ABT 取消了前任业主 Turco Coatings 公司的抵押物赎回权。ABT 是取消赎回权交易的中标人。ABT 没有马上从拍卖人那里接受房地产契约，相反，它针对蓄意破坏投了保险，向有意愿的购买者展示了房地产，并就一堆装有毒有害废弃物的桶做了询问。ABT 取消赎回权交易后四个月向米拉伯夫妇转让了契约权利。约一年后，环保局发现了这些桶，要求进行清理，并起诉米拉伯夫妇承担清理费用 249 702.52 美元。米拉伯夫妇与三家贷款方一起成了被告。

联邦地方法庭发现 ABT 不应承担责任，因为它取消了房地产的赎回权并采取措施防止它进一步贬值。第二贷款人，小企业管理局（Small Business Administration）在《综合环境反应、补偿与责任法》规定下也没有责任。尽管小企业管理局规定当借款人面临诉讼时要提供大量管理上的帮助，但小企业管理局从来没有提供过这样的帮助。

第三个贷款人就没这么幸运了。其中一个贷款工作人员出席了借款人的咨询会。这个会议的目的就是改善公司对财务和市场事务的管理。第二个贷款工作人员甚至还涉及了公司业务的运营。证词表明他总是在工厂所在地并且负责日常的机构运转。他重新安排员工，决定接受哪些订单，并对生产过程做出调整。结果，法官判决第三贷款人对业务和机构有充分的控制权，应为责任方。

"美国诉马里兰银行与信托公司案"。[7]这个 1986 年的案例涉及的担保贷方取消了房地产的赎回权并通过拍卖取得了产权。四年后，当环保局调查这个场地时，贷款人马里兰银行与信托公司（MBT）仍拥有房地产的产权，环保局还发现在 20 世纪 70 年代，这一场地曾不当处置有毒有害废弃物。在 MBT 拒绝清理场地之后，环保局进行了这项工作并起诉要求 MBT 承担这笔费用。MBT 提出被担保贷方免责抗辩，但是法官拒绝了这一抗辩。法官指出只有潜在责任方"持有"（强调现在时态）标记所有权，法律才会允许免除责任。法官认为，在清理场地时，取消赎回权的行为将标记所有权变为实际所有权。由于取消了赎回权，在清理场地时担保物权已经不存在了，取而代之的是实际所有权。而且，它还从逻辑上解释了《综合环境反应、补偿与责任法》中"业主和经营者"的条文——潜在责任方不可能既是业主又是经营者，只能是其中之一。法官还担心授予 MBT 被担保贷方免责会使它从政府清理场地的过程中获益。如果银行是无责任的，那么它可以通过取消赎回权低价购入有污染的房地产，等待政府来清理，并出售以获取利润。这很容易将"《综合环境反应、补偿与责任法》变成金融机构的保险系统，通过担保贷款和有污染的房地产来保障它们免受可能的损失"。[8]

对 MBT 的判决似乎有点严厉，并且由于以下原因，贷款人可能会在取消恶意贷款的赎回权前三思。这一判决可能还会有更广泛的影响。这个判决会导致这样的结果：即使用做担保的房地产处理过或可能用来处理有毒有害废弃物的可能性微乎其微，贷款人可能也会不愿意贷出资金。工业或商业开发贷款可能会大量减少。所幸，法官还给予了希望，不是所有对有污染房地产取消赎回权的行为都会导致贷款人承担清理成本。在对 MBT 的判决中，法官补充说明在环保局清理之前，MBT 拥有房地产长达四年之久。法官强调，虽然法庭没有说明为什么贷款人保有房地产所有权的时间长短对于判断清理成本的责任很重要，但是对于赎回权丧失后很快就再次出售房地产的贷款人是不考虑免除责任的。

"吉迪斯诉 BFG 电镀公司案"。[9] 这一 1989 年的案件很有意思，因为法官对期权价值的认识与马里兰银行案中最初提到的 1980 年《综合环境反应、补偿与责任法》有关。为了说明这一场景，想象一宗有很高市场价格的房地产，并且存在有毒有害废弃物。它存有废弃物时的价格就是无废弃物时的价格减去清理成本。如果清理成本很高，它的价格可能会是负值。现在，考虑一下如果贷款人可以永远不承担清理有毒有害废弃物的成本会怎么样。他们将对有污染的房地产拥有买入期权。履约价格是房地产存有废弃物时的价格，市场价格是房地产没有废弃物时的价格。我们来看这是怎样实现的，假设房地产没有废弃物时的价格是 100 万美元，而有废弃物时的价格是 10 万美元（清理废弃物的成本是 90 万美元）。业主不能以高于 10 万美元的价格在市场上出售该房地产。如果担保贷款的总额超过 10 万美元，业主就可以违约并通过违约将房地产让渡给贷款人（行使定价卖出期权）。贷款人只需在拍卖会上投标 10 万美元即可获得房地产。如果贷款人无须承担清理费用，贷款人可以按照更高的市场价格——100 万美元出售房地产。从承担清理成本的一方（在本例中是纳税人）到贷款人之间存在着财富的再分配。

"在吉迪斯诉 BFG 电镀公司案"中，法官意识到了这一问题。在该案中，一个金属抛光公司的所有者无法偿还他在国家银行的贷款。贷款人没有马上取消赎回权，而是更愿意努力解决借款人的财务问题。在大约一年的时间内，贷款人的代表与公司负责人会面讨论诸如岗位轮换、客户账户等管理问题。贷款人还试图寻找愿意收购公司的人。尽管做出了这些努力，公司还是倒闭了，并且没能偿还贷款。在取消赎回权的交易之后，到出售给前所有者的家庭成员之前，贷款方持有公司达九个月。在此期间，贷款人安排处理了取消赎回权交易后遗留下来的数桶有毒有害废弃物。房地产再次出售后两年，附近的居民声称受到有毒废弃物的损害，并将几方告上法庭。国家银行被当做潜在责任方，因为它有九个月是所有者和经营者。国家银行要求被担保贷方免责。

法官发现贷方在借款人赎回权丧失之前没有额外参与公司管理，也没有参与废弃物的处理。但是，根据马里兰银行与信托公司案，法官认为一旦国家银行取消了赎回权并持有了房地产，它就失去了被担保贷方免责的权利。但是这里没有提到国家银行持有房地产的时间。而在马里兰银行和信托公司案中，所有权的时间长短是一个很重要的因素。在本案中，法官指出在国家银行持有房地产的九个月期间有有毒有害废弃物渗漏和滴漏现象，这足以证明贷款人作为业主或经营者期间出现了污染，并应负有责任。此外，法官还特别说明了另一个原因：在取消赎回权交易中，所有的有意愿的购买者都必须在其投标价中包含清理有毒有害废弃物的费用，而且他们没有被担保贷方免责权利。这将给被担保贷方以比较优势（或相对优势），并使它能够以很低的价格取得这宗房地产。法官还补充说，贷款人可以在政府清理废弃物期间持有房地产，之后以相当高的利润出售房地产，将清理成本加在纳税人身上。

法官在判决过程中很明显受了期权价值的影响。但是请注意，在该案中，贷款人在没有做任何清理前就出售了房地产。法官似乎是考虑了通常情况下的增值而不是这个特殊案件中的增值。根据马里兰银行和信托公司案及吉迪斯案，贷款人的最合理的政策是避免对有污染的房地产取消赎回权。只有当环保局清理了房地产之后，取消赎回权才是最优的选择。尽管环保局可以因承担清理房地产的费用对其行使留置权，但这只是判决确定的留置权，对贷款人的担保留置也没有优先权，因为担保留置权是第一位的。这样，贷款人就会避开对场地的控制权，也就永远都不会成为所有者，也不会成为潜在责任方。如我们将在下一个案件中看到的，对场地行使控制权可能会使贷款人成为潜在责任方。

"旗舰保付代理公司案".[10] 在这个1990年的案件中，贷款人的责任可能会进一步扩大。这里，我们关注的焦点又回到了在贷款人没有对房地产取消赎回权的案件中贷款人参与管理决策的问题。旗舰保付代理公司向Swainsboro印刷厂预付资金并主要以Swainsboro的应收账款及设备和房地产作为贷款担保。当业务陷入困境时，公司申请破产并在破产法庭的监管下继续经营。但是情况并没有好转，Swainsboro最终停止了经营，开始出售存货并收回应收账款。出售存货之前，旗舰保付代理公司在授权装货之前审查了每个购买者的信用。任何代理人都会这样做，因为存货和应收账款都是贷款的担保物。

Swainsboro停止经营之后数月，旗舰公司对它的贷款取消了赎回权，取得了设备的所有权，但是没有取得房地产的所有权。之后旗舰公司拍卖了一部分设备，撤走了剩下的设备，并不再负责此事。两个月后，环保局在该房地产中发现了 700 桶泄漏的有毒有害废弃物并发现房屋的石棉遭到破坏。已倒闭的 Swainsboro 公司仍拥有该房地产。但是据披露，将设备卖给旗舰公司的拍卖商搬走了泄漏的桶，将未出售设备撤走的承包商破坏了石棉，使它变得危险。拍卖商和承包商都与贷款人旗舰公司之间有合同关系。环保局将舰舰公司作为潜在责任方提起诉讼。

联邦地区法庭发现代理人的财务建议或行为并不参与或影响机构的日常经营，因此旗舰公司在这方面无法律责任。在旗舰公司是否应对拍卖商和承包商的行为负责的问题上，地区法庭指出对这一事实有一项抗辩。首先，法庭驳回了对影响公司财务决策和影响或控制公司日常经营的区分，认为参与公司的财务决策能够影响到公司的日常经营。法庭指出，"担保债权人即使不是经营者，参与机构的财务管理也在一定程度上说明它有能力影响到（借款人）对有毒有害废弃物的处理，因此也可能会承担《综合环境反应、补偿与责任法》的法律责任"[11]。因此，在这一解释下，如果担保贷款人对公司财务管理的参与面足够广泛，能够干涉公司如何处理废弃物，那么它就要承担法律责任。此外，需要补充的是，旗舰公司对 Swainsboro 公司的控制多于在地区法庭审问中的证词所述的程度。受理上诉的法院指出，旗舰公司要求 Swainsboro 在运输货物前取得许可证，确定多余存货的价格，决定何时解雇员工，处理公司的雇佣和税收报表，甚至控制设备通道。这些对公司管理的充分参与证明了它在 CERCLA 下负有法律责任。法庭还很快表明它的决策没有损害到被担保贷方免责权。贷款人必须小心地将对借款人业务的参与限制在纯财务范围内。

这一判决所确立的责任本质上是一种消费者的预期，这种预期必须能够影响处理有毒有害废弃物的方式。贷款人由于贷款约定而对借款人产生影响并不会使贷款人承担 CERCLA 责任。即使贷款中的约定使贷款人在对方违法或不履行责任的时候有权控制企业，也不一定产生责任。只有那些影响或者能够影响有毒有害废弃物处理的贷款人行为才能产生可能的 CERCLA 责任。

"Bergsoe 金属公司案"。[12] 这是 1990 年的另一个涉及贷款人对企业业务控制问题的案件。这一判决有点背离了旗舰公司案判决的普遍范畴。这个案件是关于俄勒冈州圣海伦港的一个地方小公司，它发行了工业收入债券并将其推行到港口的各个工业企业。在 Bergsoe 公司购买了某一不动产后，与圣海伦港政府签署了售后回租协议。因此，法定的地契是由政府授予的。作为不动产业主和贷款人，政府给予了 Bergsoe 公司一些财务建议。当人们发现场地受到污染时，根据《综合环境反应、补偿与责任法》，政府被列为业主。政府要求被担保贷方免责。

法庭是偏向政府做出判决的。法官认为焦点在于贷款人对管理者的控制程度。法庭表示，在任何合理的标准下，在产生《综合环境反应、补偿与责任法》责任之前，应当有"一些对场地的实际管理行为"。从贷款人对借款人的财务决策实行严格管制而产生责任的情况来看，这一观点似乎背离了旗舰公司案的判决。

1992年4月环保局条例

由于不同法庭案件确定的贷款人责任的不同带来了不确定性,很多贷款人游说环保局出台法规,以便他们可以依此取消房地产的赎取权并避免《综合环境反应、补偿与责任法》的责任。1992年4月,环保局作出回应,颁布了新法规。新法规通过按类别列举管理活动的方法说明贷款人可以参与并不会引来清理成本责任的活动,并以此作为指导。具体地说,新法规做出了如下规定:
(1) 在担保权利产生之前的任何和所有行为;
(2) 周期性监控和/或视察房地产;
(3) 由视察房地产引起的持续性参与;
(4) 要求借款人清理全部污染;
(5) 要求借款人遵守全部法律;
(6) 重设贷款协议;
(7) 要求支付更多的租金或利息;
(8) 行使贷款人在法律或其他证明、协定、条件或借款人承诺下拥有的权利;
(9) 提供具体的或一般财务的或管理的咨询、建议或控制。

● 之后的一个法庭判决

如果贷款人认为新的环保局法规会消除赎回权丧失过程中的风险,那他们就错了。1994年,一个上诉法院认定1992年环保局条例无效。在"化工产业协会诉环保局案"[13]中,联邦上诉法院判定环保局条例超出了环保局的职权范围。在其判决中,法庭宣称"不能认为通过该条例,国会就能使作为多个可能原告之一的环保局有权定义潜在被告方的责任"。由此可见,1992年环保局条例提出的任何减免都必须要国会知情。

国会法

1996年9月9日,克林顿总统批准了1997财政年度的公共汽车经费议案。这一预算议案中所包含的一项条款整理了1992年的环保局条例,使其成为1996年的《资产保存、贷款人债务和存款保险保护法》。在该法律规定下,"参与管理"不止包括有能力影响或有权力控制经营,还包括实际上参与经营。法律规定贷款人可以参与下列活动,并仍然能够免税:(1) 持有、放弃或让渡证券利息;(2) 签署符合环保要求的贷款文件、契约、担保或其他约定;(3) 监控或强制执行贷款文件;(4) 检查房地产;(5) 要求借款人维修房地产;(6) 提供避免违约的金融服务；(7) 重新就贷款条款进行协商；(8) 行使法律许可的对违反贷款条款的弥补措施。最后，法律允许贷款人取消房地产的赎回权，之后拍卖、维持商业活动、结束经营、采取 CERCLA 允许的相应行为而不丧失免税权利。

环保局的规定从根本上提出，考虑到环境保护或企业的执行控制是一个整体，所以当贷款人负责日常经营时，也要按规定在处理有毒有害废弃物方面参与借款人的管理或决策制定控制。在这样的情况下，贷款人就可能负有《综合环境反应、补偿与责任法》的责任。

总 结

由于案例法的关系，显然贷款人面临着不断增长的责任风险，要负担不当处理有毒有害废弃物的清理成本。当贷款人对拥有受污染场地的公司取消赎回权或参与管理时，这种风险就会增加。如法庭在旗舰公司案中暗示的一样，不断增加的责任风险可能会对房地产金融产生影响。如果贷款人对有毒有害废弃物承担责任的风险越来越大（超出了房地产作为附属担保物的市场价格相应减少的风险），在有效的市场上，他们将对贷款条件设定更高的预期风险，也就是利率。那些产生有毒有害废弃物的公司会发现财务成本更昂贵。这样的公司或者不能获得融资（以从根本上消除有毒有害废弃物），或者就按照降低污染风险的方式经营。例如，公司为了避免污染可能会增加额外的安全检测成本。这些附加的成本可能会是贷款人给予的低利息成本抵销的部分。这样，通过房地产金融市场的条款就降低了污染风险。

● 贷款人责任的风险管理

贷款人可以通过几种方式降低他们承担有毒有害废弃物清理费用的风险。第一，他们可以避免对任何可能产生有毒有害副产品的工业场地承担担保贷权。第二，他们可以确保发放贷款之前所有的场地都是无污染的。第三，贷款人应当回避任何可能对借款人合理处置废弃物产生负面影响的条款。贷款后，借款人可能需要额外的融资来安装设备清除污染。原始协定中禁止这种额外融资的条款可能被看作影响借款人处理废弃物能力的行为。如果贷款人以连续的受信额度资助借款人，之后又拒绝预付废弃物防治或清理项目资金，也会被看作同样的行为。回顾旗舰公司的上诉，法庭的标准是贷款人影响借款人处理废弃物的能力。

第四，贷款人可向借款人要求签订独立的补偿协定。一种典型的补偿协定就是对于任何不当处理有毒有害物质给贷款人带来的责任，借款人都要给予贷款人补偿。这种补偿协定并不受《综合环境反应、补偿与责任法》的限制。回顾《综合环境反应、补偿与责任法》的第 113 条第 f 款，"任何人可以向其他任何应当或可能负有第 107 条第 a 款责任的人要求补偿（并且）……这样的要求……应当受联邦法律的约束"。虽然这样规定，但是还是存在某些问题，比如在州立法律禁止缺席审判的地方，赎回权丧失后额外的补偿协定能否强制执行。也就是说，尽管联邦法律允许要求补偿的行为，但法律没有提供任何指导意见，比如州立法律可以对补偿协定做出哪些规定。作为最大的禁缺席审判州，加州的一些贷款人执行了一些独立的无担保补偿协定来实现有关环境问题的主张。

即使州立法庭以违反防止双重补偿的禁缺席审判法规为由，拒绝裁决补偿协定合同，贷款人还可以提出其他的理由。例如，贷款人可以凭借不动产的不良信用损害胜诉。也就是说，大多数为不动产担保的信托契据包含一些条款，防止借款人的行为损害担保物的市场价格。对不动产的有毒有害废弃物的不当处理就符合不良信用损害。同样，如果借款人没有在贷款协议中披露场地真实的既定用途，贷款人可以以欺诈为由胜诉。

贷款人负担清理费用的责任范围随法律不断扩展。当然，由于《综合环境反应、补偿与责任法》、《超级基金修正和再授权法》以及近期一些法庭判例的关系，贷款人处于更大的风险中。被担保贷方免责和无辜所有者抗辩并不像人们想象的那么有力。在努力解决大量废弃物清理问题时，审判庭倾向于找出尽可能多的责任方和充足的资源（充足的财力），很多这类问题在法庭上被反复追究。

贷款人可能会发现他们自己由于其他原因而在不动产交易中处于失败的一方。另一个对贷款人来说充满危险的领域是药物之争。

✦ 贷款方和药物之争

由于美国频发的毒品问题，国会在 1970 年通过了《药物滥用综合预防和控制法》。这一法律授权联邦政府没收用于生产、运输、储存和散发违禁药物的房地产。法律最初关注的是个人财产，比如汽车和轮船。而只有以非法药物销售的收入购买房地产时，房地产才可以被没收。1984 年，国会修订了法律，将房地产包括其中。现在，如果某宗房地产以任何方式支持了毒品交易，其所有的权利和收益都将被没收。这意味着即使业主将房地产出租给别人，而承租人将其用于进行毒品交易，业主的房地产也会被没收。这还意味着取消了财产赎回权的贷款人可能会在相同的条件下失去房地产。1984 年的修正案确实包含了无辜财产所有者抗辩，即"符合本条款的所有财产都不会被没收，其范围限定在，所有者在确实不知情或未同意的情况下采取的任何行为或疏忽所导致的对所有者利益的影响"。由于联邦立法有以下几项规定，使得贷款人要承担失去贷款担保物业的风险。

首先，没收房地产是民事的，而不是刑事的程序。受到指控的是房地产，而不是业主。这意味着业主不需要被宣告有罪或受到有关毒品的指控。其次，联邦政府在房地产用于毒品交易的时候对房地产收益主张权利。这意味着如果贷款人获得了曾用于药物交易的房地产的产权（例如，通过取消赎回权），即使已经不再用于这种用途，贷款人还是可能会失去房地产。第三，即使只有一部分房地产用于非法的交易，业主的所有房地产都可能被没收。第四，即使非法交易涉及的药物数量很小，被没收的不动产可能价值巨大。所涉及的药物只需要达到足够判处一年监禁的量即可（在"Calero-Toledo 诉 Pearson Yacht Leasing 案"中[14]，当政府在那里找到两支含有大麻的香烟后，美国最高法院批准没收了价值 19 800 美元的游艇）。第五，房地产的业主或抵押权人可能完全没有责任。租用房地产并从事非法药物交易的人会将房地产置于没收的风险中。最后，房地产被没收后，业主或抵押权人对收益没有任何权利。在"美国诉 Property Known as 708-710 West 9th St.，Erie，Pa. 案"中[15]，业主/抵押人由于药物买卖被捕后无法偿还贷款。政府没收了出租的房地产并开始收取租金，但是没有付给抵押权人。法官认为虽然信托契据中有租金转让条款，但是抵押人无权获得房地产的任何收益。但是，当政府处置房地产时，法官允许抵押权人得到抵押权的余额。

贷款人最大的风险是对曾用于非法药物交易的房地产取消赎回权。如果无辜业主的抗辩无效，贷款人将失去房地产而转移给政府。为了使抗辩成立，业主（贷款人）必须证明更多，而不是简单地对房地产曾用于毒品销售的事实不知情。业主必须证明已经进行了所有合理的调查测试。这被称为**充分努力抗辩**，并且对一些贷款人来说，这是相当艰巨的任务，特别是那些在不同地区发放了很多房地产贷款的人。而且，如果贷款人想拒绝为已知有毒品活动的地区贷款以回避风险，他们也会使自己陷入麻烦。他们会冒着违反 1975 年《住宅抵押贷款揭露法》和 1987 年《社区再投资法》的风险。在第 7 章中，我们已看到这些反歧视法会对那些预先确定不贷款地区的贷款人处以罚款。

❋ 贷款人/借款人关系产生的责任

贷款人和借款人之间形成一种合同关系，这种关系受法律以及法院的司法解释的管制。因为房地产贷款被看作商业融资，适用于贷款人与借款人关系的管理法是《统一商法典》（UCC）。这一法典具体规定了合同各方的权利和义务。法院解释了法的内涵和意义、增加或免责条款以及附加判决（货币损失或补偿）。上诉法院可能会撤销审判法庭的判决。上诉判决结果最终形成了司法立法。

贷款人可能导致承担责任的行为出现在两个主要领域和一些次要领域。两个主要领域分别是没有履行口头协议和到指定日期未能提供贷款。在后一种情况下，导致违法行为的通常是贷款人不知会借款人即要求兑现即期票据。我们先讨论这两个问题，之后再看贷款人的其他责任。

提高信用额度的口头协议

首先，让我们回顾一下大多数房地产项目是如何开发的。开发商有一个开发商业房地产项目的计划。这个计划可能包括购置土地、开发（道路、公共设施等等）和场地建设。大多数情况下，开发商会在建成后出售房地产。开发商的融资需求受制于投资项目收购、开发和建设（ADC）的周期。因为很少有开发商能够或愿意以自有资金为 ADC 过程提供资金，所以他们为此寻找贷款。典型的 ADC 贷款只是针对完成项目的时期，在此期间开发商从该项目的销售过程中获得收益并偿还贷款。

为了了解法律诉讼是如何进行的，我们来看下面的例子。一个房地产开发商想以 100 万美元的价格购买一块生地并在这里建设一幢价值 700 万美元的写字楼。卖方要求在签订销售合同之前支付 5 万美元的保证金。在开发商向卖方支付 5 万美元保证金之前，他向当地银行的一个贷款管理人员提出贷款要求，这个贷款管理人员是他的朋友。他已经和这个贷款管理人员有过多年的业务往来。贷款管理人员向开发商保证，根据他过去的信用记录，要获得一笔贷款用于房地产购置和开发是肯定没有问题的。基于这一**口头协议**，开发商很不明智地付给卖方5万美元的保证金并签订合同在一个月后购买土地。两周后，当开发商准备贷款购买土地时，银行考虑到近期当地房地产市场的波动，拒绝发放贷款。开发商不仅损失了5万美元的保证金，还损失了原本能从这个项目中赚得的全部利润。因为贷款的口头协议没有得到履行，开发商可以通过法院寻求补偿。

下面我们来看第二个例子。假设开发商成功得到了ADC贷款。同样，假设银行很关心借款人之前开发的项目的成本超支情况。如果银行贷款给开发商几百万元去建设一个项目，它不希望看到在项目建设到一半的时候资金就用尽。那样它就只有一个半成品的项目作为贷款担保。因此，银行会在受信额度中加入即期条款。开发商可以"按需要"记下项目的进展，但是如果银行的建设审计师（建设成本方面的专家）认为没有足够的安全保障来预防成本超支，银行可以冻结剩余的受信额度并要求立即兑现票据上应得的金额。即期票据（根据贷款人的需求可以在任何时候兑现）在商业融资中很常见。根据票据的特点，贷款人在提出还款要求前不必预先知会借款人。

在这个例子中，如果银行认为，当项目处于半成品时，它的担保受到威胁，并且要求兑现票据，开发商将无法在很短的通知期后支付票据。开发商既不能很快地出售房地产，也不能准备另一项贷款。如果银行取消票据的赎回权并在取消赎回权的交易中出售房地产，开发商不仅会损失原来的保证金，还会损失开发的利润。同样，开发商可以通过法院寻求补偿。

在上面的第一个案例中，根据口头协议贷款没有成功。在第二个案例中，贷款人未能将贷款延期至所需求的日期。在两个案例中，似乎开发商在法庭上胜诉的希望都不大。根据教材中的解释，房地产金融中的合同必须采用书面形式以便于执行。同样，《统一商法典》允许各方签订无须通知即可要求支付的贷款合同。但是假设你是陪审团的一员，面对开发商提交的案件，了解了以下事实：开发商过去一直得到口头承诺，并且以这种方式进行业务往来；本案中要求兑现即期票据的时候，银行没有理由认为担保物受到威胁；之所以要求偿还贷款是因为新的贷款管理人员上任，而他只是"不喜欢"这个开发商。你会偏向哪一方？在很多这样的例子中，陪审团都偏向开发商。但是，在我们回顾一些真实的贷款人责任的案例之前，考虑下面的观点，这些观点认为我们例子中的开发商可以或者应该胜诉。

贷款人的口头协议

贷款人可能会口头承诺贷款。起初，他可能认为口头承诺的情况下没有多大的责任，因为房地产融资的借款合同都是书面的并且通常是非常详细的。事实上，反欺诈法也要求这样的合同应当是书面的。反欺诈法提出下列合同必须是书面合同以便于执行：

- 一年之内无法执行的协议；

- 为另一方偿还债务的承诺；
- 出于婚姻考虑而做出的承诺；
- 有关房地产实体的协议；
- 销售商品超出 500 美元的合同；
- 指定遗嘱执行人的合同。

如果协议没有采用书面形式，那么协议中的条款对任何一方都没有束缚力（除非适用于一些特殊情况，这里不加以讨论）。显然，几乎每项房地产贷款都会受制于反欺诈法的条款。但是，借款人也向贷款人成功提起过一些有关房地产贷款的口头声明或承诺的诉讼。在未达成书面协议的房地产贷款合同关系中，贷款人越来越多地受到诉讼的限制。在起诉中，借款人通常不会针对贷款人违反了书面贷款协议中的任何技术性条款提出指控，而是指出它违背了口头承诺或违反了长期坚持的行为方式。

由于借款人在过去的这类诉讼中取得了一定的成功，很多州的贷款人都寻求在立法上实行以下两种改革之一——**《反欺诈法修正案》**或**《信用协议法》**。《反欺诈法修正案》会使所有口头承诺或增加信贷的口头协议无效。其内容主要涉及金融机构对除个人、家族或家庭之外的对象增加现有贷款的受信额度，并且通常由三个主要部分组成。第一部分明确一些项目，如贷方、借方、借贷协议和金融机构。第二部分要求增加信用额度要采用书面形式并由双方签字。第三部分通常包括对贷款人来说有哪些安全条款。安全条款即贷款人在增加信贷额度时可以采取的，不能被中止的行为。这些行为包括向借款人提供财务建议、向借款人允诺在已有的贷款合同下不采取提前兑现等特定行为等。

《反欺诈法修正案》和《信用协议法》很相似，它们都明确要求在任何一方履行合同前，贷款合同的修改应当有书面记录，这样就对贷款人给予了额外的支持。

无知会即期票据的兑现

正如你所想象的，无知会即期票据的兑现对缺少现金流的房地产开发商或其他依赖受信额度进行日常经营的公司来说是一个财务困境。很多法律诉讼是由于即期票据过短的兑现通知期引起的。造成的损失经常包括公司资产价值的下降，因为贷款人要求兑现即期票据。原告（借款人）将认定贷款人没有按照法律的要求遵守"诚信"原则。尽管诚信原则是一个被广泛接受的法律概念，但如果要应用于详细说明合同条款的情况，比如即期票据和其他一些房地产融资类型，这个概念并不清楚。

《统一商法典》的 1—203 部分指出"本章中的每个合同或每项责任在履行或执行中都有诚信的义务"，而 1—201 部分将诚信定义为"在行为或有关交易中真正的诚实"[16]。法典中大多数有关诚信的内容集中于商业销售（而不是贷款），因为在商业销售中，经常有一项或更多的合同条款到最终一直空着。这就是说，法典的订立者担心如果一方没有在诚信的基础上讨价还价，最终空白的销售合同可能会对另一方不利。例如，假设购买者签订合同以既定的价格购买一项商品，并附加了没有约定的运输费和装卸费。当商品被运到时，账单上反映出奇高的运输费和装卸费。如果这时提起诉讼，则法院可能不会要求购买者支付这些费用。

但是，法典确实也在贷款合同中对"诚信"作出了界定。在1—208部分，法典指出，当票据的项目允许贷款人"'随意'或'在认定自己不安全'时催促付款或履行……只有当他确实认为未来的支付或履行会受到损害时他才有权这样做"[17]。这一规定更多的是针对可提出提前兑现的定期票据（有具体到期日的票据）而不是即期票据。对1—208部分的司法解释指出，这一规定不适用于即期票据，因为即期票据的性质允许它在任何时间以合理或不合理的理由要求兑现。至少，"随意"要求兑现定期票据和兑现即期票据的区别很让人不解。即使司法解释很清楚地说明诚信原则只适用于有提前支付条款的定期票据，一些法庭判决还是对即期票据提出诚信原则。与此同时，其他的法庭判决则持有相反的观点，即不考虑贷款人在要求兑现即期票据时是否诚信。

口头协议和信用的终止：法庭案例

贷款人通常都能在这些问题上成功地免除责任，但是这些成功主要是在上诉中获得的。在"Kruse诉美国银行案"[18]中，加利福尼亚的一个苹果种植者声称由于贷款人没能在口头承诺之后批准贷款而使他遭受了损失。尽管在审判法庭，陪审团判给了苹果种植者将近4 700万美元的赔偿，但是上诉法庭撤销了这一判决，因为承诺没有采用书面形式。这一案件的结果很典型，这类诉讼大多是关于在没有达成书面协议的情况下，贷款人没有发放贷款。当现有贷款在到期日前，或者即期票据没有被知会就提前催缴（终止）时，诉讼的结果会更复杂。

在"Centerre Bank of Kansas City诉Distributors, Inc. 案"[19]中，贷款人对Distributors公司的唯一股东增加了受信额度，条件是90万美元的即期票据、公司存货和应收账款的担保物权以及所有者的个人保证。在20世纪80年代早期，公司所有者曾向公司的总经理出售了20%的股票，而总经理还想收购剩余的部分。但总经理担心在新的管理者上任后，贷款人可能不会再延续原来的融资协议。Centreer的贷款管理人员向总经理保证只要原来的所有者继续提供个人保证，融资协议会一直延续下去。在总经理收购了公司之后，贷款管理人员通知他除了原所有者的保证之外，还需要他的个人保证。据贷款管理人员说，这些额外的保证将确保银行继续提供资金。提交保证后三天，银行发出为期60天的通知，要求兑付即期票据。在此期间，银行按照受信额度提供资金和收取还款。它也帮助新的所有者寻找另外的资金，但是毫无效果。最终，新的所有者不得不处理公司资产并停止经营。审判中提交的证据表明，银行知道要求兑付即期票据会使Distributors破产，但是银行经理不认为新的所有者能够管理这个公司，事实上，他个人并不喜欢这个新的所有者。

尽管陪审团做出了有利于本案原告的判决，但是上诉法庭认为诚信义务不适用于贷款人要求兑现即期票据的决定。以上诉法庭的另一个案件为例[20]，它认为《统一商法典》1—203部分的应用会给贷款协议增加双方都不愿接受的项目。

在类似的案件中，贷款人也没有得到好处。在"K. M. C. Co., Inc. 诉Irving Trust Co. 案"[21]中，贷款人没有做出任何知会便根据受信额度要求兑现即期票据。陪审团做出了有利于借款人K. M. C.公司的判决，上诉法庭对此也进行了确认，毫无疑问这是由于贷款人明显无情无义的行为造成的。证据表明，虽然银行对这样的事件有通知的政策，但是贷款人还是没有事先知会对方立即要求兑现票据。同样，过去银行曾通过受信额度抵补K. M. C.公司之前的透支额，这证明银行知道要求兑现票据会对公司造成财务崩溃。最终，即期票据的兑现是由银行管理人员和K. M. C.公司的经理之间的个人冲突触发的。

通过这一过程，我们可以看到为什么本案关注"诚信"概念。审判法庭的判决认为，贷款人负有诚信义务，虽然受信额度协议的书面条款不要求知会，但他们还是应在中止受信额度协议之前知会K. M. C.公司。所谓的即期条款如同一个通用的不安全或违约条款，因此应遵循《统一商法典》1—208部分提出的诚信标准。尽管1—208部分允许在违约时进行回购，但它要求贷款人认定担保受到了威胁。虽然1—208部分的司法解释说明这样的诚信标准不适用于即期票据，因为即期票据的本质就允许了在任何时候以任何理由要求兑付，但是法庭还是做出了这一判决。很明显，法庭在定期贷款的提前收回条款和即期票据或受信额度的提前收回条款之间感到很迷惑。《统一商法典》货物销售合同部分［2—309(3)部分］规定："诚信原则的应用和合理商业行为通常要求对终止正在履行的合同进行通知，以便给予另一方合理的时间来寻找替代的协议"，法官通过与这一部分的类比作出了最后判决。

本案中的法官好像没有理解即期票据的本质。即期票据有明确的贷款人随意兑现条款，因为知会可能会使借款人有机会浪费更多的担保资产或采取其他可能不利于贷款人的行为。如果贷款人能够随意兑现即期票据或受信额度，他们将得到更好的保护、承担更小的风险。对于降低的风险，贷款人会要求更低的原始利率，从而贷款人和借款人都会从协议中受益。这是很显然的，由于条件优惠，即期票据或受信额度一直都是借款人常用的贷款工具。借款人和贷款人自由形成这样的贷款协议的事实说明，这些项目对双方都是有利的。

K. M. C.公司案的判决可能是个例外。在贷款人要求召回受信额度的案件中，大多数法官认为根据贷款人可以随意兑现的规定，即期票据是可要求兑现的，并且处于诚信要求的范畴之外。贷款合同要写成书面格式和即期票据兑现免受诚信原则限制都为贷款人提供了免责依据。但是，在其他方面，贷款人可能是有责任的，其中包括终止期确定的贷款，如很多房地产贷款。

● 贷款人责任的其他理论

在贷款人承担责任的行为方面，还有其他几种法律理论。它们不像违反口头协议或缺乏诚信那样常见，但确实在不断增加并且应当被提及。

表面证据确凿的民事侵权行为

民事侵权行为是法律规定的对他人权利的侵犯，由此受到侵害的一方可以向侵权的一方提出赔偿。**表面证据确凿的民事侵权行为**在《民法修正案（第二版）》的第870条中是这样表述的："当事人故意对他人造成伤害，如果其行为有罪并且是非正当的，那他应就此伤害向对方承担责任。即使当事人的行为不属于传统的民事侵权行为，也可能要承担这一责任。"尽管某种行为可能是合法的，如果其意图是造成伤害，其结果是带来伤害，它也会成为民事侵权行为，并且这一行为不可辩护。犯罪者的思想状态和意图可以使合法行为变成违法行为。不过，如果仅仅是行为人在知道其行为造成损害的情况下进行该行为，那么并不足以构成民事侵权行为，还需要行为人具有制造损害的主观故意。由于表面证据确凿的民事侵权行为关键在于损害人是否存在主观故意，所以在损害人不承认其主观故意的情况下，很难判定该责任。

约定欺诈

欺诈是一种为欺骗而进行的故意的歪曲，或通过错误的表述，或通过掩盖事实；也可以是轻率地忽略了真实性而做出的表述。**约定欺诈**指做出无意履行的承诺。约定欺诈很难证实，因为它要求能够证实过失行为人在做出承诺时有不想履行的意愿。没有履行承诺是不足以确认约定欺诈的。

约定欺诈是"State National Bank of El Paso 诉 Farah Manufacturing Co. 案"[22]中1 900万美元判决结果的主要依据。在该案中，贷款人没有批准公司提名的新管理层。公司的贷款条款允许银行在公司管理层发生变化时宣称其违约。贷款人声称如果任命其他人，他们将不会宣布公司违约，以此诱导公司不任命Farah 先生做总裁和 CEO。证据表明事实上，贷款人并没有决定如果 Farah 先生担任 CEO，他们将采取什么措施。由于新的管理层没有经验并且人心涣散，在他们领导下，公司倒闭了。公司的倒闭所带来的损失正是该案中所要求赔偿的损失。

与**不履行合同**的主张相反，对欺诈的主张可以包括惩罚性的损失赔偿。由于这一原因，如果有证据可以证明存在约定欺诈，原告可以将其纳入申诉中。

隐瞒欺诈和不履行信托责任

信托意味着"以信任为特点"。**隐瞒欺诈**不仅指歪曲，还包括在信托责任的基础上，一方对另一方披露信息的责任。很多关系都包括信托责任。企业的经理负有按股东利益行事的信托责任。代理法规要求代理人按照委托人的利益行事。还有很多其他的例子。在贷款人责任方面，问题的关键在于贷款人对借款人究竟有无信托责任。

我们来看下面的例子。假设一个房地产开发商与一个贷款人商讨贷款购买房地产。由于某些原因，购买价格高于房地产的真实价值，但是贷款人知道而借款人不清楚这一点。我们还假设贷款人对现任的业主有无追索权的贷款，对房地产有担保物权。在这一不履行责任的事件中，贷款人可能只将房地产看作担保物。贷款人也知道现任业主有拖欠贷款。贷款人愿意为潜在购买者提供总额相当于购买价格的贷款，原因如下：新贷款的总额等于现在拖欠的贷款，贷款人可以要求买方承担贷款的个人责任。由于额外的担保物权，销售和贷款都会使贷款人受益。买方将受到损失，因为真实价格远低于购买价格。如果贷款人提供了贷款而购买者最终违约并以个人资金补足了差额，那么贷款人承担隐瞒欺诈责任吗？也就是说，贷款人有义务向买方披露房地产真实价格低于购买价格的事实吗？

通常，只有当地位不对等、有信托关系或一方知道的信息没有合理地传达给另一方时，贷款人才负有披露信息的责任，才可能在此理论下承担责任。在上面的案例中，很难说法院应当如何判决。在"Hill 诉 Securities Investment Co. of St. Louis 案"[23]中，法院规定贷款人没有义务告知想要贷款投资一个公司的借款人，他们曾拒绝给这个公司贷款。同样，在"Denison State Bank 诉 Maderia 案"[24]中，法院认为银行不需要向潜在借款人披露，借款人想要投资的公司在银行是透支的。在很多这样的案件中，法院通常会发现贷款人，比如银行，与客户和存款人之间没有信托关系。

不履行合同

在确认贷款人在口头承诺增加已有的资助后并没有这样做，原告可能会追究贷款人的责任。通常，原告在指控中会主张贷款人违背了口头证据准则，即书面合同条款不得与无前的或当时的口头协议相矛盾。口头证据准则之所以存在，原因如下：

（1）各方之间意见不一致时不会达成合同；

（2）除非合同条款是确定的和可确定的，换句话说是明确的，否则各方之间不会意见一致。

通常，增加信贷的口头协议并不足以确立合同。你还需要说明利率、到期期限、违约条款和很多其他需要明确的条目。例如，在"Labor Discount Center, Inc. 诉 State Bank and Trust Co. of Wellston 案"[25]中，法庭认为延长临时贷款的口头协议不够明确，无法执行。很多其他的案件也证实贷款人不履行所谓的增加信贷的口头协议不会承担责任。

强制与贷款人控制

很多新成立的公司和处于成长期的房地产开发企业很难获得纯粹的权益融资。即使它们可以，所有者通常也不愿意通过大量发行股票放弃公司的控制权。这些公司会寻求带有权益性质的债务融资。因为存在超额收益的可能性，它们能从愿意投资新的和成长期的房地产公司的贷款人那里吸收资金。在很多方面，贷款协议会包括权益的组合。贷款人会坚持要求签订排他性的贷款协议，阻止其他有竞争性的贷款人。根据公司的经营业绩，贷款人还会有一些其他方面的回报。与公司业绩挂钩的资产参与型贷款并不常见，例如参与公司年度经营利润分配或分享房地产增值的协议。

很多这样的贷款协议规定，一旦出现财务困境，贷款人有权接管借款人公司的某些业务。这样的**贷款人控制**协议是为了降低贷款的风险。如果借款人公司的管理层表现不佳，那么贷款人还有机会接管继续经营。在这样的案件中，我们很难否认贷款人事实上是资产持有者。它持有的"贷款"具有资产的特点，并且它在发现财务管理不当时接管了公司。

如果贷款人在这样的协议下行使控制权，它将承担负有某些责任的风险。如果在贷款人的控制下，公司最终还是倒闭了，一些相关方可能会向贷款人提出赔偿要求。除了公司股东外，这些相关方还包括公司债权人这样的第三方，如供货商，如果未纳税，还可能包括政府。责任的增加是实际控制的延伸结果。在法定范围内，贷款人必须为控制承担责任。与第三方相关的两个领域是破产和代理法。在侵权行为或信托法下，贷款人可能对债务人（公司所有者）负有责任。

◆对第三方的责任：破产和代理法

下面有关破产的法律可能会很复杂。这里有意思的是所谓的可撤销的优先受偿权规定。通常，如果债务人在提出破产后90天之内将资产转移给了某个优先债权人，破产受托人可以要求在满足了一般债权人的利益要求后将这些资产归还给债务人。如果接受转移资产的债权人是内部人员，90天的可撤销优先受偿权可以延长到一年。内部人员是指拥有公司一定数量的股票或控制公司日常经营的人。你可以看到这里可能产生的问题。如果接管公司贷款人，将会有动机偿还公司对自己的债务而损害到其他债权人。因此，如果接管公司，贷款人可能会因在提出破产后一年内接受的所有还款而被受托人指为应承担责任。如果贷款人不接管公司，而只是取消贷款的赎回权，那么只有90天内发生的支付会被认为是优先受偿的项目。

贷款人可能对第三方负有责任的第二个法律领域是**代理法**。《侵权行为法重述（第二版）》指出"代理是由公开声明而产生的信托关系，是一个人向另一个人声明同意第三人代表他行事并接受他的控制，并且声明第三人也同意这样做"[26]。代理关系存在有三个必要条件：第一，双方必须同意这一关系；第二，代理人必须依据委托人的利益行事；第三，代理人必须听从委托人的领导和控制。

代理法是这样对贷款人控制起作用的：如果贷款人对债务人公司的经营有足够的控制权，那么债务人就成为贷款人的代理人。例如，假设贷款人认为开发商没有管理好项目，所以它接管了该房地产项目的开发。贷款人根据贷款协议的条款可能有权这样做。但是现在，贷款人可能担任了委托人的**角色**。贷款人接管了控制权并指导公司的经营。进一步假设在管理公司的过程中，贷款人让公司订购了一些建筑材料。如果开发商（公司）在支付材料款之前就倒闭并宣布破产，谁应当为材料付款？在代理法下，贷款人应当付款。材料供应商可能会声称公司是作为代理人按照委托人的意愿行事，而不是（倒闭的）公司的意愿。《侵权行为法重述（第二版）》的第140条指出，"由于自己和债务人之间的相互利益而负责债务人公司管理的债权人可以成为委托人，为债务人与公司相关的行为和交易负责"[27]。在这样的案例中，责任的扩大取决于管理的程度。在上面的案例中，如果贷款人不负责订购材料，那在这方面就不会被当做委托人，因此也不承担付款的责任。

最后，贷款人可能会负担债务人未交的所得税。当贷款人的控制延伸到雇用、解聘和其他用人决策，或贷款人的贷款是用于缴纳所得税，但是发现债务人公司没有用这笔资金交税时，就可能出现这样的情况。

毫无疑问，对债务人的行为中风险最大的是贷款人行使对公司经营的控制权。正如上文所说，很多贷款协议要求贷款人在贷款可能出现问题时采取各种措施。这些措施可能包括从给予管理建议到建议采纳新的管理咨询团队到实际控制公司业务。当贷款人控制债务人公司的部分日常经营时，贷款人可能对公司所有者的利益负有信托责任。不履行这一义务可能会使贷款人承担责任。贷款人行使控制权的程度越大，如果公司最终倒闭，贷款人可能承担的责任就越大。但是，并非所有贷款人参与管理的案例最终都会带来责任。贷款人的信托责任不要求贷款人放弃他自己的利益。关键条件是贷款人在合同之外经营的程度及其按照借款人利益行事的信托责任。

总之，只要贷款人对借款人行使控制权，就可能承担责任。如果所行使的控制权是在贷款协议之内，并且贷款人没有随意地、不诚信地经营损害债务人的利益，那么贷款人的责任就可以降到最低。在很多案件中，陪审团判定贷款人有罪，但是上诉法庭驳回了陪审团的判决。通常只有贷款人的行为极度不当时才会负有责任。

在贷款人参与房地产开发的案例中，如果开发商违反了贷款协议，贷款人就能避免责任。开发商违反协议的行为包括：在其他项目中使用本项目的资金或材料，从流动资金账户中挪用资金私用，以及没有进行适当的项目监理和成本控制。

破产和代理成本

贷款人必须知道债权人可以利用破产法损害贷款人的利益来保护自己的利益。尽管制定破产法主要是针对持续经营的企业，但破产法可以并且已经被用于房地产项目开发中。常见的问题是房地产开发商贷得资金、提供一小部分权益，然后开发一个经济上不可行的房地产项目。在这一情况下，完成的开发项目的价值通常小于房地产所担保的债务的总额。面对赎回权丧失后的房地产损失，开发商/债务人试图通过破产法保护房地产的剩余价值。如果能够成功，开发商可能会减少欠贷款人的债务总额。

●破产法和"压缩"程序

可能破产的债务人比较接近第11章提到的破产状态。这类破产的目的是允许有问题的"企业"继续经营，希望最终的经济成效能够让它偿还债务并持续经营下去。从社会政策的观点来看，政府认为这种结果要好于将公司及其资产迅速清算变现。因为房地产开发企业可以被看作进行业务经营的公司，开发商也可使用第11章中的破产条款来摆脱贷款人突然取消赎回权的困境，并且有时可以减少开发商对贷款人的负债总额。**压缩**是指根据法律，对开发商所欠的债务实行重组的能力。出现的重组类型包括延后贷款到期日、降低贷款利率或减少贷款本金的余额。

一个简单的例子可以说明"压缩"对开发商的价值和对贷款人的威胁。如果市场价格为400万美元的房地产被用于担保600万美元的贷款，房地产丧失赎回权的损失将使开发商没有权益，甚至有可能有200万美元的债务亏空。如果开发商能够利用破产法将贷款本金压缩到400万美元，在资产结果上就会立即显示为获利200万美元。如果房地产的市场价格在压缩发生后提高了——比如增加到500万美元——那么开发商将在该房地产权获得100万美元的正收益，这是压缩前没有的。显然，如果有可能从开发商其他资产中弥补相当一部分债务亏空，贷款人更愿意取消赎回权。

要成功地压缩，开发商必须从联邦法院取得破产计划的确认。在这样的重组计划中，开发商/债务人必须将所有债权人的要求分为不同的类别，根据计划，每个类别都会有具体的解决方案。对房地产开发商而言，其他债权人可能包括分包商、场地的占有者等等。所有同一类别的要求在本质上必须相同，但并不是所有相似的要求必须处于同一类别中。开发商/债务人可以将债权人分成两个类别，两个类别有相似的特点。如果计划改变了一个类别的债权人的公平的或合同约定的权利，没有弥补预破产前的欠款和损失，或没有就所欠债务的全额以支付现金的形式满足债权人的要求，那么这一类债权人就可以认为"受到了损害"。显然，如果这一计划想减少债务本金数，那么对房地产有担保物权的贷款人就会受到损害。对于任何受到损害的债权人类别，如果接受该破产计划的债权人在数量上达到1/2或在拥有的债务金额上达到2/3，就会视为这一类别的债权人通过了该计划。贷款人有权选择如何分类。以上面的例子为例，贷款人可以选择同时列入两个类别中：对400万美元债务（房地产抵押物的价格）有担保的类别和对剩余的200万美元（对亏空的要求）无担保的类别。或者，贷款人可选择仅属于一个类别，即有担保的类别，这样，所有的索赔都按照有担保处理。因为有压缩准则存在，所以这一选择很重要。压缩准则规定了各类索赔的处理方法及各类债权人对计划的批准。

在每个类别对债权人的处理中，压缩的规定要求有担保的债权人必须接受延迟的现金支付，这些支付的总现值等于担保物的价值和一些未担保亏损处理后的最低值。总之，这一规定指出，因为通过取消赎回权，贷款人可能只得到了担保物的补偿，其处境不比重组前差。因此，在我们这个例子中，贷款人应当保证得到未来清算支付的总和为400万美元的现值和200万美元的残值。大多数情况下，债权人会对残余物提出很小的一部分财务要求。

如果所有的债务人都同意了重组计划，那么该计划将对所有的债权人有约束力，即使是少数不同意该计划的债务人。如果一个受到损害的类别不同意这一计划，该计划将没有约束力，除非法庭认为这一计划对各方都公平、公正，这时这一计划会对持有异议的受损害类别"压缩"。那些希望从不经济的房地产投资中弥补一部分损失的开发商/债务人会试图建立若干个债务人类别。一些类别会包括少数无担保的债权人，他们的要求金额也很小，剩下的一类由有担保的贷款人组成。开发商希望那些无担保的债权人对计划的认可足以对有担保的债权人减少贷款本金产生影响。在这里，贷款人必须选择在哪个类别中提出要求。如果贷款人把所有的要求都放在有担保的类别中提出，那么他将得到的未来支付额是贷款金额的总值和担保物价值的现值。在我们这个例子中，贷款人将得到总值至少600万美元的延迟支付，其现值为400万美元。在这一选择下，贷款人的财务处境会更好。但是，如果做出这一选择，贷款人将只代表一个类别，其要求可能会被其他同意这一计划的类别压缩。在这方面，策略是关键。

● 现实因素

从上面的讨论中你可以看到，房地产贷款人必须关注代理关系。如果一个已竣工的房地产项目的价值没能达到设计的预期，贷款人不应认为取消赎回权的过程肯定会带给他一宗房地产的所有权。开发商/债务人或许能够利用破产法将贷款的本金降低到等于房地产的价值。如果他们能够做到，任何由此产生的增值都将归于开发商而不是贷款人。正因为如此，贷款人不得不采取最有可能废止这一计划的策略。

尽管成功地降低贷款人的本金的计划对债务人有利，但要想达到这个结果并不容易。首先，这个计划必须说明按照这一计划，项目未来的现金流能够满足偿还新债务的需要是可能实现的。其次，所有类型的债权人必须都同意这一计划。第三，法院不太可能批准一个单纯为了减少欠贷款方的债务总额而设计的方案。

在贷款是由单一房地产担保的案例中，上面的标准可能更难达到。首先，一个被严格扣押的房地产也很难显示出有足够的现金流来偿还债务，哪怕是减少后的债务总额。第二，如果没有多少其他的债权人，可能很难建立若干类别的债权人来压缩这一针对贷款人的计划。即使这样的类别可以被"制造"出来，法庭也很可能认为这一计划对贷款人不公平。一个非常好的例子能够说明这种情况，即"In re Meadow Glen, Ltd. 案"[28]，该案中，债务人建立了四类无担保债权人，包括房地产占有者（总价值2 000美元）、要求少于100美元的无担保债权人（总价值500美元）、要求多于100美元的无担保债权人（总价值23 000美元）以及贷款人的亏损要求（总价值550万美元）。破产计划准备这样支付这些要求：房地产占有者，偿还债务的90%；无担保要求少于100美元的，也是偿还债务的90%；无担保要求多于100美元的，偿还债务的75%；亏损要求，给予房地产的10%权益。最终，法庭判定这一计划对贷款人不公平。判决指出，没有理由在无担保的债权人之间进行区别对待，同时，对小类别进行高价交割和对贷款人的10%的房地产权益收益支付不管怎么说都是非常值得质疑的。法庭发现，由于非亏损要求的总额很小，以至于对这些类别债权人的损害并没有给有担保的债权人带来实质性的利益，于是法庭判定，这种类别划分完全是为了制造受到损害的类别，目的就是压缩欠有担保贷款人的债务金额。

简言之，贷款人需要认识到这种可能性，破产法可以用于减少所欠的本金的数额，但是完全以此为目的而设计的计划很难被法院批准。单一房地产的开发商/债务人想有效地减少负债并通过破产过程保留房地产已被证明是很难的。但是，更有可能发生的是，因为以完成压缩为目的建立复合的受损害类别更容易，一个公司名义下的多个房地产开发商可能会成功使用这样的策略。

职业道德、欺诈和代理成本

很多情况下，职业道德、欺诈和代理成本是相关的。职业道德是有关个人必须与其他人正当交易的道义上的责任和义务。在房地产金融教材中，我们更愿意留给哲学家去讨论公正、公平和道义的含义。在这里，可以说没有科学的标准来判定某种行为是道德的还是不道德的，没有标准可以衡量一种行为有多道德。我们在这里可以简单地说，如果一个人与其他人公正、公平地交易，那就是对社会有益的。

我们不应当混淆道德行为和合法行为。一些行为可能是合法的，但却是不合道德规范的；反之亦然。但是很多法律在获得通过时是考虑了道德标准的。也就是说，很多法律反映了让人们公正、公平对待他人的愿望。我们来看本章中早先出现的一个例子：《统一商法典》具体地规定了合同各方要彼此诚信。其他一些类似的例子如，规定个人根据内部信息进行证券交易是不合法的。法律还通过立法限制那些可能掌握内部信息或其行为会影响到保密性的公务人员参与交易。

最后，代理关系暗含着法律和道德要求。正如我们先前解释过的，当代理人负责代表另一个人的行为或利益时，代理关系就会存在。通常，委托人会支付给代理人酬劳，以便代理人在法律上和道德上有义务只代表委托人行事，但也不一定总是这样。但是在许许多多的情况下，这种关系的性质又为代理人提供了一种动机来按照自己的（或者另一个人的）意愿行事，而不是为了委托人的利益。在这些情况下，委托人必须增加资源来确保代理人只按照委托人的利益行事。这些增加的资源被称为代理成本。这可以用下面的例子加以说明。

当一个房地产开发商要求贷款开发一个新项目时，贷款人会对房地产进行评估（按照完成后的形式）。房地产的评估价格会对贷款人愿意提供的贷款数额起指导作用。为了避免拖欠贷款的风险，贷款人可能同意只提供评估价格的80%的贷款额。为了获取评估价格，贷款人会聘用一个评估师，因此评估师是贷款人的代理人，并且被要求代表贷款人。但是评估师可能希望从开发商那里获得其他的评估业务。如果很多的评估师都在竞争业务，这个评估师可能就会有动机确保这次的贷款能被批准。这样，他就会赢得房地产开发商的好感，后者可能会因此提供给他其他的业务。

我们假设项目完成后的价格是100万美元，但是开发商要承担20万美元的权益风险。开发商可能会要求评估师将房地产价格评估为130万美元，这样贷款人会愿意贷款100万美元左右。一份评估报告有很多地方要求评估师做出判断。评估师可能必须就新提议的临近房地产的高速公路路口的价格做出判断。同样，评估师也可能做出彻底的虚假报告。评估师在向贷款人提供公正的报告或向借款人提供夸大的或虚假的报告之间存在利益冲突。从道德上说，在评估报告中任何需要做出判断的地方，评估师都必须公正无私。从法律上说，如果评估师在报告中做出虚假陈述，他就要承担责任。如果评估师为了借款人的利益做出了不公正的判断，但是不涉及虚假陈述，这个问题就很难说清楚了。虽然道德上是有过失的，但是评估师可以逃脱法律责任，因为很难证明评估师是为了个人利益而违背贷款人的利益行事。

代理成本从哪来？大多数大型商业房地产贷款人聘用一个员工来审查评估师。他们的作用是检查外部评估师完成的评估报告的不精确性和错误。聘用评估审查师，是因为贷款人意识到评估师可能会违背贷款人的利益行事。雇用一个评估审查师的成本可以看作代理成本。

下面的例子说明了房地产金融中的代理关系。两个例子都是关于抵押权保险的，其中一个例子讨论了20世纪80年代末90年代初很多储蓄机构的倒闭。

● 代理关系和抵押权保险

政府（FHA、VA）和私营抵押权保险可保护贷款人免受违约损失。导致违约损失的主要因素是房地产在丧失赎回权的过程中和之后的运输成本。贷款人支付这些成本，之后由承保人给予补偿（FHA付全部成本，而私营抵押权承保人只付最低额的一部分）。这些成本包括不动产税收、有毒有害废弃物保险、保有成本和之前的贷款利息。之前的利息是按照贷款合同的利率进行补偿的。尽管之前的部分是借款人支付的，但代理关系是存在于贷款人和承保人之间的。在违约情况中，贷款人有两种基本的选择：先采取措施，并与借款人重组贷款协议，或者取消对贷款的赎回权并针对全部损失向承保人主张权利。如果贷款人选择了后者，他还面临着其他几项决策。一个是在允许选用司法程序和销售权力的州要对取消赎回权的方式进行选择。如第14章所述，判决过程更消耗时间，而且花费更大。另一个选择是是否监管房地产并进行维修。由这些决策会产生两种不同的代理关系。

先考虑贷款人与FHA之间的代理关系。这里，之前的利息是按照贷款合同的利率补偿的。在选择取消赎回权方式时，当前的利率水平会对贷款人的决策产生什么影响？如果当前市场利率高于贷款利率，贷款人将有动机尽快取消赎回权，以便获得保险费并以更高的利率贷出。相反，如果当前市场利率低于贷款利率，贷款人会有动机放慢取消赎回权的过程。这样是因为贷款在取消赎回权的过程中是按照更高的利率获得之前利息的补偿。在第二种情况下，贷款人的动机与FHA相反。一个已经启动的取消赎回权的过程会引起运输成本的增加，这些成本全部由FHA来承担。有证据表明一些贷款人事实上就是这样做的。[29]

需要注意的是，FHA是美国纳税人的代理人，它应当代表纳税人减少索赔费用。但是，政府部门、政府雇员和纳税人之间的代理关系已经超出了这个例子的范围。

贷款人与承保人之间动机冲突的第二个例子是关于丧失赎回权的房地产的维

护成本。贷款人通常没有动机去修缮房地产，因为这样的修缮是需要管理资源的，并且房地产价值的任何损失都是由保险来补偿的。[30]这里，私营抵押权承保人可能会增加资源（代理成本）来确保贷款人对房地产进行修缮。承保人可能要求在提出任何的索赔要求前，由贷款人修缮房地产而使房地产恢复投保时的状态。贷款人要监视房地产以了解是否确实进行了修缮。所有的这些努力都要付出较高的成本，用于控制代理人（贷款人）与委托人（抵押权承保人）之间的动机冲突。

● 代理关系和最近储蓄机构的倒闭

最后一个有关法律、道德和欺诈之间关系的例子是关于近期很多储蓄机构的倒闭。为了说明情况，我们来看20世纪80年代早期取消法律限制之后储蓄机构的环境。假设你是一个有事业心、敢于冒险的人，一心想要利用这种环境下的代理关系，并且不考虑道德问题。你只想尽可能多地为自己创造财富。下面是你可能采取的方法。

首先，你会选定一个目标储蓄机构准备购买。你选择的会是一个小型或中型的储蓄机构，它正面临财务问题——可能由于利率升高造成其资产贬值。储蓄机构的股票价格可能很低或接近于零。你可以花很少钱就能购买储蓄机构的股票。在购买了这个储蓄机构后，你在所有主要的全国性报纸上做广告，对大型存款（10万美元）给予非常高的利率。给出的存款利率对你来说是无所谓的，因为你本来就没打算让这个储蓄机构盈利。然后很快，你从全国各地吸纳了1亿美元。因为存款是由政府保证的，所以存款人根本不会担心储蓄机构没有偿还能力。接下来，用所有吸纳到的存款资金，你寻找一些可能被其他贷款人拒绝的房地产开发商。你不关心他们的开发是否有风险，并贷给一个开发商1 000万美元去建一个只值800万美元的项目。开发商非常高兴，他同意付100万美元的贷款保证金（不是保证条款）。如果你发放了几笔这样的贷款，你的储蓄机构就会赚到数百万元的保证金。储蓄机构的收益看起来似乎很惊人。但是这些都是不良贷款，贷款额高于房地产的价值。在年终的时候，你可以报告这个储蓄机构在新的所有者手中获得了创纪录的收益。作为大股东，你得到了500万美元的奖金。下一年你继续这样做。如果存款人想取回钱，你继续以"庞氏骗局"的方式吸收新的存款。若干年后，这些贷款最终没能偿还，储蓄机构没有偿还能力，你将经营权转交给FSLIC。你所有的奖金都是个人收入，可以保留。

在20世纪80年代末90年代初，由于法律环境允许这样的活动存在，有很多类似的真实故事不断上演。媒体上报道了很多这样的故事。有一个故事是关于得克萨斯州一个濒临倒闭的小储蓄机构的，它在1982年被人买下，搬到了达拉斯，然后开了数十个分支机构。[31]之后，这个储蓄机构以"蒸汽房"的经营模式出售了数百万元的大额（10万美元）存款凭证。那时，通过这种经营方式，每天有2 000万～2 500万美元的存款涌入这个机构。之后它做了数笔不良贷款，每笔收取6%的贷款费用。接着，这些费用都作为收入计入了损益表。通常，借款人甚至不需要提交任何书面的贷款材料就可获得贷款。在开始的两年，该机构的贷款有不到4%给了自住业主。这个机构的新所有者在两年期间以股息的形式拿走了300多万美元。而FSLIC（纳税人）的最终成本高于10亿美元。

法律条文对这篇文章描述的储蓄机构的行为可能有所述及，也可能没有述及。80年代早期宽松的法律提供了这样的环境，使这些代理问题逐渐形成。不过，1990年的《金融机构改革、复兴和实施法案》批准了从1990年到1992年间，每年拨款75亿美元给美国司法部用于调查和起诉金融机构的欺诈行为。此外，1987年成立达拉斯银行欺诈调查工作组，调查和起诉得克萨斯地区与储蓄机构倒闭相关的欺诈案件。至少在工作组的努力下，有一个储蓄机构的CEO被判处30年的监禁。

最后要说明的一点是：有些行为是彻底、露骨的欺诈，受害者必须要时刻提防。一个常见的例子是销售伪造抵押贷款——票据是伪造的。抵押贷款票据的销售者很容易捏造虚假的购买者，并在伪造的抵押贷款契据上填写他们的名字和其他信息。为了保持交易顺利进行，卖主在违约前可能计划支付前几期的摊付金。或者卖主可能计划在销售中失踪。1991年，密尔沃基的一个抵押贷款金融公司——美国抵押贷款公司的前总裁因向二级抵押贷款市场的代理出售92份总价值达1070万美元的虚假抵押贷款契据而被控有罪。同年，底特律抵押贷款公司的总裁伪造了99份总价值约为1000万美元的抵押贷款契据并迅速逃离出国。在另一宗欺诈案件中，一个华盛顿的抵押贷款经纪人建立了一套伪造贷款的业务并通过欺骗性的贷款程序骗取了约300万美元。他在1996年被逮捕，在1997年被判处51个月的监禁（1990年，国会下令修改《联邦判决指导条例》，规定欺诈罪行为人侵占资金高于100万美元或威胁到联邦承保的金融机构的财务安全时，最低判罚为51个月。据估计，虚假抵押贷款的数量大约占二级抵押贷款市场代理商的1%）。

欺诈经常出现在潜在借款人的申请信息里。表22—1列出了截至1998年抵押贷款中出现的各类欺诈信息的百分比。不正确的申请信息如收入和就业情况位列贷款申请表格虚假信息的头两项。

表22—1　　　抵押贷款申请中出现的欺骗性信息（截至1998年）

信息	1994年以前	1995年	1996年	1997年	1998年
申请信息	71%	80%	72%	74%	71%
不正确的就业情况	45%	48%	41%	41%	47%
税收回报和财务决算	39%	35%	35%	36%	40%
存款确认	28%	28%	21%	19%	32%
估价	7%	5%	4%	4%	5%
信用记录	4%	4%	4%	12%	9%

资料来源：Mortgage Asset Research Institute。

小　结

显然，房地产金融的内涵远超过贷款人向开发商和投资者贷款并收取利息和本金的简单概念。法律问题和代理关系使本来简单的关系复杂化了。贷款人可能要面对不同环境下的责任。当贷款人获得所有权或对债务人行使一部分日常经营的控制权时，虽然担保贷方可以免责，但法庭对《综合环境反应、补偿与责任法》下潜在责任方的解释还是可能让贷款人承担有毒有害废弃物的清理费用。如果房地产曾用于任何非法的药物交易，贷款人同样有失去担保物的风险。

贷款人在与借款人的合同关系中，可能会为他们的行为承担责任。有担保的贷款受《统一商法典》的约束。法典中的一项条款要求各方约定诚信行为和交易。尽管很多案件的判决在上诉时被撤销了，但是一些贷款人还是因为行为没有诚信而被判定承担责任。即使贷款人诚信行事，他们也有可能由于其他原因而承担责任。借款人的典型诉讼事由包括不履行口头协议、约定欺诈、歪曲和对债务人业务事项过度控制。反欺诈法和信用协议法减小了不履行口头协议承担责任的可能性。但是，约定欺诈和过度控制的责任更大。

代理问题及其代价充斥着房地产金融市场。房地产金融协议中作为代理人的各方有动机为自身利益行事而违背委托人的利益。贷款人会为自身利益行事而违背政府抵押贷款承保人或政府存款承保人的利益。当考虑到政府项目是一般纳税人的代理人时，这个问题就更加复杂了。政府官员可能会代表自己的利益而不是纳税人的利益。这种代理关系的"居间"使代理机构和/或纳税人遭受了巨大的损失。贷款人、开发商和评估师的很多图私利的活动可能在技术上合法，但确实不道德。其他的活动可能涉及欺诈，因此不合法。

关 键 词

代理成本	代理法
代理	不履行合同
《综合环境反应、补偿与责任法》	压缩
信用协议法	充分努力抗辩
道德	受托人
欺诈	诚信
连带责任	贷款人控制
隐瞒欺诈	口头承诺
口头证言原则	潜在责任方（PRP）
初步证明的侵权行为	委托人

约定欺诈　　　　　　　　　　　　《超级基金修正和再授权法》
被担保贷方免责　　　　　　　　　《反欺诈法》
侵权行为　　　　　　　　　　　　《统一商法典》（UCC）

推荐读物

Cross, F. B. 1995. Establishing environmental innocence. *Real Estate Law Journal* 23 (Spring).

Finegan, J. 1989. Bankers's suits. *Inc.* (November).

Freddie Mac Reports. 1991. *Fighting Fraud and Winning*. Washington, DC: Federal Home Loan Mortgage Corporation, pp. 1-2.

Kellman, M., and R. F. Triana. 1989. CERCLA and nonjudicial foreclosure: The effect of California's antideficiency statutes on unsecured indemnities. *Real Estate Finance* 6 (Summer).

Mack, W. F. 1989. No letup seen in lender liability cases. *Bottomline* (July).

Messer, J. S. 1990. New superfund risks. *Mortgage Banking* (August).

Ryan, D. F. 1989. A lender's view of hazardous substances… and appraiser responsibility. *The Real Estate Appraiser and Analyst* 55 (Fall).

Schulman, P. L. 1988. Shut the door on fraud. *Mortgage Banking* (January).

Ullman, L. S. 1991. Decision in *Fleet Factors* case expands lender liability. *Real Estate Finance Journal* 6 (Winter).

Vickory, F. A. 1990. Regulating real estate appraisers: The role of fraudulent and incompetent real estate appraisals in the S & L crisis and the FIRREA solution. *Real Estate Law Journal* 19 (Summer).

复习思考题

1. 请解释贷款人作为潜在责任方在怎样的情况下会对有毒有害废弃物的清理费用承担责任。

2. 在《综合环境反应、补偿与责任法》下，贷款人如何避免承担清理费用的责任？

3. 请解释在米拉伯案中法庭判定贷款人承担有毒有害废弃物清理费用的理由。

4. 在《综合环境反应、补偿与责任法》中，连带责任有什么含义？

5. 法律如何保护贷款人免去违反口头承诺的责任？

6. 请列举在《综合环境反应、补偿与责任法》下贷款人的四种免责抗辩。
7. 请解释在非法药品交易的执法中贷款人面对的主要风险。
8. 请解释诚信的含义和在履行合同时诚信交易对各方的要求。
9. 即期贷款是否受诚信要求的限制而要对即期条款发出通知?
10. 定义下列名词并举例说明在每种情况下贷款人是如何承担责任的:
 (1) 初步证明的侵权行为;
 (2) 约定欺诈;
 (3) 隐瞒欺诈;
 (4) 不履行信托责任;
 (5) 贷款人控制。
11. 举例说明根据代理法律,贷款人作为委托人何时会负有责任。
12. 举出一个真实的房地产金融中的代理关系的例子(不是教材中的),要有利益冲突和代理成本。
13. 区分违法的和不道德的行为。

相关网站

http://www.eli.org
环境法律信息

注　释

[1] *Wall Street Journal*, October 31, 1986, p. 48.
[2] *Wall Street Journal*, November 3, 1986, p. 47.
[3] 42 U.S.C. 9601 (9).
[4] 42 U.S.C. 9607 (a) (1).
[5] 42 U.S.C. 1906 (35) (A).
[6] 15 Envtl. L. Reg. 20, 992 (E.D. Pa. Sept. 4, 1985).
[7] *United States v. Maryland Bank and Trust Co.*, 632 F. Supp. 573 (D. Md. 1986).
[8] Id. at 580.
[9] *Guidice v. BFG Electroplating Co.*, 732 F. Supp. 556 (W.D. Pa. 1989).
[10] *Fleet Factors Corp.*, 724 F. Supp. at 955. (S.D. Ga. 1988).
[11] *Fleet Factors*, 901 F. 2d at 1557. (11th Cir. 1990).
[12] *In re Bergsoe Metal Corporation*, 1990 U.S. App. Lexis 13541 (9th Cir., Aug. 9, 1990).
[13] 15 F. 3d 1100 (D.C. Cir. 1994).
[14] *Calero-Toledo v. Pearson Yacht Leasing Co.*, 416 U.S. 663.
[15] *U.S. v. Property Known as 708–710 West 9th St.*, Erie, Pa. (715 F. Supp. 1323).
[16] U.C.C. 1-203, 1-201 (19).
[17] U.C.C. Sec 1-208.

[18] *Kruse v. Bank of America* 202 Ca. 3rd 38 (1st Dist, 1988).

[19] *Centerre Bank of Kansas City v. Distributors, Inc.*, 705 S. W. 2d 42 (Mo. Ct. App. 1985).

[20] *Fulton National Bank v. Willis Denny Ford, Inc.*, 154 Ga. App. 8416, 269 S. E. 2nd 916 (1980).

[21] *K. M. C. Co., Inc. v. Irving Trust Co.*, 757 F. 2d 752 (6th Cir. 1985).

[22] *State National Bank of El Paso v. Farah Manufacturing Co.*, 678 S. W. 2d 661 (Tex. Ct. App. 1984).

[23] *Hill v. Securities Investment Co. of St Louis*, 423 S. W. 2d 836, 842 (Mo. 1968).

[24] *Denison State Bank v. Madeira*, 230 Kan. 684, 640 P2d. 1235 (1982).

[25] *Labor Discount Center, Inc. v. State Bank and Trust Co. of Wellston*, 526 S. W. 2d 407, 425 (Mo. App. 1975).

[26] Restatement (Second) of Agency 1 (1958).

[27] Restatement (Second) of Agency 140 (1958).

[28] *In re Meadow Glen, Ltd.*, 87 Banker, 421, 424−425 (Banker, W. C. Tex. 1988).

[29] T. M. Clauretie and M. Jameson, Interest rates and the foreclosure process: An agency problem in FHA mortgage insurance, *Journal of Risk and Insurance* 47 (December 1990), 701−711.

[30] J. H. Mulherin and W. J. Muller, Resolution of incentive conflicts in the mortgage industry, *Journal of Real Estate Finance and Economics* 2 (February 1989), 35−46.

[31] How Texas S&L Grew into a Lending Giant and Lost $1.4 Billion, *Wall Street Journal* (April 27, 1989), 1.

附录 1

资金的时间价值及有关概念

附录中的内容是对货币的时间价值以及相关的重要概念的回顾和再认识。在这里，我们再一次为你讲解货币的时间价值，包括贴现计算现值和终值的过程。我们强烈推荐读者在阅读完附录之后再阅读本书的正文。当然，对于那些学习过金融与财务课程的读者，可以略过这部分内容；对于没有金融与财务学背景的读者，我们建议你先仔细阅读附录的内容。

贴现与复利计算（现值与终值）

⊕复利计息——计算一项投资的未来价值

在开始介绍之前，先考虑下面的情形。假设有人向你提供一个投资项目：如果你现在给他 10 000 美元，他将在 5 年之后偿还你 16 000 美元。为了使例子更加简单，我们这里假设没有违约风险。也就是说，在 5 年之后，你一定会得到 16 000美元。同时，假设利率在此后的 5 年中不会变化，而且你在整个 5 年的时期内将一直持有这项投资。我们假设这些条件是为了从收益率的角度集中考虑投资的价值，而不必考虑风险因素。

在这个例子中，你的角色是一位贷款人，而投资的出售者则是借款人。你将钱借给借款人以寻求未来更大的收益。你在 5 年之中获得的"利息"就是你现在借出的金额与 5 年后得到的金额的差值。我们现在所要做的事情就是确定这项投资是否是一项好的投资。一种确定投资工具的绩效的办法就是考虑在市场中的其他投资工具。如果其他投资与此有相同的风险，其收益却优于这项投资，那么你就不应该选择这项投资。下面我们考虑其他的投资之———将钱存入银行。

假设当地的银行同意以10%的年利率对拟在该银行的账户在年初支付利息，这称为年期贴现，同时假设银行在未来的5年中保持利率不变。现在，你面对着将资金存入银行还是进行上述投资的决策。如果你将10 000美元存入银行，我们可以问如下的问题，例如，在第1年末时账户中将有多少钱？第2年末呢？第3年末？最重要的是，在第5年末将有多少钱？

第一个问题的答案十分简单。在第1年末，账户中的金额等于起始资金加上10%的利息，即：

$$\begin{aligned}第1年末的存款额&=10\,000+(0.1\times10\,000)\\&=10\,000\times(1+0.1)\\&=11\,000(美元)\end{aligned} \quad (A\text{—}1)$$

由于第1年末的存款额是第2年开始的存款额，则第2年末的存款额是：

$$\begin{aligned}第2年末的存款额&=11\,000\times(1+0.1)\\&=10\,000\times(1+0.1)\times(1+0.1)\\&=10\,000\times(1+0.1)^2\\&=12\,100(美元)\end{aligned} \quad (A\text{—}2)$$

同样，第3年末的存款额是：

$$\begin{aligned}第3年末的存款额&=12\,100\times(1+0.1)\\&=10\,000\times(1+0.1)\times(1+0.1)\times(1+0.1)\\&=10\,000\times(1+0.1)^3\end{aligned} \quad (A\text{—}3)$$

继续这个计算过程，我们可以算出第5年末的存款额：

$$第5年末的存款额=10\,000\times(1+0.1)^5 \quad (A\text{—}4)$$

概括任意数额的现值以给定的利率在一段确定的时间里贴现，方程可以写为：

$$FV_n=PV(1+i)^n$$

式中，FV_n是终值（在n时点贴现）；PV是现值（起始投资）；i是期间利率；n是贴现期次数；方程的$(1+i)^n$部分表示终值利息系数（FVIF）。

有两种计算终值的方法。一种是应用表格，其提供了当前投资1美元的终值系数。在当前以10%的年利率投资1美元将会在5年后得到1.611美元。第二种计算终值的方法是应用财务计算器。

通过上面的分析你会看到，如果将钱存入银行将比购买这项投资获得更多的终值，因此你就会选择前者而舍弃后者。由于投资的其他特征都相同而仅是终值不同，你就要从中选择具有最大终值的那一项投资。

● 贴现——计算未来资金的现值

当你拒绝了这项投资时，投资机会的提供者将会对你说："如果你不愿意现在给我10 000美元而5年后获得16 000美元的话,那么对于未来相同的收益你现在愿意给我多少钱呢?"我们知道,当前的这项投资不值10 000美元,那么如何得出它的价值呢?由于这项投资与将钱存入银行类似,你将会问:"如果想在5年后获得16 000美元,我现在应该将多少钱存入银行?"用方程式来表达这个问题就是:

$$X(1+0.1)^5 = 16\ 000 \tag{A—5}$$

X的值是多少?整理方程A—5,我们可以得到:

$$X = 16\ 000/(1+0.1)^5 = 9\ 934.74 \tag{A—6}$$

也就是说,如果你把9 934.74美元存入银行,以10%的年利率计算复利,它将在5年后达到16 000美元。这就是这个投资机会的现值。

贴现和年金终值计算

同样的原理可以应用于一系列的还款。每次的还款额都相等的一系列还款额称为年金。当还款额相等时,我们可以很容易地计算出系数。

● 贴现

首先,让我们从相反的方向来看。假设提供给你如下的投资机会:你现在给某人10 000美元,作为回报,他在以后的5年中每年返还给你2 500美元。现金流形式如下:

年末	第一年	第二年	第三年	第四年	第五年
现金流(美元)	2 500	2 500	2 500	2 500	2 500

为了确定这是否是一项好的投资,我们进行如下处理。想象将一笔钱(以10%的年利率)存入银行,它将会带来与上面完全一样的现金流。那么,投入多少钱能达到这个目标呢?为了使计算简化,考虑在银行开设5个不同的账户。账户1中的所有存款将在第1年末完全取出,账户2中的所有存款将在第2年末完全取出,账户3中的所有存款将在第3年末完全取出,依此类推。

存入账户1中的金额应该是:

$$2\ 500/(1+0.1) = 2\ 272.73(美元) \tag{A—7}$$

存入账户2中的金额应该是:

$$2\ 500/(1+0.1)^2 = 2\ 066.11(美元) \tag{A—8}$$

在开始时存入9 476.97美元,将使你5年中的每年末从银行取出2 500美元,而在5年后银行中无存款余额。这等价于:

$$9\ 476.97 = 2\ 500/(1+0.1) + 2\ 500/(1+0.1)^2 + 2\ 500/(1+0.1)^3$$

$$+\cdots+2\,500/(1+0.1)^5 \tag{A—9}$$

这个算式可以写为：

$$9\,476.67 = 2\,500 \times [1/(1+0.1) + 1/(1+0.1)^2 + 1/(1+0.1)^3 \\ +\cdots+ 1/(1+0.1)^5]$$

这可以概括为：

$$PV_a = PMT\left[\frac{(1+i)^n - 1}{i(1+i)^n}\right]$$

式中，PV_a 是年金的现值；PMT 是年付款额；括号里的项称为年金的现值利息系数（PVIFA）。如果将这个系数乘以年金的数额，结果则是年金的现值，即：

$$3.791 \times 2\,500 = 9\,477(美元) \tag{A—10}$$

● 年金终值计算

有人可能会问："如果从现在开始，我在 5 年中每年末向银行存入 2 500 美元，则我在 5 年末账户中会有多少钱？"这个问题的答案称为年金的终值，可以通过考虑各项存款的累积来得出。这就是说，我们可以将年金"分解"成一系列的存款而通过每一次存款的终值来解决这个问题。举例来说，第一次现金流距现在 1 年，因而至第 5 年末时会积累 4 年的利息。终值则是：

$$2\,500 \times (1+0.1)^4 = 3\,660.25(美元) \tag{A—11}$$

同理，至第 5 年末时的第二次存款的终值是：

$$2\,500 \times (1+0.1)^3 = 3\,327.27(美元) \tag{A—12}$$

继续计算，有

$$2\,500 \times (1+0.1)^2 = 3\,024.79(美元)$$
$$2\,500 \times (1+0.1)^1 = 2\,749.81(美元)$$
$$2\,500 \times 1 = 2\,500.00(美元)$$

以上 5 个价值之和是 15 262.12 美元，这也可以用下面的方法计算得出：

$$2\,500 \times [(1.1)^4 + (1.1)^3 + (1.1)^2 + (1.1)^1 + 1] \tag{A—13}$$

$$FV_a = PMT\left[\frac{(1+i)^n - 1}{i}\right]$$

括号里的项是年金的终值利息系数。我们可以推测出，年金终值利息系数同样可以由许多利率和期限的组合确定。所以，$6.105 \times 2\,500$ 等于 15 262 美元。

计算周期不是 1 年时的贴现与复利计算

在此前的例子中，我们都假设用于复利和贴现计算的时间间隔均为 1 年。考虑其他贴现周期长度的程序也很简单。举例来说，当我们假设相关周期是 6 个月时，计算如何变化？这就是说，假设上面例子中的银行以 6 个月为周期计息并将利息增加到其在银行的账户上。考虑初始的存款额是 10 000 美元，在第一个 6 个月末，银行将向账户中加上以 10% 利率计算的 6 个月的利息值，即起始存款的 5%。则在 6 个月之后，账户中的存款额是：

$$10\,000\times(1+0.05)=10\,500(美元) \tag{A—14}$$

这就是下一个 6 个月周期的起始存款。这样，在第二个 6 个月之后，账户中的存款额是：

$$10\,500\times(1+0.05)=10\,000\times(1+0.05)^2=11\,025(美元) \tag{A—15}$$

我们注意到，当银行仅在第一年末向账户中增加利息金额时，第一年末的存款金额（从上文的例子中得出）是 11 000 美元。本例中额外的 25 美元是由于第一个 6 个月的利息作为了第二个 6 个月的本金而产生的。也就是：

$$0.05\times500=25(美元)$$

这个账户 5 年后的存款额是：

$$10\,000\times(1+0.05)^{10}=16\,288.94(美元) \tag{A—16}$$

这比按年贴现计算出的数额大。当利息以半年计而不是 1 年计时，公式中的利率值减半而贴现期次数增 1 倍。

在这个例子中，复利计算越频繁则终值越高，如果以月为计算复利的周期，则终值将是：

$$10\,000\times(1+0.1/12)^{60}=16\,453.09(美元) \tag{A—17}$$

我们看到，贴现越频繁则终值越高。然而 5 年末的终值的增长也并非没有上限。如果贴现周期为 1 天、1 分钟，甚至 1 秒钟，终值会最终达到一个上限。如果贴现以无穷小间隔为周期，称为连续复利计息，则终值由下面公式给出：

$$10\,000\times e^{rt}=16\,488.21(美元) \tag{A—18}$$

式中，e 是自然对数，其近似等于 2.718 281 8；r 是利率；t 是投资周期。

当我们反向计算未来现金流的现值时，更加频繁的贴现将会导致更小的现值。这样：

$$10\,000/(1.1)^2=8\,264.46(美元)$$

当以半年为周期贴现，现值是：

$$10\,000/(1.05)^4=8\,227.03(美元)$$

当连续贴现时，现值是：

$$10\,000/e^{rt}=8\,187.31(美元) \tag{A—19}$$

● 期初年金

有时年金不是在每一周期末支付的。当年金在每一周期开始时支付，就称为期初年金。在这种情况下，PVIFA 和 FVIFA 应按如下公式进行修正：

$$\text{PVIFA}_{ad} = \left[\frac{(1-i)^N - 1}{i(1+i)^N}\right](1+i)$$

$$\text{FVIFA}_{ad} = \left[\frac{(1+i)^N - 1}{i}\right](1+i)$$

在每种情形中，普通年金系数乘以付款额就得到了期初年金。在我们前面的例子中，期初年金的现值是 10 245 美元，而期初年金的终值是 16 789 美元。

结　语

以上表示未来一系列现金流的现值的方程可以看做一系列基本的估价方程。这些方程将未来的现金流资本化，贴现为当前的现值。这些方程有一个共同点，它们由四个要素组成：现值、现金流数额、利率或贴现率以及现金流的周期。给定方程的任意三个要素，就可以确定第四个。而且，房地产金融中不同的情形需要确定方程中不同的要素。这个概念在第 4 章的附录中给出了更加详细而深入的讨论，我们推荐读者仔细阅读。

附录 2

缩略语表

ACRS——加速折旧制度
ADC loan——购置、开发和建设贷款
ALTA——美国土地产权联合会
AMT——可选最低税
APR——年百分率
ARC——加速偿还周期
ARM——可调利率抵押贷款
BSPRA——建设方/主办人利润和风险补贴
CERCLA——《综合环境反应、补偿与责任法》
CLO——计算机贷款发放系统
CMBS——商业抵押贷款支持证券
CMB——注册抵押银行
CMO——被担保的抵押贷款债券
COFI——资金成本指数
CPM——注册资产管理师
CPR——固定提前偿还率
CRV——合理价值证书
CTL——信用租赁债券
ECOA——《平等信用机会法》
EPA——参股协议

ERISA——《雇员退休收入保障法案》
FASB——财务会计准则委员会
FDIC——联邦存款保险公司
FHA——联邦住宅管理局
FHLMC——联邦住宅贷款抵押公司
FIDA——《金融机构放松管制法案》
FIRREA——《金融机构改革、复兴和实施法案》
FIRSTS——浮动利率短期档证券
FMHA——农民住宅管理局
FNMA——联邦国民抵押贷款协会
FRM——固定利率抵押贷款
GAAP——通用会计准则
GEM——权益增长型抵押贷款
GMC——抵押贷款保证书
GNMA——政府国民抵押贷款协会
GPAM——累进还款可调抵押贷款
GPM——累进还款抵押贷款
GSE——政府资助企业
HMDA——《住宅抵押贷款披露法》
HOLC——住宅业主贷款公司
HTG yield——"诚实"收益

HUD——住宅和城市开发部
ILSFDA——《州际土地交易完全披露法案》
IOs——仅利息收入证券
IRB——工业收入债券
IRS——国内收入署
LIBOR——伦敦银行同业拆借利率
MACRS——修正加速折旧制度
MAI——评估学会会员
MBS——抵押贷款支持证券
MCA——《存款机构放松管制和货币控制法案》
MCF——抵押贷款现金流债务
MIP——抵押贷款保险费
MLP——大型有限责任合伙企业
NOD——违约通知
NOO——非业主自住
OCC——通货监理官办公室
OID——原始发行折扣
OILSR——州际土地交易登记办公室
OTS——储蓄监管办公室
PAC Bond——预定摊销类债券
PAM——担保账户的抵押贷款
PC——参与证书
PITI——本金、利息、税和保险费
PLAM——价格水平调整抵押贷款
PMI——私营抵押贷款保险
POs——仅本金收入证券

PSA——公共证券联合会
PUD——规划单元开发
PV——现值
QMI——合格月收入
RAM——逆向年金抵押贷款
RAP——法定会计准则
REIT——房地产投资信托
REMIC——房地产抵押贷款投资证券
REO——自有房地产
RESPA——《房地产交割程序法》
RFC——住宅融资公司
RTC——资产处置信托公司
SAM——分享增值抵押贷款
SARA——《超额基金修正和重新授权法》
SEC——证券交易委员会
SF——独户住宅
SMM——月还款率
SMM——二级抵押贷款市场
SMMEA——《二级抵押贷款市场加强法》
SREA——高级房地产分析师
TRA——《税收改革法案》
UCC——《统一商法典》
VA——退伍军人管理局
VRM——可变利率抵押贷款
WAC——加权平均息票率
WAL——加权平均还款期
WAM——加权平均到期期限

Real Estate Finance: Theory and Practice, 5th edition
Terrence M. Clauretie and G. Stacy Sirmans
Copyright © 2006 by South-Western, a part of Cengage Learning.

Original edition published by Cengage Learning. All Rights reserved. 本书原版由圣智学习出版公司出版。版权所有，盗印必究。

China Renmin University Press is authorized by Cengage Learning to publish and distribute exclusively this simplified Chinese edition. This edition is authorized for sale in the People's Republic of China only (excluding Hong Kong, Macao SAR and Taiwan). Unauthorized export of this edition is a violation of the Copyright Act. No part of this publication may be reproduced or distributed by any means, or stored in a database or retrieval system, without the prior written permission of the publisher.
本书中文简体字翻译版由圣智学习出版公司授权中国人民大学出版社独家出版发行。此版本仅限在中华人民共和国境内（不包括中国香港、澳门特别行政区及中国台湾）销售。未经授权的本书出口将被视为违反版权法的行为。未经出版者预先书面许可，不得以任何方式复制或发行本书的任何部分。

Cengage Learning Asia Pte. Ltd.
5 Shenton Way, #01-01 UIC Building, Singapore 068808

本书封面贴有 Cengage Learning 防伪标签，无标签者不得销售。

北京市版权局著作权合同登记号 图字：01-2008-3653

图书在版编目(CIP)数据

房地产金融:原理与实践:第5版/(美)克劳瑞特,(美)西蒙斯著;王晓霞,汪涵,谷雨译;张志强,蒋一军,杨开清校.—北京:中国人民大学出版社,2011
(房地产经典译丛)
ISBN 978-7-300-14693-5

Ⅰ.①房… Ⅱ.①克…②西…③王…④汪…⑤谷…⑥张…⑦蒋…⑧杨… Ⅲ.①房地产金融 Ⅳ.①F293.33

中国版本图书馆 CIP 数据核字(2011)第 224282 号

房地产经典译丛
房地产金融:原理与实践(第五版)
[美] 特伦斯·M·克劳瑞特　著
　　 G·斯泰西·西蒙斯
王晓霞　汪　涵　谷　雨　译
张志强　蒋一军　杨开清　校
Fangdichan Jinrong

出版发行	中国人民大学出版社		
社　　址	北京中关村大街 31 号	邮政编码	100080
电　　话	010-62511242(总编室)	010-62511398(质管部)	
	010-82501766(邮购部)	010-62514148(门市部)	
	010-62515195(发行公司)	010-62515275(盗版举报)	
网　　址	http://www.crup.com.cn		
	http://www.ttrnet.com(人大教研网)		
经　　销	新华书店		
印　　刷	三河市汇鑫印务有限公司		
规　　格	185 mm×260 mm 16 开本	版　次	2012 年 10 月第 1 版
印　　张	35.25 插页 1	印　次	2012 年 10 月第 1 次印刷
字　　数	732 000	定　价	88.00 元

版权所有　侵权必究　印装差错　负责调换

CENGAGE Learning™

Supplements Request Form（教辅材料申请表）

Lecturer's Details（教师信息）			
Name： （姓名）		Title： （职务）	
Department： （系科）		School/University： （学院/大学）	
Official E-mail： （学校邮箱）		Lecturer's Address / Post Code： （教师通讯地址/邮编）	
Tel： （电话）			
Mobile： （手机）			
Adoption Details（教材信息）　　原版☐　　翻译版☐　　影印版☐			
Title：（英文书名） Edition：（版次） Author：（作者）			
Local Publisher： （中国出版社）			
Enrolment： （学生人数）		Semester： （学期起止时间）	
Contact Person & Phone/E-Mail/Subject： （系科/学院教学负责人电话/邮件/研究方向） （我公司要求在此处标明系科/学院教学负责人电话/传真及电话和传真号码并在此加盖公章。）			
教材购买由　　我☐　　我作为委员会的一部分☐　　其他人☐[姓名：　　　　]决定。			

Please fax or post the complete form to（请将此表格传真至）：

CENGAGE LEARNING BEIJING
ATTN：Higher Education Division
TEL：(86) 10-82862096 / 95 / 97
FAX：(86) 10 82862089
ADD：北京市海淀区科学院南路2号
融科资讯中心C座南楼12层1201室　100080

Note：Thomson Learning has changed its name to CENGAGE Learning

VERIFICATION FORM / CENGAGE LEARNING